KB180836

석굴암 본존불   국보 제24호. 경주 석굴암

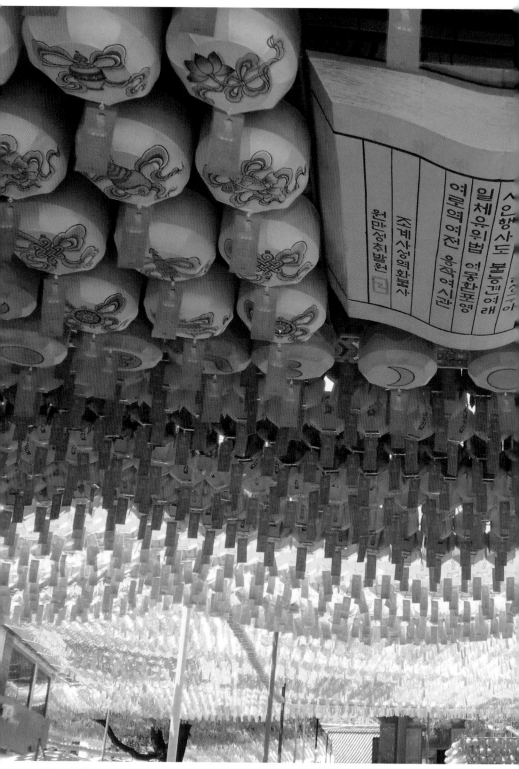

조계사 부처님 오신 날 연등(2012)

般若心経疏顯正記弁序

縉雲沙門釋仲希述

予嘗報以賢首大師般若心経疏之目日顯正注
於經文之下華文之下無取下
蓋述科文又述記一卷釋之
忽忘之患豈敢呈諸先覺云
皇宋慶暦四年歳次甲申冬月朔日序
爾時

二釋初経分疏二初題目
釋疏分疏二初題目

般若波羅蜜多心經略疏

弁疏二字之題為能所
三重略○十二字之題為能喩所
引○疏字為経之題上皆引○疏字即能喩所
餘為所喩今惣取一経之上皆疏
皆所喩今惣取一経之題為能詮受
題也般若心経之疏者以此疏體故云略疏也
也般若心経之疏者依此主受疏但釋般若経文大言更不下開名
明三處釋境智等諸法名體故云略也又簡非解廣
部但釋略本亦名疏也疏者疎也決也又疎通経文

288020

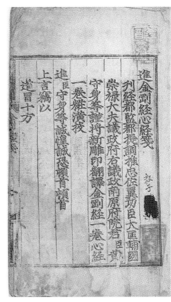
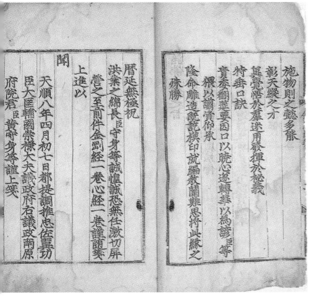

반야심경-반야바라밀다심경약소(언해)　보물 제1211호, 동두천시 자재암. 이 책은 규장각 소장 보물 771호와 같은 책이나 책 첫머리에 금강경 전문이 붙어 있는 것이 다르다.

팔만대장경　경판의 개수가 8만 개라 해서 붙여진 이름. 경판 하나의 크기는 70×25cm, 두께 3.5cm로 양면에 한 자 1.5cm 크기로 450여 자의 글자가 새겨져 있다. 합천 해인사

金剛經–金剛經三家解(金剛經三家解)　권2, 3, 4, 5. 보물 제772–2호. 서울대학교 규장각

금니금강경(金泥金剛經)　문화재 제99호. 경남 양산 통도사

금동미륵보살반가사유상(金銅彌勒菩薩半跏思惟像)　국보 제83호. 국립중앙박물관

법주사의 팔상전과 금동미륵불상(2006)

금니법화경(金泥法華經)　경상남도 유형문화재 제97호. 양산 통도사

은니법화경-상지은니묘법연화경((橡紙銀泥妙法蓮華經)　국보 제185호. 국립중앙박물관

소조석가여래좌상(塑造釋迦如來坐像)　국보 제45호. 부석사 무량수전

봉원사 연꽃   서울 서대문구(2018)

문수보살이 유마힐거사와 토론하는 장면 문수보살 부분

유마힐거사 부분   둔황 모가오 석굴(천불동). 문수보살은 유마힐거사의 병문안차 방문했다.

維摩詰所說經 亦名不可思議解脫經 疏第一

姚秦三藏法師鳩摩羅什奉詔譯

胡 吉藏 撰

佛國品第一

佛國品第一 維摩詰者尊其人也不思議解脫者重
其法也夫至韻無言玄藉彌布法身無像物感則形
故無言而無不言無像而無不像以無言言而無不言
故張大教網亘生死流無像而無不像故住如幼智
遊戲五道是故斯經人法雙舉維摩詰者此云淨名
以淨德內充喜聲外滿天下藉其故曰淨名豈唯降

유마경-유마힐소설경(維摩詰所說經)

World Book 17

般若心經/金剛經/法華經/維摩經/廻諍論/六祖壇經

반야심경/금강경/법화경/유마경/회쟁론/육조단경

홍정식 역해

동서문화사

디자인 : 동서랑 미술팀

반야심경/금강경/법화경/유마경/회쟁론/육조단경
차례

불교란 무엇인가

반야심경(般若心經)

금강경(金剛經)

법화경(法華經)

유마경(維摩經)

회쟁론(廻諍論)

육조단경(六祖壇經)

불교란 무엇인가

1 불교의 성격

불교는 종교 중에서도 좀 색다르고 신비한 종교이다. 하늘에서 내려온 권위주의에 근거한 절대성이 아니라, 지상인 차안(此岸)에서 해탈하여 하늘인 피안(彼岸)으로 승화하는 너무나도 인간적인 종교이다. 그것이 사람들을 잡아끄는 한 가지 매력인지도 모른다.

첫째, 불교는 평화를 지향하는 종교이다. 그 역사에서 한 번도 종교 전쟁 같은 것을 볼 수 없다. 전 아시아에 걸쳐 신봉되었으나, 그것은 제왕의 침략 전쟁과 결부되어 있던 것은 아니었다. 제왕의 비호를 가끔 받기는 했지만, 사문(沙門 : 수행승)은 제왕을 예배하지 않는 의연한 태도를 유지해 왔다. 상대적으로 권력의 탄압에 맞서서 순교의 피를 흘린 일도 거의 볼 수 없다.

너무도 그 성격이 미적지근하다. 너무 포용적이고 관용적이었던 것이다. 종교 교단에서 흔히 볼 수 있는 중앙집권적인, 통솔자에 의한 계급 제도가 없었다. 그것은 부처님 당시부터 그러했다. 모든 사람은 계급을 떠나서 평등하게 입문할 수 있었고, 입문한 뒤는 다같이 부처님 제자로서 아무런 차별이 없었다.

이와 같이 관용과 적응력이 강한 불교는, 교단으로서도 교의상으로도 중앙집권적인 통제가 희박했다. 그러나 유연성이 강인해서 시대와 사회를 떠나 서서히 퍼져가고 파고들 수 있었기에, 이를 배격하는 계층의 사람들까지 자기도 모르는 사이에 그 사상의 어느 부분에 동화되고 마는 신비한 힘을 지닌 종교이다.

인간계로 강림하는 것에서 비롯된 종교다움을 중시하기 보다는 인간계의 고통을 살펴보고, 그것을 이겨내는 철학상의 관점과 종교다움을 나란히 중시하고 있다. 그래서 다른 종교에서는 볼 수 없는, 선(禪)이라고 하는 독특한 탈속적 태도가 생겨났고, 다른 한편으로는 정토교(淨土敎 : 이승에서 염불을 하여 아미타불의 구원을 얻어 극락왕생하였다가 다시 사바세계에서 중생을 구제하기를 발원하는, 불교의 한 교파)와 같은 종교적 정열도 생겨났다. 절대 자력(自力)과 절대 타력(他力)이 공존하고 있는 불가사의한 종교이다.

이러한 불교의 기본 성격은, 교조인 석가모니의 성격에서 비롯된 바가 크다. 부처의 인격이 어느 의미에서는 불교의 방향을 정해 주고 있는 것이다.

2 부처의 생애

인도 평원 북쪽, 히말라야 산기슭을 따라 샤키아(Śākya, 釋迦)족의 부족 국가가 있었다. 다른 강대한 왕국 사이에 끼여 있는 작은 나라로서 카필라바스투(가필라성)성에 도읍을 두고 있었다. 맑게 갠 날에는 거기에서 히말라야의 흰 봉우리가 바라보였다. 석가모니는 이 작은 부족 국가의 한 족장의 아들로 태어났다. 그러나 '불전(佛傳)'에는 왕자로서 그려져 있다. 아버지는 정반왕(淨飯王, Suddhodana), 어머니는 마야(摩耶)였다. 어렸을 때 이름은 고타마 싯다르타(Gautama Siddhārtha)였다. 29세에 출가하여 35세에 도를 깨달았고, 80세에 세상을 떠났다. 사람들은 그를 석가모니(釋迦牟尼), 즉 '석가족의 성자'로 불렀다. 석가세존(釋迦世尊)이니, 석존(釋尊) 또는 세존(世尊)이라고 부르는 것도 다 같은 뜻이다. 깨달음을 얻었다고 해서, 즉 부처가 되었다고 해서 그 자신도 여래(如來)라 말했고, 석가모니 부처 또는 석가모니 여래라고 부르기도 한다. 그러나 뒤에 불격(佛格)이 확대되어, 아미타불(阿彌陀佛)과 대일여래(大日如來) 등이 대승 시대(大乘時代)에 출현하게 되자, 이것과 구별하기 위해 학자들이 곧잘 고타마 부처라고 불렀다.

석가모니는 기원전 5세기쯤의 사람으로 생각된다(연대에 관한 학설은 일정하지가 않아 지금도 1백 년쯤 차이를 보이고 있다). 기원전 5세기는 인류 역사상 특별한 의미를 가지고 있다. 먼저 인도에서는 이미 수많은 철인들이 배출된 뒤였다. 거기에는 극단의 유물주의와 쾌락론에서부터 회의주의에 이르기까지 온갖 사상이 다 나와 있었다. 어느 것이나 '베다'의 전통적인 권위주의에 반대한 자유사상들이었다. 부처도, 또 같은 무렵의 자이나교의 교조인 마하비라(Mahāvīra)도, 이들 자유사상가들 중의 한 사람이었다.

같은 무렵, 중국에서는 이른바 제자백가로 불리는 온갖 사상가와 철학자들이 활약하고 있었다. 그리스에서도 피타고라스에서 소피스트들을 거쳐 소크라테스에 이르는 시대에 해당되며, 말하자면 세계 철학의 기초가 놓여진 시대였다.

부처의 사적과 인물에 대한 것은, 단편 전설을 모아 편찬한 여러 가지 '불경'에 의해 대체로 알 수 있다. 그러나 이들 '불경'의 내용이 어느 정도로 부처에 대한 정확한 역사적 사실을 전하고 있는지는 분명히 알 수 없다. 그 속에는 기적 같은 기사와 신화 같은 전설이 많이 섞여 있기 때문이다. 그러나 이들 '불경'은 당시 불교도가 부처를 어떻게 생각하고, 따라서 불교 그 자체를 어떻게 받아들였는가를 아는 데는 크게 도움이 된다.

3 환락과 고행

'불경'에 의하면 부처는 청년 시절에 아주 다채로운 환락 생활을 보냈다. 아름다운 부인과 많은 후궁들에 둘러싸여, 왕자인 그는 세속의 온갖 환락과 영화를 누렸다. 이것은 부왕이 그렇게 만든 것이라 한다. 이유인즉 문무 양면에 재주가 뛰어난 그가, 늘 깊은 명상에 잠겨 있었기 때문이다. 거기에는 그가 태어난 지 이레만에 세상을 뜬 어머니 마야를 사모하는 정이 있기도 했을 것이다. 그는 특히 자신의 젊음에도 상관없이, 이윽고 누구나 피할 수 없는 노쇠와 병사의 운명이 찾아온다는 것을 알고는, 아무도 대답해 줄 수 없는 이 인생의 어려운 문제에 대해 고민했다. 그래서 부왕은 그를 속세에 매어 두기 위해 온갖 쾌락을 좇게 했던 것이다.

처자와 가족을 버리고 출가 수도하는 것은 당시 일종의 사회적 풍습으로되어 있었지만, 물론 그것은 너무나도 힘든 일이었다. 출가를 하게 되면, 글자 그대로 아무것도 가진 것 없이, 밥을 얻어먹으며 나무 그늘이나 돌바닥을 집으로 삼고 지낸다. 이러한 수도자를 사문(沙門)이라 불렀다. 싯다르타에게는 라훌라(Rahula)라는 아들이 태어나 있어, 겉으로는 아무 부족함이 없었다. 그러나 이윽고 온갖 방법으로 붙들어 말리던 부왕의 바람에 부응하지 않고 마침내 어느 날 밤, 아내에게 하직을 고하고 가만히 집을 나간다. 그가 29세 때였다고 한다.

도망꾼 같은 기분으로 나라를 떠난 그는, 곧 가르침을 얻기 위해 여러 스승을 찾았으나, 만족할 만한 해답을 얻지 못했다. 많은 고행자들이 모여드는 고행림(苦行林)이란 곳이 있었다. 그도 여기에 들어가 고행을 시작했다. 그것은 육체를 학대하는 생활로, 먹는 것을 제한하고 마시는 것을 중지하며, 숨쉬는 것마저 멈추게 하여, 뼈와 가죽만이 남는 심한 고행을 시험하는 것이었다.

고행이란 것이 출가와 함께, 인도 사회에서는 우파니샤드 시대부터 이미 공인되어 있어, 사람들의 존경을 모으고 있었다. 그것은 현재에 이르기까지 가장 어려운, 그러나 가장 차원 높은 수행법으로 받아들이고 있다. 원래 그것은, 초인적인 비밀의 마력을 체득하는 것이 목표였다. 그러나 부처는 이 고행이 참다운 해탈(解脫)과는 아무런 관계가 없다는 것을 곧 깨닫게 되었다. 그것은 열반(涅槃 : 죽음)을 편하게 해 주는 것도 아니었고, 육체를 괴롭게 해서 정신이 맑아지는 것도 아니었다. 이리하여 6년 동안의 고행을 마지막에 가서 포기하게 되었다(이러한 고행의 포기는 타락자로서 경멸을 당하는 일이기도 했다).

부처는 근처를 흐르는 네란자라 강물에 뛰어들어 몸을 깨끗이 씻은 다음, 우루벨라 마을의 처녀 수자타(Sujata)가 공양한 우유죽을 먹고, 고행에 지친 몸의 기운을 회복하였다. 그리고 서쪽 언덕으로 기어올라가, 아사타라는 큰 나무 아래 앉아서 이른바 선정(禪定)에 들어갔다. 이 큰 나무가 뒤에 보리수(菩提樹 ; 보제수)로 불리게 된 것은, 이 나무 밑에서 부처가 깨달음(菩提)을 얻게 되었기 때문이다.

이런 '불경'의 구상은 참으로 오묘하다. '불경'은 먼저 고타마의 향락 생활, 가장 물질적으로 혜택받은 생활을 묘사한다. 그런데도 인간의 운명을 직시하고 고민하는 고타마의 수심과 걱정이 차츰 떠오르게 된다. 그러나 출가한 뒤에는 가장 혹독한 수행에 몸을 내맡기게 된다. 전날 누리던 향락이라는 육감적인 생활과는 정반대의, 물질을 가장 경멸한 생활이었다. 그리고 최후로, 이 양자를 다 버리고 양자의 그 어느 쪽에도 치우치지 않는 방법, 즉 선정을 위해 연기(緣起 : 사물의 기원인 인(因)과 연(緣)이 서로 응하여 만물이 생기는 일)의 이법(理法)을 관찰하고, 최고의 깨달음을 얻게 되었다고 전하고 있다.

이렇게 해서 향락 생활과 고행 생활을 대조적으로 그리고, 그 양자를 지양함으로써 불교다운 깨달음을 보여 주려고 했던 것 같다. 이 의도는 그 뒤의 불교에 공통된 하나의 생각이 되었다. '중도(中道)'가 그것이다.

사실, 이 깨달음에 이어 행해진 최초 설법에서, 부처는 극단의 향락과 극단의 고행을 피하고, 중도에 서야 한다는 것을 비구(比丘)들에게 가르친다. '중도'라는 말은, 이때부터 불교의 한 중심 개념이 되었다.

부처가 위에 말한 대로 깨달음을 얻은 것은 '연기(緣起)의 선관(禪觀)'에서였으니, 이것을 '불경'에서는 '항마성도(降魔成道 : 악마를 물리쳐 도를 이룸)'로 표현하고 있다. 즉 49일 동안의 마귀와의 싸움에서 이김으로써 깨달음이 완성된 것을 뜻한다. 마귀는 '불경'의 처음과 끝을 통해서 가끔 나오게 되는데, 부처가 깨달음을 열 때에 마귀는 크게 저항한다.

즉 보리수 밑에 앉아 있는 고타마의 깨달음을 방해하려고, 온갖 마귀의 군상들이 밀어닥친다. 그러나 그들이 던진 창과 무기들은 모두 눈깜짝할 사이에 꽃으로 변하고 만다. 그래서 마귀는 부처가 세계를 통일하는 제왕이 되게 해 주겠다고 약속한다. 그리고 조국에서 반란이 일어나 부왕이 옥에 갇히고 부처의 부인은 체포되었다는 소식을 전한다. 그러나 부처의 확고한 결심은 움직이지 않았다. 다시 마귀는 그의 세 딸들을 시켜, 부처의 마음을 관능에 충실한 쾌락으로 돌리려고 유혹하지만 이것도 실패로 돌아간다.

'마(魔)'라는 말은 유혹자를 뜻하는 것이다. 그것도 외계에 존재하는 것이 아니라, 자기 마음 속에 숨어 있는 번뇌라고 한다. 마의 출현, 그것은 6년간의 고행을 겪어 온 그에게, 아직도 왕위에 대한 어떤 마음의 동요가 있었음을 보여 주는 것이다. 그 증거로 '마'가 귀에다 대고, "세계를 통일하는 제왕이 되게 해 주겠다" 하고 속삭이는 것이다. 부처가 출가한 직후에도 '마'는 "이레 뒤에 그대는 제왕이 되는 것이다"라고 속삭인다.

정권을 얻고 싶은 세속의 욕망이 아니다. 인간으로서의 애정과 애욕의 뿌리도 아직 끊지 못하고 있었다. 마왕의 세 딸이 반나체의 모습으로 온갖 아양을 다 떨며 유혹을 해 보일 때, 부처의 심리 또한 인간으로서 누구나 갖고 있는 뿌리 깊은 욕망을 나타낸다고 추측된다. 그것을 완전히 씻어 내야만 참다운 깨달음이 열릴 수 있는 것이다.

깨달음을 얻게 된 부처는 이윽고 설법 전도를 시작하게 된다. 그러나 금방 설법을 시작하지는 않는다.

놀라운 말을 들은 사람이 그것을 남에게 알려 주고 싶어하거나, 신앙을 얻은 사람이 그 기쁨을 친구와 나눠 가지려 하는 것은 당연하고 자연스러운 일이다. 그러나 부처의 경우는 조금 다르다. 깨달음을 얻은 기쁨은 한없이 깊었다. 그런 기쁨을 맛보면서 그 자리에 49일 동안 머물러 있었다 한다. 그 동안에도 마왕의 말들이 다시 나타나 어떤 때는 처녀를 가장하여 유혹하였고, 어떤 때는 중년 부인의 풍만한 매력으로 부처를 유혹하려 했다. 그러나 그는 시원한 그늘을 주는 보리수를 가끔 고마운 눈으로 바라볼 뿐이었다.

이렇게 '법열(法悅 : 참된 이치를 깨달았을 때의 기쁨)'을 혼자 맛보고 있을 무렵, 부처는 다음과 같은 생각을 떠올렸다.

'내가 깨달은 것은 남들에게 들려 주어도 헛일이다. 내가 깨달은 법은 너무도 깊고 너무도 미묘해서, 애욕에 눈이 어두운 사람들이 이해할 수 없다. 이대로 침묵을 지키고 곧 열반으로 들어가는 것만 못하다.'

'열반으로 들어간다'는 것은 죽는 것을 말한다.

설법에 앞서, 일단 부처가 설법을 포기했다는 것은 대단히 흥미있고 또 중요한 의미를 갖는다. 우리는 그것을 '부처의 침묵'이라 일컬을 수 있고, 또는 '설법의 부정', 적어도 '설법의 주저'라고 일컬을 수 있을 것이다. 그 침묵과 부정은 곧 뒤의 대승적인 '공(空)' 사상에 연결되는 것이다.

말로써는 나타내지 못하는 것, 말로 전할 수 없는 것을 '불가사의' 또는 '불가설'이라고 한다. 불가사의란 기적을 말하는 것이 아니다. 생각을 초월한 것, 생각할 수 없는 것을 말한다. 따라서 그것은 말과 개념을 가지고 설명할 수 없는 것이다. 말을 하면 자연스레 잘못을 저지르게 되고 사람들은 오해하게 된다. 따라서 부처는 침묵을 지키려 했다. 부처의 이 침묵은 그대로 '공'에 연결된다. '공'이란 개념에 근거한 모든 설정을 부정하는 것인 동시에 모든 학문을 포함한 문화를 부정하는 것이기도 하다. 종교에는 이같이 문화를 부정하는 측면이 있다.

이 부처의 침묵은 뒤에 《유마경(維摩經)》에서 '유마의 일묵(一默)'으로 이어진다고 볼 수가 있다.

불교 수행자의 형태는 배우는 태도에 따라 먼저 성문(聲聞)과 독각(獨覺)의 두 가지로 나뉜다. 이 둘을 합쳐 소승교도(小乘敎徒)라 부르며, 대승의 보살이라는 수행자에 대립시키고 있다. '성문'이란 설법을 듣는 사람이란 뜻으로, 부처의 직접 제자를 가리킨다. '독각'은 자기 혼자 힘으로 도를 깨달은 사람이다. 성문은 들은 것만을 그대로 지킬 뿐, 가르침이 공이란 것을 알지 못하는 소승이다. 그리고 독각은 아직 이기적인 까닭에 자신이 깨달은 진리를 남에게 말하려 하지 않는다.

부처는 설법 이전에는 아직 독각에 지나지 않았다. 그러나 부처는 실은 자비와 지(知)를 겸한 보살이었기 때문에 설법을 해야만 했다.

이리하여 녹야원(鹿野苑)에서 처음으로 설법을 했는데, 이것을 초전법륜(初轉法輪)이라고 한다. 여기에서 다섯 비구가 부처의 제자가 된다. 이로써 비로소 불(佛)·법(法)·승(僧)의 삼보(三寶)가 성립되었다. 불은 부처, 법은 설법의 내용, 승은 곧 다섯 명의 비구이다. 이것은 불교 교단이 탄생한 것, 불교의 역사가 처음 시작된 것을 뜻한다.

만일 부처가 침묵을 지킨 그대로 수행만 했다면, 불교는 현실 종교는 될 수 없었을 것이다. 불교사(佛敎史)가 시작되기 위해서는 설교가 필요했다. 설교와 설법은 위에서 말한 이유에서 '말할 수 없는 것을 굳이 말하는 것'이다.

따라서 부처의 설법과 전도는, 앞서 있었던 고행보다 훨씬 어려운 일이었다. 전도를 45년이란 긴 기간에 걸쳐 계속했던 것은, 다른 종교의 개조에게서는 찾아볼 수 없다. 이 기간은 말하자면 부정(否定)을 되풀이함으로써 계속 새롭게 깨닫고 또 깨달았던 기간이라 할 수 있다.

4 사상과 교리

제자들은 부처의 설법을 기억하여, 이윽고 경전과 율전(律典) 형식으로 편찬해서 보급했다. 부처가 설법한 교리가 무엇인가를 항목만을 들어 요약해 보면 다음과 같다.

부처의 근본 관점은 연기(緣起)로 불리는 것이다. 그에 앞서 먼저 중도(中道)를 설명하고, 또 사성제(四聖諦)를 설명한다. 사성제는 네 가지 진리란 뜻이다. 첫째, 세계는 괴로움에 차 있어서 인생은 모든 괴로움의 경험이라는 진리(苦諦). 둘째, 그 고(苦)에는 원인이 있다. 즉 번뇌(煩惱)가 그것이라는 진리(集諦). 셋째, 이 고의 원인이 절멸된 경지가 있다. 그것이 열반(涅槃)의 진리(滅諦). 넷째, 그것을 절멸로 이끄는 도가 있는데, 그것이 팔정도(八正道)요, 중도(中道)라고 하는 진리(道諦).

또 삼법인(三法印)이 있다. 법인이란 불교의 근본의(根本義), 불교의 표시라는 뜻으로 제행무상(諸行無常)·제법무아(諸法無我)·열반적정(涅槃寂靜)을 말한다. 여기에 일체개고(一切皆苦)를 더하면 사법인(四法印)이다.

이들 가운데 무아(無我)는 특히 오온(五蘊 : 마음과 몸의 다섯 요소)의 설과 관계가 깊다. 온이란 쌓인 것, 모인 것, 묶음의 뜻. 오온은 색(色)·수(受)·상(想)·행(行)·식(識)의 다섯을 말한다. 색은 물질적 존재, 다른 넷은 모두 심적인 작용을 분석한 것이므로 결국 사물과 마음을 묶은 것이 '오온'이다.

고·무상·무아·열반 등은 부정적인 관념으로, 특히 고(苦)는 사성제의 첫째이기도 하다. 현실 세계를 고로써 파악하고, 그 고를 사고(四苦)·팔고(八苦) 등의 종류로 생각한 것은 불교다운 생각이라고 말할 수 있다.

이 고의 원인은 내적인 번뇌, 특히 인간의 행위(業 ; 업, 곧 카르마)에서 찾게 된다. 고는 행위의 결과이다. 괴롭기 때문에 새로운 무지와 번뇌를 낳고, 새로운 행위를 끌어 일으켜, 다시 새로운 고를 불러내기 때문에 이러한 되풀이(輪 ; 윤, 곧 삼사라)는 끝나는 일이 없다. 이것을 윤회(輪廻) 또는 유전(流轉)이라고 부른다.

중요한 것은 연기(緣起)라는 개념이다. 이 말은 원래 '어떤 것을 인연(緣)해서 어떤 것이 일어난다(起)'라는 뜻으로 세상 만사는 반드시 무엇인가를 연(緣 : 원인)으로 하여 생긴다는 것이다.

이것이 윤회를 설명하는 '십이지연기(十二支緣起)'의 바탕이 된다. 구체적인 설법은 《반야심경(般若心經)》에서 자세히 설명하였다.

불교사에서 뭐니뭐니해도 황금 시대는 고타마 부처가 살아 있을 당시였다. 그 뒤를 잇는 제자들 시대는 차츰 타락의 길을 걸었다. 이른바 소승 시대

(小乘時代)이다. 이 타락으로 흐르는 시대에 다시 발랄한 정신적 앙양을 보게 된 것이 나가르주나(龍樹 ; 용수)에서 시작되는 대승 시대(大乘時代 : 2세기에서 5세기를 중심으로 한다)이다. 이 시대는 부처 시대 못지않은 황금기였다. 이와 같은 황금 시대는 중국 당(唐)나라 시대, 즉 7세기를 중심으로 다시 나타났다고 말할 수 있을 것이다.

여기에서 황금이니 타락이니 하는 것은, 교단(敎團)의 외형적인 세력이 쇠하거나 성하거나를 말하는 것이 아니다.

독창적인 새로운 정신이 일어났던 시대를 황금기라고 불렀다면, 독창성이 없어지고 단순히 보수적으로 되어 있던 시대를 타락기라고 부른 것이다.

교단의 외형적인 세력은 부처가 열반한 뒤에도 계속 신장되어 수도원은 각지에 그 수를 더해 갔고, 기원전 3세기의 아소카 왕 시대에는, 불교는 인도 전역뿐만 아니라 국경을 넘어 국외로 전파되어, 그들 지방에 불교 문화가 꽃을 피우고 있었다.

그러나 이들 문화의 발전이나 외형적인 교단의 확대에 따라 반드시 불교적 정신이 앙양된 것은 아니다. 그보다도 부처가 말로써 할 수 없는 것을 말한 그 순간부터 타락, 퇴폐의 싹이 트기 시작했다고 말할 수도 있을 것이다.

이러한 경향이 이른바 소승 시대, 수구 보수의 시대란 것을 낳은 것이다. 소승은 경전 해석을 고정시켜 계율의 조문을 일정 불변인 것으로 만들고자 하는 관점이다.

이에 반해 좀더 진보적인 사람들은 조문(條文)과 문자의 당면한 의미보다도 그 속에 숨어 있는 부처의 참뜻을 알려고 하고, 조금이라도 더 자유로운 해석을 주려고 했다. 이것이 '대승(大乘)'이라고 불리는 운동이다.

대승은 '커다란 탈 것'이란 뜻이다. 사실 '작은 탈 것'으로써도 괴로운 바다를 건너 저편 언덕(彼岸 ; 피안, 곧 깨달음의 세계)에 다다를 수는 있을 것이다. 그러나 그것은 한 사람이나 몇 사람밖에 건네 주지 못한다. 나나 몇 사람뿐이 아니라, 모든 사람들을 함께 태우고 건너갈 수 있는 큰 배가 곧 '대승'인 것이다.

소승과 대승은 정각(正覺)에 들기 위한 하나의 관점이다. 소승이란 대승에 확신을 가진 사람들이 자기 이전의 사람들을 깎아서 부른 명칭이지만 '깨달음'이라는 본질에서 보면 관점의 차이일 뿐이다.

5 대승경전

대승과 소승의 구별은 여러 가지로 풀이되고 있다. 예를 들면, 대승은 이타(利他 : 자기가 얻은 공덕과 이익을 중생에게 주며 제도하는 것)의 정신에서 오는 것으로서 재가주의(在家主義), 공관주의(空觀主義)와 같다. 소승과 크게 다른 점은 특히 보살(菩薩) 사상이라 할 수 있다. 보살은 일반적으로는 '깨달음을 구하는 중생'을 뜻한다. 소승에서는 깨달음을 얻기 전의 부처를, 대승에서는 부처에 국한되지 않고 깨달음을 얻으려는 모든 중생을 밀컫는다. 어느 의미에서는 모든 중생은 다 보살이다. 중생은 모두 깨달음을 얻어 성불할 사람들이므로 보살에게는 모든 중생이 구원을 받지 못하는 한, 자신도 구원을 받지 못하리라는 서원(誓願)이 있다.

이러한 보살의 이상적 유형이 의인화(擬人化)되고 상징화되어 관세음보살·미륵보살·문수보살 등의 여러 보살이 나오게 된 것이다.

대승경전의 효시가 《반야심경(般若心經)》이다. 《마하반야바라밀다심경(摩訶般若波羅蜜多心經)》의 약칭으로 크고 작은 갖가지 경전으로 이루어져 있다.

'마하'는 '크다'라는 뜻, '반야'는 '지혜'라는 뜻, '바라밀다'는 '최초의 위대성'이니 '완성(完成)'이니 하는 본래의 뜻에서 '도피안(到波岸 : 저쪽 언덕에 다다르다)'라는 뜻을 나타내게 되었다. 즉 지혜로써 인생의 목적을 완성하는 것, 즉 저쪽 언덕에 다다르는 것이다.

《반야심경》은 모든 대승경전의 기초가 되며, 거기에서 말한 '공(空)' 사상은 모든 대승사상의 중심 바탕이 된다. 따라서 공을 말하지 않거나, 공에 바탕하지 않은 사상은 대승이 아니다.

《반야심경(般若心經)》

'대반야경'의 기본 사상을 요약하고 압축시킨 불경이 《반야심경》이다. 원이름은 《마하반야바라밀다심경》인데 이를 줄여서 《반야심경》 또는 《심경》이라 부른다.

《심경》은 당나라 삼장법사(三藏法師) 현장(玄奘)이 옮긴 것으로 모두 260자이다. 번역본은 일곱 가지나 있지만 으레 현장법사의 번역본을 일컫는다. '색즉시공(色卽是空) 공즉시색(空卽是色)'이란 말이 모르는 사람이 없을 정도로 널리 보급되어 있는 것도, 《반야심경》을 불교도 이외의 모든 사람들이 널리 읽고 있기 때문이다. 《반야심경》을 모르고는 불교의 교리를 말할 수 없다고 할 만큼 이 경은 중요한 경이니, 8만 6천이나 되는 불교 경전의 오묘한 진리가 이 260자 속에 다 들어 있다고 해도 무방할 정도이다.

《금강경(金剛經)》

《금강경》은 《금강반야바라밀경(金剛般若波羅蜜經)》의 약칭으로, 600권 중의 하나일 뿐이지만, 역사상으로 비교적 일찍 성립된 것으로 보인다. '금강'은 금강석(오늘날의 다이아몬드)을 뜻한다기보다는 인드라 신이 가지고 있는 금강저(金剛杵, Vajra)를 뜻할 것 같다. '금강'이 '반야'를 꾸미는 것인가, 아니면 '번뇌'를 가리킨 것인가 하는 데에는 두 가지 해석이 있으나, 어느 것이 되었든 반야는 번뇌를 끊는 것이다.

《금강경》이 널리 애독된 것은 산스크리트 원본 외에 티베트어 번역과 한문 번역은 물론, 호탄어 등 중앙아시아의 여러 말로 된 번역본이 현재 남아 있는 것으로도 알 수 있다. 한문 번역본은 여섯 내지 여덟 가지가 있는데, 그 중에도 구마라습(鳩摩羅什)의 번역본이 가장 널리 보급되어 있고 특히 선가(禪家)에서 애독하고 있다.

그리고 《반야경》인데도 '공(空)'이란 글자가 한 번도 나오지 않는다. 그러나 공이란 글자는 없어도 사상은 전체에 넘쳐흐르고 있다.

《유마경(維摩經)》

《유마경》은 달리 《불가사의해탈경(不可思議解脫經)》·《유마힐소설경(維摩詰所說經)》·《정명경(淨名經)》이라고도 일컬으며, 위에서 말한 《반야심경》의 정신을 문학적으로 엮은 책으로, 전체를 하나의 각본으로 읽어 왔다. 구마라습의 번역본은 예부터 중국 문인들이 많이 읽어 왔다. 여기에서는 산스크리트어 원전에 가장 가까운 티베트어 번역본을 대본으로 한 것을 옮겨 놓았다.

《유마경》은 전편이 거의 역설적인 대화로 차 있다. 비말라키르티(維摩詰 : 유마힐)는 도시에 사는 큰 부자로 속인(俗人 : 승려 아닌 일반인)이었다. 그러나 공(空)에 대한 이해와 지혜를 가진 사람으로, 이 책에는 어려서부터 출가해서 수행한 부처의 제자들과 보살들을 비평하고 공격한 대승의 재가주의(在家主義)가 철저히 나타나 있다. 수행자를 존경하지만, 소승을 중시하고 형식에 치우친 수행은 하찮게 여긴다.

6 대승 논전

경(經) 다음에 논(論)의 시대가 계속된다.

대승론(大乘論) 시대에는 많은 철학자로서의 학승(學僧 : 論師)이 배출되었다. 초기에 나타난 사람이 나가르주나(龍樹)이다. 150~250년 무렵의 사람으로 추정되는데, 불교 사상 제2의 황금 시대가 이때에 시작된다.

나가르주나는 남부 인도의 브라만 집안에 태어나 인생의 환락에 빠져 있다가 늦게 불교에 귀의해서 비구가 되었다고 한다. 나가르주나는 대승불전을 발굴한 사람으로 그의 기본적이고 이론적인 저술에 육론(六論)이 있다. 그 중심을 이루는 것은 《중론(中論)》 500송(頌)이다. 여기에 실린 《회쟁론(廻諍論)》도 그 하나이다. 《중론》은 《반야심경》에 나오는 공의 철학을 논리적으로 해명한 것이다.

7 선의 역사

선(禪)은 보리달마(菩提達磨)가 인도에서 중국으로 건너간 데서 시작된다. 지금은 '달마'라는 표기로 통일되어 있지만, 달마에 대한 전기는 전설적인 면이 강하다. 그에 대한 이미지는 시대에 따라 많이 달라진다.

원래 달마에게는 두 개의 얼굴이 있다. 하나는 6세기 초에 갑자기 북위(北魏)의 수도인 낙양(洛陽)에 나타난 색다른 외국 스님으로서의 얼굴이고, 다른 하나는 선의 시조로서 중국 스님의 얼굴이다. 서로 모순된 두 얼굴은 선의 운동이 퍼짐에 따라 묘하게 서로 얽혀 고유의 이미지를 만들어 낸다. 색다른 외국 스님은 남조(南朝)에서 불법천자(佛法天子)로 불린 양무제(梁武帝)를 호통치기도 하다가, 북위의 불교학자들의 미움을 받아 독살을 당하게 되자, 무덤 속에 한쪽 신만을 남기고 표연히 인도로 돌아가 버린, 신인(神人)의 모습을 나타내게 된다.

달마의 전기와 어록들은 모두 후세 사람들이 만들어 낸 것으로 여겨지지만, 그의 전기가 가장 잘 정리되어 있는 것은 당나라 정관(貞觀) 19년(645)부터 십여 년을 지나 완성된 《속고승전(續高僧傳)》이다.

그의 어록으로는 《달마삼론(達磨三論)》과 《소실육문(少室六門)》이 있고, 근년 돈황문서(敦煌文書) 중에 발견된 《이입사행론(二入四行論)》과 《달마무심론(達磨無心論)》 등이 있다. 모두 후세 사람들이 가필하고 보충해서 만든 것으로 여겨진다.

선 사상의 가장 큰 특색은 인간의 본마음을 청정(淸淨)하다고 한 것이다. 청정이란 공을 뜻한다. 마음이 깨끗하다는 것은 완전히 아무것도 생각하지 않는 것이다. 거기에는 착한 것도 악한 것도, 깨끗한 것도 더러운 것도 없다. 좌선(坐禪)은 그런 본심의 실증에 지나지 않는다.

달마 이전의 좌선은 마음의 어지러움을 다스리는 방법에만 치우쳐 있었다. 본래의 좌선은 마음을 일으키지 않는 것, 또는 마음이 일어나지 않는 것이다.

그러나 달마의 사상은 단순히 그것뿐이었을까. 그러한 의문에 대답하는 것이 육조(六祖) 혜능(慧能)과 그 이후 사람들의 몫이었다. 그들은 좌선을 단순한 심불기(心不起), 또는 무심(無心)이라고 생각하는 경향에 맞서 그것에 얽매이지 않는 적극성을 내세움으로써, 달마가 주장하는 선의 원리를 사상적으로 계승한다. 원래 초조(初祖)에서 육조(六祖)까지라는 생각은 실은 육조(六朝) 시대에 확립되었다.

《육조단경(六祖壇經)》은 그것을 표명하기 위해 나타낸 것으로, 많은 문제를 포함하고 있다. 그러한 역사의 역관(逆觀)이 있기 때문이다.

좌선이란 어떤 것인가. 이 말에 대한 새로운 정의가 돈황본 《육조단경》에 보인다.

'밖으로 모든 존재에 대해 마음이 일지 않는 것이 좌(坐)요, 본성에 눈이 떠 있어 어지러워지지 않는 것이 선(禪)이다.'

좌는 '염불기(念不起)'를 말하고 선은 '본성을 보는 것[견성(見性)]'을 말한다.

'견성'이란 두 글자가 하나의 정확한 개념을 가지고 선의 역사에 나타난 것은 《육조단경》이 최초이다.

《육조단경》은 혜능이 만년에 소주(韶州) 대범사(大梵寺)로 와서 출가(出家)한 제자들과 재가(在家)하는 제자들에게, 자기의 전기와 사상을 말하는 형식으로 씌어졌다. 단(壇)은 계율(戒律)을 받는 단(壇)을 뜻하는 것으로, 수계(授戒)로 불리는 불교 입문(佛敎入門) 의식을 행하기 위한 특정한 장소를 말한다. 혜능은 여기에 모인 청중에게 계율을 주고, 새로운 선 운동을 일으킨다. 이 경우도 본래부터 완전한 각자(覺者)의 본심이 기본이 된다.

반야심경(般若心經)

〔佛說摩訶〕般若波羅蜜多心經
(唐三藏法師玄奘譯)

觀自在菩薩, 行深般若波羅蜜多時, 照見五蘊皆空, 度一切苦厄. 舍利子, 色不異空, 空不異色, 色卽是空, 空卽是色, 受想行識, 亦復如是. 舍利子, 是諸法空相, 不生不滅, 不垢不淨, 不增不減. 是故, 空中無色, 無受想行識, 無眼耳鼻舌身意, 無色聲香味觸法, 無眼界, 乃至無意識界, 無無明, 亦無無明盡, 乃至無老死. 亦無老死盡, 無苦集滅道, 無智亦無得. 以無所得故, 菩提薩埵, 依般若波羅蜜多故, 心無罣礙, 無罣礙故, 無有恐怖, 遠離〔一切〕顛倒夢想, 究竟涅槃. 三世諸佛, 依般若波羅蜜多故, 得阿耨多羅三藐三菩提. 故知般若波羅蜜多, 是大神呪, 是大明呪, 是無上呪, 是無等等呪, 能除一切苦, 眞實不虛, 故說般若波羅蜜多呪. 卽說呪曰

揭帝* 揭帝, 般* 羅揭帝, 般羅僧揭帝, 菩提僧莎* 訶

般若(波羅蜜多)心經

〈주〉

1. 〔 〕 안에 있는 것은 現行本에는 있는데 玄奘譯에는 없는 部分. ( ) 안에 있는 것은 玄奘譯에는 있는데 現行本에 없는 것.
2. *帝는 現行本에는 諦, 般은 波, 僧莎는 薩婆 또는 娑婆로 되어 있다.

반야심경

1 《반야심경(般若心經)》 해제

《반야심경(般若心經)》을 주석하기에 앞서 먼저 경의 제목 곧 《반야심경》이라는 이름에 대해 설명코자 한다. 《반야심경》은 줄여서 《심경(心經)》이라 불리기도 하는데, 본디 이름은 《반야바라밀다심경(般若波羅蜜多心經)》이다.

한 마디로 경(經)이라 하지만 예부터 8만 4천 법문(法門)이라고 불릴 정도로 불교 경전에는 헤아릴 수 없이 많은 경이 있다.

그러나 그 많은 경 가운데서 이 《심경》처럼, 처음과 끝이 하나로 통해 있고, 또 모든 진리를 포함하고 있으면서도 이렇게 간단한 경은 없다. 《심경》은 전부 260자밖에 안 된다. 하기는 우리들이 현재 읽고 있는 《심경》에는 '일체(一切)'라는 두 글자가 더 있으므로 결국 262자가 되는 셈이다.

이 경은 널리 알려져 있는 점에서는 유교(儒敎) 경전인 《논어(論語)》와 맞먹는다고 말할 수 있다. 유교 경전 가운데 논어를 첫손으로 꼽듯이 불교 경전에서는 이 《반야심경》을 첫손으로 꼽고 있다.

'불경(佛經)' 하면 《반야심경》, '심경' 하면 불교를 연상할 정도로 이 《심경》은 불교도가 아닌 일반인들에게까지도 널리 알려져 있는 경이다.

본디 이름인 '반야바라밀다심경'이라는 말에 대해서는 '반야'와 '바라밀다' 그리고 '심경', 이렇게 셋으로 각각 나눠서 그 뜻을 설명함이 좋을 것 같다.

반야(般若)라는 말은 원래 인도어를 그대로 한자로 옮겨 놓은 것으로서 산스크리트어로는 '프라즈나(prajna)', 팔리어로는 '판냐(paññā)'이다. 이 산스크리트어와 팔리어를 옮기면 지혜(智慧)란 뜻이 된다. 그러나 그것은 우리가 보통 말하는 그런 지혜가 아니다. 반야라는 말이 지니고 있는 지혜는 우리가 말하는 그 보통 지혜를 벗어난 참지혜이다. 원래 불교에서는 우리들 평범한 사람들이 갖는 지혜를 부처의 지혜와 구별하기 위해 식(識)이라는 말을 쓰고 있다.

이 식이란 참다운 도를 깨닫지 못한 거짓 지혜로서 모든 번뇌가 이로 인해 생겨나게 된다.

그래서 평범한 인간이 부처가 되는 것을 전식득지(轉識得智)라고 말하는데, 이것은 곧 거짓된 앎에서 벗어나 참된 앎을 얻는다는 뜻이다. 우주의 진리를 체득한 부처(깨달은 사람)가 지닌 지혜가 바로 반야의 지혜이다.

다음에 바라밀다(波羅蜜多)란 말은 반야와 마찬 가지로 산스크리트어를 그대로 한자음으로 옮긴 것이다.

이 바라밀다라는 말은 '저 언덕에 이른다'는 뜻으로, 이를 한자로는 도피안(到彼岸)이라고 쓴다. 불교에서는 우리가 알고 있는 현실 세계 즉 망상(妄想)에 사로잡힌 부자유스런 세계를 '이 언덕' 즉 차안(此岸)이라 말하고, 이상의 세계, 진리를 깨달은 자유스런 세계를 '저 언덕' 즉 피안(彼岸)이라 부르고 있다. 그러므로 '바라밀다'란 말은 곧 이 언덕에서 저 언덕으로 건너가는 것, 다시 말해 현실 세계에서 이상 세계로 들어가는 것을 말한다.

그런데 불교에서 말하는 이상 세계, 즉 피안이란 곧 부처의 세계이므로, 피안에 이른다는 것은 결국 부처가 되는 것이다.

그런데 피안으로 건너갈 경우 자기 혼자만 건너느냐 다른 사람들과 함께 건너느냐가 문제가 된다. 다시 말해 나 혼자만 진리를 깨달아 부처가 되느냐, 좀더 많은 사람들까지 진리를 깨닫게 하여 부처가 되게 하느냐 하는 차이가 생기게 된다.

우리가 흔히 말하는 소승(小乘)이니 대승(大乘)이니 하는 것은, 바로 위에서 말한 혼자 저 언덕으로 건너가느냐, 여럿이 함께 건너가느냐 하는 차이에서 온 구별에 지나지 않는다. 즉 소승은 혼자이고 대승은 여럿이다. 소승은 자리(自利)이고 대승은 자리와 이타(利他)이다. 자리란 자각(自覺)이고 이타란 각타(覺他)이다. 스스로 깨달은 사람은 남도 함께 깨닫게 해 주어야 마땅한 일일 것이다.

그러므로 소승보다는 대승 쪽이 참다운 불교라고 말할 수 있다.

다음 '심경(心經)'의 심(心)자는 보통 '심장'이나 '마음'이란 뜻으로 쓰이고 있다. 그런데 여기에서는 진수(眞髓 : 어떤 사물의 가장 중요한 부분)나 핵심이나 중심이라는 뜻을 가지고 있다.

'심경'의 심은 인도어 '흐르다야'를 중국어로 옮긴 것이다. 이 흐르다야란 인도어에는 '염통'이란 뜻과 '마음'이란 뜻 외에 '진수'라는 뜻이 있다.

'심경'은 산스크리트어의 수트라란 글자를 옮긴 것으로 수트라는 진리(眞理)를 뜻한다. 진리를 말한 것은 곧 부처님이 말한 것으로, 중국에서 성인의 말씀을 기록한 글을 경(經)이라고 한 것과 같으므로 경이라 이름을 붙인 것이다.

위와 같이 '반야'·'바라밀다'·'심경' 셋으로 나누어 설명했는데, 이《반야심경》이라는 경은 결국 '인생의 참다운 목적지는 어디인가' '어떻게 해서 우리는 부처의 세계에 도달할 수 있는가' '부처의 세계에 도달한 심경(心境)은 어떤 상태인가'를 아주 간단 명료하게 말한 경이다.

이러한 의미에서 이《반야심경》은 '지도경(智度經)'이라고 번역되기도 한다. 아무튼 이《반야심경》은 절에서 수도하는 사람만이 읽는 한낱 불경으로만 끝나는 것이 아니다. 참다운 진리란 무엇이며, 참다운 지혜란 어떤 것인가를 파악해서 가르쳐 주는 아주 오래되고 또 새로운 성전(聖典)이다.

적어도 참다운 삶에 눈을 뜨고 '어떻게 살 것인가'의 길을 찾고자 하는 사람이면, 어느 사람이든 한 번은 꼭 이 글을 읽어 볼 필요가 있다. 이 세상에서 이렇게 간단하지만 진리를 남김없이 다 말한 글은《반야심경》외에 또 없을 것으로 생각한다.

2 반야(般若)의 실천

관자재보살(觀自在菩薩)
행심반야바라밀다시(行深般若波羅蜜多時)
조견오온개공(照見五蘊皆空)
도일체고액(度一切苦厄)

경의 첫머리에 있는 이 25자는《심경》전체의 중심이 되는 것이다.

262자로 되어 있는 《심경》은 결국 이 25자를 세로로 또는 가로로, 또는 안으로부터 또는 밖으로부터 여러 방면에서 설명한 것에 지나지 않는다.

이를 우리 말로 옮기면 다음과 같이 된다.

"관자재보살이 깊은 반야바라밀다를 행할 때, 다섯 가지 쌓임이 모두 공허한 것임을 비추어 보고 모든 괴로움과 재앙을 건넌다."

관자재보살(觀自在菩薩) : 관자재보살은 곧 관세음보살(觀世音菩薩)을 말한다. 관세음보살을 관음보살이라고도 한다. 세음(世音)은 세상의 소리, 즉 대중의 소리를 가리킨 것으로, 관세음이란 인간의 마음 속을 훤히 들여다본다는 뜻이다. 즉 관세음보살은 우리들의 육체적인 고통과 정신적인 번뇌를 살펴 알고 이를 구해 주는 부처이다.

산스크리트어의 아발로키테슈바라(Avalokiteśvara)를 '관자재(觀自在)'라고 옮긴 것이다. 현장보다 250여 년 전에 인도에서 중국으로 건너와 많은 불경을 옮긴 바 있는 구마라습(鳩摩羅什)이 '관세음(觀世音)'이라고 옮긴 것을 현장이 '관자재'라고 고친 것이다.

산스크리트어의 아발로키테슈바라는 지킨다는 뜻의 '아바'와 본다는 뜻의 '로키타'와 자재롭다는 뜻의 '이슈바라'가 합쳐서 된 말이므로, '자유자재로 지켜본다'는 뜻의 관자재가 좀더 정확한 번역이라 할 수 있다. 그러나 이미 수백 년을 두고 민간 신앙에 깊이 뿌리박혀 있는 이 관세음이라는 이름은 현장의 힘으로도 고칠 수 없었던 것이다.

우리들의 '본다'는 말 가운데는 한자로 견(見)·관(觀)·시(視)·찰(察)의 네 가지 뜻이 들어 있다고 할 수 있다. 이 중 견(見)이란 것은 육안으로 사물을 보는 것이고, 관(觀)이란 것은 이 보살이 보는 것과 같이 심안(心眼)으로 사물을 보는 것이다.

우리들이 흔히 쓰고 있는 관찰(觀察)이란 말은 '마음의 눈으로 사물을 잘 살펴본다'는 뜻으로서 우리들은 이 관찰을 통해 사물의 진상(眞相)을 정확하게 알 수 있는 것이다.

그런데 '관자재'라는 것은 자신의 수행(修行)이나 남을 구제하는 경우에 보는 것과 행하는 것이 자유자재(自利, 利他의 觀行無礙自在)로운 능력을 가리켜 말한 것으로, 이 부처의 능력인 '뛰어난 관찰의 지혜'(妙觀察智)의 효과를 보여 주고 있다.

보살 자신이 이 지혜를 갖추어 반야로써 비추어 보고 모든 괴로움에서 떠나 있는 것은 말할 것도 없다. 세상 모든 사람들은 살고 죽고 하는 바다 속의 괴로움을 되풀이하고 있으므로, 관자재보살은 이들을 구제하려는 서원(誓願)을 일으키게 된다.

그리고 이 서원을 실현하기 위해 부처의 모습으로 나타나기도 하고, 성문(聲聞 : 설법을 듣고 영원히 변하지 않는 네 가지 성스러운 진리의 이치를 깨달아 아라한이 되고자 하는 부처의 제자)과 같은 모습으로 되기도 하며, 나아가서는 여러 신(神)들의 모습—범천(梵天)·제석(帝釋)·비사문(毘沙門) 등 온갖 형태를 갖추어 사람들을 구제한다.

모든 사람의 고통과 번민을 골고루 살펴 알고 이들을 한 사람도 빠짐없이 구제해 낸다는 것은 쉬운 일이 아니다. 참된 지혜로써 괴로움을 올바로 꿰뚫어보고, 자비(慈悲)로써 이를 구제하는 것이다.

행심반야바라밀다시(行深般若波羅蜜多時) : '깊은 반야바라밀다를 행할 때'는 관자재보살이 심심미묘(甚深微妙)한 반야의 종교(宗敎)를 실천하는 것을 말한 것으로, 관음보살이 단순히 마음의 눈을 열어 반야의 철학을 인식한 것만이 아니고, 반야의 종교를 몸소 실천한 것이다.

그런데 깊다는 뜻의 심(深)에 대해서 예부터 해석들이 분분하지만 결국 심은 얕다는 뜻인 천(淺)의 반대로서 심원(深遠)이나 심묘(深妙)라는 뜻을 가지고 있다. 즉 보살이 터득한 심오(深奧)한 지혜를 나타내기 위해 붙인 것, 우리들 인간이 가지고 있는 것과 같은 천박(淺薄)한 지혜, 곧 모든 현상은 실체가 텅 빈 것임을 비추어 본 진리의 지혜를 가리키는 것이다.

다음에 우리가 주의하지 않으면 안 될 글자는 '반야바라밀다를 행할 때'의 '행한다'는 말이다. 이 말처럼 중요한 뜻을 지닌 것은 없다고 해도 지나친 말은 아니다. '철학'이 아는 것이라면 '종교'는 행하는 것이라고 할 수 있다. 행함이 없는 종교, 실천이 따르지 않는 종교는 주검이나 다름이 없다.

대체로, 서양 사람들이 학문하는 목적은 '아는 것'이 주(主)가 되어 있지만, 동양 사람들이 학문하는 목적은 '행하는 것'에 중점을 두고 있다. 즉 안다는 것은 행하기 위해서인 것이다. 그리고 행해 본 다음에 비로소 참된 지혜가 완성되는 것이다.

유교 경전인 《중용(中庸)》에 '널리 배우고, 자세히 묻고, 삼가 생각하고, 밝게 분별하고, 독실하게 행한다(博學之, 審問之, 愼思之, 明辨之, 篤行之)'란 말이 있다. 이 말은 학문하는 목적과 이상을 잘 나타내고 있다고 생각된다.

그런데 관자재보살이 깊은 반야바라밀다를 행한다는 것은 결국 반야의 지혜를 완성했다는 것이 되며, 그것은 곧 육도(六度)를 행한다는 것을 말한다. 육도란 육바라밀(六波羅蜜)로서, 보시(布施)·지계(持戒)·인욕(忍辱)·정진(精進)·선정(禪定)·반야(般若)를 말하는 것으로, 앞의 다섯은 바른 실천을 말하고 끝의 반야는 바른 인식을 말한 것이다.

예부터 팔종(八宗)의 조사(祖師)인 용수보살(龍樹菩薩)은 《지도론(智度論)》이라는 책 가운데서 '지목(智目)과 행족(行足)으로서 청량지(淸凉池)에 이른다'고 말했다.

청량지는 '맑고 시원한 못'이란 말이다. 이것은 미망(迷妄)에서 벗어난 열반(涅槃: 깨달음)의 세계를 비유해 말한 것이다. 이 열반의 세계에 이르기 위해서는 이 지혜의 눈(智目)과 걸어가는 발(行足)이 필요한 것이다. 지혜의 눈은 앎을 뜻하고, 걸어가는 발은 실천을 비유해 말한 것이다. 즉 안 다음에 이를 실행하지 않으면 참다운 깨달음의 세계로 들어갈 수 없는 것이다. 왕양명(王陽明)이 말한 지행합일(知行合一)의 이론도 여기에서 나온 것이라고 볼 수 있다. 불교에서는 예부터 이 '지목행족'이란 것을 대단히 중요하게 다루고 있다.

바른 인식과 이론 없이 바른 실천이 있을 수 없고, 바른 실천이 없는 인식과 이론은 아무런 가치도 갖지 못하는 것이다. 지목과 행족을 주장하는 불교는 어디까지나 바른 이론과 실천이 보다 높은 차원에서 통일되어야 한다는 것을 주장하는 것이다. 따라서 불교의 관점에서 보는 철학과 종교는 결국 이 지목과 행족의 관계에 있는 셈이다.

바른 인식이란 어떤 것인가. 불교에서는 한 마디로 지혜라고 하더라도 거기엔 세 가지가 있다고 말한다. 즉 문혜(聞慧)와 사혜(思慧), 수혜(修慧)의 삼혜(三慧)가 그것이다.

첫째로, '문혜'는 귀로 들은 지혜를 말하는 것으로, 이른바 '백 번 듣는 것이 한 번 보는 것만 못하다'는 가장 확실성 없는 초보적인 것이다. 그것도 아는 것임에는 틀림이 없지만, 때로는 안 들은 것만도 못한 결과를 가져오게 되는 것이므로 참된 지혜라고는 말할 수 없다.

둘째로, '사혜'란 것은 생각해서 얻은 지혜를 말한다. 귀로 들은 지혜를 다시 한번 마음 속으로 더듬어 보고 생각해 본 다음에 얻은 지혜이다. 즉 사색(思索)을 통해 얻은 지혜이다.

독일의 칸트는 그가 가르치는 학생들에게 늘 철학하는 것의 필요를 외쳤다고 한다. 즉, "여러분은 철학을 배우기보다 철학하는 것을 배우라. 나는 여러분에게 철학을 가르치려는 것이 아니고 '철학하는 것'을 가르치고 있는 것이다"라고 주장했다고 한다. 칸트가 말한 이른바 철학하는 것으로 말미암아 얻어진 지혜가 바로 이 사혜에 해당된다고 생각된다. 그러므로 사혜는 철학 분야에 속하는 것이다.

셋째로, '수혜'란 것은 실천을 통해 얻어진 지혜이다. 자기가 직접 행해 봄으로써 얻어진 지혜이다. 백 번 보는 것이 한 번 행하는 것만 못하다고 하는 그 행동에서 오는 지혜인 것이다. 따라서 그것은 종교의 영역(領域)에 속한다.

이와 같이 지혜에 세 가지 구별이 있듯이, 평소 글을 읽을 경우라도 그저 입만으로 읽어서는 아무 소용이 없는 것이다. 그것은 마음으로 읽고 몸으로 읽어야만 한다.

조견오온개공, 도일체고액(照見五蘊皆空, 度一切苦厄) : '오온이 다 공임을 조견하고 일체의 고액을 도했다'는 것은 관자재보살이 반야의 종교를 체험한 결과를 말한다. 즉 모든 괴로움을 다 없애고 이 땅에 평화롭고 깨끗한 세계를 이룩했다는 것이다. 따라서 오온개공, 즉 모든 것이 다 공이라고 하는 것이 관자재보살의 체험 내용인 반야의 참모습이다.

그런데 여기에서 가장 까다롭고 어려운 것은 오온(五蘊)이란 말과 공(空)이란 말이다. 오온은 산스크리트어의 '판크스칸다스'라는 말을 옮긴 것이다. 판크는 '다섯'이란 수이고, 스칸다스는 '쌓인 것'이란 뜻이다.

예부터 불교학자들은 이 온(蘊)이란 글자를 적집(積集 : 쌓아 모은다)이라는 뜻으로 풀이하고 있다. 그러나 이 다섯 가지의 쌓아 모은 것은 정지된 상태에 있는 것이 아니고, 쉬지않고 움직이고 있는 것이다. 스칸다스를 산스크리트어학자들은 '움직이고 있는 상태'라고 번역하고 있는데, 매우 흥미있는 것으로 생각된다.

① 색온(色蘊) : 눈에 보이는 것, 변해 없어지는 것으로 모양을 나타내는 형색(形色)과 빛을 나타내는 현색(顯色) 두 가지로 크게 구별한다.
② 수온(受蘊) : 밖으로부터의 자극을 받아들이는 작용. 인상 작용(印象作用).
③ 상온(想蘊) : 받아들인 인상을 머리에 떠올리는 작용. 표상 작용(表象作用).
④ 행온(行蘊) : 의지(意志)와 행동의 작용.
⑤ 식온(識蘊) : 의식 작용(意識作用).

이것을 다시 설명하면 색(色)이란 것은 남녀 간의 사랑을 말하는 그런 애정적인 것은 결코 아니다. 불교에서는 '형태가 있는 물질'을 가리켜 색이라 말하고 있다. 둥글다든가 네모나다든가 하는 모양도 색으로서 이것을 형색(形色)이라 말한다. 붉다든가 푸르다든가 하는 빛도 색으로서 이것을 현색(顯色)이라 한다. 결국 물질적인 존재는 모두가 색인 것이다.

다음에 수(受)와 상(想)과 행(行)과 식(識)은 '물질을 대하는 마음'을 말하는 것으로, 오늘날 심리학의 말로 표현하면 감정(感情)과 지각(知覺)과 의지(意志)와 의식(意識)에 해당하는 것이므로 결국 이것들은 형태가 없는 정신 작용을 넷으로 나눈 것이 된다. 그리고 이 정신 작용 중에서 식(識)이 중심이므로 이를 심왕(心王), 즉 마음의 왕이라 부르고 있다. 이것에 대비되는 것으로서 수·상·행은 의식에 곁달려서 나타나는 기능이기 때문에 이를 심소(心所), 즉 마음의 정신 작용이라고 부르고 있다. 어느 것이든 그것은 우리의 주관적 정신 작용을 네 가지로 분류해 놓은 것이다.

따라서 '오온'이란 결국 형태가 있는 것과 형태가 없는 것, 즉 유형(有形)의 물질과 무형(無形)의 정신의 집합(集合)을 뜻하는 것으로, 불교식으로 말하면 색(色)과 심(心), 즉 색심이법(色心二法)으로 되는 것이다. 이 경우 법(法)은 존재(存在)한다는 뜻이다. 그러므로 물질을 중심으로 일체 만물을 설명하려고 하는 유물론(唯物論)이나, 정신을 중심으로 세계의 모든 것을 바라보려고 하는 유심론(唯心論)이나 다같이 편견에서 오는 것이므로, 불교는 이들을 배격하는 것이다.

　주관도 객관도, 일체의 사물(事物) 하나하나가 다 오온의 집합에 의해 생겨난 것이라고 보는 것이 불교의 근본적인 태도이다. 즉 이른바 물심일여(物心一如), 또는 색심불이(色心不二)라고 보는 것이 가장 바른 세계관이요, 인생관이 되는 것이다.

　다음으로 공(空)이란 말인데, 이것 또한 정말 설명하기 힘들고 까다로운 말이다. 알고 있는 것 같으면서 잘 알 수 없고, 모르는 것 같으면서 또 알고 있는 말이기 때문이다.

　만일 여러분에게, 하나에 하나를 더하면 몇이 되느냐고 묻는다면, 틀림없이 여러분은 "누구를 바보로 아느냐?"면서 화를 내게 될 것이다. 그러나 한 걸음 나아가 "도대체 그 하나란 무엇인가, 하나에다 하나를 보태면 어째서 둘이 되느냐?"고 묻는다면?

　지금 내가 글을 쓰고 있는 서재에는 책상이 있고 의자가 있고 꽃병이 있다. 어느 것이나 다 하나이다. 그러므로 책상이 하나이고 물병이 하나가 아니라고는 말할 수 없는 것이다. 책상이 하나이면 꽃병도 하나이다. 그렇게 말하는 나도 하나이고 내가 있는 서재도 하나이다. 내가 살고 있는 고장도 나라도 세계도 하나이다. 그러므로 새삼스럽게 하나란 무엇이냐 하고 묻게 되면 대단히 대답하기 곤란하게 된다.

　그러나 여기에 있는 이 꽃병과 조금도 다르리지 않는 똑같은 꽃병은 아무리 세계가 넓다지만 이 꽃병 이외에는 하나도 없다. 그러므로 이것은 오직 하나뿐인 꽃병인 것이다. 이와 마찬가지로 세계의 모든 것은 다 오직 하나뿐인 존재이다. 그러므로 만일 이 꽃병과 같은 꽃병이 또 하나 있으면 둘이 되는 것이지만 실재로는 없는 것이다. 그러므로 하나에 하나를 더하면 둘이 되는 까닭이 뭐냐 하는 아주 간단하고 뻔히 아는 질문이라도 이렇게 되면 매우 어려워지고 만다.

　어느 수학자에게 "하나란 무엇이냐" 하고 물어 본 적이 있다. 그런데 그 수학자는 "수학에서 늘 하나란 이미 알고 있는 것으로 치고 계산해 나가는 것"이라고 대답했다.

　그러나 이 대답은 '하나란 무엇이다'를는 설명하는 것은 되지 못한다. 우리가 가장 안심해도 좋은 수학이 이 모양인 것이다. 하물며 다른 과학에서는 어떻겠는가. 아무리 다 알고 있는 것, 더 설명할 필요가 없는 것으로 알고 있는 것도 막상 설명을 하려고 하면 쉽사리 설명이 되지 않는 것이다.

괴테는 과연 위대한 시인이다. 하나 더하기 하나, 그것은 '공개된 비밀'이라고 그는 말하고 있다. 우리들은 그저 그것을 신비적 직관, 종교적 직관에 의해서만 알 수 있다고 말하고 있으나, 그것을 괴테가 '공개된 비밀'이라고 말한 것은 정말 멋있는 말을 한 것이다.

종교적 직관이란 말은 참으로 멋있고 뜻깊은 말이라고 생각된다. 도대체 우리들 인간이 가지고 있는 말이니 사상이니 하는 것은 완전한 것 같으면서 실은 불완전한 것이다. 생각하는 것, 말하고 싶은 것, 그것은 좀처럼 뜻대로 표현할 수 없는 것이다. 가장 슬픈 세계, 가장 기쁜 경지라는 것은 도저히 있는 그대로 붓이나 입으로 표현할 수 있는 것은 아니다. 붓으로는 그래도 뭐라고 쓸 수 있겠지만 말로는 도저히 생각하는 그대로를 솔직하게 다른 사람에게 전할 수 없기 때문이다.

여기에서 생각나는 것은 《유마경(維摩經)》에 나오는 유마거사(維摩居士)와 문수보살(文殊菩薩)의 문답이다. 어느 날 유마는 문수에게 불이(不二)의 법문(法門), 즉 진리란 어떤 것이냐 하고 질문한 일이 있었다. 그때 문수보살은 이렇게 대답했다.

"불이의 법문은 우리들의 말로는 설명할 수도 말할 수도 없는 것이다. 진리는 일체 우리들의 말을 초월해 있다."

그러자 이번엔 반대로 문수보살이 유마거사에게 불이의 법문이란 무엇이냐 하고 반문했다. 그러자 유마는 그저 잠자코 아무 대답도 없었다는 것이다.

'그때에 유마는 침묵하고 말이 없었다'라고 《유마경》에는 씌어 있었다. 이 묵연무언(默然無言)의 한 구절이야말로 문수에게 건네는 가장 명쾌한 대답이었던 것이다.

그러자 문수도 과연 지혜의 문수였는지라

"좋도다, 좋도다, 글자도 말도 없다. 이것이 참으로 불이의 법문에 들어가는 것이다."

하고 도리어 유마의 침묵을 감탄했다 한다. 중국 원나라 때 고승(高僧)인 축선범선(1292~1348)이 지은 《축선화상어록(竺僊和尙語錄)》에는 "유마의 침묵이 우레와 같다(維摩一黙如雷)"라는 말이 실려 있다. 이 침묵의 묵(黙)이란 한 글자를 볼 때면 많은 것을 떠올리게 된다.

《기신론(起信論)》이란 글에, 오직 증(證)만이 서로 응한다는 '유증상응(唯證相應)'이란 말이 있다. 모든 깨달음의 세계는 다만 깨달은 사람만이 알 수 있는 것이다. 어찌 깨달음의 세계뿐이겠는가. 모든 것은 직접 체험해 보지 않고는 올바르게 깨달을 수 없는 것이다. '과부 설움은 과부가 안다'든가 '자식을 길러 보아야 부모의 심정을 안다'든가 하는 속담은 다 같은 진리에서 나온 말이다.

직접 고생을 해 보지 못한 사람은 고생하는 사람의 심정을 조금도 알지 못하는 법이다. 옛날 이야기에 이런 말이 있다. 어느 추운 겨울날 대감이 거처하는 방문 앞에서 하인들이 모여 춥다고 야단들이었다. 대감은 방에서 듣다 못해 영창을 확 열며

"이놈들아 오늘 같은 날 뭐가 그리 춥다고 야단들이냐?"

하고 소리를 버럭 질렀다. 그러자 문이 열리는 순간 찬바람이 대감의 코를 스치고 들어왔다. 대감은 얼른 문을 닫으며

"하긴 코는 좀 시리군."

하고 말했다는 것이다. 훈훈한 방 안에 앉아 있는 대감은, 문 하나를 사이에 둔 하인들의 춥다는 소리가 조금도 실감나게 들리지 않았던 것이다. 코는 좀 시리다는 것은 체험을 통해 안 느낌이지만 그것이 어찌 완전한 체험이 될 수 있겠는가.

고생을 해 본 사람만이 고생한 사람을 위로하고 지도하며 가르칠 수 있는 것이다. 그러나 그가 하는 위로는 결코 말로써 하는 것이 아니다. 말없는 가운데 서로 느끼고 통하는 것이 있다. 마음, 기분, 그 태도이다. 잠자코 손을 꽉 잡으면 그것으로 족한 것이다. 달콤한 말이나 그럴듯한 말만으로는 도저히 상처입은 사람의 마음을 달래 주지는 못하는 법이다.

이야기가 옆길로 샜으나, 《반야심경》의 공(空)이란 글자 속에는 한량없이 깊은 뜻이 들어 있는 것이다. 많은 종교 철학자들은 "종교의 극치(極致)는 공이다"라고 말하고 있다. 이 공이란 한 글자 속에는 온갖 복잡하고 심오한 철학이나 종교가 빠짐없이 다 들어 있는 것이다. 이 공이야말로 불교의 핵심 중의 핵심이요, 정수 중의 정수다. 그러므로 이 공이란 글자를 설명하기란

참으로 쉬운 일이 아니다. 그런데 깊고 깊어서 뚜렷하지 않고 야릇하고 묘한 공을 관자재보살은 몸소 체험한 것이다. 그리고 인생의 온갖 고뇌(苦惱)를 극복해 넘으로써 고뇌가 없는 정토(淨土)를 이 세상, 이 땅 위에 건설한 것이다.

따라서 우리도 인생의 고뇌를 넘어 정토에 태어나려면, 아무래도 관음보살처럼 공을 알지 않으면 안 된다. 공이 가지고 있는 깊은 뜻을 확실히 인식하지 않으면 안 된다. 공을 파악하는 것이야말로 바로 인생의 승리자가 되는 길이다. '공'을 참으로 아는 사람, 참으로 공에 통한 사람이야말로 바로 살아 있는 관음보살인 것이다. 그러므로 우리들은 적어도 자기의 모습에서 관자재보살을 발견하는 것과 동시에, 관자재보살에서 자기의 참모습을 찾아 내지 않으면 안 되는 것이다.

이 공의 뜻에 대한 설명은 다음 장에서 다시 설명하기로 한다.

3 색즉시공(色卽是空)

사리자(舍利子)
색불이공(色不異空)
공불이색(空不異色)
색즉시공(色卽是空)
공즉시색(空卽是色)
수상행식(受想行識)
역부여시(亦復如是)

이를 옮기면 다음과 같이 된다.

"사리자야, 색(色)은 공(空)과 다르지 않고, 공은 색과 다르지 않다. 색이 곧 공이요, 공이 곧 색이다. 수(受)와 상(想), 행(行)과 식(識)도 이와 같다."

사리자(舍利子) : 《반야심경》에 나와 있는 고유명사는 앞에 나온 '관자재보살'과 여기 나와 있는 '사리자'뿐이다. 관자재보살은 이 경전을 풀어서 이야기하는 사람이고 사리자는 이를 듣는 사람이다. 《반야심경》은 사리자에게 불교의 가르침을 풀어서 밝힌 경전인 것이다.

이 사리자는 관자재보살과는 달리 실제로 존재했던 인물이다. 물론 대승경전(大乘經典)인 이 《반야심경》에 사리자가 실제로 등장하게 되는 역사적 사실이 있었다고는 생각되지 않는다. 그러나 실제로 있었던 부처님 제자인 사리자를 등장시킬 수밖에 없었던 이유는 무엇일까.

먼저 첫째로, 사리자(사리푸트라)는 목련(木連 : 목갈라나)과 함께 부처의 제자 가운데 장로(長老)였다는 것을 생각할 수 있다.

다같이 10대제자(十大弟子)의 한 사람들로, 사리자는 지혜제일(智慧第一), 그리고 목련은 신통제일(神通第一)이라고 불리고 있었다.

두 사람은 부처의 제자가 되기 전부터 벌써 일가(一家)를 이룬 사상가였다. 전기(傳記)에 기록된 바에 따르면, 두 사람은 다같이 부처가 성도(成道)한 나라인 마가다 왕국의 왕도인 왕사성(王舍城) 근처 마을에서 태어나서 당시 자유사상가로 이름 높았던, 육사외도(六師外道)의 한 사람인 산자야 벨라티푸타의 제자로서, 각각 100명이나 되는 제자를 두고 있었다.

이 산자야란 사람은 일종의 불가지론자(不可知論者)로서, 지식의 전달과 가르침의 유효성(有效性)을 부정하고 있었다고 전해지고 있다. 이런 회의론자(懷疑論者) 밑에서 연구를 계속해 온 사리자와 목련은 논증력(論證力)이 아주 강인했던 것으로 생각된다.

두 사람이 부처님에게로 귀의(歸依)하기 전에 벌써 일가를 이룬 사상가였다는 점과, 아울러 또 한 가지 주의해야 할 점이 있다. 그것은 이들 두 사람이 다같이 석가세존의 입적(入寂)에 앞서서 세상을 떠났다는 사실이다. 특히 목련은 왕사성에서 음식을 받으러 다닐 때, 불교 교단(敎團)을 원수로 대하던 집장범지(執杖梵志 : 인명. 손에 든 지팡이가 사람 머리와 비슷했음)에 의해 돌에 맞아 죽었다고 한다.

이렇게 불교 교단의 두 중심 인물이 석가보다 앞서서 먼저 죽고 만 것은, 만년의 석가세존에게나 또 그 제자들에게 큰 충격을 주었을 것으로 생각된다. 이 빈 틈을 메워 석가세존의 만년과 그리고 석가가 죽은 다음의 교단을 이끌어 나간 것은 가섭(迦葉, Mahākāśyapa)과 아난(阿難, Ananda) 두 사람이었다.

가섭은 부처가 열반한 뒤에 불교 교단을 이끈 장로로서, 중요한 위치에 있으면서 부처의 말씀을 모아 경전을 편찬한 것은 널리 알려진 사실이다. 이 경전 편찬이 끝난 다음, 가섭은 아난에게 법통을 인계하고 자신은 계족산(鷄足山)으로 들어가 입정(入定)했다고 전해지고 있다. 그런데 아난은 부처의 사촌동생으로, 젊어서 석가세존의 제자가 되어 만년의 석가세존을 20여 년이나 따랐던 사람이다. 그는 석가세존의 모든 가르침과 설법을 부처 곁에서 가장 많이 들었으므로 다문제일(多聞第一)로 불렸고, 부처가 열반한 뒤에도 40여 년이나 살아 있었다고 전한다.

부처의 제자로서는 가장 유력하면서도 약간 이단(異端)의 계보(系譜)에 서던 사리자와 목련은 일찍 죽고, 정통 계보이면서 나이 많은 대가섭(大迦葉)마저 죽고 난 다음, 속연(俗緣)으로 말하면 석가세존의 제자요, 불연(佛緣)으로 말하면 부처의 후계자가 된 아난의 명성과 인망이 압도적으로 높았을 것은 상상하고도 남음이 있다.

석가세존이 열반한 뒤의 불교 교단은, 하나는 남쪽으로 퍼져 남방상좌부(南方上座部, 소승불교)가 되고, 다른 하나는 북쪽으로 뻗어 설일체유부(說一切有部) 등의 보수파나 대중부(大衆部) 등의 진보적인 부파(部派)를 낳아, 이들의 논쟁과 상호 영향 가운데 대승불교라는 새로운 조류가 생겨나게 된 것도 잘 알려져 있는 일이다.

이로써 아난과 가섭은 남방상좌부에 강한 신앙을 모으고 있으며, 사리자와 목련은 대승경전에도 나오게 되는 기회를 오래 지녀 왔다는 사실을 알게 된다. 이것은 불교 교단의 성격을 생각할 때, 상좌부(小乘)와 대승불교를 불교 교단에까지 거슬러 올라가 파악하게 되는, 한 중요한 시사(示唆)를 주는 것으로 생각된다.

아난과는 달리 다른 사상 훈련을 거치고 있는 사리자는, 인도의 카스트 제도의 하나인 '고도로 복잡한 사변(思辨)의 숙달자(熟達者)'라는 경력을 가지고 있다. 이러한 경력 때문에 사리자는 살아 있을 때부터 '유능하지만 이단적인 인상을 주는 존재'로 인식되었을 것으로 생각된다. 이러한 인상 때문에 그가 죽고 난 뒤, 대승경전 가운데에서 그의 행장(行狀)이 우상화됨에 따라, 몇 개의 유형이 생겨나게 되었다.

그 하나는 사리자가 주지주의자(主知主義者)라는 생각이다.

이 유행을 우리는 《유마경》 속에서 볼 수 있다. 이 점에 대해서 《유마경》에는 재미있는 이야기가 전해지고 있다.

유마거사가 병으로 누워 있다는 소문을 들은 부처의 제자들은 문수보살을 따라 거사를 문병한다.

이때 문수와 같이 온 사리불(舍利弗 : 유마경에는 사리자를 사리불로 썼다)은, 거사의 방에 의자가 하나도 없는 것을 보고, "우리는 도대체 어디에 앉아야만 하지?"라고 걱정을 한다. 이것을 본 유마거사는 사리불에게 "그대는 법(法)을 구하러 왔는가, 아니면 의자를 찾으러 왔는가?" 하고 물은 다음, 법을 구하는 일에 관해서 온(蘊)·처(處)·계(界)와 같은 육신이나 현상(現象)을 구성하는 것은 둘째 문제이고, 법만이 가장 소중한 것임을 풀어서 이야기한다.

그런 다음 이번에는 문수를 보고, 동쪽의 삼십육 항하사(恒河沙 : 강가강의 모래알만큼 많은 수)의 나라를 지나간 곳에 있는 3만 2천 개의 높고 넓으며 존엄하고 깨끗한 사자좌(獅子座)를 보내 오도록 할 것을 약속했다.

그러자 그 자리들이 금방 유마의 방으로 들어오게 되어, 보살들은 그 중 하나만으로도 8만 4천 유순(由旬 : 인도 거리 단위, 대·중·소 세 가지가 있는데 각각 80리·60리·40리에 해당한다)의 높이를 가진 엄식제일(嚴飾第一)의 자리 위에 편안히 앉아 설법을 계속 들었다는 것이다.

이 한 장(章)은 불사의품(不思議品)이란 이름을 붙이고 있거니와, 그것은 바로 석가세존의 설법좌(說法座)와 같은 정신을 나타내고 있다.

법을 말하는 곳이 석가세존의 법좌·금강좌(金剛座)로 된 것처럼, 유마와 문수처럼 법을 구하는 사람에게는, 방장(方丈)의 암자(庵子)는 실상 그것이 그대로 몇만 리나 되는 큰 자리를 3만 2천 개나 넣고도 아직 여유가 있는 큰 법좌로 된다는 것을 보여 준 것이다.

이 이야기는 몇 장을 지나간 '향적불품(香積佛品)'에서 되풀이되고 있어서 우리들에게 법좌에서의 가장 소중한 것은 법이지 '자리〔座〕'가 아니란 것을 거듭 보여 주고 있다.

여기에서 사리불이 다시 등장한다. '입불이법문(入不二法門)'의 가르침이 설명되고, 법좌가 한창 절정에 달했을 때, 사리불은 "그럭저럭 점심때가 되었는데 점심은 대체 어떻게 하는 건가?" 하고 걱정한다.

그의 그런 마음을 벌써 알고 있는 유마는 여기에서도 그에게

"그대는 법을 구해 팔해탈(八解脫)을 들으러 온 것인가? 아니면 욕식(欲食)의 잡념이 목적이었는가? 그런데 밥이 먹고 싶다면 지금 최고의 밥상을 차

려 올리겠네."

하고 이번엔 상방계(上方界) 사십이 항하사 수의 불토(佛土)를 지난 곳에 있는 중향국(衆香國), 즉 향기가 시방(十方)에 가득 차 있는 나라에서, 중향의 사발에 향반(香飯)을 담은 좋은 음식이 배달되었던 것이다.

여기에 나오는 사리자(舍利子)는 주지주의의 좋은 면을 대표하는 것이 아니고, 나쁜 면을 대표하고 있다. 그는 해탈(解脫)을 생각하기에 앞서 먹고자 하는 잡념을 중시하는 생활주의자이다. 이른바 '염불에는 마음이 없고 잿밥에만 마음이 있는 사람'이다. 이렇게 되면 사리자도 원통해 울고 싶을 일이지만, 이것 대승가(大乘家)가 장로(長老)에게 품고 있던 감회의 한 끝이라 말할 수 있을 것이다.

《유마경》에서 나오는 사리자의 모습은, 대승불전에 나오는 사리자 모습에 비하면 예외처럼 보이며, 《반야심경》에 나오는 사리자의 모습이, 대승경전에 나오는 사리자의 모습을 잘 나타내고 있다고 할 수 있을 것이다.

여기에서는, 사리자는 '깊은 반야바라밀'의 가르침을 귀담아 듣는 첫째가는 책임자로, 부처의 위신력(威神力)을 감득(感得)한 대고중(對告衆 : 경전을 설법하는 대상)으로 등장하고 있다. 반야삼장(般若三藏)이 옮긴 《반야심경》의 첫머리는 이런 사정을 잘 말해 주고 있다.

'사리불이 부처의 위신력을 받아, 합장공경하여 관자재보살 마하살에게 아뢰어 말하기를, 선남자(善男子)로 만일 깊은 반야바라밀다를 행(行)하고자 하는 사람이 있으면 어떻게 수행(修行)할 것인가' 하고 물었다. 그때 관자재보살이 구수(具壽 : 비구의 호칭) 사리불에게 일러 말하기를……'

여기에서는, 사리자는 지혜제일의 부처의 제자로서, 알기 어려운 반야바라밀다의 가르침을 받는 데 뽑혀 있다.

그리고 부처가, 삼천대천세계(三千大千世界)에 있는 일체중생의 지혜를 모으더라도 사리자의 지혜의 16분의 1에도 미치지 못한다고 칭찬한 그 지혜를 가지고서도, 오히려 '깊은 반야바라밀다'를 행하기 위해서는 《반야심경》을 들어야만 했다는 것에 대승가가 비약(飛躍)하고자 했던 방향(方向)이 있었다고 보아야만 할 것이다.

색불이공(色不異空) : 사리자에게 관자재보살이 말한 위의 가르침은 "색은 공과 다른 것이 아니고, 공은 색과 다른 것이 아니다. 색이 곧 공이요, 공이 곧 색이다"라는 한 구절이었다. 이 한 구절은 《열반경(涅槃經)》에 있는 '제행 무상(諸行無常)·시생멸법(是生滅法)·생멸멸이(生滅滅已)·적멸위락(寂滅爲樂)'이란 구절과 함께 가장 잘 알려져 있는 구절로, 《반야심경》 전체의 뜻을 나타내는 동시에, 또한 반야철학(般若哲學)의 가장 중요한 점을 보여 주고 있다.

그런데 막상 "공(空)이란 무엇이냐?" "공이란 무슨 뜻이냐?" 하고 물으면 이를 설명하기란 그리 간단한 것이 아니다.

설령 "공이란 이런 것이다" "공은 이런 뜻이다" 하고 설명한다 해도 처음 듣는 사람으로서는 도무지 이해가 가지 않는다. 그러므로 이 공을 설명하기 전에 먼저 공의 배경이 되고 공의 바탕이 되며, 공의 내용이 되어 있는 인연 (因緣)이란 말부터 설명을 해 감으로써 자연히 공이란 뜻을 알 수 있게끔 하는 것이 순서일 것 같다. 왜냐하면 인연이란 말의 뜻을 알지 못하면 도저히 공이란 것을 파악할 수 없기 때문이다.

사리자 즉, 사리불이 외도(外道)인 브라만교의 승려로서 석가세존의 불교로 귀의하게 된 동기도 실은 이 '인연'이란 말 한 마디에 있었던 것이다.

언젠가 사리불이 왕사성 거리를 지나가고 있을 때였다. 우연히도 그는 석가세존의 최초 제자이던 다섯 비구(比丘) 중의 한 사람인 아슈바지트 곧 아설시(我說示)를 만나게 되었다. 그리고 아설시로부터 뜻밖에도 다음과 같은 놀라운 진리의 말을 들은 것이다. 즉,

"일체제법(一切諸法)은 인연(因緣)으로부터 나온다. 여래는 그 인연을 말씀해 주신다."

라는 것이 바로 그것이다. 지금 우리들에게는 아무것도 아닌 평범한 말로밖에 들리지 않지만, 지혜제일의 사리불에게는 이 '인연'이란 한 마디가 정말 빈 골짜기의 발자국 소리처럼 마음의 귀를 울렸던 것이다.

예부터 이 한 구절은 법신게(法身偈) 또는 '연기게(緣起偈)'로 일컫는데, 그는 이 말을 듣게 되자 결연히 오랜 동안 자기 생명처럼 알아 오던 브라만의 교리를 버리고, 즉시 그의 마음의 친구인 목련존자(目連尊者)와 함께 석가세존에게로 달려가 드디어 지혜제일의 제자가 되었던 것이다.

이 지혜제일의 사리불을 대고중으로 삼아 석가세존은 "사리자야" 하고 불렀던 것이다. 그리고 "색은 공과 다른 것이 아니고, 공은 색과 다른 것이 아

니다" 하고 말했던 것이다.

'인연'이란 말은 참으로 평범한 낡은 말이다. 그러나 그것은 아무리 평범하더라도 의심할 여지없는 우주의 진리이다. 오늘날 우리들이 흔히 쓰고 있는 팔자소관이니 연분이니 인연이니 하는 말은, 사람의 힘과 지혜가 미치지 못하는 곳에 그 무엇이 있다는 것을 체험을 통해 실감하고 있는 데서 나온 말이다. 팔자니 운명이니 연분이니 하는 말들은 모두 '인연'이란 말에서 갈라져 나온 말들이다.

"인연을 아는 것은 곧 불교를 아는 것이다"라고 말할 정도로 불교 교리의 바탕을 이루고 있는 것이 이 '인연'이다. 석가세존은 실로 이 인연의 원리, 연기(緣起)의 진리를 체득함으로써 마침내 부처가 된 것이다. 보리수 아래에서의 성도(成道)란 것이 바로 그것이다. 석가세존을 부처님으로 만든 것은 다름 아닌 이 '인연의 진리'인 것이다. 마치 저 뉴턴이 지구의 인력을 발견한 것처럼, 석가세존은 지금까지 아무도 미처 몰랐던 '모든 것은 인연으로부터 생겨난다'고 하는, 이 영원한 평범한 진리를 처음으로 발견했던 것이다.

인연의 진리는 결코 석가세존이 새로 창조해 낸 것은 아니다. 석가세존은 인연의 창조자가 아니고 그것을 '발견한 사람'인 것이다. 석가세존은 스스로 인연의 진리를 발견함으로써 부처가 된 것이다. 그리고 그와 동시에 이 인연의 법을 '가르침'으로써 많은 사람 앞에 설명해 보인 것이 불교이다. '인연의 가르침', '진리의 가르침', 그것이 불교이다.

석가세존은 불교를 믿으라고는 말하지 않는다. 그러나 인연의 법을 믿으라고 말하고 있다. 그리고 이 인연의 진리를 믿는 사람이야말로 바로 불교를 믿는 사람인 것이다. 그러므로 비록 오래 전에 석가세존의 육신은 없어졌어도, 인연이라는 진리와 인연이라는 법은, 법신(法身)의 상(相)으로서 영원불멸한 불교의 진리요, 우주의 진리로서 오늘날에도 의연히 빛나고 있는 것이다. 아니 영겁(永劫)의 미래에까지 언제나 변함없는 진리로 빛나게 될 것이다.

그러면 이 인연이란 도대체 무엇인가? 인연이란 더 구체적으로 말하면 인연생기(因緣生起)라는 것으로 곧 인(因)과 연(緣), 과(果)의 관계를 나타내는 말로서, 인연을 달리 연기(緣起)라고도 말하는 것은 인연생기를 줄인 말이다. 인은 곧 원인을 말하는 것으로 결과에 직접 영향을 미치는 힘이고, 연은 인을 도와 결과를 낳는 간접적인 힘이다. 예를 들어 여기에 한 알의 벼가 있다고 하자. 이 경우 벼는 곧 인이다. 이 벼를 책상 위에 가만히 놓아두기만 해서는 언제까지 가도 한 알의 벼밖에 안 된다. 그리스도교 성경에서

'한 알의 밀이 땅에 떨어져 죽지 아니하면 한 알 그대로 있고 죽으면 많은 열매를 맺느니라'〈요한복음〉 12 : 24

라고 한 말과 같이, 한번 이것을 땅에 뿌리고 거기에 비와 이슬과 햇빛과 거름과 같은 온갖 연(緣)의 힘이 더해지면, 한 알의 볍씨는 가을에 수백 수천의 벼 알곡이 되는 것이다. 이것이 곧 인과 연의 관계이다. 그러므로 꽃을 피우고 열매를 맺는다는 결과는 반드시 인과 연의 화합(和合)에 의해서 비로소 이루어지는 것이다.

그런데 우리들은 언제나 겉으로 나타난 현상의 관찰에 젖어 모든 것을 단순히 원인과 결과의 관계로만 보려 하고 있다. 그러나 복잡하기 이루 말할 수 없는 모든 사물을, 간단히 원인과 결과라는 형식만으로 풀이해 보려는 것은 너무 무리한 일이 아닐 수 없다.

그러면 이 인연에 의해 생겨난 모든 사물은 도대체 무슨 뜻이 있으며 어떤 성질을 가지고 있는 것일까. 그것들은 참으로 어떤 관점에서 보더라도, 또 시간적으로나 공간적으로나, 끊으려야 끊을 수 없는 밀접한 관계에 있는 것이다. 그야말로 발끝에 채이는 돌도 인연인 것이다. 소매가 서로 스치는 것도 다른 원인에서 비롯된 인연인 것이다. 한 강물의 흐름도 한 나무의 그늘도 모두 다른 원인에서 비롯된 인연이다. 그것은 결코 이론이 아니다. 그렇게 생각하니까 그렇다든가, 불교식으로 생각하니까 그렇다든가 하는 것은 아니다. 그것은 진정코 사실인 것이다. 사실만이 모든 것을 웅변으로 증명해 준다.

벽에 괘종시계가 걸려 있다. 시계 표면에는 시침과 분침이 돌고 있을 뿐이다. 그러나 지금 이 시계의 내부를 뜯어 본다고 하면 어떻게 될까? 거기에 들어 있는 아주 정교하고 복잡한 부속품들이 서로 결합하고 어우러져서 시침과 분침을 돌리고 있는 것이다. 지금 나는 조그마한 서재에서 글을 쓰고 있다. 이것은 물론 간단한 사실이다. 그리고 서재가 어디에 있느냐 하는 것을 생각하고 나와 내가 태어난 고향을 생각한다. 점점 깊고 넓게 생각을 해나가면, 마침내는 '나'라는 이 조그마한 존재가 대한민국은 물론 전세계의 모든 것과 관계를 맺고 있음을 깨우치게 된다.

이와 같이 하나의 일, 물건 하나하나가 서로 관련되어 있지 않은 것은 없는 것이다. 다만 우리들이 그것을 모르고 있을 뿐이다. 우리가 알든 모르든, 일체의 사물은 서로가 무한한 관계 속에 존재해 있는 것이다. 시간을 놓고 말하더라도 오늘 하루는 결코 어제가 없이는 있을 수 없는 것이다. 또 내일과 뚝 떨어져 오늘만이 있는 것도 아니다. 독일의 유명한 철학자요 과학자인 라이프니츠는 '어제를 등에 업고 내일을 뱃속에 넣은 오늘'이라고 말했다. 아무튼 우리들이 살고 있는 세계 속의 일체의 것은, 어느 것이고 고립하거나 고정되어 있거나 홀로 존재해 있는 것이 아니고, 실은 종횡으로 한없이 서로 보완하는 관계에 있는 것이다. 즉 끝없이 생(生)·기(起)·소(消)·멸(滅)하는 관계에 있는 것이다.

생각하면 이와 같이 인연으로 인해서 생겨나는 일체의 사물, 오온(五蘊)의 집합(集合), 물(物)·심(心)의 화합(和合)에 의해 성립되어 있는 우리들의 세계에는, 어느 것 하나 영원히, 언제까지고 그대로 존재해 있는 것은 없다. 언제나 변화하고 유전(流轉)하고 있는 것이다. 부처는 제행무상이라 말했고, 그리스 철학자 헤라클레이토스는 '모든 것은 흐른다'(Panta rei : 만물유전(萬物流轉)) 라고 말했다. 만물은 자꾸만 변하고 옮겨가는 것이다. 모든 것을 다 의식하고 부정할 수 있어도, 이 사실만은 그 누구도 부정하지 못한다. 주자(朱子)의 권학시(勸學詩)에도 있듯이, 연못의 봄풀은 꿈에서 깨어나지 못했는데 섬돌 앞 오동나무 잎은 벌써 가을 소리를 낸다.

옛 시조에 이런 것이 있다.

간밤에 부던 바람, 만정도화(滿庭桃花) 다 지거다
아이는 비를 들고 쓸으려 하는구나
낙환들 꽃이 아니랴 쓸어 무삼 하리요.

정민교(鄭敏僑)

어제까지 활짝 피어 있던 복숭아꽃이 하룻밤 사이에 다 지고 만 것을 안타까워하는 시인의 심정이 잘 나타나 있다. 이미 져버린 꽃잎이나마 쓸지 않고 두고 보았으면 하는 심정은 이미 지나간 덧없는 청춘을 아끼는 심정이기도 했을 것이다. 그러나 그 져버린 꽃도 여름이 가고 가을이 오고 다시 겨울이 지나면 봄과 더불어 다시 또 피게 된다. 이렇게 해를 맞이하고 해를 보내며, 비록 꽃은 피고지고 할망정 복숭아나무는 여전히 그대로 남아 있는 것이다. 우리가 살고 있는 세계도 이와 다를 것이 없다.

수상행식 역부여시(受想行識 亦復如是) : '수·상·행·식 또한 이와 같다'는 것은 지금까지 말해 온 것을 총괄해서 결론을 내린 것이다. 색(色)만이 공(空)이 아니라 색을 포함한 오온(五蘊), 즉 물질적 현상과 정신적 현상 모두가 다 공이란 뜻이다. 즉 위에서 설명한 인연으로부터 생기는 일체의 법(法)은 모두가 공인 것이다.

봄에 그토록 아름답게 꽃을 피웠던 나무도 겨울이면 앙상한 가지만 남게 된다. 이것이 바로 '색즉시공(色即是空)'이다. 그러나 따뜻한 봄이 찾아오면 어느덧 그 말라죽은 듯이 보이던 나뭇가지에 다시 꽃이 피어나게 된다. 이것이 곧 '공즉시색(空即是色)'이다. 이와 마찬가지로 세상 어느 것이고 언제나 있다고 생각하는 것은 물론 잘못된 생각이지만, 또 공이라고 해서 아무것도 없다고 생각하는 것도 잘못된 생각이다. 정말 수수께끼 같은 이야기지만, '있는 것 같으면서 없고, 없는 것 같으면서 있는 것', 이것이 바로 이 세상의 실상(實相)이자 뜬세상의 참모습인 것이다.

이것은 결코 불교만의 이론은 아니다. 그것은 언제 어디서고 누구나 반드시 인정해야만 하는 우주의 진리이다. 거짓없이 눈앞에 나타나 있는 사실이다. 참으로 이 '유(有)'야말로 공(空)과 다름이 없는 유인 것이다. 공이라고는 하지만 결코 무(無)는 아니다. 유와 다름이 없는 공인 것이다. 공과 유는 결국 종이 한 장의 안과 밖이다. 살면서 죽고, 죽으면서 살고 있는 것이 인생의 상(相)이다. 생겨났다가는 없어지고, 없어졌다가는 생겨나는 것이 뜬세상의 모습인 것이다.

그러나 우리들은 아무래도 유(有)라고 하면 유에 사로잡히게 되고, 공(空)이라고 하면 그 공에 사로잡히기 쉽다. 그러기에 《반야심경》에서는, 유에 사로잡혀 색에 집착하는 사람에게는 '색은 곧 공이다(色即是空)'라고, 또 공에 사로잡혀 허무에 빠지는 사람에게는 '공은 곧 색이다(空即是色)'라고 말하여 이를 깨우쳐 타이르고 있는 것이다. "수상행식 또한 이와 같다(受想行識 亦復如是)"고 한 것은 곧 '색즉시공 공즉시색'을 다시 한 번 강조한 것이다. 대승불교의 원리는 이 '색즉시공(色即是空) 공즉시색(空即是色)'의 한 구절에 다 포함되어 있다고 해도 지나친 말은 아닐 것이다.

사물의 겉만을 보고 그 속에 숨어 있는 참모습을 보지 않는 것을 '피상지견(皮相之見)'이라고 한다. 오늘날 우리 사회에는 물질만 있고, 돈만 있으면 모든 것이 다 해결되는 것으로 생각하고, 돈을 수호신(守護神)처럼 떠받드는 사람이 많다. 돈이 모든 것을 말하는 세상이라고 믿고 있는 사람들이다. 하지만 돈이 말을 하지 못하는 것도 세상에는 의외로 많은 것이다. 수입이 많고 적은 것으로, 연봉이 많고 적은 것으로 그 사람의 인격까지 비판하는 것이 과연 옳은 것인가? 인격은 과연 돈보다 못한 것인가?

오늘날 많은 사람들은 자신이 돈을 쓰고 있는 것 같으면서 실상 돈에게 쓰임을 당하고 있는 것이다. 돈의 주인이라면 또 모르지만 돈의 노예라면 이것은 한심하기 그지없는 일이다. 그러나 그것이 사실인 데야 어쩌겠는가.

인간의 육신이 물질로 되어 있는만큼 물질을 떠나서 살 수는 없는 일이지만, 스스로를 만물의 영장이라고 처신하는 인간이 물질의 노예가 되어서 좋을 것인가? 빵없이 살 수 없는 인간은, 낭만으로도 살 수 없는 존재이다. 유물사관(唯物史觀)이 말하듯, 경제(經濟)만으로 복잡한 사회의 역사가 충분히 설명될 수는 없다. 포이에르바하가 주장한 "사회 문제는 결국 위장(胃腸)의 문제이다"라고 하는 유물론적인 견해도 물론 일면의 진리는 있다. 그러나 그것은 결코 온전하고 정당한 견해는 될 수 없는 것이다.

'붓대롱으로 하늘 보기'라는 말이 있다. 붓대롱 속으로 보는 하늘도 하늘은 하늘이다. 그러나 그것은 하늘의 일부이지 하늘의 전부는 아니다. 한 부분을 가지고 전부라고 생각하는 것은 커다란 인식부족(認識不足)이고, 이익사회(利益社會)가 사회의 전부라고 생각하는 것은 어디까지나 편견이다. 편견이라기보다 오히려 무서운 위험이 그 속에 엎드려 있는 것이다. 대체 사물을 깊이 본질적으로 생각하지 않는 사람에게는, 아무래도 형태가 없는 마음보다는 형태가 있는 물건 쪽이 눈에 잘 보인다. 그래서 자연스레 마음보다는 물건 쪽이 참다운 존재인 것처럼 생각하게 되는 것이지만 물질만으로, 빵만으로 모든 문제가 해결되는 것으로 생각하는 것은 큰 잘못이다.

그러나 모든 것은 마음먹기에 달려 있다라고 해서, 정신만으로 인간이나 사회를 움직일 수 있다고 하는 것은 아니다. 유물사관이 편견인 것과 마찬가지로 모든 것은 마음먹기에 달려 있다라고 해서 물질 생활과 경제 생활을 부정하는 것도 편견이다. 정신만으로, 사상만으로 사회가 움직인다고 생각하는 사람은 아마 없을 것이다. 경제만이라고는 감히 말할 수 없지만, 빵에 의해, 경제에 의해 현실 사회가 움직이고 있는 것도 사실이다. 공동사회의 일면에는 엄연히 이익사회가 존재하는 것을 알아 두어야만 한다.

의식(意識)이 존재를 결정하는 것과 같이 존재 또한 의식을 규정하는 것이다. 유물사관과 유심사관(唯心史觀)을 통합한 것을 통일사관(統一史觀)이라고 말할 수 있다면, 이 통일사관이야말로 곧 불교사관이다. 이것은 물건과 마음은 하나라는 관점에서 바라보려는 것이다. 즉 인연의 관점, 연기라는 의미에서 이 두 가지를 하나의 내용으로 보려는 것이다. 그러므로 그것은 '연기사관(緣起史觀)'을 다르게 나타낸 것이다.

이야기가 대단히 어려워진 감이 있는데, 마치 인간에게 육체와 정신의 양면이 있듯이, 인간 사회에도 물질적인 면과 정신적인 면이 있다는 것을 똑똑히 알아 두어야만 한다. 따라서 정신을 부정하는 유물사관도 옳지 않지만, 물질의 가치를 아예 부정하는 유심사관도 옳지 못한 것이다. 경제를 부정하는 생활은 오늘날에는 아예 불가능하다. 생활에 바탕을 두지 않은 이론은 공리(空理)이자 공론(空論)이다. 유물주의도 유심주의도 불교의 관점에서 말하면 다 편견인 것이다. 즉 마음에 의해 비로소 물질의 가치가 나타나고 물질에 의해 정신의 가치가 한층 뒷받침되게 된다. 길바닥에 떨어진 종이 한 장도, 그것을 소중하게 느끼는 사람에게는, 부처의 가르침이 미치는 영역(領域) 안에 포함된 것이라 생각할 때 비로소 그 경제적 가치가 인정되는 것이다.

그러므로 문제는 곧 물질을 대하는 마음가짐에 있다. 결국 물질을 정신보다 높게 보느냐, 낮게 보느냐이다. 물건이 마음을 거느리느냐, 마음이 물건을 거느리느냐이다. 사람이 돈을 쓰느냐, 돈이 사람을 쓰느냐이다. 대개, '바른 길을 걷고 중용을 지킨다(履正執中(이정집중))'는 것은 어느 세상 어느 시대에도 필요한 것이다. 인간의 바른 생활이 바른 생각에 좌우되는 한, 그 누구라도 먼저 바른 생각과 바르게 보는 것이 무엇인가를 똑똑히 알아 두어야만 한다. 생활이 비록 물질적으로 가난하더라도, 적어도 정신적으로는 넉넉한 생활을 하고 싶은 것이다. 돈많은 가난뱅이가 되느냐, 가난한 부자가 되느냐는 그 사람의 마음가짐에 달려 있다. 적어도 인연의 진리, 연기의 철학을 맛봄으로써 가난할망정 넉넉한 생활을 하고 싶은 것이다. 마음에 뚜렷한 신념을 가지고 바르고 맑고 굳건한 생활을 하고 싶은 것이다. 인연의 진리를 깨닫고, 반야(般若)의 공을 참으로 맛본 사람만이 중도(中道)를 걸을 수 있다. 참으로 살아 있는 관음보살은 이런 사람 속에서 탄생되는 것이다.

4 변하지 않는 세계

　　사리자(舍利子)
　　시제법공상(是諸法空相)
　　불생불멸(不生不滅)
　　불구부정(不垢不淨)
　　부증불감(不增不減)

이를 옮기면 다음과 같다.

"사리자야, 이 제법의 공상(空相)은 낳는 것도 아니고 없어지는 것도 아니며, 더러워지는 것도 아니고 깨끗해지는 것도 아니며, 늘어나는 것도 아니고 줄어드는 것도 아니다."

공상(空相)의 육불(六不) : 자기와 외계(外界)의 모든 것을, 내재된 마음과 그것에 대응(對應)하는 것이라는 두 가지 면에서 다섯으로 나눈 것이 오온(五蘊)의 분류였다. 이 오온은 기능은 있어도 실체(實體)는 없다. 인식할 수 있지만 없어지는 존재는 아니라는 것이 오온개공(五蘊皆空)의 사상이었다.

그러나 다시 우리들이 보고 듣고 알고 느끼고 하는 세계를, 그 모습〔相(상)〕에서 관찰해야만 한다. 그 결과 인간이 밤낮으로 인식하고 실천하고 있는 경계(境界)는 모두 인연소생(因緣所生)의 법(法)으로서 그 실체를 파악할 수 없다. 제법(諸法)은 공이다.

이 제법의 공이란 것을 세 가지 관점에서 해명하는 것이 이 대목이다.

첫째는 먼저 사물의 생기(生起)와 환멸(還滅), 즉 생멸(生滅)에 대해 공을 보는 것이고, 다음은 이 생멸하는 것을 듣고·보고·느끼고·아는 오근(五根＝五官)의 감각과 그에 대응하는 외계의 깨끗하고 깨끗하지 않은, 즉 정부정(淨不淨)의 본질을 보아야만 하며, 끝으로 이들 주(主)와 객(客)을 포함한 우주의 본체에는 털끝만큼의 증감(增減)도 없다는 것을 본다.

이와 같이 객관 세계의 생멸과 주관 세계의 정부정, 주와 객을 나눌 수 없는 세계의 증감이라는 세 가지 관점에서 분석하는 판단이 바로 이 대목의 취지이다. 관점으로 따지면 세 가지가 되지만 그 하나하나는, 언제나 긍정〔생(生)·정(淨)·증(增)〕과 부정〔멸(滅)·예(穢)·감(減)〕이라는 양면을 가지고 있기 때문에 모두 여섯 가지로 판단하게 된다. 그리고 이 여섯 가지 상대적인 판단은, 모두가 좀더 높은 절대적인 판단에서 볼 때는 하나의 근원적(根元的)인 경지인 공에 귀착하는 것으로 보기 때문에 이 대목의 판단을 공의 여섯 가지 상(相)이라 말해 왔다.

불생불멸(不生不滅) : "이 세상은 처음도 없고, 끝도 없다(無始無終)"라는 불교 역사관이 보여 주는 바와 같이, 우리 인간의 역사가 어디서 시작되어 어디로 가는 것인가에 대해서도 부처도 이를 말한 것이 없다. 다만 알 수 있는 것은, 사람이든 물건이든 이 세상에 있는 모든 것은 그 자체로서 생겨나는 것이 아니고, 다른 것을 통해 생겨난다는 것이다. 즉 인연을 통해 생겨났다가 인연을 통해 없어진다. 이것이 이 세상에 있는 사람과 물건이다. 인연이 합쳐질 때가 생(生)이고, 인연이 떠날 때가 멸(滅)이다. 그렇다면 새삼 사물의 본질(本質)이란 것을 물을 수도 없거니와, 물을 필요도 없다. 이 세상의 모든 만법(萬法)은 존재하지도 않고, 형태도 없으며, 인식할 수 없다고 하는 것은 이 때문이다.

용수(龍樹 : 나가르주나)가 그의 《중론(中論)》에서 "일체제법은 연(緣)에서 비롯되는 것이기 때문에 그 자체의 고유하고 변하지 않는 본성(本性)은 없다"라고 말한 것은 이런 뜻이다.

현상(現象)의 생멸이 바로 진실의 불생불멸이라고 말한 것은 완전히 같은 뜻으로 생각된다.

불구부정(不垢不淨) : 불생불멸의 세계 속에서도 오관을 가지고 볼 때는 생멸로 비치게 되는 것은 사실이다.

생멸로 사물을 보는 것은 상당히 높은 차원에서의 판단으로, 실제는 그보다 감각적인 판단과 감각이 앞서게 되는데, 정예 즉 깨끗하고 더럽다는 감각이 대표적인 것이다.

말할 것도 없이 감각기관은 밖으로 향해 열려 있다. 눈·귀·코·혀·몸(眼·耳·鼻·舌·身)의 오근(五根)과 그것을 통어(統御)하는 '의근(意根 : 의식기관, 즉 신경계와 두뇌의 작용)'을 더한 육근(六根)은 바깥 세계(外界)를 감각으로 받아들이는(五蘊에서 말하는 受) 기능을 가지고 있다.

이것을 통하게 되면 깨끗하고, 더럽고, 좋고, 나쁘고, 아름답고, 추한 것과 같은 우리들 일상 생활을 지배하고 있는 여러 가지 감각이 자연스럽게 등장하게 된다.

그러나 이들 감각도 형이상학적(形而上學的)인 판단 이상으로 상대적인 것이다. 그리고 그것이 본질(本質)로 거슬러 올라가면 불가득(不可得)이 되고 공이 된다. 흰옷 위에 묻은 때를 닦아내면 다시 흰옷으로 되돌아가듯이 우리들의 깨끗하고 더럽고 아름답고 추하다고 하는 판단은 과연 얼마만한 근거가 있는 것일까.

이것은 언뜻 보아서 일상적인 감각이나 인식의 세계만으로 말하고 있는 것 같지만 결코 그런 것은 아니다. 이것은 좀더 깊은 불교의 생명관(生命觀)과 인간관(人間觀) 위에 뿌리박고 있다.

우리들 인간은 누구나 다 부처가 될 가능성 즉 성불(成佛)의 가능성을 가지고 있다고 본다. 《열반경》이 밝히는 이른바 일체중생(一切衆生) 실유불성(悉有佛性)이란 것이다. 맹자(孟子)도 누구나 다 요순(堯舜) 같은 성인이 될 수 있다고 말했다. 그것이 맹자가 주장한 성선설(性善說)의 기초가 되고 있다. 《중용(中庸)》에도 "하늘이 주신 것이 성품(性)이요, 그 성품을 그대로 따르는 것이 도(道)요, 도를 닦는 것이 가르침(敎)이다"라고 했다. 진리는 하나인 것이다.

이 진리를 믿는 한 우리가 살아가는 과정에서, 우리를 둘러싸고 있는 번뇌는 한낱 곁다리에 불과하다. 이것이 곧 번뇌는 객진(客塵)이란 생각이다. 위에 말한 것과 아울러 본성청정(本性淸淨)·객진번뇌(客塵煩惱)라고도 말해진다.

우리들이 인식하는 정예(淨穢)를 불가득(不可得)이라 하고, 그 본질을 부정(不淨)·불예(不穢)라고 하는 것은 이 때문이다. 진구불가득(塵垢不可得) 구상불가득(垢相不可得)이란 본질을 바탕으로 한 현실적 감각의 초극(超克)에 의해, 《반야심경》이 전개하는 반야의 철학은, 사철의 변화와 인정(人情)의 기복(起伏)을 맛보아 가며, 그것에 사로잡히지 않고 그것을 사랑하는 경지를 펼쳐가게 하는 것이다.

공자(孔子)가 말한 극기복례(克己復禮)란 것도 다 이와 똑같은 진리를 말한 것이라 볼 수 있다. '극기' 즉 나를 이긴다는 것은 현실적 감각을 이겨낸다는 뜻이고, '복례' 즉 자연의 질서를 되찾는다는 것은 우주의 본질을 깨달아 그와 동화(同化)되는 것을 말한 것이다. 공자가 또 "하루만 극기복례를 하면 천하가 다 인(仁)으로 돌아온다"고 한 것 또한 성불(成佛)의 경지를 말한 것이라고 볼 수 있다.

부증불감(不增不減) : 끝으로 주(主)·객(客)을 합친 경지가 전개된다. 일체제법의 대공무상(大空無相)을 인식하게 되면, 거기에 더할 것도 덜할 것도 없게 된다.

흔히 인용되는 예로서 '바닷물의 부피는 부증불감'이란 말을 들고 있다. 수백 수천의 크고 작은 강물이 흘러들어와도, 또 조수의 간만으로 강물의 양이 불어나고 줄어들고 하여도 바닷물은 한 번도 부피가 늘거나 줄거나 하는 일이 없다.

그와 마찬가지로 우리를 둘러싸고 있는 것의 본질은, 우리들이 그것을 어떻게 보고 어떻게 느끼든, 본질 자체에는 증감이 없다.

자기라는 존재는, 본질적으로는 좀더 큰 자기를 포함한 우주와 일치한다고 하는 인식, 한 덩어리로 뭉쳐져 있는, 주객이 나뉘어 있지 않은 하나의 세계를 인식하게 될 때, 거기에는 더할 것도 덜할 것도 없다.

5 공중무색(空中無色)

시고 공중무색(是故空中無色)
무수상행식(無受想行識)
무안이비설신의(無眼耳鼻舌身意)

무색성향미촉법(無色聲香味觸法)

무안계(無眼界)

내지무의식계(乃至無意識界)

이를 옮기면 다음과 같다.

"이런 까닭에 공(空) 가운데는 색도 없고, 수와 상과 행과 식도 없고, 눈과 귀와 코와 혀와 몸과 뜻도 없고, 빛과 소리와 냄새와 맛과 촉(觸)과 법(法)도 없고, 안계(眼界)도 없고 의식계도 없다."

육근(六根)**과 육경**(六境) : 이 한 대목은 불교의 세계관을 말하는 삼과(三科)의 법문(法門) 즉 온(蘊)·처(處)·계(界)의 세 방면으로부터 '일체는 공이다'라는 것을 되풀이해 말한 것이다.

먼저 '온'부터 말하면 온은 곧 오온(五蘊)이다. 이는 앞에서도 말한 바 있지만 우리들(我)을 비롯해 우리들의 세계(我所)를 구성하고 있는 다섯 가지 원소(元素)이다. 즉 눈으로 보고 귀로 듣고, 코로 맡고, 혀로 맛보고, 몸으로 접촉할 수 있는 일체의 객관 세계는 모두 이 색 안에 포섭된다.

오온 속의 수·상·행·식, 이 네 가지는 곧 의식의 작용으로 모두 주관에 속하는 것이다. 그리고 주관의 주관이라고 말할 수 있는 것은 넷째 번 '의식'이다. 이 의식이 객관의 색과 교섭하고 관계함으로써 생겨나는 심상(心象)이 수와 상과 행의 셋이다. 따라서 오온은 공이라는 것은, 곧 세상 일체의 존재는 모두 공이라는 말이 된다. 그러므로 "공 속에는 색도 없고, 수도 상도 행도 식도 없다"고 하면, 우리들도, 우리들이 살고 있는 세계도, 즉 일체의 것은 다 공의 상태에 있는 것이다. 다만 인연에 의해 나타나 있는 가유(假有 : 참으로 존재하는 것이 아니고 인연에서 비롯된 화합으로 현실을 나타나는 세계)이므로 집착할 아무것도 없다는 것이 된다.

다음에 처는 십이처(十二處)로, 육근과 육경을 말하는 것이다. 앞에서도 언급한 바 있거니와 육근은 눈·귀·코·혀·몸의 다섯 기관, 즉 오근에 '의근(意根)'을 더해서 붙인 이름이며, 이는 우리들의 몸과 마음을 말한 것이다.

그런데 이 '근'이란 글자의 뜻에 대해서는, 예부터 '근이란 식(識)을 발(發)

하여 경(境)을 취(取)한다'는 발식취경(發識取境)의 뜻이라고도 하고, 또 승의자재(勝義自在)의 뜻이라는 등 전문적으로는 상당히 어려운 해설을 하고 있지만, 결국 근(根)은 한자가 뜻하는 나무뿌리의 뿌리로서 근원(根源)이나 근본이라는 뜻이다. 즉 이 육근은 육식(六識)이 외경(外境)을 인식할 경우는, 그것의 근거가 되고 근본이 되는 것이므로 근이라 말한 것이다.

그런데 재미있는 것은, 불교에서는 이 근을 부진근(扶塵根)과 승의근(勝義根) 둘로 나누어 설명하고 있는 것이다. 가령 눈의 경우라면 눈알(眼球)은 부진근이고, 시신경(視神經)은 승의근이다. 그러므로 흑내장(黑內障)인 사람처럼 비록 눈알은 멀쩡해도 시신경이 마비되어 있으면 빛은 보이지 않는다. 이와 동시에 시신경이 아무리 건전해도 소경처럼 눈알이 없으면 볼 수 없는 것이다. 그러므로 이 승의근과 부진근, 즉 시신경과 눈알 둘이 다 완전해야만 우리들 눈은 비로소 눈의 구실을 하는 것이다. 그리고 이것은 다른 오근에 있어서도 마찬가지이다.

다음에 육경은 육근의 대상이 되는 것으로 빛·소리·냄새·맛·촉감·법이다. 육근에 대한 여섯 경계(境界)라는 뜻이다.

그런데 이 육경을 또 육진(六塵)이라고도 하는데, 이 경우 진이란 물건을 더럽힌다는 뜻이다. 우리들의 깨끗한 마음을 흐리게 하고 어지럽게 하는 것은, 곧 밖에서 오는 빛과 소리와 냄새와 맛과 촉과 법이므로, 육경을 또 육진이라고도 말하며, '육진의 경계'라고도 말하는 것이 그것이다. 다만 육진 안의 법진(法塵)은 의근의 대상이 되는 것으로, 기쁘다든가 슬프다든가, 밉다든가 귀엽다든가 하는 정신적인 작용(心法)을 말하는 것이다.

대개 이상에 말한 육근과 육경이 이른바 '십이처'라는 것인데, 이것은 또 '십이입(十二入)'이라고도 불린다. 처(處)는 처소(處所)의 '처'로서 생장(生長)의 뜻으로도 풀이되고 있거니와, 육근이 육경을 받아들여 의식을 생장시키기 때문에 이를 십이처라고 말한 것이다. 그리고 이 근과 경은 서로가 섭입(涉入)하여 뿌리가 자리(境)잡고 그 자리에서 뿌리가 자라나듯이, 서로가 엉겨들어 섭입한다는 뜻에서 십이처는 또 십이입이라고도 말한다.

끝으로 '계(界)'는 더 자세히 말하면 '십팔계(十八界)'라고 하는 것이다. 육근과 육경에 다시 육식을 보태니까 모두 열여덟이 되는 것이다. 도대체 이 인식작용(認識作用)이란 것은, 근·경·식의 세 가지가 서로 응하여 일치하지 않으면 일어나지 않는 것이다. 근과 경만 있고 식이 없으면, 이른바 '마음이 없으면 보아도 보이지 않는다(心不在焉, 視而不見)'가 된다. 있어도 없는거나 마찬가지인 것이다.

우리가 뭔가 일에 열중하고 있으면 모르는 사이에 시간이 지나가고 만다. 한두 시간이 마치 5분 또는 10분 정도로밖에 생각되지 않는다. 그러나 절대로 한 시간이 10분으로 되어 버린 것은 아니다. 완전히 시간을 초월해 버렸기 때문에 그렇게 느끼는 것이다.

그런데 이 계(界)란 글자는 과학의 세계라든가 철학의 세계라든가 하는 그 세계로서, 차별이나 구별 또는 영역이라든가 하는 뜻이다. 따라서 십팔계라고 하는 것은 열여덟 가지 세계란 말로, 즉 근·경·식의 상대관계(相對關係)에 의해 생긴 열여덟의 세계이다. 예를 들면, 안근(眼根)과 색경(色境)과 안식(眼識)이 화합하게 되면 여기에 눈(眼)을 중심으로 하는 하나의 세계가 이룩되는 것이다. 그것이 이른바 안계(眼界)이다. 즉 눈의 세계인 것이다.

지금 이 《반야심경》에는 최초의 안계와 최후의 의식계만을 들고, 그 중간에 있는 귀의 세계, 코의 세계, 혀의 세계 등 열여섯 계는 내지(乃至)라는 두 글자로 생략하고 있다.

이야기가 몹시 까다로워졌으므로 이 정도로 일단 끝을 맺고, 앞에서 인용한 바 있는 시조를 놓고 다시 한번 생각해 보기로 한다.

간밤에 부던 바람 만정도화 다 지거다
아이는 비를 들고 쓸으려 하는구나
낙환들 꽃이 아니랴 쓸어 무삼 하리요.

밤 사이 부는 바람 소리를 듣고, 못내 꽃이 질까 걱정하며 잠도 제대로 이루지 못한 이 시인은 늦게 든 새벽잠이 깨기가 무섭게 창문을 열고 밖을 내다본 것이다. 그러자 아니나다를까, 어제까지 그렇게 아름답게 피어 있던 복숭아꽃이 모조리 땅에 떨어져 있는 것이다. 여기에서 활짝 피어 있던 복숭아꽃이 땅에 떨어져 있다는 것은 말할 것도 없이 '빛의 세계'이다. 즉 시인의 눈은 눈을 통해 떨어져 있는 복숭아꽃이라는 빛의 세계를 인식한 것이다. "아깝게도 꽃은 지고 말았구나" 하고 눈은 안 것이다. 그러나 "낙환들 꽃이 아니라 쓸어 무삼 하리요" 하게 되면 그것은 벌써 눈의 영역은 아닌 것이다.

《증일아함경(增—阿含經)》이라는 불경에

"눈은 빛을 먹는 것(食)으로 삼고, 귀는 소리를 먹는 것으로 삼는다."

라는 말이 있다. 눈이 먹는 것은 빛이고 귀가 먹는 것은 소리이다. 좋은 것을 보고 싶다, 좋은 소리를 듣고 싶다 하는 것은 눈의 즐거움이요. 귀의 즐거움이다.

불교에서는 사람이 죽으면 향(香)을 올린다. 유가(儒家)에서도 제사를 지낼 때면 가장 먼저 향을 태운다. 이치는 다 같은 데서 나왔을 것으로 보이나, 불교의 경우는, 중유(中有 : 中陰)의 중생(衆生)은 향(香)을 식(食)으로 삼는다고 한 데서 나온 것이다. 중유라는 것은 사람이 죽어 다음 생(生)을 받을 때까지의 기간, 아직 생연(生緣)이 미숙하여 이를 곳에 이르지 못한 49일 동안을 말한다. 그러므로 먹는 것은 꼭 입에만 필요한 것이 아니다. 눈에도 귀에도 코에도 다 먹는 것이 필요한 것이다.

또 이런 말이 있다.

"옷은 새 옷이 좋고, 사람은 묵은 사람이 좋다."

묵은 사람이 좋다는 것은 오래 사귄 사람이 그래도 믿음직하다는 말이다. 새 옷이 좋다는 것은 보기에 깨끗한 것도 그 이유의 하나가 되겠지만, 그보다 큰 이유는 피부가 느끼는 촉감 때문이다. 땀이 배고 때가 묻은 오래 입은 옷보다 새 옷이 주는 촉감이 훨씬 몸을 즐겁게 만들기 때문이다. 새 옷이 좋다고 느껴지는 세계는 촉각의 세계이다. 촉각이란 두 개의 물건이 서로 맞닿는 것이다. 매끈매끈하다든가 보들보들하다든가 하는 느낌은 살을 대보지 않으면 느낄 수 없다.

혀는 촉각과 미각을 동시에 갖고 있다. 연하다는 것은 혀를 포함한 입 안의 모든 기관이 동시에 느끼는 감각이다. 그러나 달다든가 쓰다든가 맛이 있다든가 하는 것은 혀만이 느끼는 감각이다. 혀가 느끼는 독특한 감각은 미각에 있다. 그러므로 혀는 미각과 같은 영역의 세계에 속하는 것이다. 저 눈이 빛을 보고 귀가 소리를 듣고, 코가 냄새를 맡는 것도 촉이 없이는 성립되지 않는다. 다만 그 독특한 영역을 들어 말한 것뿐이다. 몸은 피부로 둘러싸여 있어 외계의 물건을 촉감으로 구별하는 기능을 가지고 있기 때문에 몸(身)은 촉감의 영역에 속해 있는 것이다.

이상으로 눈·귀·코·혀·몸의 오근과, 빛·소리·냄새·맛·촉감의 오경과의 관계를 알아보았다. 이 오관(五官)의 중심이 되고 이것을 통일하는 인식의 주체가 바로 여섯 번째의 '의식'이다. 즉 제육의식(第六意識)이다. 이 의식이 의근(意根)을 근거로 하여 모든 것을 인식하게 된다. 그리고 이 제육의식은 '일체의 만물을 널리 인식한다'는 뜻에서 광연식(廣緣識)이라고 불리고 있는데, 현재만이 아니고 과거와 미래의 일까지도 이것 저것 생각하는 것은 다 이 제육의식의 작용이다. 따라서 이 제육의식은 전오식(前五識)의 주인공이 된다. 이 주인공이 확고하게 서 있어야만 눈·귀·코·혀·몸의 오식(五識)이 명령하는 대로 그 기능을 발휘하게 된다.

만물유전(萬物流轉)과 상대의존 : '사람은 생각하는 동물'이라고 말한다. 이 생각의 주체가 곧 의식인 것이다. 불교적 견지에서 말한다면, 우리들의 인식 작용이란 것은 결국 이 근(根)과 경(境)과 식(識)의 세 가지가 화합함으로써 생겨나는 것이다. 식이란 인식의 주체로서 마음을 말하는 것이며, 근은 그 식의 소의(所依)로 즉 의지하는 것이고, 경은 그 소연(所緣)으로 즉 마음에 의해 인식되는 대상인 것이다. 그러므로 우리들의 인식을 떠나, 일체만유는 존재하지 않는다.

《반야심경》의 본문에서,

"안이비설신의도 없고, 색성향미촉법도 없고, 안계도 없고, 의식도 없다."

고 말한 것은, 결국 '일체개공'이란 것을 자세하게 분석해서 설명한 것이다.

판단력이 뛰어난 사람에게는 처음부터 "일체는 다 공이다"라고 말해 주면 금방 "아, 그렇다" 하고 알게 되지만, 아직 공의 의미를 이해하지 못하는 사람은 먼저 오온이 공이란 것을 말해 주어야 한다. 그래도 모르는 사람을 위해 육근과 육경이 공이란 것을 설명해 주고, 그래도 아직 이해하지 못하는 사람을 위해서는 좀 더 자세하게 육근·육경·육식의 관계를 설명해 주어야 한다.

결국 "인연에 의해 만들어진 우리들 세계의 일체 존재는 모두가 다 공(空)이다"라는 것을 설명한 것에 지나지 않는 것이다.

인연에 의해 생긴 일체의 것은 모두 다 공이다. 따라서 일체의 사물은 모두가 상대의존(相對依存)의 관계에 있는 것이다. 돕고 도움을 받고 하는 것은 단지 인간끼리의 문제만은 아니다. 세상 모든 것은 다 돕고 도움을 받고 하는 것이다. 오늘날의 물리학자들이 말하는 상보성 원리(相補性原理)란 것은 바로 이 서로 돕고 서로 도움을 받는 진리이다. 유명한 아인슈타인은 일찍이 '상대성 진리'를 외쳤지만, 그것은 이미 고전물리학(古典物理學)에 속하는 것으로, 오늘날에 와서는 '모든 것은 서로가 돕고 의지하는 관계에 있다'는 '상보성 원리'야말로 진실이라고 말하고 있다.

서로 돕고 의지하는 것은 우주의 모든 사물이다. 그 중에서도 특히 인간은 어디까지나 서로 돕고 의지하며 살아가지 않으면 안 된다. 그리고 그것이 바로 인연의 관계인 것이다. 인연의 관계란 곧 상대의존의 관계이다.

그런데 모든 것은 상대의존하는 존재일 뿐만 아니라, 마치 강물처럼 언제나 흐르며 움직이고 있다. 프랑스의 근세 철학자 베르그송도 말했듯이 우리들은 같은 강물의 흐름에 두번 다시 발을 씻을 수는 없는 것이다. 공자도 냇물을 바라보며 "물이여! 물이여! 가는 것이 이와 같구나" 하고 탄식을 했다지만, 물의 흐름은 밤낮을 가리지 않고 잠시도 쉬는 일이 없다. 한 번 발을 씻은 물은 두번 다시 돌아오지 않는 물이다. 그러나 그것은 오직 강물만이 아니다. 우리들 또한 언제나 변화해서 옮겨가고 있는 것이다. 어제의 나는 벌써 오늘의 나가 아니고 오늘의 나는 벌써 내일의 나가 아니다. 아니 1초 전의 나는 벌써 지금의 내가 아닌 가 버린 나인 것이다.

이 만물유전과 상대의존은 바로 인연이라는 어머니의 뱃속에서 함께 태어난 두 개의 원리인 것이다. 종적으로 곧 시간적으로 보면 만물유전이고, 횡적으로 곧 공간적으로 보면 상대의존이다. 이 두 원리는 의심할 수 없는 우주의 진리이다.

이 진리를 깨닫게 되었을 때, 우리들은 거기에 비로소 국가와 사회와 인류에 대한 고마움을 느끼게 되고, '삶의 존엄성'을 알 수 있게 되는 것이다. 나 혼자만의 나는 아니다. 모든 것에 의해 길러지고 있는 나, 일체의 것에 의해 살려지고 있는 자신을 참으로 마음 속으로 알게 되었을 때, 우리들은 거기에서 새삼 감사함을 느끼게 되는 것이다. 고맙다, 미안하다, 송구스럽다 하는 감사와 은혜를 갚으려는 생각이 용솟음쳐 나오는 것이다. 자신의 삶에 대해 아무런 뉘우침도 반성도 없이 무턱대고 세상을 저주하고 사람을 원망한다는 것은 생각할 수도 없는 일이다.

공자도 말하기를 "하늘을 원망하지 않고 사람을 허물하지 않는다"고 했다. 우주의 진리를 훤히 깨닫고 있는 성자가 아니면 이 경지에 도달하기는 어려운 일이다. 그러나 우리는 그렇게 되도록 노력해야만 한다. 그렇게 되기 위해서는 먼저 이 인연의 원리를 깨달아야만 한다. 이 원리에 눈을 뜨고 참으로 '반야(般若)의 공(空)'에 통달한 사람은, 인생의 덧없음을 알게 됨과 동시에, 또 참의 존엄을 알게 된다.

사실을 알고 보면, 삶이 덧없기 때문에 귀중한 것이다. 꽃의 아름다움은 그것이 지기 때문이다. 사람의 손으로 만든 꽃처럼 사철 나뭇가지에 달려 있는 꽃이라면 그다지 귀할 것도 아까울 것도 없는 것이다. 꽃의 생명은 그것이 쉬 지고 마는 것에 있다. 이와 마찬가지로 사람은 반드시 죽어야만 한다는 것 때문에 삶의 존엄이 있고 고마움이 있는 것이다.

그러므로 반야의 철학 즉 공에 투철한 사람은 살아야 할 때에는 그 어떤 어려움과 고달픔 속에서도 기어코 살려고 노력한다. 살고 죽는 것에 얽매이지 않는 사람은 결국 죽음을 두려워하지 않는 사람이다. 죽음을 두려워하지 않기 때문에 죽지 않으면 안 될 때는 웃음을 머금고 죽어 가는 것이다.

그러므로 공연히 죽음을 찾는 사람은 아니다.

사람이 짓는 죄 가운데 가장 큰 것이 '자살'이라고 한다. 스스로 목숨을 끊는 것은 인연의 진리를 모르는 데서 온다. 그것은 고마워해야 할 세상을 저주하고 소중히 여겨야 할 삶을 천하게 여기기 때문이다. 그것은 하늘을 원망하고 사람을 허물하는 행위가 되기 때문이다. 하늘을 원망하지 않고 사람을 허물하지 않는다고 한 공자도 살신성인(殺身成仁)이란 말을 했다. 즉《논어(論語)》에서 말하기를

"지사(志士)와 어진 사람(仁人)은 삶을 찾아 인(仁)을 해치는 일이 없고, 몸을 죽여 인을 이룩하는 일은 있다."

고 했다. 예수의 가장 위대한 점은 바로 그가 십자가를 등에 지고 인류를 대신해서 죽었다는 데 있는 것이다. 한 몸이 죽음으로써 모든 사람의 죄가 용서받을 수 있었다면 그 삶도 그만큼 귀중한 것이 되는 것이다.

로마의 철학자 포에티우스는 감옥 속에서 사형받을 날을 앞두고《철학의 위로》라는 훌륭한 책을 썼다고 한다. 이와 비슷한 이야기가 중국에도 있다.

지금부터 1500여 년 전에 승조(僧肇)라는 젊은 불교학자가 있었다. 그는 유명한 구마라습(鳩摩羅什)의 문하에서, 3천 명이나 되는 제자들 가운데서도 특히 뛰어난 훌륭한 학자였다. 그러나 어떤 사건으로 임금의 노여움을 사게 되어 곧 참형(斬刑)에 처해지게 되었다. 이때 그는 무슨 생각을 했든지 이레 동안만 형집행을 연기해 줄 것을 청했다. 이리하여 그는 이 이레 동안에 감옥 안에서《법장론(法藏論)》이라는 한 권의 책을 썼다. 그리고 나서 조용히 형장의 이슬로 사라졌다는 것이다.

이때 그의 나이 서른한 살이었는데 그가 죽으며 남긴 유게(遺偈)는 참으로 훌륭한 것이었다.

"사대(四大＝地·水·火·風)는 원래 주(主)가 없고, 오음(五陰：五蘊)은 본래 공(空)이다. 머리로써 흰 칼날에 다다르니, 오히려 봄바람을 베는 것 같도다"(四大元無主, 五陰本來空, 以首臨白刃, 猶加斬春風)

이 얼마나 투철하고 통쾌한 사생관(死生觀)인가.

이 젊은 승조야말로 참으로 반야의 경전을 마음으로 읽고, 또 이것을 몸으로 읽은 사람이다. 사람이 여기까지 이르지 않고는 결코 대장부라 말할 수는 없다. 그러나 그가 죽을 때 남긴 이 유게보다도, 그가 옥중에 갇힌 몸으로 하루하루 다가오는 죽음을 앞에 놓고 유유히《법장론》이라는 훌륭한 책을 써서 남겼다는 데 그의 위대함이 있었다고 본다.

승조가 쓴《법장론》을 펼 때마다 우리는 반야의 공을 참으로 체험한 승조의 위대함을 새삼 느끼게 된다. 서른한 살 꽃다운 나이로 조용히 죽음 앞에 선 그를 생각할 때마다, 우리는 마음 속으로 반야를 읽고 또 남에게 설명을 하면서, 나 스스로 그것을 행하지 못하는 자신을 반성하며 부끄러워하게 된다.

6 생사초월(生死超越)

무무명(無無明)
역무무명진(亦無無明盡)
내지무노사(乃至無老死)

역무노사진(亦無老死盡)

이를 옮기면 다음과 같다.

"무명도 없고, 또 무명의 다함도 없다. 내지는 노사도 없고, 또한 노사의 다함도 없다."

무명(無明)과 노사(老死) : 사람을 둘러싸고 있는 모든 환경은, 그것이 경험적으로는 있을 수 있지만 실체적(實體的)으로는 있을 수 없다는 것, 실체적으로는 있을 수 없어도 경험적으로는 있을 수 있다는 것. 이것은 일반적으로 표현하면 오온개공(五蘊皆空)이 되고,《반야심경》의 말로써 표현하면 '색즉시공, 공즉시색'이 된다.

이 오온개공은 반야 철학의 중심을 이루는 것으로 '색즉시공, 공즉시색'은 이를 횡적으로, 즉 공간적으로 설명한 것이고, 여기 나온 이 한 대목은 이를 종적으로 즉 시간적으로 설명한 것이다.

여기에서《반야심경》은 불교도에게는 가장 널리 알려진 십이지연기(十二支緣起)의 교리를 빌려 가면서 열반(涅槃)도 생사(生死)도 불가득(不可得)이란 것을 보여 주려 한다.

이 대목에서는 무명도 없고, 또 무명이 다함도 없다고 한 다음, '내지(乃至)'라는 두 글자를 사이에 두고 노사(老死)의 다함도 없다고 끝맺고 있는데, 이것은 말할 것도 없이 십이인연의 처음과 끝만을 들고 그 중간의 열은 모두 생략해 버린 것이다.

이제 '십이지연기'의 하나하나와 그것에 대한 소승불교의 전통적인 해석을 소개하면 다음과 같다.

① 무명(無名, avidyā) : 인간 존재의 처음부터 오늘까지 이르는 무지(無知). 이 무지야말로 나고 죽고 하는 인간의 근본을 이루고 있다는 점에서 근본무명(根本無名)이라고 한다.

② 행(行, saṃskāra) : 과거에 무명이 만들어 낸 인간의 착하고 악한 온갖 행동.

③ 식(識, vijñāna) : 과거의 행으로 인해 인간 존재의 첫걸음이 시작되고, 어

머니의 태내에서 받는 의식(意識)의 일념.

④ 명색(名色, nāma-rūpa) : 어머니의 태내에서 갖는 마음과 몸. 또는 개념과 내용.

⑤ 육입(六入, saḍ-āyatana) : 태내에서 갖춰지는 오근과 의근을 말한다. 즉 여섯 개의 감각기관. 여기로부터 외계의 자극이 들어오게 되므로 육입이라고 한다.

⑥ 촉(觸, sparśa) : 태내에서 나온 뒤, 잠시는 감각과 고락(苦樂)을 식별하지 못하고 물건에 접촉하는 기능만이 있는 것. 일반적으로 촉각.

⑦ 수(受, vedanā) : 괴로움과 즐거움, 좋고 나쁜 것과 같은 감각과 감정을 감수(感受)하고 인상(印象)하는 힘.

⑧ 애(愛, tṛṣṇā) : 괴로움을 피하고 즐거움을 찾는 인간의 근본적인 경향.

⑨ 취(取, upādāna) : 자기가 원하는 것, 좋아하는 것을 얻어 간직하려는 노력.

⑩ 유(有, bhava) : 애(愛)와 취(取)가 바탕이 되어, 갖가지 업(業)이 만들어지고 그로부터 미래의 결과가 이끌려 나오게 되는 것.

⑪ 생(生, jāti) : 살아 있는 것. 생존.

⑫ 노사(老死, jāra-maraṇa) : 생의 결과로서 늙고 드디어 죽음에 이르는 것.

이 십이지연기의 하나하나에 대한 설명은 도리어 번거롭기만 하고, 또 그럴 필요조차 없기 때문에 최초의 무명과 최후의 노사만을 꼬집어서 무명도 없고 무명이 다함도 없으며 노사도 없고 노사가 다함도 없다고 설명하여, 십이지연기가 공한 것임을 설명하고자 한 것이다. 이것은 반야의 진공(眞空)에서 볼 때 객관적인 우주의 삼라만상이 공인 것처럼 주관적으로 우주의 진리를 터득하는 지혜, 그 자체 또한 공한 것이라고 설명한 것이다.

십이지연기에 대한 설명이 필요없다는 것은 이미 말했지만, 우리가 여기에서 주의해야 할 점은 열둘이라는 숫자보다도 오히려 '인연'이라는 두 글자가 더 중요하다는 점이다. 즉 열둘이란 수가 반드시 중요한 위치를 차지하는 것이 아니라 인연이 필요한 것이다. 인연이란 것, 인연의 내용을 열둘의 형식에 의해 설명한 것이 이 십이인연이다. 이것은 결국 인연이라는 한 마디로 다 끝나는 것이다.

다시 말해서 열면 열둘이요, 합치면 인연이라는 하나가 되는 것이다. 이 인연이 얼마나 중요한 의미를 가지고 있는 말인가 하는 것은 앞에서 여러 번 되풀이해 말했지만, 결국 종으로 보나 횡으로 보나, 안에서 보나 밖에서 보나, 불교의 근본 사상은 이 인연의 두 글자에 다 포함되어 있는 것이다.

서고 돕고 도움을 받는 상대의존의 관계도, 만물은 변하여 옮겨가고 있다고 하는 만물유전의 원리도, 모두 다 이 인연이라는 어머니의 태내에서 생겨난 진리이다. 그렇기 때문에 인간의 아들 석가세존이 부처가 된 것도 실은 이 인연을 스스로 깨닫는 데 있었던 것이다. 그리고 이 인연의 법을 자각한 석가세존, 부처가 된 석가세존이 이 인연의 도리를 자기의 체험을 통해 '가르침'으로서 말한 것이 곧 불교이다.

그러므로 불교를 부처의 가르침이라고는 하지만, 부처는 인간으로서 자각한 것이기 때문에 결국 '불교는 인간의 가르침인 것'이다. 신(神)의 종교가 아닌 인간의 종교인 것이다. 하늘 위의 종교가 아니고 땅 위의 종교인 것이다.

이런 이야기가 있다. 옛날 어느 그리스도교 신자가 하느님은 하늘 위에 있다고 생각하고 어느 날 높은 탑 위에 올라가 "하느님, 하느님" 하고 큰 소리로 외쳐 불렀다. 그러자 신기하게도 "왜" 하는 하느님의 소리가 들려왔다. "과연 하늘에는 하느님이 계시구나" 하고 그는 가만히 귀를 기울여 보았다. 그랬더니 하느님의 소리는 높은 하늘 위에서가 아니고, 낮은 땅 위로부터 들려오는 것이었다. 그것도 많은 사람들이 운집해 있는 속에서 들려오는 것이었다.

물론 이것은 하나의 만들어 낸 우화에 지나지 않는다. 그러나 하느님의 소리는 있었다. 그 소리는 높은 하늘 위가 아니고, 낮은 땅 위에 있었다. 그것도 어디까지나 사람들이 들끓고 있는 군중 속에 있었다는 것은 그 속에 그리스도교의 사상이 들어 있다는 것으로 생각된다.

예수는 착한 사람을 위해 온 것이 아니고 죄지은 사람을 위해서 왔다고 스스로 말했다. 그가 하느님 앞에 기도한 말 가운데는 "뜻이 하늘에서 이루어진 것같이 땅에서도 이루어지이다"란 것이 있다. 땅 위에 하늘 나라를 건설하는 것이 예수의 염원이었다.

적어도 진정한 종교가 되려면 신의 종교가 아닌 인간의 종교라야만 한다. 하늘 위의 종교가 아니고 땅 위의 종교라야만 한다. 참으로 종교의 처음이나 끝은 결국 인간이다. '헤매는 인간'에서 '깨달은 인간'으로, '잠자는 인간'에서 '잠깬 인간'으로, 거기에 종교의 참면목이 있는 것이다.

불법(佛法)은 결코 먼 곳에 있지 않다는 것이다.

바로 마음 속 가까이 있다는 것이다. 진여(眞如)는 밖에 있지 않다는 것이다. 몸을 버리고 어디에서 구하느냐는 말이다.

인간의 생활을 무시하고 어디에서 종교를 찾을 수 있겠는가, 무엇 때문에 종교가 필요하냐 하는 질문은 곧 무엇 때문에 살아야만 하느냐 하는 질문과 같다. 종교가 필요하지 않다고 주장하는 사람은 인간으로서 살 권리를 포기한 사람이다. 인간으로서의 높은 긍지는 산다는 것을 생각하는 데 있는 것이다. 단 한 번이라도 어떻게 살 것이냐 하는 것을 진지하게 생각할 때, 그것은 이미 종교의 세계에 발을 들여놓고 있는 것이다. 종교를 떠나서는 도저히 산다는 것의 참뜻을 파악할 수 없는 것이다.

혹업고(惑業苦)**의 삼도**(三道) : 이야기가 잠시 옆길로 흐르고 말았다. 다시 십이지연기에 대한 이야기로 돌아가자. 여기에 대해서는 예부터 여러 가지 까다롭고 어려운 의론들이 많았다. 대체로 불교에서는 말하기를, 우리들의 생활은 우리가 살고 있는 세상만이 아니고 과거와 현재와 미래라는 세 세상에 걸쳐 지속되는 것이라고 한다. 삼세윤회(三世輪廻)라는 것이 바로 그것이다. 그러나 그 생활의 과정은 결국 혹(惑)·업(業)·고(苦)의 관계라고 하는 것이다. 이른바 '혹업고의 삼도'라고 말하는 것이 그것이다.

말할 것도 없이 혹이란 미혹(迷惑)의 혹으로, 무명(無名) 즉 무지(無知)이다. 세상 진리를 분명히 알지 못하기 때문에 혹이 일어나는 것이다. 무지로 인한 헤맴이 생기는 것이다.

이런 말이 있다. "첫 잔은 사람이 술을 마시고, 둘째 잔은 술이 술을 마시고, 셋째 잔은 술이 사람을 마신다." 술 친구를 가진 사람이면 이 말의 뜻이 어떻다는 것을 알 수 있을 것이다. 술이 지나치면 좋지 못하다는 것을 잘 알고 있으면서도 울적한 심정을 달랜다면서 술잔을 들게 된다. 한 잔 들어가면 그만 생각이 달라진다. 얼근한 기분에 술이 좋지 못하다는 생각은 어디론가 달아나 버리고, 술을 잘 못 먹는 사람을 도리어 비웃게 된다. 그러나 이것은 결국 술취한 사람의 착각에서 오는 것이다. 이른바 결국 혹이란 것이다.

그런데 술이 도수가 높아지면 더는 참지 못한다. 한번 이 혹이 일기 시작하면 그 때는 술이 술을 마시게 되어서 보기에 거북한 짓을 마구 하게 된다. 이것이 말하자면 업(業)이다. 마침내는 남에게까지 폐를 끼치고 자신도 고통을 느끼는 것이다. 경제적인 고통은 말할 것도 없고, 몸도 정신도 고통을 받게끔 되는 것이다. 이것이 이른바 고(苦)이다.

셋째 잔으로 술이 사람을 마시게끔 되면 그때는 자신의 부끄러움도 남이 싫어하는 것도 모른다. 그러나 일단 술이 깨면 그제야 술의 해독을 절실히 느끼게 된다. 다시는 술잔을 들지 않는다고 결심하게 된다. 그러나 그것도 한순간뿐이다. 사람은 다시 또 어떤 기회에 잔을 들게 된다. 그리고 술이 들어가는 그 순간, 기분이 야릇해졌다가 또다시 온갖 추태를 다 부리게 되어 결국 자신이 자신을 괴롭게 된다.

이리하여 술 마시는 사람은 완전히 술을 끊지 않는 한 일생을 두고 똑같은 일을 몇 번이고 되풀이하게 된다. 이것이 이른바 혹업고의 관계이다.

마치 이 주정꾼들의 일생처럼 우리들도 똑같은 일을 되풀이하고 있는 것은 아닐까. 이 인과 관계, 이 연기의 관계를 열두 가지 형식으로 보여 준 것이 바로 이 십이지연기(十二支緣起)라 불리는 인연의 철학이다. 그러므로 무명에서 출발하고 있는 우리들 인생이 괴로운 것은 당연한 일이다. 무명의 무지를 근본적으로 없애지 않는 한 고의 세계는 언제까지고 무한히 계속되어 가는 것이다. 따라서 처음부터 무명이 없으면, 무명이 다하는 것도 없고, 늙어 죽는 일도 없고, 또 늙어 죽는 일이 다하는 것도 자연스럽게 없어진다.

사의생래(死依生來) : 중국 수나라 때 가상대사(嘉祥大師, 吉藏)라는 대단히 유명한 승려가 있었다. 삼론종(三論宗)이라는 종지(宗旨)를 처음 연 사람이었는데, 죽을 때 다음과 같은 게문(偈文)을 남겼다.

"이빨을 머금고 털을 인 것으로 삶을 사랑하고 죽음을 두려워하지 않는 것은 없다. 죽음은 태어남에 의해서 온다(死依生來). 내가 만일 나지 않았으면 무엇으로 인해 죽음이 있겠는가. 마땅히 그 태어남을 보고 마침내 죽을 것을 알라. 마땅히 태어남을 울고 죽음을 두려워하지 말라."

(含齒戴毛者, 無愛生不怖死, 死依生來, 吾若不生因何有死, 宜見其初生知終死, 應啼生勿怖死)

태어나면 반드시 죽어야만 한다. 생겨난 것이면 반드시 없어지게 된다. 죽는 것을 무서워하든 무서워하지 않든, 모두는 한 번은 죽고 마는 것이다. 그러므로 죽음은 태어나는 것으로 인해 오는 것인만큼 사는 것만이 즐겁고 죽는 것만이 슬플 수는 없는 것이다. 이치로 따지고 보면 어머니의 태에서 나온 그 순간부터 벌써 무덤을 향한 첫걸음을 내딛고 있는 것이다. 그러므로 태어난 것을 두려워할지언정 죽음을 두려워하지는 말아야 하는 것이다. 죽는 것이 두려우면 태어나지 않으면 되는 것이다. 그러나 그것은 어디까지나 깨달음의 세계인 것이다.

모든 것을 꿈이라고 생각하면 아무것도 아니다. 그러나 그렇지 못한 것이 우리들 평범한 인간들이다. 비록 이치로 따져서 그럴망정, 인간의 기분으로는 또한 사는 것이 즐겁고 죽는 것은 슬픈 것이다. 천국을 알리고 인류의 죄를 대신하기 위해 온 예수도, 그가 십자가를 져야 할 때를 당해서는 하느님께 죽음의 쓴 잔을 마시지 않게 해 달라고 애원을 했다.

'개똥밭에 굴러도 이승이 좋다'는 속담이 있다. 생사일여(生死一如)라고 깨달은 사람 또한 사는 것은 기쁘고 죽는 것은 슬픈 것이다. 물론 그것으로 좋다. 그것이 당연한 것이다. 문제는 죽고 사는 것에 사로잡히지 않는 데 있다. 집착하지 말 일이다. 체념하는 것이다. 모든 것은 인연이라고 볼 일이다. 인간의 맛을 떠나 어디 종교의 맛이 있겠는가. 완전히 깨달은 천상 세계에는 종교가 필요없을 것이다. 그러나 도저히 꿈으로는 생각할 수 없는 체념하지 못하는 인간 세계이기 때문에 종교가 필요한 것이다. 그리고 이 인간미를 깊이 깊이 파내려가기만 하면 절로 종교의 세계에 이르게 되는 것이다. 자신의 마음을 깊이 파 내려가지 않고 무턱대고 자기 주위를 찾아 헤매어 본들 아무데도 종교의 샘은 보이지 않는다.

옛날 한시에 이런 것이 있다.

온종일 봄을 찾아도 봄을 만나지 못하고,
짚신발로 언덕 위 구름까지 두루 밟았네.
돌아오는 길에 마침 매화꽃 밑을 지나니
봄은 벌써 가지 꼭대기에 흐드러져 있더라.
盡日尋春不得春

芒鞋踏遍隴頭雲
還來適過梅花下
春在枝頭已十分

대익(戴益)

집에 이미 봄이 와 있는 것도 모르고, 온종일 봄을 찾아 밖으로 헤맨 이 시인의 심정은 그대로 종교인의 심정이기도 하다. 한 번은 두루 곳곳을 찾아보아야만 알게 되는 것이지만, '영혼의 고향'은 어디까지나 내 마음 속에 있는 것이다. 집에는 벌써 매화가 웃고 있는 것이다. 우는 것도 나요, 웃는 것도 나다. 고민하는 것도 기뻐하는 것도 마음 하나이다. 이 마음을 빼놓고 자기 자신을 돌려놓고, 어디로 깨달음의 세계를 찾아가겠는가.

그러므로 석가세존은, 인간의 고뇌(苦惱)는 어떻게 해서 생기며 어떻게 하면 이 고뇌를 해탈할 수 있느냐 하는 이 인생의 중대한 문제를, 이 십이지연기란 형식에 의해 살펴본 것이다. 그리하여 무명(無明)을 바탕으로 노사(老死)의 길을 찾고 동시에 또 노사를 바탕으로 무명의 길을 찾아 여기에서 십이인연의 순(順)과 역(逆)의 두 가지 방법에 의해 마침내 '12가지 인연이 모두 마음먹기에 달려 있다(十二緣分是皆依心)'라고 하는 깨달음의 경지에까지 이른 것이다.

사람의 마음은 거울과 같다. 내가 웃으면 거울도 웃고 내가 울면 거울도 웃는다. 세상을 괴롭다고 생각하면 모든 것이 괴로운 것으로 비춘다. 결국 마음 속으로 헤매는 것이 중생이고 그 마음을 깨달은 것이 부처이다. 작은 자아(自我)에 사로잡혀 있는 한 인생은 괴롭다. 분명 인생은 괴로운 것이다. 그러나 한 번 작은 자아의 얽매임에서 벗어나 여실(如實)히 한 마음을 깨닫게 되면 일체의 고뇌는 금방 저절로 사라지고 만다. 결국 내 한 마음의 헤맴과 깨달음에 있는 것이다. 그야말로,

"눈 속에 먼지가 있으면 삼계(三界)는 좁고, 마음이 무사하면 앉은 자리가 넓어진다"(眼內有塵三界窄, 心頭無事一床寬)

인 것이다. 작은 자아에 얽매이게 되면 현실 세계는 결국 고통스런 감옥이다. 그러나 한번 마음의 눈(心眼)을 열어 인연의 진리를 깨닫고 무아(無我)의 세계에 이르게 되면 싫어해야 할 번뇌도 없거니와 버려야 할 무명도 없다.

석존(釋尊)**의 갱생**(更生) : 그 옛날 석가세존은 인간의 고를 해탈하기 위해 출가(出家)했다. 아내와 자식과 임금의 자리까지 뿌리친 다음, 한낱 사문(沙門 : 삭발승)으로 고행금욕(苦行禁慾)의 생활로 들어갔던 것이다. 그러나 6년에 걸친 고행의 결과는 어떠했던가. 그것은 공연히 육신을 괴롭게 했을 뿐 거기에는 아무런 해탈의 서광도 찾아볼 수 없었던 것이다. 여기에서 마지막으로 석가세존이 도달하게 된 세계는 날카로운 자아(自我) 반성 그것이었다.

그리하여 한번 집을 버리고, 사람을 버리고 내 육신마저 버리려고 했던 석가세존은 보리수 밑에서 정관(靜觀)함으로써 마침내 마음에서의 부활을 했던 것이다. '12가지 인연이 모두 마음먹기에 달려 있다'는 무아(無我)의 체험에 의해, 인간으로서의 석가세존은 부처로서의 석가세존이 되어 다시 태어났던 것이다. 헤매던 인간의 아들 싯다르타(悉達多, Siddhārtha)는 마침내 인연과 무아의 내관(內觀)에 의해, 삼계(三界)의 각자(覺者) 부처로서 새로 탄생했던 것이다. 2500여 년 전에 그는 열반했지만 인연과 무아의 원리는 우주의 빛으로서 지금도 찬연히 빛나고 있다.

석가세존은 우리에게 가르치고 있다.

"과거의 인(因)을 알려거든 현재의 과(果)를 보라. 미래의 과를 보려거든 현재의 인을 보라."

이것은 참으로 거짓 없는 진리의 말이다. 라이프니츠가 말했듯이, 현재란 과거를 등에 업고 미래를 잉태한 것이다. 그러므로 과거의 인은 당연히 현재의 결과에 의해 알게 된다. 영원한 과거를 등에 업고 있는 오늘은 동시에 영겁의 미래를 잉태한 오늘인 것이다.

어제의 나도 나였다. 내일의 나도 나일 것이다. 그러나 오늘의 나는 어제의 나는 아니다. 내일의 나 또한 오늘의 나는 아니다. "세상은 오늘 이외에는 없다"는 것이다. 어제는 지나간 과거, 내일은 알지 못하는 미래이다. 《중아함경(中阿含經)》은 우리에게 이렇게 말하고 있다.

"지나간 것을 뒤쫓아 생각하지 말고 아직 오지 않은 것을 기다리지 마라. 과거는 지나갔고 미래는 아직 오지 않았기 때문이다. 다만 현재의 법(法)을 보라. 흔들리지 말고 주저함도 없이 그것을 알아 다만 길러 내라. 오늘 할 일을 해라. 누가 내일 죽음이 올 것을 알랴. 저 사마(死魔)의 큰 군사와 싸우는 일이 있을지를 어찌 알랴. 이와 같이 열심히 밤낮으로 주저함이 없이 사는 것을 참으로 성자(聖者)는 좋은 하룻밤이라 말씀하셨다."

　노인들은 어제를 말하고 싶어하고, 청년들은 내일을 말하기 좋아한다. 그러나 벌써 어제는 지나간 과거가 아닌가. 내일은 아직 오지 않은 미래가 아닌가. 노인도 청년도 다같이 손에 쥐고 있는 것은 오늘이다. 과거는 그것이 아무리 즐거웠더라도 결국 과거는 과거이다. 미래는 아무리 그것이 달콤하더라도 결국 미래는 미래이다.

　권학문(勸學文)에 이런 것이 있다.

　"오늘 배우지 않아도 내일이 있다고 말하지 말라. 금년에 배우지 않아도 내년이 있다고 말하지 말라. 해와 달이 가는지라 세월은 나를 기다리지 않는다. 슬프다, 늙었도다, 이 누구의 허물이냐"

　되풀이해 말하지만 가장 소중한 것은 바로 오늘이요, 바로 이 시간이다. 이 시간의 마음만이 가장 소중한 것이다. 그러므로 오늘을 단순한 오늘로 보는 사람은 참으로 오늘을 알지 못하는 사람이다. 오늘 하루를 '영원한 오늘'로 보는 사람이야말로 참으로 오늘을 아는 사람이다. 그는 찰나(刹那) 속에서 영원을 잡는 사람이다. 또 손바닥에 무한을 쥘 수 있는 사람이다. 그리고 이·오늘에 사는 사람만이 참으로 과거에 산 사람이고 미래에도 살 수 있는 사람이다.

　참으로 공에 투철하여 반야의 지혜를 터득한 사람은 인생을 뜨겁게 사랑하는 사람이다. 절대로 인생을 부정하거나 거부하는 사람은 아니다. 차가운 눈으로 공연히 인생을 비관하는 사람이 아니고 따뜻한 눈으로 인생을 즐기는 사람이다.

　저 관자재보살의 세계에는 버려야 할 번뇌도 없고, 가져야 할 보리(菩提：깨달음)도 없다. 따라서 피하고 싶은 사바(娑婆)도 없거니와 가야 할 정토(淨土)도 없다. '사바즉적광(娑婆卽寂光：사바가 그대로 정토)'인 것이다. 무명도 없고, 무명이 다함도 없으며 노사도 없고, 노사가 다함도 없다. 생사열반(生死涅槃)은 어제의 꿈이다. 번뇌는 그대로 보리이다. 생사는 곧 열반이다. 그리고 영원 위에 서서 찰나에 애쓰는 사람만이 비로소 이런 경지를 맛볼 수 있는 것이다.

7 사정견(四正見)

무고집멸도(無苦集滅道)
무지역무득(無智亦無得)
이무소득고(以無所得故)

이를 옮기면 다음과 같다.

"고도 집도, 멸도 도도 없고, 지도 없으며, 득도 없다. 무소득인 까닭이기 때문이다."

고집멸도(苦集滅道) : 쇼펜하우어는 말하기를 "인생은 불만과 지겨움 사이를 움직이고 있는 시계추와 같다"고 했다. 어쩌면 그럴지도 모른다. 바라는 것을 얻지 못했을 때는 어딘가 차지 않는 느낌을 갖는다. 그러나 다행히 바라는 것이 얻어지더라도 오래지 않아 반드시 거기에 지겨운 느낌을 갖게 된다. 기쁨이 극에 달하면 슬픔도 많아진다고나 할까, 만족과 슬픔이라고나 할까, 아무튼 불만의 원인이었던 것은 그것이 곧 지겨움의 원인도 된다. 우리의 인생을 불만과 지겨움 사이를 왔다갔다하는 시계추에 비유한 철학자의 말 속에는 생각케 하는 무엇이 있다. 아무튼 인간은 여러 가지 모순을 품고 있는 동물이다. 모순의 존재 그것이 인간이다.

이같은 모순은 어디서 오는 것일까? 그것은 다름아닌 마음에서 오는 것이다. 불만도 지겨움도 한 사람의 같은 마음에서 생겨나는 것이다. 이것을 해 보아도 마음에 차지 않고 저것을 해 보아야 또한 그게 그거다 하는 것이 인간이다. 한 끼 밥이 간 데가 없던 사람이, 부자가 된다면 다시 소원이 없을 것 같지만 그가 100섬을 하면 또 1천 섬이 못 되어서 한인 것이다. 인간은 만족을 모르는 존재이다.

이 인간의 모순과 그 원인, 이것을 깨달아 제거하는 길을 가르친 것이 이른바 사제(四諦)라고 불리는 '고집멸도'의 진리이다.

사제의 제(諦)자는 '단념(斷念)하다'라는 뜻으로 쓰일 때는 '체'로 읽으며(체념(諦念)), '꼼꼼하게'·'분명하게'라는 뜻으로 쓰일 때는 '제'로 읽는데, 여기에서는 '제'라고 읽는다. 사물을 꼼꼼히 밝게 봄으로써 참다운 모습 즉 진실을 알 수 있다. 석가세존께서 인생과 세계를 꿰뚫어 보고 네 가지로 밝혀 놓은 것, 즉 네 가지 진리가 사제이다.

사제란 간단히 네 가지 진리라고 말할 수 있다. 그러면 이 네 가지 진리의 내용인 고·집·멸·도란 어떤 것일까. 쉽게 이것을 말하면 인생은 고(苦)다 하는 것과, 그 고는 어디서부터 오는가를 묻는 그 고의 원인과 그 고를 해탈한 세계와 그 고를 없애는 방법을 가르친 것이 곧 사제의 진리이다.

그런데 고도 집도 멸도 도도 없다고 하는 《반야심경》의 이 1절은 앞에서 말한 것과 같은 공의 관점에서 보면, 사제의 진리도 없다는 것이 된다. 일체 개공의 도리에서 말하면, 미(迷)와 오(悟)의 인과를 말한 이 사제의 법도 없는 것이다.

그러면 먼저 고제(苦諦)라는 것부터 생각해 보기로 하자. 일단 '인생은 고다'라든가, '뜬세상은 고뇌의 거리다'라든가 하는 것은 분명한 진리이다. 흔히들 말하기를 사고팔고(四苦八苦)의 괴로움이라고 하는데 사실 생각해 보면 '사고'나 '팔고' 정도가 아니라 우리에게는 이루 헤아릴 수 없는 온갖 괴로움과 고민이 있다.

이 점에 대해 이런 이야기가 있다. 그 옛날 페르시아(지금의 이란)에 제미일이란 임금이 있었다. 젊은 제미일 왕은 즉위식을 마치자, 곧 학자들에게 가장 정밀한 인류의 역사를 편찬하도록 명령했다. 그런데 수십 년이란 긴 세월을 두고 겨우 끝마치게 된 그 인류사의 결론은 과연 무엇이었을까. 그것은 다름 아닌 '사람은 태어나고 사람은 괴로워하고 사람은 죽는다'라는 것이었다.

사람은 태어나고 사람은 죽어 간다. 그 태어나서 죽어 가기까지의 인간의 일생은 결국 괴로움의 일생이다. '사람은 태어나고 사람은 괴로워하고 사람은 죽는다'라는 말은 정말 심각한 표현이 아닐 수 없다.

저 유명한 《법화경(法華經)》은 우리에게 이렇게 말하고 있다.

삼계(三界)는 편안함이 없다. 오히려 화택(火宅)과 같다.
중고(衆苦)가 충만해 있어 심히 두렵고 무섭다.
언제나 나고 늙고 병들어 죽는 우환이 있다.
이같은 업화(業火)가 활활 타올라 쉬지 않는다.

우리들이 사는 이 세계는 마치 활활 타오르는 화택과 같다고 한 석가세존의 이 체험이야말로, 귀중한 인간고(人間苦)에 대한 경고였다. 고제(苦諦)의 진리에 대한 깨달음이었던 것이다. 그러기에

여래(如來)는 이미 삼계의 화택을 떠나
적연(寂然)히 한가롭게 살며 임야에 안처(安處)한다.
지금 이 삼계는 다 나의 것이다.
그 속의 중생은 다 내 자식이다.
그리고 지금 이곳은 여러 가지 환난이 많다.
오직 나 한 사람만이 능히 구호한다.

라고 하는 부처의 한없는 자비의 손길이 우리들에게 뻗치게 된 것이 아닌가.

'인생은 괴롭다'는, 진리에 눈뜨는 것이야말로 종교로 나아가는 첫걸음이 아니겠는가. 그러나 결국 첫걸음은 어디까지나 첫걸음이다. 그것은 결코 종교의 결론은 아니기 때문이다. 종교의 전부일 수는 없기 때문이다. 그러나 그것은 종교로 나아가는 첫걸음만은 아니다. 고(苦)에 대한 인식이야말로 참다운 인생에 눈뜨는 첫걸음인 것이다. 고라는 자각이 기연(機緣)이 되어 여기에 비로소 확고한 땅 위에서의 생활이 시작되는 것이다. 고에 대한 자각을 갖지 못한 사람은 인생에 대한 견해가 천박하다. 피상적이다. 가장 많이 고생해 본 사람만이 남의 자식을 가르칠 자격이 있다고 한 말은 바로 이 진리를 말해 준 것이다. 귀염둥이로 자란 사람은 보는 것이나 하는 언행이 모두 천박하다. 자식을 기를 때도 이 생각이 필요하다. 젊어서 고생은 사서도 한다는 속담은 경험이 낳은 진리인 것이다.

고(苦)의 원인(原因) : 다음 두 번째 진리인 집제(集諦)라는 것은, 결국 인생의 고는 어디에서 일어나느냐 하는 그 원인을 말한 것이다. 즉 고제(苦諦)를 인생이란 무엇이냐 하는 문제를 설명한 것이라고 한다면, 집제는 무엇 때문에 그러냐 하는 문제에 대한 설법이라고 말할 수 있다. 집제의 집(集)은 모은다는 뜻이다. 즉 고를 불러 모으게 된 원인이 집제인 것이다.

여기에서 잠시 유물론 사상에서 말하는 고와 비교해 둘 필요가 있다고 본다. 일찍이 마르크스주의자들은 입만 열면 부르주아 때문에 모든 사회가 잘못되어 가는 것이라고 말했다. 사회적 불안과 생활고와 도덕적 타락을 모두 자본가들의 죄로 돌리고 사회 기구의 결함을 외쳤다. 그러나 과연 그것은 바른 견해일까. 틀림이 없는 진정한 의론이라 말할 수 있을까. 한때 그들은 종교를 아편이라고까지 선언했었다. 그리고 불교도 종교의 이름 밑에서 극단적으로 배격했다.

그것의 옳고 그른 것은 그만두더라도 먼저 그들이 말하는 현실적인 고란 것은 무산자들만의 고이다. 프롤레타리아만의 생활고이다. 따라서 그것은 인간 전체의 고는 아니다. 즉 석가세존이 말한 그 고제의 고는 아닌 것이다. 적어도 인간고라든가 사회고라고 하는 고에는 자본가라든가 무산자라든가 하는 구별은 없는 것이다. 석가세존이 말한 '사고 팔고'의 고는 인간으로서의 괴로움이다. 사회적 존재로서의 인간의 보편적인, 그리고 공통적인 괴로움이다. 그러므로 마르크스가 말하는 고는 어디까지나 경제 생활상의 고민으로서, 사고 팔고의 겨우 한 부분밖에 되지 않는다. 굳이 말한다면 "요구해서 얻지 못하는 괴로움(求不得苦)"밖에 안 된다.

마르크스는 인간고, 아니 생활고의 원인을 어디까지나 사회 기구의 결함에서 찾았다. 자본주의의 모순에 두었다. 자본가의 착취 그것이 그들의 선동 문구였다. 그러므로 그들이 말한 고의 내용은 어디까지나 물질이었다. 다시 말해서 그것은 안으로부터 오는 것이 아니고, 밖으로부터 오는 것이었다. 그러나 석가세존은 이것과는 정반대의 관점에서 고의 원인을 가르치고 있다.

"여실히 고의 근본을 안다는 것은, 말하자면 현재의 애착하는 마음이 미래의 몸과 욕(欲)을 받아 그 몸과 욕 때문에 다시 갖가지 고과(苦果)를 찾는 것임을 아는 것이다."《중아함경(中阿含經)》

즉 고의 원인은 '욕'이다. 욕이야말로 고의 근원인 것이다. 그러나 욕이 고의 근원이라고 하지만 우리들은 무조건 그것을 인정할 수는 없다. 왜냐하면, 욕은 또 환락(歡樂)의 근원도 되기 때문이다.

문제는 욕 그 자체가 아니고, 애착하는 마음, 집착하는 마음, 사로잡히는 마음이 결국 고의 원인인 것이다. 즉 인간이 가지는 보편적인 욕망 즉 오욕(五欲) 그 자체가 고뇌의 원인이 아니고, 식욕이라든가, 색욕(성욕)이라든가,

수면욕이라든가, 재산욕이라든가, 명예욕이라든가 하는 것만을 환락의 근본인 줄 망신(妄信)하여 이것에 집착하는 마음이 고의 원인이라고 석가세존은 가르친 것이다.

그리고 이 오욕에 애착하고 집착하는 것은 결국 인연의 도리를 모르기 때문이다. 즉 일체는 공이다, 무아다 하는 것을 모르는 무지의 무명으로부터 일어나는 것이다. 그러므로 결국 일체 고의 근본은 욕이요, 욕망에 대한 집착이기는 하지만 그것의 근본은 또 결국 무명에 있는 것이다. 무명이란 십이 인연의 근본이 되어 있는 그 무명이다.

그런데 이 오욕에 대해 생각나는 것은 《비유경(譬喩經)》 속에 있는 '흑백이서(黑白二鼠)'의 비유이다. 그것은 대단히 재미있고, 또 심각한 비유로 러시아의 문호 톨스토이도 아주 감격한 바 있는 아주 뜻깊은 이야기이다. 그것은 이런 것이다.

옛날 어느 곳에 한 나그네가 있었다. 넓은 벌판을 지나고 있을 때 돌연 미친 코끼리와 마주치게 되었다. 놀라 달아나려 했으나 넓은 벌판이라서 달아나 숨을 곳이라고는 없었다. 그러나 다행히도 들 복판에 오래된 우물이 하나 있었다. 그리고 그 우물에는 한 줄기 등나무 덩굴이 아래로 드리워져 있었다. 하늘이 주신 것이라고 기뻐하며 나그네는 급히 그 등나무 덩굴을 타고 우물 속으로 들어갔다. 코끼리는 무서운 긴 상아를 내밀고 우물을 들여다보고 있다. 이제 살았다 하고 나그네가 한숨을 돌리고 있는데, 이번에는 우물 밑바닥에서 무서운 큰 뱀이 입을 벌리고 사람이 떨어져 내려오기만을 기다리고 있지 않겠는가. 놀라 주위를 살펴보니 사방에는 또 네 마리의 독사가 금방 그를 물 듯이 노려보고 있었다. 목숨을 의지할 곳이라고는 오직 한 가닥 등나무 덩굴뿐이다. 그런데 그 덩굴마저 검고 흰 두 마리의 쥐가 뿌리쯤을 갈근갈근 이빨로 갉고 있지 않겠는가. 이제는 꼼짝없이 죽었구나 하고 떨고 있는데, 그때 마침 덩굴 뿌리쯤에 붙은 꿀벌집에서 달콤한 꿀물이 한 방울 한 방울 다섯 방울이 그의 입으로 와 떨어졌다. 정말 기막히게 맛이 좋았다. 그때부터 이 나그네는 벌써 눈앞에 닥쳐온 무서움과 위험도 까맣게 잊고 그저 그 꿀물을 받아 먹는 데만 마음이 쏠려 있었다는 이야기이다.

이 벌판을 헤매고 있는 나그네야말로 바로 우리들인 것이다. 한 마리의 미친 코끼리는 무상(無常)의 바람이다. 흐르고 있는 시간인 것이다. 우물이란 것은 생사(生死)의 깊은 못이다. 우물 바닥의 큰 뱀은 죽음의 그림자이다. 네 마리의 독사는 우리들의 육체를 구성하고 있는 네 개의 원소(地·水·火·風)이다. 등나무 덩굴은 우리들의 생명이다. 검고 흰 두 마리의 쥐는 밤과 낮이다. 다섯 방울의 벌꿀은 오욕을 가리킨 것이다. 즉 관능적인 욕망이다. 참으로 한 번 이 교묘한 인생의 비유를 듣게 되면, 톨스토이가 아니더라도 인생의 무상을 뼈저리게 느끼지 않을 수 없을 것이다. 무상의 공포에 오싹 소름이 끼치지 않을 수 없을 것이다. 그리고 도(道)를 찾는 나그네가 아니될 수 없을 것이다.

깨달음의 세계 : 다음에 세 번째 진리는 멸제(滅諦)이다. 멸이란 생멸(生滅)의 멸인데 없어진다는 뜻이다. 다만 여기에서 말하는 멸이란 고를 해탈한 깨달음의 세계, 즉 열반(涅槃)을 말하는 것이다. 그러므로 멸의 진리 즉 멸제는 불교의 이상인 열반을 뜻하는 말이다.

그런데 어째서 열반을 멸이라고 했느냐 하면, 원래 열반은 산스크리트어로는 니르바나(nirvana)로 '불어 끈다(吹消)'는 뜻이다. 무엇을 불어 끄고 무엇을 없애느냐 하면, 그것은 말할 것도 없이 고(苦)를 불어 꺼버리고 고를 없애버리는 것이다. 그런데 일반적으로는 그렇게 해석을 않고 도리어 육체를 불어 날려 버리고 몸을 없애버리는 것, 즉 인간의 죽음이라든가 허무라든가 하는 것으로 생각하고 있는 것이다. 마치 저 왕생(往生)이라는 말을 죽음이란 말과 같은 것으로 생각하고 있듯이, 열반이라든가 성불이라든가 하면 그것을 곧 죽음과 같은 것으로 생각하고 있는 것이다. 하지만 원래 죽음과 열반은 다른 것이다. 인간 고의 뿌리가 되어 있는 무명(無明)을 없애버린 것이 이 열반이다.

《잡아함경(雜阿含經)》에는

"탐욕이 영원히 없어지고, 진에(瞋恚)가 영원히 없어지고, 우치(愚痴)가 영원히 없어지고, 일체의 모든 번뇌가 영원히 없어지는 것을 열반이라 말한다."

고 되어 있다. 아무튼 무명한 마음을 벗어나 고를 다 없애버린 경지가 멸제 즉 열반이다.

팔정도(八正道) : 다음에 네 번째의 진리는 도제(道諦)이다. 도제는 열반의 세계로 가는 길이다. 멸제에 이르는 방법이다. 고를 없애는 길, 마음의 고를 제거하는 방법이다. 그런데 석가세존은 이 열반의 세계로 가는 방법에 여덟 개의 길이 있다고 가르친다. 팔정도(八正道)라는 것이 그것이다. 정도(正道)란 바른 길이다.

《전법륜경(轉法輪經)》에서

"열반으로 가는 데는 두 개의 편벽된 길을 피하지 않으면 안 된다. 그 하나는 쾌락에 탐닉(耽溺)하는 길이요, 다른 하나는 고행(苦行)에 몰두하는 길이다. 이 고락(苦樂)의 양쪽(二邊)을 떠난 중도(中道)야말로 참으로 열반에 이르는 길이다."

라고 석가세존은 말하고 있다. 분명코 고락의 양쪽을 떠난 중도만이 열반에 이르는 유일한 길인 것이다.

그리고 그 길로 걸어가는 데는 팔정도가 있다.

그런데 이 정도 가운데서 가장 중요한 것은 정견(正見)이다. 정견이란 바르게 보는 것이다. 무엇을 바르게 보는가. 그것은 사제의 진리를 아는 것으로, 결국 불교의 근본 원리인 인연의 도리를 분명히 인식하는 것이다. 이 인연의 진리를 참으로 알게 되면 그야말로 안심이 되는 것이다.

어떤 길로 걸어가더라도 문제가 없다. 그러나 그저 알기만 하고 이를 실행하지 않으면 효과는 없다. 인연을 행한다는 것은 인연을 옳게 살리는 것이다. "깨달음의 길은 자각과 노력이다. 이 밖에 달리 묘한 방법은 없다"고 한다. 인연을 알고 다시 이것을 옳게 살리는 데는 노력이 필요하다.

발명왕 에디슨도 "인생은 노력이다"라고 했다. 과연 인생은 노력이다. 무슨 일이고 부단한 노력이 중요하다. 이 노력이 곧 정진(精進)이다. 정정진(正精進)이 바로 그것이다. 정정진만이 바르게 사는 길이다. 그러므로 팔정도의 여덟 가지 길은 어느 것이나 다 열반에 이르는 필요한 길이긴 하지만 그 중에서도 가장 중요한 것은 결국 이 정견과 정정진이다.

"길은 많지만 네가 걸어갈 길은 하나이다."

라고 옛 사람들도 가르치고 있다. 우리들도 다같이 그 한길을, 인연에 순응하면서 무아(無我)에 사는 일로써 참되고 바르고 밝고 후회가 없게끔 오늘 하루를 걸어가고 싶은 것이다.

무소득(無所得) : 세상에서 가장 쓸모 없는 것을 진개(塵芥)라고 한다. 즉 먼지와 검불이다. '쓰레기 같은 인간'이라는 그 쓰레기이다.

그러나 가장 쓸모 없는, 아니 가장 못마땅한 것으로 알고 있는 이 먼지가 실상 우리 인간에게 가장 쓸모 있는 존재라는 것을 우리는 알 필요가 있다. 과학자들은 말하고 있다. 공중에 먼지가 없으면 수증기가 붙을 곳이 없어 비를 잘 내릴 수 없게 된다고 한다. 아침 저녁으로 찬란한 빛을 보내는 노을도 이 먼지가 태양 광선을 반사하기 때문이라고 한다. 쓸모 없다고 생각하고 있는 먼지가 이렇게 우리에게 소중한 역할을 하고 있는 것이다.

먼지와 관련된 이야기로 주리반특(周利槃特)이란 사람의 이야기가 있다. 이 주리반특은 부처님 제자 가운데 가장 머리가 둔하기로 유명했다. 석가세존은 그에게 "너는 머리가 둔해서 도저히 어려운 것을 가르쳐 주어야 헛일일 테니" 하고 다음과 같은 말을 가르쳐 주었다.

"삼업(三業)에 악(惡)을 짓지 않고, 모든 유정(有情)을 상하게 말고, 정념(正念)으로 공(空)을 보(觀)면, 무익(無益)한 고(苦)를 면하리라."

아주 간단한 글귀이다. '삼업에 악을 짓지 않는다'는 말은 몸과 입과 마음에 나쁜 일을 하지 않는다는 것이다. '모든 유정을 상하게 말라'는 것은 함부로 산 물건을 해치지 말라는 뜻이다. '정념으로 공을 보면'의 '정념'은 한결같이 한 가지만 생각하는 전념(專念)을 말한다. '공을 본다'는 것은 사물에 집착하지 않는 것이다. '무익한 고를 면하리라' 한 것은 쓸모 없는 괴로움은 사라지고 만다는 것이다.

그런데 이 짤막한 글귀가 그에게는 도저히 외어지지 않는 것이다. 그는 매일같이 들로 나가 "삼업에 악을 짓지 않고……" 하며 계속 읽어 봤으나 도무지 머릿속에 들어오지 않는 것이었다. 옆에서 듣고 있던 양치는 아이들까지 다 기억해 버리는 데도 그는 여전히 외지 못하는 것이었다. 그러니 도저히 어려운 경문 같은 것은 아예 욀 생각조차 할 수 없는 일이었다. 어느 날 그는 부처님이 계신 기원정사(祇園精舍) 문 앞에 초라한 모습으로 서 있었다.

그것을 본 석가세존은 조용히 발길을 그에게로 돌려

"너는 거기에서 무엇을 하고 있느냐?"

하고 물었다. 이때 주리반특은

"석가세존이시여, 저는 어째서 이토록 어리석은 인간이옵니까? 저는 도저히 부처님의 제자가 될 수 없습니다."

하고 낙심하는 것이었다.

이때 석가세존이 그에게 한 말은 참으로 뜻깊은 데가 있다.

"어리석은 사람이면서 자신이 어리석은 사람이란 것을 모르는 것이 참으로 어리석은 사람이다. 너는 네 자신이 어리석은 사람이란 것을 잘 알고 있다. 그러니까 너는 참으로 어리석은 사람은 아니다."

하며, 석가세존은 그에게 한 개의 빗자루를 주었다. 그리고 다시 그에게 다음과 같은 한 구절을 가르쳤다.

"먼지를 털고 때를 없애리라."

정직한 바보 주리반특은 정성껏 이 한 구절을 외며 생각했다. 많은 승려들의 신을 닦아 주고 털어 주며 그는 열심히 이 한 구절을 생각했다. 이리하여 긴 세월이 지난 뒤, 모든 사람에게서 바보라고 놀림을 당하던 주리반특은 마침내 자신의 마음의 때를 제거할 수가 있었다. 번뇌의 먼지를 말끔히 씻어 낼 수가 있었던 것이다. 그리하여 마침내는 '신통설법(神通說法) 제일의 아라한(阿羅漢)'으로까지 되었던 것이다. 어느 날 석가세존은 많은 사람들을 앞에 놓고 이렇게 말했다.

"깨달음을 연다는 것은 결코 많은 것을 안다는 것은 아니다. 비록 얼마 되지 않는 것이라도, 작은 한 가지 일이라도 그것에 철저하기만 하면 되는 것이다. 보라, 주리반특은 빗자루로 청소하는 것에 철저함으로써 마침내 깨달음을 열지 않았느냐."

참으로 석가세존의 이 말씀이야말로 우리들이 깊이 새겨 듣지 않으면 안될 말이다.

그런데 무지역무득 이무소득고(無智亦無得 以無所得故), '지(智)도 없고 득(得)도 없다. 무소득인 까닭이기 때문이다'라는 이 한 구절의 말은 간단하지만 그것이 지니고 있는 뜻은 참으로 깊은 데가 있다. 그러나 먼저 알기 쉽게 말하면 결국 이런 것이다.

"무릇 일체 만물은 모두 다 공(空)의 상태에 있는 것이다. 오온도 없고, 십이처(十二處)도 없고, 십팔계도 없고, 십이인연도 없고, 사제도 없다. 듣고 보면 과연 '일체는 공이다' 하고 알게 된다. 그리고 그 공인 것을 깨닫는 것이 반야의 지혜를 체득한 것이라고 생각하고, 우리들은 즉시 그 지혜에 사로잡히고 마는 것이다. 그러다 원래 그런 지혜라는 것도 있을 리가 없는 것이다. 지혜뿐이 아니다. 그러한 체험을 얻었으면 무언가 반드시 얻은 바(所得)가 있을 것이다. 아니 고마운 이익이나 공덕이라도 있을 것이다 하고 생각하는 사람이 있을지도 모른다. 그러나 그것도 결국은 없는 것이다.”

하는 것이 바로 ‘지도 없고 득도 없다’고 하는 것이다.

이렇게 되면 듣는 사람들은 뭐가 뭔지 잘 모르게 될 것이다. 그러나 여기에 도저히 뭐라고 형용할 수 없는 묘미가 있는 것이다. 도대체 불교의 이상이란 ‘헤맴을 돌려서 깨달음을 여는 것’이다. 번뇌를 끊고 보리를 얻는 것이다. 즉 평범한 인간이 부처가 되는 것이다. 그런데도 헤맴도 없다, 깨달음도 없다, 번뇌도 없거니와 보리도 없다 하는 것은 대관절 무슨 이유냐 하는 의문이 반드시 생길 것으로 생각한다. 그러나 여기에서 깊이 생각해 주기를 바라는 것은, 만물은 인연으로부터 생긴다는 사실이다. 그리고 인연생(因緣生)인 한 모두 다 상대적이란 것이다.

병이 있음으로 해서 약이 필요한 것이다. 병이 있고 나서 약이 있다. 병에는 여러 가지 구별이 있다. 그러므로 약에도 또 여러 가지 구별이 있는 것이다. 그러나 병이 나으면 약도 자연 필요 없게 된다. 감기가 들었을 때는 감기약이 필요하다. 그러나 일단 감기가 나으면 더 이상 감기약에 집착할 필요가 없다. 몸이 건강한 사람은 약이 필요 없듯이 일체를 다 체관(諦觀)한, 마음이 건전한 사람은 굳이 마음의 약을 찾을 필요가 없어진다. 지금 가령 서울에서 부산까지 고속열차를 타고 간다고 하자. 고속열차가 무사히 부산에 닿았을 때, 열차 덕분에 부산까지 기분좋게 편안히 왔다고 생각하며 볼일은 잊어버리고 열차에만 집착해 있다면 어떻게 될 것인가. 열차의 역할은 사람을 태워다 주는 데 있다. 열차의 역할은 그것으로 끝나는 것이다. 열차에 타는 것이 우리의 목적 그 자체는 아닌 것이다. 목적을 잊고 열차 그것에만 집착해 있는 것은 전혀 의미가 없는 일이다. 그렇다고 해서 우리는 결코 열차의 필요를 인정하지 않는 것은 아니다. 문제의 핵심은 바로 여기에 있다.

그런데 어째서 ‘지(智)도 없고 득(得)도 없느냐’ 하면 그것은 결국 ‘소득이 없기 때문’인 것이다. 즉 ‘무소득인 때문’이다. 그러면 무소득이란 무엇이냐 하는 문제에 부딪히게 된다.

중국 청조(淸朝) 말기에 유명한 학자였던 유곡원(兪曲園)이 쓴 수필에 ‘안면 문답'이란 것이 있다. 그것은 입과 코와 눈과 눈썹의 문답이다. 입과 코와 눈의 불평은 그들 자신이 눈썹 밑에 있다는 것이었다. 그들은 똑같이 눈썹의 존재 가치를 의심한 것이다. 그들 셋이

"무엇 때문에 너는 우리들 위에 잘난 체하고 있느냐, 네가 하는 일이 도대체 무엇이냐?"

하고 따지고 들었을 때, 눈썹이 한 대답이 재미있는 것이다.

"정말 그대들은 중대한 일들을 하고 있다. 빵을 먹고, 숨을 쉬고, 물건을 보고 하는 그대들의 수고에는 참으로 감사해 마지않는다. 그런데 오늘 막상 그대들이 나에게 '네가 하는 일이 무어냐'고 물었을 때 정말 부끄럽기 한이 없지만 뭐라고 대답할 말이 없다. 다만 조상 대대로 여기에 이렇게 붙어 있다는 것뿐으로, 늘 미안한 생각을 가지면서 그저 이렇게 열심히 내 장소를 지키고 있을 뿐이다……. 참으로 부끄러운 일이지만 대답할 말이 없다."

마지막으로 이런 말을 덧붙여 두고 있다.

"나는 오늘날까지 입과 코와 눈의 생각을 가지고 살아 왔다. 그러나 그것은 잘못이었다. 앞으로는 꼭 눈썹의 마음가짐으로 세상을 살고 싶다."

정말 할아버지가 어린 손자를 달래는 것 같은 어리석은 이야기이다. 그러나 생각해 보면 꽤 맛이 있는 말이다. 눈썹의 태도는 얼른 보면 전혀 무자각한 것 같다. 그러나 무자각한 것 같은 그 속에는 하나의 깊은 자각이 들어 있는 것이다. 이 눈썹의 태도야말로 바로 인연에 순응해 가며 무아(無我)에 살고 있는 생활인 것이다.

'대현(大賢)은 바보 같다(如愚)'는 말이 있다. 모든 것을 달관하고 있는 사람은 지혜를 쓸 것도 재주를 부릴 것도 없는 것이다. 아무리 똑똑하고 영리하고 용감한 것들이라도 마치 어른이 바라보는 어린아이들의 장난처럼 귀엽게 보일망정 부러울 것이 없는 것이다. 묵묵히 지켜보고 있는 어른의 태도를 아이들은 정신나간 사람이나 바보처럼 생각할지 모르는 것이다.

성공의 비결은 운(運)과 둔(鈍)과 근(根), 이 셋이라고 말한다. 이 둔과 이 어리석음이 현대인에게는 필요할 것으로 생각된다. 날카로운 칼날은 얇고 연한 것을 베기는 좋지만 두껍고 단단한 것을 이겨내지는 못한다.

에디슨은 천재란 99%의 '땀'과 1%의 '영감'으로 이루어진다고 말했다. 정말 천재란 노력에서 나오는 것이다. 이레 동안이나 먹지도 자지도 않고 연구

에 몰두한 에디슨이 아니었던들 전등의 보급은 먼 뒷날에 이루어졌을지도 모른다. 끈기가 필요한 것이다. 물고 늘어지는 바보 같은 끈기가 없이는 천재로서의 성공을 보지 못하는 법이다.

저 에스페란토의 창시자 자멘호프는 다음과 같이 말했다.

"새로운 사상의 개척자가 부딪치는 것은 조소와 비난밖에 아무것도 없다. 처음 만난 교양이 낮은 철부지 아이들까지 그들을 얕보고 말한다. '저들은 바보 같은 일을 하고 있다'고."

이러한 각오가 필요하다. 어떤 조소도 모욕도 공격도 일체를 넘어 딛고 가지 않으면 결코 새로운 일은 할 수 없는 것이다. 다시 말해 바보가 되고 멍청이가 되지 않으면 도저히 기대한 바의 목적을 달성할 수 없는 것이다.

대체 사람이 세상을 살아가기란 정말 어려운 일이다. 사회 생활이 복잡해지자 점점 경제 문제가 시끄러워지고 있다. 먹고 산다는 문제가 아주 중요한 의미를 갖게 됐다. 참으로 무리도 아니다. 그러므로 오늘날은 개인적으로나 사회적으로나 국제적으로나 모든 것이 손득(損得)이나 이해(利害)와 같은 타산적인 생각으로 움직이고 있는 것 같다. 한 푼이라도 손해를 보지 않게끔, 한 푼이라도 득을 보게끔, 손도 득도 없는 것에는 될 수 있으면 손을 내밀지 않게끔, 관계를 하지 말게끔 하고 있는 것이다. 이것이 현대적인 사고 방식인 것이다.

그러나 그것으로 과연 좋을 것인가. 경제 문제는 필요하다. 우리가 땅 위에서 살고 있는 한 경제적인 문제에 무관심할 수는 없다. 그러나 경제가 결코 전부일 수는 없다. 사람도 먹는 동물이긴 하지만 먹는 것만으로 만족하지 못하는 것이 인간이다. 그런데 살기 힘든 오늘날 우리들은 먹고 사는 것 때문에 고귀한 인간의 영혼을 저버리고 있는 것 같은 느낌이 든다. 물질의 빈곤보다도 더 무서운 것은 마음의 빈곤이다. 빈 손으로 왔다가 빈 손으로 가는 인간에게는 생명을 유지하기 위한 밥과 옷만 있으면 그만인 것이다.

무서운 것은 마음을 잃어버리는 것이다. 마음이 가난한 것이다. 한 번 잃어버린 마음은 다시 되찾기 어려운 것이다. 우리는 외면적인 빈곤 방지의 방도를 생각하지 않으면 안 되는 동시에, 그 이상으로 내면적인 마음의 빈곤을 극복하도록 노력하지 않으면 안 된다. 이것도 저것도 모조리 손득의 타산, 즉 유소득(有所得)의 기분으로 움직이지 말고, 때로는 타산을 떠난 무소득의 심정으로 돌아가고 싶은 것이다. 진정한 인간의 마음으로 돌아가고 싶은 것이다. 그리고 단순히 이해라든가 손득이라든가 하는 것만이 아니고, 정(正)과 부정, 선과 악이라고 하는 관점에서 움직이고 싶은 것이다.

우리들의 일상 행동이 이러한 기준에 따라 행해지지 않으면 결코 사회는 원만하고 원활하게 돌아가지 못한다. 이《반야심경》의 철학을 아무리 음미해 보아야 그것은 돈벌이와는 인연이 먼 것이다. 경제 생활과는 직접적으로는 아무런 관계도 없을 것이다. 그러나 '무용(無用)의 용(用)'이 참다운 용(用)이 되는 것이다. 우리들은 단순히 자연인으로서의 자기만을 보지 말고, 문화인으로서, 나아가서는 종교인으로서의 자기, 아니 참인간으로서의 자기를 돌아보지 않으면 안 된다. 그래야만 비로소 무소득의 참뜻을 이해하게 되는 것이다.

8 구경열반(究竟涅槃)

보리살타(菩提薩埵)
의반야바라밀다고(依般若波羅蜜多故)
심무괘애(心無罣礙)
무괘애고(無罣礙故)
무유공포(無有恐怖)
원리전도몽상(遠離顚倒夢想)
구경열반(究竟涅槃)

이것을 옮기면 다음과 같다.

"보리살타(보살)는 반야바라밀다에 의지하는 까닭에 마음에 거리낌이 없고, 거리낌이 없는 까닭에 두려워할 일이 없다. 뒤바뀌고 헛된 생각을 멀리 떠나 완전한 열반에 든다."

보리살타(菩提薩埵) : 우리는 《반야심경》의 무소득(無所得)이란 말을 앞에서 배웠다. 이 무소득의 경지는 마음 속을 깨끗이 말끔히 쓸고 닦고 치우는 것이다.

허왕실귀(虛往實歸)란 말이 있다. 빈 몸으로 가서 가득 채워 가지고 온다는 뜻이다. 남의 집에 초대를 받아 갔을 때도 미리 배가 가득 차 있으면 아무리 맛있는 음식이라도 맛있는 줄을 모른다. 그러나 뱃속이 비어 있으면 별로 맛이 없는 음식이라도 맛있게 먹게 된다. 빈 배에는 결코 맛 없는 것이 없는 법이다. 무소득인 뒤라야 비로소 소득이 있는 것이다. 무소득이야말로 가장 큰 소득인 것이다.

지금까지 말해 온 《반야심경》의 본문은 모두가 우리들의 뱃속을 텅 비게 만들기 위한 것이었다. '일체는 공이다' 하고 우리들의 머릿속과 뱃속을 말끔히 씻어내어 준 것이다. 이제부터라는 이야기는 공복 뒤의 맛있는 요리이다. 그러므로 이제부터는 자꾸만 맛있는 요리가 우리들의 피가 되고 살이 되어 가는 것이다. '보리살타는 반야바라밀다에 의지하기 때문에 마음에 거리낌이 없다'고 한 것이 바로 그것이다.

보리살타는 산스크리트어의 보디사트바(Bodhisattva)를 한자음으로 표기한 것으로, '깨달은 사람'이라는 뜻이다. 보리의 '보'와 살타의 '살'을 따서 합친 것, 즉 보리살타(菩提薩埵)를 줄인 것이 보살(菩薩)이다.

보살은 인생을 깨달은 사람이다. 다만 혼자서만 인생을 깨달은 것이 아니고 남까지도 삶을 깨닫게 해 주는 사람이다. 그러므로 스스로 깨달은 사람인 동시에 남을 깨닫게 하려는 사람이다.

'사람은 많아도 사람은 적다'는 말이 있다. 사람의 탈을 쓴 사람은 많지만 참으로 깨달은 사람은 적은 것이다. 옛날 디오게네스는 대낮에 등불을 켜들고 네거리에서 무언가를 찾고 있었다.

옆을 지나가던 제자 한 사람이

"선생님, 무엇을 찾고 계십니까? 무언가 떨어뜨리셨습니까?"

하고 물었다. 디오게네스는 제자에게 말했다.

"사람을 찾고 있는 게다."

"사람이라면 거리에 지나가는 것이 다 사람이 아닙니까?"

하고 거듭 묻자, 디오게네스는 천연스럽게

"그게 어디 사람이냐?"

고 했다는 것이다. 참인지 거짓인지는 모르지만, 디오게네스로서는 있음직도 한 일이다.

　정말 사람은 많지만 사람은 적은 것이다. 그러므로 우리들은 디오게네스가 찾는 그런 사람이 스스로 되는 동시에 또 다른 사람을 사람으로 만들지 않으면 안 된다. 교육의 이상은 '사람을 만드는 것'이라지만 불교의 목적 또한 사람을 만드는 것이다. 자기 혼자만이 사람이 되려 하는 것이 소승(小乘)이라면, 남까지도 사람을 만들려고 하는 것이 대승(大乘)의 관점이다.

　보살은 마음이 크고 도량이 큰 사람이다. 작은 이기적인 관점을 버리고 언제나 큰 사회를 돌아보며 사회인으로서 활동하는 사람이야말로 참 보살이다.

　'중생의 병은 번뇌로부터 생기고, 보살의 병은 대비(大悲)로부터 나온다'고 《유마경》에 씌어 있다. 그러한 대비의 병을 가지고 있는 것이 바로 보살이다. 이기적인 번뇌의 병과 이타적인 대비의 병, 평범한 인간과 보살을 구별하는 것이다. 저 십자가에 못박힌 그리스도도 인류의 죄를 갚기 위해, 모든 사람들을 죄악에서 건져 내기 위해 십자가에 못박혔다고 한다면, 그 그리스도의 마음이야말로 바로 보살의 마음인 것이다. 십자가를 등에 진 그가, 그 십자가를 지게 한 사람들의 죄를 구하기 위해 하느님께 기도하고 있는 마음은 참으로 고귀하고 고마운 것이다.

　성경에 '한 알의 밀알이 땅에 떨어져 죽지 아니하면 다만 하나로 끝나지만, 죽으면 많은 열매를 맺을 것이다'라고 했다. 그리스도는 십자가에 못박혔다. 우리들은 이교도라는 이름으로 그저 지나쳐 보거나 배격해서는 안 된다. 종교인으로서, 보살의 이름으로서 상찬하고 우러러보아야만 한다.

　보살(菩薩)의 사섭법(四攝法) : 불교에서는 보살의 생활, 즉 참다운 인간 생활의 이상을 네 개의 범주(範疇 : 형식)에 의해 보여 주고 있다. 이른바 사섭법이 그것이다. 섭(攝)이란 받아들인다는 뜻으로, 결국 화광동진(和光同塵), 즉 빛을 부드럽게 하여 먼지와 함께 하는 것, 다시 말해 일체의 사람들을 받아들여 보살의 큰길로 들게 하는 착하고 교묘한 네 가지 방편이다.

　네 가지 방편이란 보시(布施)·애어(愛語)·이행(利行)·동사(同事)라는 것이다. '보시'란 남에게 베풀어 주는 것으로, 일체의 공덕을 아낌없이 베풀어 구제하는 것이다. '애어'란 사랑이 담긴 말로써 남을 달래고 이끌어 주는 것이다.

'이행'이란 착하고 교묘한 방편을 써서 남의 생명을 북돋우어 주는 행위이다. '동사'란 남이 바라고 요구하는 일을 이해하고 그것을 도와 잘 이끌어 주는 것이다. 화와 복을 서로 나눠 갖고, 고와 락을 함께하는 것이다.

경(經)에는 보살의 길로서 이와 같이 네 가지 방법이 설명되어 있지만, 그 네 가지 방법의 근본은 결국 자비(慈悲)의 마음이다. 탐욕의 마음을 떠난 자비의 마음을 빼놓고는 아무 데도 보살의 길은 없는 것이다.

남을 불쌍하게 생각하는 자비의 마음 그것이 보살의 마음이요, 부처의 마음이다. 그러므로 보살의 행(行)이라 하여 불교에서는 육도(六度), 즉 육바라밀(六波羅蜜)이란 것을 말하고 있다. 그 육바라밀의 첫째 행이 보시(布施)이다. 이 보시의 행위가 모태가 되어 다른 다섯 개의 승행(勝行 : 선행)이 생겨나는 것이다. 그런데 바라밀이란 여기 나오는 반야바라밀다의 그 바라밀로, 앞에서 이미 말한 것과 같이 '피안(彼岸)에 이른다'는 것이다. 이쪽 언덕에서 저쪽 언덕으로 건너가는 데 여섯 개의 실천법이 있다는 것이 이 육바라밀, 즉 육도이다. 그것은 보시·지계(持戒)·인욕(忍辱)·정진(精進)·선정(禪定) 그리고 지혜(智慧)이다. '보시'란 방금 말했듯이 탐욕의 마음을 깨뜨리고 남에게 동정을 베푸는 것이다. '지계'란 규칙바른 생활이란 뜻으로 도덕적인 행위를 말한다. '인욕'이란 참고 견디는 인내를 말한다. '정진'이란 열심히 노력하는 것으로, 몸과 마음을 목적 달성을 위해 바치는 것이다. '선정'이란 마음이 동요하지 않는 것이다. 명경지수(明鏡止水)와 같은 고요한 마음의 경지를 말한다. '지혜'란 지금까지 자주 말해 온 반야의 지혜이다. 모든 사물을 있는 그대로 똑똑히 인식하는 것이다.

그러므로 결국 보살의 행은 이 육도의 행을 떠나 달리 길이 없는 것이다.

보시(布施)와 지혜(智慧)의 관계 : 앞에서는 반야의 지혜야말로 피안에 도달하는 유일한 길이라고 했다. 그런데 여기에서는 보시가 육도의 모태로서, 보시야말로 육바라밀의 근본이라고 했다. 약간 앞뒤가 모순되는 것 같지만 그것이 아니다. 불교에서 말하는 지혜와 자비는 똑같은 것의 안과 밖으로서 둘이면서 하나인 것이다. 하나에 대한 두 가지 견해인 것이다. 이 '보시'란 결국 '자비'이다. 참다운 자비에 의한 보시는 결코 지혜의 눈이 열려 있지 않은 사람에게서는 이루어지지 않는다. 자비는 맹목적인 사랑이 아니므로 반드시 바른 비판과 엄격한 판단과 틀림이 없는 인식, 즉 지혜에 의하지 않으면 안 된다. 육도의 근본, 즉 피안에 가는 근본적인 방법이 보시요, 또 반야라고 말한 것은 바로 그 때문이다.

심무괘애(心無罣礙) : 사람이 한 번 참으로 종교적인 반성을 할 수 있게 되면, 거기에는 아무런 거리낌도 있을 수 없다. 보살의 도야말로 무애(無礙)의 한 길이다. 아무런 방해물도 없는 훤한 길이다. '마음에 거리낌이 없다'고 한 것은 그것을 말한다.

괘(罣)란 글자는 그물을 말한다. 고기를 잡는 그물이다. 애(礙)란 글자는 장애물 또는 구애(拘礙)라고 하는 뜻으로서 '걸리다' '막히다'라는 것을 말한다. 산스크리트어로 된 원전에는 '거리낌이 없다'고 번역된 곳에 '걸리는 것 없이 움직일 수 있다'로 되어 있다. 어느 것에도 구속을 받거나 사로잡히는 일이 없이 자유롭게 움직일 수 있는 것이 곧 거리낌이 없는 것이다. 돈을 바라고 명예를 원하고 권세를 찾는 사람에게는 도저히 거리낌이 없을 수 없다. 돈이라는 그물, 명예라는 그물, 권세라는 그물에 걸려, 도저히 무애로는 될 수 없다. 구하는 것이 없는 사람만이 무애일 수 있는 것이다.

무유공포(無有恐怖) : 다음에 '거리낌이 없는 까닭에 두려워할 일이 없다'고 했다. 공포란 무서워 떠는 것이다. 무서워하는 마음 즉 불안이다. 걱정이다. 마음 속에 아무런 두려움도 근심도 걱정도 고통도 없는 것이 '두려워할 일이 없는 것'이다.

원리(일체)전도몽상(遠離〔一切〕顚倒夢想) : 다음에 '뒤바뀌고 헛된 생각을 멀리 떠나 완전한 열반애 든다'고 했다. 보통 여기엔 일체(一切)라는 두 글자가 앞에 있다. 즉 일체전도라고 나와 있다. 그런데 전도라는 것은 모든 것을 거꾸로 보는 것이다. 없는 것을 있는 것처럼 보는 것이 전도이다. 예를 들어 물은 이런 것, 공기는 저런 것이라고 한계를 지어, 전혀 다른 성질인 것처럼 생각하는 것이 결국 전도(顚倒)이다. 물은 온도를 더하면 증발해서 증기가 된다. 그 증기를 냉각시키든가 강한 압력을 더하면 이번엔 고체인 얼음이 된다. 그러나 어느 것이나 H_2O이다. 수소와 산소가 2대 1의 비율로 화합한 것이다.

물은 자성(自性)이 없다. 일정한 모양이 없다. 연(緣)에 따라 여러 가지로 변화한다. 이와 같은 사실이 복잡한 우리들의 세계에는 대단히 많다. 저 사시(斜視)나, 난시(亂視)나, 색맹(色盲)과 같은 견해로서, 착각과 환각을 일으키는 사람들은 모두 다 '전도된 중생'이다. 다음에 몽상이란 말의 뜻은 꿈 같은 생각이라는 것이다. 그것은 망령된 생각이다. 즉 없는 것을 있다고 잘못 생각하는 일종의 환각이며 착각이다. 결국 전도나 몽상은 같은 뜻으로 우리들의 망령된 생각이다. 그러므로 '뒤바뀌고 헛된 생각을 멀리 떠난다'는 것은 그러한 망령된 생각을 깨뜨려 버리는 것이다. 그것을 극복하고 초월하는 것이다.

구경열반(究竟涅槃) : 이것은 예부터 두 가지로 읽고 있다. 즉 '열반을 구경한다'로 읽거나 '구경열반한다'로 읽는 것이다. 다시 말해 '열반을 끝까지 찾아 내것으로 만든다'는 뜻으로 보느냐, '마지막 열반으로 들어간다'는 뜻으로 보느냐 하는 것이다. 산스크리트어 원전에는 니시타 니르바나(Niṣṭhanirvāṇaḥ)로 되어 있어, 구경을 동사로 읽지 않는다. 그러나 한문 번역에는 원래 형용사인 니시타란 산스크리트어를 구경·궁(窮)·진(盡)·지(至)·극(極) 등의 동사로 읽어 오고 있다. 그러므로 아무렇게 읽어도 상관은 없다고 본다.

그러나 산스크리트어 원전에 따라 '구경열반'으로 읽는 것이 좋을 것 같다. 구경이란 말은 궁극(窮極)이나 최후라는 뜻으로서 최종 최상의 열반이 곧 구경열반이다.

그런데 이 열반이란 말을 세상 사람들은 여러 가지로 잘못 알고 있다. 그러나 앞에서도 말했지만 불교에서는 깨달음의 세계를 열반이라고 하는 것이다. 즉 산스크리트어 니르바나는 '불어 날려 버린다'는 뜻이다. 보통 이것을 한역하여 적멸(寂滅)이나 원적(圓寂)·적정(寂靜)이라 쓰고 있다. 결국 우리들의 헤매는 마음, 망상과 번뇌를 불어 없애버린 대안락(大安樂)의 경지를 말하는 것이다. '적멸로써 낙을 삼는다(寂滅爲樂)'고 말하면 정말 조용히 죽어 가는 것, 즉 왕생(往生)한다는 것으로 생각하는 사람도 있으나, 결코 죽어 버린다는 뜻은 아니다. 즉 세상 사람들은 왕생한다는 것을 죽는 것으로 생각하고 있지만 왕생은 결코 죽는 것은 아니라는 말이다.

"왕생이란 가서 태어나는 것이다. 불법(佛法)은 죽는 것을 가르치는 것이 아니다. 죽지 않는 법을 가르치는 것이다. 정토(淨土)에 가서 태어나는 것을 가르치는 것이 불법이다."

옛 성인들은 이렇게 말하고 있는데, 정말 그대로이다. 왕생이라는 말과 열반에 들어간다고 하는 것은 결코 죽는 것이 아니고, 영원히 죽지 않는 생명을 얻는 것이다. 따라서 왕생한다는 것은 성불 즉 부처가 되는 것이다.

그러면 구경열반이란 어떤 것인가. 그것은 무주처열반(無住處涅槃)이라는 열반이다. 무주처열반이란 것은 머물러 사는 곳이 없는 열반이란 뜻으로, 다른 말로 말하면 생사(生死 : 헤맴)에도 머무르지 않고, 열반(깨달음)에도 머무르지 않는다는 것이 이 구경열반이다.

"보살은 지혜를 갖기 때문에 생사에 머무르지 않고, 자비를 갖기 때문에 열반에 머무르지 않는다."

이는 참으로 뜻깊은 말이다.

"뛰어난 지혜를 가진 보살은 생사가 다할 때까지 언제나 중생의 이익을 위할 뿐 열반을 좇지 않는다."

이렇게 경전에 씌어 있다. 이것이 바로 보살의 염원이다.

불교의 이상은 깨달음의 세계로 가는 것이다. 부처가 되고 정토에 태어나고 극락에 가는 것이 목적인 것이다. 그러나 자기 혼자만이 부처가 되고, 자기 혼자만 극락으로 가면 그만이라는 것은 결코 아니다. 남도 나도 함께 정토로 가는 편이 참된 목적인 것이다. 차라리 내가 못가는 한이 있더라도 다른 사람들을 정토로 보내려는 생각이 보살의 참다운 염원이다. 이것이 대승보살(大乘菩薩)의 이상이다.

9 무상정변지(無上正遍智)

삼세제불(三世諸佛)
의반야바라밀다고(依般若波羅蜜多故)
득아뇩다라삼먁삼보리(得阿耨多羅三藐三菩提)

이를 옮기면 다음과 같다.

"삼세의 모든 부처도 반야바라밀다에 의지하는 까닭에 아뇩다라삼먁삼보리를 얻는다."

삼세제불(三世諸佛) : 불교에서 삼세라는 것은 과거, 현재, 미래를 가리키는 말이다. 결국 삼세라는 것은 무한의 시간을 말하는 것이다. 그런데 이 삼세와 늘 함께 쓰이고 있는 말이 시방(十方)이란 것이다. 시방은 곧 십방으로 동·서·남·북 사방에, 사방의 사이에 있는 동북이나 동남 등 네 귀를 합친 것을 팔방이라 부르는데, 이 팔방에 위와 아래를 합치면 십방이 된다. 이를 불교에서는 '십방'이라 부르지 않고 '시방'이라 부르는 것이 과거부터의 전통이다. 그것은 '보제(菩提)'를 '보리'로 읽는 것과 같은 이유에서인 것 같다.

삼세가 영원한 과거와 영원한 현재와 미래를 연결하여 무한한 시간을 말하는 것이라면, 이 시방은 무한으로 확대되는 공간을 말한 것이다. 즉 삼세시방(三世十方)이라고 말하면 무한한 시간과 공간을 뜻하게 된다.

불교는 원래 그리스도교처럼 '신(神)은 하나다'라고 하는 일신론(一神論)에 근거해 있는 종교가 아니고 한 없이 많은 부처의 존재를 주장하는 범신론(汎神論)에 근거해 있다. 따라서 불교에서는 이 무한한 시간과 무한한 공간에 걸쳐, 언제 어디에서고 한없이 많은 부처가 계신다고 주장하기 때문에, 중생의 수가 무한하다면 부처의 수 또한 무한한 것이다.

중생이 있는 곳에 반드시 부처가 있다고 하므로, 즉 중생의 수와 부처의 수는 같다고 볼 수 있다. '이미 된 부처' '지금 되고 있는 부처' '아직 되지 않은 부처'가 있는 것이므로 정말 그 수는 한량이 없다.

불교에서는 모든 중생은 다 부처가 될 수 있는 소질이 있다고 강조한다. 즉 '일체중생 실유불성(一切衆生 悉有佛性)'이란 것이다. 하기는 맹자(孟子)도 사람은 누구나 다 요순(堯舜) 같은 성인이 될 수 있다고 했고, 예수도 죄를 뉘우치면 누구나 다 천당에 갈 수 있다고 했으니, 유교나 그리스도교에서도 같은 교리를 말했다고 볼 수도 있다.

아무튼 불교에서는 모든 중생은 부처가 될 소질을 가지고 있을 뿐만 아니라 '중생이 곧 부처다'라고 주장한다. 다만 부처라는 것을 자각하지 못하기 때문에 평범한 생활을 하고 있는 것이다. 정토타력(淨土他力)의 교리로 말하면, 모두가 아미타불(阿彌陀佛)에 의해 구제를 받고 있는 것이다. 늘 악한 일만 행한 평범한 사람이라도 염불을 외고 불력(佛力)을 믿기만 하면, 이 세상에서는 보살의 지위에 오르고, 왕생하면 곧 부처가 된다고 하는 것이므로 그 설명의 방법은 다소 다른 점이 있지만, 어느 것이나 대승불교인만큼 그 뿌리는 하나라고 말할 수 있다.

반야(般若)는 불모(佛母) : '삼세의 모든 부처도 반야바라밀다에 의지하는 까닭에'라고 한 말은 결국 반야에 의해서 부처가 된다는 뜻이므로 반야는 곧 부처의 어머니라고 말할 수 있다. 반야의 지혜가 없으면 부처라 말할 수 없다. 반야가 있은 뒤에 부처가 있는 것이다.《반야심경》 첫머리에 '관자재보살이 깊은 반야바라밀다를 행할 때, 오온이 다 공이란 것을 비추어 보고 일체의 고액을 건넜다'고 했다. 자비의 권화(權化)요, 부처의 화신인 관음보살도 반야의 지혜를 몸소 갈고 닦아, 일체는 다 공이란 것을 몸소 겪어서 깨달았기 때문에, 비로소 중생의 모든 고뇌를 구제할 수가 있는 것이다.

그러나 반야를 지혜라고 풀이하고 있지만 여러 번 말했듯이 그 지혜는 그대로 자비인 것이다. 반야의 지혜는 한번 밖으로 돌리게 되면 그 때는 그것이 곧 자비로 나타나는 것이다.

아뇩다라삼먁삼보리(阿耨多羅三藐三菩提) : 아뇩다라삼먁삼보리는 산스크리트어의 말을 그대로 한자음으로 옮겨 놓은 것이다. 산스크리트어의 원발음은 아누타라삼약삼보디(anuttara-samyak-sambodhi)이다.

아누타라는 무상(無上)이란 뜻으로 이보다 더 위인 것은 없다는 말이다. 다음에 삼약이라는 말은 '거짓이 없고 바르다'는 뜻이고, 삼보디란 말은 '모든 지혜를 모아두었다'는 뜻으로, 두루 안다 또는 다같이 깨닫는다는 뜻이 되므로, 이를 변지(遍智) 또는 등각(等覺)으로 옮기고 있다. 보디(보리)는 곧 각증(覺證)의 세계이다. 그러므로 결국 아누타라삼약삼보디라는 것을 옮겨서 말하면 무상정변지(無上正遍智) 또는 무상정등각(無上正等覺)이라고 해야 할 것이다. 다시 말하면 아뇩다라삼먁삼보리는 '가장 높고 참된 깨달음'이라는 뜻을 나타내고 있다.

"중생의 병은 번뇌에서 나오고, 보살의 병은 대비(大悲)에서 나온다."

이것은 《유마경》에 있는 말이다. 대개 인간에게는 몸의 병도 있거니와 마음의 병 또한 있다. 그런데 사람들은 몸의 병만 대단하게 알 뿐 마음의 병은 아예 문제삼으려고도 하지 않는 것이 보통이다.

맹자가 한 말에 이런 것이 있다.

"사람은 닭이나 개가 달아나면 불러들일 줄 알면서 마음이 달아난 것은 불러들일 줄 모르니 참으로 알 수 없는 노릇이다."

사람이 사람 구실을 하는 것은 마음에 있다. 몸보다도 더 중요한 것이 마음이다. 어떻게 닭이나 개에 비할 수 있겠는가. 그런데 사람은 몇 푼 안 되는 닭이나 개를 잃어버리면 온 동네가 떠들썩하게 찾아다닌다. 그러면서 자기 몸보다 소중한 착한 마음 바른 마음을 잃어버리고서도 전혀 찾을 생각조차 않는 것이다. 맹자는 또 이런 말도 했다.

"손가락 하나가 구부러진 사람이 있다고 하자. 그는 그것이 일하는 데 아무런 지장이 없더라도 이것을 펴 줄 사람이 있다고 하면 천리 길도 멀다 않고 찾아가리라. 무엇 때문일까? 손가락이 남과 같지 않기 때문이다. 손가락이 남과 같지 않으면 이를 바로잡으려 하면서도 마음이 사람 같지 않은 것은 바로잡으려 하지 않는다."

참으로 지당한 말이다. 얼굴에 묻은 때는 닦을 줄 알면서 마음에 묻은 때는 알지조차 못하고 있는 것이 인간이다. 남에게 주의를 줄 경우에도 "얼굴에 검정이 묻었소" 하고 일러 주면 고맙다는 인사를 한다. "넥타이가 비뚤어졌습니다" 하고 알려 주어도 고맙다고 한다. 그러나 혹시라도 "당신 마음에 먹물이 들었소"라든가 "당신 마음이 비뚤어졌소" 하고 깨우쳐 주면 고마워하기는커녕 그때부터 원수로 삼으려 들 것이다.

정말 인간이란 따지고 보면 이상한 존재이다. 몸의 병은 고치려 하면서 마음의 병은 고치려 하지 않는다. 몸의 병은 돈을 써 가면서 고치려 하는데, 마음의 병은 거저 고쳐 주겠다는 사람이 있어도 말을 잘 듣지 않는다. 병원의 의사나, 약방의 약사가 이르는 말은 잘 들으면서 마음의 의사인 교육자나 종교인이 하는 말은 귀담아 들으려 하지 않는다.

이 인간의 타고난 일면을 고치지 않으면 영영 평범한 존재에서 벗어나지 못한다. 이것을 고치는 방법은 그것을 생각하는 것이다. 반성하는 것이다. 맹자도 "찾으면 얻고 버리면 잃는 것이 마음이다"라고 말했다. 언제나 잃어버린 마음을 되찾도록 노력하지 않으면 영영 번뇌에서 벗어날 수 없다. 사람은 누구나 부처가 될 수 있다. 너나 없이 부처님이 가지고 있는 것과 꼭 같은 것을 가지고 있다. 그것은 마음이다.

마음은 거울 : 옛날 중국에 신수(神秀)라는 유명한 스님이 있었다. 그는 선(禪)의 깨달음에 대해 이렇게 말하고 있다.

"몸은 곧 보리수(菩提樹)요, 마음은 밝은 경대(鏡臺)와 같다. 때때로 부지런히 닦아라. 먼지가 앉게 하지 마라."

우리들의 몸은 한 그루 깨달음의 나무(보리수)이다. 마음은 밝게 비추는 하나의 거울이다. 그러나 그 거울을 언제나 깨끗이 닦아 두지 않으면 안 된다고 한 말은 매우 뜻깊은 말이다. 앞에서 말한 바 있는 주리반특은 "먼지를 털어라. 때를 없애리라" 하는 말을 단순히 외면적으로 피상적으로 생각하지 않고 내면적으로 좀더 깊이 사색함으로써 마침내 깨닫게 되었던 것이다. 우리들도 마음의 거울을 쓸고 닦아, 먼지가 앉지 못하도록 노력하고 정진하지 않으면 반야의 지혜를 찾아 낼 수 없는 것이다.

보살(菩薩)의 심병(心病) : 마음의 병은 마음의 거울을 닦지 않는 데서 온다. 그것이 바로 번뇌이다. 그런데 거울을 닦아 우주의 삼라만상을 참모습 그대로 비추어 본 보살이 갖는 마음의 병은, 거울 속에 비친 일체중생의 번뇌를 내 번뇌로 아는 자비에 있는 것이다. 일체중생의 괴로움을 건져 주거나 일체중생에게 참다운 즐거움을 주고픈 마음, 그러한 자비의 마음 위에 부처와 보살의 끊임없는 고민이 있는 것이다. 즉 그 고민은 자기를 위한 고민이 아니라, 남을 위한 고민이다. 세상을 위한, 중생을 위한 고민이요, 수심이다.

부처의 마음은 어버이의 마음에 비할 수 있다. 부모들은 자식의 병을 내 병보다 더 걱정한다. 자기는 악한 사람일망정 자식만은 착해지기를 바란다. 자식의 아픔을 내 아픔으로 삼고 자식의 기쁨을 내 기쁨으로 삼는 것이 어버이의 마음이다. 적어도 깨달음을 이룬 부처라면, 물론 자신을 위한 이기적인 고민은 없을 것이다. 그러나 자신을 위한 괴로움은 없더라도 세상을 위한 고민, 남을 위한 고민은 반드시 있을 것이다. 그러나 그 고민과 그 괴로움은 결코 일반적인 고민이나 괴로움은 아니다.

그 괴로움이야말로 즐거움이다. 그 고민이야말로 기쁨이다.

반야(般若)의 지혜(智慧) : 여기에 나온 《반야심경》의 이 한 대목은 삼세의 모든 부처가 다 이 반야의 지혜로 말미암아, 참으로 바른 깨달음을 얻었다는 것이다. 그러므로 반야의 지혜를 갈고 닦음으로써 다같이 부처의 길을 깨달아 참다운 보리(깨달음)의 세계로 가여만 한다는 것을 말한 것이다.

10 진실불허(眞實不虛)

고지반야바라밀다(故知般若波羅蜜多)
시대신주(是大神呪)
시대명주(是大明呪)
시무상주(是無上呪)
시무등등주(是無等等呪)
능제일체고(能除一切苦)
진실불허(眞實不虛)

이를 옮기면 다음과 같다.

"그러므로 반야바라밀다는, 이것이 가장 신령스러운 주문이고, 이것이 가장 밝은 주문이며, 이것이 가장 높은 주문이고, 이것이 견줄 바가 없는 주문이니, 일체의 괴로움을 없애버릴 수 있고 거짓이 없으며 참되어 헛되지 않음을 알도록 하라."

사종주(四種呪) : 이 대목은 반야바라밀다가 네 개의 불가사의한 주(呪)로서 일체의 괴로움을 제거한다는 것을 말하고 있어 맨 처음에 나온 "……오온이 다 공인 것을 비추어 보고 일체의 고액을 건넌다"고 한 것을 다시 끝맺음하고 있다.

그런데 여기에서 문제가 되는 것은 주(呪)라고 하는 글자의 뜻이다. 보통이 주란 글자는 저주(咀呪)라든가 '저주한다'라는 뜻으로 읽지만, 그 밖에 주문(呪文)이라든가 '주문을 왼다'라는 뜻으로도 쓰인다.

그런데 이 주문이란 것이 또 문제가 많다. 세상에서는 이 주문을 병을 고치거나 복을 빌거나 귀신을 부르고 쫓고 하는 것이라고 인식하고 있다. 한마디로 말해서 세상을 어지럽게 하고 어리석은 백성들을 속이는 이른바 혹세무민(惑世誣民)의 한 방편으로 사용되고 있다는 것이다.

이것은 마치 유가의 주역(周易)이 사람들을 속이는 엉터리 점쟁이들의 간판 구실을 하고 있듯이, 진언비밀법(眞言秘密法)이라는 간판 밑에 어리석은 사람들을 농락하는 한 방편으로 쓰이고 있는 것이다. 이것은 신성한 진언의 가르침을 모독하는 것으로서 불교를 좀먹는 하나의 고질이라 볼 수 있다.

이 '주'라는 글자는 세상에서는 미신과 결부시키기 쉬운 그런 글자이지만 불교의 전문 용어로서 쓰게 될 때는 아주 깊고 멀고 높은 뜻을 갖고 있다.

이 글자는 산스크리트어의 만트라(mantra)를 옮긴 것으로, 한자로 '만다라(曼茶羅·曼陀羅·曼怛羅)'라고 쓰기도 한다. 따라서 그것은 진언 또는 '다라니(陀羅尼, dhāraní)'란 말과 같은 뜻을 갖는다.

진언이란 글자 그대로 '참된 말'이다. 참된 말은 신성불가침(神聖不可侵)의 말이다. 보통 사람들의 말에는 거짓이 많지만 부처님의 말씀에는 절대로 거짓이 없다. 속담에 '남자는 우산과 거짓말은 가지고 다녀야 한다'는 말이 있다. 보통 사람들은 거짓말을 생활의 한 방편으로 알고 있다. 적당히 거짓말을 할 줄 모르는 사람을 고지식하고 미련한 사람으로 비웃는 것이 세상이다. 그러므로 거짓이 없는 참말, 즉 '진언'은 부처님 말씀 이외에 다시 없다.

다음에 '다라니'라는 말에 대해 말하면 이것 또한 범어인데, 한역하여 총지(摠持)라고 한다. 즉 모든 법을 다 가지고 있다는 뜻이다. 결국 경전의 깊은 뜻을 뽑고 모아 하나로 뭉친 것으로, 글자 하나가 한량없는 뜻을 지니고 일체의 공덕을 남김없이 다 가지고 있다는 뜻이다.

엄밀히 말하면 만다라와 다라니는 다소 뜻이 다르지만 결국은 진언도 다라니도 주문도 대개 같은 것이다. 신성한 부처님의 말씀, 그 말씀 가운데는 실로 무량한 공덕이 포함되어 있다는 것이다. 불교 특히 진언밀교(眞言密敎)에서는 이 주문을 대단히 존중하고 있다.

그런데 이 《반야심경》에는 네 가지 주를 들고 있는데, 결국 이 반야바라밀다가 가장 뛰어난 부처님의 참말씀이란 것을 말한 것이다. 즉 이 반야바라밀다가 그대로 다라니인 것이고, 진언이요, 주문인 것이다. 그리하여 이 반야의 공덕을 네 가지로 설명하고 찬탄한 것이 '대신주'와 '대명주', '무상주'와 '무등등주', 이 네 가지 주로서, 반야바라밀다가 이 세상에서 가장 훌륭한, 그 어느 것에도 비교할 수 없는, 불가사의한 공덕을 가지고 있는 진언으로, 이 속에는 일체의 부처님이 말씀하신 가르침이 모조리 다 포함되어 있다는 것을 말한 것이다.

그러므로 만일 참으로 관자재보살과 같이 반야의 지혜를 갈고 닦아 여실히 이를 실천하고 실행하게 되면, 자기의 괴로움은 말할 것도 없고 다른 사람들의 일체의 괴로움도 제거할 수 있다는 것이다. 이것을 《반야심경》에서는 '능제일체고 진실불허'라고 말하고 있는 것이다.

이것은 참으로 진실되고 헛되지 않은 것이다. 거짓말이라고 의심하는 사람은 옳지 못한 것이다. 진리이다, 참으로 의심할 수 없는 진리라고 그저 믿고 이를 실행하면 되는 것이다. 대체로 반야바라밀다란 것은, 여러 차례 말한 바와 같이 '피안으로 건너가게 되는 지혜'란 뜻이요, 동시에 그것은 헤매고 있는 이 언덕에서 깨달음의 저 언덕으로 건넌 부처님이 가지고 있는 지혜이다. 그리고 그것은 '일체가 인연이다'라고 깨닫게 되는 지혜이므로 결국 인연이라는 두 글자를 아는 것이 곧 반야의 지혜인 것이다.

석가세존은 인연(因緣)의 진리에 눈을 뜨게 됨으로써 깨달음을 이룬 부처가 되었던 것이다. 그러므로 이 인연의 진리를 참으로 알게 됨으로써 누구나 부처가 될 수 있는 것이다. 그리고 인연을 안 사람은 인연을 죽이는 사람이 아니고 인연을 참으로 살리는 사람이다.

이 인연을 살리는 사람만이 비로소 일체가 공(空)이라는 진리를 맛볼 수 있는 것이다.

그러나 그 공은 아무것도 없다는 단순한 허무와 같은 것은 아니다. 그것은 유(有)를 내용으로 하는 공이므로, 인간의 생활은 공에 투철한 것에 의해서만, 유의 존재, 즉 그날의 생활이 훌륭하게 살게 되는 것이다. 이리하여 참으로 공을 달관하고 공을 깨우친 사람에 의해서만 비로소 인생의 고귀한 가치가 참으로 인식되는 것이다.

참으로 반야의 진언이야말로 세상에도 고귀하고 훌륭한 주문이다. 가장 신성한 부처의 말씀이다. 적어도 반야의 이 고귀한 주문을 마음 속으로 맛

있게 섞어 삼킴으로써 자신의 고통과 번뇌를 제거하는 동시에 일체 고민하는 사람들의 영혼을 건져 주어야만 한다.

공에 투철한 보살이야말로 살아 있는 이상인 것이다.

11 열린 비밀

> 고설반야바라밀다주(故說般若波羅蜜多呪)
> 즉설주왈(卽說呪曰)
> 아제아제(揭諦揭諦)
> 바라아제(波羅揭諦)
> 바라승아제(波羅僧揭諦)
> 보리사바하(菩提薩婆訶)
> 반야심경(般若心經)

이를 옮기면 다음과 같다.

"그러므로 반야바라밀다의 주문을 말한다. 즉 주문을 말하여 가로되 '아제아제 바라아제 바라승아제 보리사바하.'"

비밀의 세계 : 이 《반야심경》의 마지막 대목은 예부터 '비밀진언(秘密眞言)'이라 하여 일반적으로 옮기지 않은 채 그대로 송독(誦讀)하며 대단히 중하게 여기고 있는 것이다.

옮기지 않고 그대로 읽는 데는 여러 가지 이유가 있겠다. 그러나 그 중 가장 큰 이유는 번역이라는 그 자체가 원문의 뜻을 그대로 옮겨 놓을 수 없는 것과, 주문이라는 그 자체가 원래 심오하고 신비로운 뜻과 힘을 가지고 있어, 전통적인 원문 그대로 읽는 것이 읽는 사람으로 하여금 훨씬 엄숙한 기분을 갖게 하기 때문일 것이다.

아무튼 번역이란 것은 어느 의미에선 원문에 대한 반역이 될 수도 있고, 모독이 될 수도 있는 것이다. 그것은 마치 수놓은 비단의 안쪽만을 보는 것에 불과한 것이다. 날(經)과 씨(緯)는 있어도 색채라든가 무늬의 정교함은 볼 수 없다. 외국어를 번역할 때 느끼는 어려움은 말의 뜻도 뜻이지만, 뜻 외에 풍기는 느낌이 서로 다른 점이다. 한시(漢詩)를 번역할 경우, 역자에 따라 다 다르고 그것이 주는 느낌 또한 다르다는 것을 알 수 있다. 아무리 훌륭한 번역이라 하더라도 원문 그대로를 읽는 것처럼 참맛을 풍겨 주지 못한다는 것은 역자 자신들이 누구나 말하고 있는 사실이다. 시조(時調)를 외국 시인이 아무리 훌륭하게 번역을 했다손 치더라도 우리말 그대로 읽는 시조의 맛을 풍길 수 없는 것과 같다.

평범한 문학의 경우도 이러하거늘, 심오한 경전의 번역은 어떠하겠는가. 예부터 중국 불교는 번역 불교라고 한다. 그 많은 경전을 옮기는 데 오랜 시일과 인원과 정력이 소요되었을 것은 상상하고도 남음이 있다. 중국에서 산스크리트어로 된 경전을 완전히 번역을 해 두었기 때문에 비교적 쉽게 경전을 송독하고 이해할 수 있었던 것이다. 그러나 옛날처럼 한문을 우리글처럼 읽어 오던 시대는 이미 지나갔으므로, 이 많은 경전들의 번역이 하루 빨리 이루어져 누구나 쉽게 경전을 읽고 이해할 수 있게끔 되어야 할 것이다.

어찌됐든 번역이란 참으로 어려운 일이 아닐 수 없다. 여기에서 생각나는 것은 저 '오종불번(五種不飜)'이란 것이다. 이것은 바로 현장법사가 외친 말로서, 중국어로서는 도저히 옮겨지지 않는 산스크리트어 다섯 가지가 있다는 것이다. 그러므로 그것들은 원어의 음을 그대로 옮겨 놓은 것에 지나지 않는다. 예를 들어 인도에는 있지만 중국에는 없는 것이라든가, 한 말에 많은 뜻이 포함되어 있는 것이라든가, 비밀에 속한 것이라든가, 예부터의 습관에 따르는 것이라든가, 번역을 하면 원어가 지니고 있는 가치를 잃는다든가 하는 것으로, 이러한 다섯 가지는 번역을 하지 않고 한자음으로 원어를 그대로 옮겨 놓은 것이다. 그리고 이제부터 설명하려는 반야의 주문도 비밀이란 이유에서 현장도 굳이 번역을 하지 않고 산스크리트어의 음을 그대로 옮긴 것이다. 그러므로 아무리 한자의 뜻을 더듬어 본다 하더라도, 한자로는 도저히 주문의 뜻을 이해시킬 수 없었던 것이다.

방금 말했듯이 대체 주문이나 진언 그리고 다라니라든가 하는 것은, 이른바 '한 글자로 천 가지 이치를 머금은 것(一字含千理)'으로, 단 한 자 속에도 실로 무량무변(無量無邊)한 깊은 뜻이 포함되어 있다. 그러므로 예부터 산스크리트어를 굳이 옮기지 않고, 다라니는 다라니대로, 진언은 진언대로, 주문은 주문대로 그대로 읽어 전해 오고 있다. 즉 다라니든 주문이든 진언이든, 그것이 신성불가침의 부처님 말씀이라는 것과, 거기에는 아주 심원한 의미가 들어 있다는 점에서 산스크리트어의 음을 그대로 한자로 옮기기만 하고 굳이 번역을 하지 않았던 것이다. 그러므로 예부터 널리 이 반야의 네 글귀의 주문은, 웬일인지 모르게 읽으면 은혜로운 공덕이 있다고 해서, 옮기지 않고 그대로 믿고 읽어 왔던 것이다.

그러나 사람이란 묘한 것이어서 비밀이라면 더 알고 싶어하고, 보지 말라면 더 보고 싶어하고, 듣지 말라면 더 듣고 싶어한다. 반야의 진언 또한 그 뜻은 몰라도 된다, 그저 외고만 있으면 공덕이 있다, 이익이 된다 하고 말해 보았자 사람들은 그것으로 만족하려 하지 않는다. "대관절 무슨 뜻이냐" "뜻도 모르면서 덮어놓고 읽기만 할 수는 없지 않은가" 하는 것이 사람의 마음이다.

그러면 도대체 이 반야의 네 글귀 주문은 어떤 의미를 가지고 있는 것일까. 앞에서 말했듯이 이것은 산스크리트어의 음을 그대로 옮겨 놓은 것으로, 산스크리트어의 원어대로 읽으면 다음과 같다.

가테가테(gategate)
파라가테(pāragate)
파라상가테(pārasaṃgate)
보디스바하(bodhi svāhā)

그런데 여기에서 한 가지 주의해 두고 싶은 것은, 앞에서도 약간 언급한 일이 있지만 불경에 나오는 한자음을 자전에 나와 있는 그대로 읽지 않는 점이다.

십방(十方)을 '시방'이라 읽고, 보제(菩提)를 '보리'로 읽는 것은 특수한 경우라 할지라도 그 밖에도 얼마든지 이런 예가 많다. 먼저 이 《반야심경》에 나오는 것만 보더라도

'반약(般若)'을 '반야'로
'파라밀다(波羅蜜多)'를 '바라밀다'로
'날반(涅槃)'을 '열반'으로

'게체(揭諦)'를 '아제'로
'살파하(薩婆訶)'를 '사바하'로
읽고 있다.

여기에서 하나의 공통점을 발견할 수 있다. 즉 'ㅊ·ㅌ·ㅍ'과 같은 센소리를 'ㅈ·ㄷ·ㅂ'과 같은 순한 소리로 읽은 점과, 나아가서는 'ㄷ·ㄹ 호전(互轉)'의 발음법에 따라, 보디(菩提—原音)가 보리로 되듯 ㄷ이 ㄹ로 읽히고 있고, 가체(揭諦—'가'는 原音)의 가가 '아'라는 순한 음으로 바뀌기도 하는 점이다.

주문을 한문이나 우리말로 옮겨 읽기보다 원어를 그대로 읽는 데 하나의 의의를 찾는다면, 원어의 음을 되찾는 것도 부질없는 일은 아닐 것 같다. 또한 언어 변천의 역사로 보아 센소리에서 부드러운 소리로 변해가고 있는 것이 실정이요, 또 모든 것을 자연의 원리대로 따라 움직이는 것이 신앙인의 생활 태도라면 센소리를 부드러운 소리로 바꿔 읽는 것도 사람의 감정을 순화시키는 또 하나의 효과를 거둘 수도 있을 것 같다.

그건 그렇고 이 네 글귀 열여덟 글자의 뜻은 어떤 것이며, 이를 우리말로 옮기면 어떤 말이 될 수 있는가를 알아보기로 하자.

먼저 '가테'는 '간다'는 동사에서 나온 말로 이것을 '갔다'라고 옮기는 사람이 있는가 하면 '갈 때에' '가는데'로 옮기기도 하고, '가는 사람이여' 하고 옮기기도 한다. 이런 점에 주문의 깊은 뜻과 특색이 있다고도 하겠다.

다음에 '파라가테'의 '파라'는 피안(彼岸)이란 뜻이므로 다른 번역이 있을 수 없지만, '가테'를 어떻게 옮기느냐는 위에 말한 그대로이다.

다음에 '파라상가테'의 '상'은 완전히 끝을 맺었다는 완료의 뜻이 있으므로 이미 피안에 와 닿았다는 것을 뜻한다.

끝으로 '보디스바하'의 보디는 지금까지 늘 말해 온 대로 '깨달음'을 뜻하는 말이고, 끝의 스바하는 '빠르다든가, 이룩한다든가, 만족한다든가' 하는 뜻으로 어느 진언이고 끝에 가서는 대개 붙어 있는 말이다. 적당한 비유가 될지도 모르지만 그리스도교의 '아멘'과 같은 것이라고나 할까.

이상으로 각 낱말에 대한 뜻을 말했거니와 다음에 전체를 놓고 옮긴 몇 가지 예를 들어 보자, 첫째 가테를 처격(處格)으로 보면

　가게 될 때에, 가게 될 때에

저 언덕에 가게 될 때에
저 언덕에 가 닿게 되면
깨달음이 있도다

라고 번역된다. 다음에 가테를 호격(呼格)으로 보면

가게 된 사람이여, 가게 된 사람이여
저 언덕으로 가게 된 사람이여
저 언덕으로 완전히 가게 된 사람이여
깨달음이여 다행하여라.

라고 번역되고, 또 가테를 동사의 완료형으로 보면

닿았노라, 닿았노라
피안에 닿았노라
피안에 와 닿았노라
깨달음에 이르러 기쁘도다.

라고 번역되기도 한다.
또 맥스 뮐러 같은 사람은 다음과 같이 영문으로 옮기기도 했다.

O wisdom, gone, gone,
gone to the other shore.
landed at the other shore
svaha.

이 또한 가테를 동사 완료형으로 보고 있다.
이상과 같이 원어의 뜻을 알아보았는데, 결국 《반야심경》의 마지막에 있
는 이 네 글귀의 진언은 다음과 같은 뜻으로 풀이될 수 있는 것이 아닐까.

"나 자신도 깨달음의 저 언덕으로 간다. 사람들도 또 깨달음의 저 언덕으로 가게 했다. 일체의 모든 사람들을 두루 다 가게 만들었다. 이리하여 내 깨달음의 길은 성취되었다."

즉 한 말로 이것을 말하면 '자각(自覺), 각타(覺他), 각행원만(覺行圓滿)'이란 것이다. 다시 풀어서 말하면

"스스로 깨닫고, 남을 깨치게 하여 깨달음의 행(行)을 완성했다."

는 것으로 그것은 곧 불도(佛道)의 완성인 것이다. 그리고 이 불도의 완성이야말로 인간도(人間道)의 완성인 것이다. 그러므로 이 네 글귀의 주문은 단순히 《반야심경》 한 책의 진수(眞髓)일 뿐 아니라, 실로 8만 4천의 법문(法門), 5천 7백여 권이나 되는 모든 경전의 진수요 본질이 되는 것이다. 바꿔 말하면 대승·소승, 현교(顯敎)·밀교(密敎)·성도(聖道)·정토(淨土) 등 불교의 모든 종파(宗派)의 교의(敎義)와 신조(信條)가 다 이 네 글귀의 진언 속에 포함되어 있는 것이다.

이 진언의 의미를 여러 각도와 여러 관점에서, 기회와 때에 따라 설명해 보이는 것이 오늘날의 불교라 말할 수 있다. 왜냐하면 말할 것도 없이 대승불교의 정신은 모든 중생이 다같이 불도를 이룩하는 데 있다. 같이 깨달음을 일으켜 정토로 가서 태어나는 것이다. 그러므로 그것은 결코 자기 혼자만의 왕생(往生)은 아닌 것이다. 어디까지나 다 함께 가는 것이다. 같이 깨달음을 얻는 것이다. 이 진언의 의미를 이해함으로써 비로소 한층 더 밝게 《반야심경》이 얼마나 귀한 경전인가를 알게 된다. 아니 대승불교의 안목이 어디에 있는가를 분명히 알 수 있는 것이다.

그런데 산스크리트어 원전에는 이 진언 다음에 '이티프라즈나 파라미타 흐리다얌 사마프탐(Iti prajñā paramita hṛidayam samāptam)'이란 말이 있다. 이것을 옮기면 이런 뜻이 된다. 즉 "여기에서 반야바라밀다심경을 말하여 그치노라" 하는 것이다. 그러나 이 말은 있으나 없으나 마찬가지이므로 현장법사는 일부러 이것을 빼버리고 다만 맨 끝에 '반야심경'이란 네 글자만을 덧붙여 두었다.

금강경(金剛經)

금강경

《금강경(金剛經)》해제

《금강반야바라밀다경(金剛般若波羅蜜多經)》이라는 이름은 산스크리트어로 된 이 경전의 끝 제목에서 옮겨 온 것이다. 이를 줄여서 《금강반야경(金剛般若經)》 또는 《금강경》이라고 부른다.

이 경은 반야부(般若部) 경전 가운데에서 비교적 부피가 적고, 또 오래된 것에 속하는 경이다. 이 경은 세계 각지에서 널리 애독되고 있으며, 산스크리트어 원본 외에 한문과 티베트어 번역은 물론 코탄어 등 중앙아시아어 번역들도 남아 있다.

우리나라에선 조선왕조 세종대왕(世宗大王) 때 시작해서 성종(成宗) 때에 완성된 《금강경삼가해(金剛經三家解)》라는 번역본이 있고, 세조(世祖)의 명령으로 한계희(韓繼禧)·노사신(盧思愼) 등이 옮긴 《금강반야바라밀경언해(金剛般若波羅蜜經諺解)》와 《금강경육조언해(金剛經六祖諺解)》가 있다. 이 둘을 합해서 《금강경언해》라 부른다. 또 '바라밀다'의 '다'를 떼고 《바라밀경》이라 이름을 붙인 것은 한역(漢譯) 원본에 따른 것이다.

'금강(金剛)'은 그 어떤 물건이라도 능히 깨뜨릴 수 있고, 또 그 자체는 그 어떤 것에 의해서도 부서지거나 상하지 않는 것을 뜻한다.

'반야(般若)'는 깨달음의 지혜라는 뜻이다. 보통 우리들이 말하는 그런 지혜가 아니고, 세속적인 분별을 완전히 떠난 맑고 깨끗한 참 지혜를 말한다.

'바라밀다(波羅蜜多)'는 "저 언덕에 이른다(到彼岸)"라는 뜻이다. 이 언덕은 미혹한 중생들이 여러 가지 번뇌로 고통받고 살아가는 세계이다. 반면에 저 언덕은 반야의 지혜로써 모든 번뇌와 미혹이 사라진 '부처님의 세계'를 말한다.

경(經)이란 경전을 말하는 것이다. 경이라는 글자의 뜻에는 '바탕'이란 뜻과 '근본'이란 뜻 외에 '길'이란 뜻이 있다. 즉 목적지를 향해 나아가는 가장 근본이 되는 올바른 길을 뜻한다.

즉 이 경의 제목을 풀어서 말하면 '금강같이 견고한 지혜로써 즐거운 부처님의 세계로 이르게 되는 길'이란 뜻으로 된다.

한편, 우리나라에서 많이 읽혀 온 한역본(漢譯本)은 요진(姚秦)의 구마라습(鳩摩羅什)이 옮긴(402) 것이다. 이것은 상·하 2권으로 나뉘어 전체 짤막짤막한 114절로 이루어졌으니, 이는 어디까지나 편의에 따른 것뿐이다.

금강반야바라밀경 상권(金剛般若波羅蜜經 上卷)

(1) 이와 같이 나는 들었다.*¹

언젠가, 부처님*²께서는 사위국(舍衛國)*³의 기수(祇樹)*⁴ 숲 속에 있는 급고독 장자(給孤獨長子)*⁵의 정원에서 1,250명이나 되는 큰 비구(比丘)*⁶ 무리들과 함께 계신 일이 있었다.

(2) 그때에 세존(世尊)*⁷께서 공양(供養)*⁸할 때가 되었으므로 가사(袈

---

*1 당시 석가모니 부처님을 항상 따라 모시던 아난존자(阿難尊者)가 부처에게 직접 들었다는 말이다. 부처가 열반한 뒤 제자들이 경전을 편찬할 때, 아난존자가 편집 주무를 맡아 보면서, 부처가 생존해 있을 때 부처에게 직접 들은 것을 외어 냈기 때문에 첫머리는 대개 이렇게 시작되고 있다. '이와 같이'라는 '이'는 아래에 나오는 내용 전체를 가리키는 것이다.

*2 부처는 불타(佛陀)의 우리말이며, 님은 존칭해서 붙인 것이다. 불타는 깨달았다는 뜻인데, 여기서는 물론 석가모니 부처를 가리킨 것.

*3 '코살라' 왕국의 서울 슈라바스티(舍衛城).

*4 제타 숲. '제타'(太子)가 심은 나무가 자라서 된 숲이라 해서 이를 '제타 숲'이라 불렀고 한문으로는 이를 祇園(기원)이라 옮겼다.

*5 고독한 사람들 즉 수행자들을 잘 돌봐 준다고 해서 붙인 이름으로, 당시 사위성의 재상인 수다타(Sudatta, 須達多)를 가리킨 것이다. 그는 석가모니를 위해 기원정사(祇園精舍)를 세웠다.

*6 불교에 귀의하여 머리 깎고 구족계(具足戒)를 받은 남자, 여자의 경우는 비구니(比丘尼).

*7 부처의 10가지 별명 중의 하나. 세상에서 가장 높으신 분이란 뜻.

*8 원문의 '먹을 때(食時)'를 공양할 때라고 말한 것인데, 불교에서 스님이 음식을 먹는 것을 공양한다고 한다. 물론 부처님께 음식을 바치는 것도, 웃어른에게 음식을 바치는 것도 공양이라 한다. 그런데 부처님은 하루 한 끼를 먹는데 아침 사시(巳時, 오전 9시)에 공양을 했다고 한다.

裟)*9를 입고, 바리때(鉢)*10를 들고, 사위성 안으로 들어가 걸식을 하셨다. 그 성중에서 차례대로*11 걸식을 하고 나서 본래 처소로 돌아와 공양을 드신 다음, 가사와 바리때를 거두고 발을 씻은 뒤 자리를 펴고 앉으셨다.

(3) 그때에 장로 수보리(須菩提)*12가 대중 속에서 있다가 자리에서 일어나, 오른쪽 어깨에 옷을 벗어메고, 땅에 오른쪽 무릎을 꿇고 합장(合掌)*13하여 공경히 부처님께 말씀드렸다.

"석가세존이시여, 참으로 놀라운 일입니다. 여래(如來)*14께서 모든 보살*15 들을 잘 호념(護念)*16하시고 모든 보살들을 잘 부촉(付囑)*17해 주십니다."

(4) "석가세존이시여, 선남선녀(善男善女)로서 아뇩다라삼먁삼보리심(阿耨多羅三藐三菩提心)*18을 내고는, 마땅히 어떻게 안주해야 하며, 또 어떻게 그 마음을 항복받아야 합니까?"

(5) 부처님께서 말씀하셨다.

---

*9 스님이 입는 법복. 장삼 위에 입는 것으로, 종파와 계급에 따라 빛깔과 모양이 다르다.

*10 나무로 만든 대접 같은 스님의 밥그릇. 안팎에 칠을 해서 쓴다. '바루'라고도 한다. 위에 말한 가사와 합쳐 의발(衣鉢)이라 부르기도 하며, 스님들에게는 가장 소중한 것이다.

*11 밥을 받는 일은 수행자의 수행인 동시에 주는 사람에게는 보시(布施)의 덕을 쌓는 기회가 되는 것이므로, 가난한 사람과 부자를 차별하지 않고 고루 보시의 기회를 주는 것을 옳은 일로 알고 한다.

*12 산스크리트어의 원명은 수부티(Subhūti). 석가모니 10대 제자 중의 한 사람으로 천성이 자비로와 착한 일을 많이 했고, 석가모니의 명을 받아, 반야공리(般若空理)를 설교했으므로 해공제일(解空第一)이란 칭호를 들었다.

*13 두 손을 한데 모으는 것으로, 이것은 몸과 마음을 하나로 뭉치는 성심을 나타내는 뜻이 있다.

*14 부처님을 부르는 이름 중의 하나로 '진여(眞如)에서 오신 분'이란 뜻이다.

*15 도를 닦아 보리(菩提, 正覺)를 구하고 아울러 모든 중생을 교화하는 사람. 산스크리트어의 원어인 보디사트바(Bodhisattva)의 음역인 보리살타(菩提薩陀)에서 보(菩)와 살(薩)을 합쳐서 만든 약어.

*16 보호해 주고 생각해 준다는 뜻이다. 보통 쓰고 있는 그런 뜻보다는 차원이 높은 뜻을 지니고 있다. 신도가 부처와 보살을 마음 속에 잊지 않고 항상 염송(念頌)하는 것을 호념(護念)이라고 한다. 여기에서도 그런 뜻을 지니고 있다.

*17 부탁하고 위촉한다는 뜻이다. 흔히 쓰이고 있는 그 이상의 알뜰하고 간곡하고 정성어린 깨우침과 타이름을 말한다.

*18 이것은 산스크리트어 아누타라삼먁삼보디(anuttara-samyak-sambodhi)를 음역한 것으로, 이를 무상정변지, 무상정등각(無上正遍智, 無上正等覺) 등으로 옮기며 부처님의 가장 높고 올바른 지혜란 뜻이다.

"참으로 착하다. 수보리야, 네가 말한 것처럼 여래는 모든 보살들을 잘 보호하고 잘 축복해 준다. 내가 너를 위해 말할 터이니 명심해서 들어라. 선남 선녀로 아뇩다라삼먁삼보리심을 내고는 마땅히 이와 같이 머물고 이와 같이 항복을 받아야 한다."

(6) "네, 그리하겠습니다. 석가세존이시여, 바라옵건대 즐겨 듣고자 하옵니다."

(7) 부처님께서 수보리에게 말씀하셨다.

"모든 보살마하살(菩薩摩訶薩)*¹⁹은 마땅히 이같이 그 마음을 항복받아야 한다."

(8) "세상에 있는 일체 중생(衆生)*²⁰의 종류, 즉 알에서 태어난 것, 태(胎)에서 태어난 것, 습기(濕氣)에서 태어난 것,*²¹ 변화로 태어난 것*²² 형색이 있는 것, 형색이 없는 것, 생각이 있는 것, 생각이 없는 것, 생각이 있는 것도 아니요 생각이 없는 것도 아닌 것들을 내가 다 무여열반(無餘涅槃)*²³에 들게 하여 이들을 제도(濟度)*²⁴할 것이다."

---

*19 마하(摩訶)는 불가사의한 것, 위대한 것, 훌륭한 것을 뜻하므로 보살마하살은 곧 위대한 보살이란 뜻이다. 위대한 보살이란 일체 중생을 죄와 고통 속으로부터 건져내고, 한 사람도 남김없이 착하고 복되게 살게 하려는 큰 서원(誓願)을 세운 대승보살(大乘菩薩)을 말한다. 그런데 여기에서 알아 두어야 할 점은, 수보리가 어떻게 살아야 하느냐고 물은 데 대한 대답은 빼 버리고, 마음을 항복시키는 것만을 대답한 것이다. 이유인즉 자기 마음을 자기 뜻대로 할 수만 있으면, 어떻게 살아야 할 것이냐는 문제가 되지 않기 때문이다. 바르게 옳게 거룩하게 살 수 없는 것은, 환경과 욕심의 지배 아래에 자기 마음을 자기 뜻대로 못하기 때문이다.

*20 중생은 생명을 가진 모든 것이란 뜻이다. 이 중생들이 살고 있는 세계를 욕계(欲界)·색계(色界)·무색계(無色界)의 셋으로 나누어 이를 삼계(三界)라 부른다. 그리고 이 삼계에 살고 있는 중생을 아홉 가지로 나누어 구별한 것이, 여기에 나와 있는 난생(卵生)·태생(胎生)·습생(濕生)·화생(化生)·유색(有色)·무색(無色)·유상(有想)·무상(無想)·비유상비무상(非有想非無想)의 중생이다.

*21 벌레 같은 것들이 생겨나는 모습을 습기로 생겨난다고 보았다.

*22 다른 것에 의해 생겨나는 것이 아니고, 스스로 갑자기 생겨나는 것. 마치 나비가 번데기에서 나오듯 하는 것인데, 그렇다고 곤충을 화생이라고 하지는 않는다. 곤충은 난생(卵生)에 속한다. 여기에서 말한 화생은 천국이나 지상에 사는 신령들이나 지옥에 살고 있는 혼령과 같은 것을 말한다.

*23 무여열반은 도를 이루어 일체의 미혹과 번뇌를 다 끊고 삶과 죽음을 초월하여 불생불멸(不生不滅)한 법성(法性)을 증험한 해탈의 경지를 말한다.

*24 원문은 멸도(滅度). 멸도는 곧 열반에 들어가는 것으로, 그것은 곧 해탈을 뜻한다.

(9) "이와 같이 한량이 없고, 헤아릴 수가 없고, 끝이 없는 중생들을 제도하고도 실제로는 제도된 중생은 없다."*²⁵

(10) "어째서냐 하면, 수보리야. 만일 보살이 아상*²⁶·인상·중생상·수자상이 있으면 곧 보살이 아니기 때문이다."

(11) "다시 말하겠다. 수보리야, 보살은 법(法)*²⁷에 집착(執着 : 안주)*²⁸하지 말고 보시(布施)해야 한다."

"이른바 물질*²⁹에 집착하는 일이 없이 보시해야 한다. 소리나, 냄새나, 맛이나, 감촉이나 법에 집착하지 말고 보시를 해야 한다. 수보리야, 보살은 마땅히 이와 같이 보시하여 상(相)*³⁰에 집착하지 말아야 한다."

"어째서냐 하면, 만일 보살이 상에 집착하지 않고 보시를 하면 그 복덕(福德 : 功德)을 쉽게 헤아릴 수 없기 때문이다."

(12) "수보리야, 네 생각은 어떠하냐. 동쪽에 있는 허공(虛空)을 쉽게 생각하여 헤아릴 수 있겠느냐?"

"석가세존이시여, 헤아릴 수는 없습니다."

"수보리야, 마찬가지로 남쪽과 서쪽과 북쪽과, 그리고 그 중간의 사유(四維)*³¹와 위아래의 허공을 쉽게 생각하여 헤아릴 수 있겠느냐?"

---

*25 한문 번역본에는 "실제로 어느 중생도 멸도를 얻은 바가 없다(實無衆生得滅度者)"고 나와 있는데, 이것은 보살의 마음 속에 그런 생각이 없다는 것을 말한 것이다.

*26 이 문구에 나온 네 가지 생각 즉 아상(我相)·인상(人相)·중생상(衆生相)·수자상(壽者相)을 사상(四相)이라고 한역하는데, 모두 아상(我相=我想)과 동의어이다. 금강경에는 이 사상에 대한 부정이 여러 번 되풀이되고 있다. 이 네 가지 생각은, '나(我)'라는 생각이 그 바탕으로 되어 있으며, 나라는 생각만 없으면 나머지 세 가지 생각도 없어지게 된다. 나라는 생각이 없는 무아(無我)의 경지가 곧 부처의 경지이다. 부처에겐 부처라는 생각이 없다. 그러니 어떻게 중생이라는 생각이 있겠는가. 그러므로 바로 위에서 한량없고 수도 없고 끝도 없는 중생을 제도하고도 제도받은 중생이 마음 속에는 없어야 한다고 가르쳤다.

*27 물질(物)이나 정신(心)이나 또는 선(禪)이나 각(覺)이라고 하는 모든 사상(事象)을 말한다. 존재(存在)나 사물(事物)이라는 뜻과 같이 쓰인다.

*28 한역본의 주(住)는 머물러 산다는 뜻인데, 이 대목의 주(住)는 집착을 가리킨 것이다.

*29 색은 빛깔과 모양을 가지고 나타나는 일체의 현상을 말한다. 색형(色形)이라고 옮겨지기도 한다.

*30 보시에서의 相(=想)이란 것은, '누가, 누구에게, 무엇을'이라는 세 가지 생각을 말한다. 이 세 가지 생각 없는 보시가 올바른 보시이다. 여기에서 보시라고 하는 것은 물질로서의 구원보다는 교화(敎化)로서의 제도(濟度)라는 뜻이 더 강하다.

*31 동서남북의 중간에 해당하는 방향으로 서북 서남 동북 동남. 동서남북 사방과 그 중간인

"헤아릴 수 없습니다, 석가세존이시여."

(13) "수보리야, 보살이 상(相)에 집착(안주)하지 않고 보시하는 복덕도, 또한 이와 같아서 가히 생각하여 헤아릴 수 없다."

(14) "수보리야, 보살은 다만 이렇게 가르쳐 준대로 안주해야 한다."

(15) "수보리야, 네 생각에는 어떠하냐. 신상(身相)*32으로써 여래를 볼 수 있겠느냐?"

"볼 수 없습니다. 석가세존이시여, 신상으로는 여래를 볼 수 없습니다."

(16) "어째서냐 하오면, 여래께서 말씀하신 신상은 곧 신상이 아니기 때문입니다."*33

(17) 부처님께서 수보리에게 말씀하셨다.

"무릇 형상을 가진 모든 것은 다 허망(虛妄)한 것이다. 만일 모든 형상을 형상이 아닌 것으로 보게 되면 곧 여래를 보게 된다."*34

(18) 수보리가 부처님께 말씀드렸다.

"석가세존이시여, 자못 어떤 중생이 이러한 말씀이나 글귀(章句)를 듣고 진실한 믿음을 내겠습니까?"

(19) 부처님께서 수보리에게 일러 말씀하셨다.

"그런 말을 하지 마라. 여래가 입멸하신 뒤 후오백세에도 계(戒)를 지니고 복을 닦는 자가 있어서 이 말씀에 능히 믿는 마음을 내고 이로써 열매를 삼을 것이다."

"마땅히 알라. 이 사람은 한두 부처나, 서너댓 부처*35에게서만 선근(善根)

사유를 합치면 팔방이 되고, 팔방에 위와 아래를 합치면 시방(十方)이 된다. 즉 시방허공(十方虛空)이란 무한대의 공간이다.

*32 부처에게는 보통 사람에게 보이지 않는 32가지 특이한 상이 있었다. 중생들이 혹시 이 남달리 생긴 부처의 몸에 있는 특징으로써 부처라고 잘못 생각하지 않을까 해서 수보리에게 물은 것이다(수보리의 물음에 대한 대답은 여기에서 끝난다).

*33 신상(身相)은 곧 육신이 그 바탕이 되어 있고, 육신은 곧 '지(地)·수(水)·화(火)·풍(風)'의 네 가지 원소가 결합하여 이룩된 것으로 참다운 존재가 아니다. 개념은 사물의 본질과는 다른 것이다.

*34 이 대목의 부처님 말씀은 게(偈)라고 지적된다. 게는 산스크리트어 가타(gatha)에서 온 말로서 부처의 공덕이나 교리를 찬미 요약한 노래 글귀이다. 대개 네 구절로 되어 있기 때문에 사구게(四句偈)라고 말하며, 대개 경전의 한 내용의 끝나는 대목이나 맨 끝에 붙게 된다.

*35 여기에서 부처라고 한 것은, 부처가 살던 시대란 뜻으로 비단 한두 생(生)을 두고 도를 닦

을 심었을 뿐만 아니라, 이미 한량없는 천만 부처님께 모든 선근을 심었기 때문에, 이 말씀을 듣고, 오랫동안 또는 한순간이라도 깨끗한 믿음을 내는 사람이다."

(20) "수보리야, 여래께서는 다 알고 다 보고 계시니 이 모든 중생들이 이같이 한량없는 복덕을 얻게 되는 것이다."

(21) "무슨 까닭인가. 이 모든 중생은 다시 아상(我相)·인상(人相)·중생상(衆生相)·수자상(壽者相)이 없고, 법상(法相)도 없으며, 또 법이 아닌 상(非法相)도 없기 때문이다."

(22) "어쩐 까닭인가. 이 모든 중생이 만일 마음에 상(相)을 취하면, 곧 아상·인상·중생상·수자상에 집착하는 것이 되니, 무슨 까닭인가. 만일 법상을 취하게 되면 그것 또한 아상·인상·중생상·수자상에 집착하는 것이 된다. 만일 법이 아닌 상을 취하더라도 곧 아상·인상·중생상·수자상에 집착하는 것이 되기 때문이다."

(23) "이런 까닭에 법도 마땅히 취하지 말아야 하며, 법 아닌 것도 마땅히 취하지 말아야 한다."

이런 뜻에서 여래가 항상 말하기를 "너희들 비구는 나의 설법을 뗏목*[36]으로 비유함과 같음을 알고 법도 마땅히 버려야 하거니와, 하물며 법이 아닌 것에서랴."

(24) "수보리야, 네 생각에는 어떠하냐. 여래가 아뇩다라삼먁삼보리를 얻었다고 보느냐. 또 여래가 말한 바 법이 있다고 보느냐?"

수보리가 대답했다.

"제가 부처님의 설하신 뜻을 알고 있는 바로서는 아뇩다라삼먁삼보리라고 이름할 만한 결정적인 법은 없으며, 또한 일정한 법도 없는 줄 아옵니다."

(25) "어째서냐 하오면, 여래께서 설하신 법은, 어느 것이나 다 취(取)할 수

을 사람이 아니고 한량없는 백천만 겁(劫)을 내려오면서 많은 부처가 사는 곳에서 착한 공을 쌓은 사람이므로 이 법문에서 즉시 진리를 깨달아 두면 다시 의심하는 일이 없이 깨끗한 믿음을 갖게 된다는 것이다.

*36 강을 건너기 위한 뗏목은 건너간 뒤에는 버려야만 된다. 그것과 마찬가지로, 말이나 문자로써 설명된 법도 집착해서는 안 되며, 진리에 이른 뒤에는 버려야만 한다. 진리에 도달하기 위한 법도 버려야만 하거늘, 하물며 법이 아닌 것은 말할 것도 없다. 이 뗏목의 비유는 다른 경전에서도 볼 수 있다.

도 없고, 말할 수도 없는 것이며, 법도 아니고 법 아닌 것도 아니기 때문입니다.”

　“무슨 까닭인가 하면, 모든 현인(賢人)과 성인(聖人)은 다 행함이 없는 법(無爲法)으로써 차별*37을 두었기 때문입니다.”

　(26) “수보리야, 네 생각에는 어떠하냐. 어떤 사람이 삼천대천세계(三千大千世界)*38에 가득한 칠보(七寶)*39로써 보시를 하게 되면, 이 사람이 얻는 복덕은 얼마나 많을 것 같으냐?”

　수보리가 대답했다.

　“매우 많습니다.*40 석가세존이시여, 어째서냐 하오면, 이 복덕은 곧 복덕의 성격을 띤 것이 아니기 때문에 여래께서 복덕이 많다고 말씀하셨습니다.”

　(27) “만약에 또 어떤 사람이 이 경 가운데 있는 사구게(四句偈)*41만이라도 지녀서 다른 사람을 위하여 설한다면 그 복덕은 앞에 말한 것보다 나은 것이 된다.”

　“무슨 까닭인가, 수보리야. 일체의 모든 부처와, 또 모든 부처의 아뇩다라삼먁삼보리의 법이 다 이 경으로부터 나왔기 때문이다.”

　(28) “수보리야, 이른바 불법(佛法)이란 것도 곧 불법이 아니다.”*42

＊37 보살과 부처가 다같이 무위법(無爲法)으로서 중생을 제도하게 되는데, 소승(小乘)을 만나면 소승에 해당되는 법을 말하고, 대승(大乘)을 대하면 대승에 해당되는 법을 말하며, 외도(外道)와 아귀(餓鬼)와 축생(畜生)에 대해서는 또 각각 그들에 맞는 법을 말하게 된다. 즉 때와 장소에 따라 양도 없고 수도 없는 중생의 근기(根基)에 따라 각각 차별을 두어 설법하는 것을 말한 것이다.

＊38 수미산(須彌山)을 중심으로 해와 달과 사대주(四大洲)와 삼욕천(三欲天)과 범천(梵天)을 합친 것을 하나의 세계라 하고, 이같은 세계 천 개를 합친 것을 소천세계(小千世界)라 한다. 이 소천세계를 천 개 합친 것이 중천세계(中千世界), 중천세계를 천 개 합친 것이 대천세계(大千世界)인데, 이 대천세계 삼천을 합친 것이 삼천대천세계이다. 이 한없이 넓고 큰 우주를 한 부처가 교화(敎化)하는 범위로 삼고 있다.

＊39 일곱 가지 보물, 즉 금·은·유리·지거·마노·파리·적주를 말한다.

＊40 부처님은 뒤에 다른 말을 하기 위해서 먼저 물질적 보시의 공덕이 얼마나 되는가를 물었다. 이에 대해 수보리가 ‘대단히 많다’고 답한 것은, 이것이 무상보시(無相布施)가 못되고 유상보시(有相布施)에 불과한 것이기 때문이다. 숫자로써 많고 적은 것을 말할 수 있는 것이므로, 많다고 답한 말 가운데는 유한(有限)한 것이란 뜻이 들어 있다.

＊41 위에 나온 바 있는 凡所有相 皆是虛妄 若見諸相非相 卽見如來를 가리킨 것인지도 모른다.

＊42 “불법이 곧 불법이 아니다”라는 말은, 말이나 글자로써 표현된 것은 이미 그 자체의 본질과는 다른 것임을 말한다.

(29) "수보리야, 네 생각에는 어떠하냐. 수다원(須陀洹)이 능히 이런 생각을 하되 '내가 수다원과(須陀洹果)*43를 얻었다' 하겠느냐?"

수보리가 대답했다.

"아닙니다, 석가세존이시여. 어째서냐 하오면, 수다원 입류(入流)라 하지만, 실제로는 들어간 바가 없으니, 색·성·향·미·촉·법에 들어가지 않는 것을 곧 이름하여 수다원이라 하기 때문입니다."

(30) "수보리야, 네 생각에는 어떠하냐. 사다함(斯多含)*44이 능히 이런 생각을 하되 '내가 사다함과(斯陀含果)를 얻었다'라고 하겠느냐?"

수보리가 대답했다.

"아닙니다, 석가세존이시여. 어째서냐 하오면, 사다함은 한 번 갔다가 온다는 뜻이긴 하지만, 실제로는 가고 옴이 없습니다. 그러므로 이름을 사다함이라고 합니다."

(31) "수보리야, 네 생각에는 어떠하냐. 아나함(阿那含)*45이 능히 이런 생각을 하되 '내가 아나함과(阿那含果)를 얻었다' 하느냐?"

수보리가 대답했다.

"아닙니다, 석가세존이시여. 어째서냐 하오면, 아나함은 이름은 오지 않는다는 말이긴 하지만, 실제로 오지 않음은 없으므로 이름을 아나함이라 합니다."

(32) "수보리야, 네 생각에는 어떠하냐. 아라한(阿羅漢)*46이 능히 이런 생각을 하되 '내가 아라한의 도(道)를 얻었다' 하느냐?"

수보리가 대답했다.

"아닙니다, 석가세존이시여. 어째서냐 하오면, 실제로는 아라한이라 할 법

---

*43 수다원은 성인이 되는 흐름 속으로 들어간다는 뜻이며, 수다원과(須陀洹果)는 성문사과(聲聞四果)의 하나로 다음에 나오는 사다함과(斯多含果), 아나함과(阿那含果), 아라한(阿羅漢)에 이르는 첫 단계의 지위이다. 욕계(欲界)의 탐·진·치(貪·瞋·痴)를 버리고 성자(聖者)의 무리에 들어가는 첫 단계에 이른 것을 말한다. 예류(預流)라고도 한다.

*44 수다원보다 한 단계 높은 지위로, 수다원보다 깨달음이 한층 깊기는 하지만 다시 한 번 인간 세계에 태어나야 한다고 해서 일래(一來)라고도 한다.

*45 성문(聲聞)의 셋째 지위로 속마음과 바깥 경계가 고요하여, 번뇌의 욕계(欲界)로 다시 돌아오지 않으므로 불환(不還)이라고 옮겨지기도 한다.

*46 산스크리트어 아르하(arhat)의 음역에서 온 말로, 모든 번뇌를 끊고 열반에 들어간 최고의 단계. 부처의 열 가지 명칭 중의 하나이며 약해서 나한(羅漢)이라고도 한다.

이 없기 때문입니다. 석가세존이시여, 만일 아라한이 이런 생각을 하되 '내가 아라한의 도를 얻었다' 하면, 이는 곧 아상·인상·중생상·수자상에 집착하는 것이 되옵니다."

(33) "석가세존이시여, 부처님께서 저에게 '무쟁(無諍 : 다툼이 없는 것) 삼매(三昧)를 얻은 사람 가운데 최고라 하시니, 이는 욕심을 떠난 최고의 아라한이라고 하신 것이지만, 저는 '제가 욕심을 떠난 아라한이다'라고 생각하지 않습니다."

(34) "석가세존이시여, 제가 만일 이런 생각을 하되 '아라한의 도를 얻었다' 하면, 석가세존께서는 곧 '수보리가 아란나(阿蘭那)*⁴⁷ 행을 즐기는 사람이다'라고 말씀하시지 않을 것이고, 수보리가 실로 행하는 바 없으므로 '수보리는 아란나행을 즐기는 사람'이라고 이름하셨습니다."

(35) 부처님께서 수보리에게 말씀하셨다.

"네 생각에 어떠하냐. 여래가 옛적에 연등부처님(燃燈佛)*⁴⁸ 회상(會上)에서 법(法)에 얻은 바가 있느냐?"

"아닙니다, 석가세존이시여. 여래께서는 연등부처님 회상에서 법에 얻은 바가 없습니다."

(36) "수보리야, 어떻게 생각하느냐. 보살이 불토(佛土 : 부처님 나라)를 장엄(莊嚴)하느냐?"

"아닙니다, 석가세존이시여. 어째서냐 하오면, 불토를 장엄한다는 것은 곧 장엄이 아니고 그 이름이 장엄입니다."

(37) "이런 까닭에 수보리야, 모든 보살 마하살은 마땅히 이같이 청정한 마음을 내야 한다. 마땅히 색(色)에 집착하는(머무는) 마음을 내지 말 것이며, 마땅히 성·향·미·촉·법에 집착하는 마음도 내지 말아야 한다. 마땅히 집착됨이 없이 마음을 내야 한다."

(38) "수보리야, 비유하건대 어느 사람이, 그 몸이 수미산왕(須彌山王) 만하

---

*47 다투는 일이 없다는 뜻과 고요하다는 뜻이 있다(여기에서 小乘, 四果에 대한 부처님과 수보리 사이의 문답이 끝나는데, 얻어도 얻음이 없는 것이 '참얻음'이라고 밝혔다).
*48 산스크리트어의 원어는 디팡카라(Dipankara), 지나간 세상에서 석가모니 부처가 스승으로 섬기던 부처로서, 그는 석가모니 부처에게 "91겁(劫) 미래에 석가모니 부처가 될 것이다"라는 예언을 했다고 한다.

다면, 네 생각에 어떠하냐. 그 몸을 크다고 하겠느냐?"

수보리가 대답했다.

"대단히 큽니다, 석가세존이시여. 어째서냐 하오면, 부처님께서는 몸 아닌 것이 가장 큰 몸이라 하셨기 때문입니다."*49

(39) "수보리야, 항하(갠지스 강)에 있는 모래알 수만큼 많은 항하가 또 있다면, 네 생각에 어떠하냐. 이 모든 항하에 있는 모래가 얼마나 많겠느냐?"

수보리가 대답했다.

"대단히 많습니다, 석가세존이시여. 단지 모든 항하의 수도 오히려 헤아릴 수 없이 많거늘, 하물며 그 모래알 수이겠습니까."

(40) "수보리야, 내가 지금 네게 진실한 말을 이르겠다. 만일 어떤 선남선녀(善男善女)가 칠보로써 저 항하의 모래 수만큼 있는 삼천대천세계(三千大千世界)에 가득 채워서 보시한다면 그 복덕이 얼마나 많다 하겠느냐?"

수보리가 대답했다.

"매우 많습니다, 석가세존이시여."

(41) 부처님께서 수보리에게 일러 말씀하셨다.

"만일 선남선녀가 이 경 가운데 있는 사구게(四句偈) 하나만이라도 받아 지니고 다른 사람에게 설해 준다면, 그 복덕은 앞에 말한 복덕보다 훨씬 많은 것이다."

(42) "그리고 또 수보리야, 어느 곳에서라도 이 경을 설하되 사구게만이라도 설한다면, 마땅히 알라. 이곳은 일체 세간의 천상(天上)·사람·아수라(阿修羅)*50가 모두 공양하기를 부처님의 탑묘와 같이 할 것이거늘, 어찌 하물며 어떤 사람이 능히 이 경을 모두 받아 지니고 독송함하겠는가."

(43) "수보리야, 마땅히 알아야 한다. 이 사람은 가장 높고 가장 드문 법을 성취한 사람이니, 만약 이 경전이 있는 곳은 곧 부처님과 존중할 거룩한 제자가 있는 곳이 된다는 것을."

---

*49 대단히 크다고 말할 수 있는 것은 유한한 것이므로 실상 큰 것이 못 된다. 몸이라는 이름이 붙은 이상, 아무리 크다 해도 그보다 더 큰 것 속에 있는 것이 되고 만다.

*50 산스크리트어 아수라(Asura)의 음역으로 싸움을 좋아하는 귀신의 이름이다. 아수라의 상(像)은 삼면육비(三面六臂)로 되어 있는데, 두 팔은 합장을 하고 있다. 줄여서 수라(修羅)라고 쓰기도 한다. 난장판이 된 것을 아수라장(阿修羅場)이라고 하는 것은 싸움을 좋아하는 아수라에서 생긴 말이다.

(44) 그때 수보리가 부처님께 말씀드렸다.

"석가세존이시여, 마땅히 이 경을 무엇이라 불러야 하며, 또 저희들이 어떻게 받들어 간직해야 합니까?"

부처님께서 수보리에게 말씀하셨다.

"이 경은 금강반야바라밀이니, 너희들은 마땅히 이 이름으로 받들어 지녀야 한다. 어째서인가, 수보리야. 부처가 설한 반야바라밀은 곧 반야바라밀이 아니고 그 이름이 반야바라밀이다."

(45) "수보리야, 너는 어떻게 생각하느냐. 여래가 설한 바 법이 있느냐?"

수보리가 부처님께 말씀드렸다.

"석가세존이시여, 여래께서는 설한 바가 없습니다."

(46) "수보리야, 네 생각에는 어떠하냐. 삼천대천세계에 있는 미진(작은 티끌)이 많다고 하겠느냐?"

수보리가 대답했다.

"매우 많습니다. 석가세존이시여."

"수보리야, 모든 미진을 여래께서 설하되 미진이 아니라 그 이름이 미진이며, 여래께서 설한 세계도 세계가 아니라 그 이름이 세계이다."*51

(47) "수보리야, 네 생각은 어떠 하냐. 삼십이상(三十二相)으로 여래를 볼 수 있겠느냐?"

"아닙니다, 석가세존이시여. 삼십이상으로는 여래를 볼 수 없습니다. 어째서냐 하오면, 여래께서 설하신 삼십이상은 곧 상이 아니라, 그 이름이 삼십이상이기 때문입니다."

(48) "수보리야, 만일에 선남선녀가 있어 항하의 모래 수만큼이나 많은 목숨을 바쳐 보시했다고 하더라도, 만일 또 어떤 사람이, 이 경 속에서 사구게 하나만이라도 받아 지녀 다른 사람을 위해 설해 준다면 그 복이 저 복보다 훨씬 많도다."

(49) 그 때 수보리가 이 경을 설하시는 것을 듣고, 그 깊은 뜻을 깨달아 눈물을 흘리고 슬피 울면서 부처님께 말씀드렸다.

---

*51 작은 티끌 즉 먼지가 모여서 세계가 되고, 세계가 부서져서 먼지가 된다. 먼지를 떠나서 세계가 따로 없고, 세계를 떠나서 먼지가 따로 없다. 먼지는 먼지가 아니고 세계는 세계가 아님을 말한 것이다.

"드문 일이옵니다. 석가세존이시여, 부처님께서 이와 같이 아주 깊은 경전을 설하심은 제가 예부터 오늘날까지 얻은 바 혜안으로도 일찍이 이같은 경을 얻어 듣지 못하였습니다."

(50) "석가세존이시여, 만일 또 어떤 사람이 이 경을 얻어 듣고, 믿는 마음이 청정(淸淨)하게 되면 곧 실상을 깨닫게 될 것이니, 이 사람이야말로 가장 드문 공덕을 성취한 사람임을 알겠습니다."

(51) "석가세존이시여, 이 실상이란 것은 곧 상이 아님이니, 이 까닭에 여래께서는 실상이라고 말씀하셨습니다."

(52) "석가세존이시여, 제가 지금 이와 같은 경전을 얻어듣고, 믿어알며 받아 간직하기는 그리 어렵지 않습니다만, 만일 장차 미래 세상의 5백 년 후에 있는 중생들이 이 경을 얻어듣고 믿어알아 받아 간직하면, 이 사람이 곧 가장 드문 사람일 것입니다. 어째서냐 하오면, 이 사람은 아상(我相)도 없고, 인상(人相)도 없고, 중생상(衆生相)도 없고, 수자상(壽者相)도 없기 때문입니다. 그 까닭이 무엇인가 하오면, 아상이 곧 상이 아니요, 인상·중생상·수자상도 곧 상이 아니기 때문입니다. 어째서냐 하오면, 일체의 모든 상을 떠난 것을 이름하여 모든 부처님이라 하기 때문입니다."

(53) 부처님께서 수보리에게 말씀하셨다.

"그렇다, 그렇다. 만일 어떤 사람이 이 경을 얻어 듣고서도 놀라지도 않고, 무서워하지도 않고, 두려워하지도 않으면, 이 사람은 아주 보기 드문 사람이 된다."

(54) "어째서냐. 수보리야, 여래가 또한바라밀(第一波羅蜜)*52이라 말한 것도, 실상 또한바라밀이 아니라 그 이름이 또한바라밀일 뿐이기 때문이다."

(55) "수보리야, 인욕(忍辱)바라밀도 여래가 말씀하시기를 '인욕바라밀이 아니라 그 이름이 인욕바라밀일 뿐이다'라고 했다."

"어째서냐, 수보리야. 내가 옛적에 가리왕(歌利王)*53에게 내 몸이 낱낱이

---

*52 육바라밀 가운데 첫째가는 보시(布施)바라밀을 말한 것이다. 믿는 마음이 깨끗하여 진실을 파악한 사람에게는, 보시란 보시가 아니다. 줄 사람도 없고 받을 사람도 없으며, 주고받을 물건도 법도 없다. 저 피안(彼岸)에 이른다는 바라밀도 없다. 이 언덕이 없으므로 저 언덕이 있을 수 없기 때문이다.

*53 산스크리트어의 칼리(Kali)는 극악(極惡)하다는 뜻이므로 악왕(惡王)이라고 옮겨지기도 한다. 옛날 인도에 가리왕이란 임금이 있었는데, 그 때 부처님은 인욕행(忍辱行)을 닦는 선인

베일 때에 나는 그때 아상이 없었고 인상도 없었으며 중생상도 없었고 수자상도 없었다. 왜냐하면 내가 옛적에 마디마디 사지를 베일 때에 만일 아상·인상·중생상·수자상이 있었다면, 나는 마땅히 성내고 원망하게 되었을 것이다."

(56) "수보리야, 또 생각해 보니, 과거 5백 년 인욕선인(人辱仙人)이었던 그때 세상에도 아상이 없었고 인상이 없었으며, 중생상이 없었고 수자상도 없었다."

(57) "이런 까닭에 수보리야, 보살은 마땅히 일체의 상을 떠나 아뇩다라삼먁삼보리의 마음을 일으켜야 한다."

"마땅히 색에 머물러 마음을 일으켜도 안 되며, 마땅히 성(소리)·향(냄새)·미(맛)·촉(감촉)이나 법에 머물러 마음을 일으키지 말고, 마땅히 머문 바 없는*54 그 마음을 일으켜야 한다."

(58) "만일 마음에 머묾이 있으면 곧 머묾이 아님이 된다." 이런 까닭에 여래는 말하기를 "보살은 마땅히 마음을 물질에 머무르지 말고 보시해야 한다"고 했다.

(59) "수보리야, 보살이 일체 중생을 이익되게 하려면 마땅히 이와 같이 보시해야 한다."

(60) "여래가 설한 일체의 모든 상(相)은 곧 상이 아니고, 또한 일체의 중생(衆生)이라고 설함도 중생이 아니다."

(61) "수보리야, 여래는 참다운 말을 하는 사람이며, 실한 말을 하는 사람이며, 사실 그대로를 말하는 사람이며, 거짓이 아닌 말을 하는 사람이며, 딴 말을 하지 않는 사람이다."

(仙人)이었다 한다. 하루는 가리왕이 산중에서 사냥을 하다가 피곤해서 잠이 들었다. 잠이 깨어 보니 옆에 있던 시녀들이 한 사람도 보이지 않았다. 사방으로 찾던 중 시녀들이 한 선인이 편안히 앉아 있는 곳을 둘러싸고 예배를 드리고 있는 것을 발견했다. 왕은 크게 노하여 "그대는 어찌하여 방자하게 남의 여자를 탐내는가" 하고 꾸짖었다. 그러자 선인은 "나는 인욕행을 하고 있다"고 대답했다. 인욕이란 말에 왕은 더욱 노하여 선인의 몸을 칼로 베고 끊고 했다. 그러나 선인은 묵연히 앉은 채 가리왕의 처사에 대해 조금도 노하거나 원망하는 기색이 없었다고 한다.

＊54 원문의 주(住)는 집착(執着), 즉 이끌린다는 뜻과, 머물러 있다는 뜻과, 산다는 뜻이 함께 포함되어 있다. 사물에 집착된 생활은 참다운 삶이 되지 못한다는 뜻이다.

(62) "수보리야, 여래가 얻은 법은 그것이 실(實)도 없고, 허(虛)도 없는 것이다."*55

(63) "수보리야, 만일 보살이 마음을 법에 머물러서(住) 보시를 행하면, 마치 사람이 어두운 곳에 들어가 보이는 것이 없는 것과 같고, 만일 보살이 마음을 법에 머물지 않고 보시를 행하면, 마치 사람이 눈을 뜨고 햇빛이 밝게 비치는 곳에서 가지가지 사물을 보는 것과 같다."*56

(64) "수보리야, 장차 미래에 만일 선남선녀가 능히 이 경을 받아 지니고 읽고 외면, 곧 여래가 부처의 지혜로써 이 사람을 다 알며, 이 사람을 다 보아, 이들은 모두 한량없고 끝없는 공덕을 성취하게 된다."

(65) "수보리야, 만일 선남선녀가 아침에 항하의 모래 수와 같은 몸으로 보시를 하고, 낮에도 또 항하의 모래 수와 같은 몸으로 보시하고, 저녁에도 또 항하의 모래 수와 같이 많은 몸으로 보시를 하여, 이 같이 한량없는 1백천만억 겁(劫)을 통하여 몸으로써 보시를 하더라도.

만일 다시 어떤 사람이 이 경전을 듣고 마음으로 믿어 거스르지 않으면, 그 사람의 복덕이 저 몸을 보시한 복보다 훨씬 크니, 어찌 하물며 이 경을 받아 지니고 읽고 외우며, 또 남을 위해 해설해 줌에 있어서랴."

(66) "수보리야, 간단히 말하면 이 경은 생각할 수도 없고 헤아릴 수도 없이 한없는 공덕을 지니고 있다."

(67) "여래가 대승(大乘)*57에 발심한 사람을 위해 설한 것이고, 최상승(最上

---

*55 이름이 있는 것은 절대의 것이 못된다. 착하다는 것은 악하다는 것을 전제로 한 상대적인 것이다. 진실이니 진리니 하는 것도 거짓과 헛것을 전제로 한 것이다. 진리라는 것 자체가 실(實)이 될 수 없고 허(虛)라고 하는 것 자제가 허가 될 수 없다. 허와 실이 없는 것이 모든 것의 근본이다.

*56 보는 것으로서 보면 실상 보이지 않고, 보이지 않는 것으로서 보면 안 보이는 것이 없다. 보시라는 의식을 가지고 하는 보시와 전혀 그런 의식 없이 하는 보시의 차이가 이토록 정반대임을 말한 것이다.

*57 '대승(大乘)'이니 '소승(小乘)'이니 하는 것은 수행하는 사람의 근기(根基)에 따라 편의상 구별을 한 것으로 수행의 최종 목표가 번뇌의 이 세상을 떠나 고요하고 깨끗한 저 언덕으로 건너는 데 있는 것은 일반이나, 저 언덕으로 건널 때 자기 혼자만이 건너는 것을 소승이라 하고, 남도 함께 건네 주는 것을 대승이라 한다. 즉 대승은 큰 수레란 뜻으로 기차나 버스처럼 많은 사람이 함께 타고 목적지로 향하는 것이고, 소승은 자전거나 오토바이처럼 혼자 타고 달리는 작은 것을 말한다.

乘)*58에 발심한 사람을 위해 설한 것이다."

(68) "만일 어떤 사람이 능히 이 경을 받아 지니고 읽고 외우며 널리 사람들을 위해 설해 주면, 여래는 이 사람이 하는 일을 다 알고 다 보고 있으므로, 이 사람은 헤아릴 수도 없고, 말할 수도 없고, 끝도 없고, 생각할 수도 없는 공덕을 모두 성취하게 될 것이다. 이와 같은 사람은 곧 여래의 아뇩다라삼먁삼보리를 짊어진 것이 된다."*59

(69) "무슨 까닭이냐, 수보리야. 만일 작은 법*60을 좋아하는 사람은 아견(我見)과 인견(人見)·중생견(衆生見)·수자견(壽者見)에 집착되어 곧 이 경을 알아듣고, 읽고 외우고, 남을 위해 해설하지 못하기 때문이다."

(70) "수보리야, 어디든지 만약 이 경이 있는 곳이면 일체 세간(世間)의 천상(天上)과 사람과 아수라가 마땅히 공양하게 될 것이니, 마땅히 알라. 이곳이 곧 탑(塔)이 되어, 모두가 공경히 예배하고 돌면서 여러 가지 꽃과 향으로써 그곳에 뿌리게 된다."

(71) "다시 또 수보리야. 선남선녀가 이 경을 받아 지니고 읽고 외우더라도 만일 남에게 업신여김을 당하면, 이 사람은 전생의 죄업(罪業)으로 말미암아 마땅히 악도(惡道)*61에 떨어져야 할 것이지만, 금세의 사람들이 업신여김으로써 전생의 죄업이 모두 소멸되고 마땅히 아뇩다라삼먁삼보리를 얻게 될 것이다."

(72) "수보리야, 내가 과거 무량아승지겁(無量阿僧祇劫)*62을 생각하니 연등

---

*58 승(乘)은 하나의 지위와 같은 것이다. 독각승(獨覺乘)이니 성문승(聲聞乘)이니 보살승(菩薩乘)이니 하는 것이 그것이다. 최상승은 곧 최상의 도, 최고의 도를 뜻하는 것으로 대승을 가리키는 말이다.

*59 중생을 제도하는 대승보살의 일을 하게 된다는 뜻이다.

*60 소승을 가리킨 것이다. 소승은 상(相)이 있는 작은 과(果)를 좋아하고 과가 없는 불과(佛果)를 얻을 생각을 하지 못하기 때문에, 아무것에도 의지함이 없는 이 경전의 말씀이 귀에 들어가지도 않고 또한 읽어 외울 생각도 없다. 그러니 자신이 알지 못하는 것을 어떻게 남을 위해 말할 수 있겠는가.

*61 윤회(輪廻)를 거듭해야 하는 여섯 가지를 육도(六道)라 하는데, 이중 지옥(地獄)·아귀(餓鬼)·축생(畜生)의 삼도(三道)를 삼악도(三惡道)라 한다. 나머지는 수라(修羅)·인간(人間)·천상(天上)이다.

*62 무량(無量)은 한량이 없다는 뜻이고 아승지는 인도에서 끝이 없는 수를 뜻하고 있는데, 이것이 또 수를 나타내는 단위로도 쓰인다. 즉 십진수의 마지막 단위가 무량수(無量數), 그 만분의 1인 아랫단위가 아승지, 아승지의 만분의 1인 아랫단위가 항하사(恒河沙)라고 셈하

불(燃燈佛)을 뵙기도 전에 8백 4천만억 나유타(那由他)*⁶³의 여러 부처님을 만나 모두 다 공양하고 받들어 섬겼으되 헛되이 지낸 분이 없었다.

만약 다시 어떤 사람이 앞으로 오는 말세에, 능히 이 경전을 받아 지니고 읽고 외우면, 이로써 얻는 바 공덕은 내가 저 모든 부처에게 공양한 공덕으로는 그 백분의 일에도 미치지 못하며, 천만억분(千萬億分) 내지 산술 숫자의 비유로도 능히 미치지 못할 것이다."

(73) "수보리야, 만일에 선남선녀가 앞으로 오는 말세(末世)에, 이 경을 받아 지니고 읽고 외워 얻는 공덕을 내가 다 갖추어 말하게 되면, 어떤 사람은 듣고 마음이 몹시 산란하여 의심하고 믿지 않을지도 모른다."

(74) "수보리야, 마땅히 알아라. 이 경의 뜻도 가히 생각할 수 없고 과보도 또한 생각할 수 없다."

금강반야바라밀경 하권(金剛般若波羅蜜經 下卷)

(75) 그때 수보리가 부처님께 말씀드렸다.

"석가세존이시여, 선남선녀로서 아뇩다라삼먁삼보리심을 발하였으니 어떻게 마땅히 머물며 어떻게 그 마음을 항복받아야 합니까?"

(76) 부처님께서 수보리에게 말씀하셨다.

"만약 선남선녀로서 아뇩다라삼먁삼보리심을 발하였으면 마땅히 이러한 마음을 내야 하니, 내가 마땅히 일체 중생을 제도하리라. 일체 중생을 제도했지만 실제로는 한 사람도 제도된 사람은 없다."

(77) "무슨 까닭이겠느냐, 수보리야. 만약 보살이 아상(我相)·인상(人相)·중생상(衆生相)·수자상(壽者相)이 있으면 곧 보살이 아니기 때문이다."

(78) "그 까닭이 무엇이겠느냐, 수보리야. 실로 법이 있어서 아뇩다라삼먁삼보리심을 발한 것이 아니기 때문이다."

(79) "수보리야, 네 생각에 어떠하냐. 여래가 연등불 계신 곳에 있을 때 법이 있어 아뇩다라삼먁삼보리를 얻었느냐?"

기도 한다.
*63 나유타는 수의 단위로, 항하사의 아랫단위라고도 하고, 천만 또는 천억이라고도 한다.

"아닙니다, 석가세존이시여. 제가 부처님의 설하신 뜻을 알고 있는 바로서는 부처님께서 연등불 처소에서, 법이 있어 아뇩다라삼먁삼보리를 얻은 것이 아닙니다."

(80) 부처님께서 말씀하셨다.

"그렇다 그렇다, 수보리야. 실로 법이 있어 여래가 아뇩다라삼먁삼보리를 얻음이 아니다."

(81) "수보리야, 만약 여래가 법이 있어 아뇩다라삼먁삼보리를 얻었을 것 같으면, 연등불이 나에게 '너는 내세에 마땅히 부처가 되어 이름을 석가모니라 불리리라'라는 수기(授記)를 주지 않았을 것이다. 실로 법이 있어 아뇩다라삼먁삼보리를 얻은 것이 아니므로 이런 까닭에 연등불은 나에게 수기를 주어 '너는 내세에 마땅히 부처가 되어 이름을 석가모니라 불리리라' 하고 말씀하신 것이다."

(82) "무슨 까닭인가 하면 여래라고 하는 것은 모든 법이 진여(진리)라는 뜻이다. 만약 어떤 사람이 말하기를 '여래가 아뇩다라삼먁삼보리를 얻었다'고 하면, 수보리야, 실로 부처님은 법이 있어 아뇩다라삼먁삼보리를 얻은 것은 아니다."

(83) "수보리야, 여래가 얻은 바 아뇩다라삼먁삼보리는 이 가운데 실(實)다움도 없고 허(虛)다움도 없다."

(84) "이런 까닭에 여래가 설하시기를 '일체법이 다 불법(佛法)이다'라고 하셨다."

(85) "수보리야, 설한 바 일체법이란 것은 곧 일체법이 아니다. 이런 까닭에 일체법이라 이름한 것이다."

(86) "수보리야, 비유하면 사람의 몸이 장대(長大)하다는 것과 같은 것이다."

수보리가 말했다.

"석가세존이시여, 여래가 설하신 사람의 몸이 장대하다는 것은, 곧 큰 몸이 아니라 그 이름이 큰 몸입니다."

(87) "수보리야, 보살도 또한 이와 같다. 만약 '내가 마땅히 무량 중생들을 멸도(滅度, 濟度)하리라' 이렇게 말할 것 같으면, 곧 보살이라 이름하지 못할 것이다. 어째서냐 하면, 수보리야. 실상 법이 있어 보살이라 이름하지 않음이다. 그러므로 부처님이 설하되 '일체법은 나(我)도 없고, 개아(個我, 人)도 없고,

중생(衆生)도 없으며 수자(壽者)도 없다'고 하셨다."

(88) "수보리야, 만약 보살이 이런 말을 하되 '내가 마땅히 불토(佛土)를 장엄하리라' 한다면, 이는 곧 보살이라 이름할 수 없다. 어째선가. 여래가 설한 불국토를 장엄한다는 것은 곧 장엄이 아니라 그 이름이 장엄이다."

(89) "수보리야, 만약 보살로서 무아법(無我法)을 통달한 사람이면, 여래는 이를 참다운 보살이라 이름할 것이다."

(90) "수보리야, 네 생각에 어떠하냐. 여래가 육안(肉眼)*64을 가졌느냐?"

"그렇습니다, 석가세존이시여. 여래는 육안을 가졌습니다."

"수보리야, 네 생각에 어떠하냐. 여래는 천안(天眼)을 가졌느냐?"

"그렇습니다, 석가세존이시여. 여래는 천안을 가졌습니다."

"수보리야, 네 생각에 어떠하냐. 여래는 혜안(慧眼)을 가졌느냐?"

"그렇습니다, 석가세존이시여. 여래는 혜안을 가졌습니다."

"수보리야, 네 생각에 어떠하냐. 여래는 법안(法眼)을 가졌느냐?"

"그렇습니다, 석가세존이시여. 여래는 법안을 가졌습니다."

"수보리야, 네 생각에 어떠하냐? 여래는 불안(佛眼)을 가졌느냐?"

"그렇습니다, 석가세존이시여. 여래는 불안을 가졌습니다."

(91) "수보리야, 네 생각에 어떠하냐. 저 항하(恒河) 가운데 있는 모래를 부처님이 설하신 일이 있느냐?"

"그렇습니다, 석가세존이시여, 여래께서 그 모래를 말씀하셨습니다."

"수보리야, 네 생각에 어떠하냐. 저 한 항하에 있는 모래 수같이 이렇게 많은 항하가 있고, 이 모든 항하에 있는 모래 수만큼 부처님의 세계가 있다면 얼마나 많겠느냐?"

"매우 많습니다, 석가세존이시여."

(92) 부처님께서 수보리에게 말씀하셨다.

"저 국토 가운데 있는 모든 중생들의 갖가지 마음을 여래는 다 알고 계시

---

*64 육안(肉眼)은 어떤 한계 안에서 모양과 빛깔을 보는 눈이고, 천안(天眼)은 멀고 가까운 한계가 없이 중생들의 모든 사물과 업보(業報) 등을 보는 눈이고, 혜안(慧眼)은 중생들의 모든 근기(根基)와 경계(境界)를 살피는 눈이고, 법안(法眼)은 일체법의 참다운 상(相)을 거리낌없이 보는 눈이고, 불안(佛眼)은 위에 말한 모든 눈을 다 갖추어 우주 시방세계(十方世界)를 두루 보기는 하나, 보는 사람도 보이는 경계도 없이 보는 눈이다.

다. 어째서인가. 여래가 설한 모든 마음은 다 마음이 아니고, 그 이름이 마음이기 때문이다."

(93) "까닭이 무엇인가, 수보리야. 지나간 마음도 얻을 수 없으며, 현재의 마음도 얻을 수 없고, 미래의 마음도 얻을 수 없기 때문이다."

(94) "수보리야, 네 생각에 어떠하냐. 만약 어떤 사람이 삼천대천세계에 가득 찬 칠보로써 보시를 했다면, 이 사람이 이것을 인연으로 해서 얻는 복덕이 많겠느냐?"

"그렇습니다, 석가세존이시여. 그 사람은 이 인연으로 해서 얻는 복덕은 매우 많습니다."

"수보리야, 만약 복덕이 실로 있을 것 같으면 여래가 복덕을 얻음이 많다고 말하지 않는다. 복덕이 없으므로 여래가 얻음이 많다고 말씀하신 것이다."

(95) "수보리야, 네 생각에 어떠하냐. 부처님을 구족색신(具足色身)*65이라고 볼 수 있겠느냐?"

"아닙니다, 석가세존이시여. 여래를 구족색신으로 볼 수는 없습니다. 어째서냐 하오면 여래께서 설하신 구족색신은 그것이 곧 구족색신이 아니라, 그 이름이 구족색신이기 때문입니다."

(96) "수보리야, 네 생각에 어떠하냐. 여래를 모든 상(相)이 구족(具足)한 것으로 볼 수 있겠느냐?"

"아닙니다, 석가세존이시여. 여래는 마땅히 모든 상이 구족한 것으로는 볼 수 없습니다. 어째서냐 하오면, 여래가 설하신 모든 상의 구족함이 곧 구족이 아니고 그 이름만이 모든 상의 구족함이기 때문입니다."*66

(97) "수보리야, 너는 여래가 '나는 마땅히 법을 설하는 바 있다'고 생각을 한다고 이르지 말며, 그런 생각도 하지 마라. 어째서냐 하면, 만일 사람이 말하기를 '여래가 설하신 바가 법에 있다'고 하면 이것은 곧 부처님을 헐뜯는 것이 되고, 내가 설한 바를 능히 알지 못하는 것이 되기 때문이다. 수보리야, 설법이라는 것은 법을 가히 설할 것이 없음을 이름하여 설법이라 한다."

---

*65 부처는 32가지 특이한 상과 80가지 좋은 것을 갖추고 있다 한다. 즉 삼십이상(三十二相)과 팔십종호(八十種好)를 가지고 있는 부처님의 육신을 말한 것이다.
*66 모든 것은 생각의 망동이다. 이것이 없는 사람만이 여래의 법신(法身)을 볼 수 있는 것이다.

(98) 그 때 혜명(慧命) 수보리가 부처님께 말씀드렸다.

"석가세존이시여, 매우 적은 수의 어떤 중생이 미래세(未來世)에 이 법 설하신 것을 듣고 믿음의 마음을 내겠습니까?"

부처님께서 말씀하셨다.

"수보리야. 저들은 중생이 아니요, 중생 아닌 것도 아니다. 왜 그런가. 수보리야, 중생이라 함은 여래가 설하되 중생이 아니고 이름이 중생이다."

(99) 수보리가 부처님께 말씀드렸다.

"석가세존이시여, 부처님께서 아뇩다라삼먁삼보리를 얻으신 것은 얻은 바가 없는 것이 되옵니까?"

부처님께서 말씀하셨다.

"그렇다 그렇다. 수보리야, 내가 아뇩다라삼먁삼보리 내지 작은 법이라도 가히 얻은 것이 없기 때문에 이를 아뇩다라삼먁삼보리라 이름한다."

(100) "그리고 또 수보리야, 이 법이 평등하여 높고 낮은 것이 없기 때문에 이를 이름하여 아뇩다라삼먁삼보리라 한다. 나(我)도 없고, 개아(個我)도 없고, 중생도 없고, 수자(壽者)도 없이 일체의 선법(善法)을 닦으면 곧 아뇩다라삼먁삼보리를 얻게 된다. 수보리야, 이른바 선법이란 것을 여래가 설하되 곧 선법이 아니고 그 이름이 선법이다."

(101) "수보리야, 만일 어떤 사람이 삼천대천세계 가운데 있는 모든 수미산왕(須彌山王)*67과 같은 칠보(七寶) 무더기로써 보시를 한다 할지라도, 만약에 또 어떤 사람이 이《반야바라밀경》내지 사구게(四句偈) 등을 받아 지니고

---

*67 산 가운데 가장 높은 산이 수미산이기 때문에 왕이란 말을 붙인 것이다. 즉 '수미라는 산의 왕'이란 뜻이다. 산스크리트어의 수메루(sumeru)를 음역한 것이다. 고대 인도의 신화적 우주관에서 나온 말이며 그 내용을 소개하면 다음과 같다. 한 세계의 중심에 수미산이 높이 솟아 있어 그 꼭대기에는 제석천(帝釋天)이 살고 있고, 그 중간에 사천왕(四天王)이 살고 있다. 산의 높이는 물 위가 8만 유순(由旬, 1유순은 400리)이고 물 밑으로도 8만 유순이며 가로의 지름도 이 높이만큼 된다. 금·은·유리(보석)·파리(玻璃 : 수정)의 4가지 보물로 되어 있다. 북쪽이 황금, 동쪽이 백은(白銀), 남쪽이 유리, 서쪽이 파리이다. 해와 달이 이 산 주위를 돌며 보석의 광채를 반영시켜 사방의 허공을 찬란하게 물들이고 있다. 또 수미산 둘레에는 칠금산(七金山)이 이를 둘러싸고 있고, 수미산과 칠금산 사이에 칠해(七海)가 있으며, 칠금산 밖에는 함해(鹹海)가 둘러싸고 있고, 이 바다 건너에 철위산(鐵圍山)이 둘러싸고 있으니 수미산을 중심으로 한 세계의 외곽을 이루고 있다. 이 짠 바다 가운데 사대주(四大洲)가 있다. 이 사대주 남쪽에 해당되는 곳에 인도가 있다는 것이다.

읽고 외우며 남을 위해 설해 주면, 앞에 말한 복덕은 이것의 백분의 일도 미치지 못하며 백천만억분 내지는 산술 숫자의 비유로써도 능히 미칠 수 없는 것이다."

(102) "수보리야, 네 생각에 어떠하냐. 너희들은 여래가 '내가 마땅히 중생을 제도해야 한다'는 생각을 한다고 여기지 말아라.

수보리야, 이런 생각도 갖지 말아라. 어째서인가. 실상 여래가 제도할 중생은 없는 것이다. 만일 여래가 제도할 중생이 있다고 하면, 여래가 곧 나와 개아와 중생과 수자의 상을 가진 것이 된다. 수보리야, 여래가 설하되 내가 있다는 것은 곧 내가 있다는 것이 아닌데도 범부(凡夫)들이 내가 있다고 여긴다. 수보리야, 범부라는 것도 여래가 설하되 곧 범부가 아니고 그 이름이 범부이다."

(103) "수보리야, 네 생각에 어떠하냐. 삼십이상(三十二相)으로 여래를 볼 수 있겠느냐?"

수보리가 말했다.

"그렇습니다, 그렇습니다. 삼십이상으로써 여래를 볼 수 있습니다."

부처님이 말씀하셨다.

"수보리야, 만일 삼십이상으로 여래를 볼 것 같으면, 전륜성왕(轉輪聖王)[68]도 곧 여래이겠구나."

수보리가 부처님께 말했다.

"석가세존이시여, 부처님이 설하신 뜻을 제가 알고 있는 바로써는 마땅히 삼십이상으로 여래를 본다고는 할 수 없습니다."

(104) 그 때 석가세존께서 게송으로 말씀하셨다.

"만약 색신(色身)으로써 나를 보거나 음성으로써 나를 구하면, 이 사람은 사도(邪道)를 행함이라 능히 여래를 보지 못한다."

(105) "수보리야, 네가 만약 '여래는 구족한 상을 쓰지 않는 연고로 아뇩다라삼먁삼보리를 얻었다'고 생각을 하느냐? 수보리야, '여래가 구족한 상

---

[68] 전륜왕(轉輪王)을 말한다. 몸에 삼십이상(三十二相)을 갖추고 즉위할 때에 하늘로부터 윤보(輪寶)를 감득(感得)하고, 이것을 굴리며 천하를 정복하고 다스렸다 한다. 감득한 윤보의 종류에 따라 금륜왕(金輪王)·은륜왕(銀輪王)·동륜왕(銅輪王)의 세 윤왕이 있다. 전륜성제(轉輪聖帝), 전륜성왕(轉輪聖王)이라고도 하고 줄여서 윤왕(輪王)이라고도 일컫는다.

을 쓰지 않는 연고로 아뇩다라삼먁삼보리를 얻었다'고 생각하지 마라. 수보리야, 네가 만일 '아뇩다라삼먁삼보리심을 발한 사람은 모든 법이 단멸(斷滅)했다'고 말한다면 이런 생각도 하지 마라. 어째서인가 하면, 아뇩다라삼먁삼보리심을 발한 사람은 법에서 단멸상(斷滅相)을 말하지 않기 때문이다."

(106) "수보리야, 만약 보살이 항하의 모래 수와 같은 세계에 가득찬 칠보로써 보시하더라도, 만약 또 어떤 사람이 일체법에 아(我)가 없는 것임을 알고 인(忍)*69을 얻어 성취하면, 이 보살은 앞에 말한 보살이 얻은 공덕보다 더 훌륭하다. 무슨 까닭인가. 수보리야, 모든 보살은 복덕을 받지 않기 때문이다."

수보리가 부처님께 말씀드렸다.

"석가세존이시여, 어찌하여 보살은 복덕을 받지 않습니까?"

"수보리야, 보살이 지은 바 복덕은 마땅히 탐(貪)하고 집착하지 않음이니 복덕을 받지 않는다고 말해지는 것이다."

(107) "수보리야, 만약 어떤 사람이 말하기를 '여래가 오기도 가기도 하며, 앉기도 눕기도 한다' 하면, 이 사람은 내가 설한 바 뜻을 알지 못한 것이다. 무슨 까닭인가. 여래란 어디로부터 오는 일도 없고 또 가는 일도 없기 때문에 이름을 여래라 한 것이다."

(108) "수보리야, 만약 선남선녀가 삼천대천세계를 부수어 작은 먼지로 만든다면 네 생각에 어떠하냐? 이 작은 먼지들이 얼마나 많겠느냐?"

"매우 많습니다, 석가세존이시여. 어째서냐 하오면, 만약 이 작은 먼지들이 실로 있는 것이라면 부처님께서 굳이 작은 먼지들이라고 말하지 않으셨을

---

*69 이것에 대한 해석은 복잡하지만, 대체로 중생인(衆生忍)과 무생법인(無生法忍) 두 가지로 이해된다. 즉 중생인은 일체 중생을 불쌍히 여겨 어떤 일에도 참고 성내지 않음을 뜻하고, 무생법인은 불생불멸(不生不滅)한 진리를 깨달아 마음이 편안하고 요동됨이 없는 것이다. 그러므로 인을 얻어 성취함이란 중생인과 무생법인을 성취한 지위에 이르는 것을 의미한다. 인(忍)은 참는다는 '忍'자를 쓰기는 하지만, 뜻은 도장이라는 '印'의 뜻을 가지고 있다. 이른바 '심인(心印)'이란 것이다. 한 번 새겨두면 천만 번을 찍어도 변함없이 똑같은 모양이 나타나는 것이 인(印)이다. 인을 성취했다는 것은 곧 아상·인상·중생상·수자상이 없음을 이치로만 안 것이 아니고 행동이 이에 따르게 된 것을 말한다. 마치 달이 천만 개의 강물에 비쳐도 똑같이 비치듯이, 도장을 천만 번 찍어도 똑같은 모양으로 나타나듯 변함없는 지혜와 행을 증득(證得)한 것을 말한다.

것입니다. 까닭이 무엇인가 하오면, 부처님께서는 '작은 먼지들은 곧 작은 먼지들이 아니다'라고 설하신 작은 먼지들은 곧 작은 먼지들이 아니고 그 이름이 작은 먼지들입니다. 석가세존이시여, 여래께서 설하신 '삼천대천세계는 곧 세계가 아니고 이름이 세계입니다."

(109) "무슨 까닭이냐 하오면, 만약 세계가 실로 있는 것이라면, 곧 한 덩어리의 모양이나, 여래께서 설하신 한 덩어리의 모양도 한 덩어리의 모양이 아니고 그 이름이 한 덩어리의 모양입니다."

"수보리야, 한 덩어리의 모양이란 것은 곧 말로써 할 수 없는 것이다. 다만 범부(凡夫)들이 그 일에 탐착(貪着)할 뿐이다."

(110) "수보리야, 만일 어떤 사람이 말하기를 '부처님이 아견(我見)·인견(人見)·중생견(衆生見)·수자견(壽者見)을 말했다'고 하면, 네 생각에는 어떠하냐. 이 사람이 내가 말한 뜻을 안다고 하겠느냐?"

"아닙니다, 석가세존이시여. 그 사람은 여래가 말씀하신 뜻을 알지 못하는 것입니다. 어째서냐 하오면, 석가세존께서 설하신 아견·인견·중생견·수자견은 곧 아견·인견·중생견·수자견이 아니고 그 이름이 아견·인견·중생견·수자견입니다."

(111) "수보리야, 아뇩다라삼먁삼보리심을 발한 사람은, 일체법에 대해서 마땅히 이같이 알고 이같이 보며, 이와 같이 믿고 알아, 법상(法相 : 천지만물의 모양)을 내지 말아야 한다. 수보리야, 이른바 법상이란 것을 여래가 설하되 곧 법상이 아니고 그 이름이 법상이다."

(112) "수보리야, 만약에 어떤 사람이 무량아승지 세계에 가득찬 칠보를 가지고 보시할지라도, 만약 또 어떤 선남선녀로서 보살심을 발한 사람이 이 경전을 가지되 사구게만이라도 받아 지니고 읽고 외어 남을 위해 연설(演說)하게 되면 이 복덕이 앞의 것보다 뛰어날 것이다. 어떻게 하는 것이 남을 위해 연설하는 것인가. 상(相)을 취하지 않고 여여(如如 : 생긴 그대로의 모습)히 움직이지 않는 것이다."

(113) "무슨 까닭인가. 일체 유위법(有爲法 : 인연으로 생겨서 생멸 변화하는 물심의 현상)은 꿈과 헛것(幻)과 물거품과 그림자와 같으며 이슬과 같고 또한 번개와 같은 것이니, 마땅히 이와 같이 보아야 한다."

(114) 부처님께서 이 경을 설하여 마치시니, 장로 수보리와 모든 비구니(比

丘尼),*70 우바새(優婆塞)*71와 우바이(優婆夷),*72 일체 세간의 천상과 사람과 아수라들이 부처님의 설하심을 듣고 다들 크게 환희하며, 믿고 받아 지니며 받들어 행했다.

*70 출가하여 계를 지키며 수행하는 여자 사람.
*71 산스크리트어 우파사카(upāsaka)의 음역. 속세에 있으면서 불교를 믿는 남자. 청신사(淸信 士)로 옮겨지기도 한다.
*72 산스크리트어 우파시카(upāsikā)의 음역. 속세에 있으면서 불교를 믿는 여자. 청신녀(淸信女) 라 옮겨지기도 한다.

법화경(法華經)

법화경

법화경(法華經)은 묘법연화경(妙法蓮華經)의 약칭임

1 서품(序品)

나는 이와 같이 들었다. 어느 때 세존(世尊)*¹께서는, 왕사성(王舍城) 기사굴산(耆闍崛山 : 영취산)에서 비구(比丘)*²의 무리 1만 2천 명과 함께 머물고 계셨다. 비구들은 다 존경받을 만한 사람(阿羅漢)*³으로서, 온갖 더러움은 이미 없어지고, 본능에서 나오는 마음의 동요도 없으며, 깨달음을 얻었고, 모든 집착이 없어져 마음은 깨달음에조차 얽매이지 않는 자재(自在)의 경지에 이르러 있었다. 또 8만 명의 보살도 있었다. 모두 더없는 바른 깨달음을 지향하는 마음에서 물러남이 없으며, 정신력이 굳세었으며, 자유로이 설법할 능력이 있으며, 물러섬이 없는 진리의 바퀴(法輪)를 굴리며, 무량백천(無量白千)의 부처님들을 공양하여, 그 부처님들이 계신 곳에서 온갖 덕과 지혜를 쌓아, 여러 부처님들의 칭찬하는 바가 되었으며, 자비에 의해 몸을 닦아, 능히 부처님의 지혜를 이해하여, 큰 지혜에 도달했으며, 피안(彼岸)*⁴에 이르러, 그 이름은 널리 무량한 세계에 들리어, 능히 무량백천의 중생들을 구제하는 보살들이었다.

---

*1 원래는 '지극한 복을 지닌 사람', '존경받을 만한 사람', '신성한'이라는 의미를 지닌 말로 신들과 성자에 대한 존칭임. 불교에서는 부처님에 대한 존칭으로 자주 사용되며, 모든 복덕을 갖추어 중생들을 이익되게 하므로 세상에서 존경받는다는 뜻임.

*2 '걸식(乞食)하는 사람'이라는 뜻으로, 특히 불교에서는 출가 수행자를 가리킴. 여성의 경우는 비구니(比丘尼)라고 함.

*3 탐욕·노여움·어리석음을 남김없이 멸하여 생사 유전계를 완전히 벗어난 성자. 원래는 부처님을 일컫는 칭호로도 사용되었으나 후기에 와서는 소승의 최고 성자라는 의미로만 사용되고 있음.

*4 생사 유전계를 벗어난 해탈의 경지. 생사 윤회가 거듭되고 있는 중생들의 미혹된 세계를 차안(此岸)이라고 함.

또. 제석천(帝釋天)*⁵은, 그 휘하에 있는 2만 명의 천자(天子 : 천상계에 사는 존재)와 함께 와 있었다. 또 명월천자(明月天子)·보향천자(普香天子)·보광천자(寶光天子)·사대천왕(四大天王)*⁶도 휘하의 천자들과 같이 와 있었다.

자재천자(自在天子)*⁷·대자재천자(大自在天子)는 그 부하인 3만 명의 천자와 함께 와 있었다. 사바세계(娑婆世界)의 주인인 범천왕(梵天王)*⁸·시기대범천·광명대범천은 그 권속 1만 2천 명과 함께 와 있었다.

또, 여덟 용왕도 각기 수백 수천의 권속들과 같이 와 있었다.

또 네 명의 긴나라 왕, 네 명의 건달바 왕, 네 명의 아수라 왕, 네 명의 가루라 왕, 그리고 위제희(韋提希) 부인의 아들 아사세왕(阿闍世王)*⁹은, 수백 수천의 부하와 함께 와 있었다.

그들은 각기, 부처님의 발에 이마를 조아려 예배하고, 물러나 한쪽에 앉았다.

그때, 석가세존께서는 사부대중(四部大衆 : 출가 승려인 비구·비구니와 재가 신도인 우바새·우바이)으로부터 공양과 예배 그리고 존경·찬탄을 받으며 이 모든 보살을 위하여, '무량의(無量義)'라고도 하고, '보살을 가르치는 법'이라고도 하고, '부처님에 의해 호념(護念)되는 법'이라고도 부르는 대승경전을 설하신 것이었다.

석가세존께서는 이 경을 다 설하시자, 결가부좌(結跏趺坐)하고 "무량의처삼

---

*5 수미산(須彌山) 정상에 있는 도리천(忉利天)의 우두머리로, 도리천을 통솔하면서 불법과, 불법에 귀의하는 사람들을 보호함. 석제환인이라고도 함.

*6 수미산 중턱에 있는, 사천왕(四天王)이 거주하는 사왕천(四王天)의 주신(主神). 석제환인을 섬기며 불법과, 불법에 귀의하는 자들을 보호함.

*7 수미산 중턱에 사왕천이 있고 그 위에 도리천이 있음. 그 위에 야마천(夜摩天)이 있고, 그 위에 도솔천(兜率天), 그 위에 화자재천(化自在天), 그 위에 타화자재천(他化自在天)이 있는데, 사왕천에서 타화자재천까지를 욕계(欲界)라 함. 자재 천자는 욕계의 맨 위인 타화자재천의 신. 다른 신들이 만들어 낸 즐거움을 마음대로 누림.

*8 욕계 위의 색계(色界)에는 18천(天)이 있는데, 이것을 크게 네 단계로 나누어 초선천(初禪天)·제이선천(第二禪天)·제삼선천(第三禪天)이라 부름. 초선천, 즉 범중천(梵衆天)·범보천(梵輔天)·대범천(大梵天)을 통칭하여 범천이라 하고 범천의 우두머리를 범천왕 또는 대범천이라 함. 석제환인과 마찬가지로 불법을 지키는 수호신.

*9 가루라는 고대 인도 마가다국의 왕. 제바달다의 유혹에 빠져 부왕을 죽이고 어머니를 유폐시키는 등 죄를 짓다가 나중에 석가세존께 귀의하여 죄를 뉘우침.

매(無量義處三昧)"*10에 드시어, 심신이 아울러 부동하는 상태에 몰입하였다. 이때, 천자들은 만다라(曼陀羅) 꽃·마하만다라 꽃·만수사(曼殊沙) 꽃·마하만수사 꽃을 석가세존과 대중 위에 뿌렸고, 부처님의 세계는 여섯 가지로 진동하였다.*11 그때, 이 모임에 참가했던 비구·비구니·신남(信男 : 우바새)·신녀(信女 : 우바이)·천·용·야차(夜叉)·건달바·아수라·가루라·긴나라·마후라가 등 인간 및 인간 아닌 것들, 여러 소왕(小王)·전륜성왕(轉輪聖王) 등의 대군중은 불가사의한 일을 만나 기뻐하여 합장하고 한마음으로 석가세존을 우러러보았다.

그때 석가세존께서는 미간의 백호상(白毫相 : 부처님의 두 눈썹 사이에 난 나선형의 희고 빛나는 털)으로부터 광명을 발하여 동방 1만 8천 세계를 비추었다. 그 광명은 두루 비쳐 아래로는 아비지옥(阿鼻地獄)에 이르고, 위로는 아가니타천(阿迦尼吒天 : 색계에서 맨 위에 있는 하늘. 색구경천·유정천)에 이르렀다.

그런 세계에 계신 여러 부처님이 보이고, 그 부처님들이 설법하는 음성도 들렸다. 또, 모든 비구·비구니·신남·신녀가 온갖 수행으로 깨달음을 얻어가는 모습이 보였다. 또 보살들이 갖가지 인연에 의해, 갖가지로 믿고, 이해함에 의해, 갖가지 행위에 의해 보살도를 실행하는 것이 보였다. 또 여러 부처님들이 세상을 떠나신 다음에 부처님들의 유골 위에 칠보탑을 세우는 것이 보였다.

그때 미륵보살은 미리 생각했다.

'이제, 석가세존께서는 신통신변(神通神變)을 나타내었다. 어떤 인연으로 이런 상서가 나타난 것일까. 이제, 석가세존께서는 삼매에 드셨다. 이 불가사의하고 보기 드문 사태가 나타난 것을 대체 누구에게 물어야 할 것인가. 대체 누가 대답할 수 있을까?'

또, 이렇게도 생각했다.

'이 문수사리 법왕자(文殊師利法王子)는, 일찍이 무수한 과거의 부처님들을

---

*10 깊은 선정을 통해 체험하는, 고요하고도 평온하며 갖가지 능력이 생기는 집중 상태.

*11 세간에 상서로운 일이 있을 때 대지가 진동하는 여섯 가지 모양. ① 동(動) : 한쪽으로 움직이는 것, ② 기(起) : 아래에서 위로 흔들려 올라오는 것, ③ 용(涌) : 솟았다 꺼졌다 하는 것, ④ 진(震) : 은은한 소리, ⑤ 후(吼) : 꽝하는 소리, ⑥ 각(覺) 또는 격(擊) : 큰 소리. 앞의 3가지는 모양이 변하는 것이고 뒤의 3가지는 소리가 변하는 것.

뵈옵고 공양한 바 있었으니, 그는 반드시 이 보기 드문 양상도 본 적이 있을지 모른다. 나는 이제, 그에게 물어야 되겠다.'

그때 비구·비구니·신남·신녀와, 온갖 천·용·귀신들은 모두 이렇게 생각했다. '이 부처님의 광명과 신통의 양상을, 이제 누구에게 물어야 할까.' 그 때 미륵보살은 자기가 지니고 있는 의문을 해결하리라 생각하고, 또 사부 대중인 비구·비구니·신남·신녀와, 온갖 천·용·귀신들의 심리를 간파하여 문수사리에게 물었다.

"어떤 인연으로 이 상서로운 신통의 양상이 나타난 것입니까. 대광명을 발하여 동방 1만 8천의 국토를 비침으로써, 그 불국토(佛國土)의 화려한 모습이 다 보이도록 하심은, 무슨 인연이겠습니까?"

미륵보살은, 거듭 이 뜻을 밝히기 위해 게송으로 물었다.

문수사리 보살이여, 도사(導師)께서 무슨 이유로
양미간의 백호상에 큰 광명을 비추시며

만다라꽃·만수사꽃 비오 듯 내려오고
전단향 맑은 바람 여러 마음 기뻐하니

이와 같은 인연으로 땅이 모두 청정하게 장엄되고
이러한 세계마다 여섯 가지로 진동하네

그런 때에 사부대중 모두 환희하여
몸과 마음이 쾌락하니 처음 보는 일이로다

미간의 광명이 동방으로 멀리 비춰
1만 8천 불국토가 금빛처럼 찬란하니

아래로는 아비지옥 위로는 유정천(有頂天 : 아가니타천. 색계의 맨 위에 있는 하늘)까지

그 여러 세계 중에 육도(六道)*12 중생이

나고 생사윤회하는 것과 선악의 업과 인연
곱고 밉게 받은 과보 이 모두를 보게 되네

또 보니 여러 부처 성주(聖主)이신 사자(師子 : 부처님을 일컬음)들이
설하는 그 경전은 미묘하기 제일이며

그 음성이 청정하여 부드러운 말씀으로
수도 없는 여러 억만 보살들을 가르치시니

그 범음(梵音)이 깊고 묘해 듣는 사람 기뻐하고
각각 여러 세계에서 바른 법을 설하시네

가지가지 인연들과 한량 없는 비유로써
불법을 밝게 밝혀 많은 중생 깨우치며

어떤 사람 늙고 병나 죽는 고통 싫어하면
열반을 설하시어 그 괴로움 끊게 하고

만일 일찍이 부처님 공양했던 복된 사람이
훌륭한 법 구하면 연각법(緣覺法)을 설해 주며

만일 어떤 불자 가지가지 행을 닦아
무상(無上) 지혜 구하면 청정한 도(道) 설하시네

문수사리 보살이여, 내가 이곳 머물면서
여기에서 보고 들음이 천억 가지 일에 이르지만

---

*12 육도는 육취(六趣)와 같은 말. 지옥·아귀·축생·아수라·인간·천상을 말하며, 육도 중생은
이 세계를 윤회하는 중생을 이름.

이같이 많은 일 지금 마땅히 약설(略說)하리
내가 보매 저 세계의 항하 모래 같은 보살

가지가지 인연으로 부처님 도 구하오며
어떤 보살은 보시(布施)하되 금과 은과 산호를

진주들과 마니 보배 차거(硨磲)들과 많은 마노(瑪瑙)
금강석과 갖가지 보배와 남종 여종이 타는 수레들

보배로 장식한 연(輦)과 가마 환희하여 보시하며
그 공덕 불도에 회향(廻向)하여 이 승(乘)을 얻고자 원하네

삼계(三界)*13에서 제일 가는 여러 부처 찬탄받고
또는 어떤 보살은 네 필 말이 끄는 보배 수레

난간(欄干)과 화개(花蓋)로 꾸민 것을 보시하며
또 보니 어떤 보살 몸뚱이와 손발과

처자까지 보시하여 위 없는 도 구하고
또 어떤 보살들은 머리·눈·신체들을

기쁘게 보시하여 부처 지혜 구하오니
문수사리 보살이여, 내가 보니 여러 왕들

부처님께 나아가서 위 없는 도 묻자옵고

---

*13 생사 윤회가 거듭되는 미혹한 세계를 3단계로 나눈 것. ① 욕계(欲界) : 탐욕·노여움·어리
석음이 치성한 물적 경계. 지옥·아귀·축생·아수라·인간·욕계 육천이 이에 해당함. ② 색계
(色界) : 탐욕에서 벗어났으나 아직 상대적으로 물적 세계를 완전히 여의지 못한 세계. 색
계 18천이 이에 해당함. ③ 무색계(無色界) : 상대적으로 남아 있던 물적 경계마저 완전히
초월한 순수한 정신의 세계. 무색계 4천이 이에 해당함.

문득 국토와 좋은 궁전, 첩과 신하 다 버리네

출가하여 머리 깎고 법복을 입사오며
또는 보니 어떤 보살 큰 뜻 품고 비구 되어

홀로 고요한 데 있으면서 경전 읽기 즐겨하고
또 보니 보살들이 용맹 정진하며

깊은 산에 들어가서 부처님 도 생각하며
어떤 보살 욕심 떠나 고요한 데 머물면서

깊은 선정(禪定)*14 닦으면서 다섯 가지 신통(神通)*15 얻고
또 보니 어떤 보살 편안히 선을 하며 합장하고

천만 가지 게송으로 부처님을 찬탄하며
다시 보니 어떤 보살 지혜 깊고 뜻이 굳어

능히 여러 부처님께 묻자옵고 듣는 대로 받아 지녀
또 보니 어떤 불자는 선정·지혜 고루 갖추어

한량 없는 비유로써 대중 위해 설법하고
기쁜 마음 법을 설해 여러 보살 교화하며

마군들을 쳐부수어 법고를 둥둥 치네
또 보니 어떤 보살은 고요히 선정에 들어

---

*14 마음을 닦는 중요한 수행으로서, 정신을 집중하여 깊은 명상을 통해 진리를 깨닫고자 하는 방법.

*15 5가지 신통력. ① 천안통(天眼通) : 보통 사람이 보지 못하는 것을 꿰뚫어 보는 능력. ② 천이통(天耳通) : 보통 사람이 듣지 못하는 것을 듣는 능력. ③ 타심통(他心通) : 남의 마음을 꿰뚫어 아는 능력. ④ 숙명통(宿命通) : 전생의 일을 꿰뚫어 아는 능력. ⑤ 신족통(神足通) : 거리낌없이 어디든지 오갈 수 있는 능력.

천자와 용(龍)이 공경해도 기뻐하지 아니하고
또 보니 어떤 보살 숲 속에서 빛을 내어

지옥 고통에서 중생 제도하여 불도에 들게 하고
또 보니 어떤 불자는 잠도 자지 아니하고

숲 속을 거닐면서 부지런히 불도 구하며
또 어떤 보살은 계율 갖추고 위의·무결로

깨끗하기 보주같이 불토를 구하여서
어떤 불자는 인욕(忍辱)하는 힘에 머무르고

깨달은 체 거만 떠는 사람 악하게 욕하고 매때려도
그 모두를 능히 참아 부처님 도 구한다네

또 보니 어떤 보살은 모든 희롱과 비웃음
어리석은 권속 다 여의고 지혜로운 이 가까이하며

한마음으로 산란한 마음 가다듬어 산림 속에서 선정 닦아
억천만 년 동안 부처님도 구할지어다

또 보니 어떤 보살 흔하지 않은 찬과 음식
여러 가지 탕약으로 불승(佛僧)께 보시하고

천냥 만냥 값 나가는 훌륭한 의복이나
값도 모를 좋은 옷을 불승께 보시하며

천만억 가지가지 전단(旃檀)으로 지은 집과
여러 가지 침구 부처님과 불승께 보시하고

꽃과 열매 무성한, 청정스런 숲과 동산
솟는 샘 맑은 못을 불승께 보시하며

가지가지 아름다운 이런 것을 보시하되
환희하는 마음으로 위 없는 도 구하도다

또 보니 어떤 보살은 적멸법(寂滅法 : 윤회를 벗어나 열반에 이르는 가르침)
설하여서
무수한 중생들을 갖가지로 교화하며

또 보니 어떤 보살은 여러가지 법의 성품에
두 가지 대립되는 모습 없어 허공과 같음을 관찰하며

또 보니 어떤 불자 집착하는 마음 없어
미묘한 지혜로써 위 없는 도 구하도다

문수사리 보살이여, 또 어떤 보살은
부처님 멸도 후에 사리에 공양하며

또 보니 어떤 불자 항하의 모래 같은
무수한 탑을 세워 나라마다 장엄하니

아름다운 그 보배탑 높이가 5천 유순(由旬 : 고대 인도 거리 단위. 약 10km)
넓이로나 길이로나 똑같아서 2천 유순이며

이러한 탑묘(塔廟)마다 당(幢)과 번(幡)이 1천이요
보배 구슬로 이슬처럼 만든 휘장에 보배 방울 울려오니

모든 천자, 용과 여러 귀신, 인간과 인간 아닌 것들이
향과 꽃과 기악으로 항상 공양하도다

문수사리 보살이여, 그 많은 불자들이
사리(舍利) 공양하느라고 모든 탑을 장식하니

불국토가 절로 아름다워져 특수하고 묘호(妙好)하니
도리천 원생수에 꽃이 활짝 핀 듯하도다

석가세존께서 한 줄기 빛내시니 나와 또 여기에 모인 대중
온 나라의 갖가지로 절묘함 우리들이 보나이다

여러 부처 신통한 힘 그 지혜가 보기 드물어
한 줄기 밝은 빛으로 무량 세계 비추시니

이를 보는 우리들 일찍이 못보던 것 얻고
불자 문수시여, 뭇사람들의 의심을 끊게 하소서

사부대중 그대와 나 바라보고 있으니
석가세존께서 무슨 이유로 이 빛을 놓았나이까

불자께서 이때 대답하시어 의심 풀고 기쁨 얻게 하소서
무슨 이익 주시려 이 빛 놓았나이까

부처님 도량에서 얻으신 미묘한 법
설하려 하나이까, 수기(授記 : 부처님이 제자의 성불을 예언하는 것)를 주려
하나이까

온갖 보배로 꾸며진 모든 불국토 보이시고
모든 부처님 뵙게 하니 작은 인연 아니리다

문수사리 보살이여, 사부대중과 용과 신이
당신만을 바라보오니 이 뜻을 말해주소서

그때 문수사리는, 미륵보살과 다른 보살들에게 이렇게 말했다.

"선남자(善男子 : 불법을 믿고 수행하면서 선근을 닦는 남자)들이여, 내 생각 같아서는, 이제 석가세존께선 큰 가르침을 설하시고, 큰 가르침의 비를 내리시고, 큰 가르침의 소라를 부시고, 큰 가르침의 북을 울리시고, 큰 가르침의 의미를 말씀하시고자 하실 듯합니다.

선남자들이여, 나는 과거의 여러 부처님의 처소에서, 일찍이 이런 상서로운 조짐을 접한 일이 있거니와, 이 빛이 발해진 다음에는, 큰 가르침이 설해지곤 하였습니다. 그러므로 알 수 있는 것은, 이제 부처님께서 빛을 발하신 것도 역시 그것과 마찬가지여서, 모든 중생에게 일체의 세간(世間)이 믿기 어려운 큰 가르침을 들려 주시고자, 이 상서로운 조짐을 나타내 보이신 것이라는 생각입니다.

선남자들이여, 과거, 무량무변 불가사의한 무수겁(無數劫 : 숫자로 헤아릴 수 없이 긴 시간) 옛날에, 일월등명여래(日月燈明如來)라는 부처님이 계셨습니다. 가르침을 설하시매, 처음도 좋고 중간도 좋고 끝도 좋았으며, 그 의미는 심원했고 그 말씀은 절묘했으며, 순수·원만·청정·신선했으며, 깨끗한 수행을 권고하는 내용이었습니다. 성문(聲聞)[16]의 깨달음을 구하는 사람에게는 그것에 어울리는 사제법(四諦法)[17]의 가르침을 설하사, 생(生)·로(老)·병(病)·사(死)에서 벗어나 영원한 편안(涅槃)에 이르게 하였고, 독각(獨覺 : 스승 없이 홀로 연기의 이치를 깨달은 이)에 이르게 하셨습니다. 독각의 깨달음을 구하는 사람에게는, 그것에 어울리는 인연의 가르침을 설하시고, 모든 보살을 위해서는, 그것에 어울리는 육바라밀(六波羅蜜)[18]을 설하사, 더없는 아뇩다라삼먁삼보리

---

[16] 본래는 부처님의 가르침을 직접 듣고 아라한의 열반을 최고의 이상으로 하여 수행하는 불제자를 이르는 말이나, 대승에서는 자신의 깨달음만을 추구하는 이기적인 출가 수행자로 폄하함.

[17] 4가지 성스러운 진리. ① 고제(苦諦) : 괴로움의 원인에 대한 진리, 즉 십이인연법의 제12가지(老死)의 생성에서 제1지(無明)의 생성으로 관조해 가면서 괴로움의 원인을 밝히는 과정을 말함. ② 멸제(滅諦) : 괴로움의 소멸에 대한 진리, 즉 십이인연법의 제1지의 소멸에서 제12지의 소멸로 관조해 가면서 괴로움의 소멸을 밝히는 과정을 말함. ③ 도제(道諦) : 괴로움의 소멸을 위해 실천해야 할 방법에 대한 진리, 즉 팔정도(八正道)를 말함.

[18] 육바라밀은 위로는 깨달음을 구하고, 아래로는 중생을 교화하는 보살의 수행 가운데 가장 대표적인 것. ① 보시바라밀(布施) : 널리 베풂. 한없이 베풀면서도 어떤 조건을 내세우거나 보답을 바라지 않아야 한다는 생각마저도 갖지 않음, ② 지계(持戒) : 계율을 지킴, ③ 인욕

를 얻어, 부처님의 지혜를 완성하게 하셨습니다.

다음에 또 부처님이 계셨으니, 역시 이름이 일월등명(日月燈明)이었습니다. 다음에 또 부처님이 계셨으니, 역시 이름이 일월등명이었습니다. 이리하여 2만 명의 부처님이 다 일월등명이라 불리었고, 또 그 모두가 파라타(頗羅墮: 바라두바쟈)라는 성이었습니다.

마지막 부처님께서 출가하기 전에 여덟 명의 왕자가 있었습니다. 각기 유의(有意)·선의(善意)·무량의(無量意)·보의(寶意)·증의(增意)·제의의(除疑意)·향의(響意)·법의(法意)라는 이름이었습니다.

이 여덟 왕자는 신통자재(神通自在)하였고, 제각기 네 개의 대세계를 영토로 가지고 있었는 바, 아버지가 출가하여 더없는 바른 깨달음을 얻으셨다는 말을 듣고, 모두 왕위를 버린 다음 아버지인 석가세존을 따라 출가하여 대승을 지향하는 마음을 일으켜 항상 청정한 수행을 실천하여, 모두 가르침을 설하는 자가 되었습니다. 그리고 천만의 부처님 밑에서 온갖 선근(善根)을 심었습니다.

이때 일월등명불께서는, '무량의(無量意)'라는 대승의 가르침을 설하셨으니, 이는 보살을 가르치는 법이며 부처님께서 보호하고 살피는 법이었습니다. 이 경을 다 설하시고 나서 결가부좌하고 무량의처삼매(無量義處三昧)에 드시어, 심신이 아울러 부동의 상태에 몰입하셨습니다. 이때, 천자들은 만다라 꽃·마하만다라 꽃·만수사 꽃·마하만수사 꽃을 부처님과 대중 위에 뿌렸고, 모든 불국토는 여섯 가지로 진동하였습니다. 그때 거기에 모인 비구·비구니·우바새·우바이·천·용·신녀·야차·건달바·아수라·가루라·긴나라·마후라가 따위, 인간과 인간 아닌 것, 그리고 여러 소왕·전륜성왕 등은 불가사의한 느낌을 가져서, 환희 합장하고 열심히 일월등명불을 우러러보았습니다.

그때 여래께서는, 미간의 백호상(白毫相)으로부터 빛을 발하여 동방 1만 8천의 불국토를 두루 비추었습니다. 참으로, 미륵이여, 우리가 방금 본 이 불국토와 완전히 같은 것이었습니다.

그런데 그때 모인 사람들 속에 설법 듣기 좋아하는 2십억의 보살이 있어,

(忍辱): 욕된 일을 당하여도 잘 참는 것, ④ 정진(精進): 끊임없는 노력, ⑤ 선정(禪定): 마음을 고요히 가라앉히고 한 곳에 집중하는 것, ⑥ 지혜(智慧): 분별을 떠나 진리를 직관하는 깨달음의 지혜.

가르침을 듣고자 원했습니다. 이 모든 보살은, 이 광명이 두루 불국토를 비치는 것을 보자, 일찍이 없던 일이라 생각한 나머지, 이 광명이 발해진 인연을 알고 싶어한 것입니다.

그런데 그곳에 묘광(妙光)이라는 보살이 800명의 제자를 거느리고 있었습니다. 이때 일월등명불께서는 삼매로부터 깨어나, 묘광보살을 위해 대승의 가르침을 설하셨습니다. 그것은 '묘법연화(妙法蓮華)'로, 이는 보살을 가르치는 법이요, 부처님께서 보호하고 살피시는 법이었습니다.

일월등명불께서는, 60소겁(小劫) 동안 자리에서 일어나지 않으셨습니다. 그때 거기에 모인 대중들도, 한 곳에 앉은 채 60소겁 동안 몸도 마음도 움직이지 않고 설법을 들었으며, 그 시간이 음식을 먹는 정도의 짧은 시간이었다고 생각했습니다. 이때, 거기에 모인 사람 중 누구 하나도 몸이 지치든가 마음에 싫증을 느끼든가 하는 사람은 없었던 것입니다.

일월등명불께서는, 60소겁 동안 이 경을 설하신 다음, 범천·악마·사문(沙門 : 출가수행자)·바라문(婆羅門 : 인도의 사성 계급 제도에서 가장 높은 지위인 승려 계급)·천자·인간·아수라 등을 포함한 사람들 앞에서 이렇게 말했습니다.

"여래는 오늘밤에, 무여열반(無餘涅槃)*19에 들어갈 것이다."

그때 덕장(德藏)이라는 이름의 보살이 있었는데, 일월등명불께서는 모든 비구들 앞에서 이 보살에게 수기하였습니다.

"이 덕장보살은 다음의 부처가 될 것이다. 그리하여 정신여래(淨身如來)라 불릴 것이다."

이렇게 수기한 다음, 부처님께서는 그날 밤중에 몸도 마음도 남김없이 멸해 영원의 열반에 드셨습니다.

일월등명불께서 멸도하신 다음, 묘광보살은 묘법연화경을 수지(受持)하여, 80소겁 동안 다른 사람들을 위해 이 경을 설했습니다. 일월등명불의 여덟 왕자는 다, 묘광을 스승으로 받들고, 묘광에 의해 교화되어서 더없는 바른 깨달음을 지향하는 사람이 되었습니다. 이 여러 왕자는 무량 백천만억의 부처님을 공양하고 나서, 모두 불도를 완성하였습니다. 그 마지막에 부처님이

---

*19 완전한 열반. 또는 살아서 이룬 열반을 '남음이 있는 열반', 즉 유여열반이라 하고, 죽음에 이르러 육신이 필요로 하는 욕구마저도 사라졌을 때를 '남음이 없는 열반', 즉 무여열반이라 함.

되신 이가 연등불(燃燈佛)이었습니다.

　묘광보살의 800제자 중에 구명(求名)이라는 제자가 있었습니다. 명리에 집착하여, 많은 경전을 독송해도 이해하지 못하고 잊어버리므로, '구명'이라는 이름이 붙은 것입니다. 그러나 이 사람은, 많은 선근(善根)을 심은 인연이 있었기에, 무량 백천만억의 부처님을 만나뵐 수 있어서, 그 부처님들을 공양하고, 존경하고, 찬탄하였습니다. 미륵이여, 알라. 그때의 묘광보살이야말로, 다름 아닌 나였던 것입니다. 그리고 구명보살은 바로 그대라는 것을 알아야 합니다.

　미륵이여, 지금 이 상서로운 징조를 보니 옛날에 있었던 그대로입니다. 그것으로 미루어 생각건대, 오늘의 석가세존께서도 또한 보살을 가르치는 법이며, '부처님께서 보호하고 살피시는 묘법연화라는 대승의 가르침을 설하실 것으로 보입니다."

　그때 문수사리는, 대중에 대해 거듭 이 뜻을 밝히고자 게송으로 설했다.

　　생각하면 지난 세상 한량 없이 오랜 겁에
　　부처님 계셨으니, 그 이름이 일월등명

　　석가세존께서 법 설하사 무량중생 제도하고
　　무수억(無數億)의 보살을 부처의 지혜에 들게 하며

　　그 부처님 출가 전에 낳으신 여덟 왕자
　　부왕 출가하심 보고 뒤따라 청정수행 닦고

　　그때 부처님은 '무량의'라는 대승의 가르침을
　　모든 대중 앞에서 널리 분별하여 설하셨네

　　이 가르침 다 설하시곤 법좌 위에서
　　가부좌를 틀고 무량의처 삼매 드시오니

　　하늘에선 꽃비 오고 하늘북 절로 우니

여러 천룡과 귀신들 석가세존께 공양하고

그러자 모든 불국토 큰 진동이 일어나고
부처님 미간에서 빛을 내시어 갖가지 보기 드문 일 나타내셨네

이 광명이 동방으로 1만 8천불 불토다 비추니
일체중생 생사윤회하며 업보 받는 곳 다 볼 수 있고

모든 불국토 온갖 보배로써 장식되니
유리와 파리(玻璃)의 광택이 더욱 빛났네

또 보니 모든 천자와 사람, 용과 귀신과 야차들과
건달바와 긴나라들 부처님께 공양했네

또 보니 여러 여래 스스로 성불하사
금빛 같은 그 몸이 단정하고 미묘하기

깨끗한 유리병에 참다운 모습 나타내신 듯
대중 앞에서 법의 깊은 뜻을 설하셨네

불국토마다 무수한 성문 대중
부처님의 광명으로 모든 대중 다 보였네

또 어떤 비구들은 숲 속에 있으면서
정진하며 청정 계율 지키되 밝은 구슬 보호하듯 했네

또 보니 여러 보살 보시와 인욕 행하는
그 수가 항하사와 같음을 부처님 나타내신 빛으로 보았네

여러 보살 또 보니 모든 선정 깊이 들어

심신이 고요하여 위 없는 도 구하며

또 보니 여러 보살 모든 법이 적멸(寂滅) 그대로임을 알아
각자의 국토에 설법하며 부처님도 구하셨네

그때에 사부대중 일월등명 부처님의
큰 신통력 보고 모두 환희하여

서로서로 묻는 말이 이런 일은 무슨 인연
천인 공경받는 부처님 삼매에서 일어나사

묘광보살 칭찬하길
"그대는 모든 중생이 믿고 귀의하는—세간안(世間眼)*20되어

법장(法藏)*21을 받을진대
내가 설한 온갖 법을 그대만이 능히 깨달을 수 있을 것이다."

부처께서 이같이 찬탄하니 묘광보살 기뻐하네.
이 '법화경' 설하시며 60소겁 지나도록 일어나지 않으셨고

설하신 미묘한 법
묘광보살 법사께서 모두 받아 지녔네

일월등명 부처님 '법화경' 설하시니 중생들 환희하고
그날 바로 천자들과 대중에게 선언하되

"모든 법의 참다운 뜻 그대들에게 설했으니

---

*20 불보살의 다른 이름으로, 불보살은 중생의 눈이 되어 바른 길을 가리켜 주기 때문에 붙여
진 이름.
*21 부처님의 가르침을 담은 경전을 말함.

나는 이제 오늘 밤에 열반에 들겠노라

부처님 만나기 심히 어려워—
억 겁에나 한 번 만날 수 있으니

그대들은 방일(放逸)하지 말고 일심으로 정진하라."
이 말씀 들은 제자들

"어찌 이리 빨리 가시려는가."
슬퍼하며 괴로워했네

성주이신 법왕께서 무량중생 위로하여
"내가 열반하더라도 너희들은 걱정 마라

여기 덕장보살께서 무루(無漏)의 참다운 상
마음에 통달하여 이 다음에 성불하면

정신(淨身)이라 이름하여 많은 중생 제도하리."
이날 밤에 섶 다하여 불꺼지듯 멸도하시니

모든 사리 나누어다 무량한 탑 세웠고
항하사만큼이나 많은 비구·비구니

더욱더 정진하여 위 없는 도 구했네
묘광법사 부처님의 법장 받들어 지녀

80소겁 긴 세월 '법화경'을 설하시니
여덟 왕자 묘광법사 교화받고

무상도에 견고하여 많은 부처 뵈오면서

여러 부처 공양하고 큰 도를 따라 닦아

차례대로 성불하며 점차로 수기(授記)하니
최후의 천중천(天中天)*22은 그 이름이 연등불(然燈佛)

여러 신선 도사(導師)되어 무량중생 제도했네
묘광법사의 한 제자 게으르고 이익에만 탐착(貪著)하며

명예와 이익 구하여서 양갓집만 드나들고
하던 공부 내던지고 모두 잊어 불통일세

이러한 인연으로 그 이름 구명(求名)이라
그도 또한 선업(善業) 닦고 많은 부처 만나 뵙고

부처님께 공양하며 큰 도를 따라 닦아
육바라밀 갖추어서 석가세존 만나 뵙게 되고

훗날 성불하여 미륵이라 이름하리니
제도하는 많은 중생 그 수가 끝없으리

저 부처님 멸도한 후 게으름 피운 자 그대요
그때의 묘광법사 지금의 내 몸이라

내가 본 등명불의 옛 상서가 이러하니
이 부처님 이런 일로 '법화경'을 설하려 하심을 알 수 있고

오늘의 이 모습 옛 상서와 같으니 이는 곧 여러 부처 방편(方便)*23이네
이제 석가세존께서 빛 놓아 참다운 뜻 설하려 하시니

---

*22 부처님에 대한 존칭.
*23 중생들의 능력에 맞는 갖가지 교화 방법.

그대들은 바로 알아 일심으로 기다리라
부처님 법비 내려 구도자를 충족하리

삼승(三乘)*24의 가르침 구하는 이 만일 의심 가지면은
부처님 그 의심을 남김없이 끊어 주시리라

2 방편품(方便品)

　그때 석가세존께서는, 보아야 할 것을 명확히 보신 다음에 고요히 삼매에서 일어나시어 사리불(舍利弗)*25에게 말씀하셨다.

　"부처님들의 지혜는 매우 심원하고 무량하여, 그 지혜의 문은 이해하기 어렵고 들어가기 어렵다. 그래서 모든 성문(聲聞)이나 독각(獨覺 : 연각(緣覺)·벽지불(辟支佛)이라고도 일컬음)은 도저히 알 수가 없다. 왜냐하면, 부처님은 일찍이 무수 백천만억의 부처님들을 가까이 모셨고, 부처님들의 무량한 가르침을 모두 실행하고, 용맹정진하여 그 명성이 널리 퍼졌으며, 매우 심원하고 일찍이 없었던 가르침을 완성해서 자유자재로 설하시는 터이므로, 그 의미를 깨닫기가 어려운 것이다.

　사리불이여, 내가 성불한 이래, 갖가지 인연, 갖가지 비유로써 널리 가르침을 설하고, 무수한 방편으로 중생들을 인도하여 온갖 집착으로부터 벗어나게 하였다. 여래는 방편바라밀과 지견(知見)바라밀*26의 덕을 이미 갖추고 있

＊24 승(乘)은 중생을 태우고 깨달음으로 인도하는 가르침을 비유한 말. 삼승은 성문승(聲聞乘)·연각승(緣覺乘)·보살승(菩薩乘)으로, 중생의 성품, 능력에 따라 깨달음에 이르게 하는 세 가지 수행의 길.
＊25 석가세존의 십대제자(十大弟子) 가운데 지혜가 뛰어났으므로 지혜제일(智慧第一)이라 함. 사리자(舍利子)라고도 하며, 원래 목건련(目犍連)과 함께 외도(外道)를 따랐으나, 석가세존의 가르침을 듣고 250명의 동료들과 함께 석가세존의 제자가 되었다고 함. 지혜와 교단의 통솔 능력이 뛰어난, 석가세존의 수제자였음.
＊26 보시·지계·인욕·정진·선정·지혜·방편·원(願)·역(力)·지(智)를 십바라밀이라고 하는데, 이 가운데 지바라밀이 지견바라밀임.

는 까닭이다.

사리불이여, 여래의 지견은 광대하고 심원하여서 헤아릴 수 없으며, 장애가 없고, 힘에 충만해 있고, 자신에 넘쳐 있고, 안정돼 있고, 자유롭고, 집중적이고, 멀리 한계를 넘어 일찍이 없었던 일체의 가르침을 완성하고 있는 터이다.

사리불이여, 여래는 능히 갖가지로 분별하여 절묘하게 온갖 가르침을 설하고, 말은 부드러워서 많은 사람들의 마음을 기쁘게 하여 준다.

사리불이여, 한 마디로 부처는, 예전에 들어 본 적이 없는 법을 모두 완성했다.

사리불이여, 더 이상 설명할 수는 없느니라. 왜냐하면 부처가 완성한 것은 제1급의, 보기 드물고 이해하기 어려운 가르침이어서, 오직 부처만이 능히, 부처가 알고 있는 존재의 실상(實相)을 속속들이 이해할 수 있기 때문이다. 즉 존재란 이런 상(相)의 것이다, 이런 본성(本性)의 것이다, 이런 본체(本體)의 것이다, 이런 힘의 것이다, 이런 작용의 것이다, 이런 원인의 것이다, 이런 조건의 것이다, 이런 결과의 것이다, 이런 보(報)*²⁷의 것이라고 속속들이 이해하여, 마침내 본체와 형상이 하나임을 이해하기에 이르는 것이니라.”

그때, 그 대중 속에는, 온갖 제자들과, 번뇌를 다한 존경받을 사람인 아야교진여(阿若憍陳如)*²⁸를 비롯한 아라한 1천2백 명과, 성문·독각의 입장을 지향하는 비구·비구니·우바새·우바이가 있어서, 제각기 이렇게 생각했다.

‘이제, 석가세존께서는 어째서, 간곡히 방편을 찬탄하실까. 더욱 “부처가 얻은 바 가르침은 매우 심원하여 이해하기 어렵다고 설하는 뜻에는 알기 어려운 데가 있으니, 모든 성문이나 독각은 도저히 알 수가 없다”고 말한다. 그전에 석가세존께서는 한 가지 해탈의 이치를 설하였으며, 우리들 또한 이 가르침에 의해 열반에 이르렀는데, 지금 말씀의 뜻을 알 수 없다.’

그때 사리불은 사부대중의 마음에 생긴 의문을 눈치채고, 자기도 역시 그것을 이해하지 못했기에, 부처님을 향해 이렇게 여쭈었다.

“석가세존이시여, 무슨 까닭으로, 간곡히 부처님들의 방편을 찬탄하시나이

---

*27 보(報)는 결과가 사실이 되어 외부로 표출된 것.
*28 세존이 성불한 후에, 녹야원에서 처음으로 제도한 다섯 비구 가운데 한 사람.

까. '아주 심원하고 미묘하다'든가, '이해하기 어려운 가르침이다'라든가 하는 말씀을, 저는 예전부터 지금까지, 한번도 부처님한테서 들은 바가 없었습니다. 지금, 사부대중은 누구나 모두 의심을 품고 있습니다. 원컨대 석가세존이시여, 이를 설명해 주시옵소서, 석가세존께서는 무슨 까닭으로 아주 심원하고 미묘하며 이해하기 어려운 가르침을 찬탄하셨나이까?"

그때 석가세존께서 사리불에게 말씀하셨다.

"그만두라, 그만두라, 설법해 무엇하랴. 만약 이를 설한다면, 일체 세간(世間)의 천자들이나 중생들은 다 놀라고 의심할 것임에 틀림없는 까닭이다."

사리불은 거듭 석가세존을 향해 말씀드렸다.

"석가세존이시여, 오직 원컨대 이를 설하시옵소서, 왜냐하면, 여기에 모여 있는 무량무수 백천만억의 중생들은 일찍이 여러 부처님들을 예배한 바 있기에, 온갖 능력과, 예리하고 확실한 지혜를 가지고 있는 자들이므로, 석가세존의 설법을 듣는다면, 잘 믿고 존중할 것이기 때문입니다."

석가세존께서는 다시 사리불의 말을 제지하셨다.

"만약 이를 설한다면, 일체 세간의 천자·인간·아수라들이 모두 놀라 의심할 것이며, 오만한 비구는 장차 지옥에 떨어지게 되리라."

그리고 석가세존께서는 거듭 게송으로 설하셨다.

"그만두라, 그만두라, 더 설하지 않겠노라
나의 법은 어렵고도 미묘하여서
오만한 자 이 법을 들으면
반드시 믿지 않고 공경치 않으리."

그러나 사리불은 거듭 석가세존께 간청을 드렸다.

"석가세존이시여, 부디 이를 설하소서. 오직 원컨대 이를 설하소서. 지금 여기에 모여 있는, 저희와 같은 백천만억은, 전세에서 이미 부처님을 모시고 그 교화를 받은 바 있습니다. 이 사람들은, 반드시 석가세존의 가르침을 잘 믿어 존중할 것이며, 그 믿음은 오랜 세월 생사 윤회에 빠져 있는 그들을 편안히 하고, 이익이 되게 하는 바 클 것입니다."

그러자 석가세존께서 사리불에게 말씀하셨다.

"그대는 이미 세 번씩이나 간곡히 청하였으니 내 어찌 설하지 않을 수 있겠느냐. 사리불이여, 이제야말로 똑똑히 들어서 잘 이것을 생각해 보도록 하라. 나는 이제, 그대를 위해 소원을 받아들여, 가르침을 설해 주리라."

석가세존께서 이리 말씀하셨을 때, 이 모임 속에 끼어 있던 5천 명의 비구·비구니·우바새·우바이가 자리에서 일어나, 부처님께 예배드린 다음 물러갔다. 왜냐하면, 이 사람들은 죄의 뿌리가 깊고 무거우며 오만하여서, 깨달음을 얻지 못했는데도 얻었다 생각하고, 또 깨달음을 체험하지 못했는데도 체험했다 생각하고 있었기 때문이다. 그들이 이러한 허물로 그곳에 머물지 못하고 물러가자, 석가세존께서는 제지하지 않고 침묵하셨다.

그들이 물러가자 석가세존께서 사리불에게 말씀하셨다.

"이제, 이 대중 가운데에는 지엽(枝葉)에 속하는 자는 없어지고, 진실한 자만이 남았구나. 사리불이여, 저런 오만한 자들은 물러가는 것이 좋다. 이제야말로 사리불이여, 잘 들어라. 그대를 위해 가르침을 설하리라."

사리불이 말씀드렸다.

"그렇게 하겠나이다, 석가세존이시여, 잘 듣겠나이다."

이에 석가세존께서 사리불에게 설하기 시작하셨다.

"이런 미묘한 가르침은, 여러 부처님께서 때가 되어야 이같은 묘법(妙法)을 설하시니, 마치 우담화(優曇華) 꽃이 3천 년 만에 한 번 피는 것 같으니라. 사리불이여, 부처의 설하는 바를 믿으라. 부처의 말씀에는 거짓이 없는 까닭이다.

사리불이여, 모든 부처님들이 자유자재로 설하시는 가르침의 뜻은 이해하기가 어렵다. 왜냐하면, 부처님은 무수한 방편과 온갖 인연과 비유의 말로써 가르침을 설하거니와, 이 가르침은 생각하고 분별해 가지고는 이해할 수 없는 터이며, 오직 부처님만이 능히 이를 아시고 계신 데 불과한 까닭이다.

그것은 또 왜냐하면, 모든 부처님들을 이 세상에 나오시게 하는 일대사인연(一大事因緣)으로 말미암아 세상에 나타나시기 때문이다. 그러면 사리불이여, 모든 부처님들을 세상에 나오시게 하는, 일대사인연이란 무엇인가.

모든 부처님께서 세상에 나오시는 것은 중생들로 하여금 부처님의 지견(知見)을 들려 주어 청정해지도록 하려는 것이요, 중생들로 하여금 부처님의 지견을 경험하고 확인하게 하려는 것이요, 중생들로 하여금 부처님의 지견을 깨닫게 하기 위함이다. 중생들에게 부처님의 지견의 도(道)에 들게 하기 위해 이 세상에 나타나신다. 사리불이여, 부처님들이 오직 일대사인연에 말미암아서만 이 세상에 나타나신다 함은, 이런 이유이니라."

석가세존께서 다시 사리불에게 말씀하셨다.

"모든 부처님은, 오직 보살들만을 교화하신다. 모든 일은 언제나 다만 한 가지를 위하심이니, 오직 부처님의 지견을 중생들에게 보여 깨닫게 하기 위하심이다.

사리불이여, 부처님은 오직 일불승(一佛乘)*[29]만을 가지고 중생들을 설하신다. 다른 이승(二乘)*[30]이나 삼승은 설하시지 않는다. 사리불이여, 일체 시방(十方)의 여러 부처님의 가르침도 역시 이와 같으니라.

사리불이여, 과거의 여러 부처님도, 무량무수(無量無數)의 방편과 갖가지 인연과 비유와 가르침을 설하셨다. 이 가르침도 일불승(一佛乘)을 위해 설해진 것이었다. 이 온갖 중생들은, 모든 부처님으로부터 가르침을 듣고, 결국 모두 일체종지(一切種智)를 얻은 바 있었다.

사리불이여, 미래에 이 세상에 나타나실 여러 부처님들도 또한, 무량무수의 방편과 갖가지 인연과 비유와 말로, 중생들을 위해 가르침을 설하실 것이다. 이 가르침도 모두 일불승을 위한 것이다. 그러기에 모든 부처님들로부터 가르침을 받은 중생들은 결국 다 부처님의 일체종지를 얻게 될 것이다.

사리불이여, 모든 부처님들은 오직 보살만을 교화하신다. 부처님의 지견을 중생들에게 보임으로써, 부처님의 지견(知見)에 의해 중생들을 깨닫게 하고, 중생들을 부처님의 지견의 도(道)로 끌어들이려 하기 때문이다.

사리불이여, 나도 또한, 그 모든 부처님과 같이, 모든 중생에게 갖가지 욕망이 있고, 깊이 마음에 집착하는 바가 있음을 이해하여, 그 본성에 따라, 갖가지 인연과 비유와 말과 방편력(方便力)에 의해 가르침을 설하는 터이다. 사리불이여, 이는 모두 일불승의 부처님의 지혜를 획득케 하고자 하는 까닭이니라.

---

*29 부처가 되는 최상의 가르침이자 유일한 가르침. 성문승·연각승·보살승은 이 일불승으로 귀결됨.
*30 두 가지 가르침. 구체적으로 성문승(聲聞乘)과 연각승(緣覺乘).

사리불이여, 시방 세계에는, 이승도 없거늘 하물며 삼승이 있을 수 있겠는가. 사리불이여, 부처님께서는 오탁(五濁)의 악세에 나타나신다. 오탁이란, 겁탁(劫濁 : 긴 시간이라는 더러움), 본능에서 나오는 마음의 동요라는 더러움 번뇌탁(煩惱濁), 중생이라는 더러움 중생탁(衆生濁), 편견이라는 더러움 견탁(見濁), 목숨이라는 더러움 명탁(命獨) 따위를 말한다. 사리불이여, 겁탁에는 중생들의 번뇌가 많으며, 인색하고 탐욕스러우며, 질투심이 깊고, 온갖 악의 뿌리만을 심고 있는 터이므로, 부처님들은 방편력에 의해 일승불을 분별하여 삼승을 설하신다.

사리불이여, 만약 내 제자 중에, 스스로를 존경받을 만한 사람을 아라한(阿羅漢)이라고 생각한다든가, 홀로 깨달은 사람을 벽지불(辟支佛)이라고 생각하는 자가 있어서, 부처님들은 오직 보살만을 교화한다는 말씀을 들으려 하지 않고, 또 모른다 한다면, 이 사람은 부처님의 제자가 아니며, 존경받을 만한 사람이 아니며, 홀로 깨달은 사람도 아니니라.

또 사리불이여, 이 모든 비구·비구니 중에서, 스스로 '이미 존경받을 만한 사람이 되었다든가, 이것이 최후의 생(生)이라든가, 궁극의 편안(涅槃)에 들어 있다든가' 생각하여, 더없는 바른 깨달음을 구할 생각을 않는다면, 이 자들은 다 오만한 인간인 줄 알라. 왜냐하면, 진실로 존경받을 만한 사람이 되어 있는 비구로서 이 가르침을 믿지 않을 도리는 없기 때문이다.

다만, 부처님이 멸도하여 세상에 안 계실 때에는 별도이다. 왜냐하면, 부처님이 멸도하신 다음에, 이런 경전을 받들고, 독송하고, 그 의미를 깨닫는 사람은 좀처럼 드문 까닭이다.

그러나 그런 경우라도, 만약 다른 부처님을 만난다면, 이 가르침을 깨달을 수 있을 것이다.

사리불이여, 그대들은 마땅히 마음은 오로지 믿음으로써, 부처님의 말씀을 받들어 가라. 온갖 부처님의 말씀에는 거짓이 없으며, 이승이나 삼승은 없고 오직 일불승만이 있으니라."

3 비유품(譬喩品)

그때 사리불은 매우 기뻐하며 일어나 합장하고, 석가세존의 얼굴을 우러러보면서 여쭈었다.

"이제 석가세존으로부터 이 말씀을 듣자오니 마음은 기쁨에 뛰고, 기적같이 여겨집니다. 왜냐하면 옛날에도 석가세존께서 법을 설하신 일이 있었는데, 그때 여러 보살들이 부처가 될 것이라고 예언받는 장면을 목격했습니다만, 우리들은 그 대열에 끼지 못하여 여래의 무량한 지견(知見)을 상실했음에 생각이 미쳐 매우 슬퍼하고 있었기 때문입니다. 석가세존이시여, 저는 항상 산을 찾아가, 나무 밑에 앉아서 늘 이렇게 생각하였습니다.

'우리들도 마찬가지로 가르침의 경계에 들었거늘, 어째서 여래께서는 소승의 가르침에 의해 제도하시는 것일까.'

그러나 이것은 저희들의 허물일지언정 석가세존의 탓일 수는 없었습니다. 왜냐하면, 만일 우리들이 더없는 아뇩다라삼먁삼보리를 성취하도록 가르침이 설해지기를 기다리고 있었다면, 석가세존께서는 반드시 대승에 의해 해탈하게 하셨을 것이나, 우리들은 상대에 어울리는 방편의 가르침이 설해진 줄은 까맣게 모르고, 처음에 설해진 부처님의 가르침을 듣고는 곧 이를 믿고 받들어 스스로 깨달음을 얻었다고 생각하여 그런 가르침을 기대하지 않았기 때문입니다.

석가세존이시여, 저는 이 일로 인하여 예전부터 밤이나 낮이나, 항상 자기를 책망하고 있었습니다. 그런데 이제 석가세존께 지금껏 들어본 적도 없는 가르침을 들은 결과, 온갖 의혹을 끊어 버려 몸도 마음도 편안해지고, 유쾌하며 안온해졌습니다. 오늘 저는 진실로 부처님의 아들로서 부처님의 입에서 태어나고, 가르침에서 태어나, 부처님의 가르침의 유산을 나누어 가질 수 있게 되었음을 알았습니다."

그때 석가세존께서 사리불에게 말씀하셨다.

"나는 이제, 천자·인간·사문(沙門)·바라문 등의 대중 속에서 설하리라. 나는 옛날, 2만억의 부처님 처소에서, 무상도(無上道)를 위해 항상 그대를 교화하고 있었느니라. 그대는 또 오랫동안 나를 따라서 배워 왔다. 이제 방편으로써 그대를 인도하니, 그대는 내 가르침 속에 태어나게 되었노라.

사리불이여, 나는 옛날, 그대에게 성불을 구하라고 가르쳤음에도 그대는 이제 그것을 모두 망각한 나머지, 스스로 깨달음을 얻은 줄 알고 있다. 나는 이제 그대에게, 그대가 전생에서 서원을 따라 행하던 도를 다시 기억하도록 하기 위해, 모든 성문(聲聞)을 위해, '묘법연화(妙法蓮華)'로 보살을 가르치는 법이요, 모든 부처님께서 보호하고 살피시는 대승의 가르침을 설하고 있는 것이다.

사리불이여, 그대는 미래세(未來世)에서, 무량무변(無量無邊) 불가사의겁을 지나, 기천만억의 부처님을 공양하고, 바른 가르침을 수지(受持)하여, 보살이 실행할 도를 구비한 끝에 부처님이 될 것이다. 그 이름을 화광여래(華光如來)라 하고, 나라를 이구(離垢)라 부를 것이다. 그 국토는 평탄하고, 청정하며, 극히 아름답고 편안하고, 풍족하고 안락해서 천자들과 인간들이 충만해 있을 것이다. 유리로 땅이 되고 여덟 갈래 길이 있되 황금 줄 만들어 그 가를 경계 삼고, 그 옆에 각각 일곱 가지 칠보(七寶)로 된 나무가 줄지어 섰고, 항상 꽃과 과실이 있으리라.

그 화광여래 또한, 삼승(三乘)에 의해 중생들을 교화할 것이다. 사리불이여, 그 부처님이 나타나는 시기는 악세(惡世)는 아닐 것이로되, 본래 서원에 의해 삼승법을 설하실 것이다.

그 겁(劫)의 이름을 대보장엄(大寶莊嚴)이라 한다. 왜 대보장엄이라 이르느냐 하면, 그 나라 안에서는, 보살을 큰 보배로 여기는 까닭이다. 그 모든 보살의 숫자는, 무량무변하고 불가사의해서 헤아릴 수도 비유할 수도 없으리니, 부처님의 지력이 아니고는 능히 알 수 있는 자는 없을 것이다. 그 보살들은 걸음을 옮길 때마다 보배의 연꽃이 그 발을 받들 것이다. 이 모든 보살은 처음으로 깨달음을 향해 발심(發心)한 사람들이 아니다. 다 오랫동안 덕의 뿌리를 심어 무량 백천만억의 부처님 처소에서 청정한 수행을 하고, 항상 부처님들에게서 찬탄을 받았으며, 언제나 부처님의 지혜를 닦아, 대신통력을 갖추고 능히 모든 가르침을 이해하여, 실직(實直)하며, 거짓이 없고, 의지는 견고하리라. 이런 보살이 그 나라에는 가득할 것이다.

사리불이여, 화광여래의 수명은 12소겁(小劫)일 것이다. 단, 왕자로 있으면서 아직 부처가 되지 않았던 시일은 이에서 제외한다. 그 나라 백성의 수명은 8소겁일 것이다. 화광여래는 12소겁을 지난 다음, 견만보살(堅滿菩薩)의 장래를 예언하여 비구들에게 말씀할 것이다.

'이 견만보살은, 다음의 부처가 될 것이다. 그 이름을 화족안행(華足安行) 다타아가도(多陀阿伽度) 아라하(阿羅訶) 삼먁삼불타(三藐三佛陀)라 이를 것이다. 그 불국토도 또한 이와 같으리라.'

사리불이여, 이 화광불이 멸도한 뒤, 정법(正法)이 32소겁 동안 머물 것이요, 상법(像法 : 정법 비슷한 가르침)이 세상에 머물기 또한 32소겁일 것이다."

그때 사부대중은, 사리불이 석가세존 면전에서, 아뇩다라삼먁삼보리를 얻으리라는 예언을 받는 것을 보고, 마음에 크게 기뻐하여 각기 몸에 걸친 웃옷을 벗어 석가세존께 공양했다. 제석천(帝釋天)·범천왕(梵天王) 등은 무수한 천자와 함께, 하늘의 묘의(妙衣)·하늘의 만다라꽃·마하만다라꽃을 가지고 석가세존께 공양했다.

뿌려진 천의(天衣)는 허공에 춤추고, 온갖 천자들 백천만종(百千萬種)의 기악(伎樂)을 허공에 연주하고, 온갖 천화(天花)를 내리면서 말했다.

"석가세존께서는 예전에, 바라나(波羅奈)에서 처음으로 법륜을 굴리셨거니와, 이제 또 무상(無上)·최대의 법륜을 굴리시는구나."

그때, 사리불이 석가세존께 여쭈었다.

"석가세존이시여, 석가세존께서는 직접 저에게 아뇩다라삼먁삼보리를 얻으리라는 예언을 하셨기에 이제 다시는 의심하지 않게 되었습니다. 그러나 1천 200의 자재(自在)한 마음을 얻은 사람들은, 전에 듣지 못했던 이 법을 듣고 모두 의심에 싸여 있습니다. 왜냐하면 석가세존으로부터 항상 이런 말씀을 들어 왔기 때문입니다.

'내 가르침은 능히 생로병사를 떠나게 하고, 구경열반(究竟涅槃)에 이르게 한다.'

이 배울 것이 있는 비구들이나 배울 것이 없는 비구들은 실아(實我)라는 것이 있다라든가, 죽은 후에 자아(自我)가 있느니 없느니 하는 견해를 떠나서, 자기 스스로 열반을 얻었다고 생각해 왔습니다. 그러나 석가세존이시여, 이제 석가세존으로부터 친히 일찍이 들어 본 바 없는 가르침을 듣잡고, 모두 의심에 빠져 있습니다. 원컨대 사부대중을 위해 그 인연을 설하사 의심에서 벗어나게 하소서."

그때 석가세존께서 사리불에게 말씀하셨다.

"내가 먼저 '모든 부처님들께서 갖가지 인연과 비유와 말씀을 방편으로 하여 가르침을 설하신 것은, 모두 아뇩다라삼먁삼보리를 얻게 하기 위함이다' 라고 말하지 않았던가. 이 모든 가르침은 다 보살을 교화하기 위함이었느니라.

그러나 사리불이여, 이제 다시 비유를 써서 이 뜻을 설명할 것이다. 모든 지혜 있는 자는, 이 비유를 듣고 깨달을 수가 있을 것이기 때문이다.

사리불이여, 어떤 나라의 한 마을에 큰 장자(長者)가 있다 하자. 그는 늙었으나 부유해서 재산은 헤아릴 수 없고, 전답이나 집, 하인들도 많았다. 그 집은 매우 웅대했으나 대문은 오직 하나였는데, 백 명 내지 5백 명이나 되는 많은 사람들이 그 속에서 살고 있었다. 집은 낡았고, 담이나 벽은 무너질 듯하고, 기둥은 썩고, 대들보나 서까래는 기울어져 위험한 상태였다. 그 집에 갑자기 불이 일어나 타기 시작했다. 장자의 아들은 열 명, 스무 명 내지 서른 명이나 이 집 속에 있었다. 장자는 이 큰 불이 사방에서 일어남을 보고, 크게 놀라고 두려워하여 이렇게 생각했다.

'나만은 이 불타는 집 대문으로 해서 무사히 빠져 나왔지만, 아이들은 불타는 집 속에서 노는 데 집착하여, 깨닫지도 못하고, 알지도 못하고, 놀라지도, 두려워하지도 않고 놀고 있다. 불로 인해 큰 고통을 겪을 것인데, 그런 걱정은 하지도 않은 채 집에서 나올 생각도 하지 않는구나.'

사리불이여, 이 장자는 다시 생각했다.

'나는 힘이 있다. 놀고 있는 아이들을 부대에 넣거나 책상에 앉혀 밖으로 끌어 내야겠다.'

그러다가 다시 생각했다.

'이 집에는 오직 한 개의 대문밖에는 없고 너무 좁다. 아이들은 어려서 아직 불이라는 것을 모르니까 노는 데만 열중해 있다. 어쩌면 불 속에 넘어져 타 죽을지도 모른다. 그러니 아이들에게 위험하고 무서운 상황을 알려 빨리 나오게 해야겠다.'

그러고는 아이들에게 "얘들아, 빨리 집에서 나오라"하고 외쳤다.

아버지는 아이들을 가엾이 여겨 별말을 다하면서 타일렀건만, 노는 것에 집착해 있는 아이들은, 그 말을 믿어 받아들이려 하지 않아서, 조금도 겁냄

이 없었고, 마침내 집에서 나오고자 아니했다. 불이란 무엇인가, 집이란 무엇인가, 무엇을 잃는가를 알지 못하고, 다만 동서로 뛰고 장난치면서, 아버지를 바라볼 뿐이었다.

그러자 장자는 이렇게 생각했다.

'이 집은 이미 큰 불에 휩싸이고 있다. 나와 이 아이들이 여기에서 탈출하지 않는다면 반드시 타 죽을 것이다. 나는 이제 방편을 만들어, 아이들을 이 위험에서 벗어나게 하는 수밖에 없다.'

아버지는 아이들이 온갖 진귀하고 재미있는 장난감을 좋아하는 것을 알고 있는지라 이렇게 일렀다.

'너희들이 아주 좋아할 아주 귀한 장난감이 여기 있다. 만일 그것을 지금 가져가지 않는다면 후회할 것이다. 자, 가지고 놀 수 있는 양·사슴·소가 끄는 수레 등 장난감이 대문 밖에 있으니 빨리 나오라. 너희들은 그것을 가지고 마음껏 놀 수 있을 것이다. 속히 이 타고 있는 집에서 나오너라. 너희들이 좋아하는 것이라면 무엇이든 주리라.'

그때 아이들은, 아버지가 진귀한 장난감을 준다는 말을 듣고, 매우 기뻐하며 서로 떠밀면서 앞다투어 불타는 집으로부터 뛰쳐나왔다.

이때 장자는, 아이들이 안전하게 집에서 나와, 모두 네거리 위에 안전하게 앉아 있음을 보고 비로소 마음의 평정을 되찾고 매우 기뻐했다. 이때 아이들은 각기 아버지에게 말했다.

'아버지, 아까 주신다던 양 수레, 사슴 수레, 쇠수레를 지금 주십시오.'

사리불이여, 그때 장자는 아이들에게 큰 수레를 하나씩 주었다. 그 수레는 높고 크며, 온갖 보석으로 장식한 데다가, 난간이 있고, 사면에 방울이 달려 있었다. 또 그 위에는 천개(天蓋)를 드리우고, 여러 가지 진귀한 보석으로 아름답게 꾸며져 있었다. 구슬을 꿴 실로 짠 끈을 두르고 자리를 겹쳐서 깔고 붉은 빛 베개를 놓았다. 흰 소가 이를 끌었는데, 그 살결이 맑고, 형체는 아름답고, 힘이 좋아 걸음이 안정되고, 빠르기는 바람 같았다. 그뿐 아니라 많은 하인들이 수레를 호위했다.

이 수레가 이렇듯 훌륭한 것은, 이 장자가 부유해서 재물이 한량 없는지라, 온갖 창고가 모두 모두 가득 찬 까닭이다. 그리고 이렇게 생각했다.

'내 재물에는 한량이 없거니와, 변변찮은 조그만 수레를 애들에게 줄 필요가 없다. 이제 이 아이들은 모두 내 아들인 터이니까. 사랑함에 차별이 있을 수 없다. 나에게는 이렇게 칠보로 만든 큰 수레가 얼마든지 있으니, 마땅히 평등하게 골고루 각자에게 나누어 주어야지 차별해서는 안 된다. 왜냐하면 나의 이런 수레를 온 나라 사람들에게 나누어 준대도 모자라지는 않을 만큼 많은데, 아이들에게 주는 것쯤 무슨 문제가 되랴.'

이때 아이들은, 각기 큰 수레를 타고 감탄했으니, 이는 일찍이 생각지도, 원하지도 않았던 일이다.

사리불이여, 그대는 어찌 생각하느냐. 이 장자가 아이들에게 진귀한 보배로 장식된 큰 수레를 똑같이 나누어 준 것이 거짓말을 한 것은 아닌가."

사리불이 대답했다.

"그렇지는 않습니다. 석가세존이시여, 이 장자는 오직, 아이들을 불의 위험으로부터 건지고, 목숨을 보존케 하여 주었을 뿐이니, 거짓말을 한 것은 되지 않습니다. 왜냐하면, 목숨을 보존했으므로 좋아하는 장난감도 얻을 수 있었으니 말입니다. 하물며 방편에 의해 저 불붙는 집으로부터 구해 내지 않았습니까. 석가세존이시여, 비록 이 장자가 가장 작은 수레 한 채도 주지 않았다 해도, 오히려 거짓말한 것은 되지 않습니다. 왜냐하면, 이 장자는 애당초에 '나는 방편에 의해 아이들을 집 밖으로 나오게 하리라'고 생각했기 때문입니다. 이 인연으로 말미암아, 거짓말을 한 것은 아닌 것입니다. 하물며 장자는 스스로 부유하여 재물이 무량함을 알고, 아이들을 행복하게 해 주고자 골고루 각자에게 큰 수레를 나누어 주지 않았습니까?"

석가세존께서 사리불에게 말씀하셨다.

"잘 말했다, 잘 말했다. 그대 말이 옳다. 사리불이여, 여래도 또한 그와 같아서 일체 세간(世間)의 아버지가 되느니라. 여래는 온갖 공포·고뇌·근심·무명·어둠을 완전히 벗어났으며, 무량한 지견(知見)과 힘과 자신을 완성하고, 대신통력과 지혜의 힘을 지니고, 방편바라밀과 지혜바라밀을 다 갖추었으며, 대자대비심이 있어서 항상 싫증냄이 없이, 늘 착한 일을 추구하여 모든 사람들의 이익을 염원하고 있는 터이다. 그리고 불타는 낡은 집과도 비슷한 이 삼계(三界 : 과거·현재·미래의 세 세계)에 태어나는 것은, 중생들을 생로병사, 우(憂)·비(悲)·고(苦)·뇌(惱)·우치(愚痴)·어둠·삼독(三毒 : 탐욕·성냄·어리석음)의 불로부터 구해 내어 교화함으로써, 더없는 바른 깨달음을 얻게 해 주고자 생각하는 까닭이다.

　내가 온갖 중생들을 보건대, 생로병사, 우·비·고·뇌의 불에 타고, 또 오욕(五欲)과 재물 때문에 여러 가지 고통을 당하고 있다. 또 탐욕을 내어 집착하기 때문에 현세에서 온갖 고통을 맞보고, 후세에서는 축생·아귀에 태어나는 고통을 받기도 한다. 만약 천상(天上)이나 인간계에 태어나더라도, 빈궁이나 곤고(困苦), 사랑하는 이와 이별하는 고통, 미운 자와 만나는 고통 따위의 온갖 괴로움이 따르기 마련이다. 중생들은 그런 속에 잠겨 있으면서도 기뻐하여 즐기면서 깨닫지도 못하고, 알지도 못하고 놀라지도 않고, 겁내지도 않고 또 싫어하지도 않는다. 그리하여 거기에서 벗어나고자 바라지도 않은 채, 불붙은 집과도 비슷한 이 삼계에서, 동으로 서로 뛰며 큰 고통을 만나도 이를 걱정하지 않는 것이다.

　사리불이여, 나는 그들의 모습을 보고 이렇게 생각했다.

　'나는 중생들의 아버지이니, 마땅히 이 고통을 제거하고, 무량무변한 부처님의 지혜가 지닌 즐거움을 그들에게 주어, 그에 의해 즐겁게 뛰놀도록 해 주지 않으면 안 된다.'

　사리불이여, 나는 또 이렇게 생각했다.

　'만약 내가, 방편을 버린 채 다만 신통력과 지혜만을 가지고, 일체 중생을 위해, 여래의 지견과 힘과 자신을 찬양한대도, 중생들은 이것에 의해 깨닫지는 못할 것이다. 왜냐하면, 이 일체 중생은, 아직도 생로병사, 우·비·고·뇌를 면하지 못하고, 불타는 집과도 비슷한 이 삼계에서 타고 있는 까닭이다. 어떻게 부처님의 지혜를 깨달을 수 있으랴.'

　사리불이여, 저 장자가 몸이나 손에 힘은 있어도 이것을 쓰지 않고, 오직 교묘한 방편으로 아이들을 불타는 집으로부터 구해 내어, 그 다음에, 각기 진귀한 보배로 만든 큰 수레를 나누어 준 것처럼, 그와 같이 여래도 또한, 힘이나 자신은 있어도, 이것을 쓰지 않은 채, 오직 지혜와 방편에 의해 불타는 집과도 같은 이 삼계로부터 중생들을 구해 내고자, 그를 위해, 성문·독각·보살의 삼승을 설하면서 이렇게 말한 것이었다.

　'그대들은, 불타는 집과도 비슷한 이 삼계에 머물고자 해서는 안 된다. 형태·소리·향기·맛·촉감 따위를 탐내지 마라. 만일 그런 것에 탐내고 집착해서 애착을 가진다면, 그에 의해 자신을 불태우리라. 그대들이 속히 이 삼계에서 나와, 성문·독각·보살을 얻게 되리라. 나는 이제 그대들을 위해 책임을 지고 보증을 하니, 헛되이 끝나는 일이 없도록 그대들은 오직 노력 정진할지어다.'

여래는 이 방편으로 중생들의 마음을 달래어 이끈 다음 이렇게 말했다.

'그대들은 마땅히 알라. 이 삼승법은 성인이 찬탄하시는 바임을, 그것은 자재(自在)로우며, 얽매임이 없으며, 의지하여 구하는 바가 없다. 이 삼승을 타면, 청정한 오근(五根)*31과 오력(五力)*32과 칠각지(七覺支)*33와 팔정도(八正道)*34와 선정(禪定)과 해탈과 삼매 등에 의해 스스로 즐기면서, 무량한 편안과 즐거움을 얻게 되리라.'

사리불이여, 만약 중생 중에서 안에 지성(智性)이 있고 부처님에게서 가르침을 듣고 이를 믿어 받아들이며, 정진 노력하여, 속히 삼계를 벗어나고자 생각해서 스스로 열반을 구하는 자를 성문이라고 한다. 이는 저 장자의 아이들이 양 수레를 얻고자 불타는 집에서 나온 것과 같다.

또 중생 중에서 부처님에게서 가르침을 듣고 이를 믿고 받아들여서, 정진 노력하여, 자연의 도리를 관찰해서 얻는 지혜를 구하고, 홀로 조용히 생활하는 것을 즐기며, 깊이 존재의 인연을 이해하는 자가 있다면, 이를 벽지불이라고 한다. 저 장자의 아이들이 사슴 수레를 탐내어 불타는 집에서 나온 것과 같다.

또 중생 중에서 부처님에게서 가르침을 듣고 이를 믿어 받아들이고, 정진 노력하여, 일체지(一切智)·불지(佛智)·자연지(自然智)·무사지(無師智)·여래의 지

---

*31 깨달음을 얻기 위한 5가지 능력. 믿음·정진·기억·선정·지혜.

*32 오근이 실제로 활동하는 구체적인 힘. 오근은 능력이며, 오력은 그 능력의 활동. 오근과 같이 믿음·정진·올바른 기억·선정·지혜이며, 오근보다는 진전된 수행의 단계임.

*33 깨달음에 이르는 7가지 갈래. ① 염각지(念覺支) : 뛰어난 지혜로써 가르침을 잊지 않는 것. ② 택법각지(擇法覺支) : 진실된 가르침만을 선택하고 그릇된 가르침은 버리는 것. ③ 정진각지(精進覺支) : 진실된 가르침을 사유하면서 수행하는 것. ④ 희각지(喜覺支) : 정진하는 수행자에게 기쁨이 생기는 것. 이 기쁨은 감각적 쾌락이 아닌 평정하고 고요한 데서 옴. ⑤ 경안각지(輕安覺支) : 기쁨이 생긴 수행자의 몸과 마음이 경쾌한 것. ⑥ 정각지(定覺支) : 몸과 마음이 경쾌한 수행자가 정신을 통일하여 삼매에 드는 것. ⑦ 사각지(捨覺支) : 통일된 마음을 평등하게 잘 관찰하는 것.

*34 괴로움을 소멸시키는 수행 방법. 바른 견해(正見)·바른 사유(正思惟)·바른말(正語)·바른 행위(正業)·바른 생활(正命)·바른 노력(正精進)·바른 생각(正念)·바른 선정(正定).

견(知見)·십력(十力)·무소외(無所畏)를 구하며, 무량한 중생들을 불쌍히 여겨서 안락하게 하고, 천자와 인간을 이롭게 하고, 일체 중생들을 구하는 자가 있다면, 이는 대승이라 하며 보살은 이 대승을 구하기에, 마하살(摩訶薩)이라 한다. 저 장자의 아이들이 쇠수레를 탐내어 불타는 집에서 나온 것과 같다.

사리불이여, 저 장자가 아이들이 무사하게 불타는 집으로부터 벗어나, 두려울 것 없는 처소에 이를 것을 보았을 때, 스스로 부유하여 재물이 무량함을 생각하고, 골고루 큰 수레를 여러 아이들에게 준 것과 같이, 여래도 또한 일체 중생의 아버지인지라, 만약 무량 백천만억의 중생들이 '부처님의 가르침'을 통하여, 삼계의 고통과 두렵고 험한 윤회의 길에서 벗어나, 열반의 즐거움을 얻었음을 보았을 때, 여래는 이렇게 생각하느니라.

'나에게는 무량무변의 지혜와 힘과 자신이라는, 여러 부처님들의 가르침의 곳집(庫)이 있다. 이 일체 중생은 다 내 아들인 터이니 그들에게 평등하게 대승을 설해 주어 홀로 멸도를 얻는 것이 아니라, 모두 여래의 멸도를 얻도록 해 주리라.'

이 삼계를 벗어난 일제 중생에게는 모두, 여러 부처님들의 선정(禪定)·해탈이라는 즐거운 장난감을 주는 터이니, 이는 다 오직 하나의 상(相)이요, 하나의 종류여서, 성자에 의해 찬탄되고, 능히 청정 미묘하기 짝이 없는 즐거움을 생기게 한다.

사리불이여, 저 장자는 처음에 세 가지 수레로 아이들을 유인한 뒤에 보물로 장식된 편안하기 그지없는 큰 수레를 준 것이 거짓말이 아니듯 여래도 또한 그와 같아서 거짓말을 한 것은 결코 아니니라. 처음에는 삼승을 설해 중생들을 인도한 뒤에 대승으로 해탈하게 한다. 왜냐하면, 여래에는 무량한 지혜와 힘과 무소외 그리고 가르침의 곳집이 있어서, 능히 일체 중생에게 대승의 가르침을 설해 주건만, 중생들이 그것을 미처 다 받을 수 없기 때문이다.

사리불이여, 이 인연에 의해 모든 부처님은 방편의 힘에 의해, 일승불을 분별하여 삼승을 설하셨느니라."

4 신해품(信解品)

그때 장로 수보리(須菩提), 마하가전연(摩訶迦栴延), 마하가섭(摩訶迦葉), 마하목건련(摩訶目犍連)은, 석가세존께서 전에 듣지 못했던 법을 설하시고, 사리불에게 더없는 아뇩다라삼먁삼보리를 얻으리라고 예언하신 데 대해 매우 놀라워하며 뛰어오를 듯 기뻐하여서, 자리에서 일어나 옷을 여미고, 오른쪽 어깨를 드러내며, 오른쪽 무릎을 꿇고, 한마음으로 합장한 다음, 몸을 굽혀 예배드리고 석가세존의 얼굴을 우러러보면서 이렇게 말씀드렸다.

"저희들은 승단(僧團)의 우두머리 지위에 있습니다만, 다 노쇠해서 자기가 자신을 두고 이미 열반을 얻었으니 더 이상 애쓸 것이 없다고 생각하여, 나아가 아뇩다라삼먁삼보리를 구하고자 하지 않았습니다.

석가세존께서는 예전부터 이미 긴 시일을 설법해 오셨습니다. 저희들도 그 자리에 있기는 했습니다만, 몸이 지친 나머지 공(空)·무상(無相)·무작(無作)만을 생각하고, 보살의 가르침이나 신통력으로 자유로이 행동하는 일이나 불국토를 정화하는 일이나 중생들을 성취시키는 일 같은 것에는 마음으로 기쁨을 느끼지 못했습니다. 왜냐하면 석가세존께서 우리들로 하여금 삼계로부터 벗어나 열반을 얻게 하셨다고 믿은 데다가 지금 우리들은 이미 노쇠해서 부처님께서 보살을 가르치시는 법인 아뇩다라삼먁삼보리에 대하여 조금도 좋다는 생각을 하지 않았기 때문입니다.

그런데 지금, 석가세존께서 성문(聲聞)에게 아뇩다라삼먁삼보리를 얻으리라고 예언함을 듣고, 마음에 큰 환희가 생겨 일찍이 없었던 감명을 받았습니다. 이제 와서 갑자기 희유한 가르침을 들을 수 있으리라고는 미처 생각지 못했습니다. 큰 이익을 얻고, 뜻하지 않은 무량한 진보(珍寶)를 얻었음을 깊이 마음 속에서 기뻐하고 있습니다.

석가세존이시여, 저희들은 이제 비유를 들어 이 뜻을 밝혀 보고자 생각합니다.

이를테면, 여기에 한 사나이가 있다고 합시다. 어렸을 적에 아버지 슬하로부터 도망쳐 나와 타국에 가 살기를 10년, 20년, 30년이 되었습니다. 나이는 점차 먹어 갔어도 더욱 가난과 고생은 늘기만 해서, 의식을 얻고자 사방을 돌아다니다가, 차츰 돌고 돌다 보니 다시 본국에 와 있게 되었습니다.

그보다 앞서 그 아버지는 아들을 찾아도 발견치 못한 채 어느 도시에 머물어 살고 있었습니다. 그 집은 크게 부유하여 재물은 헤아릴 수 없었으니, 금·은·유리·호박·파리주(頗梨珠) 따위는 그 창고에 가득했습니다. 많은 시동(侍童)·하인·일꾼이 있었고, 코끼리·말·수레·소·양은 숫자도 모를 지경이었습니다. 돈을 꾸어 주고 이자를 받는 범위가 타국에도 미쳤으며, 거래하는 상인이나 고객의 숫자도 엄청난 것이었습니다.

한편, 가난뱅이 아들은 마을과 읍과 나라들을 방랑한 끝에 마침내 그 아버지가 살고 있는 도시에 나타나게 되었습니다. 아버지는 항상 아들 생각만 했고, 아들과 헤어진 지 50여 년이 되었건만, 남에게는 그런 말을 한 마디도 한 적이 없었습니다. 다만 자기 혼자 생각하면서 뉘우치고 있었을 뿐입니다. 그는 이렇게 생각했습니다.

'나는 늙었다. 나에게는 많은 재물이 있어서, 금·은·진귀한 보배는 창고에 가득하건만 아들이 없다. 내가 죽고 나면, 재산은 흩어져 버리고 상속하는 사람도 없다. 그러기에 더 한층 언제나 아들 생각이 간절하다.'

또, 이렇게도 생각했습니다.

'만약, 아들을 찾아 재산을 상속시킬 수 있기만 하다면, 마음놓고 근심도 없을 것이다.'

석가세존이시여, 그때 그 가난한 아들은 여기저기 고용되어 일하다가 마침 아버지가 사는 집 앞에 이르렀습니다. 발걸음을 멈추고 멀리서 그 아버지 쪽을 바라보매, 보석 박은 디딤대(足臺) 위에 발을 올려놓고 사자좌에 앉아 있었는데, 수많은 바라문과 찰리(刹利 : 무사계급)와 거사(居士)들이 모두 그를 에워싸고 경의를 표하고 있었습니다. 천만금이나 값 나가는 진주와 영락으로 그 몸을 장식했으며, 고용인과 시동·하인들이 흰 부채를 들고 좌우에 시립해 있었습니다. 그리고 보석을 아로새긴 장막을 치고, 온갖 꽃을 그린 기를 드리우고, 향수를 방에 뿌리고, 온갖 아리따운 꽃을 뿌려 놓았으며, 보물들을 늘어놓고 내고 들이며 주기도 하는 것이었습니다. 이런 갖가지 아름다운 장식이 있으므로 위덕(威德)은 한층 더 높아 보였습니다.

가난뱅이 아들은 그에게 큰 위세가 있음을 보자 겁을 집어 먹고, 여기에 온 것을 후회하면서 생각했습니다.

'이 사람은 왕이든가 또는 왕과 비슷한 사람일 것이다. 여기는 내가 품팔이할 만한 데가 아니다. 차라리 빈민들이 사는 곳에 가면 일자리가 있어서, 의식이 쉽게 해결될 터이다. 그쪽이 낫다. 만약 이런 곳에서 어물어물하고 있다가는, 그야말로 붙들려 강제로 일을 하게 될지도 모른다.'

이렇게 생각하고 황급히 그곳을 떠났습니다.

그때 부유한 장자는 사자좌 위에서 아들을 보자 즉시 알아보고는 매우 기뻐하며 이렇게 생각했습니다.

'내 재물과 창고는, 이제야말로 맡길 데가 생겼도다. 나는 항상 이 아들을 생각해 왔건만, 아무리 해도 만날 길이 없더니, 그런데 홀연히 스스로 찾아 왔으니 내 소원은 이루어졌다. 나는 노쇠해 있긴 해도 아직 아들에 대한 애착을 버리지 않고 있다.'

그래서, 급히 사람을 보내 데려오도록 하였습니다. 하인이 달려가 붙드니 가난뱅이 아들은 깜짝 놀라 겁 먹은 소리로 외쳤습니다.

'아무 잘못도 없는데 왜 나를 잡는 것입니까.'

하인은 더욱 세게 붙들고 강제로 끌고 가려 하자, 아들은 이렇게 생각했습니다.

'죄도 없이 붙들렸으니 꼼짝없이 죽게 되었구나.'

그래서, 더욱 겁을 먹고 기절해 쓰러졌습니다.

아버지는 멀리서 이 모습을 보고 하인에게 일렀습니다.

'그 사람을 그렇게 억지로 데려올 것까지는 없다. 차가운 물을 이마에 뿌려 깨어나게 하고 아무 말도 하지 마라.'

왜냐하면 아버지는 그 아들의 생각이 용렬(庸劣)함을 알고, 자신의 부귀를 꺼리고 있음을 알았으므로, 그가 제 아들이라고 알면서도, 방편을 써서 남에게 말하려 하지 않은 것입니다.

그래서 하인이 그에게 말했습니다.

'이제 너를 놓아 줄 터이니 가고 싶은 데로 가라.'

가난뱅이 아들은 매우 기뻐하며 그곳에서 일어나 빈민가를 찾아가 품팔이를 하면서 먹고 살았습니다.

그때 장자는 그 아들을 꾀어 데려오고자 방편을 생각해 내어, 가만히 용모가 야위어서 보잘 것 없게 생긴 사람 두 명을 불러 이렇게 말했습니다.

'너희들은 거기에 가서 그 가난한 자에게 말하라. "여기에 일자리가 있다.

삿을 곱으로 쳐 주리라." 그가 승낙하거든 데려와서 일하게 하여라. 만약 "어떤 일이냐"고 묻거든, "네가 할 일은 오물 청소이다. 우리 둘도 역시 그 일을 하고 있다"고 말해 주라.'

그래서 그 두 사람은, 가난뱅이 아들을 찾아가 그렇게 이야기했습니다. 아들은 품삯을 먼저 받고 오물을 청소하게 되었습니다. 그 아버지는 아들을 보고 가엾이 여기고, 한편으로 그의 용렬함을 이상하게 여겼습니다.

어느 날, 창문을 통해 멀리서 아들의 모습을 바라보았더니, 지치고 마르고 야위었으며, 오물과 흙먼지를 뒤집어 써서 더러운 모습이었습니다. 그래서 아버지는 영락과, 부드럽고 아름다운 의복과 장신구들을 벗어 버리고, 더럽고 허름한 옷으로 갈아 입었습니다. 그러고는 진흙과 흙을 몸에 칠한 다음, 오른손에 오물통을 들고 조심스레 다가가서, 일꾼들에게 이렇게 말했습니다.

'자네들은, 게으름 피우지 말고 일하라.'

이런 방편으로 아버지는 아들에게 다가가 이렇게 말했습니다.

'이거 봐, 거기 있는 사람. 자네는 다른 곳에 가지 말고 여기에서 일하게. 품삯도 후히 쳐 주겠네. 필요한 것이 있다면 그릇이든, 쌀·국수·소금·식초 무엇이나 거리낌 없이 청구하게. 낡긴 했으나 헌 저고리도 있으니 입겠다면 그것도 주지. 나는 자네 아버지나 다름없으니, 조금도 어려워 말게. 왜냐하면 나는 늙었고 자네는 젊었으니까. 내가 보니 자네는 일하면서 속인다든가, 게으름을 피운다든가, 미워한다든가, 원망한다든가 하지 않았네. 다른 하인들에게 흔히 있는 그런 일이 전혀 없단 말일세. 그러니 오늘부터 자네는 내 친아들이나 다름 없이 여기겠네.'

이리하여 장자는 이 가난뱅이에게 이름을 다시 지어 주고 아들로 삼았습니다.

그때 가난한 아들은 이렇게 대우받는 것을 기뻐하기는 했습니다만, 그래도 역시 자기는 품팔이꾼인 천한 사람이라 생각하고 있었습니다. 그리하여 20년 동안, 항상 오물 청소 일을 시킬 수밖에 없었습니다. 20년의 세월이 흐르자, 아버지와 아들의 마음은 서로 통하게 되어 거리낌 없이 오가는 사이가 되었으나, 그래도 아들의 거처는 여전히 옛날 그대로였습니다.

석가세존이시여, 그 장자가 병이 들었습니다. 얼마 안 있어서 자기가 죽을 것이라는 것을 느낀 장자는 아들에게 이렇게 말했습니다.

'나는 지금, 막대한 금·은·보배를 가지고 있어서 창고에 가득하다. 그 많고 적은 것, 그리고 받고 주어야 할 것을 모두 네가 알아서 하거라. 내 뜻은 이와 같으니 너의 뜻대로 행하라. 왜냐하면 이제 나와 너는 한몸이기 때문이다. 너도 주의해서 내 재산에 손상이 없도록 하라.'

이에 가난한 아들은 그 말대로 막대한 금·은·보배와 여러 창고를 관리했으나, 그 중에서 무엇 하나 가지려는 생각은 하지 않았습니다. 여전히 그전 처소에서 살았으며, 용렬한 생각도 버릴 수가 없었습니다.

그로부터 다시 얼마가 지난 다음, 아버지는 아들의 마음이 차츰 넓어져 큰 뜻을 지니게 되었고, 스스로 지난날의 자기 마음이 비천했음을 부끄러워하고 있는 줄 알게 되었습니다. 그러던 중 임종 때가 되자, 그 아들에게 분부하여 친척·국왕·대신·찰리·거사들을 모두 모이도록 했습니다. 그들 앞에서 아버지는 이렇게 말했습니다.

'여러분, 이 사실을 마땅히 알아 주시오. 이 사람은 바로 내 아들입니다. 내가 낳은 친자식입니다. 전에 살던 곳에서 가출하여 떠돌아다니며 고생하기 50여 년이 되었습니다. 이 사람의 본 이름은 아무개이고 내 이름은 아무개입니다. 나는 옛날 고향에서 아들을 찾아 헤맸으나, 우연히 여기에서 만나게 되었던 것입니다. 이는 참으로 내 자식입니다. 그리고 나는 그의 아비입니다. 이제 내가 소유하고 있는 일체의 재산은 다 아들의 소유입니다. 이제까지의 거래 관계는 전부 이 아들이 알아서 할 것입니다.'

석가세존이시여, 이때 아들은 아버지 말을 듣고 크게 기뻐하여, 일찍이 없었던 감명을 받아 이렇게 말했습니다.

'나는 본래, 바라는 마음이 없었는데도 이제 이 재물은 저절로 내 것이 되었다.'

석가세존이시여, 큰 재산을 가진 장자란 여래이십니다. 우리들은 모두 부처님의 아들입니다. 그것은, 여래께서 언제나 우리들에게 '너희들은 내 아들이다'라고 말씀하셨기 때문입니다. 석가세존이시여, 저희들을 세 가지 괴로움*35 때문에 생사 중에서 온갖 사나운 고통을 미혹하고 무지하여 소법(小

---

*35 삼고(三苦)를 말함. ① 고고(苦苦) : 본디부터 괴로운 조건에서 생겨난 괴로움, ② 행고(行苦) : 행은 '모든 것은 흘러간다' 또는 '일체는 옮아간다'는 뜻의 무상을 나타내는 말. 그것

法)*36에 집착하고 있었습니다.

그렇거늘 오늘 석가세존께서는 우리들을 타이르사, 오물과도 같은 존재에 대한 헛된 논의를 제거하게 하여 주셨습니다. 저희들은 노력 정진하여 마치 하루 품삯을 받은 듯, 열반(涅槃)을 얻고, 매우 기뻐하여 스스로 만족하며 이렇게 생각했습니다. '부처님의 가르침 속에서 정진한 덕분에 매우 큰 것을 얻었다' 하며 이렇게 생각했습니다.

그러나 석가세존께서는, 먼저 저희들의 마음이 하찮은 욕망에 집착하여 천한 가르침을 원하고 있는 줄 아시고 그냥 버려 두셨습니다. 그래서 저희들을 위해 '그대들에게는, 여래의 지견(知見)이라는 보장(寶藏)의 유산이 있다' 하고 직접 예언하시지 않으시고, 방편으로 여래의 지혜를 설하셨습니다. 그러기에 저희들은 부처님으로부터 하루치의 품삯을 받아 들고 열반을 얻었다 여기고, 대승을 구하려고는 하지 않았습니다. 저희들은 또 여래의 지혜로 온갖 보살들을 위해 설해진 가르침을 원하고 구하려고도 하지 않겠습니다. 왜냐하면 석가세존께서는 저희들이 소법만 즐김을 아시고, 방편에 의해 저희들에게 어울리도록 설하셨는데도, 저희들 자신이 진정한 여래의 아들임을 알지 못했기 때문입니다.

이제, 저희들은 바야흐로 알았습니다. 석가세존께서는 부처님의 지혜를 나누어 주심에 있어서 인색치 않으심을, 그러나 저희들은 예부터 원래가 부처님의 아들이었건만, 단지 소법만 즐겼기에 설하지 않은 것이지, 만약 저희들에게 진작 대승을 원하는 마음이 있었던들, 석가세존께서는 일찍이 저희들을 위하사 대승의 가르침을 설하셨을 것이기 때문입니다.

이제 이 경전 속에서는 오직 일승(一乘)*37만을 설하고 계십니다. 그리고 예전에는 보살들 앞에선 소법 가르침을 원하는 성문을 비난하곤 하셨습니다만, 사실은 석가세존께서는 언제나 대승으로써 교화하기에 이렇게 말씀드리는 것입니다.

'저희들에게는 원래 마음으로 원하고 구하는 바가 없었던 것이나, 이제 법

왕의 큰 보배가 저절로 굴러들어와 부처님의 아들로서 얻을 수 있는 것은 모두 얻었다.'"

5 약초유품(藥草喩品)

그때 석가세존께서는 마하가섭(摩訶迦葉)*38과 여러 큰 제자들에게 이렇게 말했다.

"그렇다, 그렇다, 가섭이여. 여래의 진실한 공덕을 잘 말했다. 그대 말과 같이 여래에게는 또 무량무변 무수한 공덕이 있어 그대들이 만약 무량억겁 동안 설한대도 다 설할 수는 없을 것이다.

가섭이여, 마땅히 알라. 여래는 법왕이매, 설하는 바가 다 허망치 않느니라. 모든 가르침에서 지혜의 방편에 의해 이를 설하며, 그 설하는 바의 가르침은 모두 일체지(一切智)의 기초, 즉 실상(實相)에 이르게 한다. 여래는 모든 존재하는 것들이 어디로 가는가를 관찰해 알고, 또 모든 중생들의 마음 깊이 구하는 바를 잘 알되 통달함에 막힘이 없는 터이다. 또 모든 가르침을 궁극에까지 명백히 깨닫고 있어서, 모든 중생들에게 일체의 지혜를 보여준다.

가섭이여, 이를테면 삼천대천세계(三千大千世界)*39의 산천과 골짜기와 대지에 나는 풀이나 관목·수목·약초는, 여러 가지 종류가 있고 이름도 형태도 각각이지만, 이것들 위에 짙은 구름이 널리 퍼져 두루 삼천대천세계를 뒤덮은 끝에, 일시에 고루고루 비가 내리며, 그 물기운은 두루 풀과 관목·수목과 온갖 약초의 작은 뿌리, 작은 줄기, 작은 가지, 작은 잎이나 중간 뿌리, 중간 줄기, 중간 가지나 큰 뿌리, 큰 줄기, 큰 가지, 큰 잎을 적시는 것이다. 온갖 나무에 대소가 있는 것은 나무의 크기에 따라 각기 받아들이는 바에 차이

---

*38 석가세존의 십대제자 중 한 사람. 석가세존께서 열반에 드신 뒤 제자들을 이끄는 역할을 함으로써 '두타제일(頭陀第一)'이라 불림. 마하카샤파. 가섭.
*39 삼천대천세계는 수미산(須彌山)을 중심으로 한 네 대륙과 사왕천·도리천·염마천·화자재천·타화자재천과 색계 초선천인 범천 그리고 해·달을 포함한 세계를 일세계(一世界)라고 함. 이 일세계를 천 개 합한 세계가 소천세계(小千世界). 소천세계를 천 개 합한 세계가 중천세계. 중천세계를 천 개 합한 세계가 대천세계.

가 있어서, 같은 구름에서 내리는 비이건만 각기 다르게 받아들여 그 본성에 따라 자라고 꽃을 피우고 열매를 맺는 까닭이다. 같은 대지에서 나고 같은 비에 젖어도, 여러 초목들에는 각기 차별이 있는 것이다.

가섭이여, 마땅히 알라. 여래도 또한 이러하니라. 세상에 나타남은 큰 구름이 이는 것과 같고, 큰 목소리로 세계 중의 천자·인간·아수라*40 등에게 가르침을 들려 줌은 저 큰 구름이 두루 삼천대천세계를 뒤덮는 것과 같다.

여래는 대중 속에서 이렇게 말한다.

'나는 여래이다. 아직 저쪽 기슭(彼岸)에 건너가지 못한 자를 건너게 하고, 아직 깨닫지 못한 자를 깨닫게 하고, 아직 안심 못한 자를 안심케 하고, 아직 열반에 이르지 못한 자에게는 열반에 이르게 해 준다. 나는 이 세상과 저 세상을 있는 그대로 알며, 나는 일체를 아는 자요, 일체를 보는 자이며 도를 아는 자, 도를 알게 하는 자, 도를 설하는 자이다. 그대들, 천자들과 인간과 아수라들이여, 법을 들으러 모두 이리로 오라.'

그러면 무수 천만억의 중생들이 여래를 찾아와 설법을 듣는다.

이때 여래는 중생들이 지닌 감각기관의 날카롭고 둔함, 그리고 노력하는가 게으른가를 관찰하여, 그 감당하는 능력에 따라 갖가지 무량한 가르침을 설해서 그들 모두를 기쁘게 하고, 좋은 이익을 얻게 했다. 모든 중생들은 이 가르침을 듣고 나자, 현세에서는 평안하고 후세에서는 좋은 세계에 태어나 도에 의해 즐거움을 누리고, 법을 듣게 된다. 또 법을 듣고는 모든 장애를 떠나 갖가지 법 가운데 능력에 따라 깨달을 수가 있게 된다. 이는 마치 저 큰 구름이 모든 풀과 관목·수목 온갖 약초 위에 비를 내렸을 때, 그 본성에 따라 물기운을 흡수해서 각기 성장하는 것과 같다.

여래의 설법은 한 가지 모습이며 한 가지 맛이다. 그 가르침은 생사의 결박으로부터의 해방, 애욕으로부터의 이탈, 집착하는 마음을 끊는다는 특징이 있어서, 결국 모든 것을 다 아는 부처님의 지혜에 이르게 한다.

그 경우, 중생들은 여래의 가르침을 듣고 그것을 받아 지니고 독송하여 가르침대로 수행한다 하더라도, 얻는 바 공덕은 스스로 이해하지 못하게 마련이다. 왜냐하면, 오직 여래만이 이 중생들이 어떤 부류에 속하며, 어떤 상

---

*40 아수라는 싸움만 일삼는 나쁜 귀신.

(相)을 지녔으며, 어떤 체(體)를 지녔으며, 어떤 성(性)을 지녔는가, 또 어떤 일을 사유하고, 어떤 일을 생각하고, 어떤 일을 닦고, 어떻게 사유하고, 어떻게 생각하고, 어떻게 닦는가. 또 어떤 가르침에 의해 사유하고, 어떤 가르침에 의해 생각하고, 어떤 가르침에 의해 닦고, 어떤 가르침에 의해 어떤 가르침을 얻을 것인가를 알고 있기 때문이다. 중생들이 얼마나 여러 가지 땅에 살고 있는가를, 오직 여래만이 있는 그대로 이를 보고 명백히 깨닫고 있어서 자유자재한 터이다. 저 풀과 관목·수목과 온갖 약초들이 자기 성품에 상·중·하의 차이가 있음을 모르는 것과 같다. 아는 것은 오직 여래뿐이다.

한 가지 모습이며 한 가지 맛의 법이란 생사의 결박으로부터의 해방, 애욕으로부터의 이탈, 집착하는 마음을 없앤다는 특징을 지닌 것이거니와, 그것은 궁극적인 영원한 평안이며, 상주(常住)의 적멸이어서 마침내는 공(空)으로 귀착한다. 여래는 이를 일일이 알고 있건만, 중생들의 소원을 관찰하여 이를 지켜 주고자, 모든 것을 아는 부처님의 지혜를 곧바로 설하지는 않는다.

가섭이여, 그대들이 여래가 상대에 어울리게 설하는 가르침을 이해하여, 잘 믿고 잘 받아들인다는 일은 심히 드물다. 왜냐하면, 여러 부처님들이 상대에 어울리게 설하시는 가르침은, 이해하기 어렵고 알기 어려운 까닭이다."

6 수기품(授記品)

그때 석가세존께서는 모든 대중에게 말했다.

"내 제자 마하가섭은 미래세에서 300만억의 부처님을 모시고 공양하고 공경하고 존경하고 찬탄하며, 널리 여러 부처님들의 무량한 큰 가르침을 널리 전파할 것이다. 그리하여 그 마지막 생(生)에서 성불할 것이다. 그 이름을 광명여래(光明如來)라 하고, 나라를 광덕(光德), 겁(劫)을 대장엄(大莊嚴)이라 이르리라. 부처님의 수명은 12소겁(小劫)이며, 정법(正法)*41이 세상에 머물기 20소겁, 상법(像法)*42도 세상에 머물기 20소겁이리라. 그 나라의 보살 수는 무량

---

*41 정법시(正法時). 부처님의 가르침과 그 가르침대로 실천함. 그리고 그 결과로 깨달음이 바르게 존속되는 시기.

*42 상법시(像法時). 부처님의 가르침과 그 가르침대로 실천함은 지속되지만, 그 결과로서 깨달

천억이며, 모든 성문들도 또한 무수히 많을 것이다. 악마가 모습을 나타내는 일도 없으며, 비록 악마 무리가 나타난다 해도 그를 모두 부처님의 가르침을 수호할 것이다."

그때 마하목건련(摩訶目犍連)[*43]과 수보리(須菩提)[*44]와 마하가전연(摩訶迦旃延)[*45]은 모두 몸을 떨면서 마음을 오로지하여 합장하고, 눈썹 하나 깜짝 않은 채 석가세존의 얼굴을 우러러보면서 함께 게송으로 여쭈었다.

"장하신 석가세존이시여, 석 가족의 법왕이시여
불쌍한 우리 위해 부처 말씀 주옵소서

우리 마음 아시고 수기(授記)[*46]를 주신다면
감로수로 열 식혀 시원함과 같나이다

주린 배로 헤매다가 대왕 성찬 만났어도
마음이 두려워서 감히 먹지 못하올새

만일 왕이 먹으라면 그때에야 감식하듯
우리들도 그와 같아 소승의 허물만 생각할 뿐

부처님의 무상 지혜 구할 길도 모르고
'너희들도 성불한다' 부처 음성 들었어도

되려 마음 두려워서 선뜻 먹지 못함이나

음을 얻는 이가 없는 시기.

[*43] 대목건련, 마우드갈리야나. 석가세존의 십대제자의 한 사람. 사리불에 이어 100명의 제자를 이끌고 불문에 귀의했으며, 석가세존의 가르침을 받고 '신통제일(神通第一)'이 되었다.

[*44] 산스크리트어로 수부티. 석가세존의 십대제자의 한 사람. 무쟁삼매(無諍三昧)의 법을 깨쳐 해공제일(解空第一)이라는 영예를 받았다.

[*45] 대가전연, 산스크리트어로 마하카티야나. 석가세존의 십대 제자의 한 사람. 부처의 말을 논리적으로 해설하며 '논의제일(論議第一)'이라 불렸다.

[*46] 부처님이 제자의 성불을 예언하는 것.

만일 수기 주신다면 이젠 안락하오리다

장하신 석가세존께서 세상 안락케 하시려니
저희에게 수기 주시면 그 가르침 받으리다."

그때 석가세존께서는 여러 큰 제자들의 마음을 알고, 비구들에게 이렇게 말했다.

"이 수보리는 미래세에서 삼백만억 나유타*47에 이르는 부처님을 뵈옵고, 공양하고 공경하고 존중하고 찬탄하여, 항상 청정하게 수행해서, 보살의 도를 갖추어 마지막 생에서 성불하리라. 그 이름을 명상여래(名相如來)라 하고 겁을 유보(有寶), 나라를 보생(寶生)이라 할 것이다. 모든 보살들은 무수천만억 나유타에 이를 것이다. 그 부처님의 수명은 12소겁이며, 정법이 세상에 머물기 20소겁, 상법도 세상에 머물기 20소겁이리라. 그 부처님은 항상 허공에서 대중들에게 설법해서 무량한 보살과 성문들을 해탈하게 할 것이다."

석가세존께서는 다시 비구들에게 이렇게 말했다.

"나는 이제 그대들에게 이르나니. 이 마하가전연은 미래세에 온갖 공양물로 8천억의 부처님을 공양하고 섬기고 공경하고 존중할 것이다. 그 부처님들이 멸도하실 때마다 각각 탑을 세우리니, 그 높이는 1천 유순(由旬 : 요자나), 둘레가 500유순일 것이다. 금·은·유리·거거·마노·진주·매괴의 칠보로 만들고, 많은 꽃과 영락·도향·말향·소향·비단으로 된 천개(天蓋)·당번(幢幡)을 탑에 공양할 것이다. 이 일을 마친 다음 다시 2만억의 부처님을 공양하기도 이와 같을 것이다. 이 여러 부처님들의 공양을 마치고 나서, 보살의 도를 갖추어 성불하리라. 그 이름은 염부나제금광여래(閻浮那提金光如來)라 이를 것이다. 온갖 성문이나 보살이 무량만억이나 있어서 그 국토를 미화할 것이다. 그 부처님의 수명은 12소겁이며, 정법이 세상에 머물기 20소겁, 상법도 20소겁이리라."

그리고 석가세존께서는 다시 대중들에게 이렇게 말했다.

"나는 이제 그대들에게 이르나니. 이 마하목건련은 미래세에 갖가지 공양

---

*47 那由他. 인도에서 아주 많은 수를 나타내는 단위임. 천만 또는 천억에 해당한다고 함.

물로 8천의 부처님들을 공양하고 공경하며 존중할 것이다. 그 부처님들이 멸도하신 다음에는 각각 탑을 세울 것인바, 그 높이는 1천 유순, 둘레는 마찬가지로 500유순일 것이다. 금·은·유리·거거·마노·진주·매괴의 7보로 만들어지고, 많은 꽃·영락·도향·말향·소향·비단으로 된 천개·당번에 의해 공양될 것이다. 이 일이 끝나면 다시 2백만억의 부처님들을 공양하기도 또한 이같이 하고 나서 성불하리라. 그 이름을 다마라발전단향여래(多摩羅跋栴檀香如來)라 이르고 겁을 희만(喜滿), 나라를 의락(意樂)이라 부르리라. 보살과 성문의 숫자는 무량할 것이고, 부처님의 수명은 24겁이며, 정법이 세상에 머물기 40소겁, 상법도 세상에 머물기 40소겁일 것이다."

7 화성유품(化城喩品)

석가세존께서는 모든 비구들에게 말했다.

"과거 무량무변 불가사의의 무수겁 옛날에, 대통지승여래(大通智勝如來)라는 이름의 부처님이 계셨다. 그 나라를 호성(好成)이라 이르고, 겁(劫)을 대상(大相)이라고 했다.

이 부처님께서 멸도하신 것은 매우 먼 옛날의 일이다. 이를테면, 삼천대천세계의 대지(大地)를 모두 갈아, 크기 티끌 같은 먹가루로 만들어 동방으로 천의 국토를 지나 한 알을 떨구었다 하자. 그러고는 또 천의 국토를 지나 다시 한 알을 떨구었다. 이렇게 되풀이하여 대지를 갈아서 만든 먹가루가 없어질 때까지 그것을 하였다 하라. 그대들은 어떻게 생각하는가. 이 온갖 국토의 마지막 것까지의 숫자가 어느 정도가 되는지, 수학의 대가나 그 제자라 할지라도 능히 알 수 있겠는가?"

"석가세존이시여, 도저히 알지 못할 것입니다."

"모든 비구들이여, 이 사람이 지나 온 국토 중에는 먹가루를 떨군 국토도 있고 안 떨군 국토도 있거니와, 그것들을 모두 갈아서 티끌을 만들고 그 티끌의 하나를 1겁으로 헤아리자. 저 부처님이 멸도하신 이래의 겁의 숫자는 그보다도 더 길어서 무량무변 백천만억 무수겁이다. 나는 여래의 지견력(知見力)에 의해, 그 오래고 먼 옛일을 오늘의 일같이 볼 수 있다."

석가세존께서는 다시 모든 비구들에게 말했다.

"대통지승(大通智勝) 부처님의 수명은 오백사십만억 나유타(那由他) 겁이다. 그 부처님은 원래 도량(道場)에 앉아 악마의 대군을 깨뜨리고 아뇩다라삼먁 삼보리를 얻었다. 그러나 막상 여러 부처님의 법은 눈앞에 나타나지 않았다. 이리하여 1소겁에서 10소겁에 이르기까지 결가부좌하고 마음과 몸이 흔들리지 않았건만, 그래도 부처님들의 가르침은 나타나지 않았다.

그때 삼십삼천(三十三天)*48의 천자들은 이미 이 부처님을 위해 보리수 밑에 높이 1유순(由旬)의 사자좌를 만들어 놓고 있었다. 부처님은 이 자리에 앉아 아뇩다라삼먁삼보리를 얻게 배려한 것이다.

저 부처님이 그 자리에 처음으로 앉으셨을 때, 모든 범천왕은 온갖 천화(天花)를 주위 1백 유순에 걸쳐서 뿌렸다. 이렇게 하여 끊어짐이 없이 10소 겁 동안 부처님을 공양하고, 나아가 멸도하실 때까지 항상 이 천화를 뿌렸다. 사천왕과 천자들은 부처님을 공양하고자 늘 하늘의 북을 울렸으며, 기타의 천자들도 하늘의 기악(伎樂)을 연주하여 10소겁 동안 공양하였으며, 나아가 멸도하실 때까지 그 연주를 계속했다.

모든 비구들이여, 대통지승 부처님께서는 10소겁이 지난 다음에야 부처님들의 법을 깨달아 아뇩다라삼먁삼보리를 이루셨다.

그 부처님께서 출가하기 전에 16명의 왕자가 있었는데, 그 맏아들의 이름이 지적(智積)이라 하였다. 왕자들은 각기 진귀한 장난감을 가지고 있었으나 아버지가 아뇩다라삼먁삼보리를 얻었다는 말을 듣자, 모두 진귀한 장난감을 내던지고 부처님 계신 처소로 갔다. 그때 그들의 어머니들은 눈물을 흘리면서 이를 전송하였고, 그 조부인 전륜성왕(轉輪聖王)과 1백 명의 대신과 백천만억의 백성들은 모두 왕자들을 에워싸고, 왕자들을 따라 부처님 도량에 이르러, 빠짐 없이 대통지승 부처님에게 접근하여, 공양하고 공경하고 존중하고 찬탄하려 했다. 그들은 도량에 오자, 부처님 발에 머리를 조아려 예배하고, 부처님 둘레를 오른쪽으로 돌아 경의를 표하고 나서, 마음을 오로지하여 합장한 다음 부처님의 얼굴을 우러러보면서 게송으로 여쭈었다.

---

*48 삼십삼천은 도리천(忉利天)을 말함. 불교의 욕계(欲界) 육천(六天)의 제2천. 세계의 중심인
  수미산의 정상에 있으며 제석천이 있다. 사방의 봉우리마다 각기 8천이 있어 제석천과 합
  쳐 삼십삼천이 된다.

큰 위덕 부처님께서 중생 제도하시려
억만 년을 지나서야 성불을 하셨나니

여러 소원 구족하고 거룩하기 위 없으며
부처님 매우 드물어서 10소겁을 한 자리에

신체와 수족들은 움직여서 편안하고
그 마음 담백하여 산란치 않으시며
필경에는 적멸하여 청정한 법에 머물게 되었습니다

부처께서 편안하게 성불하심 뵈옵나니
저희들 좋은 이익 얻게 되어 크게 기뻐하나이다

중생 항상 고뇌해도 스승 없고 어두워서
고(苦) 끊는 길 모르고 해탈도 구할 줄 몰라
긴 세월 악취(惡趣)*49만 늘고 천자 숫자 줄어들어

어둠 속만 파고들어 부처 이름 못 듣더니
안온하고 위 없는 도 부처님이 얻으시어

저희들과 천자들 큰 이익 얻었으니
더없이 존귀하신 분께 머리 숙여 귀의하나이다

그때 16명의 왕자는 게송으로 대통지승 부처님을 찬탄하고, 법륜을 굴리실 것을 청하여, 이구동성으로 이렇게 말했다.

"부처님이시여, 가르침을 설하옵소서. 온갖 천자들과 인간들을 평안케 하고 긍휼히 여기시옵소서. 이익 주심이 크오리다."

석가세존께서는 계속해서 모든 비구들에게 말했다.

---

*49 악도(惡道)와 같은 뜻. 악행을 지은 대가로 가게 되는 악하고 고통스러운 세계.

"대통지승 부처님께서 아뇩다라삼먁삼보리를 얻으셨을 때, 시방(十方)에 있는 각 5백만억의 불국토는 여섯 가지 모양으로 진동했고, 그 나라 중간의, 어두워서 해나 달빛도 비치지 않는 곳까지 완전히 밝아졌으며, 그곳 중생들은 서로 바라볼 수 있게 되어, 모두들 이같이 말했다.

'이 속에 어찌하여 갑자기 중생들이 생겼는가.'

또 그 국토 세계의 모든 천궁(天宮)과 범천*50 궁전들도 여섯 가지 모양으로 진동했으며, 큰 광명이 두루 비쳐 세계에 충만하니, 천상의 광명보다도 더 밝았다.

그때 동방 5백만억의 불국토 중에 있는 범천 궁전은 평상시보다 두 배나 광명이 비치자, 범천왕들은 이렇게 생각했다.

'지금과 같은 궁전의 광명은 예로부터 없었던 일이다. 어떤 인연으로 이런 광명이 나타났을까.'

이때 모든 범천왕들이 모두 모여 이 사실을 두고 이야기를 주고받았다. 그런데 그들 중에 구일체(救一切)라는 대범천왕이 모든 범천 게송으로 말하였다.

'궁전마다 전에 없던 이 광명
그 인연 무엇인가, 모두 한마음으로 찾아보세.
대덕(大德)이 나심인가, 부처 출세하심인가
이렇게 큰 광명이 시방 세계 밝히누나'

이때 오백만억 국토의 범천왕들은, 각기 궁전에 올라가기도 하고, 또 각기 그릇에 온갖 꽃을 담아 들고 함께 서쪽으로 가서 이 상서로운 조짐의 원인을 찾았다. 그러던 중 그들은, 대통지승여래께서 도량의 보리수 밑 사자좌에 앉으사, 온갖 천자와 용왕·건달바·긴나라·마후라가·인간과 인간 아닌 자 등에 공경되고 에워싸여 있음을 보고, 또 16명의 왕자가 부처님께 법륜(法

＊50 욕계 위의 색계(色界)에는 18천(天)이 있는데, 이것을 다시 네 단계로 나누어 초선천(初禪天)·제이선천(第二禪天)·제삼선천(第三禪天)·제사선천(第四禪天)이라 부름. 초선천, 즉 범중천(梵衆天)·범보천(梵輔天)·대범천(大梵天)을 통칭하여 범천이라 하고, 범천의 우두머리를 범천왕 또는 대범천이라 함. 석제환인과 마찬가지로 불법을 지키는 수호신.

輪)를 굴리시도록 청하고 있음을 보게 되었다. 그래서 모든 범천왕들은, 부처님의 발에 머리숙여 예배하고, 부처님의 둘레를 오른쪽으로 5백 회나 돌아, 천화를 부처님 위에 뿌렸다. 뿌린 꽃의 분량은 수미산 정도나 되었다. 또 부처님의 보리수에도 공양했다. 그 보리수 높이는 10유순이었다. 꽃 공양을 마친 다음, 각각 궁전을 부처님께 바치고 이렇게 말했다.

'오직 저희들을 불쌍히 여기시고 이익되게 하사, 원컨대 저희들이 바치는 궁전을 받아 주시옵소서.'

모든 범천왕들은 다시 이렇게 말했다.

'원컨대 부처님이시여, 법륜을 굴리사, 중생들로 하여금 이르는 길을 열어 주시옵소서.'

그러자 대통지승여래께서는, 묵묵히 이를 허락하였다.

모든 비구들이여, 이리하여 다시 동남방의 5백만억 불국토의 모든 대범천왕, 남방 5백만억 불국토의 모든 대범천왕, 상방(上方) 5백만억 불국토의 모든 대범천왕들도 모두 대통지승여래 처소에 찾아와, 부처님과 보리수에 공양하고, 각자의 궁전을 부처님께 바쳤다.

그때 5백만억의 온갖 범천왕들은, 게송으로 부처님을 찬탄하고 다시 부처님께 이렇게 말했다.

'원컨대 석가세존이시여, 법륜을 굴리시어 안온함을 얻고 많은 이들이 해탈케 하소서.'

이때 대통지승여래께서는, 시방의 모든 범천왕들과 16왕자의 청을 받아들이사, 즉시 십이인연의 법륜을 세 가지로 굴리셨다.*51 그것은 사문이거나 바라문이거나, 천인·악마·범천이거나 세상의 그 누구도 굴리지 못하는 성질의 것이었으니 즉 '이는 고(苦)이다. 이는 고의 원인이다. 이는 고의 멸(滅)이다. 이는 고의 멸에 이르는 길이다'*52라는 가르침이었다.

---

*51 삼전십이행(三轉十二行)을 말함. 부처님께서 사성제에 대해서 시전(示轉)·권전(勸轉)·증전(證轉)의 세 단계로 나누어서 고찰한 것. ① 시전 : 이것이 바로 고집멸도(苦集滅道)라고 사제를 나타내 보이는 것. ② 권전 : 고는 알아야 한다. 집은 끊어야 한다. 멸은 증득해야 한다. 도는 닦아야 한다고 권하는 것. ③ 증전 : 스스로 고를 알아 집을 끊고 멸을 증득하기 위해 도를 닦는 것을 보여 다른 사람들로 하여금 깨닫도록 밝힌 것.

*52 사성제(四聖諦)를 말함. 즉 고성제·고집성제·고멸성제·고멸도성제. 4가지 성스러운 진리를 말함. ① 고제(苦諦) : 괴로움의 범위에 대한 진리. 즉 팔고(八苦)를 말함. ② 집제(集諦) : 괴

또, 널리 십이인연법(十二因緣法)*⁵³이 설해졌다. 즉, '무명(無明)이 원인이 되어 변화(行)가 생기고, 변화가 원인이 되어 식별 작용(識)이 생기고, 식별 작용이 원인이 되어, 명칭과 형상(名色)이 생기고, 명칭과 형상이 원인이 되어 여섯 가지의 감관(感官 : 六入)이 생기고, 여섯 가지의 감관이 원인이 되어 접촉 감각(觸)이 생기고, 접촉 감각이 원인이 되어 감수 작용(受)이 생기고, 감수 작용이 원인이 되어 애착(愛)이 생기고, 애착이 원인이 되어 깊이 생각하는 바(取)가 생기고, 깊이 생각하는 바가 원인이 되어 생존(有)이 있고, 생존이 원인이 되어 태어나는 일(生)이 생기고, 태어나는 일이 원인이 되어 노사(老死)와 우비고뇌(憂悲苦惱)가 생긴다.

그러므로 무명이 없어지면 변화가 없어지고, 변화가 없어지면 식별 작용이 없어지고, 식별 작용이 없어지면 명칭과 형상이 없어지고, 명칭과 형상이 없어지면 여섯 가지의 감관이 없어지고, 여섯 가지의 감관이 없어지면 접촉 감각이 없어지고, 접촉 감각이 없어지면 감수 작용이 없어지고, 감수 작용이 없어지면 애착이 없어지고, 애착이 없어지면 깊이 생각하는 바가 없어지고, 깊이 생각하는 바가 없어지면 생존이 없어지고, 생존이 없어지면 태어나는 것이 없어지고, 태어나는 것이 없어지면 노사와 우비고뇌가 없어진다'는 것이었다.

부처님께서 천자와 인간과 대중 속에서 이 가르침을 설하셨을 때, 6백만

로움의 원인에 대한 진리, 즉 십이인연법의 제12지(老死)의 생성에서 제1지(無明)의 생성으로 관조해 가면서 괴로움의 원인을 밝히는 과정을 말함. ③ 멸제(滅諦) : 괴로움의 소멸에 대한 진리. 즉 십이인연법의 제1지 소멸에서 제12지 소멸로 관조해 가면서 괴로움의 소멸을 밝히는 과정을 말함. ④ 도제(道諦) : 괴로움의 소멸을 위해 실천해야 할 방법에 대한 진리, 즉 팔정도(八正道)를 말함.

*53 괴로움과 해탈의 연유를 밝히는 12가지 과정. 12번의 생성에서 1번의 생성으로 관조해 가는 과정이 괴로움의 연유를 밝히는 과정이고, 1번의 소멸에서 12번의 소멸로 관조해 가는 과정이 해탈의 연유를 밝히는 과정. ① 무명(無明) : 이 세상 모든 것에 참된 실체가 없다는 진리에 대한 무지. ② 행(行) : 집착하는 대상을 실재화하려는 의지. ③ 식(識) : 분별 의식. ④ 명색(名色) : 물질적인 것과 비물질적인 것의 결합. ⑤ 육입(六入) : 주관성이 확립된 여섯 감각기관 즉 눈(眼)·귀(耳)·코(鼻)·혀(舌)·신체(身)·의식(意). ⑥ 촉(觸) : 주관과 대상의 접촉, 즉 여섯 감각기관의 식, 여섯 감각기관, 여섯 감각 대상의 접촉. ⑦ 수(受) : 감수(感受) 작용. ⑧ 애(愛) : 즐거움의 대상에 대한 목마른 갈구. ⑨ 취(取) : 집착하는 대상을 자기화시키려는 행위. ⑩ 유(有) : 존재의 형성. ⑪ 생(生) : 태어남. ⑫ 노사(老死) : 늙음과 죽음 및 모든 고통.

억 나유타에 이르는 사람들은 무엇에나 얽매임이 없어지고, 온갖 번뇌에서 마음이 해방되어, 다 심원 미묘한 선정의 경지와 삼명(三明)과 여섯 가지의 신통력을 얻고, 8종의 해탈을 갖춘 자가 되었다. 제1·제3·제4의 설법 때에도, 항하(恒河)의 모래 숫자와 같은 중생들은, 또 무엇에나 얽매임이 없게 되고, 온갖 번뇌에서 마음이 해방되었다. 그후 생겨난 성문들은 무량무변해서 헤아릴 수가 없을 지경이다.

그때 16왕자들은 모두 소년이었으므로, 출가하여 사미(沙彌)가 되었다. 그들은 온갖 기근(機根 : 감각기관)이 날카롭고 지혜가 밝았다. 일찍이 백천만억의 부처님들을 공양하여 청정한 수행을 하였고, 아뇩다라삼먁삼보리를 구한 까닭이다.

그때 16사미는 대통지승 부처님께 이렇게 말했다.

'부처님이시여, 이 온갖 무량 천만억의 덕 높은 성문들은 모두 이미 완성되어 있습니다. 다시 저희들을 위하사, 아뇩다라삼먁삼보리에 이르는 가르침을 설해 주시옵소서. 저희들은 듣잡고 나서, 다 같이 이를 배우겠나이다. 부처님이시여, 저희들 마음 속에서 생각하고 있는 바를 부처님께서는 알고 계시듯 저희들도 여래의 지견(知見)을 구하고 있습니다.'

그때 전륜성왕이 이끌고 온 무리 중 8만억이나 되는 사람들이 16왕자가 출가함을 보고, 자기들도 출가하기를 바랐으므로, 왕은 이를 허락했다.

그때 그 부처님께서는, 사미의 청을 받아들여서, 2만 겁이 지난 다음 사부대중에게 '묘법연화', '보살을 가르치는 법', '부처님이 보호하고 살피는 법'이라는 이름의 대승의 가르침을 설하였다.

부처님이 이 가르침 설하시기를 마쳤을 때, 16사미들은 아뇩다라삼먁삼보리를 구했던 탓에 모두 함께 이를 기억하고, 가락을 붙여 독송하며, 그 의미에도 정통하였다. 이 16보살 사미는, 다 이를 믿고 받아 지녔으며, 성문들 중에도 또한 믿고 이해하는 자가 있었다. 그러나 그밖의 기천만억 중생들은 다 의혹을 품었다.

대통지승 부처님께서는 8천 겁 동안 쉬지 않고 이 경을 설하였다. 이 경 설하기를 마치자, 고요히 방에 들어가 선정(禪定)에 들어 8만 4천 겁을 머물었다. 이때, 16보살 사미는 부처님께서 방에 들어가, 고요히 선정에 든 줄 알자, 각기 법좌(法座)에 올라, 역시 8만 4천 겁 동안 사부대중을 위해 묘법연화의 가르침을 널리 설하였다. 한 사람 한 사람이 다 항하의 모래 숫자와 같은 육백만억 나유타의 중생을 구하고, 가르치고, 기쁘게 하여, 아뇩다라삼막삼보리를 얻고자 하는 마음을 일으키게 했다.

대통지승 부처님께서는 8만 4천 겁이 지나자, 삼매(三昧)[*54]로부터 일어나 법좌로 가시어, 고요히 앉아 널리 대중들에게 말했다.

"이 16보살 사미는 매우 보기 드문 존재이다. 모든 감각기관은 날카롭고 지혜는 밝은 터이다. 이미 전세에서 무량 백천만억의 부처님들을 공양하고, 여러 부처님 처소에서 청정 수행을 하여, 부처님의 지혜를 수지(受持)하고, 중생들에게 열어 보여 그 속으로 들게 하고 있다. 그대들은 모두 이들을 자주 찾아보고 공양하라. 왜냐하면 성문·독각·보살들이 이 16보살 사미의 가르침을 믿고 수지하여 비방하지 않는다면, 모두 아뇩다라삼막삼보리와 여래의 지혜를 얻을 것이기 때문이다."

석가세존께서는 모든 비구에게 계속하여 말했다.

"그 16보살 사미는 항상 자진하여 이 묘법연화경의 가르침을 설하고 있다. 하나하나의 보살이 교화한, 항하의 모래 숫자와 같은 6백만억 나유타의 중생들은, 태어날 때마다 언제나 이 보살들과 같이 태어나, 보살을 따라 가르침을 듣고, 모두가 이를 믿고 이해하였다. 이 인연으로 육만억의 부처님들을 뵈올 수 있었고, 그 인연은 지금도 다하지 않았다.

모든 비구들이여, 나는 이제 그대들에게 이르리라. 저 부처님의 제자였던 16보살 사미는, 이제 모두 아뇩다라삼막삼보리를 얻어, 시방의 국토에서 지금도 가르침을 설하시고, 무량 백천만억의 보살과 성문들이 그 가르침을 받고 있는 중이다.

그중 두 사미는 동방에서 성불했으니, 한 분은 아촉불(阿閦佛)이라 하여 환희국(歡喜國)에 계시고, 또 한 분은 수미정불(須彌頂佛)이라 이른다. 동남방에도 두 부처님이 계시니, 한 분은 사자음불(師子音佛), 다른 한 분은 사자상불(師子相佛)이다. 남방에도 두 부처님 계시니, 한 분을 허공주불(虛空住佛), 다른 한 분을 상멸불(常滅佛)이라 한다. 서남방에도 두 부처님이 계시니, 한 분을 제상불(帝相佛), 또 한 분을 범상불(梵相佛)이라 한다. 서방에도 두 부처님

[*54] 삼매는 깊은 선정을 통해 체험하는, 고요하고도 평온하며 갖가지 능력이 생기는 집중 상태.

이 계시니, 한 분을 아미타불(阿彌陀佛), 다른 한 분을 도일체세간고뇌불(度一切世間苦惱佛)이라 한다. 서북방에도 두 부처님이 계시니, 한 분을 다마라발전단향신통불(多摩羅跋栴檀香神通佛), 다른 한 분을 수미상불(須彌相佛)이라 한다. 북방에도 두 부처님이 계시니, 한 분을 운자재불(雲自在佛), 또 한 분을 운자재왕불(雲自在王佛)이라 한다. 동북방에도 부처님이 계시니, 괴일체세간포외불(壞一切世間怖畏佛)이라 한다. 열여섯 번째는 바로 나, 석가모니불이니, 사바세계에서 아뇩다라삼먁삼보리를 얻었다.

모든 비구들이여, 우리들이 사미였을 시절, 각기 항하사와 같은 무량 백천만억의 중생들을 교화하였다. 그들이 내게서 가르침을 받은 것은, 아뇩다라삼먁삼보리를 얻기 위함이었다. 이 모든 중생 중에서 지금도 여전히 성문의 자리에 있는 자는, 내가 항상 아뇩다라삼먁삼보리를 얻도록 교화한 터이니까, 이 여러 사람들은 이 가르침에 의해 믿기 어렵고 이해하기 어려운 여래의 지혜를 얻어 차츰 부처님의 도로 들어가게 될 것이다. 그때 교화했던 항하사만큼 많은 중생들은, 바로 그대들 여러 비구들이요, 내가 멸도한 후 미래세의 성문 제자들이니라.

내가 멸도한 후 어떤 제자들은 이 가르침을 듣지도 못하고, 또 보살의 행하는 바를 모르고, 깨닫지 못한 채, 자기가 얻는 공덕에 의해 완전한 깨달음을 얻었다 생각하여 열반에 들지만, 내가 다른 국토에서 다른 이름으로 성불할 때, 그 국토에 다시 태어나, 부처님의 지혜를 구하고 이 가르침을 들을 수 있을 것이다. 오직 일불승(一佛乘)*55에 의해서만 완전한 깨달음에 이를 수 있으며, 다른 가르침이란 없기 때문이다. 단 모든 여래의 방편*56에 의한 설법은 제외한다.

모든 비구들이여, 만일 여래가 열반에 들어갈 때가 온 줄 아시고, 주위의 대중들이 청정해서, 신해력(信解力)이 견고하고 공(空)의 가르침을 깨달으며, 깊이 선정에 들어 있다고 아시면, 그때 여래께서는 보살과 제자들을 모아 놓고, 그들을 위해 이 가르침을 설하시느니라. 세상에는, 이승(二乘)*57으

---

*55 일불승은 부처가 되는 최상의 가르침이자 유일한 가르침. 성문승·연각승·보살승은 이 일불승으로 귀결됨.
*56 방편은 중생들의 능력에 알맞는 갖가지 교화 방법.
*57 이승은 두 가지 가르침. 구체적으로 성문승과 연각승.

로 멸도(滅度 : 열반)하는 자는 없으며, 오직 일불승에 의해서만 멸도할 수 있다.

비구들이여, 마땅히 알라. 나는 중생들의 본성(本性) 속에 들어가, 중생들이 소법을 즐기고, 오욕에 깊이 집착해 있음을 알았기에 방편으로 열반을 설했고, 중생들은 내 말을 듣고는 곧 믿고 받아 지녔다.

이를테면, 여기에 길이 5백 유순의, 사람마저 살지 않는 곳의 험난한 길이 있다 하자. 어떤 사람들이 이 길을 지나서 진귀한 보배가 있는 곳에 가려 하는데, 총명하고 지혜가 있으며, 지리에 밝아, 그 길의 상태를 잘 알고 있는 지도자가 한 사람 있었다 하자. 그가 많은 사람들을 인솔하고 그 험한 길을 통과하려 했다. 그러나 따라가는 사람들은 중도에서 지친 나머지 지도자에게 이렇게 말했다.

'지쳐 버리고, 두려워서 더 이상 나아가지 못하겠다. 게다가 갈 길은 아직 머니, 여기에서 되돌아가고 싶소.'

그러자 여러 방편을 알고 있는 이 지도자는 이렇게 생각했다.

'이 사람들 참 딱하기도 하다. 어찌 큰 보배를 포기하고 되돌아가려는 생각을 할까.'

그리고는 방편력에 의해, 이 험난한 길 전면 3백 유순 지난 곳에 신통력으로 도성을 만들어 놓은 다음 사람들에게 말했다.

'여러분, 두려워하지 마시오. 되돌아갈 생각도 하지 마시오. 이제, 이 큰 도성에 머물면서, 마음내키는 대로 지내시오. 이 도성에 들어가면 편안하게 지낼 수 있고, 만약 다시 앞으로 나아가면, 보배 있는 곳에 다다를 수 있소.'

이때 지쳐 있던 사람들은 크게 기뻐하고, 기적같은 일이라 감탄하며 말했다.

'우리는 이제 이 험로에서 벗어나 평안을 얻었도다.'

그리고 사람들은 신통력으로 만들어진 도성에 들어가, 이미 험로는 통과했다고 생각하고 마음이 편안해졌다.

그 뒤 지도자는 이 사람들이 이미 휴식을 취하여 피로가 풀린 것을 알고 신통력으로 만든 도성을 없앤 다음, 사람들에게 말했다.

'여러분, 어서 갑시다. 보배 있는 곳은 멀지 않소. 이 큰 성은 여러분을 휴식시키고자 신통력으로 만들어 낸 것이었소.'

여러 비구들이며, 여래도 또한 이와 같다. 이제, 그대들을 위해 대도사(大導師)가 되어, 온갖 생사유전(生死流轉)이나 번뇌 등의 악도(惡道)는 험난하고 멀지만, 거기를 떠나야 하고, 넘어가야 함을 알고 있다. 그런데 만약 중생들이 오직 일불승의 가르침만을 듣는다면, 부처님을 보려고 하지도 않고, 가까이 가려 하지도 않을 것이며, 이렇게 생각할 것이다.

'불도는 멀고 먼지라, 오랫동안 고생하지 않고는 완성할 수 없을 것이다.'

부처님은, 중생들의 겁 많고 용렬함을 알기 때문에, 방편력에 의해 중도에서 휴식시키고자 두 가지 열반*58을 설하셨다.

만약 중생들이 두 가지 열반의 경지에 안주하면, 여래는 그때 그들을 위해 이렇게 설하신다.

'그대들이 해야 할 일은 아직 끝나지 않았다. 그대들이 있는 경지는 확실히 부처님 지혜에 가깝다. 그러나 잘 관찰하고, 잘 생각해 보라. 그대들이 얻은 것은 진실한 열반이 아니다. 그것은 다만, 여래가 방편력으로 일불승을 분별하여 삼승으로 설한 데 지나지 않는다.'

이는 마치, 저 지도자가 휴식을 위해 큰 도성을 신통력으로 만들어 내고, 다시 휴식을 취했음을 알고, 사람들에게 '보배가 있는 곳은 멀지 않소. 이 큰 성은 진짜 도성이 아니라, 내가 신통력으로 만든 것이었소'라고 말한 것과 같다.

8 오백제자수기품(五百弟子授記品)

그때 부루나(富樓那)*59는, 석가세존으로부터 이 지혜의 방편에 의한, 상대에 어울리는 설법을 듣고, 또 여러 대제자(大弟子)에게 아뇩다라삼먁삼보리를 얻으리라 예언 내리심을 듣고, 또 과거의 인연에 대해 듣고, 또 여러 부처님에게 자유자재한 신통력이 있음을 들어, 미증유(未曾有)의 생각을 품고 마음은 깨끗해져, 뛰어오를 듯 기뻐했다. 그는 자리에서 일어나 부처님 앞에

---

*58 두 가지 열반은 아라한의 열반과 연각의 열반.
*59 석가세존의 십대제자 중 한 사람. 설법을 통해 9만 9천 명을 열반에 들도록 했다 하여 '설법제일'이라 불린다.

나아가, 부처님의 발에 머리 숙여 예배하고, 물러나 한쪽에 앉아, 석가세존의 얼굴을 눈도 깜짝하지 않고 우러러보면서 이렇게 생각했다.

'석가세존께서는 매우 특별하고 뛰어나신 분이라, 하시는 일은 흔하지 않은 것입니다. 세상 중생들의 온갖 성품에 따라, 방편과 지혜로 가르침을 설하사, 중생들을 탐욕과 집착으로부터 구해 주십니다. 우리들은 석가세존의 공덕에 대해 말로 다 설명할 수 없습니다. 오직 석가세존께서만, 저희들의 마음 속에 있는 예부터의 소원을 알고 계십니다.'

그때 석가세존께서 여러 비구에게 말했다.

"그대들은 이 부루나를 보라. 나는 언제나 그를 칭찬하여 '설법제일'이라 하고, 또 항상 그의 갖가지 공덕을 찬탄해 왔다. 그는 노력 정진하여 내 가르침을 호지(護持)하고 선양하여, 사부대중에게 잘 가르쳐 기쁘게 하고, 부처님의 바른 가르침을 해설하여 같이 수도하는 사람들에게 많은 이익을 주었다. 여래 이외에는 그렇게까지 훌륭히 설법하는 자는 없는 터이다.

그대들은 부루나가 오직 내 가르침만을 호지하고 선양한 줄 알아서는 안된다. 그는 과거세 9십억의 부처님 처소에서는, 바른 가르침을 호지하고 선양하여, 거기에서도 설법 제일인자였다. 또, 부처님들이 설하시는 공(空)의 가르침을 명확히 깨달아 사무애지(四無礙智)*60를 얻어, 항상 자세하고 청정하게 가르침을 설하여 한 점의 의혹도 없었다. 또 보살의 신통력을 갖추어 수명이 다하는 날까지 늘 청정한 수도를 해 왔으므로, 그 부처님의 세계 사람들은 모두 그야말로 진정한 성문이라 하였다. 더욱 부루나는, 이 방편에 의해 무량무수한 중생들을 교화해서 아뇩다라삼먁삼보리를 이루게 했다. 불국토를 정화하고자, 항상 불사(佛事)를 일으켜 중생을 교화하였다.

모든 비구들이여, 부루나는 과거 일곱 부처님*61 밑에서 설법자 중 일인자였었다. 이제, 내 밑에서도 설법자 중 일인자이다. 성(成)·주(住)·괴(壞)·공(空)

---

*60 사무애변을 말함. 4가지 막힘 없는 이해와 표현 능력. ① 법무애변(法無碍辯) : 모든 가르침을 막힘 없이 환히 앎. ② 의무애변(義無碍辯) : 모든 가르침의 뜻을 막힘 없이 환히 앎. ③ 사무애변(辭無碍辯) : 여러 가지 언어를 막힘없이 환히 앎. ④ 요설무애변(樂說無碍辯) : 모든 가르침을 다 알아 설법에 막힘이 없음.

*61 과거칠불을 말함. 석가세존 이전의 비바시불(毘婆尸佛)·시기불(尸棄佛)·비사부불(毘舍浮佛)·구나함모니불(拘那含牟尼佛)·가섭불(迦葉佛)에 석가모니불을 합해서 칠불이라 함. 따라서 이 부분은 여섯 부처로 이해해야 함.

의 4겁(劫) 중, 현재의 주겁(住劫)인 현겁(賢劫)*62 중에서 나타나실 미래의 여러 부처님 밑에서도 설법자 중 일인자가 될 것이다. 어느 부처님 밑에서나 늘 불법을 호지하고 선양할 것이다. 또 미래세에서도, 무량무변한 부처님들의 가르침을 호지하고 선양하여, 무량한 중생들을 교화하고, 이익을 주어 아뇩다라삼먁삼보리를 얻게 할 것이다.

그리고 불국토를 정화하기 위해 늘 노력 정진하여 중생들을 교화할 것이다. 이렇게 점차로 보살도를 갖추어 가다가, 무량무수겁을 지나 바로 이 국토에서 아뇩다라삼먁삼보리를 얻어, 이름을 법명여래(法明如來)라 하며, 그 부처님은 항하사만큼 많은 삼천대천세계를 불국토로 하고, 칠보를 대지로 하며, 대지가 편평함이 손바닥 같아서, 산도 골짜기도 도랑도 존재하지 않을 것이다. 그리고 그곳에 칠보로 된 누각이 가득하고, 천궁(天宮)들이 가까이에 있어 인간과 천자들이 서로 접촉하고 서로 만나리라. 온갖 악도(惡道)가 없고, 여인도 없고, 일체 중생은 모두 저절로 태어나, 음욕이 없을 것이다. 대신통력이 있어서 몸에서 광명을 발하며 날아다님이 자유자재일 것이다. 뜻은 견고하며, 정진과 지혜가 있으며 누구나 다 피부가 금빛이요, 삼십이상(三十二相)을 지니고 있을 것이다.

그 나라 중생들에게는 항상 두 가지 음식으로 살아가리니, 하나는 법희식(法喜食)*63이요, 또 하나는 선열식(禪悅食)*64이다. 무량무수 천만억 나유타에 이르는 보살이 있어서 대신통력과 사무애지(四無礙智)를 얻어, 중생들을 잘 교화할 것이다. 헤아릴 수 없을 정도로 많은 성문들은 모두 삼명(三明)과 육신통 그리고 팔해탈을 갖추고 있을 것이다. 그 불국토에는 이런 무량한 공덕이 빛날 것이다. 겁을 보명(寶明)이라 하고, 나라를 선정(善淨)이라 이를 것이다. 그 부처님의 수명은 무량무수겁이며, 가르침이 매우 오래 머물 것이다. 그 부처님이 멸도하신 뒤에는 칠보탑이 세워져 나라 안에 충만할 것이다."

이때, 1천 200명의 아라한(阿羅漢 : 소승의 수행자들. 성문승 가운데 최고의 계위), 존경받을 만한 사람, 마음이 자유자재한 사람들은 이렇게 생각했다.

---

*62 현재의 겁으로, 이 기간에 1천 불이 나타난다고 하는데, 이미 출세한 구류손불·구나함모니불·가섭불·석가모니불 외에 996불이 더 나타난다고 함.
*63 법을 듣고 생기는 기쁨을 음식으로 삼음.
*64 선정에 드는 즐거움을 음식으로 삼음.

'우리들은 일찍이 맛보지 못했던 기쁨을 맛보았다. 만약 석가세존께서 대제자들에게 예언을 내리신 것처럼, 우리들에게도 수기를 내리신다면 얼마나 좋을까.'

　석가세존께서는 이들이 마음 속에서 생각하고 있는 것을 알고, 마하가섭에게 말했다.

　"1천 200명의 아라한들에게, 나는 이제 이 자리에서 차례차례로, 아뇩다라삼먁삼보리를 얻으리라는 수기를 내리리라. 이들 중에서, 내 대제자 교진여(憍陳如) 비구는, 미래세 6만 2천억의 부처님을 공양한 끝에 성불할 것이니, 이름을 보명여래(普明如來)라 할 것이다. 그리고 우루빈라가섭(優樓頻螺迦葉)·가야가섭(伽倻迦葉)·나제가섭(那提迦葉)·가류타이(迦留陀夷)·우타이(優陀夷)·아누루타(阿㝹樓馱)·이바다(離婆多)·겁빈나(劫賓那)·박구라(薄拘羅)·주타(周陀)·사가타(莎伽陀) 등 500 아라한들도 다 아뇩다라삼먁삼보리를 얻을 것이다. 다 같은 이름 보명(普明)이라 부를 것이다."

　이때 500명의 아라한들은 석가세존에게서 수기를 받고, 뛸 듯이 기뻐하며, 자리에서 일어나 부처님 앞으로 나아가, 부처님의 발에 고개 숙여 예배하고 과실을 뉘우치며 스스로 책망했다.

　"석가세존이시여, 저희들은 늘 완전한 멸도를 얻었다고 생각해 왔는데 이제야 비로소, 우리가 무지한 자와 다름없다는 것을 알았습니다. 왜냐하면, 저희들은 마땅히 여래의 지혜를 얻어야 하거늘 도리어 작은 지혜로 만족해 있었기 때문입니다.

　석가세존이시여, 이를테면 한 사나이가 친구 집에 갔다가, 술 취해 잠들어 버린 이야기와 같습니다. 그때 친구는 공적(公的)인 일로 외출해야 되었으므로, 값을 칠 수 없을 정도의 귀중한 보석을 그의 의복 안쪽에 매달아 두고 나갔다고 합시다. 그러나 그 사람은 취해 있었기에 아무것도 모르고, 깨어나자 유랑길에 올라 다른 나라로 갔습니다. 그는 의식주를 위해 일하며 많은 고생을 하였고, 조금이라도 벌면 그것으로 만족하였습니다. 훗날 그를 우연히 만난 친구는, 이렇게 말했습니다.

　'바보 같은 사람이군. 왜 자네는 의식을 위해 이 고생을 하는가. 나는 전에 자네가 편안하게 되고, 뜻대로 오욕을 즐길 수 있도록 해 주려고 지난 모년 모일에 값을 매길 수도 없을 비싼 보석을 자네 옷 안쪽에 달아 주었네. 그것은 지금도 그대로 매달려 있건만 자네는 그것도 모르는 채, 괴로워하고 근심하여, 스스로 일하느라고 고생을 하고 있었으니 참으로 어리석네. 자네는 그 보석을 팔아, 편안하게 부족함이 없이 지낼 수 있을 걸세.'

부처님께서도 또한 이러하십니다. 보살이었을 적에 저희들을 교화하사 일체지(一切智 : 부처님의 지혜)의 마음을 일으키도록 하셨음에도 저희들은 그것을 잊고 이미 아라한의 단계에 올랐으므로, 멸도를 얻은 것이라 착각하고, 먹고 살기 어려운 이가 조금만 얻어도 만족하는 것과 같았습니다. 그러나 저희들은 일체지를 얻고자 하는 소망을 아직도 잃지 않고 있기에 석가세존께서는 우리들로 하여금 깨닫게 하시고자 이렇게 말씀하셨습니다.

'비구들이여, 그대들이 얻은 것은 완전한 멸도가 아니다. 나는 오랫동안 그대들에게 선근(善根)*65을 심도록 이끌어 왔는데, 방편의 하나로 모습을 보여 주었더니 그대들은 이것을 얻고는 진정으로 멸도를 얻은 듯 생각한 것이다.'

석가세존이시여, 저희들은 이제야말로 참다운 보살임을 알고 아뇩다라삼먁삼보리를 얻으리라는 수기를 받게 되니, 이 인연으로, 예전에 느껴 보지 못했던 크나큰 기쁨을 느낍니다."

9 수학무학인기품(授學無學人記品)

그때 아난(阿難)*66과 나후라(羅睺羅)*67는 이렇게 생각하였다.

'우리들에게도 수기하신다면, 얼마나 좋을까 하고 생각해 왔는데……'

그래서 자리에서 일어나 석가세존 앞에 나아가 발에 머리 숙여 예배하고 함께 이렇게 말하였다.

"석가세존이시여, 저희들에게도 예언이 있을 것으로 생각합니다. 저희들은 여래(如來)에게만 귀의하고 있습니다. 또한 모든 이 세상의 천자·인간·아수

---

*65 좋은 과보(果報)를 받을 만한 선행. 선(善)을 뿌리에 비유한 것.

*66 아난, 아난다. 석가세존의 십대제자 중 한 사람. 석가세존의 사촌동생으로, 석가세존을 25년간 보좌하면서 가장 많은 설법을 들었으므로 다문제일(多聞第一)이라 불림.

*67 나후라, 라후라. 석가세존의 십대제자 중 한 사람. 석가세존의 맏아들로, 주로 사리불에게 배웠음. 계율의 규칙을 엄격히 지켜 밀행제일(密行第一)이라 불림. 사미의 시조가 됨.

라들은 '아난은 항상 석가세존의 시자(侍者)가 되어 가르침을 잘 지키고 보호하고 있으며, 나후라는 석가세존의 아들이다'라고 하며 저희들을 존경하고 있습니다. 만일 부처님께서 '아뇩다라삼먁삼보리를 얻을 것이다' 하고 수기하신다면 저희들의 소원은 이루어지며 대중의 소망도 또한 충족되게 될 것입니다."

이때 학습 중이거나 또는 이미 학습이 완료된 성문 제자 2천 명도 모두 자리에서 일어나 석가세존 앞으로 나아가 오른쪽 어깨를 벗어 드러내고 한마음으로 합장하고 석가세존의 얼굴을 우러러보며 아난과 나후라와 같은 소원을 지니며 한쪽에 서 있었다.

그때 석가세존께서 아난에게 이렇게 말씀하셨다.

"그대는 미래세에 성불할 것이다. 이름을 산해혜자재통왕(山海慧自在通王)여래라 할 것이다. 62억의 여러 부처님을 공양하고 그 부처님들의 가르침을 지키고 보호한 후에 아뇩다라삼먁삼보리를 얻을 것이다. 항하사만큼 많은 모래알에 맞먹는 20천만억의 보살들을 교화하고 아뇩다라삼먁삼보리를 얻게 할 것이다. 그 나라를 상립승번(常立勝幡)이라 하고, 그 국토는 청정하여 유리를 땅으로 하며, 겁(劫)을 묘음변만(妙音遍滿)이라 할 것이다. 이 부처님의 수명은 한량없는 수천만억 겁이 될 것이다. 정법(正法)이 세상에 머물기는 부처님 수명의 두 배이며, 상법(像法)이 세상에 머물기는 다시 정법의 두 배가 될 것이다. 아난다여, 이 산해혜자재통왕 부처님은 시방의 항하사와 맞먹는 한량없는 천만억의 부처님이 모두 그 공덕을 찬탄하고 칭송하실 것이다."

이때 회중 속의 새로 불도에 들어온 8천 명의 보살은 모두 이렇게 생각하였다.

'어느 대보살조차도 이같은 예언을 받았다는 말을 들은 적이 없다. 어떠한 인연으로 많은 성문들이 이와 같은 예언을 받게 되었을까?'

그러자 석가세존께서는 여러 보살이 마음을 알고 이렇게 말했다.

"선남자(善男子)들이여, 나와 아난은 함께 공왕불(空王佛) 밑에서 동시에 아뇩다라삼먁삼보리를 얻고자 했다. 아난은 항상 많이 듣기를 즐겼고, 나는 항상 노력 정진하였다. 그런고로 아뇩다라삼먁삼보리를 얻게 되었고, 아난은 내 법을 지키고 보호하게 된 것이다. 아난은 미래에도 많은 부처님들의 법을 지켜 여러 보살들을 교화하고 부처님이 되게 할 것이다. 이것이 예부터의 서원(誓願)이었기에 이 수기를 얻게 된 것이다."

아난은 석가세존 앞에서 수기를 받고 또 불국토의 아름다움을 듣고 서원이 성취되었기 때문에, 그 기쁨이란 이루 말할 수 없었다. 그리고 과거세의 한량없는 천만억 부처님들의 법장을 마치 지금 들은 것처럼 생각났고, 또한 자신의 본래 서원도 알게 되었다.

이때 아난은 게송으로 말하였다.

"거룩하고 높은 석가세존 흔하지 않으시도다.
지나간 과거의 한량없는 부처님들의 법을
이제 와 생각해 보니
오늘 듣는 바와 똑같아서

품었던 의심이 다시는 없어
불도에 편안히 머무르건만
방편으로 부처님의 시자가 되어
수많은 부처님들의 법 지키고 보호하겠나이다."

이때 석가세존께서는 나후라에게 말씀하셨다.
"그대는 미래세에 반드시 성불할 것이다. 이름을 도칠보화(蹈七寶華)여래라 하여 시방 세계의 티끌과 맞먹는 수의 여러 부처를 공양할 것이다. 지금 나의 장자(長子)인 것처럼 항상 수많은 부처님의 장자가 될 것이다. 이 수칠보화불의 국토의 아름다움과 부처님 수명의 겁수(劫數)와, 교화되는 제자의 수와 정법과 상법이 세상에 머무는 기간 등은 저 산해혜자재통왕여래의 경우와 다를 것이 없을 것이다. 또한 이 산해혜자재통왕여래를 위해서도 그 장자가 될 것이다. 이같이 한 후에 반드시 아뇩다라삼먁삼보리를 얻을 것이다."

이때 석가세존께서는 아직 학습 중이거나 또는 이미 학습을 완료한 2천 명의 제자들을 보았더니, 그 마음은 유연(柔軟)하고 조용했으며 청정하여 한마음으로 자신을 우러러보고 있었다. 석가세존은 아난에게 이렇게 말했다.
"아난다여, 여기 학습하고 있거나 이미 학습을 마친 2천 명의 제자들이 보이는가?"

"예, 보입니다."

"아난다여, 이들은 반드시 5십 세계의 티끌만큼 많은 부처님을 공양하고 공경하고, 존중하고 법장을 지키고 보호할 것이며, 최후의 삶에 동시에 시방의 국토에서 제각기 부처님이 될 수 있을 것이다. 모두 동일한 이름을 붙여 보상(寶相)여래라고 하고, 그 부처님들의 수명은 모두 1겁일 것이다. 국토의 아름다움과 성문과 보살들의 수, 정법과 상법이 세상에 머무는 기간 등은 모두가 같을 것이다."

그때 학습하고 있거나 또는 학습을 마친 2천 명의 제자들은 수기를 얻고 기뻐 날뛰며 게송으로 말하였다.

지혜의 밝은 등불 거룩하신 석가세존께서
우리에게 주시는 수기의 음성 듣고
마음 크게 환희함이 온 몸에 가득하니
감로수를 마신 듯하옵니다.

10 법사품(法師品)

이때 석가세존께서는 약왕보살(藥王菩薩)*68과 8만 명의 보살들에게 말했다.

"약왕이여, 그대는 이 대중 속의 한량없는 천자·용왕(龍王)·야차(夜叉)·건달바·아수라·가루라·긴나라·마후라가와 인간과 비인(非人)과 비구·비구니·재가신사(在家信士)·재가신녀(在家信女) 그리고 성문되기를 원하는 자, 독각(獨覺)되기를 원하는 자, 불도(佛道)를 구하는 자들을 보는가. 이들 중 부처님 앞에서 묘법연화의 가르침 한 게송, 한 구절이라도 듣고, 가령 일념으로라도 수순(隨順)하여 기뻐하는 이가 있다면 장차 모두 '아뇩다라삼먁삼보리'*69를 언

----

*68 관약왕(觀藥王)이라고도 한다. 자신의 몸을 태워 부처님께 공양했는데, 그 불이 1천 2백 년이 되어도 꺼지지 않았다고 한다.
*69 더 이상의 경지가 없는 완전한 깨달음.

을 것이다."

부처님은 계속해서 약왕에게 말씀하셨다.

"또 여래가 멸도(滅度 : 죽음)한 뒤에 만약 어떤 사람이 있어서 묘법연화(妙法蓮華)*70의 가르침 한 게송 한 구절이라도 듣고 가령 일념으로라도 수순하여 기뻐한다면 그도 '아뇩다라삼먁삼보리를 얻을 것이다.'

약왕이여, 또 다른 사람이 있어서 이 묘법연화의 가르침 한 게송이라도 받아 지녀 외우고 베껴 쓰고, 남에게 설하거나 이 가르침을 부처님처럼 존경하여 여러 가지 꽃과 향과 영락(瓔珞 : 구슬을 꿰어 만든 장식품)·말향(抹香 : 가루향)·도향(塗香 : 바르는 향)·소향(燒香 : 태우는 향)·비단 천개(天蓋)·당번(幢幡)·의복·기악(伎樂)을 공양하고 합장하여 공경한다면, 이 사람들은 이미 옛날 십만억의 부처님을 공양하고, 여러 부처님 밑에서 서원을 이루었음에도 중생을 가엾이 여기는 마음에서 이 인간으로 태어난 것임을 알라.

약왕이여, 만약 누가 '어떠한 중생이 미래에 성불하느냐'고 묻거든 그때는 '반드시 이러한 사람들만 이 내세에서 성불할 수 있을 것이다'라고 말해야 할 것이다. 그것은 왜냐하면 만약 선남자(善男子)*71나 선여자가 이 묘법연화의 가르침 한 구절이라도 받아 지녀 외우고 베껴쓰고 남에게 설하거나, 이 가르침에 공양하되 꽃과 향과 영락과 말향과 도향과 소향과 비단 천개와 당번과 의복과 기악을 공양하여 합장하고 공경한다면, 이 사람은 일체 세간이 우러러볼 것이며 반드시 여래를 공양하듯 공양해야 할 사람이기 때문이다.

반드시 알라, 이 사람은 아뇩다라삼먁삼보리를 성취한 대보살임에도 중생을 가엾이 여기는 마음에서 자기 스스로 인간 세상에 태어나 널리 묘법연화의 가르침을 설하고 분별하는 사람이다. 그러니 이 가르침을 모두 받아 지니며 갖가지로 공양하는 이야말로 두말할 것이 있겠느냐.

약왕이여, 잘 알라. 이 사람은 청정한 업보를 스스로 버리고, 내가 멸도한 뒤에, 중생들을 가엾이 생각하는 마음에서 악세(惡世)에 태어나 널리 이 가르침을 설할 것이다.

만약 이 선남자나 선여자가, 내가 멸도한 뒤 은밀히 단 한 사람을 위해서라도 법화경의 가르침 단 한 구절이라도 설해 준다면, 잘 알라, 이 사람은 여

---

*70 모든 연꽃 가운데 흰 연꽃이 가장 아름다운 것처럼, 이 가르침 또한 가장 뛰어나다는 뜻.
*71 불법을 믿고 그 가르침대로 수행하며 선근을 심는 남자.

래의 사자(使者)이며, 여래께서 보냈고 여래의 일을 행하는 이인 것이다. 하물며 대중 속에서 널리 많은 사람들을 위해 이 가르침을 설한다면, 더욱 여래의 사자라는 것을 알아야 한다.

약왕이여, 만약에 악인이 있어서, 착하지 못한 마음으로 1겁(一劫) 동안 부처님 앞에서 항상 부처님을 비방하고 욕하더라도, 그 죄는 아직 가벼운 것이다. 만약 어떤 사람이 재가자(在家者)이든 출가자(出家者)이든 법화경의 가르침을 독송하고 있는 사람을 헐뜯는다고 하면, 그것이 단 한 마디의 험담이라 할지라도 그 죄는 매우 무거울 것이다.

약왕이여, 이 가르침을 독송하는 사람이 있다면, 이 사람은 여래의 빛으로 스스로를 장엄케 하는 사람이라는 것을 알라. 그것은 여래가 어깨에 메고 있다는 것이 되니, 그가 가는 곳이 어디든 그를 향해 예배하라. 또 마음으로 합장하고 공경하고 공양하고 존중하고 찬탄할 때 꽃과 향과 영락과 말향과 도향과 서향과 비단 천개와 당번과 의복과 음식물과 여러 가지 기악과, 인간의 세계에 최상의 공양물로써 공양해야 할 것이요, 천상의 보배를 그 위에 뿌려야 할 것이며, 천상의 보배더미를 바쳐야 할 것이다. 그것은 왜냐하면, 이 사람이 환희해서 설법을 할 때, 그 설법을 잠깐이라도 듣는다면 아뇩다라삼먁삼보리를 달성할 수 있기 때문이다."

그때 석가세존께서는 다시 약왕보살에게 말씀하셨다.

"내가 설하는 가르침은 한량없는 천만억이며, 이미 설한 것도 있으며, 지금 설하고 있는 것도 있고, 미래에 설할 것도 있다. 이 모든 가르침 가운데서 이 《법화경》은 가장 믿기 어렵고 이해하기 어려운 것이다. 약왕이여, 이 가르침은 여러 부처님의 본질에 대한 비밀스런 가르침이므로 함부로 남에게 가르쳐서는 안 된다. 이 가르침은 모든 부처님이 수호하는 바이므로, 예부터 쭉 아직 밝혀 설한 적이 없었다. 더구나 이 경은 여래가 살아 계시는 현재에서조차 아직 많은 사람들로부터 미움과 질시를 받고 있다. 하물며 여래가 멸도한 뒤에는 더 말할 나위도 없는 일이다.

약왕이여, 잘 알라. 여래가 멸도한 뒤, 이 경을 잘 베껴 지니고 독송하고 공양하고 남을 위해 설하는 사람은, 여래가 이 사람을 옷으로 덮어 줄 것이요, 다른 국토에 계시는 여러 부처님들이 지키고 보호할 것이다. 이 사람에게는 커다란 신앙의 힘, 서원의 힘, 여러 가지 선근력(善根力)을 지닌 사람이다. 잘 알라. 이 사람은 여래와 함께 사는 사람이며, 여래가 머리를 쓰다듬어 주는 사람이다.

약왕이여, 이 경전에 관련이 있는 모든 곳, 또는 설하고 또는 읽고 또는 외고 또는 쓰는 곳이면, 어디든지 이 가르침이 있는 곳에는, 모두 극히 높고 큰 아름다운 칠보탑을 세우라. 그곳에는 여래의 사리를 안치할 필요는 없다. 그것은 왜냐하면, 그 속에는 이미 여래의 전신이 있기 때문이다. 이 탑을 일체의 꽃·향·영락·비단 천개·당번·기악·가곡에 의해서 공양하고, 공경하고 존중하고 찬탄해야 할 것이다. 만약 어떤 이가 이 탑을 보고 예배하고 공양한다면 이 사람은 아뇩다라삼먁삼보리에 접근해 있다는 것을 알라.

약왕이여, 재가자이든 출가자이든 보살의 도를 행하려는 사람들로서, 이 《법화경》을 보거나 듣거나 독송하거나 베껴서 지니고 공양하지 않는 한, 이 사람들은 아직 보살도를 잘 행하고 있지는 않는 것이다. 반대로 만약 이 경전을 들은 사람은 보살도를 잘 행하고 있는 것이다.

중생 가운데서 불도를 구하는 자가 있어서 이 가르침을 또는 보고 또는 듣고, 듣고 나서 믿고 이해하고 받아 지닌다면, 이 사람은 곧 아뇩다라삼먁삼보리에 접근해 있는 사람이라는 것을 알라.

약왕이여, 이를테면 목이 말라 물을 구하는 사람이 물을 구하기 위해 높은 언덕에서 우물을 판다고 하자. 이때 마른 흙이 나오는 것을 보면 아직 물길이 멀리 있다는 것을 알고 계속 파낼 것이다. 그러다가 젖은 흙이 나오는 것이 보이고 마침내 진흙이 나오게 되면, 가르침을 상징하는 물은 가깝다고 확신하게 되는 것이다. 보살도 또한 이것과 같다. 만약 이 가르침을 아직도 못 듣고 아직 이해를 못하고 아직 배우고 닦으려고도 하지 않는 동안은, 이 사람은 아뇩다라삼먁삼보리에서 멀리 떨어져 있음을 알아야 한다. 또 만약 이 가르침을 듣고 깨닫고 깊이 생각하고 닦고 익힌다면, 이 사람은 반드시 아뇩다라삼먁삼보리에 접근해 있는 사람임을 알라. 그것은 왜냐하면, 일체 보살들의 아뇩다라삼먁삼보리는 모두 이 경(가르침)에 속해 있기 때문이다.

이 경은 방편의 문을 열고 모든 법의 참모습을 보여 준다. 이 가르침은 매우 견고하고 심원하기 때문에 좀처럼 이를 수 없는 것이다. 그러나 지금 여래가 보살을 교화하여 성불시키려고 열어 보이는 것이다.

약왕이여, 만약 어느 보살이 이 가르침을 듣고 놀라 의심하고 두려워하는 것 같으면, 이것은 불도에 갓 들어온 보살임을 알라. 만약 어느 성문이 이 경을 듣고 놀라 의심하고 두려워하는 것 같으면, 그는 오만한 사람임을 알라.

약왕이여, 만약 어떤 선남선녀가, 여래가 멸도한 후에 사부대중(四部大衆)*72을 위해 이《법화경》을 설하려고 할 때는 어떻게 설해야 할 것인가.

그들은 여래의 방에 들어가 여래의 옷을 입고 여래의 자리에 앉아, 사부대중을 위해 널리 이 경을 설해야 할 것이다. 여래의 방이란 일체의 중생에 대한 대자비심이 바로 이것이다. 여래의 옷이란, 부드럽고 온화한 인내의 마음(인욕), 바로 이것이다. 여래의 자리란, 일체의 존재하는 것이 공이라는 생각에 들어간다는 것, 바로 이것이다. 이 속에 안주한 연후에 게으르지 않은 마음으로 여러 보살과 사부대중을 위해 널리 이 가르침을 설해야 할 것이다.

약왕이여, 나는 다른 국토에 살고 있을지라도 설법자를 위해 신통력으로 만든 사람을 보내어 가르침을 들을 사람들을 모으게도 하고, 또 신통력으로 만든 비구·비구니·우바새·우바이를 보내어 그 설법을 듣게 하겠다. 그러면 그들은 가르침을 듣고 믿고 받아 지녀, 거스르지 않고 순종할 것이다. 만약 설법자가 한적한 숲 속에 있다면, 나는 천자·용·귀신·건달바·아수라 등을 보내어 그 설법을 듣게 할 것이다. 나 자신은 다른 국토에 있더라도 가끔은 설법자로 하여금 내 몸을 볼 수 있도록 하겠다. 만약 그가 이 가르침의 구절을 잊는 일이 있다면 나는 그를 위해 설법하고 틀림없이 설해 주어 알 수 있도록 해 주겠다.”

11 견보탑품(見寶塔品)

그때 석가세존 앞에 높이 5백 유순, 가로 세로 거리도 250유순이나 되는 칠보탑이 공중 높이 치솟아올랐다. 가지가지의 보물로 장식되어 있었고, 5천의 난간이 있었으며, 감실(龕室)은 천만이나 있었다. 수많은 깃발로 아름답게 장식되고, 보석의 영락을 드리우고 만억의 보석 방울이 그 위에 걸려 있었다.

---

*72 출가 승려인 비구·비구니와 재가신도인 우바새·우바이를 말함.

사면에는 모두 다마라발(多摩羅跋 : 향초의 이름)의 향기와 전단향(栴檀香)을 내뿜어 그 향기는 세계에 충만하였다. 여러 가지 깃발과 양산은 금·은·유리·거거(硨磲)·마노·진주·매괴(玫瑰)의 칠보로 되어 있었고, 높이 사천왕(四天王)의 궁전에까지 닿아 있었다. 도리천(忉利天)*73의 천자들은 천상의 만다라 꽃을 뿌려서 칠보탑에 공양하고, 그 밖의 다른 천자들과 용·야차·건달바·아수라·가루라·긴나라·마후라가와 인간과 인간이 아닌 이들도 일체의 꽃·향·영락·양산·기악으로써 칠보탑에 공양하고 공경하고 존중하고 찬탄하였다.

그때 칠보탑 속에서 큰 음성으로 찬탄해서 이렇게 말했다.

"훌륭하고 훌륭한 일이다. 석가모니 세존이시여, '평등하고 커다란 지혜', '보살을 가르치는 법', '부처님을 지키고 보호하는 《묘법연화경》'을 대중을 위해 설하셨다. 참 그렇다, 참 그렇다. 석가모니족의 성자여, 설하신 것은 모두 진실이다."

그때 사부대중은 큰 칠보탑이 공중에 솟아올라 있는 것을 보고, 또 탑 안에서 들려오는 음성을 듣고 모두 가르침을 들을 수 있는 것을 기뻐하고, 매우 신기해하며 자리에서 일어나 공경하고 합장하여 한 구석으로 물러나 서 있었다.

이때 대요설(大樂說)이라는 보살은 일체 세간의 천자나 인간, 아수라 들이 마음 속으로 의심쩍게 생각하고 있음을 알고 석가세존에게 이렇게 말했다.

"석가세존이시여, 어떠한 인연으로 이 칠보탑이 땅에서 솟아난 것입니까. 또 그 안에서 이 음성이 나온 것은 어떤 인연에서입니까?"

그때 석가세존께서 대요설보살에게 말했다.

"이 보탑 속에는 여래의 전신(全身)이 계시다. 과거에 동방 무량무수 천만억의 세계를 지난 곳에 보정(寶淨)이라는 나라에, 다보(多寶)라는 이름의 부처님이 계셨다. 그 부처님은 보살도를 행하고 있을 때에 이같은 큰 서원을 하셨다.

'만약 내가 성불하여 멸도한 뒤에 시방의 국토에서 《법화경》을 설하는 곳이 있으면, 나의 탑묘(塔廟)를 그 앞에 솟아올려 그 가르침을 듣고 그 설법을 증명하고 칭찬하고 훌륭한 일이라고 말하리라.'

---

*73 욕계의 여섯 하늘 가운데, 밑에서 두 번째 하늘. 수미산 꼭대기에 있으며, 사방에 봉우리가 있고 각각에 8대 천왕이 있기 때문에 32천, 여기에 도리천의 우두머리 제석천을 더하여 삼십삼천(三十三天)이 됨.

그 부처님은 성불하여 멸도할 시기에 즈음하여 천상과 천하의 중생들 앞에서 여러 비구들에게 이렇게 말씀하셨다.

'내가 멸도한 뒤에 내 전신에 공양하려는 사람은, 탑 하나를 세우라.'

그 부처님은 신통력과 원력(願力)에 의하여 시방 세계의 어디에서든 법화경의 가르침을 설하는 사람이 있으면, 모두 그 앞에 칠보탑을 솟아올려 그 안에서 찬탄하여 '훌륭하고 훌륭한 일이다'라고 말씀하실 것이다. 대요설이여, 지금 다보여래의 탑은 법화의 가르침을 들으려고 지상에 솟아올라 찬탄하여 '훌륭하고 훌륭한 일이다' 하고 말씀하신 것이다."

이때 대요설보살은 여래의 신통력에 힘입어 석가세존께 이렇게 여쭈었다.

"석가세존이시여, 저희들이 이 불신(佛身)을 볼 수 있도록 해 주십시오."

그러자 석가세존께서 대요설보살에게 말씀하셨다.

"이 다보 부처님께는 다음과 같은 심원하고 중대한 서원이 있었다. '만약 내 칠보탑이 《법화경》을 듣기 위해 여러 부처님 앞에 나왔을 때, 그 부처님들이 내 몸을 사부대중에게 보여 주고 싶다면, 시방 세계에서 가르침을 설법하고 있는 그 부처님의 분신 부처들을 모두 돌아오게 하여 한자리에 모이게 한 연후에 내 몸을 나타내 보이리라.' 대요설이여, 시방 세계에 있으면서 가르침을 설법하고 있는 내 분신 부처님들을 모두 모아야 할 것이다."

대요설은 석가세존께 이렇게 여쭈었다.

"석가세존이시여, 저희들도 또한 바라건대 석가세존의 분신 부처님을 뵙고 예배하고 공양하고 싶습니다."

이에 석가세존께서는 두 눈썹 사이의 백호상(白毫相)*74에서 한 줄기의 빛을 내뿜으셨다. 그때 동방에서 항하사만큼 많은 오백만억 나유타 국토에 있는 여러 부처님들이 보였다. 그들 불국토는 모두 대지가 파리(玻璃 : 일곱 가지 보석의 하나. 수정)로 되어 있었고, 보배 나무와 보배 옷으로 장식되어 있었다. 수없이 많은 천만억의 보살이 그 안에 충만하고, 모조리 보배 휘장과, 보배로 장식된 그물로 둘러쳐져 있는 것이 보였다. 그 국토의 부처님들은 아름답고 뛰어난 음성으로 가르침을 설하고 있었으며, 한량없이 많은 천만억의 보살들이 국토마다 충만해서 많은 중생들을 위해 가르침을 설하고 있는 것이

---

*74 부처님의 두 눈썹 사이에 난 나선형의 희고 빛나는 털.

보였다. 백호상의 빛이 비치는 남·서·북·남서·북서·남동·북동·상·하의 방면에서도 모두 이와 같았다.

그때 시방의 여러 부처님은 각각 여러 보살에게 이렇게 말씀하셨다.

"선남자들이여, 나는 지금 사바 세계의 석가로 가서 다보여래의 칠보탑에 공양할 것이다."

그러자 사바 세계는 변화해서 청정해졌고, 파리로 된 땅에 보배 나무가 늘어섰고, 황금줄이 여덟 갈래의 길 가장자리를 두르고 있었다. 취락·촌락·도시·대해·산·강·숲 등이 없어졌고, 큰 보배 향이 타오르고, 만다라 꽃이 사방 대지에 깔렸고, 보배 휘장과 보배 장막이 그 위를 덮고, 보석 방울이 매달려 있고, 다만 이 모임에 참석한 대중들만을 남기고, 그 밖의 천상이나 천하의 모든 중생들은 다른 국토로 옮겼다.

이때 여러 부처님들은 각각 한 사람의 대보살을 시자(侍者)로 삼고 사바 세계의 보배 나무 밑에 앉았다. 하나하나의 보배 나무는 높이 5백 유순이며, 가지·잎·꽃·과실로 차츰 장식되어 있었다. 또 그 나무 밑에는 모두 사자좌(獅子座)가 있고 높이가 5백 유순이며, 이것 또한 위대한 보석으로 장식되어 있었다. 그때 사바 세계로 온 부처님들은 각각 이 사자좌 위에 결가부좌하였다. 이리하여 삼천대천세계에 부처님들이 두루 찼으나, 아직 한쪽 방향에서 온 석가모니의 분신 부처님들은 다 앉지 못하였다.

그때 석가세존께서는 분신 부처님들을 앉게 하기 위하여 팔방으로 각각 2백만억 나유타 국토를 모두 청정하게 하셨다. 그곳에는 지옥·아귀·축생·아수라는 없었고, 또 온갖 천자들과 인간들은 다른 국토로 옮겨갔다. 신통력으로 만든 그 국토의 땅은 파리로 되어 있었고, 보배 나무로 장식되어 있었다. 나무의 높이는 500 유순이며 가지·잎·꽃·과실로 장식되어 있었다. 나무 밑에는 모두 높이 5 유순에 보석으로 된 사자좌가 마련되어 있었다. 또 바다·강·목진린타산(目眞隣陀山)·마하목진린타산(摩訶目眞隣陀山)·철위산(鐵圍山)·대철위산·수미산(須彌山) 등의 큰 산들이 없고, 통틀어 하나의 불국토로 이루어졌다. 그 땅은 평탄하고 아름다우며, 그 위에 보배로 짠 휘장이 그 위를 덮고, 갖가지 깃발과 양산이 널려 있었다. 또 큰 보배 향을 피웠고, 온갖 하늘의 귀한 꽃들이 땅에 깔려 있었다.

그때 동방에서 가르침을 설법하고 계시던 석가여래의 분신, 항하사만큼

많은 백천만억 나유타 국토에서 부처님들이 이곳에 모였다. 이렇게 차례차
례로 시방의 여러 부처님은 모두 모여 팔방으로 앉았다. 각 방향의 4백만억
나유타의 국토에는 부처님들로 가득 찼다.

　이때 각각 보배 나무 밑의 사자좌에 앉은 부처님들은 석가모니 세존께 문
안드리고자 모두 시자를 보냈는데, 각각 보배 꽃을 두 손 가득히 안겨 주고
이렇게 말했다.

　"선남자여, 그대는 기사굴산(耆闍崛山)*75의 석가여래가 계신 곳으로 가서
이렇게 여쭈어라. '석가세존께서 아무 걱정 없이 평안하시온지 그리고 보살
과 성문들도 평안하신지요.' 그리고 이 보배 꽃을 석가세존께 뿌려 공양하
고 나서 다시 이렇게 여쭈어라. '아무개 부처님은 이 칠보탑을 열 것에 동의
하여 저를 대리로 보내셨습니다.'"

　이와 같이 모든 부처님들이 시자를 보내는 것은 이와 같이 해서였다.

　그때 석가세존께서는 분신 부처님들이 모두 모여 각각 사자좌에 앉은 것
을 보고, 또 여러 부처님들이 다 같이 칠보탑을 열 것에 찬성한 것을 알고,
자리에서 일어나 허공 한가운데 머무셨다. 일체의 사부대중은 기립해서 합
장하고 한마음으로 석가세존을 지켜보았다.

　거기에서 석가세존께서는 오른손가락으로 칠보탑의 문을 열었는데, 마치
굳게 잠긴 빗장을 빼고 큰 성문을 열 때와 같은 큰 소리가 났다. 그때 일체
의 대중들은, 모두 칠보탑 속의 사자좌 위에 다보여래(多寶如來)가 선정(禪定)
에 들어 있는 듯 고요히 앉아 있는 모습을 보았다. 또 "훌륭하고 훌륭한 일
이다. 석가모니 세존이시여, 이 법화의 가르침(법화경)을 설하시기에 저는 이
설법을 듣기 위하여 이곳에 온 것입니다" 하고 말하는 것을 들었다.

　그때 사부대중은 과거 무량 천만억 겁의 옛날에 멸도하신 부처님이 이와
같은 말씀을 하시는 것을 보고, 미증유의 일이라면서 감탄하고, 천상의 보
배 꽃더미를 다보여래와 석가세존 위에 뿌렸다.

　그때 다보여래는 칠보탑 속에서 자신의 자리 반쪽을 석가세존에게 내주
고 이렇게 말했다.

　"석가여래여, 이 자리에 앉으시라."

────────

*75 인도 마가다국의 왕사성 근처에 있는 산. 영취산(靈鷲山)이라고도 하며 이 법화의 가르침
　　(법화경)을 설한 장소.

이에 석가세존은 그 탑 속에 들어가 가부좌를 틀고 그 자리에 앉았다.

그때 대중들은 두 여래께서 칠보탑 속의 사자좌에 가부좌를 틀고 있는 것을 보고 제각기 이렇게 생각하였다.

'두 부처님은 너무 높은 곳에 앉아 계시다. 원컨대 석가세존이시여, 신통력으로 저희들을 함께 공중에 머물 수 있게 해 주시기를……."

그러자 즉시 석가세존은 신통력으로 여러 대중들을 이끌어 허공에 머물게 하고, 큰 음성으로 모든 사부대중들에게 이렇게 말씀하셨다.

"이 사바 세계에서 널리 《묘법연화경》을 설법할 수 있는 사람은 누구인가. 지금이 바로 그때이니 서원을 세우라. 나는 머지않아 열반에 들 것이니, 묘법연화의 가르침을 그대들에게 맡겨서 후세에 남기려는 것이다."

12 제바달다품(提婆達多品)

이때 석가세존께서는 모든 보살들과 천자·인간들과 사부대중들에게 말씀하셨다.

"나는 과거 한량없는 겁 동안 《법화경》을 구하였으나 게으르다든가 싫어한 일이 없었다. 오랜 겁 동안 국왕으로 있으면서 아뇩다라삼먁삼보리심을 구하고자 서원을 세웠으나 결코 물러서지 않았다. 육바라밀(六波羅蜜)[*76]을 성취하려고 보시(布施)를 실행하였으나, 마음 속에서 코끼리나 말·칠보나 국성(國城)·처자나 남종·여종, 머리나 눈·골수·몸이나 살·수족을 아낀 일이 없고, 목숨을 아낀 일이 없었던 것이다.

그때는 세상 사람의 수명은 한량이 없었다. 법을 구하기 위하여, 국왕은 벼슬을 버리고, 정사는 태자에게 맡기고, 북을 쳐서 사방에 선언하고, 법을

---

*76 ① 보시바라밀(布施波羅蜜) : 널리 베풂. 한없이 베풀면서도 어떤 조건을 내세우거나 보답을 바라지 않으며 베풀었다는 생각마저도 갖지 않음. 위로는 깨달음을 구하고 아래로는 중생을 교화하는 보살의 수행 가운데 가장 대표적인 것. ② 지계바라밀(持戒波羅蜜) : 계율을 지킴. ③ 인욕바라밀(忍辱波羅蜜) : 욕된 일을 당하여도 잘 참는 것. ④ 정진바라밀(精進波羅蜜) : 끊임없는 노력. ⑤ 선정바라밀(禪定波羅蜜) : 마음을 고요히 가라앉히고 한 곳에 집중하는 것. ⑥ 지혜바라밀(智慧波羅蜜) : 분별을 떠나 진리를 직관하는 깨달음의 지혜로, 보시에서 선정에 이르는 다섯 바라밀을 행하면서 중생을 구제하는 것.

구하였다.

'나를 위하여 능히 대승의 가르침을 설해 줄 사람은 누구인가. 나는 그 사람을 위하여 내 생애를 바쳐 받들어 모실 것이다.'

그때 한 선인이 왕에게 찾아와 이렇게 말했다.

'나에게는 묘법연화라고 하는 대승의 가르침이 있소. 약속을 꼭 지킨다면 당신에게 설법해 드리겠소.'

왕은 선인의 말을 듣고 크게 기뻐하여, 그를 따라 요구하는 것을 공급하고, 과일을 따고 물도 긷고, 나무도 해 오고 밥도 짓고, 자기 몸을 상좌(床座)로 하기도 하였으나, 심신이 피로하거나 싫증나는 일이 없었다. 이렇게 하여 천년 동안 받들어 모시고, 법을 구하기 위해 노력 정진하고 모셔, 아무런 걱정도 없도록 했던 것이다."

석가세존께서 비구들에게 이렇게 말씀하셨다.

"그때의 왕이란 나를 말하는 것이요, 그 선인이란 제바달다(提波達多)*77였다. 제바달다는 훌륭한 지식이 있었으므로, 나에게 육바라밀·자비희사(慈悲喜捨)*78 ·삼십이상(三十二相)*79 ·팔십종호(八十種好)*80 ·자마금색(紫摩金色)*81 ·

---

*77 석가세존의 사촌이었던 비구. 후에 5백 비구를 데리고 교단을 나가 독자적으로 행동하며, 신통력으로 아사세 왕의 환심을 사 총애를 받다가, 아사세 왕과 5백 비구가 석가세존께 돌아가자 고민하다 죽음.

*78 사무량심(4가지 한량없는 마음). 자(慈)는 남을 사랑함. 비(悲)는 슬픔을 함께 함. 희(喜)는 기쁨을 함께함. 사(捨)는 편견 없이 공평함.

*79 부처님이 지니고 있는 32가지 신체적 특징. ① 발바닥이 평평하여 서 있기에 편안함. ② 발바닥에 두 개의 바퀴 모양의 무늬가 있음. ③ 손가락이 가늘고 길. ④ 발꿈치가 넓고 평평함. ⑤ 손가락과 발가락 사이에 비단 같은 막이 있음. ⑥ 손발이 부드러움. ⑦ 발등이 높고 원만함. ⑧ 장딴지가 사슴 다리와 같음. ⑨ 팔을 늘어뜨리면 손이 무릎까지 내려감. ⑩ 음경이 몸 안에 감추어져 있음. ⑪신체의 가로 세로가 같음. ⑫ 털이 위로 향해 있음. ⑬ 털구멍마다 새까만 털이 있음. ⑭ 몸이 금빛임. ⑮ 몸에서 나오는 빛이 두루 비춤. ⑯ 피부가 부드럽고 얇음. ⑰ 두 발바닥과 두 손바닥, 두 어깨와 정수리가 두텁고 풍만함. ⑱ 두 겨드랑이가 두텁고 풍만함. ⑲ 상반신이 사자와 같음. ⑳ 신체가 크고 곧음. ㉑ 어깨가 원만함. ㉒ 치아가 마흔 개임. ㉓치아가 가지런함. ㉔ 어금니가 흼. ㉕ 뺨이 사자와 같음. ㉖ 맛 중에서 가장 좋은 맛을 느낌. ㉗ 혀가 큼. ㉘ 음성이 맑음. ㉙ 눈동자가 검푸름. ㉚ 속눈썹이 소와 같음. ㉛ 정수리가 상투 모양으로 돋아나 있음. ㉜ 두 눈썹 사이에 흰 털이 있음.

*80 부처님의 몸에 있는 80가지 작은 신체적 특징.

*81 부처님의 몸을 비유한 말. 자색을 띠는 금빛.

십력(十力)*[82]·사무소외(四無所畏)*[83]·사섭법(四攝法)*[84]·십팔불공법(十八不共法)*[85]·신통력과 도력(道力)을 갖추도록 해 주었던 것이다. 내가 아뇩다라삼먁삼보리를 완성하여 널리 중생들을 구할 수 있게 된 것도, 모두 제바달다의 선지식 때문에 가능했다."

석가세존께서는 계속해서 말씀하셨다.

"사부대중에게 이르노니, 제바달다는 멸도한 후 미래세에 한량없는 겁을 지나 성불할 것이다. 그 이름을 천왕(天王)여래라 하고, 세계를 천도(天道)라 할 것이다. 천왕불은 20중겁 동안 세상에 있으면서, 널리 중생들을 위해 훌륭한 설법을 하고, 항하사만큼 많은 중생들이 아라한과(阿羅漢果)*[86]를 얻게 될 것이며, 한량없는 중생들이 스스로 연각(緣覺 : 홀로 인연의 이치를 깨달음)

---

*[82] 부처님만이 지니고 있는 10가지 지혜의 힘. ① 바른 도리와 그렇지 않은 도리를 판별하는 능력. ② 갖가지 선악의 업과 그 과보를 아는 능력. ③ 갖가지 선정의 단계와 특징을 아는 능력. ④ 중생의 근기의 고하·우열을 아는 능력. ⑤ 중생의 온갖 소망을 아는 능력. ⑥ 중생과 여러 법(法)의 본성을 아는 능력. ⑦ 갖가지 업을 지은 중생이 가는 곳(지옥이나 열반 따위)을 아는 능력. ⑧ 전생의 일을 생각해 내는 능력. ⑨ 중생이 죽어서 어디에 태어날지 아는 능력. ⑩ 모든 번뇌가 끊어진 상태와 그것에 도달하기 위한 수단을 아는 능력.

*[83] 설법하면서 두려움을 느끼지 않는 4가지 자신감. ① 정등각무소외(正等覺無所畏) : 온갖 현상을 다 알고 있다고 말하는 것에 두려움이 없는 것. ② 누영진무소외(漏永盡無所畏) : 번뇌를 모두 끊었다고 말하는 것에 두려움이 없는 것. ③ 설장법무소외(說障法無所畏) : 끊어야 할 번뇌에 대해 설하는 일에 두려움이 없는 것. ④ 설출도무소외(說出道無所畏) : 괴로움을 멸하는 길에 대해 설하는 일에 두려움이 없는 것.

*[84] 보살이 중생을 이끌 때 사용하는 4가지 방법. ① 보시(布施) : 보시로써 이끎. ② 애어(愛語) : 부드럽고 온화한 말을 해서 이끎. ③ 이행(移行) : 착한 행동으로 이익을 주어 이끎. ④ 동사(同事) : 같은 입장이 되어 행동을 같이하여 이끎.

*[85] 부처님만이 지닌 18가지 능력. 몸으로 짓는 업에 허물이 없음. ② 입으로 짓는 업에 허물이 없음. ③ 뜻으로 짓는 업에 허물이 없음. ④ 모든 중생을 평등하게 대하는 마음을 지님. ⑤ 깊은 선정을 닦아 마음이 고요하고 편안함. ⑥ 일체를 포용함. ⑦ 일체 중생을 제도하려는 의욕이 그치지 않음. ⑧ 일체 중생을 제도하고자 하는 노력을 그치지 않음. ⑨ 일체 지혜를 구족하여 모든 중생을 제도하되 만족함이 없음. ⑩ 지혜가 한량없음. ⑪ 일체 해탈을 다 이룸. ⑫ 해탈지견에서 물러나지 않음. ⑬ 몸으로 하는 모든 행위를 지혜에 따라 함. ⑭ 입으로 하는 모든 말을 지혜에 따라 함. ⑮ 뜻으로 짓는 모든 생각을 지혜에 따라 함. ⑯ 과거의 모든 일을 막힘없이 앎. ⑰ 현재의 모든 일을 막힘없이 앎. ⑱ 미래의 모든 일을 막힘없이 앎.

*[86] 성문사과(聲聞四果)의 마지막 단계. 모든 악을 여의고 다시 태어나지 않는 단계. 그래서 불생과(不生果)라고도 함. 성문사과란 성문이 얻는 4가지 과보를 말함.

의 마음을 일으키며, 항하사만큼 많은 중생들이 아뇩다라삼먁삼보리를 구하는 마음을 일으켜, 무생법인(無生法忍 : 생함도 없고 멸함도 없음을 깨달아 안주함)을 얻고 불퇴전의 경지에 이를 것이다.

이 천왕불이 반열반(般涅槃)*87한 뒤 정법은 20중겁*88 동안 세상에 머물 것이다. 부처님의 진신사리를 봉납할 칠보탑을 세우니 높이 60유순 종횡이 40유순일 것이다. 여러 천자와 인간은 모두 꽃과 말향(가루 향)·소향(사르는 향)·도향(바르는 향)·의복·영락·기악·가곡으로써 칠보탑을 예배하고 공양할 것이다. 그런 뒤 한량없는 중생들이 아라한과를 얻으며, 연각의 경지를 깨닫고, 생각할 수 없을 만큼 많은 중생들이 아뇩다라삼먁삼보리심을 일으켜 불퇴전의 경지에 이를 것이다."

석가세존께서 계속 말했다.

"미래세에서 선남자·선여인들이 《묘법화경》의 제바달다품을 듣고, 깨끗한 마음으로 믿고 존경하여 의심이 생기지 않으면 지옥·아귀·축생의 세계에 빠지지 않을 것이요, 시방의 부처님 처소에 태어나, 태어난 곳마다 항상 이 법화경의 가르침을 듣게 될 것이다. 만약 인간 세상이나 천상에 태어나면 훌륭한 낙을 얻을 것이고, 만약 부처님의 나라에 태어나면 연꽃 속에 화생(化生)할 것이다."

그때 하방 세계의 다보여래를 모시고 있는 지적(智積)보살이 다보여래에게 말하였다.

"본국으로 돌아갈 때가 되었습니다."

그러자 석가세존께서 지적보살에게 말씀하셨다.

"선남자여, 잠시 기다려라. 여기 문수사리(文殊師利)보살*89이 있다. 이 보살을 만나 훌륭한 법을 논한 다음 뒤 본국으로 돌아가라."

그때 문수사리는, 크기가 수레바퀴만한 꽃잎이 천 매나 되는 연꽃 한복판

---

*87 반열반은 완전한 열반. 반열반은 주로 죽음. 열반은 주로 번뇌에서 해탈함이라는 뜻으로 사용됨.

*88 20소겁(小劫)=1중겁을 뜻함. 소겁에 대해서는 여러 설이 있으나, 8만 세에서 백 년에 한 살씩 감해 10세에 이르고, 다시 10세에서 백 년에 한 살씩 늘여 8만 세에 이르기까지 필요한 기간.

*89 석가세존의 좌보처 보살로서, 우보처로 있는 보현보살이 행원(行願)을 상징하고 있다면 이 보살은 지혜를 상징함.

에, 함께 온 보살들과 큰 바다의 사갈라(娑竭羅) 용궁에서 홀연히 솟아올라와 허공에 뜬 채 영취산으로 왔다. 그는 연꽃에서 내려와 두 부처 앞에 이르러 그 발에 머리 숙여 경배한 뒤 지적보살에게로 가서 인사를 나눈 뒤 한쪽에 물러 앉았다.

지적보살이 문수사리에게 물었다.

"어진 이여, 용궁에 가시어 교화한 중생들이 얼마나 됩니까?"

문수사리가 대답했다.

"그 수는 한량없어 말로 설명할 수 없고, 마음으로도 헤아릴 수 없습니다. 잠시 기다리시오. 곧 알게 될 것입니다."

말이 채 끝나기도 전에 수없이 많은 보살들이 연꽃에 앉은 채 바다에서 솟아나와 영취산으로 와서 허공에 머물렀다. 이 보살들은 모두 문수사리에 의해서 교화된 자들로서, 보살행을 갖춘 이는 육바라밀을 설했고, 본시 성문이었던 사람은 허공에서 성문 수행법을 설했는데, 지금은 모두 대승의 공(空)의 이치를 수행하고 있다.

문수사리는 지적보살에게 말했다.

"바다에서 이와 같이 교화하였습니다."

그러자 지적보살은 게송으로 문수사리를 찬탄하였다.

큰 지혜 큰 위덕
위대하신 용맹으로
무량 중생 교화하심
나와 대중 다 보았네

실상(實相)의 뜻 설하시고
일승법 열어 밝혀
인도한 많은 중생
깨달음 이뤄 주셨도다

그러자 문수사리가 말하였다.

"저는 바다 속에서 항상 오직 이 묘법연화의 가르침(묘법연화경)만을 설하고 있었습니다."

지적보살이 문수사리에게 물었다.

"이 가르침은 매우 심원 미묘하여 여러 경전 가운데서 보배이며, 세상에 희유한 것입니다. 중생들 가운데서 이 가르침에 의지해서 정진하고 닦는다면 속히 성불할 수 있겠습니까?"

문수사리는 말하였다.

"있습니다. 사갈라 용왕의 딸은 겨우 여덟 살인데, 지혜롭고 영리하여 능히 중생들의 할 일을 잘 알고 있으며, 법을 단단히 마음에 간직할 능력을 갖고 있어서, 여러 부처님이 설법한 매우 심원한 법장을 모조리 받아 지녔으며, 깊이 선정(禪定)에 들어가 존재하는 것의 양상을 깨닫고, 찰나 사이에 아뇩다라삼먁삼보리심을 일으켜 불퇴전의 경지에 이르렀고 걸림없이 법을 설합니다. 변재(辯才)는 자재이며, 중생들을 불쌍히 여기는 마음은, 마치 갓난아기 대하듯 합니다. 공덕을 갖추었고, 마음으로 생각하는 것과 입으로 말하는 바가 미묘광대하여 자비심이 깊고 연민심이 깊으며, 마음은 부드럽고 고상하니 능히 바른 깨달음에 이를 수 있는 것입니다."

그러자 지적보살이 말하였다.

"저는 석가모니여래를 보았는데, 석가여래께서는 한량없는 겁 동안 어렵고 괴로운 수행을 하며 공덕을 쌓아 아뇩다라삼먁삼보리를 구하여 조금도 쉬지 않으셨습니다. 삼천대천세계를 보건대, 석가여래가 보살 때에 몸과 목숨을 버리지 않은 곳이라고는 겨자씨만한 땅도 없었습니다. 그것은 모두 중생을 위해서였습니다. 그와 같이 하여 후에 비로소 아뇩다라삼먁삼보리를 이룰 수가 있었던 것입니다. 그런데 하물며 잠깐 동안에 용왕의 딸이 그 깨달음을 이룬다고 하니 누가 그런 것을 믿겠습니까."

아직 말이 끝나기도 전에 용왕의 딸이 홀연히 나타나 석가세존의 발 밑에 머리 숙여 예배하고 한쪽으로 물러나 게송으로 찬탄하였다.

　　죄와 복을 통달하여 시방 두루 비추시며
　　미묘함 청정 법신(法身 : 부처님) 갖췄으며

　　삼십이상과 팔십종호로 장엄한 분이시여

천자들 인간들이 우러러보고 용과 귀신 공경하여

일체 중생 한결같은 마음으로
미묘하고 높은 이를 정성껏 받드나니

보리를 이루는 일 석가세존만 아시리라
이몸 대승을 펴서 고난 중생 제도하리

그때 사리불이 용왕의 딸에게 말하였다.

"그대는 설법을 듣고 곧 아뇩다라삼먁삼보리를 얻는다고 하나 그 말은 믿기 어렵다. 그것은 왜냐하면 여자의 몸은 더럽혀져 있어, 부처님의 법을 받아 지닐 수 없기 때문이다. 그런데 어찌하여 아뇩다라삼먁삼보리를 얻을 수 있겠는가. 불도는 요원하며 한량없는 겁 동안 부지런히 수행을 쌓고 빠짐없이 육바라밀을 닦은 연후에 완성하는 것이다. 또 여자의 몸으로는 아직도 5개의 장애가 있으니, 첫째는 범천왕(梵天王)이 될 수가 없다. 둘째로는 제석천(帝釋天)이 될 수 없다. 셋째로는 마왕(魔王)이 될 수 없다. 넷째로는 전륜성왕(轉輪聖王)이 될 수 없다. 다섯째는 부처가 될 수 없는 것이다. 어찌하여 그대가 그토록 빨리 성불할 수 있단 말인가."

그때 용왕의 딸은 삼천대천세계에 필적(匹敵)할 만큼 값어치가 있는 보주(寶珠) 한 개를 갖고 있었다. 그것을 석가세존께 봉헌했더니 석가세존은 즉시 이것을 받으셨다. 그러자 용왕의 딸은 지적보살과 장로 사리불에게 이렇게 물었다.

"제가 보주를 봉헌했더니 석가세존께서는 받으셨습니다. 빨랐다고는 생각하시지 않습니까?"

"과연 참으로 빨랐다."

그때 용왕의 딸이 말했다.

"제가 신통력으로 성불하는 모습을 보십시오. 그보다도 더 빠르게 이루어질 것입니다."

이때 모여 있던 대중들은 모두, 용왕의 딸이 홀연히 남자로 변하여 보살행을 갖추고, 남방의 무구(無垢) 세계로 가서 보석의 연꽃 위에 앉아 정각을 완성하고, 삼십이상과 팔십종호로 장엄하고, 시방의 일체 중생에게 훌륭한 법을 설하고 있는 모습을 보았다.

그때 사바 세계의 보살과 성문, 그리고 천룡팔부(天龍八部),*90 인간과 인간이 아닌 이들은 모두, 저 멀리, 그 용왕의 딸이 성불하여, 모인 사람들과 천자들에게 널리 설하고 있는 것을 보고, 크게 환희하여 모두 먼 그 곳을 향해 예배하였다. 한량없는 중생들이 그 설법을 듣고 깨달아 불퇴전의 경지에 이르렀고, 한량없는 중생들이 성불하리라는 예언을 받았으며, 무구의 세계는 여섯 가지로 진동했다. 또 사바 세계의 삼천 명의 중생들은 불퇴전의 경지에 있었고, 또 삼천 명의 중생은 깨달음에 이르는 마음을 일으켜 성불하리라는 예언을 받을 수가 있었던 것이다.

지적보살과 사리불은 모인 일체의 사람들과 숙연히 이것을 믿고 받아들였던 것이다.

13 권지품(勸持品)

그때 약왕보살과 대요설보살은 그 권속 2만 명의 보살들과 더불어 석가세존 앞에서 이렇게 서원(誓願 : 부처나 보살이 중생을 제도하려는 소원이 이루어지도록 기원함.)하였다.

"바라건대 석가세존이시여, 심려치 마옵소서, 저희들은 석가세존께서 멸도하신 뒤에 이 가르침(법화경)을 받들어 독송하고 설법할 것입니다. 후의 악세의 중생들은 선근이 줄어들고 교만심이 많으며, 보시받은 재물이나 이익에 집착하여 불선근을 더 하고 해탈에서 멀리 떨어져 있으므로 교화하기 어려우나, 저희들은 크나큰 인내력으로 이 가르침을 받아 지니고 독송하고 베껴 쓰고 설할 것입니다. 또 가지가지로 공양하여 신명을 아끼지 않을 것입니다."

그러자 수기를 얻은 5백 아라한들도 석가세존께 이렇게 여쭈었다.

"석가세존이시여, 저희들도 또한 서원합니다. 다른 국토에서 널리 이 가르침을 설법한 것입니다."

---

*90 불법을 수호하는 여덟 가지의 신화적 존재. 천자·용·야차·건달바·아수라·가루라·긴나라·마후라가.

또 수기를 얻은, 학습 중이거나 또는 이미 학습을 마친 8천 명도 자리에서 일어나 합장하고 석가세존께 이렇게 서원하였다.

"석가세존이시여, 저희들도 또한 다른 국토에서 이 가르침을 널리 설할 것입니다. 그것은 왜냐하면, 이 사바 세계 사람들은 나쁜 습관이 많고 교만하고 공덕이 천박하여, 미움이라는 더러움과 아부심이 있어서 마음이 진실하지 않기 때문입니다."

그때 부처님의 이모인 마하파사파제(摩訶波闍波提)*91 비구니는 학습 중이거나 이미 학습을 마친 6천 명의 비구니와 모두 함께 자리에서 일어나 한마음으로 합장하고 석가세존의 얼굴을 눈 하나 깜짝이지 않고 우러러보았다. 그때 석가세존께서는 마하파사파제 비구니에게 이렇게 말했다.

"어찌하여 우수의 빛을 담고 나를 보는가. 그대는 마음 속으로 '석가세존은 나의 이름을 들어 아뇩다라삼먁삼보리를 얻으리라는 수기를 주지 않았다'고 생각하고 있는 것은 아닌가. 구담미(瞿曇彌)*92여, 나는 앞서 일체의 제자들에게 모두 수기를 얻었음을 설하였다. 지금 그대가 자기에 대한 예언을 알고 싶다면 이렇다. 그대는 미래세 6만 8천억 부처님의 법 가운데 위대한 법사가 될 것이다. 또 학습 중이거나 또는 이미 학습을 마친 6천 명의 비구니들도 모두 법사가 될 것이다. 그대는 이와 같이 해서 점차로 보살도를 갖춘 뒤 성불하여 그 이름을 일체중생희견(一切衆生喜見)여래라 할 것이다. 구담미여, 이 일체중생희견불과 6천 보살들은 차례로 수기하고 아뇩다라삼먁삼보리를 얻게 될 것이다."

그때 나후라의 어머니, 야수다라(耶輸陀羅)*93 비구니는 이렇게 생각하였다.

'석가세존께서는 수기할 때 내 이름만을 듣지 않았다.'

석가세존께서는 야수다라 비구니에게 이렇게 말했다.

---

*91 마하파사파제는 산스크리트어로 마하프라자파티. 석가세존의 어머니인 마야 왕비의 동생. 마야 왕비가 죽은 뒤 정반왕과 결혼하여 석가세존을 양육함. 정반왕이 죽자 출가하여 비구니 교단을 형성함.

*92 구담미는 마하파사파제를 가리킴. 팔리어 Gotama의 여성형인 Gotami를 소리나는 대로 읽은 것. 즉 고타마라는 성(姓)을 가진 여자를 뜻함.

*93 야수다라는 산스크리트어로 야쇼다라. 석가세존이 출가하기 전의 아내. 마하파사파제와 5백 명의 여인들과 함께 출가함. 석가세존의 아들 나후라(라홀라)를 낳음.

"그대는 내세의 백천만억의 부처님의 가르침 속에서 보살행을 닦고 위대한 법사가 되어 점차로 불도를 이룬 뒤, 좋은 나라에서 성불할 것이다. 그 이름을 구족천만광상(具足千萬光相)여래라 할 것이요, 그 부처님의 수명은 한량없는 겁일 것이다."

그러자 마하파사파제 비구니와 야수아라 비구니는 그 권속들과 함께 크게 환희하여 일찍이 느껴 보지 못했던 마음을 안고 석가세존 앞에서 게송으로 말하였다.

거룩하신 석가세존께서 중생 이끄는 스승 되어
천자와 많은 중생 안온케 하니
저희들도 이제 수기 받아
마음 편안함 흡족하기 이를 데 없네

비구니들은 이 게송으로 찬탄한 뒤 석가세존에게 이렇게 여쭈었다.

"석가세존이시여, 저희들도 타국에서 널리 이 가르침을 설법할 것입니다."

그때 석가세존은 8십만억 나유타에 이르는 보살을 둘러보았다. 이 보살들은 불퇴전의 법륜을 굴리며, 많은 지혜와 삼매(三昧)를 얻은 이들이다. 석가세존께서 자기들을 바라보자, 그들은 자리에서 일어나 석가세존 앞으로 나아가 한마음으로 합장하며 이렇게 생각하였다.

'만약 석가세존께서 이 가르침을 받들고 설법하라고 명령하시면, 저희들은 명령하신 대로 널리 이 가르침을 선양할 것이다.'

이어서 또 이렇게 생각하였다.

'석가세존께서는 지금 묵연히 계셔서 저희들에게 명령하려고 하시지 않는다. 도대체 어떻게 하면 좋을까.'

그래서 보살들은 석가세존의 뜻에 순종하는 동시에 자신들의 서원을 이루려고 부처님 앞에서 사자후(獅子吼 : 사자와 같은 우렁찬 목소리로 서원을 굳게 함)하여 다음과 같이 서원하였다.

"석가세존이시여, 저희들은 석가세존께서 멸도하신 후 시방 세계를 빠짐없이 두루 돌아다니면서 중생들에게 이 가르침을 받아 지니고 읽고 외우며 베껴 쓰고, 그 의미를 설하고 법대로 수행하고 바르게 기억하고 사유하게 할 것입니다. 이는 모두 석가세존의 위력에 힘입은 것입니다. 바라옵건대 석가세존이시여, 다른 국토에 계시더라도 멀리서 저희들을 지켜보고 수호해 주십시오."

그리고 보살들은 함께 소리를 맞추어 게송으로 말하였다.

석가세존 멸도하신 후 두렵고 악한 세상
저희들이 설법하려니 심려하지 마옵소서

어리석은 여러 중생 나쁜 말로 욕을 하고
칼 막대로 괴롭혀도 저희들은 참으리라

악한 세상 비구니는 삿된 지혜 마음 간사해
못 얻고도 얻은 체 아만심이 충만하며

고요한 데 있으면서 누더기 옷 걸쳐 입고
참된 도 행한다며 다른 인간 무시하고

이익만을 탐착하며 속인 위해 설법하고
세상에서 받는 공경 육신통 얻은 아라한인 양

이런 사람 악심 품어 세속 일만 생각하고
아련야(阿練若)*94에서 수행하며 저희 허물 끌어내어
이런 말을 하느니라
'이 비구들은 이익만을 탐착하여 외도(外道)를 논설하며

스스로 경전지어 세상 인간 현혹케 하며
명성 구하므로 이 가르침 분별하여 설한다.'

---

*94 아란야(阿蘭若) 또는 아란나(阿蘭那). 고요하고 한적해서 수행하기에 좋은 곳을 가리킴.

대중들 앞에서 저희들 비방하고자
국왕과 여러 대신, 바라문과 거사들 그리고
다른 비구들에게 저희들 악하다고 비방하는 말
'저들은 삿된 견해 지닌 외도를 설한다'고 하나

그래도 석가세존 공경하는 저희들 이런 악을 다 참으며
'그대들이 다 부처이다.' 경멸하는 말로 빈정대도

석가세존 믿는 저희들 그 사납고 못된 짓을
싫다 않고 견디며 다 받아 참으리라

흐린 겁 악한 세상 두려움이 많으며
악한 귀신 몸에 들어 꾸짖고 욕을 해도

석가세존 믿는 저희들 인욕의 갑옷 입고
이 가르침을 설하려 어려운 일 다 참으며

신명을 아끼잖고 위 없는 도 구하여서
앞으로 오는 세상 석가세존의 부촉 보호하리니

석가세존께선 아시리라. 탁한 세상 악한 비구
석가세존께서 방편 따라 설법함을 제 모르고

입 사납게 빈축하며 자주자주 절간에서
멀리멀리 내쫓아도 석가세존 믿는 저희들

내리신 부촉 생각하고 이러한 모든 고통에
사납게 시달려도 모두 다 참으리라

촌락이나 도시에서 법 구하는 이 있으면

저희들이 찾아가서 부촉하신 법 설하올 새

석가세존의 사자 된 저희들 두려움 하나 없이
설법을 잘 하리니 부디 평안히 계시옵소서

시방의 여러 부처 석가세존 앞에 저희들이 나아가
이같이 서원하옵나니 저희 마음 아옵소서

14 안락행품(安樂行品)

그때 문수사리 법왕자보살*95은 석가세존께 이렇게 여쭈었다.
"석가세존이시여, 이 보살들은 얻기 어려운 사람들입니다. 석가세존을 공경하고 순종하는 마음에서 커다란 서원을 세워 '미래의 악세(惡世)에 이《법화경》을 호지하여 독송하고 설하겠다'고 서원한 것입니다. 석가세존이시여, 이 보살마하살은 미래의 악세에서 어떻게 이 가르침을 설해야 합니까?"
석가세존께서는 문수사리에게 말씀하셨다.
"만약 보살이 미래의 악세에서 이 가르침을 설하려면 네 가지 법에 안주(安住)해야 한다.
첫째로 보살의 행동 범위와 교제 범위에 안주한 뒤에 중생들에게 이 가르침을 설해야 한다.
문수사리여, 보살의 행동 범위란 무엇인가. 만약 보살이 인욕의 경지에 있으면서 유화(柔和)하고 진리에 수순하고 사나운 곳이 없으며, 마음은 동요하지 않고 어떠한 것에도 집착하지 않고, 존재하는 것을 있는 그대로 보고 더구나 집착하지 말고 분별하지 않을 것, 이것이 보살마하살의 행동 범위이다.
어떤 것을 보살의 교제 범위라 하는가. 보살은 국왕·왕자·대신·관리 등을 가까이해서는 안 된다. 여러 이교도·범지(梵志 : 바라문)·니건자(尼犍子 : 자이나교) 및 세속의 문장이나 시를 짓는 자, 외도의 서적을 찬양하는 자, 물질주의

*95 부처님을 법왕이라 함에 대하여 미래에 성불할 보살을 일러 법왕자라 함. 특히 문수나 미륵 등의 보살을 가리킴.

적 유물론자 등을 가까이 해서는 안 된다. 또 온갖 유예인(遊藝人)들과 사기꾼들과 씨름꾼이나, 몸에 채화(彩畵)하고 가지가지로 변하는 자들을 가까이 해서는 안 된다. 또 천민이나 돼지·양·닭·개 등을 길러서 도살하는 자나 고기 잡는 자 등의 악업에 종사하는 자들을 가까이 해서는 안 된다.

이 사람들이 가까이 왔을 때에는 그들을 위해 설법을 해도 좋지만 이쪽에서 가까이 가려고 해서는 안 된다.

또 성문이 되려는 비구·비구니·우바새·우바이들을 가까이 해서는 안 된다. 또 찾아가서도 안 된다. 승방 속에서도 걸어다니는 장소에서도, 강당 안에서도 함께 있어서는 안 된다. 그들이 가까이 왔을 때에는 상대편에 따라 설법을 해도 좋으나 이쪽에서 가까이하려고 해서는 안 된다.

문수사리여, 또 보살은 여인의 몸에 욕망을 품으면서 설법을 해서는 안 된다. 또 여인을 보고 싶어해서는 안 된다. 만약 남의 집에 들어가면 소녀·처녀·과부 등과 함께 얘기해서는 안 된다.

또 오종불남(五種不男)*96들을 가까이해서 친해진다든가 해서는 안 된다. 혼자서 남의 집에 들어가서는 안 된다. 만약 부득이한 이유로 혼자 남의 집에 들어가지 않으면 안 되게 되었을 때에는, 다만 일심으로 부처님을 생각하여라. 만약 여인에게 설법을 할 때에는 이를 드러내고 웃거나 해서는 안 된다. 가슴을 노출시켜서는 안 된다. 하물며 설법 이외의 장소에서는 말할 나위도 없다. 연소한 제자·사미(沙彌)·소아를 자진해서 기르려고 해서는 안 된다. 또 함께 한 스승을 섬기려고 해서는 안 된다. 항상 좌선(坐禪)을 좋아하고 조용한 곳에 있으며 그 마음을 집중하여 명상하는 것이다. 문수사리여, 이것이 보살의 첫 번째 교제 범위이다.

또 다음에, 보살은 이 세상에 존재해 있는 일체의 것은 공(空)이다. 있는 그대로의 모습이다. 전도(顚倒 : 진실에 어긋나는 미망에 사로잡힘)되지도 않고, 동요지도 않고, 물러서지도 않고, 바뀌지도 않으며, 허공과 같아서 고유의

---

*96 다섯 가지 성불구자. ① 생불남(生不男) : 나면서부터 남근이 발육되지 못한 이. ② 건불남(犍不男) : 칼로 남근을 잘라 버린 이. ③ 투불남(妬不男) : 다른 이가 음탕한 짓을 하는 것을 보면서 정욕을 느끼는 이. ④ 변불남(變不男) : 음행할 때 남근을 상실하여 불구가 된 이. ⑤ 반불남(半不男) : 보름 동안은 남근을 사용할 수 있고 나머지 보름에는 그렇지 못한 이.

성질이 없고, 말로도 입으로도 설법할 수 없는 것이며, 생긴 것도 나온 것도 일어난 것도 아니고, 이름도 모습도 없고 존재하지도 않으며, 한량없고 끝도 없으며, 걸림도 없고 막힘도 없으나, 다만 인연에 의해 존재해 있을 뿐이며, 판단의 전도에 의해 생겨나는 것이라고 관조해야 한다. 또 이렇게 관조하는 까닭에 이같은 법의 모습 관찰하기를 즐기라고 설하노니 이를 보살의 두 번째 교제 범위라고 한다.

또한 문수사리여, 여래가 멸도한 뒤에 말법(末法)*97의 세상에서 이 가르침을 설하려면 참으로 이러한 안락행에 있어야 한다. 즉 가르침을 입으로 설하든가 읽을 때에는 사람이나 가르침의 허물을 말하거나 즐겨서는 안 된다. 또 다른 가르침을 설하는 법사를 경멸하거나 장단점을 말해서는 안 된다. 다른 성문들의 선악이나 장단점을 말해서는 안 된다. 또 이름을 들어 허물을 말하지도 말며 칭찬도 하지 말며 또 미워하거나 싫어하거나 하는 마음을 내서는 안 된다. 이와 같은 안락한 마음을 닦고, 듣는 사람의 뜻을 거스르지 말고, 어려운 질문을 하는 사람이 있으면, 소승(小乘)의 가르침으로 답하지 말며, 오직 대승의 가르침으로서만 그들을 위해 해설하며, 부처님의 지혜를 얻도록 해 주어야 한다.

또한 문수사리여, 법이 멸할 말세에 이 가르침을 수지하고 독송하는 보살은, 질투심이나 아부심이나 기만심을 품어서는 안 된다. 또 불도를 배우는 사람을 경멸하고 헐뜯어서 그 장단점을 들추지 마라. 만약 비구·비구니·우바새·우바이로서 성문의 경지를 구하는 사람이나 벽지불을 구하는 사람이나 보살도를 구하는 사람이 있으면, 그들을 괴롭히고 그들의 마음을 혼란시켜서 '그대들은 도에서 매우 멀리 떨어져 있는 것이다. 결국 부처님의 지혜를 얻을 수는 없을 것이다. 왜냐하면 그대들은 게을러서 태만하기 때문이다' 하고 말하든가 하는 일이 있어서는 안 된다. 또 법에 관해서 함부로 언쟁(言爭)을 하는 일이 있어서는 안 된다.

일체 중생에 대해서는 대비심을 품고, 모든 부처님에 대해서는 아버지 같은 생각을 지니고, 모든 보살에 대해서는 큰 스승이라는 생각을 지니지 않으면 안 된다. 시방의 모든 대보살에 대해서는 항상 깊은 마음으로 종경하

*97 부처님이 세상을 떠난 지 오래되어 부처님의 가르침이 쇠퇴된 시기.

고 예배하라. 일체 중생에 대해서는 평등하게 설법하라. 설법을 할 때 법에 따르고 많이도 하지 말고 적게도 하지 말며, 깊이 법을 사랑하는 사람에게 편을 들어 특별히 많이 설법해서는 안 된다.

문수사리여, 이 보살이 법을 멸하려는 말세에 이 세 번째 안락행을 완성 했다면, 이 법을 설할 때 그를 괴롭히거나 하는 사람은 없을 것이다. 좋은 동학(同學)의 인사가 나타나 함께 이 가르침을 독송하고 많은 사람들이 와서 법을 듣고, 다 듣고 난 뒤에는 잘 받아 지니고, 받아서는 독송하고, 독송이 끝나면 설하고, 설하고는 베껴 쓰고 또 다른 사람에게 쓰게 하고, 그 가르침을 공양하고 존중하며 찬탄할 것이다.

또한 문수사리여, 법이 멸하려는 말세에 이 가르침(법화경)을 지니는 보살은 재가자나 출가자 그리고 보살 아닌 어느 누구에게도 큰 자비심을 품고 이렇게 생각해야 한다.

'이들은 여래가 방편으로 상대편에 따라 설법하는 것을 듣지도 않고 깨닫지도 못하며, 묻지도 않고 믿지도 않고 이해하지도 못한다. 이들이 이 가르침에 대해 묻지도 않고 믿지도 않고 이해하지 않더라도, 내가 아뇩다라삼먁삼보리를 얻었을 때에는 그들이 어느 곳에 있더라도 신통력과 지혜력으로써 그들을 끌어들여 이 법 속에 안주하게 하리라.'

문수사리여, 이 보살이, 여래가 멸도한 뒤에 이 네 번째 법을 성취한다면, 이 법을 설할 때 과실은 없을 것이다. 항상 비구·비구니·우바새·우바이·국왕·왕자·대신·백성·바라문·거사들에게 공양과 공경, 존중과 찬탄을 받을 것이다. 허공의 천자들은 설법을 들으려고 항상 곁에서 모실 것이다. 만약 촌락이나 도시, 산림이나 숲 속 어디에서든 어떤 사람들이 찾아와 비난하려고 하면, 천자들은 법을 위해 밤낮 할 것 없이 항상 그를 호위하고, 듣는 사람들을 모두 환희시킬 것이다. 왜냐하면 이 가르침은 일체의 과거·현재·미래의 여러 부처님의 신통력에 의해서 보호되어 있기 때문이다.

문수사리여, 이 법화경의 가르침은 한량없는 국토에서도 좀체로 그 이름을 듣기 어렵다. 하물며 이것을 보고 받아 지니고 독송하기란 더 어렵다.

문수사리여, 이를테면 강력한 전륜성왕이 위세를 떨치고 여러 나라를 정복하려고 할 때, 소왕(小王)들이 명령에 복종하지 않을 때에는 전륜성왕은 군사를 일으켜 토벌하러 가는 거나 마찬가지이다. 왕은 병사들 가운데 싸움에 공훈이 있는 자에게는 크게 기뻐하여 공에 따라 상을 주는데, 논밭이나 집, 마을이나 도시를 주거나, 의복이나 몸치장을 하는 장식품을 주고, 또는 여러 가지 진보(珍寶), 금·은·유리·거거·마노·산호·호박이나 코끼리·말·수레·남종·여종·백성들까지 주는 일이 있으나, 다만 상투 속의 명주(明珠 : 빛나는 구슬)만은 주지 않았다. 왜냐하면 그것은 왕의 정수리 위에만 있는 것이기 때문에 만약 이것을 주기라도 하면, 왕의 일족들이 반드시 놀라고 의심하기 때문이다.

문수사리여, 여래도 또한 이와 같은 것이었다. 선정과 지혜의 힘에 의해서 불국토를 얻고 삼계(三界)*98의 왕이 되었다. 그런데 여러 마왕(魔王)은 감히 복종하려고 아니하자, 여래의 어질고 성스런 제장들이 그들과 싸웠다. 그 가운데서 공훈이 있는 이에 대해서는, 매우 기뻐하여 사부대중 앞서 여러 가지 가르침을 설해 그의 마음을 기쁘게 해 주고, 또 선정과 해탈 그리고 청정한 근력의 법을 주었다. 또 열반이라는 성을 주어 '너희들은 깨달음을 얻었다' 하고 말하여 그 마음을 인도해서 모두 기쁘게 하였으나, 이 법화의 가르침은 설하지 않았다.

문수사리여, 전륜성왕이 병사들 가운데서 큰 공이 있는 자를 보고 매우 환희하여 세상 사람들이 믿기 어려운 일, 즉 오랫동안 상투 속에 두고 함부로 남에게 주지 않았던 명주를 나중에야 주는 것처럼 여래도 또한 그와 마찬가지인 것이다. 즉 여래는 삼계 가운데서 큰 법왕이므로, 법으로써 일체 중생을 교화하다가, 어질고 성스런 제장들이 오음마(五陰魔)*99·번뇌마(煩惱魔)*100·사마(死魔)*101와 싸워서 탐욕·증오·무지의 삼독을 멸하고 마의 그물을 찢고 삼계를 벗어나는 것을 보면, 여래도 또한 크게 기뻐한다. 그러고는

---

*98 생사윤회가 거듭되는 미혹한 세계를 3단계로 나눈 것. ① 욕계(欲界) : 탐욕·노여움·어리석음이 판치는 물적 경계. 지옥·아귀·축생·아수라·인간·욕계 육천이 이에 해당. ② 색계(色界) : 탐욕에서 벗어났으나 아직 상대적으로 물적 세계를 완전히 여의치 못한 세계. 색계 18천이 이에 해당. ③ 무색계(無色界) : 상대적인 물적 경계마저 완전히 초월한 순수한 정신의 세계. 무색계 4천이 이에 해당.

*99 몸을 구성하고 있는 오온, 즉 물질과 몸·감수 작용·표상 작용·의지·의식 작용의 다섯 가지 요소가 주는 장애.

*100 번뇌가 몸과 마음을 어지럽게 해 깨달음을 얻지 못하도록 일으키는 장애.

*101 목숨을 빼앗김으로써 아무런 일도 할 수 없게 되는 장애.

일체 세간 사람들이 적의(敵意)를 품고 믿으려고 하지 않으므로, 여태까지 한 번도 설하지 않았던 이의 가르침을, 중생들을 능히 부처님의 지혜에 이르게 하는 이 법화의 가르침을 지금 설하는 것이다.

문수사리여, 이 법화의 가르침은 모든 부처님들의 가장 훌륭한 가르침이요, 모든 가르침 가운데서도 가장 심원한 것이므로 후의 말세에 설해 준다. 그것은 마치 저 강력한 전륜성왕이 오랫동안 소중하게 간직해 온 명주를 나중에 주는 거나 같은 것이다.

문수사리여, 이 법화의 가르침은 여러 부처님의 비밀스런 가르침이므로, 모든 가르침 가운데서 최상위에 두고 오랫동안 소중히 하여 함부로 설하지 않던 것을, 오늘에야 비로소 그대들을 위해 이것을 설법하는 것이다."

15 종지용출품(從地涌出品)

그때 다른 국토에서 찾아온 보살들 가운데서, 8항하사만큼 많은 맞먹는 보살이 대중 속에서 일어나 합장하고 예배하며 석가세존께 이렇게 여쭈었다.

"석가세존이시여, 당신께서 멸도하신 뒤에 저희들이 이 사바 세계에서 노력 정진하여 이 가르침을 받아 지니고 독송하고 서사하여 공양하고자 합니다. 이를 허락해 주신다면 이 세계에서 널리 이 법문을 설할 것입니다."

그때 석가세존은 여러 보살들에게 말했다.

"그만두라. 선남자들이여, 그대들은 이 가르침을 받아 지니지 않아도 좋다. 왜냐하면 사바 세계에는 6만 항하사만큼 많은 보살이 있고, 보살들에게 각각 6만 항하사만큼 많은 권속들이 있어서 이 많은 사람들이 내가 멸도한 뒤에 이 가르침을 잘 받아 지니고 독송해서 널리 설할 것이기 때문이다."

석가세존께서 이렇게 말했을 때, 사바 세계의 삼천대천세계의 땅이 모두 흔들리고 갈라져서, 그 속에서 한량없는 천만억의 보살들이 동시에 용출하였다. 이 보살들은 몸이 모두 금빛이고 삼십이상과 한량없는 빛을 발하고 있다. 그들은 모두 예부터 이 사바 세계 아래의 허공에서 살고 있다가 석가여래의 음성을 듣고 나타난 것이다. 각각의 보살은 모두 대중의 지도자이며,

제각기 6만 항하사만큼 많은 권속과 종자를 거느리고 있었다.

그 가운데는 5만 또는 4만, 3만, 2만, 1만의 항하사만큼 많은 권속을 거느린 보살도 있다. 그리고 한 항하사 및 그것의 반 또는 4분지 1의 항하사만큼 많은 권속을 거느린 보살도 있다. 개중에는 천만억 나유타 분의 일에 이르는 권속을 거느린 보살은 더욱 많았다. 또 억만, 천만, 백만, 1만의 권속을 거느린 보살이나 천, 백, 십의 권속을 거느린 보살이나 또는 5, 4, 3, 2, 1인의 제자를 거느린 보살도 있다. 또 홀몸으로 한적한 곳에서 수행을 즐기는 보살들의 수는 더욱 많았다. 이들은 십의 권속을 거느린 보살이나 또는 비유에 의해서도 알 수는 없다.

이 모든 보살들은 땅 속에서 모두 다 나오자, 허공에 있는 칠보탑의 다보여래와 석가여래가 있는 곳까지 와서 두 여래의 발에 머리 숙여 예배하고, 또 보배 나무 아래 사자좌에 앉아 있는 부처님들에게도 또한 예배를 하고, 우로 세 번 돌아 경의를 표하고 합장하여 공경하고, 모든 보살들이 하는 찬가(讚歌)로써 찬탄한 뒤 한쪽에 물러서 기쁜 마음으로 두 석가세존을 우러러보았다.

이 여러 보살들이 땅 속에서 용출하여 모든 보살들이 하는 찬가로서 부처님을 찬탄할 때까지 50소겁이 경과하였다. 이 동안 석가여래는 묵연히 앉아 있었고, 여러 사부대중도 묵연히 있었다. 석가세존의 신통력에 의해 여러 대중들은 50소겁을 반나절로 느꼈던 것이다.

그때 사부대중은 다시 부처님의 신통력에 의하여 수많은 보살들이 한량없는 백천만억의 국토의 허공에 가득 차 있는 것을 보았다.

이 보살의 집단 가운데 네 명의 지도자가 있었으니, 첫 번째 보살을 상행(上行)이라 하고, 두 번째 보살을 무변행(無邊行)이라 하고, 세 번째 보살을 정행(淨行)이라 하고, 네 번째 보살을 안립행(安立行)이라고 한다. 네 명의 보살은 그 집단 속의 상석의 지도자들이다. 그들은 대중 앞에서 합장하고 석가여래를 지켜보면서 이렇게 문안드렸다.

"석가세존께서는 병도 없고 고민도 없고 안락하게 지내고 계시온지요. 석가세존께서 구하려고 하는 중생들은 가르치기 쉬운 중생들인지요. 석가세존을 피로하게 하는 일은 없으신지요?"

그때 석가세존은 여러 보살의 집단에게 이렇게 말했다.

"그렇다, 그렇다. 선남자들이여, 여래는 안락하고 병도 없고 고민도 없다. 중생들도 제도하기 쉽고 피로하지도 않다. 그것은 왜냐하면 이 중생들은 과거세부터 나의 가르침을 받아 왔고, 또한 과거의 모든 부처님들을 공경하고 존중하여 갖가지 선근(善根)을 심었기 때문이다. 이 중생들은 나를 처음 보고, 나의 가르침을 들은 처음부터 모두 믿고 받아들여서 여래의 지혜에 들어갔다. 일찍이 소승(小乘)*102을 배우고 있던 자는 제외하고 말이다. 그러나 이들도 이제 이 가르침을 들려 주어 부처님의 지혜에 들어가도록 한다."

그때 여러 대보살들은 게송으로 석가세존을 찬탄하였다.

거룩하고 거룩하신 대웅(大雄) 석가세존께서
수많은 중생 가히 쉽게 제도하시니

너무 깊은 부처님의 지혜 묻는 그들
듣고 믿고 행하니 저희 또한 기쁩니다

그러자 석가세존은 상석의 지도자 대보살들을 찬탄하셨다.
"훌륭한 일이다. 훌륭한 선남자들이여, 그대들은 여래의 일에 대해 자기 일처럼 기뻐하는구나."

그때 미륵보살*103과 8천 항하사만큼 많은 보살들은 모두 이렇게 생각하였다.

'이와 같은 보살 대집단이 땅 속에서 용출하여 석가세존 앞에서 합장하고 공양하며 여래에게 문안드린다는 것을 예부터 한 번도 본 일이 없다.'

미륵보살은 8천 항하사만큼 많은 보살들의 마음을 알고, 또한 자신의 의문까지도 풀려고 합장한 채 석가세존께 게송으로 이렇게 물었다.

---

*102 성문승이나 연각승. 아라한의 열반을 얻는 것을 최고의 이상으로 하는 가르침 또는 수행의 길. 그러나 여기에서도 나타나듯이, 소승이란 대승에 비해 열등한 그 무엇이 아니라 중생들을 성불에 이르게 하는 가르침 가운데 하나요, 자타 구제를 꿈꾸는 대승의 견인차 역할을 하는 가르침임.
*103 부처님으로부터 다음 생에 성불할 것이라는 예언을 받은 대승의 보살. 도솔천에 머물면서 천인들을 교화하고 있다고 함.

한량없는 천만억 이렇게 많은 보살들
일찍이 못 보던 일, 오직 설해 주소서

어디에서 왔으며 무슨 인연으로 모였는가
큰 몸에 큰 신통력, 지혜 또한 불가사의라

그 뜻이 견고하고 큰 인욕 지녀서
중생들 보기 즐거우니 어디에서 왔나이까

하나하나 보살들이 거느린 그 권속
항하사 같아 헤아릴 수 없으며

또는 큰 보살은 6만 항하사만큼 거느리니
이렇게 많은 대중 일심으로 도 구하며

그 엄청나게 많은 대중들이
석가세존께 공양하고 이 가르침 공경하네

5만 항하사만큼 권속 거느린 보살들은 그 수는 더 많아서
4만이나 3만·2만·1만에서

천·백 그리고 1항하사만큼 많은 권속 거느린 보살들
또는 그것의 반·삼분의 일·사분의 일·억만분의 일

수천·수만의 나유타 권속 만억 제자에서 그것의 반에 이르는
권속 거느린 보살들 그 수는 저보다 더 많네

또 백만에서 만·천·백 그리고 50이나 10에서
셋·둘·하나 권속 거느린 보살이나

또는 권속 없이 홀로 즐기는 이
이곳에 온 이들 숫자보다 더욱더 많아

이같은 모든 이들 항하사만큼 많은 겁 동안
헤아린다 해도 그 수는 알 수 없네

이 많은 큰 위덕 정진의 보살들
누가 설법해서 교화 성취시켰으며

누구 따라 발심하고 어느 불법 칭찬하며
누구 가르침 받아 지녀 어떤 불도 닦았을까

이렇게 많은 보살들 신통력과 큰 지혜로
시방의 땅 진동시켜 그 속에서 올라왔으니

예부터 이런 일은 못 보던 희유한 일
그들이 온 국토의 이름 설해 주옵소서

여러 국토 다녔으나 이 대중은 처음 보며
더구나 대중 속에 아는 이가 하나 없어

홀연히 솟은 인연 원하오니 설하여 주옵소서
지금 여기 모인 한량없는 백천만억

이 많은 보살들도 한결같은 마음으로
이런 일은 무엇인가 알기를 원하오니

이 많은 보살들의 옛 인연 미래 인연 설하시어
대중들의 의심 풀어 주소서

그때 한량없는 천만억의 타방 국토에서 온 석가여래의 분신인 여러 부처님 팔방의 보배나무 밑의 사자좌 위에 가부를 틀고 앉아 있었고, 그 부처님의 시자들은, 이 보살 집단이 삼천대천세계의 시방의 땅에서 용출하여 허공에 머물러 있는 것을 보고, 각각 자기들의 부처님에게 이렇게 말했다.

"석가세존이시여, 이 한량없는 보살 집단은 어디서 온 것입니까?"

그때 분신 부처님들은 각각 시자에게 말했다.

"선남자들이여, 잠시 기다려라. 미륵이라는 보살이 있다. 석가여래가 내세에 '성불하리라'하고 예언한 지 오래지 않은 사람이다. 그 보살이 이미 이 일에 대해 질문하였으니 석가세존께서 대답하실 것이다. 그대들은 그 말씀을 듣도록 하여라."

그때 석가여래는 미륵보살에게 이렇게 말했다.

"좋은 일이다, 좋은 일이다. 아일다(阿逸多 : 미륵보살의 별명)여, 그대는 내게 이와 같은 큰 일을 잘 물었다. 그대들은 모두 한마음으로 정진의 갑옷을 입고 뜻을 견고히 하라. 나는 지금 모든 부처님들의 지혜와 자재한 신통력과 분투의 힘과 용맹한 대세력을 분명히 하고 설하려고 한다."

석가세존은 계속 이렇게 말했다.

"나는 지금 대중들 앞에서 그대에게 말하겠다. 아일다여, 대지에서 용출한 무량무수의 대보살들은 그대들이 예부터 한 번도 본 일이 없는 사람이다. 나는 이 사바 세계에서 아뇩다라삼먁삼보리를 얻고, 이 여러 보살들을 교화하고 지도하고 그 마음을 갖추고 도의 뜻을 일으키게 한 것이다. 이 보살들은 모두 이 사바세계 아래 허공계에 머물러 있으면서, 모든 가르침을 독송하고 이해하고 사유하고 분별하여 올바르게 기억하고 있다. 아일다여, 이 많은 선남자들은 대중들 속에서 많이 설하기를 바라지 않고, 항상 조용한 곳을 바라고 노력 정진하여 일찍이 쉰 적이 없고, 또 인간이나 천자들 가까이에 머물지 않고 항상 심원한 지혜를 즐겨 걸림없이 자재로우며, 또 모든 부처님들의 가르침을 즐겨 한마음으로 정진하여 더 없는 지혜를 구하고 있다."

그때 미륵보살과 수많은 보살들은 마음에 의혹이 생겨 미증유의 일이라고 의심하여 이렇게 생각하였다.

'석가세존께서는 어떻게 하여 그 짧은 동안에 이토록 무량무변무수의 보살 대중들을 교화하여 아뇩다라삼먁삼보리를 얻게 할 수가 있었을까.'

그리고 곧 석가세존에게 이렇게 여쭈었다.

"석가세존이시여, 여래는 태자였을 때 석가모니족의 궁궐을 나와 가야성에서 얼마 떨어지지 아니한 도량에 앉아 아뇩다라삼먁삼보리를 완성하셨습니다. 그로부터 40여 년 경과했을 따름입니다. 석가세존이시여, 이 짧은 동안에 어떻게 이와 같이 큰 불사(佛事)를 행하신 것입니까. 이와 같은 한량없는 보살들을 교화하여 아뇩다라삼먁삼보리를 완성시킨 것은 석가세존의 힘에 의해서입니까, 공덕에 의해서입니까?

석가세존이시여, 이 보살 대중들은 가령 어떤 사람이 있어 천만억 겁 동안 세도 다 셀 수 없어 그 끝을 알 수 없을 정도입니다. 이들은 예부터 무량무변의 모든 부처님 밑에서 여러 가지 선근을 심고 보살도를 완성하였을 것이며, 늘 청정한 수행을 했을 것입니다. 석가세존이시어, 이와 같은 일은 세인들이 믿기 어려운 일입니다.

가령 안색이 아름답고 머리가 검은 25세의 어떤 사람이 백 세의 노인을 가리켜 '이 사람은 나의 아들이다' 하고 말하거나, 또 그 백 세의 노인도 또한 젊은이를 가리켜 '이분은 나의 부친이다. 나를 낳아 키워 주신 분이다' 하고 말한다면, 이런 일을 믿기 어렵듯이 석가세존께서 하신 말씀도 또한 믿기 어렵습니다.

석가세존께서 도를 얻은 지는 그렇게 오래지 아니합니다. 그런데도 이 보살 대중들은, 이미 한량없는 천만억 겁 동안에 불도를 위해 노력 정진하여, 정히 무량백천억 가지의 삼매와 대신통력을 얻고, 오랫동안 청정히 수행하여 점차 여러 가지 좋은 가르침을 배우고, 문답에 능하고 인간 중에 보배로서 일체 세간에서 매우 드문 이들이 되었을 것입니다.

그런데 지금 석가세존께서는 '내가 불도를 얻은 후 처음으로 발심을 하게 하고 교화하고 인도하여 아뇩다라삼먁삼보리를 얻게 했'고 말씀하셨습니다. 석가세존이시여, 성불하신 지 아직 오래지 않은 동안에 이렇게 큰 공덕을 이룩하신 것이 됩니다. 저희들은 석가세존께서 상대에 따라 설법하시는 것과, 석가세존께서 하시는 말씀에는 거짓이 없으며, 또 석가세존께서는 알아야 할 것은 모두 막힘없이 아시는 분이라 믿습니다. 그러나 새로 이 도에 들어선 많은 보살들은 석가세존께서 멸도하신 뒤에 이 말씀을 들었다면, 믿고 받아들일 수가 없어 가르침을 깨뜨리는 죄업을 지를 인연이 될는지도 모릅니다. 이러한 까닭으로 바라건대 석가세존이시여, 부디 그 뜻을 설하시어 저희들의 의심을 풀어 주시고 미래세의 선남자들이 이 이야기를 듣고 의심을 품지 아니하도록 해 주옵소서."

16 여래수량품(如來壽量品)

그때 석가세존께서는 모든 보살 및 일체 대중들에게 이렇게 말했다.

"선남자들이여, 그대들은 여래의 참된 말을 믿고 이해하라."

두 번, 세 번 부처님은 "그대들은 여래의 참된 말을 믿고 이해하라" 하고 말했다.

그때 미륵을 상석으로 하는 보살 대중들은 합장하고 석가세존께 이렇게 여쭈었다.

"석가세존이시여, 바라건대 어서 설하여 주소서. 저희들은 석가세존의 말씀을 믿고 받들 것입니다."

이와 같이 해서 세 번 말하고 다시 여쭈었다.

"바라건대 어서 설하여 주소서. 저희들은 부처님의 말씀을 믿고 받들 것입니다."

그때 석가세존은 모든 보살들이 세 번이나 청하고도 그치지 않는 그들에게 이렇게 말했다.

"그대들은 여래의 비밀스런 신통력에 대해 잘 들어라. 일체 세간의 천자들과·인간·아수라 무리들은 모두 지금의 '석가여래는 석가모니족의 궁궐을 나와 가야성에서 멀지 아니한 도량에 앉아 아뇩다라삼먁삼보리를 얻었다'고 말하고 있다. 그러나 선남자들이여, 내가 성불한지는 실로 무량무변 백천만억 나유타 겁이다.

가령 오백천만억 나유타 삼천대천세계를 누가 깨부셔서 티끌로 만들어, 동방 오백천만억 나유타 여러 나라를 지나가며 한 티끌씩 떨어뜨리며 동쪽으로 나아가 이 티끌이 전부 없어졌다고 하자. 선남자들이여, 어떻게 생각하는가. 이 여러 세계는 생각하든가 계산하든가 해서 그 수를 알 수 있겠는가?"

미륵보살은 보살들과 더불어 부처님에게 이렇게 대답하였다.

"석가세존이시여, 이 모든 세계는 무량무변하여 헤아릴 수는 없습니다. 또 심력으로도 이를 수 없습니다. 일체의 성문이나 독각의 청정한 지혜로 생각하여도 그 수의 끝을 알 수는 없습니다. 저희들은 불퇴전의 경지에 있습니다만, 이 일에 대해서는 어쩔 수가 없습니다. 석가세존이시여, 이와 같은 세계들은 한량없고 끝도 없을 뿐입니다."

그러자 석가세존께서는 큰 보살들에게 이렇게 말했다.

"선남자들이여, 지금 분명히 그대들에게 말하겠다. 티끌을 떨어뜨린 세계나 떨어뜨리지 않은 세계를 모두 가루로 만들어 그 티끌 하나를 1겁으로 했다고 치자. 내가 성불한 이래 지난 시간은 이보다 더 많은 백천억 나유타 겁이다.

그후 쭉 나는 항상 이 사바 세계에서 설법하고 교화하였고, 또 다른 수없는 백천만억 나유타 국토에서도 중생들을 인도하고 이롭게 하였다. 선남자들이여, 이 가운데 나는 연등불(燃燈佛) 등에 또 그 부처님들이 열반할 것도 설하였다. 이것들은 모두 방편으로 분별하여 설법한 것이다.

선남자들이여, 만약 어느 중생들이 나에게로 왔을 때에는, 나는 부처의 눈으로 그 믿음의 깊이와 기근(機根)의 날카롭고 둔함을 관찰하여, 상대에 따라 곳곳에서 다른 이름, 다른 연령으로 설하며 또 열반에 든다고 설하기도 한다. 또 갖가지 방편으로 미묘한 설법을 하여 중생들에게 환희의 마음을 일으키게 한다.

선남자들이여, 여래는 여러 중생들 가운데 작은 가르침을 바라고, 복덕이 엷고, 번뇌 많은 중생들을 보았을 때는 이들을 위하여 '나는 젊어서 출가하여 아뇩다라삼먁삼보리를 얻었다'고 설한다. 그런데 나는 실로 성불이 된 이래 구원하기를 이러하였다. 다만 방편에 의하여 중생을 교화하고 불도에 들게 하려고 이와 같이 설한 것이다.

선남자들이여, 여래가 가르침을 설하는 것은, 모두 중생들을 깨닫게 하고 구하기 위해서이다. 또는 자신의 모습에 대해 설하고, 또는 다른 부처의 모습에 대해서 설하고, 또는 자신의 존재하는 조건에 대해서 설하고, 또는 다른 부처님의 존재하는 조건에 대해서 설하기도 한다. 그 모든 설하는 바는 진실하며 허망한 것은 아닌 것이다. 왜냐하면 여래는 있는 그대로 삼계의 상

(相)을 식견하고 있기 때문이다. 여래는 삼계(三界)가 나고 멸하는 일도 없으며 소멸하는 일도 출현하는 일도 없고, 유(有)도 무(無)도 아니고, 실재(實在)도 비실재(非實在)도 아니며, 여(如)도 이(異)도 아닌 것을 식견하고, 범부(凡夫)가 삼계를 보듯이는 삼계를 안 보며, 이것들을 틀림없이 분명히 보는 것이다. 여러 중생들에게는 갖가지의 성(性), 갖가지의 욕(欲), 갖가지의 행(行), 갖가지의 생각이나 분별이 있으므로, 그들에게 갖가지 선근을 키우게 하려고 갖가지의 인연이나 비유나 말로써 다양하게 설법하는 것이다. 여래는 여래로서 해야 할 일을 일찍이 잠시도 쉬지 않고 해 온 것이다.

이와 같이 내가 성불한 지는 매우 오래이며, 수명은 한량없는 겁이기에 영원히 멸하지 않는다. 선남자들이여, 내가 옛날 보살도를 행하여 이룬 수명은 아직 끝나지 않았으며, 그 한도에 이르기까지에는 아직 지금까지의 2배의 연수가 있을 터이다.

그러기에 나는 멸도하는 일은 없으나 '장차 멸도하리라'하고 설한다. 그것은 이 방편에 의해서 중생들을 교화하려는 것이다. 왜냐하면 만약 여래가 세상에 오래 살아 있으면, 복덕이 엷은 사람은 선근을 심지 않아 빈궁하고 천해지며 오욕(五欲)*104에 집착하고 분별과 망상의 그물 속에 빠질 것이기 때문이다. 만약 여래가 영원히 머물고 멸하는 일이 없다고 한다면, 곧 교만하고 방자한 생각을 일으켜 싫증과 게으른 마음을 품고, 여래를 만나기 어렵다는 생각과 여래를 공경하는 마음을 내게 할 수가 없을 것이기 때문이다.

그러므로 여래는 방편에 의해 '부처님들이 이 세상에 나타나는 것을 만나기는 어렵다'고 설하는 것이다. 왜냐하면 여러 복덕이 엷은 사람은 한량없는 백천만억 겁을 지나, 또는 부처님을 겨우 만나보는 이도 있고, 또는 부처님을 만나보지 않는 이도 있기 때문이다.

그런고로 나는 '비구들이여, 여래를 만나기는 아주 어렵다'고 설하는 것이다. 중생들은 이 말을 들으면, 곧 여래를 만나보기란 어려운 일이라 생각하게 되어, 마음으로 부처님을 사모하고 갈망하여 선근을 심게 되는 것이다. 그런고로 여래는 실은 멸도하는 일은 없어도 멸도한다고 말하는 것이다. 선남자들이여, 모든 부처님들의 가르침은 모두 이와 같이 중생들을 제도하기 위한

---

*104 눈·귀·코·혀·몸의 모양·소리·냄새·맛·촉감에 대한 욕망.

것이므로 모두 진실이며 허망한 것은 아닌 것이다.

이를테면 여기 의사가 있다고 하자. 지혜가 있고 총명하여 약을 처방하는 데 뛰어나 곧잘 모든 병을 고친다고 하자. 그에게 많은 아들이 있었는데, 10, 20 내지는 100명에 이르렀으나 어느 날 이 의사가 어떤 볼일로 멀리 타국에 갔다고 하자. 그 뒤에 이 아들들은 독약을 먹고 독 기운에 몸부림을 치며 땅바닥에 나가 뒹굴었다. 이때 마침 그 아버지가 귀국하여 집으로 돌아왔다. 아들들은 독약을 잘못 먹고, 제정신을 잃거나 또는 아직 잃지 않고 있었는데, 저 멀리 아버지를 보고 모두 크게 환희하여 절을 하면서 이렇게 말하였다.

'아버지, 안녕히 다녀오셨습니까. 저희들은 어리석게도 독약인 줄 모르고 잘못 먹었습니다. 아무쪼록 저희들을 치료해서 제발 목숨을 살려 주십시오.'

아버지는 자식들의 고통을 알고, 여러 가지 처방으로 색깔도 향기도 맛도 모두 갖추어진 좋은 약초를 구해다 달여서 아들에게 먹이려고 이렇게 말하였다.

'이 좋은 약은 빛깔도 향기도 맛도 좋으니 먹어라. 그러면 고통이 없어지고 병은 나을 것이다.'

아들들 가운데서 제정신을 잃지 않은 아이는, 이 훌륭한 약이 빛깔도 향기도 모두 좋은 것을 보고, 이것을 먹어 독은 모두 제거되고 나았다. 그러나 제정신을 잃은 아들들은 아버지가 돌아온 것을 보고 환희하여 치료해 달라고 사정하였지만, 그러면서도 주어진 약을 먹으려고 하지 않았다. 왜냐하면 독에 중독되어 제정신이 아니기 때문에 이 빛깔 좋고 향기 좋은 약을 좋지 않은 약으로 알았기 때문이다.

그때 아버지는 이렇게 생각하였다.

'이 아이들은 가련하다. 독에 중독되어서 제정신이 아니다. 나를 보고 기뻐서 구원을 청했지만, 그런데도 이렇게 좋은 약을 먹으려고 하지 않는 것이다. 나는 지금 방편을 써서 이 약을 먹도록 하겠다.'

그래서 아버지는 이렇게 말하였다.

'나는 늙어서 노쇠하여 죽을 때가 가까워졌다. 이 좋은 약을 여기에 놓아둘 테니 너희들은 이 약을 안심하고 먹도록 하여라. 반드시 낫게 될 것이다.'

이렇게 일러 놓고 타국으로 가서 사람을 보내 '너희 아버지는 세상을 떠났다'고 말하게 하였다.

이때 아들들은 아버지가 세상을 떠났다는 말을 듣고 마음이 크게 슬퍼져서 이렇게 생각하였다.

'만약 아버지가 이 세상에 살아 계시다면 우리들을 불쌍히 여기고 지켜주실 텐데, 지금 우리들을 버려두고 먼 타국에서 세상을 떠나셨구나.'

그들은 스스로 믿고 의지할 데 없는 고아라고 생각하여 슬퍼하다가 퍼뜩 제정신이 들어, 그 빛깔도 좋고 향도 좋고 맛도 좋다는 그 약을 생각해 내고 곧 그 약을 먹고는 회복했다. 그때 아버지는 아들들의 병이 모두 치유되었다는 말을 듣고 다시 돌아와 자식들 앞에 자신의 모습을 나타냈다."

"선남자들이여, 어떻게 생각하는가. 이 뛰어난 의사가 거짓말을 했다고 할 수 있겠는가?"

"석가세존이시여, 그렇지는 않습니다."

석가세존께서 말했다.

"나도 또한 그와 마찬가지이다. 성불한 것은 무량무변무수 백천만억 나유타 겁 전의 일이다. 중생들을 위해서이므로 방편력에 의해 멸도에 들리라고 말한다. 내가 한 일에 허물이 있다고 말할 사람은 없을 것이다."

17 분별공덕품(分別功德品)

이와 같이 석가세존의 수명이 길다는 말을 듣고, 무량무별무수의 중생들은 큰 이익을 얻었다.

그때 석가세존께서는 미륵보살에게 말씀하셨다.

"아일다(미륵보살의 별명)여, 내가 이 여래의 수명이 이와 같이 길다는 것을 설하였을 때, 육백팔십만억 나유타의 항하사와 같은 중생들이 무생법인(無生法忍)*105을 얻었다. 또 천 배의 보살들이 문지다라니문(聞持陀羅尼門)*106을 얻었다. 또 일세계(一世界)의 티끌 수와 같이 많은 보살들이 있어서 자유자재

---

*105 모든 것이 생함도 없고 멸함도 없음을 깨달아 안주하는 것. 즉 모든 법의 참모습을 인지하는 것.

*106 가르침을 듣고 명심하여 잊지 않는 지혜. 법다라니(法陀羅尼)라고도 함.

로 설법하는 능력을 얻었다. 다시 일세계의 티끌 수와 같이 많은 보살들이 있어 백천억 한량없는 선다라니(旋陀羅尼)*107를 얻었다.

또 삼천대천세계의 티끌 수와 같이 많은 보살들이 있어 불퇴전의 법륜을 굴렸다. 또 이천중천(二千中千) 세계*108 티끌 수와 같이 많은 보살이 있어 능히 청정한 법륜을 굴렸다. 또 소천(小千) 세계*109의 티끌 수와 같이 많은 보살들이 있어 팔생(八生) 뒤에 아뇩다라삼먁삼보리를 얻을 것이다. 또 네 개의 사천하(四天下)*110의 티끌 수와 같이 많은 보살들이 있어 사생(四生) 뒤에 아뇩다라삼먁삼보리를 얻을 것이다. 또 네 사천하의 티끌 수와 같은 많은 보살들이 있어 삼생(三生) 뒤에 아뇩다라삼먁삼보리를 얻을 것이다. 또 세 사천하의 티끌 수와 같이 많은 보살들이 있어 이생(二生) 뒤에 아뇩다라삼먁삼보리를 얻을 것이다. 또 두 사천하의 티끌 수와 같이 많은 보살들이 있어 일생 뒤에 아뇩다라삼먁삼보리를 얻을 것이다. 또 한 사천하의 티끌 수와 같이 많은 보살들이 다음 생에 아뇩다라삼먁삼보리를 얻을 것이다. 또 팔세계(八世界)*111의 티끌 수와 같이 많은 중생이 있어 모두 아뇩다라삼먁삼보리로 향하는 마음을 일으켰다."

석가세존께서 이들 보살이 커다란 법의 이익을 얻는다고 설하실 때, 허공에서 만다라 꽃과 마하만다라 꽃을 내리게 하여 한량없는 백천만억의 보배나무 아래 사자좌의 여러 부처님 위에 뿌려지고, 다시 칠보탑 속의 사자좌 위의 석가여래와 오래 전에 멸도한 다보여래에게도 뿌려지고 또 일체의 대보살과 사부대중 위에도 뿌려졌다.

또 전단향(栴檀香)과 침수향(沈水香) 가루도 뿌려졌다.

허공 가운데서 하늘 북이 저절로 울려서 미묘한 음향에 심원한 울림이 있

---

*107 온갖 모습에 대한 집착에서 벗어나 공(空)의 도리를 아는 지혜.

*108 소천 세계와 중천 세계를 통칭하는 말.

*109 수미산을 중심으로 한 네 대륙과 사왕천·도리천·염마천·도솔천·화자재천·타화자재천과 색계, 초선천인 범천, 그리고 해·달을 포함한 세계를 일세계(一世界)라고 함. 이 일세계를 천 개 합한 세계가 소천 세계(小千世界), 소천 세계를 천 개 합한 세계가 중천 세계(中千世界), 중천 세계를 천 개 합한 세계가 대천 세계(大千世界).

*110 수미산 사방에 있다는 네 대륙. 남섬부주(南贍部洲)·동승신주(東勝身洲)·서우화주(西牛貨洲)·북구로주(北俱盧洲).

*111 일세계를 8개 합친 것.

었다. 또 천 가지의 천의(天衣)를 뿌려 갖가지 진주 영락, 마니주의 영락과 여의보주(如意寶珠) 영락을 드리워서 널리 구방(九方)에 걸렸다. 많은 보배 향로에 값을 매길 수 없을 만큼 귀한 향을 태워서, 그 향기는 대중들을 감싸고 돌아 큰 모임의 공양을 하였다. 한분 한분의 부처님들 위에 여러 보살이 양산을 들고 차례로 줄지어 범천계(梵天界)에 이르고 있었다. 이 여러 보살들은 미묘한 음성과 한량없는 게송으로 여러 부처 법을 찬탄하고 있었다.

그때 미륵보살이 자리에서 일어나 오른쪽 어깨를 벗고 석가세존에게 합장한 다음 게송으로 말하였다.

석가세존께서 설하신 법 다시 없이 희유하여
저희들이 옛날에도 일찍이 못 듣더니

석가세존의 힘 크시고 그 수명 무량하며
한량없이 많은 제자 석가세존께서 분별하사

법의 이익 크게 얻어 불도에 잘 들었다니
그 말씀 들은 저희들 환희함이 충만하나이다

또는 불퇴지(不退地) 얻고 다라니를 얻으며
자유자재 설법 능력 한량없는 다라니 얻으며

대천 세계 티끌 수와 같이 많은 보살들은
불퇴의 큰 법륜을 능히 모두 굴리며

다시 중천 세계 티끌 수와 같이 많은 보살들
청정한 법륜 능히 모두 잘 굴리며

또한 소천 세계의 티끌 수와 같이 많은 보살들은
팔생(八生) 만에 성불 이루며

또다시 사(四)·삼(三)·이(二)의 사천하(四天下)의
티끌 수와 같이 많은 보살 그 수대로 성불하며

또는 한 사천하의 티끌 같은 보살들도
남은 일생에서 일체지를 이뤘노라

이와 같이 많은 중생 석가세존 수명 무량하심 듣고
한량없는 청정 과보 얻었으며

또한 팔(八) 세계 티끌 수와 같이 무수한 보살들도
석가세존 수명 무량하심 듣고 무상심을 일으켰나이다

석가세존께서 설하신 법 한량없고 불가사의라
많은 중생 준 이익이 허공같이 가이 없고

그 설법하실 때에 하늘 꽃비 내리며
항하사 만큼 많은 제석 범천들 곳곳에서 찾아오며

전단(栴檀) 침수(沈水) 향가루 분분하게 날리기를
나는 새와 같이하여 여러 모든 부처 공양하며

하늘에는 하늘 북이 묘한 소리 절로 내고
천만 가지 하늘 옷이 둥굴둥굴 내려오며

갖가지 보배 향로 값도 모를 향을 피워
그 향기로 두루 퍼져 모든 석가세존 공양하며

그 많은 보살 대중 높고 묘한 만억 가지
칠보로 된 깃발·양산 들고 차례로 범천에 오르며

하나하나 부처 앞엔 보배 기둥에 깃발 두루 달고
천만 가지 게송으로 여러 찬탄 노래하며

이러한 갖가지 일 전에 없던 미증유라
석가세존의 수명 무량하심 듣고 일체 환희하나이다

석가세존 이름 널리 들려 많은 중생 이익되니
일체의 선근 갖추어 위 없는 맘 돕나이다

이때 석가세존께서는 미륵보살에게 말씀하셨다.

"아일다여, 여래의 수명이 이토록 길다는 말을 듣고, 중생이 짧은 순간만이라도 믿고 이해하는 마음을 일으켰다면, 그가 얻는 공덕은 한량없는 것이될 것이다. 만약 선남·선녀가 있어 아뇩다라삼먁삼보리를 얻기 위해 팔십만억 나유타 겁 동안 다섯 가지 종의 덕을 행했다고 하자. 다섯 가지의 덕이란 보시(布施)의 덕·지계의 덕·인욕의 덕·정진의 덕·선정의 덕으로서 지혜의 덕은 제외한다. 이 공덕은 앞의 공덕에 비하면 백분의 1에도 천분의 1에도 백천만억분의 1에도 미치지 않는다. 산수에 의해서도, 비유에 의해서도 알 수는 없는 것이다. 만약 선남·선녀들이 이와 같은 공덕을 갖추고 있다면 아뇩다라삼먁삼보리에서 물러나는 일은 결코 없는 것이다.

아일다여, 만약 부처님의 수명이 길다는 것을 듣고, 그 의미를 이해하는 사람이 있을 것이다. 이 사람이 얻는 공덕은 한량이 없고, 능히 여래의 무상의 지혜를 일으킬 것이다. 하물며 널리 이 가르침을 듣고 남에게도 설해 주고, 자기도 받아 지니고 남에게도 받아 지니게 하고, 자기도 쓰고 남에게도 쓰게 하거나, 또는 꽃·향·영락·깃발·양산·향유·향유등(香油燈)으로 가르침에 공양하는 이는 말할 것도 없다. 이 사람의 공덕은 한량없고 능히 부처님의 지혜를 계발하게 될 것이다.

아일다여, 만약 선남자·선여인이 나의 수명이 길다는 것을 듣고, 마음 속 깊이에서 믿고 이해했다면, 그들은 여래가 늘 영취산에서 대보살이나 성문의 제자들에게 둘러싸여서 설법하고 계신 모습을 보게 될 것이다. 또 이 사바 세계의 땅이 유리로 평탄하고 염부(閻浮) 강에서 나는 금줄로 두른 여덟 갈래 길에 보배나무들이 줄지어 서고, 갖가지 누각은 모두 보배로 되어 있으며, 보살들이 그 안에서 살고 있는 것을 볼 것이다. 만약 능히 이와 같이 관찰하는 사람이 있다면, 이는 깊이 믿고 이해한 징표임을 알리라.

또 내가 멸도한 뒤, 만약 이 가르침을 듣고 이것을 비방하지 않고 기뻐하는 마음을 일으켰다면, 그것은 이미 깊이 믿고 이해한 징표라고 하여도 좋다. 하물며 이것을 독송하고 받아 지니는 사람은 말할 나위도 없다. 이 사람은 여래를 받들고 있는 것이 된다.

아일다여, 이와 같은 선남자·선여인들은 나를 위해 탑사(塔寺)를 세우든가 승방을 만들든가, 음식·의복·와구·탕약의 네 가지로 비구들을 공양하거나 할 필요는 없다. 그것은 왜냐하면, 이 가르침을 받아 지니고 독송하는 선남자, 선여인들은 이미 그 일로써, 탑을 세우거나 승방을 만들거나 비구들을 공양한 것으로 되어 있기 때문이다. 그 일로 해서 부처님의 유골 위에 칠보탑을 세워 놓고 넓게 위로 올라갈수록 작아져서 범천계까지 이르며, 갖가지 깃발·양산과 보배 방울을 달고, 꽃·향·영락·말향·도향·소향·북·기악·피리·공후 여러 가지 무희(舞戱)가 있고, 미묘한 음성으로 노래 부르며 찬탄하는 것이 된다. 이미 한량없는 천만억겁 동안 이 공양을 한 것으로 되는 것이다.

아일다여, 만약 내가 멸도한 후 이 가르침을 듣고 능히 받아 지니며, 자기도 쓰고 남에게도 쓰게 하는 사람이 있다면, 이 사람은 승방을 세우고 적전단(赤栴檀)으로 32전당을 만들되, 그 높이 8다라수(多羅樹),[112] 넓고 잘 장식되어 있어 백천의 비구들이 거처할 수 있으며, 동산과 숲·목욕하는 연못·걸어다닐 곳·참선하는 굴·의복·음식·침구·탕약 등 일체의 오락 기구가 그 안에 충만해 있을 것이다. 이와 같은 한량없는 기백천만억의 승방·당각(當閣)을 내 앞에서 비구들과 나에게 공양한 것이 되는 것이다.

그러므로 나는 이렇게 말하는 것이다.

'내가 멸도한 후에 이 가르침을 지니고 독송하고, 남에게 설하고, 자기도 쓰고, 남에게도 쓰게 하고, 이 가르침에 공양하는 사람은, 탑사를 세우든가 승방을 만들든가 비구들에게 공양을 할 필요는 없다.'

---

*112 높이 25m까지 자라는 나무. 여기에서는 이를 높이의 단위로 사용한 것.

하물며 이 경을 받아 지니고 겸해서 보시·지계·인욕·정진·선정·지혜바라밀을 행하는 사람은 말할 나위도 없는 일이다. 그 사람의 덕은 가장 뛰어나고 무량무변할 것이다. 가령 허공의 동·서·남·북·사유(四維)*113·상·하가 무량무변하듯이 이 사람의 공덕도 또한 이와 같이 무량무변한 것이며 조속히 부처님의 지혜에 도달할 것이다.

만약 어떤 사람이, 이 가르침을 독송하고 받아 지니고 남에게도 설하고, 자기도 쓰고 남에게도 쓰게 하면, 탑을 세우고 승방을 만든 이가 될 것이며, 여러 성문의 비구들을 공양하고 찬탄한 이가 될 것이다. 또 백천만억의 찬탄 방법으로 보살의 공덕을 찬탄한 이가 될 것이다. 또 남을 위해 여러 가지 인연으로 뜻하는 바에 따라, 이 법화경의 가르침을 해설하게 될 것이다. 또한 청정한 지계를 지키고 유화한 사람들과 오랫동안 함께 지낼 수 있게 되며, 인내력이 있어서 남을 미워하지 않고, 뜻과 생각이 단단한 이가 될 것이다. 또 항상 좌선을 귀하게 여기고, 갖가지 심원한 선정을 얻어 용맹 정진하여, 갖가지 선법을 받아 지닐 수 있게 되고, 기근이 날카롭고 지혜가 깊어 능히 어려운 질문에 대답할 수 있게 될 것이다.

아일다여, 만약 내가 멸도한 뒤에 이 가르침을 받아 지니고 독송할 선남자·선여인들에게는 이와 같이 갖가지 훌륭한 공덕이 있을 것이다. 이들은 이미 도량으로 나아가 아뇩다라삼먁삼보리에 가까워지려고 보리수 밑에 앉아 있는 것이 된다는 것을 알아라. 아일다여, 이들 선남자·선여인이 앉거나 서거나 걸어다니는 곳에 탑을 세워라. 일체의 자들과 사람들은 모두 여래의 탑에 하듯 공양해야 할 것이다."

18 수희공덕품(隨喜功德品)

그때 미륵보살은 석가세존께 이렇게 여쭈었다.

"석가세존이시여, 만약 어느 선남자·선여인이 이 법화의 가르침(법화경)을 듣고 같이 기뻐했다면, 얼마만큼의 복덕을 얻게 되겠습니까?"

---

*113 동북·동남·서북·서남의 네 방위. 동·서·남·북과 사유, 상하를 시방(十方)이라고 함.

그러자 석가세존께서는 미륵보살에게 말씀하셨다.

"아일다여, 여래가 멸도한 후에 만약 비구·비구니·우바새·우바이 및 그 외의 지혜 있는 어른이나 아이가 이 가르침을 듣고 기뻐하여 법회에서 나가 승방 또는 숲 또는 도시나 거리나 마을에서 자신이 들은 대로 부모나 친척·스승·친구 등을 위해 능력껏 설했다고 하자. 그러면 그에게서 전해 들은 이들은 자신들도 기뻐하여 또 다른 사람에게 그 가르침을 전할 것이다. 이와 같이 전전하여 50회째에 이르렀다고 할 때, 이 50회째의 선남자·선여인들의 기뻐하는 공덕에 대해서 설할 테니. 아일다여, 잘 들어라.

만약 사백만억의 세계에 사는 육취(六趣)*114 즉 지옥·아귀·축생·아수라·인간·천상의 중생들이나 사생(四生)*115의 중생들 즉 난생(卵生)·태생(胎生)·습생(濕生)·화생(化生)이나 또는 모양이 있는 것, 모양이 없는 것, 의식이 있는 것, 의식이 없는 것, 의식이 있는 것도 없는 것도 아닌 것, 발이 없는 것, 두 발의 것, 네 발의 것, 발이 많은 것 등 이와 같은 중생들이 수없이 많다고 하자. 어떤 사람이 있어서 복덕을 구하여 중생들이 원하는 대로 오락 기구 생필품을 공급하되, 하나하나의 중생들에게 염부제(閻浮提 : 중생들이 사는 속세) 세계에 가득히 있는 금·은·유리·거거·마노·산호·호박 등 갖가지 훌륭한 진보(珍寶), 코끼리나 말·수레, 칠보로 만든 궁전, 누각 등을 80년 동안 보시했다. 그리고 이렇게 생각했다고 하자.

'나는 이미 생각한 대로 중생들에게 오락 기구와 생필품을 보시했다. 그런데 이 중생들은 모두 이미 늙어 나이는 80을 넘어 머리는 희고 얼굴은 쭈글쭈글하니 머잖아 죽게 될 것이다. 나는 지금 바야흐로 부처님의 가르침에 의하여 이들을 인도해야 한다.'

그래서 그 중생들을 모아놓고 설법하여 알게 하고 이익되게 하며 가르침대로 따름을 찬탄하여 기쁘게 했다. 그리하여 모두 수다원과(須陀洹果)*116·

---

*114 일명 육도(六道). 중생이 윤회하는 6가지 세계. 지옥·아귀·축생·아수라·인간·천상. 이 6가지 세계를 왔다갔다 윤회하는 것을 일러 육도윤회(六道輪廻)라고 함.

*115 모든 생명체를 태어나는 방식에 따라 분류한 것. ① 난생: 새처럼 알에서 태어나는 것. ② 습생 : 벌레처럼 습기 있는 곳에서 태어나는 것. ③ 태생 : 사람처럼 태(胎)에서 태어나는 것. ④ 화생 : 과거에 지은 업에 의해, 의탁함이 없이 홀연히 태어나는 것.

*116 성문사과(聲聞四果)의 첫 단계. 삼악도를 영원히 떠났으나 인간 세상과 천상을 7번 왕래한 뒤에 열반을 얻을 수 있는 경지. 성문사과란 성문이 얻는 네 가지 과보를 말함.

사다함과(斯陀含果)*117·아나함과(阿那含果)*118·아라한과(阿羅漢果)*119를 얻어, 온갖 번뇌를 없애고 깊은 선정에 들어 자유자재가 되고, 팔해탈(八解脫)*120 을 얻게 했다고 하자. 그대는 어떻게 생각하는가. 이 대시주의 공덕은 큰 것 일까?"

미륵보살이 석가세존께 여쭈었다.

"석가세존이시여, 이 사람의 공덕은 매우 많고 무량무변합니다. 만약 이 시 주가 중생들에게 생필품만 보시했다 해도 그 공덕은 한량없을 것입니다. 하 물며 아라한과를 얻게 하였으므로 더할 나위 없는 일입니다."

석가세존께서 미륵보살에게 말씀하셨다.

"나는 지금 분명히 그대에게 말한다. 이 사람은 갖가지 생활필수품을 무 수 사백만억의 세계의 육취 중생들에게 보시하고, 또 그들에게 아라한과를 얻게 한 공덕은 이 50회째 사람이 법화의 가르침의 한 게송을 듣고, 기뻐한 공덕 백분의 일, 천분의 일, 백천만억분의 일에도 미치지 못하는 것이다. 그 공덕의 차이는 헤아리거나 비유에 의해서도 알 수는 없는 것이다.

아일다여, 법화의 가르침을 듣고 기뻐하는 공덕도 이렇게 무량무변무수 한 것이다. 하물며 최초의 법회에서 듣고 기뻐한 사람에서는 말할 나위도 없 는 일이다. 그 뛰어난 복덕은 더욱 훌륭하여 저 일과는 비교할 수도 없는 것 이다.

또 아일다여, 만약 어느 사람이 이 가르침을 듣기 위하여 승방으로 가서

---

*117 성문사과의 두 번째 단계. 인간 세상과 천상을 한번 왕래한 뒤 열반을 얻을 수 있는 경지. 일래과(一來果)라고도 함.
*118 성문사과의 세 번째 단계. 색계에 나서 열반에 드는 경지. 불래과(不來果)라고도 함.
*119 성문사과의 마지막 단계. 모든 번뇌를 다 끊어 열반에 든 최고의 단계.
*120 모든 번뇌를 끊고 아라한과를 얻기까지 8단계의 해탈 과정. ① 내유색상관외색해탈 : 탐 욕을 버리기 위해 육신의 더러움을 주시함으로써 물질에 대한 탐심을 없앰. ② 내무색상 관외색해탈 : 탐욕을 버리기 위해 육신의 더러움을 주시함으로써 사라진 물질에 대한 탐 심이 일어나지 않게 함. ③ 정해탈신작증구족주 : 탐심이 사라진 청정 해탈을 완전히 증 득함. ④ 공무변처해탈 : 모든 것을 한량없는 허공으로 보아 얻는 해탈. ⑤ 식무변처해탈 : 모든 것을 무한한 의식으로 보아 얻는 해탈. ⑥ 무소유처해탈 : 모든 것을 비어 있다고 보 아 얻는 해탈. ⑦ 비상비비상처해탈 : 비어 있음을 이해하려는 행위조차 버림으로써 지각 도 아니고, 그렇다고 무지각도 아닌 상태에서 얻는 해탈. ⑧ 멸수상정해탈 : 멸진정(滅盡 定). 지각도 아니고 무지각도 아닌 상태에서 벗어나 모든 의식에서 완전히 해방된 상태.

앉거나 또는 서서 잠깐 사이라도 들었다고 하자. 이 공덕에 의하여 후에 다시 태어났을 때, 훌륭한 코끼리와 말과 수레와 진보(珍寶)의 연을 얻고, 천궁을 얻는 몸이 될 것이다.

만약 또 어느 사람이 법을 설하는 곳에 앉았다고 하자. 사람이 오면 앉아서 듣도록 권하고, 또는 자리를 나누어 주었다고 하자. 이 사람은 그 공덕에 의해서 몸을 바꾸어 다시 태어났을 때 제석천(帝釋天)의 자리, 또는 범천왕의 자리 또는 전륜성왕의 자리를 얻을 것이다. 만약 또 어떤 사람이 다른 사람에게 '법화라는 가르침이 있습니다. 함께 가서 들읍시다'라고 하여 법화의 가르침을 잠시라도 듣게 했다고 하자. 그 사람은 이 공덕에 의하여 다시 태어났을 때, 다라니를 얻은 보살들과 같은 곳에서 태어나 기근이 날카롭고 지혜로울 것이다.

또 백천만의 생을 지나도 벙어리가 안 되고, 입에서 냄새가 나지 않고, 혀에 병이 없고, 입에도 병이 없을 것이다. 이(齒)는 검지 않고 누렇지도 않고 성글지도 않으며, 빠진 데도 없고 굽거나 덧니가 없을 것이다. 입술은 아래에 쳐지는 일이 없고 삐죽 올라가지도 않고 거칠지도 아니하며, 부스럼이 없고 언청이도 아니며, 삐뚤어지지도 두껍지 않으며, 크지도 검지도 않으며, 보기 흉한 곳이 조금도 없을 것이다. 코는 납작하지 않고 삐뚤어져 있는 일이 없고, 얼굴은 검지 않고 좁고 길지도 않으며, 삐뚤어지는 일이 없고 나쁜 상은 조금도 없을 것이다. 입술도 혀도 이도 모두가 다 아름다운 것이다. 코는 길고 높고 곧으며, 얼굴 모양은 원만하고 눈썹은 높고 길며, 이마는 넓고 편편하며, 얼굴 생김새가 잘 갖추어져 있을 것이다. 태어난 생에서는 언제나 부처님을 보고 법을 듣고 그 가르침을 믿고 받아 지닐 것이다.

아일다여, 한 사람에게 권하여 가서 법을 듣도록 한 공덕은 이와 같다. 하물며 일심으로 듣고 독송하고 대중 앞에서 사람을 위하여 분별하고 설하는 대로 수행하는 사람은 말할 나위도 없는 것이다."

19 법사공덕품(法師功德品)

그때 석가세존께서는 상정진(常精進)보살에게 말했다.

"만약 선남자·선여인들이 이 법화의 가르침(법화경)을 받아 지녀 읽고 외우고 해설하며 또는 베껴 쓰면, 이 사람은 8백의 눈의 공덕, 1천 2백의 귀의 공덕, 8백의 코의 공덕, 1천 2백의 혀의 공덕, 8백의 몸의 공덕, 1천 2백의 뜻의 공덕을 얻을 것이다. 이 공덕으로 육근(六根)[121]을 장엄하여 모두 청정해질 것이다.

이 선남자·선여인들은 부모로부터 받은 청정한 육안으로 삼천대천세계의 내외의 모든 산·숲·강·바다를 볼 수 있고, 아래로는 아비지옥(阿鼻地獄)[122]에서 위로는 유정천(有頂天)[123]에 이르기까지 또 그 가운데에 사는 일체 중생들을 보고, 업의 인연과 과보로서 다음에 태어날 곳을 모두 알게 될 것이다.

또한 상정진이여, 만약 선남자·선여인들이 이 가르침을 받아 지녀 읽고 외우고 해설하고 또는 베껴 쓴다고 하자. 이에 의해서 그들은 1천 2백의 귀(耳)의 공덕을 얻을 것이다. 이 청정한 귀로써 삼천대천세계의 아래로는 아비지옥에서 위는 유정천에 이르기까지의 그 속의 내외의 온갖 음성을 들을 것이다. 코끼리의 소리, 말의 소리, 소의 소리, 수레 소리, 우는 소리, 한탄의 소리, 소라고동 소리, 북소리, 종소리, 방울소리, 웃음소리, 수다스러운 소리, 남자의 소리, 여자의 소리, 동자의 소리, 동녀의 소리, 법의 소리, 법 아닌 소리, 괴로운 소리, 쾌락의 소리, 범부의 소리, 성인의 소리, 기쁨의 소리, 기쁘지 않은 소리, 천자들의 소리, 용의 소리, 야차의 소리, 건달바의 소리, 아수라의 소리, 가루라의 소리, 긴나라의 소리, 마후라가의 소리, 불타는 소리, 물소리, 바람 소리, 지옥의 소리, 축생의 소리, 아귀의 소리, 비구의 소리, 비구니의 소리, 성문의 소리, 벽지불의 소리, 보살의 소리, 부처님의 소리를 다 들을 것이다. 요컨대 삼천대천세계 가운데의 내외의 일체의 모든 소리를 비록 아직 천이(天耳)를 못 얻었다 하더라도 부모로부터 받은 청정한 보통의 귀로 모두 남김없이 듣고 알 것이다. 이와 같이 가지가지 음성을 분별해 들어도 귀의 활동이 손상되는 일은 없을 것이다.

또한 상정진이여, 만약 선남자·선여인들이 이 가르침을 받아 지니고 읽고

---

*121 6가지 감각 기관으로 눈(眼)·귀(耳)·코(鼻)·입(舌)·몸(身)·뜻(意)을 말함.
*122 괴로움이 끊임없이 닥친다는 뜻. 그래서 무간지옥(無間地獄)이라고 함.
*123 색계의 꼭대기 하늘인 색구경천을 말함. 또는 무색계의 꼭대기 하늘인 비상비비상천을 가리키는 것이라고도 함.

외우고 해설하고 또는 베껴 쓴다고 하자. 이에 의해서 그들은 8백 코의 공덕을 완성할 것이다. 이 청정한 코의 활동에 의해서 삼천대천세계의 상하 내외의 갖가지 향기를 맡을 것이다. 수만나 꽃 향기·사제(闍提) 꽃 향기·말리 꽃 향기·첨복 꽃 향기·바라라 꽃 향기·붉은 연꽃 향기·파란 연꽃의 향기·흰 연꽃 향기·화수향(華樹香)·과수향(果樹香)·전단향(栴檀香)·침수향·다마라발향·다가라향 및 천만 종의 혼합된 향, 가루 향, 알맹이로 된 향, 바르는 향 내음을 이 경을 받아 지니는 사람은 이 사이에 있으면서 모든 것을 능히 분별해 낼 것이다. 또 갖가지 중생들의 냄새, 코끼리 냄새, 말 냄새, 소나 양의 냄새, 남자 냄새, 여자 냄새, 동자와 동녀의 냄새 및 풀이나 나무나 숲의 냄새 가까이 또는 먼 곳의 온갖 냄새를 모조리 맡아 분별할 수 있을 것이다.

이 가르침을 받아 지니는 사람은, 몸은 이곳에 있으면서도 천상의 갖가지 향기를 맡을 것이다. 바리질다라수(波利質多羅樹)[124]·구비다라수(拘鞞陀羅樹)[125]·만다라 꽃·마하만다라 꽃 향기, 만수사 꽃·마하만수사 꽃 향기며, 전단·침수, 갖가지의 말향, 갖가지의 잡꽃 향, 이들 갖가지가 섞여서 풍기는 향기를 다 분별해 낼 것이다.

또 모든 천자들의 몸의 향기를 맡을 것이다. 제석천이 훌륭한 궁전에서 오욕을 즐길 때의 향기, 또는 묘법당 위에서 도리천의 천자들을 위해 설법할 때의 향기, 또는 여러 동산에서 유희할 때의 향기 및 다른 남녀 천자들의 몸 향기 모두를 멀리서 맡고 분별할 것이다.

이와 같이 차츰 올라가 범천이나 유정천에 이르는 천자들의 몸 향기를 모두 맡고 또 천자들이 태우는 향 냄새를 맡고 분별할 것이다.

또 성문의 향기, 벽지불의 향기, 보살의 향기, 여러 부처님의 향기를 모두 먼 곳에 있으면서도 맡아서 그 소재를 알 수 있을 것이다. 이 향기를 맡아도 코의 활동이 손상되는 일은 없을 것이다. 만약 분별해서 남에게 설하려고 할 때에도 그 기억이 틀림없을 것이다.

또한 상정진이여, 만약 선남자·선여인들이 이 가르침을 받아 지니고 읽고 외우고 설하고 또는 베껴 쓴다고 하자. 이에 의해서 그들은 1천 2백의 '혀의 공덕'을 얻을 것이다. 모양 좋거나 추한 것, 또는 아름답거나 아름답지 못한

*124 도리천의 우두머리인 제석천의 정원에 있다는 나무.
*125 사철 꽃이 피고 가을에 열매 맺는 나무.

것, 또는 맛이 쓰거나 떫은 것 등을 그 혀 위에 놓으면 천상의 감로수와 같은 훌륭한 맛으로 변할 것이다.

만약 그 혀로 대중 속에서 연설을 하면, 심원미묘한 음성이 나와 대중의 마음 속에 능히 통하여 모두 환희하고 만족할 것이다.

또 여러 천자·천녀·제석천·범천 및 모든 천자들은 이 심원 미묘한 음성과 조리 있게 하는 설법을 들으러 모두들 모여들 것이다.

모든 용과 용녀·야차와 야차녀·건달바와 건달바녀·아수라와 아수라녀·가루라와 가루라녀·긴나라와 긴나라녀·마후라가와 마후라가녀 등도 설법을 들으려고 모두 가까이 와서 공경하고 공양할 것이다.

또 비구·비구니·우바새·우바이·국왕·왕자·신하와 그 권속들도 법을 들으러 올 것이요, 소전륜왕·대전륜왕들도 그들의 칠보와 1천의 아들 내외의 친족들은 이 궁전을 타고 와서 설법을 들을 것이다.

이 보살은 설법을 잘하기 때문에, 바라문(婆羅門, Brahman)이나 거사, 나라 안의 백성들은 수명이 다하는 날까지 모시고 따르며 공양할 것이다. 또 모든 성문·벽지불·보살·부처님도 그를 보기 원할 것이다. 이 사람이 있는 곳에서는 모든 부처님들은 모두 법을 설할 것이다. 그 덕분에 일체의 부처님의 법을 이 사람은 모두 잘 받아 지니고 또 능히 심원 미묘한 설법을 할 것이다.

또한 상정진이여, 만약 선남자·선여인들이 이 가르침을 받아 지니고 읽고 외우고, 해설하고 또는 베껴 쓴다고 하자. 이에 의해서 그들은 8백 몸의 공덕을 얻어 청정한 그 몸은 유리와 같고, 중생들이 모두 보기를 원하게 될 것이다. 그 몸 청정하므로, 삼천대천세계의 중생들이 태어날 때, 죽을 때, 상하, 좋은 곳과 추한 곳, 선한 곳과 악한 곳에 떨어지는 모습 등이 모두 그 몸 속에 나타나 보일 것이다.

또 철위산(鐵圍山)·대철위산·수미산·대수미산 등의 산왕 근처에 있는 중생들 모두가 그 몸 속에 나타나 보일 것이다. 아래로는 아비지옥에서 위는 유정천에 이르기까지 사이에 사는 중생들 모두가 그 몸 속에 나타나 보일 것이요, 또는 성문·벽지불·보살·부처님들이 설법할 때면 그들의 육신이 그의 몸 속에 나타내 보일 것이다.

또한 상정진이여, 만약 선남자·선여인들이 여래가 멸도한 뒤에 이 가르침을 받아 지니고 읽고 외우고 설하고 또는 베껴 쓴다고 하자. 이에 의해서 그들은 1천 2백의 '뜻의 공덕'을 얻을 것이다. 이 청정한 뜻을 지닌 까닭에 한 게송, 한 구절을 듣기만 해도 그 속에 담긴 무량무변의 뜻을 훤히 알게 될 것이다. 이 뜻을 안 뒤에, 능히 한 구절 한 게송을 설하여 1개월이나 4개월 또는 1년에 이를 때까지 한다. 설하는 법은 이치에 따라 설법되며 모두 실상에 위배되지 않을 것이요, 만약 세속의 가르침이나 정치·경제를 설하더라도 모두 바른 법에 일치할 것이다.

또 삼천대천세계의 육취 중생들이 마음의 변화, 마음의 동작, 마음으로 논하는 바를 모두 잘 알 것이다. 비록 청정한 지혜를 얻지는 못했다 하더라도 그 뜻의 활동은 이토록 청정한 것이다. 이 사람의 생각, 헤아리고 하는 말은 모두 부처님의 법이며, 진실이 아닌 것은 없고, 또 과거세 부처님들이 설해진 법인 것이다."

20 상불경보살품(常不輕菩薩品)

그때 석가세존께서는 득대세(得大勢)보살*126에게 말씀하셨다.

"득대세여, 마땅히 알라. 만약 법화의 가르침을 받아 지니는 비구·비구니·우바새·우바이에게 험담을 하고 욕하고 비방하는 일이 있다면, 커다란 죄보(罪報)를 받는다는 것은 앞에서 말한 대로다. 법화의 가르침을 받아 지니고 있는 사람이 얻는 공덕은 앞에서 말했듯이 눈·귀·코·혀·몸·뜻이 청정하게 되는 일이다.

득대세여, 먼 옛날 무량무변 불가사의 무수겁의 옛날에, 위음성왕(威音聲王 : 위음왕불)여래라는 부처님이 계셨다. 이름을 이쇠(離衰), 나라 이름을 대성(大成)이라고 하였다. 위음왕불은 그 세상에서 천자·인간·아수라를 위해 설법을 하셨다. 성문을 구하는 사람을 위해서는 그에 응한 4제법(四諦法)*127을

---

*126 관세음보살과 함께 아미타불을 보좌하는 보살. 지혜의 광명으로 중생을 구제하는 힘이 크다고 하여 대세지(大勢至)라고도 함. 흔히 대승의 보살행을 '위로는 깨달음을 구하고(上 求菩提). 아래로는 중생을 교화한다(下化衆生)'고 하는데, 대세지 보살과 관세음보살은 이러한 수행을 분담함. 득대세보살은 지혜로써 상구보리(上求菩提)를, 그리고 관세음보살은 자비로써 하화중생(下化衆生)을 담당함.

*127 네 가지 성스러운 진리. ① 고제(苦諦) : 괴로움의 범위에 대한 진리. 즉 팔고(八苦)를 말함.

설하고, 생로병사의 고통에서 구해 내어 마침내 열반케 하고, 벽지불을 구하는 사람을 위해서는 그에 응한 십이인연(十二因緣)*128을 설법하고, 보살들에게는 아뇩다라삼먁삼보리의 인(因)이 되는 육바라밀을 설법하여 부처님의 지혜에 이르게 하였다.

득대세여, 이 위음왕불의 수명은 40만억 나유타의 항하사만큼 많은 겁이다. 정법(正法)*129이 세상에 머무는 겁수는 한 염부제(閻浮提 : 중생들이 사는 속세)의 티끌 수와 같고, 상법(像法)*130이 세상에 머무는 겁수는 사천하(四天下)의 티끌 수와 같다.

그 부처님은 중생들을 이익케 한 후에 멸도하셨다. 그 부처님의 정법 상법이 다 멸진한 후에, 그 국토에 다시 부처님이 출세하셨으니, 그 부처님의 이름 또한 위음왕여래라 하였다. 이와 같이 하여 차례로 2만억의 부처님이 나셨는데 모두 같은 이름이었다.

최초의 위음왕여래가 멸도하시고 그 부처님의 정법이 멸한 뒤 상법 시대에, 교만한 비구들이 큰 세력을 갖고 있었다. 그때 한 보살 비구가 있었는데, 그 이름을 상불경(常不輕)이라고 하였다.

---

② 집제(集諦) : 괴로움의 원인에 대한 진리. 즉 십이인연법의 제12지(老死)의 생성에서 제1지(無明)의 생성으로 관조해 가면서 괴로움의 원인을 밝히는 과정을 말함. ③ 멸제(滅諦) : 괴로움의 소멸에 대한 진리. 즉 십이인연법의 제1지의 소멸에서 제12지의 소멸로 관조해 가면서 괴로움의 소멸을 밝히는 과정을 말함. ④ 도제(道諦) : 괴로움의 소멸을 위해 실천해야 할 방법에 대한 진리. 즉 팔정도(八正道)를 말함.

*128 괴로움과 해탈의 연유를 밝히는 12가지 과정. 12번의 생성에서 1번의 생성으로 관조해 가는 과정이 괴로움의 연유를 밝히는 과정이고, 1번의 소멸에서 12번의 소멸로 관조해 가는 과정이 해탈의 연유를 밝히는 과정. ① 무명(無明) : 이 세상 모든 것에는 참된 실체가 없다는 진리에 대한 무지. ② 행(行) : 집착하는 대상을 실재화하려는 의지. ③ 식(識) : 분별 의식. ④ 명색(名色) : 물질적인 것과 비물질적인 것의 결합. ⑤ 육입(六入) : 주관성이 확립된 여섯 감각 기관. 즉 눈(眼)·귀(耳)·코(鼻)·혀(舌)·신체(身)·의식(意). ⑥ 촉(觸) : 주관과 대상의 접촉, 즉 여섯 감각 기관의 식·여섯 감각 기관·여섯 감각 대상의 접촉. ⑦ 수(受) : 감수(感受)작용. ⑧ 애(愛) : 즐거움의 대상에 대한 목마른 갈구. ⑨ 취(取) : 집착하는 대상을 자기화시키려는 행위. ⑩ 유(有) : 존재의 형성. ⑪ 생(生) : 태어남. ⑫ 노사(老死) : 늙음과 죽음 및 모든 고통.

*129 정법시(正法時)라고 함. 부처님의 가르침과 그 가르침대로 실천함. 그리고 그 결과로 깨달음이 바르게 존속되는 시기를 말함.

*130 상법시(像法時)라고 함. 부처님의 가르침과 그 가르침대로 실천함은 지속되지만, 그 결과로서 깨달음을 얻는 이가 없는 시기를 말함.

득대세여, 어떠한 까닭으로 상불경이라고 이름을 붙였는가 하면, 이 비구는 비구·비구니·우바새·우바이를 볼 때마다 모두 예배 찬탄하고 이렇게 말하였다.

'저는 당신들을 깊이 존경합니다. 감히 경멸하지는 않았습니다. 왜냐하면 당신들은 모두 보살도를 실행하여 마침내 성불하시기 때문입니다'

더욱이 이 비구는 가르침을 독송도 하지 않고 주로 예배만 하였다. 멀리 사부대중들을 보아도 일부러 그곳까지 가서 예배 찬탄하고 이렇게 말하였다.

'저는 감히 당신들을 경멸하지 않습니다. 당신들은 마침내 성불하시기 때문입니다.'

그러자 사부대중들 가운데는, 노여움과 미움의 마음이 생기고 마음이 청정하지 않은 사람도 있어 험담하여 이렇게 욕하였다.

'이 무지스런 비구야, 도대체 어딜 와서 "당신들을 경멸하지 않습니다. 당신들은 마침내 성불하실 것입니다"라는 등의 예언을 하는가. 우리들에게는 그와 같이 허망한 예언 따위는 필요없다.'

그 비구는 이와 같이 여러 해 동안 항상 욕을 먹으면서도, 노여움이나 미움의 마음을 일으키지 않고 항상 '당신들은 마침내 성불하실 것입니다' 하고 다녔다.

이런 말을 하면, 많은 사람들은 지팡이나 나무, 기와나 돌 따위로 때리기도 하고 던지기도 하므로, 이를 피해 멀리 뛰어가서는 계속 큰 소리로 '저는 당신들을 경멸하지 않습니다. 당신들은 마침내 성불할 것입니다'라고 소리를 지르는 것이었다. 항상 그렇게 말하고 있었으므로 교만한 비구·비구니·우바새·우바이들은 그에게 상불경이라는 이름을 붙인 것이다.

이 비구는 수명이 다하려 할 때, 허공에서 들려오는, 위음왕불이 먼저 설법하신 법화의 가르침 20천만억의 게송을 듣고, 그것을 모조리 받아 지니게 되었고, 이로 인해 눈·귀·코·혀·몸·뜻의 청정함을 얻었다. 이 육근 청정을 얻고는 다시 수명이 늘기를 2백만억 나유타세, 그 동안 널리 사람들을 위하여 법화의 가르침을 설했던 것이었다.

그때 교만한 비구·비구니·우바새·우바이의 사부대중들, 일찍이 그 사람을 경멸하고 천대해서 그에게 상불경이란 이름을 붙였던 사람들은, 그가 대신통력과 자유자재로 설법하는 능력과 큰 지혜의 힘을 얻은 것을 보고, 또 그가 설법하는 것을 듣고 모두 믿고 따르게 되었다. 이 보살은 또한 천만억의 중생들을 교화하고 아뇩다라삼먁삼보리에 이르게 하였다.

그는 수명이 다한 뒤 2만억의 부처님들을 만났는데 모두가 일월등명(日月燈明)이라는 이름의 부처님이었다. 그 부처님들의 법 가운데서 이 법화의 가르침을 설법하였다. 이 인연으로 다시 2천억의 부처님들을 만났는데 모두가 운자재등왕(雲自在燈王)이라는 이름의 부처님이었다. 이 여러 부처님들의 법 가운데서도 법화의 가르침을 받아 지니고 읽고 외우며 여러 사부대중들을 위해 설법하였으므로, 그 인연으로 눈·귀·코·혀·몸·뜻이 청정해졌고, 사부대중 앞에서 설법을 하여도 마음에 두려울 것이 없었다.

득대세여, 그대는 어떻게 생각하는가. 이때의 상불경보살은 다름 아닌 나였던 것이다. 만약 과거세에서 이 가르침을 받아 지니고 읽고 외우고 남을 위해 설하지 않았다면 아뇩다라삼먁삼보리를 도저히 속히 얻을 수는 없었을 것이다. 나는 과거세 부처님들 밑에서 이 가르침을 받아 지니고 읽고 외우고 남을 위해 설법을 했기 때문에 빨리 아뇩다라삼먁삼보리를 얻을 수가 있었던 것이다.

득대세여, 그때의 비구·비구니·우바새·우바이의 사부대중들은 노여움과 미움으로 나를 경멸하고 천대했기 때문에, 2백억 겁 동안이나 부처님을 만나지 못하고, 설법을 듣지 못했고 비구·비구니도 보지 못했다. 그리고 천 겁 동안 아비지옥에서 큰 고통을 받았다. 이 죄값을 다 치른 뒤 다시 아뇩다라삼먁삼보리로 인도하는 상경불보살을 만났던 것이다.

득대세여, 그대는 어떻게 생각하는가. 그때의 사부대중들, 항상 그 보살을 경멸하고 있던 사람들은 다른 사람이 아니다. 지금 이 법회 자리에 있는 발타바라(跋陀婆羅) 등 5백 보살, 사자월(獅予月) 등 5백 비구니, 사불(思佛) 등 5백인의 우바새가 바로 그들이다. 그러나 이들은 모두 아뇩다라삼먁삼보리에서 물러나지 않게 되었다.

득대세여, 마땅히 알라. 이 법화의 가르침은 크게 여러 보살을 이롭게 하고 아뇩다라삼먁삼보리에 이르게 하였다. 그런고로 모든 보살들이여, 여래가 멸도한 후에 항상 이 가르침을 받아 지니고 읽고 외우고 베껴 쓰도록 하라."

그때 석가세존께서는 거듭 이 의미를 거듭 밝히기 위하여 게송으로 말씀하셨다.

과거세 한 부처님 그 이름이 위음왕불(威音王佛)
신통 지혜 무량하사 일체 중생 인도할 새

천자·인간·용·귀신의 정성스런 공양받고
이 부처님 멸도하여 법 또한 다할 때에

보살 한 분 계셨으니 이름하여 상불경(常不輕)
그때에 사부대중 법마다 집착커늘

상불경 그 보살이 곳곳마다 찾아가서
말하여 이르는 말 '그대 경멸 않나니

도 행하는 그대들도 모두 다 성불하리라'고
이 말 들은 여러 사람 비방하고 욕을 해도

상불경 그 보살은 능히 받아 다 참으며
숙세(宿世 : 전생의 세상)의 죄 다한 후 임종할 때 이르러서

이 가르침 얻어 들어 육근이 청정하고
신통력 얻어 수명 또한 늘었노라

다시 중생 위해 이 가르침 널리 설하니
법에 집착했던 무리들 그 보살의 교화로

빠짐 없이 성취하여 부처님 도 다 이루며
상경불보살 임종한 후 많은 부처 만나 뵙고

이 가르침 설한 인연 무량한 복 얻어
공덕을 점차 갖춰 성불 빨리 했느니라

그때의 상불경은 바로 내 몸이고
상불경을 경멸하던 사부대중들은

내가 준 성불 수기 모두 받은 인연으로
한량 없고 가이 없는 부처님을 만나 뵈온

이 가운데 5백 보살들과 비구·비구니·우바새·우바이가
내 앞에 지금 와서 법을 듣는 이들이라

나는 과거세 많은 사람 권하여서
제일 되는 이 법을 듣고 믿게 하였으며

보이고 가르쳐서 열반에 잘 머물러
세세에 이 가르침 받아 지니게 하였노라

억만 겁 오랜 세월 불가사의 얻게 하려
이 법화 듣게 하고 열어 뵈고 가르치며

천만이나 억만 겁 불가사의 이르도록
여러 부처 석가세존께서 항상 이 가르침 설하시니

그러므로 도 닦는 이 부처님 멸도 후에
이 가르침 듣고 의혹된 맘 내지 말며

한결같은 마음으로 이 가르침 설법하면
세세에 부처님 만나 성불도 빠르리라

21 여래신력품(如來神力品)

그때 땅 속에서 솟아올라온 천세계(千世界)*131의 티끌 수와 같이 많은 보살들은, 모두 석가세존 앞에서 한마음으로 합장하고 석가세존을 우러러보면서 이렇게 여쭈었다.

"석가세존이시여, 저희들은 석가세존께서 멸도하신 뒤에 석가세존의 분신 부처님들이 계신 국토, 그 부처님들이 멸도하신 곳에서 널리 이 가르침을 설할 것입니다. 왜냐하면 저희들도 또한 스스로 이 진실하고 청정한 큰 가르침을 얻어 독송하고 설하고 베껴 쓰며 공양하고 싶기 때문입니다."

그러자 석가세존께서는 이 사바 세계에 머물고 있는 문수사리(文殊師利) 등 한량없는 백천만억의 보살들 및 여러 비구·비구니·우바새·우바이·천자·용·야차·건달바·아수라·가루라·긴나라·마후라가·인간·인간이 아닌 이 등 일체의 대중들 앞에서 커다란 신통력을 나타냈다. 광장설(廣長舌)*132을 내시어 범천(梵天)의 세계에까지 이르게 하였다. 또 모든 털구멍에서 무량무수의 빛을 내뿜어 시방 세계를 일제히 비췄다. 여러 보배나무 아래의 사자좌 위에 앉아 있는 분신 부처님들도 또한 장광설을 내서 한량없는 빛을 내뿜었다.

석가여래와 보배나무 밑의 모든 불신 부처님들은 수백천 년 동안 신통력을 나타낸 뒤 광장설을 거두고 동시에 기침을 하고 손가락을 튕겨 울리었다. 이 두 가지 소리는 시방의 모든 부처님들의 세계까지 닿아서 그 땅들은 모두 여섯 가지 모양으로 진동하였다.*133 그 속의 중생들, 천자·용·야차·건달바·아수라·가루라·긴나라·마후라가·인간·인간이 아닌 이들은 부처님의 위력에 의하여, 모두 이 사바 세계의 여러 보배나무 아래의 사자좌 위에 있는 무량무변 백천만억의 여러 부처님을 보고, 또 석가여래와 다보여래가 함께 칠보탑 속의 사자좌에 앉아 계시는 것을 보았다. 또한 무량무변 백천만억의

---

*131 일세계(一世界)를 천 개 합한 세계.

*132 삼십이상의 하나로, 부처님의 넓고 긴 혀.

*133 세간에 상서로운 일이 있을 때 대지가 진동하는 여섯 가지 모양. ① 동(動) : 한쪽으로 움직이는 것. ② 기(起) : 아래에서 위로 흔들려 올라오는 것. ③ 용(涌) : 솟았다 꺼졌다 하는 것. ④ 진(震) : 은은한 소리. ⑤ 후(吼) : 꽝하는 소리. ⑥ 각(覺) 또는 격(擊) : 큰 소리. 앞의 3가지는 모양이 변하는 것이고 뒤의 3가지는 소리가 변하는 것.

보살들 및 모든 사부대중들이 석가여래를 둘러싸고 공경하고 있는 것을 보았다. 이것을 다 보고 나자 모두들 크게 기뻐하여 기적이라 생각하였다.

그때 모든 천자들은 허공에서 큰 소리로 이렇게 말했다.

"이 무량무변무수 백천만억의 세계를 지나 '사바'라는 나라가 있는데, 그곳에 부처님이 계시니 이름은 '석가모니'이다. 지금 모든 보살들을 위해 '묘법연화(妙法蓮華)', '보살을 가르치는 법', '부처님들이 보호하고 살피시는 대승경(大乘經)'을 설법하신다. 그대들은 마땅히 마음 속으로 기뻐하라. 또한 석가여래를 예배하고 공양하라."

그러자 그 모든 불국토의 중생들은 허공에서 나는 소리를 듣고 합장하고 사바 세계를 향하여 이렇게 말하였다.

"나무석가모니불, 나무석가모니불."

그리고 갖가지 꽃과 향·영락·양산과 깃발·갖가지 장식물·진기한 보배·훌륭한 것들을 저 멀리 사바 세계를 향해 뿌렸다. 그러자 뿌려진 온갖 공양물은 시방으로부터 마치 구름 몰려오는 듯하였다. 이것들은 변하여 보배의 장막이 되고, 시방 세계에 계신 부처님들 위를 두루 덮었다. 그리하여 시방 세계는 아무런 막힘없이 이어져서 하나의 불국토처럼 통하였다.

그때 부처님은 상행(上行) 보살 등 보살 대중들에게 이렇게 말했다.

"모든 부처님들의 신통력은 이와 같이 무량무변 불가사의하다. 만약 내가 이 신통력에 의하여 무량무변무수의 백천만억 겁 동안 이 가르침을 전도할 것을 위촉하기 위해, 이 가르침의 공덕을 설한다 해도 미처 다 설할 수는 없다.

이것은 요컨대 여래의 모든 가르침, 모든 자재로운 신통력과 비밀스런 가르침, 그리고 여래의 심원한 의미가 모두 이 가르침에서 제시되고 분명히 설명되어 있다. 그러므로 그대들은 여래가 멸도한 뒤 한마음으로 받아 지니고 읽고 외우고 설하고 베껴 써서 있는 대로 수행해야 할 것이다.

만약 어떤이가 이 가르침을 받아 지니고 읽고 외우고 설하고 베껴 써서 있는 대로 수행하거나, 또는 이 법화의 가르침이 적힌 책이 놓여 있는 곳이 있을 것이다. 그 장소가 정원 안에 있든 숲 속이나 나무 밑에 있든, 승방이나 재가자의 집에 있든 전당에 있든, 산골짜기나 광야에 있든, 그 어디든지 마땅히 탑을 세워 공양해야 할 것이다. 왜냐하면 그곳은 모든 부처님들이 아녹다라삼먁삼보리를 얻은 도량이요, 법륜을 굴리는 곳이며, 열반한 곳이기 때문이다."

22 촉루품(囑累品)

그때 석가세존께서는 법좌에서 일어나 큰 신통력을 나타내 오른손으로 한량없이 많은 보살들의 머리를 어루만지시고 이렇게 말씀하셨다.

"나는 한량없는 백천만억 겁 동안 이 얻기 어려운 아녹다라삼먁삼보리를 얻기 위한 법을 닦아 익혔다. 이제 이것을 그대들에게 위촉한다. 그대들은 한마음으로 이 가르침을 유포(流布)시켜 널리 이롭게 하라."

이와 같이 그 많은 보살들의 머리를 세 번 어루만지시고 이렇게 말씀하셨다.

"나는 무량무수 백천만억 겁 동안 이 얻기 어려운 아녹다라삼먁삼보리를 얻기 위한 법을 닦아 익혔다. 이제 이것을 그대들에게 위촉한다. 그대들은 이 것을 받아 지녀 읽고 외워 널리 선양하여 일체 중생들로 하여금 모두 듣고 알게 하라. 왜냐하면 여래에는 대자비심이 있고, 인색한 마음이 없고, 또한 두려움이 없어, 능히 중생들에게 부처님의 지혜, 여래의 지혜, 자연의 지혜를 주기 때문이다. 또한 여래는 일체 중생의 큰 시주(施主)*134이니, 그대들도 또한 여래의 가르침을 본받아 인색한 마음을 가져서는 안 된다.

만약 미래세에 선남자·선여인이 있어 여래의 지혜를 믿을 것 같으면, 그들을 위하여 이 법화의 가르침을 설해 알려 주는 것이 좋을 것이다. 그 사람에게 부처님의 지혜를 얻게 하기 위함이다. 만약 중생 가운데서 어떤 중생이 믿지 않고 받아 지니지 않는 사람이 있다면, 그때는 여래의 다른 심원(深遠)한 법을 설하여 알게 하며 가르침대로 따름을 찬탄하여 기쁘게 해 주는 것이 좋을 것이다. 그대들이 만약 능히 이렇게 할 수 있다면, 곧 모든 부처님들의 은혜에 보답한 것이 된다."

그때 모든 보살들은 석가세존께서 이렇게 설하시는 것을 듣고 모두 벅차

---

*134 자비심으로 조건 없이 남에게 재물이나 가르침 등을 베푸는 사람.

오르는 감동을 주체할 수가 없어, 더욱더 공경하여 몸을 굽히고 머리를 숙여 합장하고 석가세존을 향하여 한목소리로 이렇게 여쭈었다.

"석가세존께서 분부하신 대로 하겠습니다. 바라건대 석가세존이시여, 걱정하지 마소서."

모든 보살들은 이같이 세 번이나 한목소리로 여쭈었다.

그때 석가세존께서는 시방에서 모여든 모든 분신 부처님들을 각자의 본토로 돌아가도록 이렇게 말씀하셨다.

"여러 부처님들이여, 안녕히 돌아가시오. 다보불의 칠보탑이여, 전과 같이 돌아가시오."

이렇게 말씀하셨을 때 보배나무 아래 사자좌에 앉아 있던 시방의 한량없는 분신 부처님들 및 다보불 그리고 상행보살 등 무변무수의 보살 대중들, 사리불 등의 성문들·사부대중*135 일체 세간의 천자들·인간들·아수라들은 석가세존의 설법을 듣고 모두 크게 기뻐하였다.

23 약왕보살본사품(藥王菩薩本事品)

그때 수왕화(宿王華)보살이 석가세존께 이렇게 여쭈었다.

"석가세존이시여, 약왕보살은 어떤 까닭으로 사바 세계에서 유행(遊行 : 스님이 포교를 위하여 각처를 돌아다님)하는 것입니까. 석가세존이시여, 이 약왕보살은 몇백천만억 나유타의 어려운 수행과 고행(苦行)이 있었을 것입니다. 바라건대 조금이라도 이야기해 주신다면 모든 천자들·용·야차·건달바·가루라·긴나라·마후라가·인간 또는 인간이 아닌 이들, 또 다른 국토에서 온 보살들, 이곳 성문대중들은 모두 듣고 기뻐할 것입니다."

그때 석가세존께서는 수왕화보살에게 말씀하셨다.

"옛날 과거무량의 항하사만큼 겁의 옛날에 일월정명덕여래(日月淨明德如來)라는 부처님이 계셨다. 그 부처님에게 80억 대보살과 72항하사만큼의 대성문이 있었다.

---

*135 출가 승려인 비구·비구니, 재가신도인 재가신사(우바새)·재가신녀(우바이)를 말함.

그 부처님의 수명은 4만 2천 겁, 보살들의 수명도 또한 같았다. 그 나라에는 여인·지옥·아귀·축생·아수라 및 갖가지 재난이 없었으며, 땅이 평탄하기가 손바닥 같고, 유리로 되어 있는 땅에는 보배가 즐비하였다. 또 보배 나무 장막으로 위를 덮고, 보배 꽃을 수놓은 깃발을 드리우고, 보배로 된 항아리와 향로가 온 나라 안에 가득 차 있었다. 칠보로 만든 좌대가 한 나무에 하나씩 있었고, 그 나무 사이는 화살 한 개 사이였다. 이 많은 보배나무 아래에는 모두 보살과 성문들이 앉아 있었다. 여러 보배로 된 좌대 위에는, 각각 백억의 천자들이 하늘의 음악을 연주하여 부처님을 찬탄하며 공양하고 있었다.

그때 그 부처님은 일체중생희견(一切衆生喜見)보살 및 수많은 보살들, 그리고 성문들을 위해 법화의 가르침(법화경)을 설하셨다. 이 일체중생희견보살은 스스로 원해서 고행을 즐겨 닦으니, 일월정명덕불의 가르침 밑에서 1만 2천년 동안 일심으로 노력 정진하여 부처님 되기를 구하여 마침내 현일체색신삼매(現一切色身三昧)*136를 얻었다. 이 삼매를 얻고 마음으로 크게 환희하여 이렇게 생각하였다.

'내가 현일체색신삼매를 얻은 것은, 이 모두가 법화의 가르침을 들은 힘 덕분이다. 나는 지금 마땅히 일월정명덕불과 《법화경》을 공양해야겠다'

그는 즉시 이 삼매에 들어가 허공에서 만다라바 꽃·대만다라바 꽃·곱게 간 흑전단(黑栴檀)을 하늘 가득히 구름처럼 내리고, 또 사심전단(蛇心栴檀)의 향을 내리게 하였다. 이 향의 육수(六銖)는 그 값이 사바 세계와 맞먹는다고 말할 정도의 것이다. 이것들로서 부처님을 공양하였다. 이 공양을 끝내고 나서 삼매에서 일어나 스스로 이렇게 생각하였다.

'내가 신통력으로 아무리 부처님을 공양했다 하여도 몸으로 공양하느니만은 못할 것이다.'

그래서 여러 가지 향·전단·훈륙(薰陸)·도루바(兜樓婆)·필력가(畢力迦)·침수(沈水)·교향(膠香)을 먹고, 또 첨복(瞻蔔)과 여러 가지 꽃향유를 마시고, 1천 2백 년을 지냈다. 그 후 향유를 몸에 바르고, 일월정명덕불 앞에서 하늘의 보배옷을 몸에 감고, 여러 가지 향유를 뿌리고 신통력의 서원(誓願)으로서 자

---

*136 보현색신삼매라고도 하며, 여러 중생들의 처지에 맞게 몸을 변화시켜 나타난다.

기 몸을 태우니, 그 광명은 널리 80억 항하사와 같은 세계를 비추었다. 그 속의 여러 부처님들이 동시에 찬탄하여 말했다.

'착하고 착하구나, 선남자여. 이것이 참된 정진이다. 이것이야말로 참된 여래를 공양하는 방법이다. 가령 꽃·향·영락·사르는 향·가루 향·바르는 향·비단의 천개·산개 및 사심전단향 등 온갖 것으로 공양했다 해도 이에 따르지 못한다. 가령 나라와 처자를 보시했다 해도 미치지 못한다. 선남자여, 이것이 제1의 보시이다. 여러 보시 가운데서 가장 존귀하고 최상의 보시이다. 법으로써 여러 여래를 공양하기 때문이다.'

여러 부처님은 이렇게 말을 끝내자 묵연히 계셨다. 그 몸의 불은 1천 2백 년 동안이나 탔으며 이렇게 하여 그 몸은 끝났다.

일체중생희견여래는 이와 같이 법 공양하여 수명을 끝낸 후, 다시 일월정명덕불(日月淨明德佛)의 나라 안의 정덕왕(淨德王)의 집에 가부좌를 틀고 앉은 모습으로 홀연히 화생(化生)하여 그의 부친을 위해 게송으로 말했다.

대왕이신 아버지여 마땅히 아옵소서
저는 저 땅에서 오래도록 거닐면서
일체 모든 몸을 나타내는
삼매를 얻었나이다

부지런히 큰 정진 행하려
아끼던 내 몸까지 선뜻 버리고
거룩하신 석가세존께 공양하는 것은
위 없는 지혜 구함입니다

게송이 끝나자 부친께 이렇게 여쭈었다.
'일월정명덕불은 지금도 계십니다. 나는 먼저 부처님을 공양하여 모든 중생들의 말을 이해하는 다라니(陀羅尼)를 얻었으며, 또한 이 법화의 가르침을 8백천만억 나유타의 건가라·빈바라·악추바의 게송으로 들었습니다. 대왕이시여, 나는 이제 이 부처님을 공양해야겠습니다.'

그는 이렇게 말하고 칠보대에 앉은 채로 허공에 올라가기를 7다라수(陀羅

樹),*137 부처님 계신 곳에 도달하여 머리 숙여 예배 합장한 채 게송으로 찬탄하였다.

부처님 모습 심히 진귀하고 미묘하시어
그 광명 시방에 비추나이다
오랜 옛날 일찍이 공양하였던 저
이제 다시 와서 뵈옵나이다

그때 일체중생희견보살이 그 부처님을 게송으로 찬탄한 뒤 이렇게 여쭈었다.

'부처님이시여, 부처님께서는 아직 이 세상에 계십니까?'
그러자 일월정명덕불은 일체중생희견보살에게 말했다.
'선남자여, 내가 열반할 때가 왔다. 멸도할 때가 온 것이다. 그대는 편안한 자리를 펴라. 나는 오늘 밤 열반에 들 것이다.'
그리고 다시 일체중생희견보살에게 일러 이렇게 말했다.
'선남자여, 나는 부처님의 법을 그대에게 위촉한다. 여러 보살·대제자·아뇩다라삼먁삼보리에 대한 가르침·삼천대천 칠보의 세계와 모든 보배나무와 보배 좌대 그리고 시중드는 천자들도 모두 그대에게 위촉한다. 내가 멸도한 후 나의 사리도 또한 그대에게 위촉하니 그대는 그것을 잘 유포시켜 널리 성대한 공양을 베풀고, 수천 개의 탑을 세우라.'
일월정명덕불은 이와 같이 일체중생희견보살에게 분부하고 나서 그날 한밤중에 열반에 드셨다.
그때 일체중생희견보살은 그 부처님이 멸도하신 것을 보고, 몹시 슬퍼하며 몸부림치고 부처님을 더욱 연모하여 해차안 전단향을 쌓아 올려 부처님께 행한 뒤 화장하였다. 불이 다 꺼진 뒤에 유골을 수습하여 8만 4천 개의 보배 항아리에 넣어 8만 4천 개의 탑을 세웠다. 높이는 삼세계(三世界)*138에 이르는 당간(幢竿)*139으로 장식하고 갖가지 깃발과 양산에 갖가지 보배 방

---

*137 높이 25m까지 자라는 나무. 여기에서는 높이 단위로 쓴 것.
*138 일세계를 세 개 합한 것.
*139 탑 위에 세우는 깃대.

울을 달았다.

그 때 일체중생희견보살은 다시 이렇게 생각했다.

'나는 이같이 공양하였으나 이것으로는 부족하니, 다시 공양해야 할 것이다.'

그래서 모든 보살들과 대제들과 천자·용·야차 등 일체의 대중들에게 이렇게 말했다.

'그대들은 한마음으로 생각하라. 내 지금 일월정명덕불의 사리에 공양할 것이다.'

이렇게 말하고 8만 4천의 탑 앞에서 백 가지 복덕을 지닌 팔을 태워 7만 2천년 동안 공양하였다. 이렇게 하여 성문을 구하는 무수한 무리들, 무량무수의 사람들에게 아뇩다라삼먁삼보리를 구하는 마음을 일으키게 하고, 모두 현일체색신삼매(現一切色身三昧)를 얻어 머물게 하였다.

이때 모든 보살들과 천자들·인간·아수라 등은 그 보살에게서 팔이 없는 것을 보고 걱정하고 슬퍼하여 이렇게 말했다.

'이 일체중생희견보살은 우리들의 스승이다. 우리들을 교화해 주시는 분이다. 그런데 이제 팔을 태워 불구가 되셨구나.'

그러자 일체중생희견보살은 대중들 앞에서 이렇게 서원하였다.

"나는 두 팔을 버렸기에 반드시 부처님의 금빛 몸을 얻을 것이다. 만일 이것이 진실이고 헛된 것이 아니라면 내 두 팔이 본래대로 되리라."

이렇게 서원하자, 두 팔은 저절로 본시대로 되었으니, 이 보살의 복덕·지혜가 두터웠기 때문에 이렇게 된 것이다. 그때 삼천대천세계는 여섯 가지로 진동했고, 하늘에서는 보배 꽃이 비 오듯 내렸다. 그리고 이를 본 일체의 천자들과 인간들은 일찍이 없었던 일이라고 놀라워했다."

석가세존께서는 수왕화(宿王華)보살에게 말했다.

"그대는 어떻게 생각하는가. 일체중생희견보살이란 다름 아닌 지금의 약왕보살이었던 것이다. 그는 이와 같이 몸을 버려 보시하기를 한량없는 백천만억 나유타번이나 하였다.

수왕화여, 만약 아뇩다라삼먁삼보리를 얻고자 마음을 일으킨 사람이 손가락, 발가락 하나라도 태워서 부처님의 탑에 공양하면, 그 공양은 나라나 처자(妻子)나 삼천대천 국토의 산이나 숲, 강이나 못, 갖가지 진보 등으로 공양하는 사람보다 나은 것이다.

만약 어떤 사람이 삼천대천세계에 칠보를 가득 채워 부처님·대보살·벽지
불·아라한에게 공양했다고 하자. 그가 얻는 공덕은 이 법화의 가르침 사구
게(四句偈)의 하나를 받아 지녀 얻는 공덕보다도 못한 것이다.

수왕화여, 가령 일체의 내·개천·강·하천 등 모든 물 가운데서 바다가 으
뜸인 것처럼, 이 법화의 가르침도 또한 여래가 설한 모든 가르침 가운데서
가장 깊고 광대하다.

또 토산·흑산·소철위산·대철위산·십보산(十寶山)*140 등 여러 산 가운데서,
수미산(須彌山)이 으뜸인 것처럼, 이 법화의 가르침도 또한 그렇다. 여러 가르
침 가운데서 최상인 것이다.

또 많은 별 가운데서 달이 으뜸인 것처럼 이 법화의 가르침 또한 천만억
가지의 가르침 가운데서 가장 빛나는 것이다. 마치 태양이 모든 어둠을 제거
하듯이, 이 가르침도 또한 능히 일체의 좋지 않은 어둠을 깨뜨리는 것이다.

또 여러 소왕 가운데서 전륜성왕이 으뜸인 것처럼, 이 가르침 또한 많은
가르침 가운데서 가장 존엄한 것이다. 또 제석천이 도리천의 왕인 것처럼 이
가르침도 또한 모든 가르침 가운데서 왕인 것이다.

또 대범천왕이 일체 중생들의 아버지인 것처럼, 이 가르침 또한 일체 현성
(賢聖)*141과 배울 것이 남아 있는 사람, 배울 것이 없는 사람, 보살의 마음을
일으킨 사람의 아버지가 된다.

---

*140 ① 설산(雪山) : 온갖 약초가 모여 있다. ② 향산(香山) : 온갖 향이 난다. ③ 가리라산(軻梨
羅山) : 온갖 꽃이 난다. ④ 선성산(仙聖山) : 오신통(五神通)을 얻은 선인이 산다. ⑤ 유건
다라산(由乾陀羅山) : 야차가 산다. ⑥ 마이산(馬耳山) : 온갖 과실이 난다. ⑦ 니진다라산
(尼盡陀羅山) : 용이 산다. ⑧ 작가라산(斫迦羅山) : 자재자(自在者)가 산다. ⑨ 숙혜산(宿慧
山) : 아수라가 산다. ⑩ 수미산(須彌山) : 온갖 천자가 모여 산다.

*141 성문사과(聖聞四果)를 추구하는 이와 성문사과를 얻은 이. 벽지불과 보살을 총칭함. 사향
사과(四向四果)라고도 하는데, 성문이 얻는 네 가지 수행 과보를 이름. 첫번째는 예류과(預
流果)로서 생사의 흐름을 등지고 처음으로 깨달음의 길에 들어선 단계로, 천상과 인간계
를 7번 왕래한 뒤 열반에 들어 다시는 생을 받지 않는 경지이며 수다원과(須陀洹果)라고
도 함. 두 번째는 일래과(一來果)로서, 천상과 인간계를 한 번 왕래한 뒤에 열반에 들어 다
시는 생을 받지 않는 경지이며, 사다함과(斯陀含果)라고도 함. 세 번째는 불환과(不環果)로
서, 욕계의 번뇌를 다 끊어 색계나 무색계에 나서 거기에서 열반에 들어 다시는 생을 받지
않는 경지이며, 아나함과(阿羅含果)라고도 함. 네 번째는 불생과(不生果)로서, 현세에 모든
번뇌를 다 끊어 열반에 든 최고의 단계를 말하며, 아라한과(阿羅漢果)라고도 함.

또 일체의 범부들 가운데서 수다원·수다함·아나함·아라한·벽지불이 으뜸인 것처럼, 이 가르침 또한 여래가 설한 것이든, 보살이 설한 것이든 성문이 설한 것이든 그 법, 또는 보살의 설법, 또는 성문의 설법 가운데서 가장 으뜸이다. 그러기에 이 가르침을 받아 지니는 사람도 일체 중생 가운데 으뜸이다.

또 일체의 성문이나 벽지불 가운데서 보살이 으뜸인 것처럼, 또한 일체의 여러 가르침 가운데서 으뜸이다. 여래가 모든 법의 왕인 것처럼 이 가르침 또한 여러 가르침 가운데서 왕인 것이다.

수왕화여, 이 가르침은 일체 중생들을 구하고, 능히 중생들을 일체의 고뇌에서 떠나게 해 주며, 중생들을 이익케 하고 그 소원을 이루어 주는 것이다. 청량한 물이 능히 일체의 목마른 사람을 만족시켜 주듯이, 추운 사람이 불을 얻은 듯이, 벌거벗은 사람이 의복을 얻은 듯이, 상인이 물주(物主)를 만난 듯이, 자식이 어머니를 만난듯이, 나루에서 배를 얻은 듯이, 환자가 의사를 만난 듯이, 어둠 속에 등불을 얻은 듯이, 가난한 사람이 보배를 얻은 듯이, 백성들이 왕을 얻은 듯이, 무역상이 바다를 얻은 듯이, 등불이 어둠을 제거하듯이 이《법화경》도 또한 그와 같아서, 일체 중생들로 하여금 모든 고통과 병에서 벗어나게 하여, 모든 생사의 속박에서 해방시켜 주는 것이다.

만약 어떤 사람이 이 법화의 가르침을 듣고, 스스로 베껴 쓰고 또는 남에게도 베껴 쓰게 한다고 하자. 그에 의해서 얻는 공덕은 부처님의 지혜로서도 헤아릴 수 없을 것이다.

만약 이 가르침을 베껴 써서 거기에 꽃·향·영락·사르는 향·가루 향·바르는 향·양산·의복, 여러 가지 등불·소등(蘇燈)·유등(油燈), 갖가지 향유등·첨복유등(瞻蔔油燈)·수만나(須蔓那)유등·바라라(波羅羅)유등·바리사가(婆利師迦)유등·나바마리(那婆摩利)유등의 갖가지 등불로 공양했다고 하자. 그에 의해서 얻는 공덕은 한량없을 것이다.

수왕화여, 만약 어떤 사람이 이 약왕보살의 내력을 듣는다면, 그 또한 무량무변의 공덕을 얻을 것이다. 만약 어떤 여인이 이 약왕보살의 내력을 듣고 받아 지니면, 그 여인의 몸이 영원히 다한 후 다시는 받는 일은 없을 것이다.

또 여래가 멸도한 후의 5백 년 뒤에 만약 어떤 여인이 이 가르침을 듣고 설법한 대로 수행한다면, 이 세상에서 수명을 다하고 안락 세계의 아미타불

(阿彌陀佛)*¹⁴²의 대보살들이 둘러싼 곳에 가서 연꽃 속의 보좌 위에 다시 태어날 것이다.

그 곳에서는 탐욕에 번뇌할 일도 없고, 노여움이나 미움에 번뇌할 일도 없으며, 어리석고 못남에 번뇌할 일도 없을 것이며, 또 교만이나 질투나 여러 가지 더러운 번뇌도 없을 것이다. 또 보살의 신통력을 얻고 무생법인(無生法忍)*¹⁴³을 알게 될 것이다. 그런 뒤에 눈의 활동이 청정해질 것이다. 이 청정한 눈으로 7백만 2천억 나유타의 항하사만큼 많은 부처님을 뵙게 될 것이다.

그러면 이때 모든 부처님들이 멀리서 함께 찬탄하여 이렇게 말할 것이다.

'훌륭하도다. 선남자여, 그대는 석가세존의 법 가운데서 이 경을 받아 지녀, 읽고 외우고 사유하고 남을 위해 설하였구나. 그대가 얻을 복덕은 한량 없고 끝도 없어 불로도 태울 수가 없고, 물로도 흘려 보낼 수가 없다. 그대의 공덕은 1천 명의 부처님들이 함께 설한다 해도 다 설하지 못할 것이다. 그대는 이제 모든 마군을 쳐부쉈고, 생사의 번뇌라는 적군을 때려 부수고, 그 밖의 적도 모조리 쳐서 멸망시켰다.

선남자여, 백천이나 되는 부처님들이 신통력으로 그대를 수호하고 있다. 일체의 세간의 천자들과 인간들 가운데서 그대를 따를 자는 오직 여래를 제외하고 그 밖의 성문·벽지불·보살의 지혜나 선정도 그대와 같을 만한 이는 없다.'

수왕화여, 이 보살은 이와 같은 공덕과 지혜의 힘을 완성하였다. 만약 어떤 사람이 이 약왕보살의 내력을 듣고 능히 기뻐하여 찬탄했다면, 이 사람은 현세에서 입 안에서 항상 청련화(靑蓮花)의 향기를 낼 것이요, 몸의 털구멍에서 항상 우두전단(牛頭栴檀)의 향내가 날 것이며, 그 얻는 공덕은 앞에서 설한 대로이다.

그런고로 수왕화여, 이 약왕보살의 이야기를 그대에게 위촉한다. 내가 멸도한 후 5백 년 뒤에 이 사바 세계에 널리 유포시켜 단절시켜서는 안 된다. 악마와 악마 권속들·천자들·용·야차·구반다(鳩槃茶 : 사람의 정기를 빨아먹는

＊142 극락 세계에서 설법하고 있다는 부처님. 무량수(無量壽), 무량광(無量光)이라 번역함.
＊143 모든 것이 생함도 없고 멸함도 없음을 깨달아 안주하는 것. 즉 모든 법의 참모습을 인지하는 것.

귀신)들에게 달라붙을 겨를을 주어서는 안 된다.

수왕화여, 그대는 신통력으로 이 가르침을 수호하라. 그것은 왜냐하면 이 가르침은 사바 세계 사람들의 영약이기 때문이다. 만약 어떤 병자가 이 가르침을 들으면 병은 씻은 듯이 나을 것이고 불로불사(不老不死)가 될 것이다.

수왕화여, 그대가 만일 이 가르침을 받아 지닌 사람을 보았을 때에는 청련화에 가루 향을 잔뜩 담아 그에게 뿌리려 공양하라. 그리고 이렇게 생각하라.

'이 사람은 머지않아 도량에 풀을 깔고 앉아 모든 마군을 물리칠 것이요, 법 소라고둥을 불고 법고를 쳐서 일체 중생들을 생로병사의 바다에서 해탈케 할 것이다'

그런고로 불도를 구하는 사람이 경전을 받아 지닌 이를 보았을 때에는 이와 같이 공경하는 마음을 내야 할 것이다."

석가세존께서 이 약왕보살의 내력을 설하시자, 8만 4천의 보살들이 모든 중생들의 말을 이해하는 다라니를 얻었다. 다보여래는 칠보탑 속에서 수왕화보살을 찬탄해서 이렇게 말했다.

"착하고 착하도다, 수왕화여. 그대는 불가사의한 공덕을 얻어 석가세존께 이와 같은 일을 여쭈어 한량없는 일체 중생들을 이롭게 하였구나."

24 묘음보살품(妙音菩薩品)

이때 석가모니 세존께서는 대인상(大人相 : 부처님의 삼십이상)의 하나인 육계(肉髻 : 부처님의 정수리 돌출부)와 백호상(白毫相 : 부처님의 두 눈썹 사이에 난 나선형의 흰 털)에서 빛을 내뿜어 널리 동방 팔만억 나유타의 항하사만큼 많은 부처님들의 세계를 두루 비추었다.

이들의 불국토를 지나 정광장엄(淨光莊嚴)이라는 세계가 있다. 그 나라에 정화수왕지여래(淨華宿王智如來)라는 이름의 부처님이, 무량무변의 보살 대중들에게 공경받으며 둘러싸여서 그들을 위해 설법을 하고 있었다. 석가세존의 백호상에서 나온 빛은 그 나라를 두루 비추었다.

그때 정광장엄 세계에 한 보살이 있었는데, 그 이름을 묘음(妙音)이라고 하였다. 그는 오랫동안 갖가지 선근을 심었고, 한량없는 백천만억의 여러 부처님을 가까이하여 공양하였다. 또 모두 심원한 지혜를 완성했으며, 묘당상삼매(妙幢相三昧)*144·법화삼매(法華三昧)*145·정덕삼매(淨德三昧)*146·수왕희삼매(宿王戲三昧)*147·무연삼매(無緣三昧)*148·지인삼매(智印三昧)*149·해일체중생어언삼매(解一切衆生語言三昧)*150·집일체공덕삼매(集一切功德三昧)*151·청정삼매(淸淨三昧)*152·신통유희삼매(神通遊戲三昧)*153·혜거삼매(慧炬三昧)*154·장엄왕삼매(莊嚴王三昧)*155·정광명삼매(淨光明三昧)*156·정장삼매(淨藏三昧)*157·불공삼매(不共三昧)*158·일선삼매(日旋三昧)*159 등 백천만억의 항하사만큼 많은 대삼매(大三昧)를 얻었다.

묘음보살은 석가여래의 광명이 자기 몸에 비치자, 정화수왕지불에게 이렇게 여쭈었다.

"부처님이시여, 저는 사바 세계로 가서 석가여래를 예배하고 가까이서 공양하고자 합니다. 또, 문수사리보살이나 약왕보살, 용시보살(勇施菩薩), 수왕화보살, 상행의보살, 장엄왕보살, 약상보살을 만나뵙겠습니다."

그러자 정화수왕지불은 묘음보살에게 말했다.

"그대는 사바 세계를 업신여겨 하찮다고 생각하거나 해서는 안 된다. 선남

---

*144 군대에서 대장이 기를 가지고 자기의 존귀함을 나타내듯이, 모든 삼매 중 가장 으뜸이 되는 삼매.
*145 어리석음을 없애고 죄를 참회하는 삼매.
*146 마음이 어떠한 것에도 물들지 않아 청정한 삼매.
*147 걸림이 없는 지혜를 얻어 어떠한 것에도 집착하지 않는 삼매.
*148 번뇌와 생각을 다 멸한 삼매.
*149 부처님의 지혜로 사물을 인식하면서 늘 고요한 삼매.
*150 모든 중생의 언어를 다 이해하는 삼매.
*151 모든 공덕을 두루 갖춘 삼매.
*152 번뇌없는 청정한 삼매.
*153 자유자재한 신통력을 나타내는 삼매.
*154 지혜의 등불로 어리석음을 깨뜨리는 삼매.
*155 갖가지 훌륭한 수행법을 다 거두어들이는 삼매.
*156 미묘한 지혜를 얻는 삼매.
*157 갖가지 법을 막힘없이 아는 눈을 얻는 삼매.
*158 성문승이나 연각승이 따를 수 없는 삼매.
*159 사천대천세계를 두루 비추는 삼매.

272 반야심경/금강경/법화경/유마경/회쟁론/육조단경

자여, 그 사바 세계의 땅은 높낮이가 있어 평탄치 않고 흙과 돌·갖가지 산, 그리고 더러운 것이 많으며, 그곳의 부처님의 몸도 보살들의 몸도 작다. 그런데 그대의 몸은 4만 2천 유순이나 되고, 내 몸은 6백 8십만 유순이나 된다. 또 그대의 몸은 단정하고 백천만 가지 복과, 묘한 광명도 참으로 훌륭하다. 그렇다고 해서 저 사바 세계를 업신여기거나 부처님이나 보살이나 국토를 하찮다고 생각해서는 안 된다.”

묘음보살이 그 부처님께 여쭈었다.

“부처님이시여, 제가 저 사바 세계로 가고자 하는 것은 모두 여래의 신통 유희력과 여래의 공덕·지혜·빛에 의해 가능한 것입니다.”

그러고는 묘음보살은 그 자리에서 몸을 움직이지 않고 삼매에 들어가 삼매력(三昧力)에 의해 기사굴산(耆闍崛山)에 있는 석가여래의 법좌에서 멀지 않은 곳에 8만 4천의 보배 연꽃을 만들어 냈다. 그 연꽃 줄기는 염부단금(閻浮檀金 : 염부나무 밑으로 흐르는 강에서 나는 사금)으로 되어 있었고, 잎은 백금으로, 꽃술은 금강으로, 그 꽃받침은 견숙가보(甄叔迦寶 : 붉은 빛깔의 보석)로 되어 있었다. 그때 문수사리 법왕자는 이 연꽃들을 보고 석가여래에게 이렇게 여쭈었다.

“석가세존이시여, 어떠한 인연으로 이같은 상서로운 일이 나타난 것입니까? 기천만의 연꽃의 줄기는 염부나무 밑으로 흐르는 강에서 난 금, 잎은 백금, 꽃술은 금강, 그 받침대는 견숙가보로 되어 있습니다.”

그러자 석가세존께서는 문수사리에게 말씀하셨다.

“이것은 묘음보살이 8만 4천의 보살들에게 둘러싸여 정화수왕지불의 나라에서 이 사바 세계로 와서 내게 예배하고 가까이하려는 징조요, 또한 법화의 가르침을 공양하고 그 설법을 들으려는 징조이다.”

문수사리는 석가세존께 이렇게 여쭈었다.

“이 보살은 어떠한 선근(善根)을 심고, 어떠한 공덕을 닦아서 이렇게 큰 신통력 있는 삼매를 행하게 된 것입니까. 이 삼매는 어떠한 삼매입니까. 바라건대 저희들을 위하여 이 삼매의 이름을 설해 주옵소서. 저희들 또한 그 삼매를 익히고 싶습니다. 이 삼매를 행해야만 이 보살의 모습이 큰지 작은지, 나가고 듦이 어떠한지 볼 수 있을 것입니다. 바라건대 석가세존이시여, 부디 신통력으로 저 보살을 오게 하시어 저희들이 볼 수 있도록 해 주십시오.”

그때 석가세존께서는 문수사리에게 말했다.

"오래 전에 멸도하셨던 다보여래께서 그대들을 위해 그 모습을 나타내게 하실 것이다."

이때 다보여래께서는 묘음보살을 향하여 말했다.

"선남자여, 이 사바 세계로 오라. 문수사리 법왕자가 그대를 만나고 싶어한 다."

이 말이 끝나자, 묘음보살은 그 국토에서 자취를 감추고 8만 4천의 보살들과 더불어 이 사바 세계로 왔다. 그들이 지나가는 나라들은 모두 여섯 가지로 진동했고, 또 칠보로 된 연꽃이 비 오듯 내리고, 백천 가지 하늘의 음악은 연주하지도 않는데 자연히 울렸다.

묘음보살의 눈은 넓은 청련화의 잎과 같았다. 이를테면 백천만의 달을 합치더라도 그 단정한 얼굴에는 미치지 못할 것이다. 몸은 금색이며 한량없는 백천의 공덕으로 빛나고 있었고, 위덕은 타오르듯 빛을 발하고 있었다. 이와 같이 갖가지 모습이 다 갖추어져 있었으며, 마치 나라연(那羅延)*160의 견고한 몸과 같았다.

묘음보살은 그러한 몸으로 칠보 누대에 올라 칠다라수(七多羅樹 : 종려과에 딸린 식물. 인도에서는 이 나무로 척도 단위로 삼는다.) 높이만큼 허공에 뜬 채로, 모든 보살들에게 공경받고 둘러싸여서 이 사바 세계의 기사굴산을 찾아왔다.

기사굴산에 도착한 그는 칠보 누대에서 내려 값이 백천이나 되는 영락을 갖고, 석가세존 앞에 와서 석가세존께 머리 숙여 예배하고 영락을 바치며 이렇게 여쭈었다.

"석가세존이시여, 정화수왕지불께서 안부 여쭈셨습니다.

'병도 없고 근심도 없고 기거하시기 불편이 없으신지요. 사대는 편안하시고, 세상일은 가히 참을 만하신지요, 중생들은 제도하기 쉬운지요. 그들이 탐욕·노여움과 미움·우치(愚癡)·질투·교만하거나 인색하지 않은지요. 또 부모에게 불효하거나 사문(沙門)을 공경하지 않고, 삿된 견해와 악한 마음을 지녀 오정(五情)을 억제하지 않으려는 자가 있는지요. 모든 마를 잘 굴복시키

---

*160 천상의 역사(力士)로서 그 힘의 세기가 코끼리 힘의 1백만 배나 된다고 한다.

고 있는지요. 오래 전에 멸도하신 다보여래께서 칠보탑 안에 계시어 설법을 듣고 계신지요.'

또 다보여래께도 안부 여쭈셨습니다.

'안온하시고 근심 없으시며 사바 세계에 오래 머무실 만한지요.'

석가세존이시여, 저는 지금 다보여래의 몸을 뵙고자 합니다. 바라건대 석가세존이시여, 뵐 수 있게 해주십시오.

그때 석가여래께서 다보여래에게 말씀하셨다.

"이 묘음보살 뵙고자 합니다."

이 말을 들은 다보여래께서는 묘음보살에게 말했다.

"착하고 착하다. 그대는 능히 석가여래를 공양하고 법화의 가르침(법화경)을 듣기 위해 문수사리를 만나러 이 곳에 왔구나."

그때 화덕보살(華德菩薩)께 여쭈었다.

"석가세존이시여, 이 묘음보살은 어떠한 선근을 심고 어떠한 공덕을 닦아 이와 같은 신통력을 지니게 되었습니까?"

석가세존께서 화덕보살에게 말씀하셨다.

"과거에 운뢰음왕여래(雲雷音王如來)라는 부처님이 계셨다. 나라 이름은 현일체세간(現一切世間)이며, 겁을 희견(喜見)이라고 하였다. 그때 운뢰음왕불에게 1만 2천 년 동안 10만 가지의 음악을 공양하고 8만 4천의 칠보 바리때를 공양한 이가 있다. 이 인연의 과보로 그는 지금 정화수왕지불의 나라에 태어나 이와 같은 신통력을 지니게 된 것이다.

화덕이여, 그대는 어떻게 생각하는가. 그때의 운뢰음왕불 밑에서 음악을 공양하고 보배 그릇을 공양한 사람은 다름 아니라 바로 이 묘음보살이었던 것이다. 화덕이여, 이 묘음보살은 이미 일찍이 한량없는 여러 부처님을 공양하고 가까이하여 오랫동안 선근을 심고, 또한 항하사만큼 많은 백천만 나유타의 부처님을 만나 뵈었던 것이다.

화덕이여, 그대는 묘음보살의 몸이 단지 이 곳에 있는 것으로만 보고 있다. 이 보살은 갖가지의 몸으로 나타내어 곳곳에서 여러 중생들을 위해 이 가르침을 설하고 있는 것이다.

때로는 범천왕의 몸으로 나타내고, 또는 제석천의 몸으로 나타내고, 또는 자재천의 몸으로 나타내며, 또는 대자재천의 몸으로 나타내고, 또는 천상대장군의 몸으로 나타내고, 또는 비사문천왕(毗沙門天王)의 몸으로 나타내고, 또는 전륜성왕의 몸으로 나타내고, 또는 여러 소왕의 몸으로 나타내고, 또는 장자의 몸으로 나타내고, 또는 재산가의 몸으로 나타내고, 또는 재관의 몸으로 나타내고, 또는 바라문의 몸으로 나타내고, 또는 비구·비구니·우바새·우바이의 몸으로 나타내고, 또는 장자 재산가의 처의 몸으로 나타내고, 또는 재관(宰官)의 처의 몸으로 나타내고, 또는 바라문의 처의 몸으로 나타내고, 또는 동남·동녀의 몸으로 나타내고, 또는 천자·용·야차·건달바·아수라·가루라·긴나라·마후라가·인간과 인간이 아닌 이 등의 몸으로 나타내어, 이 가르침을 설한다. 모든 지옥·아귀·축생 및 갖가지 난처(難處)에 있는 자를 모두 능히 구제한다. 심지어는 왕의 후궁에서는 여자의 몸으로 변신하여 이 가르침을 설법하는 것이다.

화덕이여, 이 묘음보살은 사바 세계의 모든 중생들을 잘 돕고 보호하는 사람이다. 그는 이와 같이 갖가지 몸으로 나타나 이 사바 세계에 있으면서 여러 중생들을 위해 이 가르침을 설하지만, 그의 불가사의한 신통력의 지혜가 감소되는 일이 없다. 이 보살은 많은 지혜로 사바 세계를 비추어 일체 중생들로 하여금 제각기 알아야 할 바를 알게 하였다.

시방의 항하사만큼 많은 세계에서도 그러하였다. 만약 성문의 모습으로 제도하는 것이 좋은 이에게는 성문의 모습으로 나타나 설법해 주고, 벽지불의 모습으로 제도하는 것이 좋은 이에게는 벽지불의 모습으로 나타나 설법해 주고, 보살의 모습으로 구하는 것이 좋은 이에게는 보살의 모습으로 나타나 설법해 주고, 부처님의 모습으로 제도하는 것이 좋은 이에게는 부처님의 모습으로 나타나 그들을 위해 설법하였다. 이와 같이 제도해야 할 상대에 따라 갖가지 모습을 나타냈다. 심지어 멸도하는 모습을 보여 제도하는 것이 좋은 이에게는 멸도하는 모습도 나타냈다. 화덕이여, 묘음보살이 대신통과 지혜의 힘을 완성한 것은 이와 같이 해서였다."

그러자 화덕보살은 이 석가세존께 여쭈었다.

"석가세존이시여, 이 묘음보살은 깊이 선근을 심었습니다. 이 보살은 어떠한 삼매에 있으면서 이와 같이 가는 곳마다 갖가지 모습으로 나타나 중생들을 제도할 수 있는 것입니까?"

석가세존께서 화덕보살에게 말씀하셨다.

"선남자여, 그 삼매는 현일체색신(現一切色身 : 보현색신삼매. 여러 중생들의 처지에 맞게 몸을 변화시켜 나타냄)이라고 하는 것이다. 묘음보살은 이 삼매에 머물고 있기 때문에 이와 같이 한량없이 중생들을 이롭게 할 수 있었던 것이다."

이 묘음보살의 내력과 신통력을 설하시자, 묘음보살과 함께 온 8만 4천 명의 보살들이 모두 현일체색신삼매를 얻었고, 이 사바 세계의 한량없는 보살은 다시 이 삼매와 다라니(陀羅尼)를 얻은 것이다.

이때 묘음보살은 석가여래와 다보여래의 칠보탑에 공양을 마치고 본국으로 돌아갔다. 그들이 통과한 나라들은 여섯 가지로 진동하고, 보배 연꽃이 비 오듯 내려 백천만억 가지의 음악이 울려 퍼졌다.

이렇게 하여 본국으로 돌아와 8만 4천 명의 보살에 둘러싸여서 정화숙왕지불이 계신 곳으로 가서 부처님에게 이렇게 여쭈었다.

"석가세존이시여, 저는 사바세계로 가서 중생들을 이익되게 하고, 석가여래를 뵈옵고 다보불의 탑도 뵈옵고 예배 공양하였으며, 또한 문수사리 법왕자보살을 만나 뵈옵고, 악왕보살·득근정진력(得勤精進力)보살·용시보살(勇施菩薩) 등을 만나보았습니다. 또 이 8만 4천 명의 보살에게 현일체색신삼매(現一切色身三昧)를 얻게 하였습니다."

이 묘음보살 내왕품을 설법하셨을 때 4만 2천 명의 천자가 무생법인(無生法忍)을 얻고, 화덕보살은 법화삼매(法華三昧)를 얻은 것이다.

25 관세음보살보문품(觀世音菩薩普門品)

그때 무진의(無盡意)보살*161이 자리에서 일어나 오른쪽 어깨를 드러내고 합장하고 석가세존께 이렇게 여쭈었다.

"석가세존이시여, 관세음보살*162은 어떠한 인연으로 관세음이라고 이름을

＊161 동쪽으로 10항하사 미진세계를 지나서 있는 불현세계(不眴世界)의 보현여래(普賢如來) 밑에서 수행하는 보살.
＊162 중생의 음성을 듣고 고뇌에서 벗어나게 해 주므로 관세음이라 함. 모든 현상을 두루 관찰하듯이 중생의 구제도 자재하므로 관자재(觀自在), 모든 소리를 두루 들으므로 원통대사(圓通大士)라고도 함. 득대세(得代勢)보살, 또는 대세지(大勢至)보살과 함께 아미타불을 보좌하는 협시보살.

붙였습니까."

석가세존께서 무진의보살에게 말씀하셨다.

"선남자여, 만약 갖가지 고통받고 있는 한량없는 백천만억의 중생들이 이 관세음보살의 이름을 듣고 일심으로 그 이름을 부른다면, 관세음보살은 즉시 그 음성을 듣고 모두 그 고통에서 해탈되도록 할 것이다.

또 이 관세음보살의 이름을 받드는 사람은 가령 큰 불 속에 빠져도 불에 타지 않을 것이다. 이 보살의 불가사의한 위력에 의한 까닭으로, 만약 큰 물에 떠내려가도 그 이름을 부른다면 얕은 곳에 이르게 될 것이다. 만약 백천만억의 중생들이 금·은·유리·거거·마노·산호·호박·진주 등의 보배를 구해 큰 바다로 나갔을 때 흑풍(黑風)이 그 배를 불어 나찰귀(羅利鬼 : 사람 잡아먹는다는 귀신) 나라에 도착했다고 하자. 그 안에 있던 한 사람이 관세음보살의 이름을 부른다면, 그들 모두 나찰귀의 재앙에서 벗어날 수 있을 것이다. 이 인연에서 관세음이라고 이름붙인 것이다.

만약 또 어떤 사람이 바야흐로 죽음을 당하려고 할 때에, 관세음보살의 이름을 부른다면, 높이 쳐든 칼이나 몽둥이가 산산조각나서 살아날 수 있을 것이다.

만약 삼천대천세계에 충만해 있는 야차나 나찰들이 와서 사람을 괴롭히려고 할 때, 관세음보살을 부르면 이 아귀들은 적의(敵意) 있는 눈으로 사람을 볼 수가 없게 될 것이며, 하물며 해를 가하기란 어림도 없는 일이다.

만약에 또 어떤 사람이, 또는 죄가 있고 또는 죄가 없는 데도 수갑 쇠사슬·형틀에 그 몸이 묶였다고 하자. 그 사람이 관세음보살을 부르면, 모조리 다 끊어지고 망가져서 살아날 수 있을 것이다.

만약 삼천대천세계 안에 도적이 충만해 있는데, 한 상업주(商業主)가 귀중한 보물과 함께 여러 상인들을 거느리고 험한 길을 지나간다고 하자. 그 중한 사람이 '여러 선남자들이여, 겁낼 것 없다. 당신들은 한마음으로 '관세음보살'을 불러라. 이 보살은 능히 중생들에게 두려움을 없애 준다. 당신들이 만약 이 이름을 부르면 이 도적으로부터 벗어날 수 있을 것이다' 하고 말했다 하자. 상인들은 그 말을 듣고 일제히 '나무관세음보살' 하고 부르면 그 이름을 부름으로써 위험에서 벗어날 수 있을 것이다. 무진의여, 관세음보살의 불가사의한 위력이 이와 같이 높고 큰 것이다.

또 어떤 중생들 가운데서 음욕(婬欲)이 많은 사람이 있어, 항상 마음 모아 관세음보살을 공경하면 음욕에서 벗어날 수 있을 것이다. 만약 노여움이나 미움의 마음이 많은 사람이, 항상 마음 모아 관세음보살을 공경하면 노여움이나 미움에서 벗어날 수 있을 것이다. 만약 어리석고 못난 사람이, 항상 마음 모아 관세음보살을 공경한다면 어리석음에서 벗어날 수 있을 것이다. 무진의여, 관세음보살에겐 이와 같은 불가사의한 위력이 있어서 이익되게 하는 일이 많은 것이다. 그런고로 중생들은 항상 마음으로 관세음보살을 생각해야 한다.

만약 어떤 여인이 사내아이 낳기를 원해서 관세음보살을 예배하고 공양한다면, 곧 복덕과 지혜 있는 사내아이를 낳을 것이요, 계집아이 낳기를 원해 관세음보살을 예배하고 공양한다면, 단정한 모습을 하고 과거세에 선근을 심고 있었기 때문에 많은 사람들로부터 사랑과 존경받을 그런 계집아이를 낳을 것이다. 무진의여, 관세음보살에게는 이와 같은 힘이 있기에, 관세음보살을 공경하고 예배하면, 복덕이 헛되이 되는 일은 없을 것이다. 그런고로 중생들은 모두 관세음보살의 이름을 받아 지녀야 할 것이다.

무진의여, 만약 어떤 사람이 62억의 항하사만큼 많은 보살들의 이름을 받아 지니고, 또한 수명을 다할 때까지 음식·의복·침구·의약을 공양했다고 하자. 그대는 어떻게 생각하는가. 이 선남자·선여인이 얻은 공덕이 많겠는가, 적겠는가?"

무진의보살이 대답했다.

"매우 많습니다. 석가세존이시여."

석가세존께서 말했다.

"만약 그 두 사람이, 관세음보살의 이름을 받아 지니고 잠시 한때라도 예배하고 공양했다고 하자. 이 두 사람이 얻은 복덕은 똑같을 것이요, 백천만억 겁을 지나도 다 하지 않는 것이다. 무진의여, 관세음보살의 이름을 받아 지니면 이와 같은 무량무변의 복덕과 이익을 얻을 것이다."

무진의보살은 석가세존께 여쭈었다.

"석가세존이시여, 관세음보살은 이 사바 세계에서 어떻게 유행(遊行 : 각처도 돌아다니며 포교함)하고 어떻게 중생들을 설법합니까. 그 방편의 힘은 어떠합니까?"

석가세존께서는 무진의보살에게 말씀하셨다.

"선남자여, 어떤 국토에 있는 중생들 가운데 부처님의 모습으로 제도됨을 얻을 이에게는, 관세음보살이 부처님의 모습으로 나타내어 설법해 주고, 벽지불의 모습으로 제도됨을 얻을 이에게는 벽지불의 모습으로 나타내어 설법해 주고, 성문의 모습으로 제도됨을 얻을 이에게는 성문의 모습으로 나타내어 설법해 준다.

범천왕의 모습으로 제도하는 것이 좋은 이에게는 법왕의 모습으로 나타내어 설법해 주고, 제석천의 모습으로 제도하는 것이 좋은 이에게는 제석천의 모습으로 나타내어 설법해 주고, 자재천의 몸으로 제도하는 것이 좋은 이에게는 자재천의 몸 모습으로 나타내어 설해 주고, 대자재천의 모습으로 제도하는 것이 좋은 이에게는 대자재천의 모습으로 나타내어 설법해 주고, 장군의 모습으로 제도하는 것이 좋은 이에게는 장군의 모습으로 나타내어 설해 주고, 비사문천왕(毗沙門天王)＊163의 모습으로 구하는 것이 좋은 이에게는 비사문천의 모습으로 나타내어 설법해 준다.

소왕의 모습으로 제도하는 것이 좋은 이에게는 소왕의 몸을 나타내어 설해 주고, 장자의 몸으로 제도하는 것이 좋은 이에게는 장자의 모습으로 나타내어 설법해 주고, 자산가의 모습으로 제도하는 것이 좋은 이에게는 자산가의 모습으로 나타내어 설해 주고, 재관의 몸으로 제도하는 것이 좋은 이에게는 재관의 모습으로 나타내어 설해 주고, 바라문의 모습으로 제도하는 것이 좋은 이에게는 바라문의 모습으로 나타내어 설법해 준다.

또 비구·비구니·우바새·우바이의 모습으로 제도하는 것이 좋은 이에게는 각각 그들의 모습으로 나타내어 설해 주고, 장자·자산가·재관·바라문의 처의 몸으로 구하는 것이 좋은 이에게는, 처의 모습으로 나타내어 설해 주고, 동남·동녀의 몸으로 제도하는 것이 좋은 이에게는 동남·동녀의 모습으로 나타내어 설해 주고, 천인·용·야차·건달바·아수라·가루라·긴나라·마후라가·인간과 인간이 아닌 것들의 모습으로 제도하는 것이 좋은 이에게는 그들의 모습으로 나타내어 설해 주고, 집금강신(執金剛身)＊164의 모습으로 제도하는 것이 좋은 이에게는 집금강신의 몸을 나타내어 그들을 위해 설해 준다.

＊163 불법을 수호하는 사천왕 가운데 하나. 다문천(多聞天)이라고도 하며 북쪽을 관장함.
＊164 금강역사(金剛力士). 부처님과 법을 보호하고 악의 무리를 금강저(金剛杵)로 친다는 신.

무진의여, 이 관세음보살은 이와 같은 공덕을 편성하여 갓가지의 모습으로 여러 국토를 돌아다니며 중생들을 해탈하게 한다. 그런고로 그대들은 일심으로 관세음보살을 공양하라. 이 관세음보살은 두려움이나 위급한 재앙에 처한 이들을 능히 두려움에서 구해 준다. 그런고로 이 사바 세계에서는 모두 관세음보살을 시무외자(施無畏者 : 중생을 두려움에서 구해 주는 이)라 부르는 것이다."

그러자 무진의보살이 석가세존께 여쭈었다.

"석가세존이시여, 저는 지금 관세음보살에게 공양하겠습니다."

그러고는 목에 걸었던 값이 백천 냥이나 되는 보배 구슬을 이은 영락을 풀어 바치며 이렇게 여쭈었다.

"어지신 이여, 이 법시(法施)*165의 진귀한 보배 구슬과 영락을 받아 주십시오."

그러나 관세음보살은 이것을 받지 아니하였다. 그래서 무진의보살은 다시 관세음보살에게 여쭈었다.

"어지신 이여, 저희들을 불쌍히 여겨 이 영락을 받아 주십시오."

그때 석가세존께서는 관세음보살에게 말했다.

"그대는 이 무진의보살과 사부대중과 천자·용·야차·건달바·아수라·가루라·긴나라·마후라가·인간과 인간이 아닌 이들을 불쌍히 생각하여 이 영락을 받도록 하라."

관세음보살은 즉시 여러 사부대중과 천자·용·인간과, 인간이 아닌 이들을 불쌍히 여겨, 그 영락을 받아 두 몫으로 나누고, 하나는 석가여래에게 바치고 하나는 다보여래의 칠보탑에 바쳤다.

석가세존께서 무진의에게 말씀하셨다.

"무진의여, 관세음보살에게는 이와 같이 자유자재의 신통력이 있어서 사바 세계를 편력한다."

그때 무진의보살은 환희하여 게송으로 읊었다.

---

*165 법(가르침)을 설해 주는 것. 여기에서는 보배 구슬과 영락이 지닌 깊고 깊은 의미를 바친다는 의미로 쓰인 것 같음.

미묘한 상(相) 갖추신 석가세존이시여
이제 다시 저 일을 묻자옵노니
불자는 그 무슨 인연으로
관세음이라 부르나이까

미묘한 상 갖추신 석가세존께서
게송으로 무진의에게 대답하시되
곳곳마다 알맞게 응하여 나타나는
관음(觀音)의 모든 행을 잘 들으라

그 보살의 큰 서원 바다와 같아
헤아릴 수 없이 긴 세월 동안을
천억의 부처님 모시고 받들며
크고도 청정한 서원을 세우니

내 이제 그것들을 간략히 말하리니
이름을 듣거나 모습을 보고서
마음으로 생각함이 헛되지 않으면
능히 모든 고통 사라질 것이요

가령 해치려는 사람에게 떠밀려
큰 불구덩이에 떨어진대도
관음을 염하는 그 힘으로
불구덩이 변하여 연못이 되고

만일 큰 바다에 표류하여서
용·물고기와 귀신을 만나도
관음을 염하는 그 힘으로
파도가 능히 삼킬 수 없으며

수미산의 봉우리에서
사람에게 떠밀려 떨어진대도
관음을 염하는 그 힘으로
허공에 머무는 해같이 되며

악인에게 쫓기어
금강산(金剛山)*166에 떨어진대도
관음을 염하는 그 힘으로
털끝 하나 다치지 않으며

원한의 도적을 만나
칼 들고 달려와 해치려 해도
관음을 염하는 그 힘으로
도적들 마음 돌려 자비로우며

국법에 잘못 걸려
형벌을 받아 죽게 되더라도
관음을 염하는 그 힘으로
칼이 산산조각날 것이요

감옥 속에 갇혀
손발이 형틀에 묶였더라도
관음을 염하는 그 힘으로
갑자기 풀려나 벗어날 것이며

저주와 독약으로
몸을 해치려고 할 때에는
관음을 염하는 그 힘으로

---

*166 철위산을 말함. 수미산을 중심으로 한 네 대륙과 그 주위를 둘러싸고 있는 산.

본인에게 그 화가 돌아가며

악한 나찰 독룡(毒龍)들과
여러 귀신을 만날지라도
관음을 염하는 그 힘으로
감히 모두들 해치지 못하며

사나운 짐승들이 둘러싸고
이빨과 발톱으로 위협하다가도
관음을 염하는 그 힘으로
사방으로 뿔뿔이 달아나며

갖가지 맹독 지닌 독사들이
불꽃처럼 독기를 내뿜다가도
관음을 염하는 그 힘으로
문득 독 뿜는 소리 거둘 것이요

천둥 일과 번개치고
큰 비와 우박이 쏟아지다가도
관음을 염하는 그 힘으로
곧 멎으리라

중생들 갖가지 고통과 재앙 당해
한량없는 고통을 받을지라도
관음의 미묘한 지혜의 힘이
능히 세상 고통에서 구해 주노라

신통한 힘 구족하고
지혜의 방편 널리 닦아
시방의 여러 국토

몸 나타내지 않는 곳 없으며

가지가지 악한 갈래
지옥·마귀·축생들의
생로병사 모든 고통
점차로 멸해 주며

진실하고 청정한 눈을 지니신 이여
광대한 지혜의 눈을 지니신 이여
자비로운 눈을 지니신 이여
항상 우러러볼 것입니다

때 없어 청정한 산
지혜의 태양 어둠을 깨뜨리니
재앙의 풍화(風火) 능히 이겨
널리 밝게 세상을 비추십니다

자비의 계(戒)는 우뢰의 진동
자비로운 마음은 큰 구름이라
천상의 감로수 법비를 내려
번뇌로 타는 불길 멸해 주며

송사로 관청에 가거나
두려운 진중에 있을지라도
관음을 염하는 그 힘으로
모든 적들 물러가리라

관세음의 묘한 음성을
범천왕의 음성 같고
바다 조수 소리 같은 그 음성은

세간의 그 어떤 소리보다 훌륭합니다

그러므로 항상 관세음 생각하여
의심일랑 잠시도 하지 마라
청정한 성인 관세음께서는
고뇌와 죽음과 재앙 속에서, 믿고 의지할 바 되며

일체의 공덕 두루 갖추어
자비로운 눈으로 중생을 보며
그 복덕 바다처럼 한량없으니
머리 숙여 예배해야 하니라

무진의보살이 게송을 마치자, 지지보살(持地菩薩)이 자리에서 일어나 앞으로 나아가 석가세존께 이렇게 여쭈었다.
"석가세존이시여, 만약 어떤 중생들이 이 관세음보살의 자유자재한 업(業)과 중생들의 근기에 따라 갖가지 모습이 되어 나타나는 신통력을 듣는다면, 그 사람이 얻는 공덕은 적지 않을 것입니다."
석가세존께서 관세음보살의 자비와 위신력을 설하시자, 여기 모인 대중 가운데 8만 4천 중생들이 모두 비할 바 없이 뛰어난 아뇩다라삼먁삼보리를 얻고자 하는 마음을 일으켰던 것이다.

26 다라니품(陀羅尼品)

그때 약왕보살은 자리에서 일어나 오른쪽 어깨를 드러내고 합장한 채 석가세존께 이렇게 여쭈었다.
"석가세존이시여, 만약 어떤 선남자·선여인들이 능히 법화의 가르침(법화경)을 받아 지니고 읽고 외우고 베껴 썼다고 하면 어떠한 복덕을 얻겠습니까."
석가세존께서 말씀하셨다.
"만약 어떤 선남자·선여인들이 팔백만억 나유타의 항하사만큼 많은 부처님을 공양했다고 하면. 그대는 어떻게 생각하는가. 그 얻은 복덕은 많을 것인가?"

"매우 많습니다. 석가세존이시여."

석가세존께서 말씀하셨다.

"만약 어떤 선남자·선여인들이 능히 이 가르침에서, 사구게 하나만이라도 받아 지니고 읽고 외우고 의미를 이해하고 설법된 대로 수행한다면 그 공덕은 매우 많은 것이다."

그때 약왕보살이 석가세존께 여쭈었다.

"석가세존이시여, 저는 지금 설법하는 이에게 다라니주(陀羅尼呪)를 주어 이 법사를 지키겠습니다."

그리고 주문을 설하였다.

안니(安爾) 만니(曼爾) 마녜(摩禰) 마마녜(摩摩禰) 지례(旨隷) 자리제(遮梨第) 샤마(睒玻) 샤리(睒履) 다위(多瑋) 선(羶) 제(帝) 목제(目帝) 목다리(目多履) 사리(娑履) 아위사리(阿瑋娑履) 상리(桑履) 사리(娑履) 사예(叉裔) 아사예(阿叉裔) 아기니(阿耆膩) 선제(羶帝) 샤리(睒履) 다라니(陀羅尼) 아로가바사(阿盧伽婆娑) 파자빅사니(簸蔗毗叉膩) 녜비제(禰毗剃) 아변다(阿便哆) 라녜리제(邏禰履剃) 아단다파례수지(阿亶哆波隷輸地) 구구례(歐究隷) 모구례(牟究隷) 아라례(阿羅隷) 파라례(波羅隷) 수가차(首迦差) 아삼마삼리(阿三磨三履) 붓다비기리질제(佛馱毗吉利袟帝) 달마파리차(達磨波利差) 뎨(帝) 승가녈구사녜(僧伽涅瞿沙禰) 바사바사수지(婆舍婆舍輸地) 만다라(曼哆邏) 만다라사야다(曼哆邏叉夜多) 우루다(郵樓哆) 우루다교사랴(郵樓哆憍舍略) 악사라(惡叉邏) 악사야다야(惡叉冶多冶) 아바로(阿婆盧) 아마야(阿摩若) 나다야(那多夜).

"석가세존이시여, 이 다라니 신주(神呪)는 62억 항하사만큼 많은 부처님들의 설법입니다. 만약에 이 법사(法師)를 침해하는 자가 있으면, 그것은 이 부처님들을 침해하는 것이 될 것입니다."

그러자 석가세존께서는 약왕보살을 찬탄하여 이렇게 말씀하셨다.

"착하고 착하다. 약왕이여, 그대는 법화의 가르침을 설하는 법사를 불쌍히 생각하여 수호하려고 이 다라니주를 설하였다. 모든 중생들을 이롭게 할 것이다."

그때 용시보살(勇施菩薩)이 석가세존께 이렇게 여쭈었다.

"석가세존이시여, 저도 또한 법화의 가르침을 받아 지니고 읽고 외우는 이를 지켜주기 위하여 다라니주를 설하고자 합니다. 만약 이 법사가 이 다라니주를 지닌다면 가령 야차나 나찰·부단나(富單那 : 열병의 귀신)·길자(吉蔗 : 시체에 붙는 귀신)·구반다(鳩槃茶)·아귀 등이 약점을 노리려고 해도 찾지 못할 것입니다."

그리고 석가세존 앞에서 주문을 설하였다.

자(座) 례(隷) 마하자례(摩訶座隷) 우지(郁枳) 목지(目枳) 아례(阿隷) 아라바제(阿羅婆第) 녈례제(涅隷第) 녈례다바제(涅隷多婆第) 이지니(伊緻柅) 위지니(韋緻柅) 지지니(旨緻柅) 녈례지니(涅隷墀柅) 녈리지바지(涅犁墀婆底)

"석가세존이시여, 이 다라니신주는 항하사만큼 많은 부처님들이 설하신 바이며, 모두 기뻐하시는 바입니다. 만약 이 법사를 침해하는 자가 있으면, 그것은 곧 이 부처님들을 침해하는 것이 됩니다."

그때 이 세상을 수호하는 비사문천왕(毘沙門天王)이 석가세존께 이렇게 여쭈었다.

"석가세존이시여, 저 또한 중생들을 불쌍히 생각하여 법화의 가르침을 설하는 이 법사를 지켜 주고자 이 다라니주를 설하려 합니다."

그리고 주문을 설했다.

아리(阿梨) 나리(那梨) 노나리(㝹那梨) 아나로(阿那盧) 나리(那履) 구나리(拘那履)

"석가세존이시여, 이 신주로서 법사를 지키겠습니다. 또한 이 가르침을 받아 지니는 이를 지켜 일백 유순 이내에는 재앙이 없도록 하겠습니다."

그때 지국천왕(持國天王)*167이 이 법회에 있으면서, 천만억 나유타에 이르

---

*167 사천왕 가운데 하나. 수미산 동쪽을 수호함.

는 건달바들에게 공경받으며 둘러싸여, 석가세존 앞으로 나아가 합장한 채 이렇게 여쭈었다.

"석가세존이시여, 저도 또한 다라니 신주로서 법화의 가르침을 받아 지니고 있는 이를 지키겠습니다."

그리고 주문을 설하였다.

아가녜(阿伽禰) 가녜(伽禰) 구리(瞿利) 건다리(乾陀利) 전다리(旃陀利) 마등기(摩蹬耆) 상구리(常求利) 부루사니(浮樓莎柅) 알디(頞底)

"석가세존이시여, 이 다라니 신주는 42억 부처님께서 설한 것입니다. 그러므로 만약 이 법사를 침해하는 자가 있다면, 그것은 이 부처님들을 침해한 것이 됩니다."

그때 나찰녀(羅刹女)들이 있었다. 첫째를 남바(藍婆)라 하고, 둘째를 비람바(毗藍婆), 셋째를 곡치(曲齒), 넷째를 화치(華齒), 다섯째를 흑치(黑齒), 여섯째를 다발(多髮), 일곱째를 무염족(無厭足), 여덟째를 지영락(持瓔珞), 아홉째를 고제(皐諦), 열째를 탈일체중생정기(奪一切衆生精氣)라 하였다. 이 10명의 나찰녀들은 귀자모(鬼子母)*168와 그 아들과 권속들과 함께 석가세존 앞으로 나아가 일제히 이렇게 여쭈었다.

"석가세존이시여, 저희들도 또한 법화의 가르침을 받아 지니고 읽고 외우는 이들을 지켜 재앙을 제거하고자 합니다. 만약 법사의 허물을 찾아 내려는 자가 있어도 능히 얻지 못할 것입니다."

그리고 석가세존 앞에서 주문을 설했다.

이제리(伊提履) 이제민(伊提泯) 이제리(伊提履) 아제리(阿提履) 이제리(伊提履) 니리(泥履) 니리 니리 니리 니리 루혜(樓醯) 루혜 루혜 다혜(多醯) 다혜 다혜 도혜(兜醯) 로혜(㝹醯)

"차라리 내 머리 위에 오를 지언정 법사를 괴롭혀서는 안 된다. 야차든, 나

---

*168 원래는 남의 아이를 잡아먹는 야차녀였으나, 석가세존께 귀의한 이후로는 아이를 수호하는 신으로 활동함.

찰이든, 아귀든, 부단나든, 길자든, 비다라(毘陀羅)*¹⁶⁹든, 건타(健馱)*¹⁷⁰든, 오마륵가(烏摩勒伽)*¹⁷¹든, 아발마라(阿跋摩羅)*¹⁷²든, 야차길자(夜叉吉蔗)*¹⁷³든, 인길자(人吉蔗)*¹⁷⁴든, 하루 아픈 열병이든, 이틀 아픈 열병이든, 사흘 아픈 열병이든, 나흘 아픈 열병이든, 이레 아픈 열병이든, 고질적인 열병이든, 남자의 모습이든, 여자의 모습이든, 동남의 모습이든, 동녀의 모습이든, 꿈 속에서라도 괴롭혀서는 안 된다."

그리고 부처님 앞에서 게송으로 읊었다.

만일 나의 주문 순종치 않고
설법하는 이를 괴롭히면
아리수(阿梨樹) 나무 가지처럼
머리통 일곱조각 날 것이요

부모 죽인 죄인 같이
기름짤 때 속인 죄인 같이
말(斗)이나 저울 속인 죄인 같이
승단의 화합 깬 조달(調達)*¹⁷⁵ 같이

그에게 내리는 죄 한량없어
다시 없는 고통 받을 것이니
누구라도 이 법사 해치는 이는

---

* 169 기시(起尸)라고도 함. 시체를 일으켜 살인하게 하는 주술법 또는 그러한 주술에 의해 움직이는 귀신.
* 170 건달바. 석제환인을 섬기고 음악을 주관하는 신. 석가세존이 설법하는 곳에 나타나 불법을 찬탄함.
* 171 사람의 정기를 빨아 먹는 귀신.
* 172 사람의 기억력을 상실시키는 귀신.
* 173 마술을 부리는 야차.
* 174 마술사.
* 175 제바달다(提婆達多)를 말함. 석가세존의 사촌으로, 후에 5백 비구를 데리고 교단을 나가 독자적으로 행동하며, 신통력으로 아사세왕의 환심을 사 총애를 받다가, 아사세왕과 5백 비구가 석가세존에게로 돌아가자 고민하다 죽음.

그들 같은 재앙 받으리로다

10명의 나찰녀들은 이 게송을 다시 마치고 나서 석가세존께 여쭈었다.

"석가세존이시여, 저희들도 또한 스스로 이 가르침을 받아 지니고 읽고 외우고 수행하는 이들을 지켜 안온케 하고, 재앙을 제거하고 갖가지 독약을 없애게 할 것입니다."

석가세존께서 나찰녀들에게 말씀하셨다.

"착하고 착하다. 그대들이 다만 법화의 가르침이라는 이름을 받아 지니는 이들을 수호하는 것만으로도 그 복덕은 한량없겠거늘 하물며 법화의 가르침을 받아 지니고 그 가르침에 꽃·향·영락·가루 향·바르는 향·사르는 향·깃발·양산·음악을 공양하고, 소등·유등 등 갖가지 등불과 수만나화유등·첨복화유등·바사가화유등·우발라화유등 등 갖가지 향유등을 피우고, 이같이 백천 가지의 것으로 공양하는 이를 수호하는 복이야 더 말할 나위도 없는 일이다. 고제(皐帝)여, 그대들은 권속들과 함께 이와 같은 법사를 잘 수호해야 한다."

석가세존께서 이렇게 설하시자, 6만 8천 명이 모두 무생법인(無生法忍)을 알게 되었다.

27 묘장엄왕본사품(妙莊嚴王本事品)

그때 석가세존께서는 모든 대중들에게 말했다.

"옛날 무변 불가사의 무수겁 전에 운뢰음수왕화지(雲雷音宿王華智)*176라는 부처님이 계셨다. 나라를 광명장엄(光明莊嚴)이라 하고, 겁을 희견(喜見)이라 하였다. 그 부처님의 법을 받고 있는 사람 가운데 묘장엄(妙莊嚴)이라는 왕이 있었다. 그 부인의 이름을 정덕(淨德)이라고 하였다. 두 아들이 있었는데, 각각 정장(淨藏)·정안(淨眼)이라고 하였다.

이 두 아들은 대신통력과 복덕과 지혜를 겸비하고 또 오랫동안 보살행을

---

*176 '구름 위에서 울리는 소리처럼 좋은 음성을 지닌 성수(聖宿)의 왕에 의해 신통을 발휘하는 자'라는 뜻. 여기에서 '宿'은 '수'로 읽음.

닦고 있었다. 즉 보시의 덕, 지계의 덕, 인욕의 덕, 정진의 덕, 선정의 덕, 지혜의 덕 그리고 방편의 덕과 자비희사(慈悲喜捨)*177나 삼십칠조도법(三十七助道法)*178 등 그 모든 것에 통달하고 있었다. 또 보살의 정삼매(淨三昧)·일성수삼매(日星宿三昧)·정광삼매(淨光三昧)·정색삼매(淨色三昧)·정조명삼매(淨照明三昧)·장장엄삼매(長莊嚴三昧)·대위덕장삼매(大威德藏三昧) 등 이러한 삼매들도 모두 통달하여 행하고 있었다.

그때 운뢰음수왕화지 부처님은 묘장엄왕을 인도하려고 했고, 또 중생들을 불쌍히 여기는 마음에서 이 법화의 가르침을 설법하였다. 그러자 정장과 정안 두 아들은 어머니에게로 가서 합장한 채 이렇게 말했다.

'어머니, 운뢰음수왕화지 부처님 계신 곳에 가십시오. 저희들도 함께 따라가서 공양하고 예배하겠습니다. 왜냐하면 이 부처님은 지금 모든 천상과 중생들을 위하여 법화의 가르침을 설법하시기 때문입니다. 그것을 듣고 받아지니십시오.'

그러자 어머니는 아들에게 말했다.

'너의 아버지는 다른 외도를 믿고 바라문(婆羅門)의 가르침에 집착하고 계시다. 너희들은 아버지와 함께 가도록 하여라.'

정장·정안 두 아들은 합장한 채 어머니에게 말했다.

'저희들은 비록 외도의 집안에서 태어났지만 법왕의 아들입니다.'

어머니는 아들에게 또다시 말했다.

'너희들이 아버지를 생각해서라도 신통력을 나타내어라. 만약 네 아버지가 그것을 보면, 반드시 마음이 청정해질 것이고, 우리들이 부처님 앞으로 가는 것을 허락해 주실지도 모르잖느냐.'

여기에서 두 아들은 그 아버지를 생각하는 마음에서, 7다라수 허공으로 올라가 여러 가지 신통 변화를 나타냈다. 허공 가운데서 행주좌와(行住坐臥)하고, 몸 위에서 물을 내고, 몸 아래에서 불을 내고, 몸 아래에서 물을 내고,

---

*177 사무량심(四無量心)을 말함. 네 가지 무한한 마음. ① 자무량심(慈無量心) : 중생을 자기 몸같이 사랑하는 마음. ② 비무량심(悲無量心) : 중생의 고통을 가엾이 여겨 그 고통을 없애 주려는 마음. ③ 희무량심(喜無量心) : 중생에게 기쁨을 주려는 마음. ④ 사무량심(捨無量心) : 분별심을 버려 모든 중생을 평등하게 대하는 마음.

*178 깨달음을 얻기 위한 37가지 수행 방법. 사념처(四念處)·사정근(四正勤)·사신족(四神足)·오근(五根)·오력(五力)·칠각지(七覺支)·팔정도(八正道)의 총칭.

몸 위에서 불을 내고, 또는 거대한 몸을 나타내어 허공에 찼고, 다음에는 작은 몸을 나타내고, 작은 몸에서는 또 거대한 몸을 나타내고, 공중에서 꺼지자 홀연히 대지 위에 서고, 대지 속에 마치 물처럼 들어가고, 물을 밟기를 대지 밟듯 하였다. 이와 같이 여러 가지 신변을 나타내어 그의 아버지인 왕의 마음을 청정하게 하고 믿음이 생기도록 했던 것이다.

이때 아들의 이러한 신통력을 본 부왕은 기적같은 일이라고 마음으로 크게 기뻐하며 아들에게 합장한 채 말했다.

'너희들의 스승은 누구냐, 너희들은 누구의 제자냐.'

두 아들이 대답했다.

'대왕이시여, 저 운뢰음수왕화지 부처님께서 지금 칠보로 된 보리수 아래의 법좌 위에 앉아, 천상과 모든 중생들을 위하여 법화의 가르침을 널리 설하고 계십니다. 이분이 저희들의 스승이시고, 저희들은 이분의 제자입니다.'

아버지는 아들에게 말했다.

'지금 너희들의 스승을 만나고 싶으니 함께 가자.'

그래서 두 아들은 허공에서 내려와 어머니에게로 가서 합장하고 이렇게 말했다.

'부왕께서도 이제 믿고 이해하셔서 아뇩다라삼먁삼보리를 구하는 마음을 일으킬 만큼 되었습니다. 저희들은 아버지를 이미 교화했으니, 저 부처님 계신 곳에 가서 출가하여 수행할 수 있도록 허락해 주십시오.'

이때 두 아들은 거듭 그 의미를 밝히기 위해, 게송으로 어머니에게 말했다.

원컨대 어머니께서는 저희들이 출가하여
사문으로 수도토록 허락하여 주옵소서
부처님 만나 뵙기 심히 어렵나니
저희들이 찾아가서 따라 배우고자 합니다

오랜 겁에 한 번 피는 우담바라(優曇婆羅) 꽃*[179]

---

*[179] 우담바라 꽃은 3천 년 만에 한 번씩 핀다는 희귀한 꽃.

부처님의 세상 출현 그 더욱 어렵고
여러 가지 많은 환난 해탈키도 어렵나니
원컨대 저희들의 출가 허락하옵소서

어머니는 두 아들에게 말했다.

'너희들의 출가를 허락한다. 부처님을 만나 뵙기 매우 어렵기 때문이다.'

이에 두 아들은 부모님에게 이렇게 말했다.

"거룩하신 부모님이시여. 이제 운뢰음수왕화지 부처님 계신 곳에 가셔서 공양하십시오. 왜냐하면 부처님을 만나 뵙기는 우담바라 꽃 피는 것과 같이 어려운 일이기 때문입니다. 또한 외눈의 거북이 바다에 떠다니는 나무의 구멍에 머리를 밀어 넣는 것과 같은 것입니다. 그런데 저희들은 속세의 복덕이 두터웠기 때문에 불법을 만날 수 있는 곳에 태어나 불법을 만났으니, 부모님께서도 저희들에게 출가하는 것을 허락해 주셔야 할 줄 믿습니다. 왜냐하면 부처님을 만나 뵙는다는 것도 어렵지만, 부처님을 만날 수 있는 때에 태어나는 것 또한 어렵기 때문입니다."

그때 묘장엄왕의 8만 4천 명의 궁녀는 모두 이 법화의 가르침을 받아 지닐 만하게 되었다. 정안보살은 오래 전부터 법화삼매에 통달하였으며, 정장보살은 일체 중생들을 온갖 악에서 떠나게 하고자, 한량없는 백천만억 겁 동안 이제악취삼매(離諸惡趣三昧)에 통달하였다. 정덕 부인은 제불집삼매(諸佛集三昧)를 얻어 능히 모든 부처님들의 비밀스러운 가르침을 알았다.

두 아들은 이와 같이 방편력으로써 능히 그 아버지를 교화하여, 마음으로 불법을 믿고 이해하고 애호하게 했던 것이다. 이에 묘장엄왕은 신하들과 권속들과 함께, 정덕부인은 후궁들과 궁녀들, 그리고 두 아들은 4만 2천 명과 운뢰음수왕화지 부처님 계신 곳으로 나아가, 부처님께 머리 숙여 예배드렸다. 그리고 부처님 둘레를 오른쪽으로 세 번 돌고 경의를 표한 후 한쪽으로 가 앉았다.

그때 운뢰음수왕화지 부처님께서는, 왕을 위해 설법하여 알게 하고 이익되게 하여 크게 기쁘게 하였다. 그때 묘장엄왕과 정덕부인은 값 1백천 냥이나 하는 진주 영락을 목에서 풀어 부처님 위에 뿌렸다. 그러자 그 영락은 허공 가운데서 네 개의 기둥 있는 보배 누대(樓臺)가 되었다. 누대 안에는 1백천만의 천의가 덮여 있는 보배 방석이 있었다. 그 위에 부처님께서는 결가부좌를 하고 큰 광명을 내뿜고 있었다.

그러자 묘장엄왕은 이렇게 생각했다.

'부처님의 몸은 희유하고 뛰어나서 단정하고 엄숙하며 뛰어나기 이를 데 없어 지극히 미묘하다.'

이때 운뢰음수왕화지 부처님은 사부대중에게 말했다.

'그대들은 이 묘장엄왕이 내 앞에서 합장하고 서 있는 것을 보는가. 이 왕은 나의 가르침 가운데서 비구가 되고 성불하는 데 도움되는 법을 정진하고 수습하여 성불할 것이다. 이름을 사라수왕(娑羅樹王)이라 하고, 나라를 대광(大光), 겁을 대고왕(大高王)이라고 할 것이다. 그 사라수왕에게는 한량없는 보살들과 성문들이 있고 국토는 편안할 것이다. 그 공덕은 이와 같다.'

그 왕은 즉시 나라를 동생에게 물려주고, 왕과 부인, 그리고 아들과 여러 권속들은 불법에 출가하여 수행하였다. 왕은 출가한 후 8만 4천 년 동안 항상 노력 정진하고 법화의 가르침을 수행하였다. 그것을 지난 후 일체공덕장엄삼매(一切功德莊嚴三昧)를 얻었다. 이 삼매를 얻자, 7다라수 허공으로 올라가 부처님에게 이렇게 여쭈었다.

'부처님이시여, 저의 두 아들은 이미 부처님이 할 일을 하였습니다. 신통변화에 의하여 저의 삿된 견해를 돌려서 부처님의 가르침 안에 안주시켜 주어 석가세존을 만나뵐 수 있도록 해 주었습니다. 이 두 아들은 저의 선지식(善智識)입니다. 저세상의 선근을 발기하여 저를 이익되게 해 주려고 저의 집에 태어난 것입니다.'

그때 운뢰음수왕화지 부처님께서 묘장엄왕에게 말했다.

'그와 같다, 그와 같다. 그대가 말한 것과 같다. 선근을 심은 선남자나, 선여인은 세계마다 선지식을 얻는 것이다. 그 선지식은 능히 부처님이 할 일을 하고, 가르쳐서 기쁘게 하고, 아뇩다라삼먁삼보리을 얻도록 하는 것이다.

대왕이여, 마땅히 알라. 선지식을 만나는 것은 큰 인연이다. 선지식은 교화하고 인도하여 부처님을 뵙게 하고, 아뇩다라삼먁삼보리로 향하는 마음을 일으키게 하는 것이다. 대왕이여, 그대는 이 두 아들을 보는가. 이 두 아들은 일찍이 65백천 만억 나유타 항하사만큼 많은 부처님들을 공경하고 공양하였다. 또 그 부처님 계신 곳에서 법화의 가르침을 받아 지니고, 삿된 견해를

지닌 중생들을 불쌍히 여겨 바른 견해에 머물게 한 것이다.'

묘장엄왕은 허공에서 내려와 부처님에게 이렇게 여쭈었다.

'부처님이시여, 여래는 매우 희유합니다. 공덕 지혜에 의해 이마 위의 육계(肉髻)가 빛나고 있습니다. 그 눈은 길고 넓고 감청(紺靑)빛을 하고 있습니다. 미간의 백호상은 달과 같습니다. 이(齒)는 희고 치밀하며 항상 빛나고 있고, 입술빛은 붉고 빈바(頻婆)의 열매와 같습니다.'

이에 묘장엄왕은 부처님의 이와 같은 한량없는 백천만억의 공덕을 찬탄하고 나서, 여래 앞에서 일심으로 합장하고 다시 부처님에게 이렇게 여쭈었다.

'부처님이시여, 지금까지 한 번도 들어본 적이 없습니다. 여래의 가르침은 불가사의하여 미묘의 공덕을 갖추고 완성해 계십니다. 가르쳐 주신 계율대로 행하면 안온하고 쾌락합니다. 저는 오늘부터 마음이 동하는 대로 하지는 않겠습니다. 사견, 교만, 노여움과 미움, 그리고 갖가지의 나쁜 마음을 내지 않겠습니다.'

이렇게 여쭈고 부처님을 예배한 후 물러났다.

석가세존께서는 대중들에게 말씀하셨다.

"그대들을 어떻게 생각하는가. 이 과거세 이야기에서 묘장엄왕이란 다름 아닌 지금의 화덕보살이고, 그 정덕부인은 지금의 부처님이 먼저 빛으로 비춘 장엄상보살이다. 그 두 아들은 그는 묘장엄왕과 그 권속들을 불쌍히 여겨 그곳에 태어났던 것이다. 그 두 아들은 지금의 약왕보살과 약상보살이다.

이 약왕·약상보살은 이와 같이 여러 큰 공덕을 완성하여, 이미 한량없는 백천만억의 부처님들 밑에서 갖가지 선근을 심고, 불가사의한 훌륭한 공덕을 성취한 것이다. 만약 어떤 이가 이 두 사람의 보살 이름을 알고 있으면, 일체 세간의 천자들과 인간들은 그에게 예배해야 할 것이다."

석가세존께서 묘장엄왕 이야기를 설하시자, 8만 4천 명의 사람들이 번뇌에서 벗어나, 모든 법 가운데서 법안정(法眼淨)을 얻었다.

28 보현보살권발품(普賢菩薩勸發品)

그때 보현보살(普賢菩薩)은 자유자재의 신통력과 뛰어난 위덕으로 무량무변 불가칭수(不可稱數)의 큰 보살들과 함께 동방에서 왔다.

통과한 여러 나라는 남김없이 모두 진동하고 보배 연꽃을 비 오듯 내리고 한량없는 백천만억의 갖가지 음악이 울렸다. 또한 수없는 천자들·용·야차·건달바·아수라·가루라·긴나라·마후라가·인간과 인간이 아닌 이들의 대중에 둘러싸여 위덕력·신통력을 나타내어 사바세계의 기사굴산 가운데 와서 석가여래에게 머리 숙여 예배하고, 오른쪽으로 일곱 번 돌아 경의를 표하고 나서 부처님에게 이렇게 여쭈었다.

"석가세존이시여, 저는 보위덕상왕(寶威德上王) 부처님의 나라에 있다가 멀리 이 사바세계에서 법화의 가르침(법화경)을 설하고 계시다는 말씀을 듣고, 무량무변 백천만억의 보살들과 함께 그것을 듣기 위하여 찾아왔습니다. 바라건대 석가세존이시여, 이들 보살들을 위해 법화의 가르침을 설하여 주십시오.

석가세존이시여, 여래가 멸도하신 후에 선남자·선여인들은 어떻게 하면 이 법화의 가르침을 들을 수 있겠습니까."

석가세존께서는 보현보살에게 말씀하셨다.

"만약 선남자·선여인들이 네 가지 법을 성취하면, 여래가 멸도한 후에도 이 법화를 들을 수 있을 것이다. 하나는 모든 부처님들이 보호하고 살피시는 바가 되는 것, 둘째는 갖가지 선근을 심는 것, 셋째로는 정정취(正定趣)에 드는 것, 넷째로는 일체 중생들을 구하려는 마음을 일으키는 것이다. 선남자·선여인들이 이 네 가지 법을 성취한다면 여래가 멸도한 후에라도 반드시 이 법화의 가르침을 만나게 될 것이다."

그때 보현보살은 석가세존께 이렇게 여쭈었다.

"석가세존이시여, 5백 년 뒤에, 탁악(濁惡)의 세상에서 이 가르침을 받아 지닌 사람이 있으면, 제가 그들을 수호하고 재앙을 제거하여 안온케 하고, 또 어느 누구든 그의 약점을 엿보지 못하게 하여 악마와 악마의 아들, 마녀와 그 권속들과 마귀 들린 자나 야차·나찰·구반다(鳩槃茶)와 비사사(毘舍闍)·길자(吉蔗)·부단나·위타라(韋陀羅) 등의 사람을 괴롭히는 것들 모두 그 틈을 갖지 못하도록 하겠습니다.

이 사람이 거닐면서, 또는 서서 이 가르침을 읽고 외우면, 저는 그때 여섯 어금니를 지닌 백상왕(白象王)*180을 타고, 큰 보살들과 함께 그곳에 가서, 스스로 몸을 나타내어 공양하고 수호하여 그의 마음을 안온하게 해 줄 것입니다. 역시 법화의 가르침을 공양하기 때문입니다.

만약 이 사람이 앉아서 이 가르침을 사유한다면, 그때 저는 백상왕을 타고 그 사람 앞에 나타날 것입니다. 그 사람이 만약 법화의 가르침의 한 구절이나 한 게송이라도 잊는 일이 있으면, 저는 이것을 가르쳐 주어 함께 읽고 외워 다시 생각해 내게 할 것입니다.

그러면 법화의 가르침을 받아 지니고 읽고 외우는 사람은, 저의 몸을 보고 크게 기뻐하여 더욱 전진할 것입니다. 또 저를 봄으로써 삼매(三昧)와 다라니(기억능력)를 얻어 선다라니(旋陀羅尼),*181 백천만억선다라니(百千萬億旋陀羅尼),*182 법음방편다라니(法音方便陀羅尼)*183라고 이름하는 다라니를 얻을 것입니다.

석가세존이시여, 만약 5백년 뒤에, 탁악의 세상에서 비구·비구니·우바새·우바이로서 법화의 가르침을 구하거나 받아 지니려는 이, 읽고 외우려는 이, 베껴 쓰려는 이는 21일 동안 열심히 정진하십시오. 그리고 21일이 끝나면, 나는 여섯 어금니의 백상왕을 타고 한량없는 보살에 둘러싸인 채 그에게로 가서, 일체 중생들이 보기 원하는 나의 몸을 그 앞에 나타내어 설하여 알게 하고 이익되게 하며, 기쁘게 해 줄 것입니다. 또 다라니주를 줄 것입니다. 이 다라니주를 얻으면 인간이 아닌 것에 해를 당하는 일은 없을 것이고, 또 여인에게 유혹되는 일도 없을 것입니다. 저는 항상 이 사람을 지킬 것입니다. 바라건대 석가세존이시여, 이 다라니주를 설하도록 허락해 주십시오."

그리고 석가세존 앞에서 이 주문을 설하였다.

---

*180 법화의 가르침을 받아 지니는 이를 수호하기 위해 타고 다니는 흰 코끼리 왕.

*181 현실에서 벗어나 공(空)의 도리를 아는 지혜.

*182 천태종(天台宗)에서는 선다라니가 가(假)에서 공(空)으로 들어가는 다라니인 데 반해, 이것은 공에서 다시 가로 나와 백천만억의 법(法)에 통달하는 지혜라고 함. 여기에서 가(假)란 현실을 말함.

*183 마음에 법을 새겨서 결코 잊지 않는 능력. 천태종에서는 이것을 중도(中道)에 들어 설법의 자재로운 방편을 얻는 지혜라고 함.

아단지(阿檀地) 단다바지(檀陀婆地) 단다바제(檀陀婆帝) 단다구사례(檀陀鳩舍隸) 단다수다례(檀陀修陀隸) 수다례(修陀隸) 수다라바지(修陀羅婆底) 붓다파선례(佛馱婆羶禰) 살바다라니아바다니(薩婆陀羅尼阿婆多尼) 살바바사아바다니(薩婆婆沙阿婆多尼) 수아바다니(修阿婆多尼) 싱가바리사니(僧伽婆履叉尼) 싱가녈가다니(僧伽涅伽陀尼) 아싱기(阿僧祇) 싱가파가지(僧伽波伽地) 제례아다싱가도랴(帝隸阿惰僧伽兜略) 아라제파라제(阿羅帝波羅帝) 살바싱가삼마지가란지(薩婆僧伽三摩地伽蘭地) 살바달마수파리찰제(薩婆達磨修波利剎帝) 살바살타루타교사라아로가지(薩婆薩埵樓馱憍舍略阿㝹伽地) 신아비기리지제(辛阿毗吉利地帝)

"석가세존이시여, 만약 보살이 이 다라니주를 듣게 된다면, 그것은 곧 보현의 신통력이란 것을 알아야 합니다. 만약 법화의 가르침이 이 사바세계에서 행하여지면, 받아 지니게 된 사람은 '이것은 모두 불가사의한 보현의 위력에 의한 것이다' 하고 생각해야 할 것입니다.

만약 이 가르침을 받아 지니고 읽고 외우고 바르게 기억하고, 그 이해하고 설법한 대로 수행하는 이가 있으면, 그는 이 보현의 끝없는 실천을 실행하는 것이 됩니다. 또 이 사람은 무량무변의 부처님들 밑에서 깊이 선근을 심을 것이요, 모든 부처님께서 여러 그 머리를 어루만져 주실 것입니다.

만약 다만 베껴 쓰기만 한다 해도 그들은 사람의 수명을 다한 후 도리천에서 태어날 것입니다. 그러면 8만 4천 천녀들이 갖가지 기악을 울리며 이 사람을 맞이할 것이고, 그는 칠보관(七寶冠)을 쓰고 천녀들 속에서 즐길 것입니다. 그러니 하물며 받아 지니고 읽고 외우고 바르게 기억하고, 그 의미를 이해하고 설법된 대로 수행하는 사람은 더 말할 나위도 없는 것입니다.

만약 어떤 사람이 받아 지니고 읽고 외우고 그 의미를 이해했다고 하면, 이 사람은 수명을 다했을 때 천상의 부처님들이 손을 내밀고 더러워지지 않고 나쁜 길로 빠지지 않도록 하고, 도솔천(兜率天)의 미륵보살이 계신 곳으로 가게 할 것입니다.

삼십이상을 지닌 미륵보살은 큰 보살들에게 둘러싸여 있으며, 1백천만억의 천녀들을 거느리고 계신 그 가운데에 그 사람은 다시 태어날 것입니다. 이와 같은 공덕과 이익이 있는 것입니다. 그런고로 지혜 있는 사람은 한마음으로 자기도 쓰고, 남에게도 쓰게 하고, 받아 지니게 하고 읽고 외우고 바르게 기억하고 설법된 대로 수행해야 할 것입니다.

석가세존이시여, 저는 지금 신통력으로써 이 가르침을 수호하여 여래가 멸도하신 후에 이 세계에 멀리 유포시키고 단절되지 않도록 하겠습니다."

그때 석가세존께서는 찬탄하며 말씀하셨다.

"착하고 착하다, 보현이여. 그대가 능히 이 가르침을 수호하고 도와서 많은 중생들을 안락하고 이익되게 할 것이다. 그대는 이미 불가사의한 공덕, 심대한 자비를 완성하였다. 먼 예부터 아뇩다라삼먁삼보리를 얻고자 하는 마음을 일으켜 능히 이 위대한 서원을 세우고 이 가르침을 수호하였다. 나는 신통력으로써 보현보살의 이름을 받아 지니는 이들을 수호할 것이다.

보현이여, 만약 이 법화의 가르침을 받아 지니고, 읽고 외우고 바르게 기억하고, 사유하며 베껴 쓰는 이가 있으면, 이 사람은 나를 보고, 내게서 직접 이 가르침을 듣는 이임을 알라. 또 이 사람은 나를 공양하는 이요, 부처님들이 착하다고 찬탄하는 이이며, 내가 그 머리를 어루만져 주고 있는 이요, 내가 옷으로 몸을 감싸 주는 이임을 옷에 감싸여 알라.

이와 같은 사람은 또한 세상의 쾌락에 집착하지 않을 것이고, 외도의 법 이외의 경전이나 글을 좋아하지 않을 것이다. 또 외도의 경전이나 글을 좋아하는 사람들을 가까이하지도 않을 것이며, 도살자·돼지나 양이나 닭이나 개를 기르는 사람이나 사냥꾼, 여성에게 매춘을 시키는 자 등 모든 나쁜 사람들에게 가까이하지 않을 것이다.

또 이런 사람은 마음이 솔직하고 정직하여 바른 기억력과 사유하는 힘이 있고 복덕이 있어, 탐욕·노여움이나 미움, 어리석음으로 인해 번뇌하지 않을 것이다. 또한 질투·아만·사만·교만에 번뇌하지 않을 것이며, 어리석음으로 인해 욕심은 적어 만족할 줄 알고 있으며, 능히 보현의 행을 닦을 것이다.

보현이여, 만약 여래가 멸도한 후 5백 년 뒤에 만약 법화의 가르침을 받아 지니고 읽고 외우는 이를 본다면 이렇게 생각하라.

'이 사람은 오래지 않아 도량으로 나아가 모든 악마의 무리를 쳐부수고, 아뇩다라삼먁삼보리를 얻고, 법륜을 굴려 법고를 치고 법소라를 불며 법비를 내리게 할 것이다. 천상과 인간 세상의 대중들 가운데서 사자좌에 앉을 것이다.'

보현이여, 만약 후세에 이 가르침을 받아 지니고 읽고 외우는 사람은, 의복·침구·음식물·생활 물자에 집착하는 일은 없을 것이다. 그가 세운 서원은 헛되지 않을 것이다. 현세에서 과보를 얻을 것이다.

만약 어떤 사람이 법화의 가르침을 지니고 행하는 이를 경멸하고 비방하여 '너는 미친 놈에 불과하다. 부질 없는 일이니 끝내 아무것도 얻는 것이 없을 것이다'라고 말했다면, 그는 이런 말을 한 죄보(罪報)로서 세세에 장님이 될 것이다.

그러나 만약 이 사람을 공양하고 찬탄하는 사람이 있다면 현세에서 과보를 얻을 것이다.

또 만약 이 가르침을 받아 지니고 있는 이를 보고, 그 사람의 허물을 들춰 내면, 그것이 사실이든 아니든 그 사람은 현세에서 문둥병을 얻게 될 것이다.

만약 이 사람을 경멸하고 비웃는 자가 있으면, 그는 현세에서 이가 성기고 빠져 떨어지고, 입술은 보기 흉하고 코는 납작해지며, 손발은 기형으로 되고, 두 눈은 사팔뜨기에, 신체는 추악한 냄새가 나고, 피부병에 걸려 고름이 나고, 복수병(腹水病)이 되고, 숨가쁜 병 등 온갖 악병·중병에 걸릴 것이다.

그런고로 보현이여, 만약 이 가르침을 받아 지니고 있는 이를 본다면, 일어나 멀리서부터 맞이하기를 부처님 공경하듯 해야 한다."

석가세존께서 이 보현보살 이야기를 설하시자, 항하사만큼 많은 무량무변의 보살들이 백천만억선다라니(百千萬億旋陀羅尼)를 얻어, 삼천대천세계를 티끌로 만든 수와 같은 모든 보살들은 보현의 도를 갖추게 되었다.

석가세존께서 다 설하시자, 보현보살 등 모든 보살들과 사리불의 모든 성문 및 모든 천자들·용·인간·인간이 아닌 이, 일체의 큰 모임의 사람들은 모두 크게 기뻐하고 석가세존의 말씀을 받아 지니고 예배한 뒤 물러갔다.

유마경(維摩經)

유마경

1 《유마경(維摩經)》 해제

유마경은 《반야경(般若經)》 뒤에 나타난 1세기경의 초기 대승불교 경전이며 《유마힐소설경(維摩詰所說經)》·《유마힐경(維摩詰經)》이라고도 한다. 이 경의 주인공인 비말라키르티(Vimalakirti, 毘摩羅詰, 維摩詰)는 석가모니의 재가 제자로서 바이샬리의 대자산가이다. 그는 세속에 살지만 대승불교의 교리에 정통하고 수행이 깊어 비록 출가한 승려들이라도 그에 미치지 못했다.

이 경은 유마힐이 병을 칭하고 누워 석가모니의 제자와 보살들이 문병하러 온 것을 기회로 문수보살(文殊菩薩) 등과 불법에 대하여 대화하는 매우 극적인 형식으로 이루어져 있다. 이 경은 먼저 출가 수행자인 사리불(舍利弗) 등 석가모니의 십대 제자들이 선정(禪定)·지계(持戒)·걸식(乞食)·불신(佛身) 등에 대하여 가지고 있는 사상이나 실천 수행에 대하여, 재가 거사(居士)인 유마힐이 그 잘못을 지적하고 그들을 참된 진리의 길로 인도하는 데서 보이듯이 재가 불교 운동의 이상을 표현하고 있다. 그리고 병이 든 이유를 묻는 문수보살의 질문에 대하여, '보살은 본래 병이 없으나 중생이 병들기 때문에 보살도 병이 든다'라고 답함으로써 동체대비(同體大悲)의 보살행(菩薩行)을 여실히 보여주고 있다. 또한 가족을 묻는 말에 대하여 '지혜를 어머니로 하고 방편(方便)을 아버지로 한다'고 답변함으로써 대승의 깨달음이 지혜와 방편의 어느 한쪽에 치우치지 않고 두 가지 모두를 구족함에 있음을 천명했다.

또한 보살이 깨달아 들어가는 불이(不二) 경지에 대하여 말해 줄 것을 요청받고서, 묵묵히 침묵을 지킴으로써 깨달음의 세계가 언어적 표현을 넘어서 있음을 그대로 보여 주었다. 이처럼 이 경은 반야경의 공사상(空思想)을 바탕으로 하여 대승보살의 시천 수행을 선양하고, 재가 신도가 수행해야 할 종교적 덕목을 설명하며, 궁극적 깨달음의 경지인 불이법문(不二法門)을 보여주고 있다.

이 경의 한역본은 모두 7종이 있으며, 현존하는 것은 3종이다. 삼국 시대에 오(吳)의 지겸(支謙)이 한역한 《유마힐경》 2권, 다음으로는 요진(妖秦)의 구마라습이 한역한 《유마경》 또는 《유마힐소설경》 3권과 당(唐)의 현장(玄奘)이 한역한 《설무구칭경(說無垢稱經)》 6권이 현존하고 있다. 현존하는 3종의 한역본들은 그 내용과 구성에 약간의 증감은 있지만 대체로 일치한다. 이 가운데 번역의 정확성은 현장의 한역본이 뛰어나지만, 구마라습의 한역본은 문장의 유려함으로 고래의 불전(佛典) 문학 가운데서도 뛰어난 작품으로 평가되면서, 여러 한역본들 가운데 가장 널리 유포되었다.

2 불국토(佛國土)의 청정(淸淨)

서설(序說)

다음과 같이 나는 들었다. 어느 때, 세존(世尊)*¹은 바이샬리 시(市)의 암라팔리 원림(園林)*² 속에서 8천 명 비구(比丘)*³의 큰 집단과 함께 계셨다. 이들 비구들은 모두 아라한(阿羅漢)*⁴이며 누(漏 : 汚)가 다 없어졌고, 번뇌(煩惱)를 버리고, 자재(自在)로운 힘을 갖추어 그 마음은 완전히 자유롭고, 지혜도 자유롭게 움직이며, 높고 귀한 가문에 속하여 큰 코끼리와 같고, 해야 할 일 해야 할 의무를 다했고, 맡은 바 무거운 짐을 이미 내렸고, 자기의 목적을 완수했고, 존재와의 결박을 없애버렸으며, 바른 앎에 의하여 마음이 자유롭고, 마음을 자유롭게 쓸 수 있는 가장 높은 능력을 완성한 사람들뿐이었다.

또 거기에는 3만 2천의 보살들도 있었다. 그들은 뛰어난 앎의 소유자들로

---

*1 '세상에서 가장 높은 분'이란 뜻. 부처. 여기에서는 석가모니(釋迦牟尼)를 가리킨다.

*2 바이샬리에 살고 있던 암라팔리(왕비라고도 하고 노는 여자라고도 한다)가 불교에 귀의하여 교단에 바친 정원.

*3 bhikṣu, bhikkhu의 음역. 걸식자(乞食者)를 뜻한다.

*4 arhat, arhan의 음역이다. 다른 사람으로부터 봉사와 공양을 받을 가치가 있는 사람이란 뜻. 원래는 부처의 다른 이름. 그러나 여기에서는 비구로서 뛰어난 사람을 가리키는 것으로, 소승 교도의 이상으로 생각되었다.

서 널리 알려진 보살대사(菩薩大士)들이었다. 대신통(大神通)의 수행(修行)에 의해 이미 완성의 경지에 이르렀고, 부처의 힘에 의하여 이룩된 사람들이며, 법(法)을 지키는 성(城)의 수호자이며, 정법을 지니고 대사자후(大獅子吼 : 부처 님의 위엄 있는 설법에 뭇 악마가 굴복하여 귀의함)의 소지자요, 그 이름은 시방(十方)세계에 널리 알려져 있었다.

나아가 모든 사람들의 좋은 친구가 되어 마음을 편안하게 해 주며, 삼보(三寶 : 佛·法·僧)의 맥을 끊는 일이 없이 길이 빛나게 하고, 악마와 적대자를 항복시키고, 수많은 외도(外道 : 바라문을 말함) 정념(正念 : 주의깊고 자각적인 것)과 이지(理知)와 이해와 삼매(三昧)와 다라니와 변재(辯才)*5를 완성하여 모든 장애뿐만 아니라 그 장애의 원인까지도 이탈하여 장애가 없는 해탈(解脫)에 안주하며, 변재는 멈춤이 없고, 보시(布施)와 계(戒 : 지계. 계율을 지켜 변하지 않음)를 지키며, 인내력이 있고, 정진·노력하여 선정(禪定)*6을 닦았고, 최고의 앎을 다하여 방편(方便) 수단에 능하여 원(願)을 굳혔고, 선(善)을 행하는 능력을 갖추었고, 또 신통(神通)의 앎을 갖춘다고 하는 10종의 바라밀다(波羅蜜多)*7에 의해 완성되었다. 참존재는 지각(知覺)을 초월하여, 본래 불생(佛生)이라고 하는 인(忍 : 無生法忍, 뚜렷한 확신)을 가졌고 불퇴전(不退轉)의 법륜(法輪)*8을 굴리며, 무상(無相)의 인(印)으로 찍혀지고 모든 중생의 근기(根機 : 중생의 마음 속에 갖춰져 있어 부처의 교화에 의해 발동하는 능력)를 잘 알고 있으며, 어떤 모임에서도 남에게 굴복당하는 일이 없이 자신(自信 : 無畏)을 가지고 제압하고, 깨달음의 자재(資材)가 되는 덕과 지혜를 크게 모아 온갖 상호(相好)*9로써 몸을 꾸미고, 최묘(最妙)한 아름다운 모습을 가져 세상의

---

*5 '삼매(三昧)'는 사마디의 음역으로 선정(禪定)의 하나. '다라니'는 본래 요점을 이해하고 기억하는 것을 뜻했는데, 뒤에는 주문(呪文)의 뜻으로도 쓰였다. '변재(辯才)'는 변설에 관해 기지종횡(機知縱橫)한 것. 다라니와 변재는 보살의 중요한 자격으로서 자주 함께 들게 된다.

*6 '선정(禪定)'이나 '삼매(三昧)'나, 뒤에 나오는 '등지(等持)'나 대개 비슷한 개념으로 마음을 평정히 갖는 것, 주의가 집중되어 있는 것과 같은 뜻. 명상(瞑想)·황홀(恍惚)의 뜻도 있으나 그것과 완전히 같은 것은 아니다.

*7 도피안(到彼岸) 또는 도(度)의 뜻. 예부터 '피안(彼岸)에 도달한 상태' 즉 수행의 완성으로 이해되고 있다. 보통은 6바라밀. 여기에서는 '보시(布施)' 이하 10바라밀을 들고 있다.

*8 전륜왕(轉輪王)이 전차(戰車)를 쓰는 것에 비유하여 부처의 설법을 가리켜 법륜(法輪, 法車)을 굴린다고 말한다.

*9 부처 또는 전륜왕이 몸에 갖추고 있다는 32개의 상(三十二相은 주된 특징)과 82개의 수호

장신구는 쓸 필요가 없다.

수미산(須彌山) 꼭대기가 높은 것만큼 그 명성도 높고, 그 깊고 견고한 믿음은 금강(金剛)과 같았다.

불(佛)·법(法)·승(僧)에 대한 불괴(不壞)의 믿음을 품고, 법의 보배로 두루 온갖 것을 다 비추고, 감로(甘露)의 비를 내리며, 모든 사람들의 말과 이야기와 음성보다 더 아름다운 말의 소지자이다.

깊은 연기(緣起)*10의 도리를 잘 이해하며, 또는 유한(有限) 또는 무한(無限)이라고 생각하는 관습의 고삐도 모두 끊고, 법을 설할 때 사자후와 같이 두려움 없이 자신만만하며, 강설을 하면 천둥치고 벼락치는 것과 같고, 대비(對比)와 대비 없는 것을 함께 넘어, 법의 보물인 지(知)와 덕(德)의 자재를 모아 갖고 있는 모습이 뛰어난 상대장(商隊長)과 같다.

똑바르고 고요하며, 미세하고 유화하며, 그리고 보기도 이해하기도 곤란한 법의 본연의 모습에 통효(通曉 : 깨달아 앎)하여, 중생들이 오고가는 것과 그 바라고 찾는 것을 이해하는 지(知)를 가지면, 부처의 비교할 바 없는 지혜에 인도하는 관정(灌頂)*11을 가지고 관장되며, 열 가지 지혜의 힘과 네 가지의 두려움이 없는 자신, 그리고 열여덟 가지의 부처가 지니고 있는 뛰어난 법*12 등에 대해 깊은 결의(決意)를 품고, 악취(惡趣)*13에 대한 공포나 그 곳에서의 재앙에 대한 온갖 공포를 뛰어 넘어, 자기 의지에 좇아 존재의 세계로 태어남을 사람들에게 보여준다.

그리고 의왕(醫王) 중의 대의왕으로 모든 중생에 대한 조련(調練)의 방도를 알고, 온갖 중생의 번뇌의 병에 모두 달통하여 알맞게 법의 약을 배합·조제하며, 무한의 공덕을 낳는 창고(藏)가 되어 무량(無量)의 공덕을 가지고 불국토(佛國土)를 빛나게 하는 사람으로서, 그를 만나고 그에게 듣는 사람은 모두

(八十二隨好는 부수적인 특징).

*10 "이것이 있으면 저것이 있고, 이것이 생기면 저것이 생긴다"고 하는 표현으로, 세계의 상대성을 설명하는 원리를 '연기(緣起)'라고 하며 불교의 근본적인 이념으로 되어 있다.

*11 다음에 임금이 될 태자에게 주는 세례 의식. 보살이 곧 부처가 되는 것을 비유한다.

*12 위에 말한 십력(十力), 사무외(四無畏), 십팔불공(十八不共)의 법과 그 밖의 것은 언제나 부처의 덕으로 지적된다.

*13 지옥·아귀·축생·아수라 등의 나쁜 생존 상태. 신과 인간이라는 선취(善趣)와 합하여 육취(六趣)·육도(六道)를 형성한다. 아수라를 제외하면 오취(五趣)·오도(五道)가 된다.

이익을 입게 되며, 그에 대해 일하는 것은 절대로 헛되지 않다. 비록 무량한 백천(百千) 코티 나유타의 겁(劫)*14을 두고(위에 말한 보살의) 덕을 찬양하더라도 그 무한한 덕의 흐름은 다하기 어렵다.

곧 이들 보살의 이름은 등관(等觀 : 똑같게 본다), 등부등관(等不等觀 : 똑같게, 또 똑같지 않게 본다), 정신변왕(定神變王 : 禪定에 의해 神變을 나타내는 왕), 법자재(法自在 : 법에 대해 자재), 법당(法幢 : 법의 기치), 광당(光幢 : 빛나는 기치), 광엄(光嚴 : 빛으로 장식된), 보장엄(寶莊嚴), 대장엄(大莊嚴), 변봉(辯峯), 보봉(寶峯), 보수(寶手 : 손에 보물을 갖고 있는), 보인수(寶印手), 상하수(常下手 : 항상 손을 뻗고 있는), 상거수(常擧手 : 항상 손을 들고 있는), 상연경(常延頸 : 항상 고민하는), 상희근(常喜根 : 항상 즐거워하는), 상희왕(常喜王 : 항상 즐거워하는 왕), 천왕(天王 : 신들의 왕), 원(願)에 서서 피안(彼岸)에 이르는 무굴변(無屈辯 : 장해가 없는 知를 완성한), 허공장(虛空藏 : 허공의 胎藏), 집보거(執寶炬 : 寶燈을 갖는), 용자보(勇者寶), 보환희(寶歡喜), 보길상(寶吉祥), 제망(帝網 : 인드라의 그물을 갖고 있는), 광망(光網 : 그물이 있는 빛), 무장정려(無障靜慮 : 知覺對象이 없는 三昧), 혜봉(慧峰 : 지혜의 봉), 보시(寶施 : 보물이 주어진), 괴마(壞魔 : 魔를 정복하는), 뇌천(雷天 : 우뢰와 번개의 신), 현신변왕(現神變王 : 神通王), 봉상등엄(峯相等嚴 : 相의 峯을 초월한), 사자후(獅子吼 : 사자의 울부짖듯한 소리를 가진), 산상격왕(山相擊王 : 山頂을 깨뜨리는 왕), 향상(香象), 대향상(大香象), 상정진(常精進), 불사선액(不捨善軛 : 힘써 쉬는 일이 없는), 묘혜(妙慧 : 뛰어난 지혜가 있는), 묘생(妙生 : 날 때부터 아름다운), 연화승장(蓮華勝藏 : 연화 길상의 胎藏인), 연화엄(蓮華嚴 : 연화로 꾸며진), 관자재(觀自在 : 보는 것이 자유자재한), 득대세(得大勢 : 큰 勢力을 얻은), 범망(梵網 : 브라흐마의 그물을 갖고 있는), 보장(寶杖 : 깨끗한 보좌를 가진), 승마(勝魔), 엄토(嚴土 : 국토를 고루 장식한), 주보개(珠寶蓋 : 보석이 있는 양산을 갖고 있는), 금계(金髻 : 상투에 금이 있는), 주계(珠髻), 자씨(慈氏 : 우애가 있는 사람. 미륵), 묘길상(妙吉祥 : 법의 왕자인 문수사리)보살 등 3만 2천의 보살들이다.

또 아소카 세계의 사대주(四大州)로부터 온 시킨 범왕(梵王 : 持髻梵王) 이하 1만의 브라흐마 신들이 석가세존을 뵙고 예배 공양하여 설법을 듣고자 이 모임 속에 모여 있었다.

---

*14 '코티'와 '나유타'는 모두 큰 수를 가리키고, 겁(劫)은 길고 먼 시간의 단위.

또 사대주의 각처로부터 1만 2천의 샤크라(인드라신)가 이 모임에 모여 있었다.

또 큰 위력이 있고 그 이름이 높은 브라흐마와 샤크라와 호세(護世 : 神)와 천(신)·용(신)·야크샤·건달바·아수라·가루라·긴나라·마후라가*15 등도 또 이 모임에 모여 있었다. 마찬가지로 사부대중(四部大衆)*16으로서 비구(比丘)·비구니(比丘尼)·재속(在俗)의 남자와 여자들도 거기에 모여 있었다.

석가모니의 설법

이리하여 석가세존은 공덕의 근원인 사자좌(獅子座 : 부처님이 앉은 자리)에 앉아 백천의 많은 사람들에 둘러싸여 그 가운데에서 설법을 했다. 그것은 마치 산의 왕인 수미산이 바다 가운데 우뚝 솟아 서 있는 것 같아서, 모여 있는 모든 사람들을 덮고, 혁혁하게 빛나 번쩍이며, 위엄 있는 모습으로 사자좌 위에 자리잡고 있는 것이었다.

이때 리차비족의 청년으로 보장(寶藏)이라고 불리는 보살이 있었다. 그는 리차비족의 5백 명 가량의 청년들과 함께, 일곱 가지 보석으로 장식된 산개(傘蓋 : 양산)를 가지고 바이샬리 시로부터 찾아왔다. 석가세존이 계신 암라팔리 동산(園林)으로 와서, 석가세존의 발에 머리를 대고 예배하고, 일곱 번 석가세존의 주위 오른쪽으로 도는 예배를 행하고, 받쳐 들고 온 보산개(寶傘蓋)를 석가세존에게 바친 다음 한쪽 자리에 앉았다. 그러자 그들 5백의 산개는 금시 부처의 위신력(威神力)에 의해 나의 큰 보개로 되었고, 그것이 삼천대천세계(三千大千世界)*17를 둘러쌌다. 삼천대천세계의 크고 넓은 것이 모두 이 큰 보산개 속에 나타나, 이 삼천대천세계 속에 있는 산의 왕인 수미산과 설산(雪山)·무치린다 산·대(大)무치린다 산·향산(香山)·철륜산(鐵輪山)·대철륜산 등 그들 전부도 이 보산개 속에 나타나 있다. 또 그 안에 있는 모든 큰 바

---

*15 '천(天)' '용(龍)' 이하 이른바 팔부중(八部衆), 천룡팔부(天龍八部)로서 어느 것이나 호법신(護法神)이라고 불린다.

*16 교단은 본래 출가한 남녀, 즉 비구·비구니와 집에 있는 남녀, 즉 우파사카(優婆塞, 居士와 優婆夷)의 사부(四部)로 되어 있다.

*17 우주 안의 모든 세계의 총칭. 해와 달과 사대주(四大州)를 포함한 세계가 천 개 모인 것이 소천세계(小千世界), 그것이 천 개 모인 것이 중천세계(中千世界), 그것이 천 개 모인 것이 대천세계(大千世界)이다. 소·중·대의 세 가지 '천세계'를 삼천대천세계라 한다.

다·호수·늪·못·강·흐름·샘 등도 모두 그 속에 나타나고, 또 모든 일궁(日宮)·
월궁(月宮)·성신(星辰)·천궁(天宮)·용궁(龍宮)·야크샤·건달바·아수라·가루라·
긴나라·마후라가 등의 궁전, 사대왕(四大王)이 사는 곳, 그 마을 읍내·시골·
국토·왕궁 등도 모두 이 대보개 속에 나타났다. 시방(十方) 세계에서 많은 부
처 석가세존의 설법이 행해지고 있는데, 이 또한 이 하나의 대보개로부터의
소리로 들려온다.

이리하여 이같은 석가세존의 대신통력을 보고, 이 모임에 온 사람들은 모
두 이것은 보통 일이 아니라고 경탄하며 만족을 느껴, 마음이 높아지고 기
쁨에 차 있었다. 그들은 환희하며 희열을 느껴, 여래(如來)를 우러러보면서
눈을 잠시도 떼지 않고 지켜보고 있었다.

보장(寶藏)의 찬가

그때, 리차비족의 청년인 보장은 석가세존의 이같은 대신통력을 보고 오
른쪽 무릎을 땅에 붙이고, 석가세존이 계시는 쪽을 향하여 합장하며 다음
과 같은 시송(詩頌)으로 석가세존을 찬송했다.

1) 연꽃잎처럼 깨끗하고 고운 넓은 눈을 가지고, 그 마음은 깨끗하게 맑아
   이미 피안(彼岸)에 이르렀고, 선행(善行)을 쌓아, 그 공덕의 바다는 헤아
   려 알 수가 없습니다. 사문(沙門 : 출가한 수행자)으로서 평화의 길을 이끄
   시는 당신에게 정례(頂禮 : 불교 예배의 하나)합니다.

2) 인간세계에서 가장 훌륭한 존재이신 당신이 사람들을 인도하기 위해
   베푸신 신통력을 뵈올 때, 선서(善逝)*18의 무량한 국토가 모두 그 곳에
   나타나 있습니다. 또 당신이 말씀하신 불사(不死)로 인도하는 위대한 법
   의 말씀, 그것들도 다 이 산개의 허공 속에 나타나 있습니다.

3) 당신의 이 가장 높은 법의 왕국은 법으로써 통치되며, 이렇게 통치하
   여 사람들에게 법이라는 재산을 줍니다. 존재로서의 모든 법을 잘 분별

---

*18 잘 가는 사람. 혜맴에서 벗어난 사람이란 뜻. 부처의 다른 이름.

하고, 최고 진리(第一義)를 말하며, 법에서 자재로우며, 법왕이신 당신에게 정례합니다.

4) 세계는 존재하는 것도 아니고, 존재하지 않는 것도 아니며, 그리고 현재 존재하는 모든 법은 모두 무언가의 인(因)에 의해 일어나고 있습니다. 거기에는 나도 없고 감수자(感受者)도 행위자도 실체로서는 있는 것이 아닙니다. 그리고 좋은 행실도 나쁜 행실도 없어지는 것은 아니라고 당신은 말씀하십니다.

5) 현명하고 힘이 있는 당신은 마군(魔軍)의 대적을 보리수 밑에서 정복하여 적정(寂靜 : 마음에 번뇌가 없고, 몸에 괴로움이 없는 편안한 상태)이며 없어짐이 없는 최고의 깨달음을 얻으셨습니다. 그 경지에서는 느껴 받는 일도 없고 마음과 뜻이 움직이는 일도 없습니다. 그것은 천박한 이교도에게는 이해되지 않습니다.

6) 신들도 사람들도 경탄할 법왕이 세 번*19에 걸쳐 설법하시는 것을 눈으로 직접 보았습니다. 그것은 온갖 형태를 가지나 극히 적정이며 본래 청정합니다. 이같이 설법하셨을 때, 삼보(三寶)도 이 세상에 나타난 것입니다.

7) 당신이 법보를 가지고 사람들을 교화하실 때 그들에게는 고민하며 생각하는 일이 없어지고 영구히 안온한 사람이 됩니다. 당신은 참으로 생로병사의 불안을 고쳐 주시는 최고의 의원이십니다. 바다처럼 무한한 덕을 갖춘 당신에게 정례합니다.

8) 비록 정중히 존경을 받을지라도 그것에 부동(不動)인 것은 수미산과 같으며, 계(戒)를 지키는 사람에게도 계를 깨뜨린 사람에게도, 다 같이 자애로써 임하고, 평등하게 서서 마음은 대공(大空)처럼 넓습니다. 사람들

---

*19 사성제(四聖諦 : 苦·集·滅·道)의 관찰을 세 가지 다른 방법으로 수행하는 것을 말했다는 뜻.

중 이 보물에 대해 누가 존경하지 않으리오.

9) 대모니(大牟尼)*20여, 이 모임에 모인 모든 사람들은, 당신의 얼굴을 지극히 깨끗한 마음을 가지고 우러러보며, 승리자(勝利者)*21가 자기 앞에 나와 계신 줄로 생각합니다. 이것이 승리자에게서만 볼 수 있는, 부처의 특유한 모습인 것입니다.

10) 석가세존에 의해 한 마디 전해진 데 불과했을 때도, 모인 사람들은 각자가 그 말을 자기 방언(方言)으로서 따로따로 이해할 수가 있고 자신이 알아들은 뜻에 따라 이해합니다. 이것이 승리자에게서만 볼 수 있는 부처의 특유한 상입니다.

11) 부처에 의해 한 마디 전해진 그것에 의해, 어느 사람은 더러운 것에 물들고, 어느 사람은 깨달음을 얻고, 마음 속에 품고 있던 의심도 도사(道師 : 세상을 인도하는 스승. 부처를 말한다)에 의해 가라앉게 됩니다. 이것이 승리자에게서만 볼 수 있는 부처의 특유한 모습인 것입니다.*22

12) 십력(十力)을 가지고 사람을 인도하시며, 용기에 넘치고 있는 당신에게 정례합니다. 4종(四種)의 두려움이 없어지고 두려움을 떠나 있는 당신에게 정례합니다. 18종(十八種)의 특유한 성격을 맑게 보이시고 모든 사람들을 이끌어 주는 손인 당신에게 정례합니다.

13) 이 세상의 생(生)에 붙들어 매는 족가(足枷)를 끊은 당신에게 정례합니

---

*20 성인·현자 등의 뜻. 여기에서는 부처.
*21 jina. 부처를 말한다.
*22 이 시송은 뜻이 분명치 않다. 한역은 (9) (10) (11)의 세 시송에 대해 네 개의 송이 나와 있는데, 이 중 첫 부분의 두 시송은 다음과 같이 읽게 된다. "부처가 한 소리로써 설법할 때, 사람들은 각각 그가 이해하는 것에 따라 모두 행(行)을 받고, 또 이익을 얻는다. 이것이 신력(神力)의 특유한 본성이다. 부처가 한 소리로써 설법할 때, 어떤 사람은 두려움을 안고, 어떤 사람은 기뻐하며, 어떤 사람은 이 세상을 싫어하고, 어떤 사람은 의심하는 생각이 없어진 바, 이것이 신력의 특유한 본성이다."

다. 강 저쪽 언덕에 닿아 이미 대지(大地)로 올라 서 있는 당신에게 정
례합니다. 이미 윤회(輪廻)의 길에는 멈춰 있지 않은 당신에게 정례합
니다.

14) 비록 세상 사람들과 함께 걷고 함께 만나도 마음은 세상의 것으로부
터는 모두 해탈해 있습니다. 마치 물에 난 깨끗한 연꽃이 물에 더러워
지는 일이 없는 것처럼 현자(賢者)라는 연꽃은 진흙을 빠져 나와 공성
(空性)*23을 실천합니다.

15) 모든 것의 상(相)을 생각하는 것을 완전히 떠나, 당신은 어느 것에 대
해서도 벌써 원하고 바라는 것이 없습니다. 부처의 위력이 큰 것은 헤
아려 알 수 없는 일로서 대공(大空)처럼 어느 것에도 마음을 붙이지 않
는 일이 없는 당신에게 나는 정례합니다.

불국토의 청정
리차비족의 청년인 보장은 이같이 석가세존에 대한 찬가를 드린 다음, 석
가세존에게 다음과 같이 말씀드렸다.
"석가세존이시여, 리차비의 아들 5백 명 젊은이들은 모두 무상(無上)하고
완전한 지혜에 도달하고 싶다고 발심(發心)하였습니다. 그들은 또 보살들이
부처의 국토를 깨끗이 하는 것이 어떤 것이냐고 내게 물었습니다. 이 점에
대해 석가세존이시여, 바라옵건대 이들 보살들이 불국토를 깨끗이 한다는
것을 설명해 주시기 바랍니다."
이렇게 부탁을 받은 석가세존은 "좋다"고 대답하였다.
"보장이여, 불국토를 깨끗이 한다는 것에 대해 그대가 여래에게 질문을 한
것은 대단히 좋다. 그러므로 귀를 기울이고 잘 들어서 똑똑히 알도록 해야
한다. 그러면 보살들이 불국토를 깨끗이 하는 것에 대해 설명해 주겠다."
"네, 그리하오리다."

---

*23 《반야경》 이래로 주요 개념인 공(空), 즉 모든 존재에 고정적 실체성이 없다는 것. 다음 시
송과 함께 공(空)·무상(無相)·무원(無願)의 삼매(三昧), 또는 세 해탈문(解脫門)을 형성한
다.

하고 보장 등 리차비의 5백 명 젊은이들이 대답을 하자, 석가세존은 다음과 같이 말하였다.

"좋은 집안의 젊은이들이여, 중생(衆生)*²⁴이라고 하는 국토(國土)야말로 보살의 불국토이다. 어째선가, 보살은 중생에 대한 이익이 증대하는 한, 그때까지 불국토라고 생각하는 것이다. 중생이 단련되어 가는 상태, 그것에 따라 불국토가 결정된다. 불국토에 가는 일이 어떠해야만 중생은 부처의 지혜로 들어가게 되느냐 하는 그것에 따라 불국토가 생각된다. 불국토에 가는 일이 어떤 것이어야 사람들은 성자와 같은 근기(根基)를 갖게 되는가. 그것에 따라 불국토는 생각된다. 그것은 왜 그런가 하면, 보살에게 불국토는 중생의 이익과 관계되는 속에서 이루어지기 때문이다.

보장이여, 예를 들면 다음과 같다. 공중(空中)*²⁵에 무엇인가를 만들려 하고, 그것을 바라는 대로 만들었다 하더라도, 공중에는 실제로는 만들 수도 없고 꾸밀 수도 없다. 그것과 마찬가지로 모든 존재는 허공과 같은 것이라고 알고, 보살은 중생을 성숙(成熟)시키기 위해, 원하는 대로 불국토를 만든다. 그러나 불국토는 중생을 빼놓은 공중에, 만들어질 리가 없고 꾸며질 리도 없는 것이다.

그러나 보장이여, 마땅히 알아야 한다.

중생의 곧은 마음*²⁶이라는 국토가 바로 보살의 불국토이다. 보살이 깨달음을 얻을 때의 그 불국토에는 사람을 거짓 속이는 일이 없는 중생이 태어날 것이다.

또 깊은 결의(決意)*²⁷라는 국토가 보살의 불국토이다. 그 불국토에는 온갖 선근(善根)과 지혜와 덕을 모은 중생이 태어날 것이다.

수행(修行)이라는 국토야말로 보살의 불국토이다. 거기에는 온갖 선법(善法)을 거처로 삼는 중생이 태어난다.

---

*24 sattva. '존재하는 것'이란 뜻. 이것을 '생명이 있는 것'이라는 뜻으로 옛날 한역자들은 '중생(衆生)'이라 옮겼고, 뒤에는 '감각을 가진 것' 이라는 뜻으로 '유정(有情)'이라 옮겼다.

*25 한역에서는 이 '공중'이 '공지(空地)'라고 되어 있다. 즉 '빈 땅에 집을 세우고 그것을 꾸미는 것은 생각대로 되지만 공중에는 그것이 안 된다'는 뜻.

*26 āśaya 즉 마음. 순진한 의욕. 옛날 한역에서는 '직심(直心)'이라 하고, 뒤에는 '의락(意樂)'(바람)이라고도 번역했다.

*27 발보리심(發菩提心).

보살의 위대한 발심(發心)이 불국토이다. 거기에는 이미 대승(大乘)에 들어가 있는 중생이 태어난다.

보시(布施)*28의 국토가 보살의 불국토이다. 거기에는 온갖 재물을 베풀어 주는 중생이 태어난다.

계율(戒律)이라는 국토가 보살의 국토이다. 거기에는 선(善)을 좇는 온갖 의욕을 가지고 십선업도(十善業道)*29를 지키는 중생이 태어난다.

인내(忍耐)라는 국토가 보살의 불국토이다. 거기에는 삼십이상(三十二相)으로 몸을 꾸미고, 감인(堪忍)과 유화와 적정(寂靜)한 피안(彼岸)에 도달한 중생이 태어난다.

정진(精進) 노력이 불국토이다. 거기에는 온갖 선을 행하려고 노력하는 중생이 태어난다.

선정(禪定)이 불국토이다. 거기에는 바르게 생각하고, 바르게 아는 것에 의해 마음의 평정을 얻은 중생이 태어난다.

지혜(智慧)라는 국토가 불국토이다. 거기에는 진실을 보는 데 결정적인 자격을 이미 얻은 중생이 태어난다.

네 가지 무한(無限 : 四無量心)*30이 불국토이다. 거기에는 사랑(慈)과 동정(悲)과 기쁨(喜)과 치우치지 않은 마음(捨)을 가진 중생이 태어난다.

사람들을 진리에 가깝게 하는 네 가지 일(四攝事)*31이 불국토이다. 거기에는 온갖 해탈의 사실에 이끌려든 중생이 태어난다.

방편(方便)의 공교로움이 불국토이다. 그 국토에는 모든 수단과 관찰에 뛰어난 중생이 태어난다.

깨달음의 적절한 수단으로서의 37가지*32가 불국토이다. 거기에는 네 가

---

*28 여기에서부터 아래로 6가지의 바라밀다(波羅蜜多)를 차례로 불국토라고 들고 있다.
*29 '십악(十惡)'의 반대로 10가지 선한 일을 행하는 것을 말한다. 십악은 살생·도둑질·사음(邪婬)·거짓말·욕하는 말·두 가지 말·헛말·탐욕·노여움·비뚤어진 생각들이다. 다음에 이 10가지에 반대되는 10가지 선한 일의 결과가 차례대로 나와 있다.
*30 다음에 나오는 '자·비·희·사' 넷을 '사무량심(四無量心)'이라 말한다.
*31 보시(布施)와 부드러운 말씨(愛語)와 사람을 유익하게 하는 행위(利行)와 사람들과 고락을 같이 하는 것(同事)의 네 가지를 말한다.
*32 다음에 나오는 사념처(四念處)·사정근(四正勤)·사신족(四神足)·오근(五根)·오력(五力)·칠각지(七覺支)·팔정도(八正道)의 갖가지 수행을 합치면 37가지가 된다.

지의 바르게 마음을 쓰는 것과, 네 가지의 바른 노력과, 네 가지의 신통(神通)의 기초와, 다섯 가지의 기능과, 다섯 가지의 능력과, 일곱 가지의 깨달음의 지분(支分)과, 여덟 가지의 도를 행하는 것을 알고 있는 중생이 태어난다.

회향(回向)*33의 마음이 불국토이다. 이 국토에는 온갖 공덕으로 꾸며진 사람들이 나타나게 되리라.

여덟 가지 불운한 태어남*34을 없애려는 설법이 불국토이다. 이 국토에서는 모든 악취(惡趣)가 완전히 끊어져, 여덟 가지 불운한 태어남도 없게 될 것이다.

스스로는 계율의 조문을 잘 지키고, 남의 잘못은 이를 말하지 않는 것이 바로 불국토이다. 그 불국토에서는 잘못이라는 이름마저 들을 수 없다.

깨끗한 십선업도(十善業道)야말로 바로 보살의 불국토이다. 보살에게 깨달음을 얻게 하는 이 불국토에는 십선업도의 결과로서 수명을 온전히 하는 사람, 큰 자산가로 된 사람, 이성(異性)과의 관계가 깨끗한 사람, 진실을 말하는 것으로 몸을 꾸미는 사람, 말이 부드러운 사람, 가족 사이에 불화가 없는 사람, 다투는 일을 원만하게 다스리는 데 뛰어난 사람, 질투가 없는 사람, 노여워하는 마음이 없는 사람, 바르게 보는 사람 등 이런 중생이 태어나리라.

좋은 집안의 젊은이들이여, 이같이 하여 보살이 깨달음에 대해 발심하는 것이 불국토인 것처럼 곧은 마음도 마찬가지로 불국토이다.*35 곧은 마음처럼 수행도 마찬가지이다. 수행이 있는 한 깊은 결의도 마찬가지이다. 깊은 결의가 있는 한 통찰(洞察)도 있고, 통찰이 있는 한 행함이 있고, 행함이 있는 한 회향도 있고, 회향이 있는 한 방편도 있고, 방편이 있는 한 국토의 청정도 있다. 국토의 청정이 있는 것처럼 중생의 청정도 마찬가지이며, 중생의 청정이 있듯이 지혜의 청정도 있고, 지혜의 청정이 있듯이 설법의 청정도 있으며, 설법의 청정이 있듯이 지적(知的) 완성의 청정도 있고, 지적 완성의 청정

---

*33 자기의 선과 공덕을 남에게로 돌리는 것.

*34 지옥과 그 밖의 악취(惡趣, 지옥도·아귀도·축생도)에 태어나기도 하고, 귀머거리나 그 밖의 병신이 되거나 해서 부처의 설법을 들을 수 없는 8가지 태어남. 한역에서는 '팔난(八難)' '팔무가(八無暇)' 등으로 옮겼다.

*35 여기에서부터 아래로 이 일련의 문장을 한역에서는 "발심을 좇아 곧은 마음이 있고, 곧은 마음을 좇아 수행이 있다……"라고 말하듯이 이들 사실이 일어나는 순서를 보여 주는 것으로 풀이하고 있다.

이 있듯이 자기 마음의 청정도 마찬가지로 있다.

그런 까닭에, 젊은이들이여, 국토 청정을 원하는 보살은, 자기 마음을 다스려 깨끗이 하는 데 힘쓸 일이다. 왜냐하면, 보살의 마음이 어떻게 깨끗하냐에 따라 불국토의 청정이 있기 때문이다."

예토(穢土)를 부정(不淨)함

그때, 부처의 위신력에 의해 장로인 샤리푸트라(舍利弗, 舍利子)에게는 다음과 같은 생각이 들었다.

"만일 보살의 마음이 청정함에 따라 불국토가 깨끗해지는 것이라면, 석가모니(釋迦牟尼) 세존이 보살이었을 때, 그 마음이 어찌 부정(不淨)했겠는가. 그런데 이 불국토가 이처럼 부정한 것은 어찌된 일인가."

그리하여 샤리푸트라가 마음에 생각하고 있는 것을 석가세존이 알아차리고 다음과 같이 말하였다.

"샤리푸트라여, 네 생각은 어떠하냐. 여기 해와 달이 있다고 하자. 해와 달은 어찌 깨끗하지 않다 할 것인가. 그렇지는 않을 것이다. 그러면 어찌하여 장님에게는 보이지 않는가."

샤리푸트라가 대답했다.

"석가세존이시여 그렇지 않습니다. 그것은 장님의 잘못이긴 하지만 해와 달의 잘못은 아닙니다."

석가세존이 말하였다.

"샤리푸트라여, 그와 마찬가지로 중생에게는 여래의 불국토가 공덕으로써 꾸며져 있는 것이 보이지 않는다. 그것은 중생의 무지에서 오는 잘못이기는 해도 거기에 여래 쪽의 잘못이 있는 것은 아니다. 샤리푸트라여, 여래의 불국토는 청정하건만 그대가 그것을 보지 못하는 것이다."

그때 브라흐마 신(神)인 시킴이 장로인 샤리푸트라에게 말했다.

"대덕(大德)이여, 여래의 불국토가 청정하지 않다고는 말씀하지 마십시오. 왜냐하면 제가 석가모니 세존의 불국토를 보건대, 그것은 청정하기가 마치 타화자재천(他化自在天)*36의 궁전처럼 청정합니다."

＊36 욕계(欲界)에 속하는 6종류의 신(神)들과 그 세계 안에서 '타화자재천'은 최고의 위치에 있다.

거기에서 장로인 샤리푸트라가 말했다.

"브라흐마여, 나는 이 땅이 험하고 높고 낮은 것과 가시밭과 벼랑과 산꼭대기와 도랑과 진흙, 더러운 것으로 가득 차 있는 것을 봅니다."

브라흐마 신이 말했다.

"그처럼 불국토가 깨끗하지 못한 것으로 보이는 까닭은, 틀림없이 당신의 마음에 높고 낮은 것이 있고, 부처의 지혜에 대한 의욕이 깨끗하지 않기 때문입니다.*37 샤리푸트라여, 모든 중생에 대한 마음이 평등하고, 부처의 지혜에 대한 의욕이 깨끗한 사람에게는, 이 불국토가 청정한 것으로 보이는 것입니다."

예토를 깨끗이 함

그때 석가세존은 아직 사람들에게 의심이 남아 있는 것을 알고, 이 삼천대천세계 위에 발가락을 올려놓았다. 올려놓자마자 이 세계는 무량백천(無量百千)의 보석을 겹겹이 모아 쌓아올려 장식해 놓은 것처럼 되었다. 그것은 마치 보장엄여래(寶莊嚴如來)의 세계가 무한한 공덕의 보물을 가지고 꾸며진 것과 마찬가지였다. 그것은 이 모임에 있는 모든 사람에게는 놀라운 일이었고, 그들은 스스로 또 보석 연꽃으로 장식된 자리 위에 앉아 있는 것을 느꼈던 것이다.

그때 석가세존은 샤리푸트라를 향해 말하였다.

"샤리푸트라여, 불국토가 이처럼 공덕으로 장식되어 있는 것을 보았는가?"

샤리푸트라가 대답했다.

"석가세존이시여, 이들 장식은 지금까지 본 일도 들은 일도 없는 것입니다."

석가세존이 말하였다.

"샤리푸트라여, 이 불국토는 항상 청정하기가 이와 같은 것이지만, 못난 중생을 차례로 성숙시켜가기 위해, 여래는 이 불국토에 이렇게 많은 결함과 불완전함이 있는 것처럼 보여 주신 것이다. 예를 들면 신들은 똑같은 보석 그릇으로 식사를 하지만, 어떠한 덕을 과거에 쌓았느냐 하는 차이에 따라 그

---

*37 나습(羅什)은 "마음에 고하(高下)가 있고, 부처의 지혜에 의존하지 않기 때문이다"라고 옮겼고, 현장(玄奘)은 "마음에 고하가 있고 부처의 지혜의 의락(意樂)도 그것과 마찬가지로 생각하기 때문이다"라고 옮겼다.

식사가 제호미(醍醐味 : 우유를 정제하는 과정에서 만들어지는 다섯 가지 제품들 가운데 마지막 제품인 제호의 맛)가 있는 것이 되기도 하고, 안 되기도 하는 것과 같은 것이다. 그와 마찬가지로 샤리푸트라여, 사람들은 같은 불국토에 태어나기는 했지만, 그들이 어떻게 정화되어 있는가에 따라 불국토가 공덕으로 꾸며지는 것도 여러 가지로 나타나게 되는 것이다."

위에 말한 것처럼 불국토가 공덕으로 꾸며져 있는 모양으로 나타났을 때, 8만 4천의 사람들이 무상(無上)의 완전한 깨달음으로 발심했다. 리차비족의 젊은이인 보장과 함께 모인 500명의 청년은, 진리에 수순(隨順)한다는 지혜*38를 얻었다.

뒤이어 석가세존이 위에 말한 신족(神足)을 거두자, 불국토는 다시 이전 상태로 되돌아갔다. 이것을 보고 성문승(聲聞乘)에 속한 신*39과 사람들은 '참으로 이 만들어진 세계는 무상하다'라고 알고, 3만 2천의 사람이 법에 대해 더러움이 없는 청정한 눈을 가진 사람으로 되었다. 8천의 비구들은 집착(執着)이 없어지고 번뇌의 누출(漏出)로부터의 마음의 해탈을 얻었다. 광대한 불국토에 대해, 신순(信順)한 8만 4천 명의 사람도, 모든 존재는 마음에 의해 설립성취(設立成就)된 성질의 것이란 것을 알고, 바르게 완성된 무상의 깨달음을 향해 발심했다.

3 생각이 미치지 못할 교묘한 방편

비말라키르티(維摩)라는 인물

그 무렵 바이샬리의 성에, 리차비족의 비말라키르티(더러움이 없는 명성이 높은 사람. 維摩詰)라고 불리는 사람이 살고 있었다. 그는 과거세(過去世)에 승리자(勝利者 : 佛陀)를 존경하여 선근(善根)을 쌓았고, 많은 부처를 예배하였으며, 모든 것은 나지 않는다고 하는 지혜를 얻고, 영지(英智)의 변재(辯才)

---

*38 수순인(隨順忍)·유순인(柔順忍) 등으로 불리는 것. 다만 이 부분의 한역에서는 무생법인(無生法忍)이라고 되어 있다.

*39 성문승(聲聞乘)과 독각승(獨覺乘)은 함께 이른바 소승교(小乘敎)이며, 보살의 대승과 대비된다. '제행무상(諸行無常)'은 특히 소승의 중심 과제이다.

를 얻고, 대신통(大神通)을 가지고 놀고, 다라니를 얻어 두려움이 없는 사람이 되었다. 또한 그는 마귀와 적대자를 끊고 비상히 깊은 법의 본성에 잘 통하여 반야바라밀다(般若波羅蜜多)에 의해 완성된 사람이었으며, 교묘한 방편(方便 : 보살이 중생을 구제하기 위하여 쓰는 묘한 수단)을 잘 이해하고 대원을 성취하고, 중생이 즐겨 행하려 하는 것을 잘 알고 있고, 중생의 근기(根機)와 이(利)·둔(鈍)을 잘 분별하며, 그 하나하나에 맞는 설법을 하고 이 대승(大乘)에서 힘써 지혜를 닦으며 행동할 때는 잘 고찰하여 부처와 같은 행동을 하고, 바다처럼 넓고 깊은 뛰어난 지혜로 들어가, 모든 부처에게 칭찬받는 사람이 되었으며, 인드라·브라흐마, 그 밖의 온갖 세상을 지키는 신들의 존경을 받았다. 다만 그는 중생을 성숙시키려는 목적을 지녔으며, 방편에 통해 있는 까닭에 바이샬리의 큰 성에 살고 있는 것이다.

의탁할 곳 없는 중생과 빈궁한 사람을 구하기 위해서는 부족함이 없는 재산을 그는 가지고 있다. 계율을 깨뜨린 사람을 구하기 위해서는 스스로 깨끗이 계율을 지키는 사람이 된다. 악역(惡逆)하여 해칠 뜻이 있고 계율을 깨뜨려 성이 나서 날뛰는 중생을 건지기 위해 인내와 규율을 몸에 지니고 있다. 게으른 사람을 구하기 위해 정진(精進)의 불길을 태우고, 혼란한 마음을 가진 사람을 구하기 위해 선정(禪定)과 염(念)과 삼매(三昧)를 닦는다. 무지한 사람을 구하기 위해 결정적인 지혜를 확고하게 닦았다.

속인(俗人)이 입는 흰 옷을 몸에 입고 있으면서, 사문(沙門)*40의 행실을 완전히 하고 집에 있으면서 욕계(欲界)·색계(色界)·무색계(無色界)*41와도 접촉하지 않고 초월하여 있다. 자식들과 아내와 하인들을 가지고 있어도 항상 깨끗하게 몸을 지니며 일족(一族)들에 둘러싸여 있어도 한적한 가운데 몸을 둔다. 장신구로 꾸미고 있는 것 같지만 실제로는 부처와 똑같은 상호(相好)를 가지고 언제나 몸을 꾸미며 보통 음식물을 먹는 것처럼 보이나 실제로는 항상 선정의 기쁨이란 식사를 한다.

도박과 쌍륙놀이를 하는 곳에도 나타나지만, 그것은 항상 도박과 쌍륙놀

＊40 쉬라마나(śramana)의 음역. 출가하여 수행하는 사람의 총칭.
＊41 생사유전(生死流轉)의 세계를 세 단계로 나눠, 가장 낮은 욕계(음욕, 식욕의 세계)와 이보다 차원이 높은 색계(물질 형체에 얽매이는 세계)와 무색계(물질적인 것을 넘어선 세계)의 셋으로 한다.

이에 빠져 있는 사람들을 올바른 길로 인도하기 위해서이다. 온갖 이교도를 찾아다니기는 하지만, 부처로부터 떨어지지 않으려는 염원을 품고 있다. 세속적인 주문(呪文)과 논문(論文) 및 세속적인 것을 초월한 세계(出世間)의 주문과 논문 따위를 알고는 있지만, 항상 불법(佛法)을 좋아하며, 모든 모임에도 출석하지만 장로로서 가장 존경받고 있다.

그는 또 정법(正法)을 간직하고, 어른은 어른대로 잘 모시고 어린 사람은 어린 사람대로 포용해서 인생의 모든 분야에서 화복하게 살았다. 그는 세속의 이익을 얻을지라도 그것이 최고의 가치인양 좋아하지 않았다. 그는 사람 사는 구석구석 거리마다 돌아다니며 항상 요익중생(饒益衆生)하였고, 정치를 하면 일체중생(一切衆生)을 구호하였고, 법문(法門)하는 곳에 가면 대승으로써 인도하였고, 학당에 들어가면, 나이 어린 사람, 아직 잘 모르는 사람들을 유도(誘導)해서 지혜를 닦게끔 하였고, 혹 음사(婬舍)에 들어가게 되면 욕심의 잘못됨을 가르쳐 주고, 술집에 들르면 정신을 차려 뜻을 세우도록 하였다.

만약에 장자(長者)들 속에 있으면 장자들 사이에서 가장 으뜸가는 장자가 되어, 그 사람들을 위해서 훌륭한 법을 설하고, 만약 거사들 속에 있으면 거사 중에 으뜸이 되어, 그들에게 탐착심(貪着心)을 끊으라고 가르치고, 만약 왕족(王族 : 크샤트리아·무사계급) 속에 있으면 으뜸가는 크샤트리아가 되어, 그들에게 인욕을 하라고 가르치고, 만약 바라문(婆羅門 : 사제자 계급) 중에 있으면 바라문의 으뜸이 되어, 그들에게 아만(我慢)을 제거하라고 가르치고, 만약 대신들 속에 있으면 대신들 중 으뜸이 되어, 그들에게 정법을 가르쳐 정법을 알아야 한다고 가르치고, 만약 왕자들 속에 있으면 왕자들 중의 으뜸이 되어 충효를 가르쳐 주고, 만약 내관(內官)들 속에 있으면, 내관 중에 으뜸이 되어 내관에게 궁녀(宮女)를 다스리는 법을 가르쳐 주고, 만약 서민들 중에 있으면, 서민들 중의 으뜸이 되어 서민들에게는 열심히 노력해서 복받는 힘을 기르도록 가르쳐 주고, 만약 범천(梵天)들 사이에 있으면, 범천 중 으뜸이 되어 그들에게 지혜가 모자라 범천으로 남아 있으니, 더 훌륭한 범천을 가꾸라고 가르쳐 주고, 만약 제석천(帝釋天) 사이에 있으면 제석천 중 으뜸이 되어 그들에게 무상을 가르쳐 주고, 만약 사천왕(四天王) 사이에 있으면 사천왕 중 으뜸이 되어 그들에게 중생을 지키는 것이 본분임을 일러 주었다. 이와 같이 리차비족의 사람, 비말라키르티는 교묘하게 방편을 구사하는 무량(無量)한 지혜를 갖추고, 바이샬리의 큰 성에 살고 있었다.

비말라키르티의 병(病)

그는 방편이 뛰어났으므로 자신이 질병이 있는 것처럼 나타냈다. 그리하여 문병을 위해, 바이샬리의 큰 성으로부터는 국왕·대신·관리를 비롯하여 젊은 사람의 일단, 바라문·가장들·장사꾼·마을 사람, 지방에 있는 사람과 그밖의 수천 명의 사람들도 위문을 갔다. 거기에 모인 사람들에게 비말라키르티는 네 원소로 된 이 '육신(肉身)'에 대해 설법하였다.

"여러분, 이 몸은 무상한 것이며, 무강(無强)한 것이며, 무력한 것이며, 무견(無堅)한 것이며, 빠른 속도로 썩게 되었고, 믿을 것이 못됩니다. 고뇌의 원인이 되며, 갖가지 병이 모이는 것입니다. 여러분, 이와 같은 몸은 지혜에 밝은 사람은 믿고 의지하지 않는 법입니다. 이 몸은 부딪히는 바다의 물방울이어서 쥐고 만질 수도 없고, 이 몸은 거품과 같아서 오래 서 있지 못합니다. 이 몸은 아지랑이(불길) 같아서 갈애(渴愛 : 어리석고 미혹한 자가 목마르게 다섯 가지 욕심에 애착함)로부터 생겨난 것, 이 몸은 파초(芭蕉)와 같아서 벗기고 벗겨도 그 속에 남는 것이 없습니다. 이 몸은 허깨비 같아서 잘못된 생각 때문에 생겨난 것이요, 이 몸은 꿈과 같이 망견(妄見)이 만든 바입니다. 이 몸은 그림자입니다. 어떻게 누구와 무엇을 했는가라는 업연에 따라 나타나는 것이요, 이 몸은 메아리입니다. 여러 가지 인연에 따라서 생기는 것이요, 이 몸은 뜬구름입니다. 아주 순식간에 변화하고 사라지고 합니다. 이 몸은 번개와 같은 것, 생각마다 생각마다 바뀌고 한 군데 머물지를 않습니다.

이 몸에는 주인이 없습니다. 대지와 같습니다. 이 몸에는 아(我)가 없습니다. 불과 같습니다. 이 몸에는 영원한 수명 따위가 없습니다. 바람과 같습니다. (바람이 이리 불고 저리 불고 하며 소멸하듯이) 이 몸에는 변화하지 않는 개체(個體)란 하나도 없습니다. 물과 같이, 어제의 나와 오늘의 내가 같을 수 없습니다. 이 몸은 부실합니다. 지수화풍(地水火風)을 집으로 삼고 있기 때문입니다. 이 몸은 텅 빈 것입니다. 나라는 것도 내 것이라는 것도 없기 때문입니다. 이 몸은 무지입니다. 초목이나 와력(瓦礫 : 기왓장과 돌조각)과 다를 바 없습니다. 이 몸은 무작(無作)입니다. 바람의 힘으로 움직이며(인연따라) 가는 것이기 때문입니다. 이 몸은 부정(不淨)합니다. 더러움으로 가득차 있기 때문입니다. 이 몸은 허위(虛僞)입니다. 비록 방편을 써서 목욕을 하고, 옷을 입히고, 음식을 먹인다 할지라도, 반드시 마침내는 마멸하고 마는 것입니다. 이 몸은 재난(災難) 덩어리입니다. 백한 가지 병에 시달리고 있습니다. 이 몸은 저 언덕 위의 물이 마른 우물입니다. 늙어 죽을 날이 가까이 와 있습니다. 이 몸은 무정(無定)입니다. 안정된 것이 없을뿐더러 불안정하기 이를 데 없고 죽음만 기다릴 수밖에 없습니다. 이 몸은 다섯 명의 사형집행인과 같고, 독사와 같고, 사람 안 사는 텅 빈 마을과 같습니다. 오온(五蘊)과 십팔계(十八界)와 십이처(十二處),*42 이런 것들이 함께 복합적으로 만들어 내고 있을 뿐입니다.

여러분, 이런 허망한 몸을 좋아할 것이 못됩니다. 마땅히 불신(佛身)을 존귀하게 생각하여야 합니다. 왜냐하면 불신이 곧 법신(法身)*43이니까 말입니다. 법신은 무량(無量)한 공덕(功德)과 지혜(智慧)가 갖추어졌을 때 생깁니다. 계(戒)·정(定)·혜(慧)·해탈(解脫)·해탈지견(解脫知見)—오분법신(五分法身)—에서 생기는 것이요, 자(慈)·비(悲)·희(喜)·사(捨)—사무량심(四無量心)—에서 생기는 것이요, 보시(布施)·지계(持戒)·인욕유화(忍辱柔和)·근행정진(勤行精進)·선정해탈삼매(禪定解脫三昧)·다문지혜(多聞智慧)—육바라밀(六波羅蜜)—의 여러 가지 바라밀에서 생기는 것이요, 방편을 쓸 줄 아는 것에서부터 생기는 것이요, 육통(六通)·삼명(三明)·삼십칠도품(三十七道品)·지관(止觀, 禪)·십력(十力)·사무소외(四無所畏)·십팔불공법(十八不共法)에서 생기는 것이요, 일체불선법(一切不善法)을 끊어버리고, 일체선법(一切善法)을 모음으로써 생기는 것이며, 진실로부터 생기는 것이요, 방일(放逸)하지 않아야 생기는 것이며, 이와 같은 무량(無量)한 청정법(淸淨法)으로부터 여래(如來)의 몸은 생기는 것입니다.

여러분, 불신, 여래의 몸을 얻고, 일체중생의 병을 끊고자 하면 마땅히 아뇩다라삼먁삼보리심(阿耨多羅三藐三菩提心)을 발해야 됩니다.”

이렇게 리차비족인 비말라키르티가 문병을 온 사람들에게 설했을 때 그

---

*42 인간적 존재의 기구를 설명하는 것으로 생각된 이론이다. 다음에 나오는 사형집행인 이하의 비유는 이들 인간적 존재에 대한 비유이며 그것들로부터 벗어나는 것이 어진 사람의 자세이다. 즉 다섯 명의 사형집행인이란 ‘오온(五蘊)’이고, 독사는 지(地)·수(水)·화(火)·풍(風)의 네 원소이며, 텅 빈 마을이란 안처(眼處) 이하의 육내처(六內處)이다.
*43 부처에게는 물질적인 색신(色身)도 있지만 본래는 법 그것이 몸(法身)이라고 하는 생각.

결과로 8천 명의 많은 사람들이 아뇩다라삼먁삼보리심을 발했다.

4 제자·보살들의 문병

사리불(舍利弗)의 좌선(坐禪)

그때, 리차비족의 비말라키르티(유마힐)는 이와 같이 생각했다.

'내가 병들어 병상에 누워 있는데, 아라한(阿羅漢)이며 완전한 지혜의 소유자인 여래는 나를 마음에도 두지 않고, 동정도 하지 않는 것일까? 그래서 문병할 사람을 아무도 보내 주지 않는 것일까?'

그때 석가세존은 비말라키르티가 이같이 생각하고 있는 것을 알고 장로인 샤리푸트라[*44]에게 일렀다.

"샤리푸트라여, 비말라키르티에게 문병을 가라."

이 말을 들은 장로 샤리푸트라는 석가세존에게 말하였다.

"석가세존이시여, 저는 리차비의 비말라키르티에겐 문병을 갈 수 없습니다. 왜냐하면 저는 다음과 같은 일이 생각나기 때문입니다. 어느 때, 제가 어떤 나무 밑에서 좌선을 하고 있는데, 비말라키르티가 역시 그 나무가 있는 곳으로 와서 저에게 다음과 같이 말했습니다. '대덕(大德) 샤리푸트라여, 당신이 하고 있는 것과 같은 방법으로 좌선의 수행(修行)을 해서는 안 됩니다. 참 좌선이란 것은 몸도 마음도 삼계(三界) 가운데 나타나지 않게끔 좌선을 해야 하는 겁니다. 멸진(滅盡 : 定)[*45]에 들어간 그대로 있으면서 행·주·좌·와(行住坐臥)가 나타나 있는 것 같은 좌선을 하시오. 이미 획득한 성자(聖者)로서의

---

*44 이 한 장(章)은 한역에서는 '제자품(弟子品)'과 '보살품(菩薩品)'으로 나뉘어 있다. '제자품'에서는 석가세존이 그의 제자 각 사람에게 비말라키르티의 병을 위문하러 가도록 명령한다. 샤리푸트라 이하 10명은, 이른바 십대제자(十大弟子), 십대성문(十大聲聞)으로, 어느 한 방면에서 '제일인자'라는 이름을 얻고 있었는데, 모두가 일찍이 비말라키르티에게 호되게 비판을 받은 것을 고백한다. 최초로 명령을 받은 샤리푸트라(舍利弗·舍利子)는 다음에 나오는 목련과 함께 각각 백 명의 제자를 데리고 부처에 귀의한다. 그는 지혜제일이라 불렸고, 또 좌선(坐禪)으로도 명성이 높았다.

*45 심적 활동의 일체가 정지되어 있는 선정(禪定)을 멸진(滅盡)이라 하는데, 같은 내용인 무상정(無想定)보다도 한층 높은 선정으로 생각되고 있다.

모습을 버리지 않은 채, 보통 사람의 성격을 나타내는 그런 좌선을 하시오. 당신의 마음이 안에도 없고, 밖의 물질에도 향하지 않게끔 좌선을 하시오. 모든 잘못된 견해를 버리지 않은 채 37보리분(菩提分) 위에도 모습을 나타낼 수 있게끔 좌선을 하시오. 윤회(輪廻)에 속하는 번뇌를 끊지 않은 채 열반에 들어갈 수도 있게끔 좌선을 하시오. 대덕 샤리푸트라여, 모두 이렇게 좌선을 행하게 되면, 석가세존은 그들을 좌선하는 사람이라 부르게 될 것입니다.' 석가세존이시여, 이런 말을 듣고 저는 그가 말한 진리에 반박할 수 없어 잠자코 있을 뿐이었습니다. 그러므로 저로서는 이 고귀한 선비의 문병을 갈 수 없는 것입니다."

목련(目連)의 설법

그래서 석가세존은 장로인 마하 마우드갈리야야나 푸트라*[46]에게 말하였다.

"네가 비말라키르티의 병을 위문하거라."

마우드갈리야야나 푸트라도 말하였다.

"석가세존이시여, 저는 그 고귀한 선비의 문병을 할 수 없습니다. 그것은 왜냐하면 석가세존이시여, 이런 일이 생각나기 때문입니다. 즉 언젠가 바이샬리 성의 어느 네거리에서 재가(在家) 사람들에게 설법을 하고 있었는데, 거기에 비말라키르티가 와서 저에게 다음과 같이 말했습니다.

'대덕 마우드갈리야야나 푸트라여, 흰옷의 재가자들에게 당신처럼 설법을 해서는 안 됩니다. 대덕이여, 법은 여래의 교법대로 말해야 합니다. 법은 유정(有情)*[47]이 아니고 유정의 더러움을 떠난 것입니다. 자아(自我 : 아트만)가 없고 욕망의 더러움을 떠나 있습니다. 법에 수명이 없고 생사를 떠나 있습니다. 개아(個我)가 없고 시간적으로 앞과 뒤의 극한(極限)이 없습니다. 법은 적정(寂靜)에 의해 성격지어져 욕망의 대상이 아니고, 대상이 없는 그대로이며 문자로 표현되는 일이 없고, 모든 말이 끊어진 것입니다. 말로 할 수 없는 것

---

*46 두 번째로 마우드갈리야야나 푸트라(目犍連·目連)에게 명령한다. 샤리푸트라의 친한 친구로 신통제일이라 불리고 있다. 여기에서는 '설법하는 사람'으로 표현되어 있다.

*47 '유정(有情)', '아트만(我)', '수명이 있는 것', '푸드가라' 이 네 가지 개념은 어느 것이나 주체적 존재를 나타낸다.

이며, 모든 사상(思想)의 물결과 떨어진 것입니다. 모든 것에 편만(遍滿)하여 허공과 같습니다. 색채도 공통의 성질도 형태도 없으며, 모든 움직임과 떨어져 있습니다.

내것이란 것이 없고 내것으로 생각하는 일이 없습니다. 표상(表象)하는 일도 없고 심의(心意)라든가 지식이라든가를 떠나 있습니다. 필적(匹敵)하고 상대하는 것이 없으므로 비교될 것이 없습니다. 대응(對應)할 원인도 없고 연(緣)으로 설정(設定)될 것도 없습니다. 법계(法界) 안에 집약(集約)되기 때문에 모든 법을 평등하게 두는 것입니다.*48 그것은 진여(眞如)의 뒤를 좇는 것입니다. 다만 '뒤를 좇지 않는' 본성이기는 하나 절대로 움직이지 않는 것이므로 참된 극한까지 도달합니다. 여섯 가지 감각의 대상에 근거하지 않기 때문에 움직이지 않는 것이며, 멈추는 일이 없기 때문에 어디로 가는 일도, 어디로부터 오는 일도 없습니다. 법은 공성(空性) 속에 집약되어 무상(無相)으로 나타나게 되고, 무원(無願)의 성질이 있는 것입니다.

분별하는 일도 없고 부정(否定)하여 없애는 일도 없습니다. 버리는 일도 없고 세우는 일도 없으며 생도 멸도 없습니다. 돌아갈 마지막의 의지할 곳도 아니며, 눈과 귀와 코와 혀와 몸과 마음이 미치는 범위를 넘고 있습니다. 높아지는 일도 낮아지는 일도 없고 정지하여 움직이지도 않으며, 모든 움직임을 떠나 있습니다. 대덕 마우드갈리야야나 푸트라여, 이같은 법에 대해 설명한다는 것은 대관절 어떤 것이겠습니까. 법을 말한다는 것은 벌써 있지도 않은 것을 과장하여 말한 것입니다. 만일 듣는 사람이 있다면 그들도 또 과장된 것을 듣고 있는 것입니다. 대덕이여, 과장된 말이 실제로 있는 것이 아니라면 거기에는 법을 말하는 일도 없고, 듣는 일도 없으며, 이해하는 일도 없습니다. 당신도 그 일은, 헛것으로 나타나 있는 사람이 헛것인 사람에게 법을 말하는 것과 같은 것입니다. 이런 점에 유의하여 법을 설하지 않으면 안됩니다. 당신은 먼저 사람들의 기근 능력(機根能力)을 잘 알아야 합니다. 지혜의 눈으로 잘 내다보고, 대자비심을 일으켜 대승을 찬양하고 부처의 은혜를 생각하여 마음을 깨끗이하고, 또 법의 가르침에 잘 통해 있는 말로써 삼보(三寶) 뒤를 이어 가기 위해 당신은 법을 말해야 합니다.'

---

*48 평등하게 두는 것(samāhita)은, 모든 법의 평등한 것을 가리키는 것과 함께, 마음의 등지(等持, samāpatti) 즉 삼매(三昧)의 대상으로 되는 것을 가리키는지도 모른다.

그가 이렇게 설법했을 때, 석가세존이시여, 가장(家長)들의 이 모임 속에서 8백 명의 가장들은 무상(無上)하고 또 완전한 깨달음에 대해 발심했습니다. 저는 그 이상 아무 말도 못했습니다. 석가세존이시여, 그런 까닭에 그 고귀한 인물의 문병은 갈 수 없습니다."

대가섭(大迦葉)의 행걸(行乞)

그래서 석가세존은 장로인 마하 카사바*[49]에게 말하였다.

"카사바여, 비말라키르티에게 병문안을 가거라."

마하 카사바가 또 대답했다.

"석가세존이시여, 저는 그 고귀한 선비의 문병은 갈 수 없습니다. 왜냐하면 다음과 같은 일이 생각나기 때문입니다. 언젠가 가난한 사람들이 사는 구역에 탁발(托鉢)하러 간 일이 있습니다. 그때 비말라키르티가 거기에 와서 다음과 같이 말했습니다.

'대인 부호(大人富豪)의 집을 피하고 가난한 백성들의 집에만 가는 것은 대덕 마하 카사바의 자비심이 편파적이기 때문입니다. 대덕이여, 법은 평등 정신에 있어야만 합니다.*[50] 언제나 모든 사람을 생각하면서 먹을 것을 받아야 합니다. 먹는 것을 얻지 않기 위해 먹을 것을 받아야 합니다. 다른 사람을 개체로서 생각하는 관념*[51]을 타파하기 위해 먹을 것을 받아야 합니다. 마을은 텅 비어 있다는 생각을 가지고 마을로 탁발하러 들어가야 합니다. 남자와 여자들을 성숙시키기 위해 마을로 들어가야 합니다. 부처의 혈통의 집이라는 생각을 가지고 집에 들어가야 합니다. 받지 않음으로써 먹을 것을 받아야 합니다. 빛을 바라봄에는 날 때부터 시각장애인인 것처럼 하고, 소리를 들을 때는 메아리와 같다고 생각하며, 냄새를 맡을 때는 바람과 같다고 생

---

*49 마하 카사바는 한자로 大迦葉(대가섭), 摩訶迦葉(마하가섭)이라고 쓴다. 두타(頭陀)에서 제일인자, 즉 소욕지족(少欲知足)의 청빈한 행자(行者)로 불렸다. 교단의 최장로로서, 그가 경전과 율전(律典)의 편집을 진행했다.

*50 행걸자(行乞者)에게 보시를 하는 것은, 보시를 하는 사람에 대해 덕을 쌓는 기회가 된다. 그러므로 그 기회를 가난한 사람에게만 주는 것은 사람이 평등하지 못하다는 것이다. 밥을 행걸하는 것은 두타행(頭陀行)의 가장 중요한 항목으로, 특히 빈부를 가리지 않도록 규정되어 있다.

*51 개체로서 생각하는 관념(piṇḍagrāha)은 동시에 '주먹밥에 대한 집착'을 뜻한다.

각하고, 알고 가리는 일이 없이 음식을 맛보며, 접촉하는 일이 없이 앎(知)을 가지고 대상에 접촉하여, 환상적인 사람의 지각처럼 법을 알아야 합니다.

자기라는 것도 남이라는 것도 없는 것은, 타 버리는 일이 없고, 타지 않는 것에는 소멸하는 일도 없는 것과 같습니다. 마하 카사바여, 만일 여덟 가지 잘못을 이탈하지 않은 채, 여덟 가지 바른 해탈*⁵²에 정신을 집중하여, 잘못인 것의 평등성에 의해 바른 것의 평등성으로 들어가며, 한 주먹밥이라도 그것을 모든 중생에게 베풀고, 또 모든 부처와 성자에게 바친 다음, 비로소 자신도 먹는다고 하는 것이라면, 그것은 더러운 것으로써 먹는 것도 아니고 더러움을 떠나서 먹는 것도 아니며, 선정(禪定)인 채로도 아니고 선정에서 나와 먹는 것도 아니며, 그것은 윤회(輪廻) 속에 있는 것도 아니고 열반에 들어간 것도 아닌 것처럼 먹는 일입니다. 대덕이여, 당신에게 누군가가 먹을 것을 베풀었다고 해서, 그들이 반드시 큰 과보(果報)를 얻는 것도 아니고, 작은 과보를 얻는 것도 아니며, 잃는 것도 없지만 훌륭한 사람으로 되는 까닭도 없습니다. 그것은 다만 부처의 행리(行履 : 어떤 일을 행하는 것)를 따르는 것이기는 해도, 당신이 생각하고 있는 성문(聲聞)의 도에 따르는 것도 아닙니다. 대덕 마하 카사바여, 이것이 불국토로부터 얻은 밥을 유효하게 먹는 것입니다.'

이와 같이 그가 말했을 때, 석가세존이시여, 저는 이 설법을 듣고 훌륭하다고 생각되어 모든 보살을 예배했습니다. 재가의 사람으로 있으면서 이같은 변재를 갖추고 있다면, 그 설법을 듣고 누가 무상(無上)한 바른 깨달음에 대해 발심하지 않을 사람이 있겠는가 하고 생각했습니다. 그리고 그 뒤로 저는 대승이 아닌 성문승(聲聞乘)이나 독각승(獨覺乘)으로 사람을 인도하는 일을 하지 않게 되었습니다. 석가세존이시여, 그런 까닭으로 저는 그 고귀한 사람의 병 위문을 갈 수가 없습니다."

수보리(須菩提)와 음식
그래서 석가세존은 장로인 수부티(수보리)*⁵³에게 말하였다.

---

*52 팔해탈(八解脫)은 부정관(不淨觀) 등을 수행함으로써, 색계·무색계의 순서로 좀더 높은 '선정'에 들어가는 것. 팔배사(八背捨)라고도 한다.

*53 선현(善現)이라고도 일컫는다. 해공제일(解空第一 : 空性을 이해함이 가장 뛰어난)이라 불리며 《반야경》에서는 부처가 말을 거는 상대로 자주 등장된다.

"수부티여, 비말라키르티의 문병을 가라."

수부티도 대답했다.

"석가세존이시여, 그 고귀한 인물의 문병은 저로서는 갈 수 없습니다. 그 이유는 다음과 같은 일이 생각나기 때문입니다. 언젠가 바이샬리 성에 있는 비말라키르티의 집으로 탁발하러 간 일이 있습니다. 그때 비말라키르티는 내 바리때를 받아 들고 좋은 음식을 채운 다음, 다음과 같이 말했습니다.

'대덕 수부티여, 만일 먹는 일의 평등성에 의해 일체 존재의 평등성을 알게 되고, 일체 존재의 평등성으로 부처의 본성이 평등함을 깨달을 수 있다면, 비로소 이 드리는 음식을 받아 주시오. 대덕 수부티여, 만일 탐욕과 노여움과 어리석음을 타파하지 않고 그리고 그것들과 같이 있지 않다면, 만일 그릇된 개아(個我)의 관념(有身見)을 타파하지 않은 채 일행도(一行道 : 유일한 무아의 도)로 나아간다면, 또 무지(無知 : 無明)*⁵⁴와 존재를 애착하는 것을 풀어 버리지 않고도 지혜와 해탈을 낳게 된다면, 또 무간(無間—無間業)의 죄의 평등성이 당신의 해탈과 평등함을 안다면, 해탈해 있는 것도 아니고 속박되어 있는 것도 아니라면, 또 4성제(四聖諦)*⁵⁵를 이해한 것도 아니고 이해하지 않은 것도 아니라면, 또 과(果)를 얻어 성자가 되지도 않았고 그렇다고 범부도 아니고 범부의 법에 배반하지 않는다면, 또 성인도 아니고 성인 아닌 것도, 또 모든 법을 갖추고 있으면서 모든 법이라는 생각을 버리고 있다면, 이드리는 음식을 받으시오.

만일 스승(부처)도 만나지 않고, 법도 듣지 않고, 승단(僧團)에 봉사하지 않고서도, 저 육사외도(六師外道)*⁵⁶를 대덕의 스승으로 하여, 그들을 좇아 어느 곳이든 이들이 가는 곳에 성자(聖者) 수부티도 간다고 하면, 이 드리는 음식을 받으시오. 당신은 온갖 악견(惡見)에 빠져, 두 극단과 중도(中道)의 바른 인식을 얻지 못했소. 당신은 여덟 가지 불운한 태어남에 빠져, 행운의 본성을 얻지 못했소. 당신은 번뇌와 같은 것이 되어 청정(淸淨)을 얻지도 못했

---

*54 이른바 오역(五逆), 오무간죄(五無間罪). 즉 아비를 죽이고 어미를 죽이고, 아라한(阿羅漢)을 죽이고, 부처의 피를 흘리고, 화합승(和合僧)을 깨뜨리는 것. 대승에서는 다른 오역을 생각한다. 무간지옥에 빠지는 원인이 되기 때문에 무간업이라 말한다.

*55 부처의 근본적인 가르침의 하나. 고(苦)·집(集)·멸(滅)·도(道)에 관한 진리.

*56 인도 우파니샤드 철학 사상 중 세력이 컸던 여섯 유파. 즉 푸라나 카사파·마칼리 고살라·산자야 벨라티푸타·아지타 케사캄발린·파구다 카자야나·니간타 나타푸타.

소. 사람들이 모두 격정(激情)을 떠나게 되면*57 그때 대덕도 격정을 떠나게 될 것입니다. 당신의 베풂은 청정이 아니며, 대덕이여, 당신에게 음식을 주는 사람이 있으면 그들도 삼악도(三惡道)에 떨어질 것입니다. 당신은 모든 마라 (Mara, 魔)귀와 함께 있으며, 모든 번뇌는 당신의 친구입니다. 번뇌의 본질이 야말로 대덕의 본질인 것입니다. 모든 사람을 당신은 해칠 마음을 품고 있소. 당신은 모든 부처를 비방하고, 모든 불법을 나쁘게 말하며, 승단을 믿지 않습니다. 그리고 결코 열반에는 들어가지 않습니다. 만일 당신이 이상 말한 대로라면, 그때 비로소 이 주는 음식을 받으시오.'

이같이 그가 말하는 것을 듣고, 석가세존이시여, 저는 그에 대해 뭐라고 대답할 것인가, 무엇을 말할 것인가, 어떻게 할 것인가가 생각이 나지 않아 시방(十方)이 캄캄해졌습니다. 그래서 그 바리때를 버려두고 그 집에서 나오려 하자, 비말라키르티는 또 다음과 같이 말했습니다.

'대덕 수부티여, 내가 말한 말에는 두려워하지 말고 부디 이 바리때를 받으시오. 대덕이여, 어떻게 생각하십니까. 만일 여래가 화작(化作)*58한 것에 의해, 이같은 말이 나오면 두렵게 생각하십니까?'

나는 두렵게는 생각지 않는다고 대답했습니다.

그는 또 말했습니다.

'대덕 수부티여, 환상처럼 화작된 성질인 것 모두에 대해 두려움을 품어서는 안 됩니다. 왜냐하면 그것들의 말도 모두 같은 성질인 것이며, 그것을 잘 아는 사람은 문자에 집착하지 않고 그것을 두려워하는 일이 없기 때문입니다. 왜 그런가 하면 그들 문자는 모두 문자의 자성(自性)이 있는 것은 아니고, 해탈은 문자에 속한 것이 아닙니다. 일체 제법은 문자를 초월한 해탈을 그 성격으로 하기 때문입니다.'

이같이 말했을 때, 2백 명의 천자(天子)가 더러움을 떠나 청정무구한 법안 (法限 : 五眼의 하나. 諸法을 관찰하는 보살의 心眼)을 얻었습니다. 5백 명의 천자 는 진리에 수순(隨順)하는 지혜(隨順忍)를 얻었습니다. 저는 또 할말이 없어 그에게 대답을 할 수도 없었습니다. 석가세존이시여, 그렇기 때문에 저는 그

---

*57 '격정을 떠난다'고 옮긴 것은 산스크리트어로는 arana인데, 무쟁(無諍)이라고 옮긴다. 격정은 번뇌 내지 정욕의 뜻이다. 수부티는 무쟁제일(無諍第一)로서 명성이 높았다.
*58 신통력을 가지고 변화신(變化身)인 것들을 만들어 내는 것.

고귀한 인물의 문병은 갈 수 없습니다."

부루나(富樓那)의 설법

그래서 석가세존은 장로인 푸르나 마이트라야니푸트라[*59]에게 말하였다.
"푸르나여, 비말라키르티에게 문병을 가라."

푸르나도 또 말했다.

"석가세존이시여, 저는 그 고귀한 인물의 문병을 갈 수 없습니다. 왜냐하면 다음과 같은 일이 생각나기 때문입니다. 언젠가 어느 큰 숲에서 새로 온 비구들에게 설법을 하고 있는데, 비말라키르티가 거기에 와서 내게 다음과 같이 말했습니다.

'대덕 푸르나여, 정신 집중에 들어간 다음 이들 비구의 마음을 관찰하고, 그런 뒤에 설법을 하시오. 보물의 큰 그릇을 채우는 데 썩은 음식으로 해서는 안 됩니다. 이들 비구들이 생각하고 바라는 것이 무엇인지를 먼저 아십시오. 보석인 유리(琉璃)와 돌로 만든 유리를 혼동하지 마시오. 대덕 푸르나여, 중생의 기근(機根)을 관찰하지 않고서, 큰 그릇을 작은 기근의 그릇처럼 만들어 내서는 안 됩니다. 상처가 없는 곳에 상처를 내서는 안 됩니다. 큰길을 걷기를 바라는 사람을 작은 길로 안내해서는 안 됩니다. 큰 바다를 소(牛)의 발자국에 부어 넣어서는 안 됩니다. 수미산을 개자(芥子) 씨앗 속으로 넣어서는 안 됩니다. 태양빛을 반딧불빛으로 바꿔 놓아서는 안 됩니다. 사자후(獅子吼)를 여우의 목소리라고 생각해서는 안 됩니다. 대덕 푸르나여, 이들 비구는 모두 일찍이 대승(大乘)에 들어갔다가 그 뒤 보리심(菩提心)을 잊은 것뿐입니다. 대덕이여, 그들에게는 성문승(聲聞乘)을 말해서는 안 됩니다. 성문승은 바른 것이 되지 못하며, 중생의 기근에 대한 본성을 알게 되면 이들 성문은 시각장애인이나 마찬가지라고 우리는 생각합니다.'

그때, 비말라키르티는 이들 비구들이 삼매에 들어가 많은 과거의 생(生)을 생각해 내도록 했습니다. 과거에 그들은 5백 명의 모든 부처를 가까이 모시고 있으면서 선근(善根)을 쌓은 것을 생각해 냈습니다. 그리고 그들에게는 또 보리심이 생겨나 그 고귀한 선비(維摩)의 발에 머리를 대고 예배하며 합장했

---

*59 부루나(富樓那)·만자자(滿慈子) 등으로 옮기고, 설법제일(說法第一)로 불렸다.

습니다. 그는 또 그들에 대해 무상의 완전한 깨달음에서 퇴전(退轉)하지 않게 끔 법을 말했습니다.

석가세존이시여, 거기에서 저는 이렇게 생각했습니다. '성문들은 다른 사람의 마음가짐도 소원도 알지 못하고선, 누구에게나 성문 따위는 설법을 해서는 안 된다. 왜냐하면, 성문은 중생의 근기의 우열(優劣)에 대해 판단이 설수가 없고, 아라한으로서 완전한 깨달음을 얻은 여래처럼 항상 마음의 통일을 얻고 있지 못하니까'라고요. 석가세존이시여, 그런 까닭으로 저는 그 고귀한 선비의 병을 위문할 수 없습니다."

대가전연(大迦旃延)의 의론

그래서 석가세존은 장로인 마하 카티야야나(마하가전연)[*60]에게 말하였다.
"카티야야나여, 그대가 비말라키르티의 문병을 가라."

카티야야나도 또 말했다.

"석가세존이시여, 저는 그 고귀한 선비의 문병은 갈 수 없습니다. 왜냐하면 다음과 같은 일이 생각나기 때문입니다.

언젠가 석가세존께서 교설의 요점을 비구들에게 말씀하신 일이 있습니다. 그 뒤 하신 말씀을 분명히 하기 위해 제가 무상(無常)의 뜻, 고(苦)의 뜻, 무아(無我)의 뜻, 적정(寂靜)의 뜻은 이러이러하다고 부연해서 설법을 했습니다. 그러자 비말라키르티가 거기에 와서 저에게 다음과 같이 말했습니다.

'대덕 마하 카티야야나여, 움직임을 함께하는 법, 즉 생(生)을 함께하고 멸(滅)을 함께하는 법은 말해서는 안 됩니다. 대덕이여, 전혀 생기지 않고 과거에도 생기지 않고 미래에도 생기지 않으며, 또 없어지지 않고 일찍이 없어지지도 않았고 장래에도 없어지지 않는 것, 이것이 '무상'의 뜻입니다. 무릇 오온이 공성(空性)임을 이해하고, 따라서 고(苦)는 생기지 않는다고 이해함이 '고'의 뜻입니다. 아(我)와 무아(無我)는 둘이 아님이 '무아'의 뜻입니다. 자존재(自存在)도 없고 타존재(他存在)도 없는 것, 이것이 '공'의 뜻입니다. 타는(燃)일도 없고 타지도 않는 것인만큼 적멸(寂滅)하는 일도 없으며 적멸하지 않는 것, 그것이 '적멸'의 뜻입니다.'

---

*60 가연(迦延)으로 음역되고 논의제일(論議第一)로 불렸다.

이같이 말했을 때, 그들 비구들의 마음은 무집착(無執着)으로 되어 번뇌의 누출(漏出)에서 해탈했습니다. 그런 까닭으로 저는 그 고귀한 선비의 문병을 갈 수 없습니다."

아나율(阿那律)의 천안(天眼)

그래서 석가세존은 장로인 아니루타*61에게 말하였다.

"아니루타여, 그대가 비말라키르티의 문병을 가라."

아니루타도 말했다.

"석가세존이시여, 저는 그 고귀한 선비의 문병을 갈 수 없습니다. 왜냐하면 석가세존이시여, 다음과 같은 일이 생각나기 때문입니다. 언젠가 어느 경행(經行: 일정한 장소를 왔다갔다 하면서 禪觀하는 것)하는 장소에서 경행을 하고 있는데, 거기에 슈바부하라고 부르는 범왕(梵王)이 1만 명의 바라문을 거느리고 그 주위를 떠들썩하게 하면서 제가 있는 곳으로 찾아왔습니다. 그리고 머리를 제 발에 대고 예배한 다음 한쪽에 자리를 잡고 저에게 다음과 같이 물었습니다.

'대덕 아니루타여, 석가세존은 당신을 천안통(天眼通)의 제일인자라고 말씀하시는데, 당신의 천안으로써 보면 어디까지 보게 됩니까?' 제가 대답했습니다. '나는 부처님의 나라 삼천대천세계를 손바닥 안의 아말라(amala) 열매 보듯이 하오.'

그러자 비말라키르티가 거기에 와서 머리를 제 발에 대고 예배한 다음에 다음과 같이 말했습니다.

'대덕 아니루타의 '천안'이란 것은 만들어진 성질의 것입니까, 아니면 만들어진 바 없는 것입니까? 만일 만들어진 성질의 것이라면 다른 이교도의 오신통(五神通)과 같은 것입니다. 만일 만들어진 바 없는 성질의 것이라면, 무위(無爲)*62라는 것이므로 그것에 의해서는 볼 수가 없는 것입니다. 대덕은 어떻게 해서 보는 것입니까?'

─────────

＊61 아나율(阿那律)로 음역되며, 석가세존의 종형제로 수행 과정에서 시각장애인이 되었으나 천안제일(天眼第一)이었다.

＊62 인(因)과 연(緣)에 의해 생성 변화하며 무상인 현상 세계를 유위(有爲)라 하고, 이와는 반대로 이를 초월한 절대적인 세계가 무위(無爲)이며 열반(涅槃)과 같은 뜻이다.

이 말을 들은 저는 한 마디도 대답을 할 수 없었습니다. 그 바라문은 이 고귀한 선비가 말하는 것을 듣고 경탄하는 마음을 이기지 못하여, 그에게 예배하고 다음과 같이 말했습니다.

'이 세상에서 천안을 가진 사람이라고 하면 누구이겠습니까?' 그가 대답했습니다.

'이 세상에서 제불세존(諸佛世尊)이야말로 천안을 가진 사람입니다. 즉 선정(禪定)의 경지에 들어가, 있는 그대로 모든 불국토를 볼 수 있고, 그리고 주객(主客)이 대립한 두 가지로 분별(分別)하는 일도 없습니다.'

그때 1만의 바라문 일단(一團)은 이 설법을 듣고 무상의 바른 깨달음에 깊은 결의를 가지고 발심했습니다. 그러고는 나와 그 고귀한 선비에게 절을 하고 경의를 표하면서 떠나갔습니다. 저는 더 할말이 없게 되었습니다. 그런 까닭에 그 고귀한 선비의 문병을 갈 수 없습니다."

우파리(優婆離)의 계율

그래서 석가세존은 장로인 우파리*63에게 말하였다.

"우파리여, 네가 리차비의 비말라키르티에게 문병을 가라."

우파리도 또 말했다.

"석가세존이시여, 저는 그 고귀한 선비의 병 위문은 갈 수 없습니다. 왜냐하면, 석가세존이시여, 다음과 같은 일이 생각나기 때문입니다. 언젠가 두 비구가 석가세존께 죄를 짓고, 석가세존 대하기를 부끄러워한 나머지 감히 찾아뵙지를 못하고 저에게 찾아와서 다음과 같이 말했습니다.

'대덕 우파리여, 저희 두 사람은 죄를 짓고 부끄러워 석가세존 앞에 나아갈 수 없습니다. 부디 당신께서 저희 두 사람의 후회하는 의념(疑念)을 없애서 죄로부터 건져 주십시오.'

그래서 저는 이 두 사람에게 법을 설명했습니다.

그때 비말라키르티가 와서 저에게 다음과 같이 말했습니다.

'대덕 우파리여, 당신은 이들 두 비구의 허물을 이 이상 더하거나 더럽게 하지 말고, 그 죄에 대한 뉘우침을 없애지 않으면 안 됩니다. 대덕 우파리

---

*63 수드라(노비계급) 출신으로 이발관을 하고 있었다. 지율제일(持律第一)이라 불리고, 뒤에 율전 편집의 주역을 맡았다.

여, 죄는 안에도 없고 밖에 있는 것도 아니며, 그 안과 밖 이외에 보이는 것도 아닙니다. 그것은 어째서냐 하면, 석가세존의 말씀에 '마음이 더러워짐으로써 중생은 더러워지며, 마음이 깨끗해짐으로써 중생은 깨끗해진다'고 하셨기 때문입니다. 대덕이여, 마음은 안에도 없고 밖에도 없으며, 그 둘 이외에도 찾아볼 수 없습니다. 마음처럼 죄도 마찬가지입니다. 죄와 똑같이 모든 존재도 마찬가지로서, 진여(眞如 : 우주 만물의 평등 무차별한 절대 진리) 밖에 나올 수가 없습니다. 대덕 우파리여, 마음의 본성이란 것—그 본성에 의해 대덕의 마음도 해탈하는 것이겠지만—도 그 마음의 본성이 일찍이 더러워진 적이 있었습니까?'

저는 대답했습니다.

'그런 적은 없습니다.'

비말라키르티가 말했습니다.

'대덕 우파리여, 모든 사람의 마음은 더러워지지 않는 것을 본성으로 하는 것입니다. 대덕이여, 분별(分別)은 더러운 것이며, 분별이 없고 망상(妄想)이 없는 것이 마음의 본성입니다. 자아(自我)가 있다고 그릇 생각하는 것이 더러운 것이며, 무아(無我)인 것이 본성입니다. 대덕 우파리여, 모든 존재는 생겨났다가는 없어져 멈춤이 없고, 환상 같고, 구름 같으며, 번개 같은 것입니다. 모든 존재는 다른 것을 기다리지도 않고, 한순간도 정지하지 않습니다. 모든 존재는 꿈과 헛그림자와 같은 것으로 진실이 나타나 있는 것은 아닙니다. 모든 존재는 물에 비친 달과 거울에 비친 모양과 같은 것으로 마음의 분별(妄想)에 의해 생기는 것입니다. 이렇게 아는 사람, 그가 계율을 지키는 사람이라고 불립니다. 이같이 단련된 사람, 그가 율(律)에서 잘 단련된 사람인 것입니다.'

그때 두 비구는 말했습니다.

'이 주인은 참으로 지혜가 있는 분입니다. 계율을 지키는 사람 가운데 제일인자라고 석가세존께서 인정하신 대덕 우파리도 거기까지는 미치지 못했습니다.'

저는 그 두 사람에게 말했습니다.

'당신들은 이 사람을 단순히 집에 있는 사람이라고 생각해서는 안 됩니다. 왜냐하면 이 사람의 웅변(변설)을 막을 사람은, 성문이든 보살이든, 여래 이

외에는 한 사람도 없기 때문입니다. 그의 지혜가 빛남은 그러한 것입니다.'

그리하여 이 두 비구는 죄를 후회하는 의념이 없어지고, 그 자리에서 가장 높고 올바른 깨달음에 깊은 결의를 가지고 발심하여, 그 고귀한 선비를 예배하고, '모든 사람들도 이같은 변설(辯說)을 얻어지이다'라고 했습니다. 이 같은 이유 때문에 저는 이 고귀한 선비의 문병을 갈 수 없습니다."

라후라(羅睺羅)의 출가

그래서 석가세존은 장로인 라후라*[64]에게 말하였다.

"라후라여, 비말라키르티의 병 위문을 가라."

라후라도 또 말했다.

"석가세존이시여, 저는 그 고귀한 선비의 병 위문을 갈 수 없습니다. 왜냐하면 석가세존이시여, 다음과 같은 일이 생각나기 때문입니다. 언젠가 리차비의 젊은 사람들이 제가 있는 곳으로 많이 모여 와서 다음과 같이 말했습니다.

'대덕 라후라여, 당신은 석가세존의 아들입니다. 그리고 전륜왕(轉輪王)으로서의 왕위를 버리고 출가한, 그 공덕이라든가 이익이라든가는 대체 무엇입니까?'

그래서 제가 법이 가르치는 대로 출가의 공덕과 이익에 대해 이야기를 하고 있는데, 비말라키르티가 거기로 와서 제게 예배를 한 다음 다음과 같이 말했습니다.

'대덕 라후라여, 출가의 공덕과 이익을 당신처럼 그렇게 말하지 마십시오. 왜냐하면 출가야말로 공덕도 없고 이익도 없는 것입니다. 대덕이여, 무언가 유위(有爲 : 現象世界)의 것이 일어나는 곳에는, 공덕도 있고 이익도 있을 것입니다. 그러나 출가라는 것은 무위(無爲)로써 수행하는 것입니다. 무위에는 공덕도 없고 이익도 없습니다. 대덕 라후라여, 출가란 것은 물질적인 형상이 없는 것이며 형상을 떠난 것입니다. 처음이라든가 끝이라든가 하는 두 극한을 보지 않는 것입니다. 그것은 육십이견(六十二見)을 떠나 열반으로 가는 길이며, 지자(知者)들이 상찬하는 것이며, 성자(聖者)들이 채용(採用)하는 것입니다.

---

*64 라후라는 석가세존의 친아들로 밀행제일(密行第一)로 불렸다. 밀행이란 행동, 특히 계율을 지키는 데 세밀하다는 뜻이다.

모든 마귀를 쳐서 이기고 오취(五趣)로부터 해탈해 있습니다. 다섯 눈(肉眼·天眼·慧眼·法眼·佛眼)을 깨끗이 하고, 다섯 힘(五力)을 얻게 하며, 다섯 가지 기능(五根)의 근거(根據)로 되는 것입니다. 남을 괴롭히는 일이 없고, 악한 법과 한데 섞이지 않는 것입니다. 외부의 이교도를 조복(調伏)하고, 개념적인 설정을 초월해 있습니다. 애욕의 진흙을 건너가는 다리로서, 애착하는 일이 없고, 내것이라는 생각, 내가 있다는 생각을 떠나 있습니다. 집착이 없고, 혼란이 없고 혼란을 끊고 있습니다. 내 마음을 조복하고 다른 사람의 마음을 지켜 줍니다. 마음의 고요함을 도와 기르는 것으로 모든 점에서 비난을 받지 않습니다. 이것이 출가라고 불리는 것으로, 무릇 이같이 출가하게 되면 그것이 훌륭한 출가인 것입니다. 젊은이들이여, 이러한 선설(善說)의 법으로 그대들도 출가를 하시라. 왜냐하면 부처가 이 세상에 나타났을 때를 만난다는 것은 어려운 일이므로, 여가(餘暇)도 있고 성영(盛榮)의 상태(八難에 떨어져 있지 않은 상태)를 얻는 것, 즉 인간이 된다는 것은 얻기 어려운 일이기 때문입니다.'

이때 이들 젊은 사람들은 다음과 같이 반문했습니다.

'가장(家長)님이여, 부모의 허락이 없는 한 출가해서는 안 된다고 여래께서 말씀하셨다고 듣고 있습니다만.'

그에 대해 대답했습니다.

'젊은이들이여, 가장 높고 바른 깨달음에 대해 발심하고, 전심(專心)해서 수행을 하시오. 그렇게 하면 그것이야말로 당신들의 출가하는 것이 되고, 구족계(具足戒)*65를 받는 것과 다름이 없는 것입니다.'

그때, 3천 200의 리차비의 젊은 사람들은 가장 높고 바른 완전한 깨달음을 향해 발심했습니다. 석가세존이시여, 그런 까닭에 저는 그 고귀한 선비의 병 위문을 갈 수 없습니다."

아난(阿難)과 부처의 병

그래서 석가세존은 장로인 아난다*66에게 말하였다.

---

*65 비구, 출가한 사람으로서 완전히 모든 계를 받은 자.
*66 아난(阿難) 또는 아난타(阿難陀), 석가세존의 제자로서 항상 석가세존의 시중을 들며, 오랜 동안에 걸쳐 가장 많은 설법을 들었기 때문에 다문제일(多聞第一)이라 불렸다. 또한 제1

"아난다여, 그대가 비말라키르티의 병 위문을 가라."

아난다도 또 말했다.

"석가세존이시여, 저는 그 고귀한 선비의 병 위문을 갈 자격이 없습니다. 왜냐하면, 석가세존이시여, 다음과 같은 일이 생각나기 때문입니다. 언젠가 석가세존의 몸에 병이 있어 우유가 필요했기 때문에, 저는 바리때를 들고 어느 바라문의 큰 저택 문 앞으로 갔습니다. 그러자 비말라키르티가 그곳으로 와서 저에게 절을 한 다음 말했습니다.

'대덕 아난다여, 어찌하여 아침 일찍 바리때를 들고 이 집 문 앞에 서 있습니까?'

저는 그에게 대답했습니다.

'석가세존께서 병환이시라 우유가 필요해서 얻으러 왔습니다.'

그러자 그는 제게 다음과 같이 말했습니다.

'대덕 아난다여, 그런 말을 해서는 안 됩니다. 대덕이여, 여래의 몸은 금강(金剛)처럼 단단합니다. 모든 악은 다 끊어 버렸고, 모든 선(善)을 다 모아 가지고 계십니다. 무슨 병이 있겠습니까. 무슨 고통이 있겠습니까. 대덕 아난다여, 석가세존을 헐뜯는 것 같은 말을 하지 말고, 아무 말 없이 가십시오. 다른 어느 사람에게도 그런 말을 해서는 안 됩니다. 큰 위덕이 있는 제천(諸天)이나 모든 불국토로부터 모여와 있는 보살들이 틀림없이 듣고 말 것입니다. 대덕 아난다여, 전륜왕(轉輪王 : 전세계를 정복하는 제왕)만 해도 그 작은 선근(善根)으로도 병에 걸리는 일이 없는데, 무량한 선근을 갖추고 있는 석가세존께서 어떻게 병 같은 것이 있을 수 있겠습니까. 그럴 리 없습니다. 대덕이여, 우리들에게 부끄러운 생각을 갖게 하지 말고, 곧 돌아가 주십시오. 다른 이교도·행자(行者)·유행자(遊行者)·나형자(裸形者)·아지비카 등이 틀림없이 듣고 맙니다. 그들에게 아니, 이 사람들 스승은 자기 몸도 구하지 못하면서, 남의 병을 어떻게 건져 줄 수 있겠는가 하는 생각을 갖게 해서는 절대로 안 됩니다. 대덕이여, 몸을 숨겨 사람들에게 보이지 않게끔 가십시오. 누군가가 듣고 맙니다. 대덕 아난다여, 모든 여래의 몸이란 것은 법신(法身 : 물질적인 몸 아닌 法自體)으로서 음식으로 기르는 몸은 아닙니다. 여래에게는 세간(世間)을

차 경전결집의 주역이 되었다.

초월한 몸이 있어, 세간의 모든 것을 초월하여 있습니다. 여래의 몸에는 고통이 없고, 번뇌의 누출(漏出)과는 완전히 반대인 것입니다. 여래의 몸은 무위(無爲)로서 모든 작위(作爲)를 떠나 있습니다. 대덕이여, 이같은 몸에 병이 있다고 생각하는 것은 이치에 맞지 않는 일로 생각조차 할 수 없는 일입니다.'

이 말을 듣고 저는, 석가세존께 실로 부끄럽고 죄송스런 마음 금할 수가 없었습니다. 석가세존을 가까이 모시고 다녔으면서도, 석가세존의 말씀을 잘못 알아듣고 있었던 것이 부끄러웠습니다. 그때 공중에서 소리가 들려 왔습니다. '아난다여, 가장(家長)이 한 말은 바로 그대로이다. 그러나 석가세존께서 오탁(五濁 : 末世에 있는 다섯 가지 汚濁)의 시절에 이 세상에 나타나 이런 저런 모습을 나타내 보이시는 것은, 중생들을 해탈케 하기 위한 일일 뿐이다. 그러므로 아난다여, 부끄러워하지 말고 우유를 얻어 가지고 가는 것이 좋다.'

석가세존이시여, 비말라키르티의 지혜와 변재(辯才)는 이와 같습니다. 그러므로 저는 이 고귀한 선비의 문병은 갈 만한 존재가 되지 못합니다."

이들과 마찬가지로 문병을 갈 생각이 나지 않는 500명 가량의 성문(聲聞)들은, 자기들이 일찍이 경험한 것을 석가세존에게 말하고, 비말라키르티와 주고받은 이야기 전부를 석가세존에게 말씀드렸다.*67

미륵보살(彌勒菩薩)의 성불 예언

그래서 석가세존은 보살인 마이트레야(미륵보살)*68에게 말하였다.

"마이트레야여, 그대가 비말라키르티의 병 위문을 가라."

마이트레야도 또 말했다.

"석가세존이시여, 그 고귀한 선비의 병 위문을 갈 수 없습니다. 왜냐하면 석가세존이시여, 다음과 같은 일이 생각나기 때문입니다. 언젠가 도솔천(兜

---

*67 한문 번역에서는 여기에서부터 보살품(菩薩品)이라 하여 장을 달리하고 있다. 석가세존은 위에서와 마찬가지로 보살들에게 병 위문을 가라고 명한다.

*68 미륵보살(彌勒菩薩) 또는 자씨보살(慈氏菩薩)이라고도 한다. 현재 투시타 천(도솔천)에 있지만 석가세존이 열반에 든 뒤 57억 7천만 년이 지나서 이 세계에 나타나, 그의 일생 동안을 석가세존에 뒤이어 부처가 되고, 여래가 된다. 다음 문제로써 비말라키르티가 언급한다.

率天 : 六欲天의 하나)의 천왕과 그 권속들과 함께, 보살대사(菩薩大士)가 갖는 불퇴전의 지위에 관해 이야기를 나누고 있었습니다. 거기에 비말라키르티가 와서 저에게 다음과 같이 말했습니다.

'마이트레야여, 석가세존께서 당신에게 이제 한 번 더 태어나면 아뇩다라삼먁삼보리를 얻을 거라고 예언하셨다지요? 그런데 어떤 생이라고 예언하신 겁니까? 과거인가, 미래인가, 아니면 현재인가. 만일 과거의 생이라면 그것은 지나가 없어져 버린 것입니다. 미래라면 현재에까지 미칠 수가 없습니다. 현재의 생(生)은 또 멈추는 일이 없습니다. 왜냐하면 석가세존께서 '비구여, 그대는 한 찰나 속에 나고, 늙고, 죽고, 텅 비고, 또 난다'고 하셨기 때문입니다. 만일 그러한 생이 아니라고 한다면, 그것은 구극적(究極的) 결정(決定)에 들어가 있는 것(正性離生 : 聖者가 되어 있는 상태)으로 생(生)이 아니며, 생이 아닌 것은 예언될 수도 없으며 생이 아니기 때문에 깨달음에 이르는 일도 없습니다.

마이트레야여, 일생보처(一生補處)의 일생이란 여여(如如 : 사려분별을 더하지 아니한 생긴 그대로의 모습. 眞如)으로서의 생인가, 아니면 여여로서의 멸(滅)인가, 어떻게 예언된 것입니까. 하지만, 실은 여여는 무생무멸(無生無滅)로 생기는 일도 없고 없어지는 일도 없습니다. 여여는 일체 중생에도 있고, 일체법에도 있고, 모든 성자도 갖추고 있습니다. 바로 그 여여가 마이트레야여, 당신의 여여이기도 합니다. 만일 당신이 그같이 예언되었다고 한다면, 모든 중생도 마찬가지로 예언된 것이 틀림없습니다. 왜냐하면 여여는 둘이라든가, 각각 다른 것이라고는 말하는 것이 아니기 때문입니다.

마이트레야여, 당신이 깨달음에 도달하게 되면 그때에는 모든 중생도 똑같이 깨달음에 도달하게 될 것입니다. 왜냐하면 모든 중생이 이해하는 것, 그것이야말로 보리(菩提 : 깨달음)이기 때문입니다.

마이트레야여, 당신이 완전한 열반에 들어갈 때, 그때에는 모든 중생도 완전한 열반에 들어가게 될 것입니다. 왜냐하면 중생이 완전히 열반에 들어가지 않는 한 여래도 완전한 열반에는 들어가지 않는 것입니다. 그것은 그들 일체 중생이 참으로 완전한 열반에 들어가는 것, 열반의 본질을 가지고 있는 것을 알고 있기 때문입니다. 마이트레야여, '장차 나는 열반에 들 것이라는 예언을 받았다'는 이야기로, 그러므로 이들 도솔천 천왕의 권속들을, 당신의 설법으로써 그릇된 방향으로 거짓 선동해서는 안 됩니다. 보리는 누구든 새삼 그리로 들어갈 수도 없고, 거기서 벗어날 수도 없는 것입니다.

마이트레야여, 이들 천왕의 권속들로 하여금 보리(위에 말한 것과는 다르게 뭔가 특수한 것으로)를 분별하는 생각을 버리게끔 하십시오. 왜냐하면 보리는 몸으로 깨닫는 것도 아니고, 마음으로 깨닫는 것도 아니기 때문입니다.

보리는 모든 상(相)이 적멸한 것입니다. 인식의 대상으로서 다르게 설정된 모든 것은 아닙니다. 보리는 의지작용(意志作用 : 作意)이 모두 움직이지 않는 것, 모든 견해와 관계가 없는 것입니다. 보리는 모든 분별과 떨어져 있고, 움직임과 생각과 마음의 동요 등 모든 것과 떨어져 있습니다. 보리는 모든 욕망이 일어나지 않는 것, 모든 사로잡힘과 떠나 집착하지 않는 상태에 있는 것입니다. 보리는 법계를 자신의 집으로 하여 머물고 있는 것이며, 진여(眞如)에 응해 아는 것입니다. 보리는 수행을 통해 다다르는 궁극의 경지인 실제(實際)에 들어가는 것이며, 뜻(意)도 그 대상인 법도 없으므로 불이(不二)이며, 허공과 같이 평등한 것입니다. 보리는 생겨나거나 없어지거나 멈춰 있거나 변용되거나 하지 않으므로 무위(無爲)인 것입니다. 보리는 모든 사람의 마음과 행동과 의욕을 아는 것으로서, 인식의 장소(十二處)는 아닙니다. 보리는 다음의 생을 이끌어 내는 번뇌와 그 습기(習氣 : 습관성으로 남아 있는 것)와 떨어져 있으므로 순수한 것입니다. 보리는 처(處)와 비처(非處)를 떠나 있으므로 장소 안에도 방위에도 존재하지 않습니다. 보리에는 전혀 생기(生起)라는 것이 없고, 여여(如如) 안에 멈춰 있지도 않습니다. 보리라는 것은 이름뿐인 것으로 그 이름과는 다른 것입니다. 보리는 취하는 것도 버리는 것도 없으므로 생각하는 물결이 일지 않습니다. 보리에는 혼란이 없고, 본성으로서 청정하며, 빛나는 것으로서 본질적으로 깨끗한 것입니다. 보리에는 인식이란 것이 없고, 전혀 대상을 갖지 않습니다. 보리는 모든 존재가 평등하다는 것을 이해하는 것이므로, 거기에는 다양성이 없습니다. 보리는 비유로는 말할 수 없는 무비(無比)인 것입니다. 보리는 극히 이해하기 어려운 것이기 때문에 미묘(微妙)라고 말합니다. 보리는 허공과 같은 성질인 것으로 모든 곳에 두루 존재합니다. 그것은 몸으로도 마음으로도 깨달을 수 있는 것은 아닙니다. 왜냐하면 몸은 풀과 나무와 석벽과 도로와 그림자 같은 것이며, 마음은 비물질적인 것, 나타나지 않는 것, 의지할 곳이 없는 것, 표상할 수 없는 것이기

때문입니다.'

이같이 비말라키르티가 말했을 때 석가세존이시여, 모임 가운데 있던 200
명의 제천은, 존재하는 모든 것은 태어난 바가 없다는 확신(無生法忍)을 얻었
습니다. 저는 또 아무 말도 할 수가 없었습니다. 그렇기 때문에 석가세존이
시여, 그 고귀한 선비의 병 위문을 갈 수 없습니다."

광엄과 금강보좌

그래서 석가세존은 리차비의 젊은이인 광엄(光嚴)*[69]에게 말하였다.

"광엄이여, 그대가 비말라키르티의 병 위문을 가라."

광엄도 또 말했다.

"석가세존이시여, 저는 그 고귀한 선비의 병 위문을 갈 수 없습니다. 왜냐
하면 석가세존이시여, 다음과 같은 일이 생각나기 때문입니다. 언젠가 바이
샬리 큰 성에서 나오는데 마침 성으로 들어오던 비말라키르티와 마주치게
되었습니다. 그가 인사를 하기에 제가 '가장이여, 어디에서 오십니까?'하고
물었더니, 그는 '보리좌(菩提座 : 깨달음이 있는 곳. 도량(道場))*[70]에서 왔습니다'
고 말했습니다. '보리좌란 무슨 뜻입니까?'하고 물었더니, 거기서 그는 다음
과 같이 말했습니다.

'좋은 집의 아들이여, 보리좌란 것은 작위(作爲 : 거짓)된 것이 아니므로 직
심(直心)을 자리(도량)로 하는 것입니다. 이 직심으로 행동하므로 이것을 자리
로 합니다. 공탁을 더욱 증대시키기 때문에 깊은 마음을 자리로 합니다. 조
금도 잘못되는 일이 없으므로 도를 얻고자 하는 보리심을 자리로 합니다.
보답을 바라지 않으므로 보시(布施)를 자리로 하고, 소원을 만족시키기 때문
에 지계(持戒)를 자리로 합니다. 모든 사람을 미워하는 마음이 없으므로 그
것은 인욕(忍慾)을 자리로 하고, 게으르거나 물러서지 않으므로 정진(精進)
노력을 자리로 합니다. 사물에 따라 유효하게 움직이는 마음이므로 그것은

---

*[69] 광엄은 젊은이라고 나와 있는데, 한문 번역에도 광엄동자(光嚴童子) 또는 광정동자(光淨童
子)로 되어 있다. 그러나 보살의 한 사람이 아니면 안 된다. 서장(序章) 안에도 광엄보살의
이름이 나와 있다.

*[70] '보리좌'의 원어는 bodhi-maṇḍa이며 한문 번역에 보리도량(菩提道場) 등으로 나와 있는데,
즉 석가세존이 '붓다가야'의 보리수 밑에서 깨달은 그 장소, 이른바 금강보좌(金剛寶座)를
말한다. 다만 '만다'란 말에는 우유나 과일즙의 '순수', '진수'의 뜻이 있다.

선정(禪定)을 자리로 하며, 바로 눈 앞에 모든 것을 보기 때문에 반야(般若)의 지혜(智慧)입니다.

모든 중생에 대해 평등한 마음이므로 자(慈 : 사랑)를 자리로 하고, 모든 박해를 참기 때문에 비(悲 : 슬픔)를 자리로 하며, 중생이 희락(喜樂)을 보고 기뻐하며 바라기 때문에 희(喜 : 기쁨)가 자리이고, 애착과 미움을 버리고 평등하게 대하니까 사(捨)를 자리로 합니다. 여섯 신통(神通)을 다 성취하니까 신통(神通)을 자리로 하고, 분별이 없으므로 해탈(解脫)의 자리입니다. 중생을 다 교화하니까 방편을 자리로 하고, 사람 사람을 모두 포섭하므로 사섭사(四攝事 : 布施·愛語·利行·同事)의 자리입니다. 들은 바 대로 행하니까 다문(多聞)을 자리로 하고, 이치에 맞는 관찰이므로 마음의 복심(伏心)을 자리로 합니다. 유위(有爲)와 무위(無爲)를 끊으므로 그것은 보리분법(菩提分法 : 四念處·四正勤·四神足·五根·五力·七覺支·八正道 등 三十七道品)을 자리로 하고, 모든 세상을 속이지 않으므로 사제(四諦 : 진리)를 자리로 합니다. 무명(無明)이라는 번뇌의 누출(漏出), 내지는 늙음과 죽음의 번뇌의 누출이 없어졌으므로 십이연기(十二緣紀)을 자리로 하며, 진실의 있는 그대로를 깨닫는 것이므로 무명번뇌(無名煩惱) 자리로 합니다.

일체 중생은 무자성(無自性)이므로 일체 중생을 자리로 합니다. 일체법의 공(空)인 것을 깨닫는 것이므로 그것은 일체법을 자리로 하고, 마(魔)의 세계에서도 마음이 동요하지 않으므로 항마(降魔)를 자리로 합니다. 마음이 업에 얽매이지 않고 삼계(三界)에서도 삼계, 즉 공이라 가는 바 없기 때문에 삼계를 자리로 하고, 보살의 설법을 근기에 따라 사물을 이롭게 하며, 두려움을 모르는 것이기 때문에 사자후를 자리로 합니다. 모든 점에서 비난받는 일이 없으므로 그것은 십력(十力)·사무소외(四無所畏)·십팔불공법(十八不共法)을 자리로 합니다. 번뇌가 남아 있지 않으므로 삼명(三明)을 자리로 하고, 일체지(一切知)의 지(知)가 완성되어 있으므로 마음의 한 찰나에 모든 것을 남김없이 이해하는 일체법을 자리로 합니다.

좋은 집 아들이여, 위에 말한 것처럼, 무릇 보살이 바라밀다(波羅蜜多)를 갖추고, 사람 사람을 성숙시키는 것을 갖추고, 바른 법의 획들을 갖추고, 선근(善根)을 갖추고 있는 한, 그 일거수 일투족은 모두 보리의 자리에 기인(起因)하고, 모든 불법(佛法)에 기인하여, 불법 속에 있는 것입니다.'

석가세존이시여, 이같이 말하고 있을 때 5백의 천민이 아뇩다라삼먁삼보리심을 발하고, 저는 또 그것에 대해 아무말도 하지 못했습니다. 석가세존이시여, 그렇기 때문에 저는 그 고귀한 선비의 병 위문을 갈 수 없습니다."

지세보살과 마신(魔神)

그래서 석가세존은 보살인 자가티다라(持世菩薩)에게 말하였다.

"자가탄다라여, 그대가 비말라키르티의 병 위문을 가라."

자가티다라도 말씀드렸다.

"석가세존이시여, 저는 그 고귀한 선비의 병 위문을 갈 수 없습니다. 왜냐하면, 석가세존이시여, 이런 일이 생각나기 때문입니다. 언젠가 제 집에 있을 무렵, 마귀인 파피야스가 샤크라(제석천)로 위장하고 1만 2천의 천녀에게 둘러싸여, 악기를 들고 노래를 부르면서 제가 있는 곳으로 왔습니다. 그리고 제 발에 머리를 대고 예배한 다음, 모두 함께 저를 향해 한쪽에 자리를 잡았습니다. 저는 그를 신들의 왕인 샤크라로 생각하고 있었기 때문에 그에게 말했습니다.

'카우시카(인드라의 다른 이름)여, 잘 오셨습니다. 욕(欲 : 欲界)의 모든 기쁨 속에 있어도 방종해서는 안 됩니다. 육체와 생명과 재산 속에 깃들어 있는 견실한 것을 찾아내고, 모든 욕이 무상이라는 것을 거듭 생각해 살피시오.'

거기에서 그가 말했습니다.

'고귀한 선비여, 바라옵건대 당신의 시중을 들 수 있게끔 이들 1만 2천의 천녀를 받아 주십시오.'

저는 말했습니다.

'카우시카여, 사문이며 석가의 아들인 내게, 적당하지 못한 것을 베풀어 주어서는 안 됩니다. 이들 천녀는 제게 맞지 않는 것입니다.'

이렇게 말하고 있는 곳에 비말라키르티가 찾아와서 저에게 말했습니다.

'좋은 집의 아들이여, 그를 샤크라로 생각해서는 안 됩니다. 이것은 마귀 파피야스이며 당신을 속이러 온 것입니다. 샤크라가 아닙니다.'

거기서 비말라키르티는 그 마귀인 파피야스에게 말했습니다.

'파피야스여, 이들 천녀는 사문인 석가의 아들에게는 어울리지 않으니 내게 달라.'

그러자 마귀 파피야스는 두려워하며 마음이 언짢아져서 (비말라키르티는 나를 우롱하러 왔구나) 생각하고 몸을 숨기려 했으나 마음대로 되지 않았고, 온갖 신통력을 부려 보았으나 숨을 수가 없었습니다. 그때 공중에서 소리가 들리는데 이렇게 말하는 것이었습니다. '마귀 파피야스여, 이들 천녀를 이 고귀한 선비에게 주어라. 그러면 비로소 자기 집으로 돌아갈 수 있으리라.'

파피야스는 두려운 나머지, 본의는 아니지만 그 천녀들을 비말라키르티에게 주었습니다.

비말라키르티는 그들 천녀를 받은 다음, 그녀들에게 말했습니다.

'너희들은 마귀 파피야스가 내게 주었으니 무상(無上)의 바른 깨달음을 향해 발심하라.'

그리고 그녀들이 깨닫는 쪽으로 점차 성숙해 가는 데 알맞은 말을 했으므로 그녀들은 아뇩다라삼먁삼보리심을 발했습니다. 그는 거기서 다시 그녀들에게 이렇게 말했습니다.

'너희들은 이미 발심했으므로, 지금부터는 각자가 즐길 만한 법락(法樂)이 있다. 오욕락(五欲樂 : 다섯 감각기관이 가져다 주는 欲樂)을 기뻐하여 바라서는 안 된다.'

그녀들이 물었습니다.

'그 법락을 즐기는 것은 어떤 것입니까.'

그는 대답했습니다.

'법락이란, 부처를 믿는 즐거움, 법을 들으려고 원하는 즐거움, 스님들께 공양드리는 즐거움, 만심(慢心) 없이 스승을 존경하는 즐거움,*71 모두 삼계에서 벗어나는 즐거움, 오욕(五欲)의 대상에 몸을 두지 않는 즐거움, 다섯 온(蘊)을 사형 집행자와 같은 것으로 보는 즐거움, 사대(四大)를 독사와 같은 것으로 보는 즐거움, 십이처(十二處)는 사람이 없는 마을과 같이 텅 비어 있다고 하는 즐거움, 깨달음을 찾는 마음을 지키는 즐거움, 사람 사람에게 이익을 주는 즐거움, 보시(布施)로서 나눠 주는 즐거움, 계(戒)에서 이완(弛緩)이 없는 즐거움, 인내할 때 참고 견디며 조련(調練)하는 즐거움, 정진(精進)에서 선을 완성하는 즐거움, 선정(禪定)에서 법을 누려 받는 즐거움, 지혜에서 번뇌가 나타

*71 '스승을 존경하는'이라는 이 한 구절은, 옛 한문 번역에서는 모두 열한 번째의 '중생에게 이익을 주는(饒益有情)'의 다음에 두었었다.

나지 않는 즐거움, 깨달음이 큰 것에 대한 즐거움, 마(魔)를 제압하는 즐거움, 불국토를 깨끗이 하는 즐거움, 상호(相好)를 완성하여 모든 선(善 : 善根)을 쌓는 즐거움, 깊은 법을 듣고 두려움이 없는 즐거움, 세 가지 해탈문(解脫門 : 空三昧, 無相三昧, 無願三昧를 삼종의 해탈문이라 함)을 숙지(熟知)하는 즐거움, 열반을 목표로 하는 즐거움, 보리좌(菩提座)를 꾸미는 즐거움, 또 그때가 오지 않으면 열반을 얻지 않는다고 하는 즐거움, 자기와 동류(同類)의 사람들(배움과 믿음을 같이하는 사람)을 친하고 가깝게 하는 즐거움, 이류(異類)의 사람들에게는 미움과 노여움을 품지 않는 즐거움, 좋은 친구들에게 봉사하는 즐거움, 나쁜 무리들의 비행(非行)을 그만두게 하는 즐거움, 법을 원하고 믿어 훌륭한 기쁨을 얻는 즐거움, 방편(方便) 가운데 사람들의 마음을 포용하는 즐거움, 깨달음에 대한 적절한 방법을 익혀 방종에 빠지지 않는 즐거움 등 이같은 것을 보살의 법락이라 하는 것이다.'

그때 마귀 파피야스가 천녀들에게 말했습니다.

'이제 우리들의 궁으로 돌아갈 테니 따라오라.'

그러나 그녀들은 말했습니다.

'당신이 우리들을 이 가장님에게 주었으므로 지금은 법락을 즐겨 바라고 있습니다. 다시는 오욕락으로 돌아가지 않겠습니다.'

거기서 마귀 파피야스는 비말라키르티에게 말했습니다.

'보살대사(菩薩大士)는 가진 모든 것을 사람에게 주고, 마음에 집착이 없을 것입니다. 부디 이들 천녀를 돌려 주시오.'

비말라키르티는 말했습니다.

'그들은 이미 돌려 주었다. 파피야스여, 이들을 데리고 가서 모든 중생으로 하여금 법에 대한 원을 만족시켜 주도록 하라.'

그러자 이들 천녀들이 비말라키르티께 절하고 나서 말했습니다. '가장님, 마궁(魔宮)으로 돌아간 다음, 저희들은 어떻게 살면 좋겠습니까?'

비말라키르티가 대답했습니다.

'여러 자매들이여, '무진등(無盡燈)이라고 이름붙여진 법문(法門)이 있다. 그것을 배워 노력하라. 그것은 무엇인가? 여러 자매들이여, 한 등불에서 백 개, 천 개의 등불이 불을 붙이더라도 그 등불의 밝음이 없어지는 것은 아니다. 그것과 마찬가지로 한 보살이 백천의 많은 중생들의 마음을 열어 아뇩다라삼먁삼보리심을 발하게 하고, 그 뜻이 영원히 꺼지지 않고, 설법을 들을 때마다 더욱 선한 법이 자꾸만 드러나게 하는 것, 이것을 일컬어 '무진등'이라 이름한 법문이다. 그대들이 저 마궁으로 돌아가거든 무량한 천자(天子)와 천녀들이 보리의 마음을 발하게끔 하라. 그리하여 그대들은 여래의 은혜를 잘 아는 사람이 되고, 모든 중생을 진실되게 살게끔 할 수도 있을 것이다.'

거기에서 천녀들은 비말라키르티의 발에 머리를 조아려 예배하고, 마귀와 함께 돌아갔습니다.

석가세존이시여, 저는 비말라키르티의 이같이 뛰어난 신통력을 보았던 것입니다. 그런 이유로 저는 그 고귀한 선비의 병 위문을 갈 수가 없습니다."

수다타(須達多)의 법회(法會)

그래서 석가세존은 장자(長者)의 아들 수다타*[72]에게 말하였다.

"좋은 집의 아들이여, 그대가 비말라키르티의 병 위문을 가라."

수다타도 또 말했다.

"석가세존이시여, 저는 그 고귀한 선비의 병 위문을 갈 자격이 없습니다. 왜냐하면 석가세존이시여, 다음과 같은 일이 생각나기 때문입니다. 언젠가, 아버지 저택에서 저는 큰 잔치를 벌였고, 이로써 모든 사문과 바라문 승려들 그리고 외도의 승려들, 가난한 사람, 고난의 사람, 곤궁한 사람, 걸인 등 물건을 요구하는 사람 모두에게 보시를 행했습니다. 이 큰 잔치는 이레 동안에 걸쳐 치렀고, 그 마지막 날에 비말라키르티가 그 자리에 나타나 제게 말했습니다.

'장자의 아들이여, 당신이 하는 것과 같은 방법으로 잔치를 해서는 안 됩니다. 당신은 법에 의한 잔치(法會)를 해야 합니다. 돈에 의한 잔치가 무슨 소용이 있겠소.'

제가 물었습니다.

'법(法:法施)에 의한 잔치란 어떻게 보시하는 것입니까?'

비말라키르티가 대답했습니다.

---

*72 위에 말한 '미륵'·'광엄'·'지세' 세 사람은 보살이었지만, 이 '수다타'는 보살이기보다는 속인(俗人)으로서, 유명한 기원정사(祇園精舍)를 바친 역사상의 인물이다. 수달(須達) 또는 수달다라고도 쓴다.

'법의 잔치란 것은 언제가 처음이고 언제가 끝이란 것이 없고, 일체 중생을 공양하는 것, 그것이 법의 잔치입니다. 그것은 또 보리(菩提)의 모습을 가지고 대자(大慈)가 실제로 이루어지는 것, 훌륭한 법으로 인정되어 대비(大悲)가 실제로 이루어지는 것, 모든 사람의 기쁨을 보는 것으로서 대희(大喜)가 실제로 이루어지는 것, 지혜에 속하는 것으로 대사(大捨 : 不偏心. 以上의 慈·悲·喜·捨를 四無量이라 함)가 실제로 이루어지는 것입니다.

또 적정(寂靜)과 조련(調練)에 의해 보시(布施) 바라밀다가 실제로 이루어지고, 파계한 사람을 성숙시키는 것으로서 실제로 계(戒)가 이루어지고, 제법(諸法)의 무아(無我)인 것을 보고 실제로 인(忍) 바라밀다가 이루어지고, 깨달음으로 향한 노력에 의해 정진(精進) 바라밀다가 이루어지고, 몸과 미음을 함께 이탈함으로써 선정(禪定) 바라밀다가 이루어지고, 일체지(一切知)의 지(知)에 의해 지혜 바라밀다가 실제로 이루어져 있는 것입니다.

법회(法會)는 모든 중생을 성숙시키는 것으로서, 공성(空性)이 실제로 학습되고, 유위(有爲의 存在)를 정화함으로써 무상(無相)이 실제로 학습되고, 생각대로 생(生을 얻음)으로써 무원(無願)이 실제로 학습되고 있는 것입니다.

법회란 것은 정법(正法)을 간직하면서도 방편의 힘을 발휘해야 하고, 중생을 제도하면서 사섭법(四攝法)을 행해야 하고, 일체 중생의 종이 되고 제자가 됨으로써 실제로 만심(慢心)이 없어지고, 핵심(核心)이 없는 곳에 핵심을 알게 됨으로써 실제로 몸과 생명과 재산도 얻게 되고, 육종(六種)*73을 생각하는 육념(六念)으로써 (바른)염이 실제로 성립되고, 기뻐하게 될 법에 의해 실제로 곧은 의욕이 있는 사람이 되고, 바르게 노력함으로써 실제로 깨끗한 생활이 전개되고, 믿음과 기쁨에 이바지함으로써 성자(聖者)에게 실제로 봉사하고, 악인에 대해 성내지 않았음으로써 실제로 마음을 통찰하고, 출가함으로써 깊게 결의하고, 노력에 의해 배운 것을 실제로 환하게 깨달아서 알게 되고, 번뇌가 없는*74 법을 이해함으로써 삼림(森林)에 사는 사람이 실제로 성립되고, 부처의 지혜를 얻음으로써 실제로 나무 밑에서 참선하는 사람이 되고, 모든 사람을 번뇌로부터 해탈하도록 함으로써 실제로 요가행의 계위(階

---

*73 불(佛)·법(法)·승(僧)의 삼보(三寶)와 보시(布施)·지계(持戒)·승천(昇天)의 3가지를 합쳐 6가지를 염(念)하는 것.

*74 번뇌가 없다(arana)라는 말로서 숲에 산다(aranyavāsa)를 풀이하고 있다.

位)가 성립되는 것입니다.

또한 상호(相好)를 갖추어 불국토를 청정케 하고, 사람들을 성숙시킴으로써 실제로 복덕(福德)이라는 깨달음을 통해서 공덕을 닦고, 일체 중생의 생각과 행동에 따라 적절히 법을 말함으로써 지(知)라는 자재가 성립되고, 일체법에서는 취할 것도 없고 버릴 것도 없다는 유일(唯一)의 이치를 앎으로써 지혜라는 자재가 성립되고, 모든 번뇌, 모든 장애, 모든 사악을 끊음으로써 일체의 선근(善根)이라는 자재도 실제로 성립되고, 일체지(一切智)라는 지를 이해하고, 선을 갖춤으로써 깨달음을 얻게 되는 적절한 수단이 실제로 생기(生起)되고 성립되어 있는 것, 이것이 좋은 집의 아들이여, 법에 의한 잔치입니다. 이같은 법의 잔치를 벌인 보살이야말로 참으로 잔치를 행한 사람, 대시주(大施主)가 되며, 신들에 의해서도 세상 사람에 의해서도 공양받을 사람이 될 것입니다.'

비말라키르티가 이상과 같이 법을 설했을 때, 석가세존이시여, 이 바라문 승려 중 200명이 아뇩다라삼먁삼보리심을 발했습니다. 저도 또 마음이 깨끗해지며 놀랍고 일찍이 경험하지 못한 바라 그 고귀한 선비의 발 밑에 예배하고 값이 백천금(金)쯤 되는 진주목걸이를 목에서 풀어 바쳤으나 거사는 그것을 기어코 받지 않았습니다. 그래서 제가, '부디 이것을 받아 아무고 좋아하는 분에게 주십시오'하고 말했더니, 비로소 목걸이를 받아 들고, 그것을 절반으로 나눴습니다. 그리고 그 한쪽 부분을, 이 잔치에 모여 있는 사람들이 모두 경멸하고 있는, 성 안의 가난하고 천한 사람에게 주었습니다. 또 다른 한쪽은 저 광명 국토의 난승여래(難勝如來)에게 바쳤습니다. 그리고 신통력을 가지고 거기에 모인 사람들 전부에게 양염세계(陽炎世界)와 그곳에 있는 난승여래를 보였습니다. 또 사람들은 그 진주목걸이가 난승여래의 머리 위에 갖가지 아름다운 진주목걸이의 누각(樓閣)—네모를 이루고 받침 기둥으로 받쳐져, 면(面)이 똑같이 나뉘어 있는—이 되어 나타나는 것을 보았습니다. 이와 같은 신변(神變)을 나타낸 다음, 그는 다음과 같이 말했습니다.

'보시자(布施者)·시주(施主)는, 여래가 보시할 대상, 곧 복전(福田)이라고 생각할 것입니다. 그것과 마찬가지로 성 안의 가난하고 천한 사람을 차별 없이 평등하게 여래 복전을 대하듯, 그 보답 같은 것을 기대하는 일 없이, 대비(大悲)의 마음에서 보시하게 되면, 이를 일컬어 구족법시(具足法施)라고 하며 이

사람이야말로 법의 잔치(法會)를 완전한 것으로 하는 사람입니다.'

이때 그 성 안의 가난하고 천한 사람은 이 신변을 보고, 또 이 설법을 듣고, 모두 아뇩다라삼먁삼보리심을 발했습니다. 석가세존이시여, 그 까닭에 저는 그 고귀한 선비의 병 위문을 갈 자격이 없습니다.'

이렇게 그들 보살 대사들은 모두 그 고귀한 선비와 기회 있을 때마다 말을 주고받은 이야기를 일일이 석가세존께 말하며, 나아가 문병을 가려고 하지 않았다.

5 문병

문수가 문병을 간다

그래서 석가세존은 문수사리(文殊師利)에게 말하였다.

"문수사리여, 그대가 리차비의 비말라키르티의 병 위문을 가라."

문수사리도 또 말했다.

"석가세존이시여, 비말라키르티는 상종하기 어려운 사람으로 미묘한 이치에 대해 변설을 자랑하는 사람입니다. 반대 표현이든 만족한 말이든 교묘하게 말하며, 그의 변재(辯才)를 방해할 수는 없습니다. 어떤 사람에 대해서고 노여움을 품지 않는 지혜를 가진 사람으로서, 보살이 하는 일은 모두 완성되어 있고, 모든 보살과 모든 부처의 비밀스럽고 심오한 곳에까지 들어가 있습니다. 온갖 마귀의 궁전을 뒤엎는 데 능숙하며, 유희(遊戱)하며 방편이나 지혜로부터 초월해 있습니다. 무이(無二)이며, 순수한 법계인 최고의 경지에 도달하여 하나의 상(相)으로써 꾸며져 있는 법계를, 무량한 상으로써 꾸미는 것처럼 설법을 교묘하게 합니다. 여러 가지 중생의 기근(機根)에 꾸밈을 얻게 하는 일에 능숙하고, 좋은 방편을 잘 알고 있어 질문에 대해서는 결정적인 대답을 합니다. 이쪽의 빈약한 갑옷을 가지고 그를 만족시킬 수(그의 변설의 날카로운 칼날에 대항하는 것)는 없습니다. 그러하오나, 부처의 거룩하신 분부이므로 뜻에 따라 그가 있는 곳으로 가서 병을 위문하고, 있는 그대로, 또 자신의 능력대로 담론해 보겠습니다."

그리하여 이 모임에 있던 보살들·대성문(大聲聞)들·제석천(帝釋天 : 샤크라)·

범천(梵天 : 브라흐마)·여러 호세(護世)신들·천자(天子)와 천녀(天女)들은 이렇게 생각했다.

'문수사리와 그 고귀한 선비와 두 사람이 이야기하는 것이므로, 그것은 반드시 큰 회담이 될 것이며, 법음(法音)을 힘차게 울릴 것이 틀림없다.'

그리하여 8천의 보살, 500의 성문, 제석천, 범천, 많은 호세신, 많은 백천의 하늘 아들(天子)들이 법을 들으려고 문수사리의 뒤를 따르고, 문수사리는 이들 모두에게 둘러싸여 그 선두가 되어 바이샬리의 거리로 들어갔다.

텅 빈 방

이때, 리차비의 비말라키르티는 다음과 같이 생각했다.

'문수사리가 많은 사람에게 둘러싸여 오고 있으니 신통으로써 내 거실(居室)*75을 비워 두리라.'

그리고 신통력으로 방을 텅 비게 했으므로 거기에는 문을 지키는 사람도 없고 비말라키르티가 병이라 핑계하고 누워 있던 평상 하나를 빼고는 그 밖에 평상도 의자도 자리도 모두 감춤으로써 보이지 않게 되었다.

문수사리가 사람들에게 둘러싸여 비말라키르티의 저택으로 가까이 와서 그 안으로 들어가 보니 그 집은 텅 비어 있었다. 거기에는 방문을 지키는 사람도 없고, 비말라키르티가 앓고 누워 있는 침상 하나만 있을 뿐으로 그 밖에는 아무것도 보이지 않았다.

문수사리와 비말라키르티의 문답

그때 비말라키르티는 문수사리를 보고 다음과 같이 말했다.

"문수사리여, 잘 오셨습니다. 참으로 잘 오셨습니다. 한 번도 오지 않더니 이제야 오셨군요. 일찍이 뵙지도 듣지도 못했는데 이제야 만나게 되었습니다."*76

＊75 뒷날 선사(禪寺)에서 방장(方丈 : 사방 1장이란 뜻)이라고 불리는 방은, 이 작은 텅 빈 비말라키르티의 거실에 대한 생각에서 시작되었다고 한다.

＊76 이 한 구절에 해당하는 나습(羅什)의 번역은,《반야경(般若經)》다운 사고의 표현을 단적으로 보여 준 것으로 예부터 유명한 것이다. '즉 오지 않는 상(相)으로 오고, 보이지 않는 상으로 보인다'라고 한다.

문수사리가 말했다.

"가장(家長)이여, 당신이 말씀하신 대로입니다. 일찍이 왔었더라면 지금 또다시 오는 일은 없었을 것입니다. 이미 간 것은 또다시 가는 일이 없습니다. 왜냐하면 아직 오지 않은 것은 오는 것을 알 수 없고, 지나간 것도 가는 것은 알 수 없으며, 보인 것이 두 번 다시 보이는 일은 없기 때문입니다. 그건 그렇고 고귀한 선비여, 병고를 견딜 수 있습니까? 건강하십니까? 몸이 불편하지 않습니까? 병환은 가벼워졌습니까? 이제 더하지는 않습니까? 석가세존께서도, '괴로움이 크지는 않은가, 병은 대단치는 않은가, 조금 나쁠 뿐인가, 앉고 서기가 수월해졌는가, 기운이 돌아섰는가, 힘은 있는가, 기분은 좋은가, 나쁜 데가 있는가, 마음 편히 지내고 있는가'하고 물으셨습니다. 가장이여, 당신의 이 병은 무엇에서 생겼으며, 이제 얼마나 지났습니까. 어떤 상태이며 언제쯤 낫겠습니까?"

비말라키르티가 대답했다.

"문수사리여, 무지(無知)가 남아 있는 한, 존재에의 애착이 있는 한, 나의 이 병도 그만큼 계속됩니다. 모든 중생이 앓고 있는 한, 그만큼 내 병도 계속됩니다. 만일 일체 중생의 병이 사라지면 내 병도 사라질 것입니다. 왜냐하면 문수사리여, 보살이 윤회 속에 있는 것은, 중생에게 그 원인이 있고, 병은 이 윤회가 그 원인이 되어 있기 때문입니다. 만일 모든 중생이 병에서 떠나 있게 되면 그때는 보살도 병이 없게끔 될 것입니다. 예를 들면 부잣집 외동아들이 병이 났을 때, 그 병 때문에 양친도 또 병이 난 것과 같은 것입니다. 외동아들에게 병이 없어지지 않는 한 양친도 계속 고민할 것입니다. 문수사리여, 그와 마찬가지로 보살은 모든 중생을 외아들처럼 사랑하기 때문에 중생이 모두 병들어 있는 한 그도 병들어 있고 중생에게 병이 없어졌을 때 그에게도 병이 없어지게 됩니다. 문수사리여, 이 병은 무엇에서 생겼느냐고 물으셨는데, 보살이 병든 것은 대비(大悲 : 중생의 괴로움을 구제하려는 부처의 큰 마음) 때문에 생긴 것입니다."

모든 것의 공성(空性)

문수사리가 말했다.

"가장이여, 당신 집은 텅 비어 있는데 가족은 계시지 않습니까?"

비말라키르티가 대답했다.

"문수사리여, 불국토도 다 텅 빈(空) 것입니다."

문수사리가 물었다.

"어째서 빈 것입니까?"

비말라키르티가 대답했다.

"텅 빈 그것(空性)으로서 빈 것입니다."

문수사리가 물었다.

"공성(空性) 속에 뭐가 또 빈 것이 있습니까?"

비말라키르티가 대답했다.

"인식하는 것이, 공성으로서 공인 것입니다."

문수사리가 물었다.

"공성이 인식될 수 있는 것입니까?"

비말라키르티가 대답했다.

"그렇습니다. 그러나 그 분별(分別)은 또 공으로서, 공성이 공성을 인식하는 일은 없습니다."

문수사리가 물었다.

"가장이여, 공성은 어디서 찾을 수 있는 것입니까?"

비말라키르티가 대답했다.

"문수사리여, 공성은 예순두 개의 잘못된 생각*77 속에서 찾을 수 있습니다."

문수사리가 물었다.

"예순두 개의 잘못된 생각은 어디서 찾을 수 있습니까?"

비말라키르티가 대답했다.

"여래의 해탈 속에서 찾을 수 있습니다."

문수사리가 물었다.

"어디서 여래의 해탈은 찾게 되는 것입니까?"

비말라키르티가 대답했다.

"모든 중생의 마음이 처음으로 움직이기 시작하는 곳에서 찾을 수 있습니

---

*77 이교도의 모든 그릇된 설을 총괄하여 부처의 시대에 육십이견(六十二見)이 있었다고 전해 오고 있다.

다. 문수사리여, 당신은 가족도 없느냐고 물으셨는데, 내 가족이란 것은 모든 마귀와 모든 이론자(異論者)인 것입니다. 왜냐하면 마귀는 생사(生死)의 윤회를 찬양하는 것이고, 윤회는 또 보살이 이것을 버리는 일이 없이 가족으로 삼는 것이기 때문입니다. 많은 이론자는 그릇된 생각을 찬양하는 사람들인데, 보살은 일체의 그릇된 견해에서 이탈하려고는 하지 않기 때문입니다. 그렇기 때문에 일체의 마귀와 이론자가 내 가족인 것입니다."

병과 그 위문

문수사리가 물었다.

"가장이여, 당신의 병은 어떠한 것입니까?"

비말라키르티가 대답했다.

"모양도 없고 보이지도 않습니다."

문수사리가 물었다.

"그 병은 몸에 관한 것입니까, 아니면 마음에 따른 것입니까?"

비말라키르티가 대답했다.

"몸은 이탈해 있으므로 몸에 관한 것은 아닙니다. 마음은 헛그림자 같은 것이므로 마음에 따른 것도 아닙니다."

문수사리가 물었다.

"가장이여, 땅·물·불·바람의 네 요소가 몸을 형성하고 있는데, 이 네 요소 가운데 어느 것이 병들어 있습니까?"

비말라키르티가 대답했다.

"이 병은 땅 요소의 병은 아니지만 그렇다고 땅을 떠나 있지도 않습니다. 물·불·바람의 요소도 역시 마찬가지입니다. 그러나 중생의 병은 사대(四大)로부터 생깁니다. 일체 중생의 요소가 병들어 있으면, 그같은 요소가 내 경우에도 병이 되어 있는 겁니다."

그때 문수사리가 비말라키르티에게 물었습니다.

"그런데 보살은 어떻게 보살의 병을 위문해야 합니까?"

비말라키르티가 대답했다.*78

---

*78 이 문답의 경우에 묻는 사람과 대답하는 사람은 한문 번역에 따르면, 지금의 경우와 거꾸로 되어 있는 것이 있다.

"몸은 무상하다고 말하며 위문할 일입니다. 그러나 그 몸을 싫어하고 욕(欲)을 떠나는 것으로써 위문해서는 안 됩니다. 몸은 괴로운 것이지만 그러나 열반의 즐거움으로써 위문해서는 안 됩니다. 몸은 무아(無我)이지만 사람 사람을 성숙시키는 것으로써 위문해야 합니다. 몸은 공적(空寂)입니다. 그러나 철저한 공적(이른바 몸과 마음이 함께 아주 없어지는 無餘涅槃)으로써 위문해서는 안 됩니다. 악행을 모조리 씻어 보이는 것으로써 위문해야 합니다. 그러나 그 죄가 옮겨 지나갔다(소멸했다)고 말하며 위문해서는 안 됩니다. 스스로 병을 앓으로써 다른 사람의 병을 안타까워하고, 전세(前世)의 고(苦)를 생각해 내고 중생의 이익을 도모하는 것을 생각해 내며, 선근(善根)을 쌓아 본래 청정하고 애욕이 없으며, 항상 정진에 노력하고 있는 것이므로, 모든 병을 없애는 의왕(醫王)이 될 것이다, 라고 말하듯이 위문해야 합니다. 이상과 같이 보살은 보살의 병을 위문해야 합니다."

병에 대한 통찰

문수사리가 물었다.

"가장이여, 병에 걸려 있는 보살은 어떻게 자기 마음을 통찰합니까?"*79

비말라키르티가 대답했다.

"문수사리여, 병에 걸려 있는 보살은 다음과 같이 자기 마음을 통찰합니다. 지금 이 병은 모두 과거세(過去世)의 망상·전도·갖가지 번뇌에서 생기는 것입니다. 본질적으로 말하면 신체 속에는 이 병을 앓을 만한 실제의 법이 없는 것입니다. 이 몸은 사대원소(四大元素)로 되어 있지만, 이들 원소 가운데는 주재자도 없고 창조자도 없기 때문입니다. 이 몸은 무아이며, 집착된 나 이외에는 병에 걸리는 것과 같은 것은, 최고의 진리라는 관점에선 인정될 수 없습니다. 그러므로 자신은 집착을 없애고 병의 근본적인 인식에 서겠다고 하듯이 '나'에 집착하는 관념을 끊고, 법의 관념을 일으켜야만 됩니다. 이 몸은 많은 법이 모인 것으로, 몸이 생겼을 경우에도 실은 법이 생기는 것뿐이며, 없어졌을 경우에도 법이 없어진 것에 불과합니다. 그들 법은 서로 감수(感受)하고 지각하는 일이 없고 그들 법이 생겼을 때에도 '나는 생긴다'

---

*79 '마음의 통찰(nidhyapti)'이 다음 화제의 중심이 되어 있는데, 한문 번역에는 이것이 '조복(調伏 : 마음의 억제)'으로 번역되고 있다.

고는 생각하지 않으며, 없어질 때에도 '나는 없어진다'고는 생각하지 않습니다.

그러니 그 병에 걸려 있는 보살은 또 법의 관념을 완전히 알기 위해 다음과 같이 생각해야만 됩니다. '내가 위에 말한 것과 같은 법의 관념을 가진다고 하면, 이것 또한 도착(倒錯)이며 도착은 곧 큰 병과 다를 것이 없다. 그 병을 나는 벗어나야 하며 병을 끊기 위해 정진에 힘쓰지 않으면 안 된다'고. 그 경우 병을 끊는다는 것은 무엇을 의미하는 것인가, 즉 내가 있다고 하는 생각, 내것이다, 라는 생각을 끊는 것입니다. 그것은 무엇을 말하느냐 하면, 두 가지 일을 떠나는 것입니다. 두 가지 일을 떠난다는 것은 무엇을 말하느냐 하면, 즉 안에서도 밖에서도 움직임이 없는 것입니다. 안에서도 밖에서도 움직임이 일어나지 않는다는 것은 즉 평등성(平等性)에 서 있기 때문에 거기에 움직여 흔들리는 일이 없는 것입니다. 평등성이란 어떤 것인가. 나의 평등성을 비롯하여 열반의 평등성에 이르기까지를 말합니다.

왜냐하면, 자아(自我)도 열반도 둘이 다 공(空)이기 때문입니다. 이 둘이 어떻게 공인가라는 관점에서 본다면 개념적으로 설명된 이 둘이 공인 것이며 그것들은 어느 것이나 실체로서 완성된 것은 아닙니다. 이와 같이 평등성을 볼 때, 그는 병과 공성(空性)을 다른 것으로 하지 않습니다. 병이야말로 공인 것입니다.

병을 느낀다고 하는 것도, 감수(感受) 없이 감수하는 것이다, 라는 것을 알아야 합니다. 따라서 감수가 없어진 것을 깨달음이라고 생각해도 안 됩니다. 불법(佛法)이 완성된 때에는 감수하는 것과 감수되는 것과의 두 가지 감수는 버려집니다. 그러나 그렇다고 해서 지옥과 같은 악취(惡趣)에 태어나 있는 일체 중생에 대해 대자비심이 일어나지 않는 것은 아닙니다.

이들 중생에 대해서는 바르게 마음을 통찰하여 병을 제거시키도록 유도해야 합니다. 그러나 그들에게서, 어떤 법도 덧붙이거나 떼어 내거나 해서는 안 됩니다. 다만 법이 생기는 근본을 알리기 위해 그들에게 설법을 해야 할 것입니다."

병의 근원

"그 병의 근본이란 무엇인가. 대상을 파악하는 것이 근본입니다. 대상으로 파악된 것이 있는 한 그것이 병의 근본입니다. 무엇을 파악하고 있느냐 하면 온세계(三界)를 대상으로 파악하고 있는 것입니다. 대상을 파악한다는, 병의 근본을 안다는 것은 무엇인가. 그것은 파악하지 않는 것, 보지 않는 것입니다. 보지 않는다는 것은 대상을 갖지 않는 것이며, 무엇을 보지 않느냐 하면, 그것은 안에 있는 주관(主觀)과 밖에 있는 객관(客觀), 이 두 관을 보지 않는 것으로 그렇기 때문에 보지 않는다고 말하는 것입니다. 문수사리여, 이런 병에 걸려 있는 보살은 늙고·병들고·죽고·나고 하는 것을 끊기 위해 자기 마음을 통찰해야 합니다. 문수사리여, 모든 보살의 병은 이와 같은 것으로서 만일 그렇지 않다면, 그의 지금까지의 노력은 허사가 될 것입니다. 왜냐하면 마치 그의 적을 쳐서 이김으로써 용자라고 불리듯이, 늙고 병들고 죽는 괴로움을 가라앉히는 것에 의해 보살이라 불리는 것이기 때문입니다.

저 병에 걸려 있는 보살은 자기 병이 진실된 것이 아니고, 실재한 것이 아닌 것과 마찬가지로, 모든 중생의 병도 또 진실된 것이 아니고 실재한 것이 아니라고 관찰해야 합니다. 이같이 관찰할 때, 중생의 괴로움을 덜어 주고자 하는 부처님의 마음을 일으키는 것은 공덕을 목표로 하는 것이 되지 않습니다. 밖으로부터 우연히 덧붙게 된 번뇌를 끊기 위해 노력하며 그런 마음을 일으키는 것은, 그것(공덕을 목표로 하는 것)과는 유(類)를 달리합니다. 그것은 어째서일까요. 공덕을 안중에 둔 그런 마음이라면 보살은 생존을 되풀이하는 것에 싫증을 느끼게 될 것입니다. 그런 마음의 공덕을 안중에 두지 않고 일어날 때 보살은 다시 태어나는 것에 지겨움을 느끼지 않습니다. 보살은 공덕을 목표로 하는 생각을 일으켜, 그것을 몸에 지니고 윤회의 이 세상에 태어나는 것이 아니고, 그런 마음을 일으키는 일 없이 다시 태어나는 것이기 때문에 그것은 해탈된 그대로 태어나는 것, 해탈된 채로 일어나는 것입니다. 해탈된 채로 생겨나고 일어나기 때문에, 중생을 속박하고 있는 고삐를 푸는 것과 같은 설법을 행할 능력이 있습니다.

즉 석가세존께서는, '스스로 속박되어 있으면서 남을 고삐로부터 풀 수는 없다. 스스로 해탈함으로써 남을 해방시킬 수 있는 것이 도리이다'라고 말씀하셨습니다. 따라서 보살은 해탈해 있음이 틀림없으므로, 윤회 속에서 태어나더라도 속박되어 있을 리가 없습니다."

지혜와 방편

"그 경우 보살에게 속박이란 무엇인가, 해탈이란 무엇인가. 방편(方便 : 중생을 교도하는 교묘한 수단)을 갖지 못한 채 유(有)의 윤회(輪廻)에서 해탈하고 마는 것이 보살에게는 속박인 것입니다. 반대로 방편을 갖추고 유의 세계(輪廻의 世界)로 들어가는 것이 해탈입니다. 방편을 갖지 못하고 선정과 삼매와 명상 같은 것에 맛을 붙이는 것은 보살의 속박이며, 방편을 가지고 선정과 삼매의 맛을 맛보는 것이 해탈입니다.

방편으로 뒷받침되어 있지 않은 지혜는 속박이며, 방편으로 뒷받침된 지혜가 해탈입니다. 지혜의 뒷받침이 없는 방편은 속박이며, 지혜에 뒷받침된 방편이 해탈입니다. 그 가운데, 방편에 뒷받침되어 있지 않은 지혜가 속박이란 것은 무엇을 말하는가. 즉 공성(空性)·무상(無相)·무원(無願)이라는 이론에 대해서는 통찰이 있으면서, 상호(相好 : 상호로써 자기 몸을 완성하는 것)와 불국토의 꾸밈과 중생을 성숙시키는 것에 대해서는 통찰이 없는 것이, 방편의 뒷받침이 없는 지혜이며 속박입니다. 또 방편에 뒷받침된 지혜가 해탈이란 것은, 상호와 불국토의 꾸밈과 중생을 성숙시키는 것에 대한 통찰이 있고, 동시에 공(공성) 무상·무원에 익숙해 있는 것입니다. 지혜의 뒷받침이 없는 방편이 속박이라는 것은 무엇을 말하는가. 즉, 모든 그릇된 지견(知見)을 가지고 번뇌가 일어나며 번뇌의 찌꺼기(隨眠, anuśaya)가 있고 집착이 있고, 노여움 가운데 있으며, 그리고 모든 선근을 쌓아도 그것을 깨달음의 방향으로는 돌리지 않는 것, 이것이 지혜에 뒷받침되지 않은 방편이며 속박입니다. 또 지혜에 뒷받침된 방편이 해탈이라고 하는 것은 무엇을 말하는가. 즉 모든 지견과 번뇌가 일어나는 것이나 번뇌의 잔재·집착·노여움을 끊고 선근을 쌓아 그 모든 것을 깨달음에 돌리면서 그것을 자랑으로 알지 않는 것, 이것이 보살의 지혜에 뒷받침된 방편이요, 해탈입니다.

문수사리여, 병에 걸려 있는 보살은 모든 법을 다음과 같이 통찰해야 합니다. 몸과 마음과 병은 어느 것이나 '무상'이요, '고(苦)'요, '공(空)'이요, '무아(無我)'라고 이해하는 것이 자기의 지혜이다. 또 몸의 병을 완전히 없애고 이 세상에 태어나는 것이 아니고, 끊임없는 윤회의 흐름 속에 있으면서 중생의 이익을 위해 종사하는 것이 자신의 방편이다. 다시 또 몸과 마음과 병, 그 어느 것이 다른 것보다 새로운 것도 없고 낡은 것도 없다고 생각하는 것, 이것이 자신의 지혜이다. 몸도 마음도 병도 적멸시키려 하지 않는 것, 이것이 그 방편이다 하고 말입니다.

문수사리여, 병에 걸려 있는 보살은 위에 말한 것과 같이 자기 마음을 통찰해야 하지만, 그러나 그는 통찰하든가 하지 않는다든가 하는 것에 안주(安住)해서는 안 됩니다. 왜냐하면 만일 통찰하지 않는 것에 안주하면 그것은 평범하고 어리석은 사람의 태도입니다. 만일 통찰하는 것에 안주하면 그것은 성문(聲聞)의 태도입니다. 그러므로 보살은 통찰하는 것에도 통찰하지 않는 것에도, 안주해서는 안 됩니다. 그것에 안주하지 않는다는 것이 보살의 경지(境地)입니다."

보살의 경지

"그것은 범부(凡夫)의 경지(境地)도 아니고 성현의 경지도 아닌, 이것이 바로 보살의 경지입니다. 윤회를 경지로 하고 그리고 번뇌의 경지가 아닌, 이것이 보살의 경지입니다. 열반을 깨닫는 것을 경지로 하고 그리고 결코 완전한 열반에는 들어가지 않는 경지, 이것이 보살의 경지입니다. 사마(四魔 : 五蘊·煩惱·死·天神의 魔)를 현출(現出)하는 경지에 있으면서 모든 마의 영역을 초월한 경지, 이것이 보살의 경지입니다. 일체지의 지를 구하는 경지에 있으면서 정당한 시기가 아니면 굳이 그것을 구하지 않는 경지, 이것이 보살의 경지입니다. 사성제(四聖諦)의 지(知)를 경지로 하고 그리고 정당한 때가 오지 않으면 그것을 깨닫지 않는 경지, 이것이 보살의 경지입니다. 내관(內觀)을 경지로 하고 그리고 마음대로 유(有 : 輪廻)의 세계에 생을 갖는 경지, 이것이 보살의 경지입니다. 사물의 불생(不生)을 관찰하는 경지에 있으면서 구극결정(究極決定)의 깨달음에는 들어가지 않는 경지, 이것이 보살의 경지입니다. 연기(緣起)를 경지로 하며 그리고 모든 지견(知見)을 경지로 하지 않는, 이것이 보살의 경지입니다.

사람이 들끓는 장소를 경지로 하며, 그리고 번뇌와 그 찌꺼기의 경지는 아닌, 이것이 보살의 경지입니다. 고요한 장소를 경지로 하고, 그리고 몸도 마음도 없애버리지 않는 경지, 이것이 보살의 경지입니다. 삼계(三界 : 欲界·色界·無色界)를 경지로 하고, 그리고 법계를 떨어져 있지 않는 경지, 이것이 보살의 경지입니다. 공성(空性)을 경지로 하면서 온갖 종류의 덕(德)을 구하는 경지, 이것이 보살의 경지입니다. 무상(無相)을 경지로 하며, 그리고 사람을 해탈시키는 것을 계획하고 생각하는 경지, 이것이 보살의 경지입니다. 무원(無願)을 경지로 하며, 그리고 마음대로 '유'의 세계에 몸을 나타내는 원(願)을 갖는 경지, 이것이 보살의 경지입니다. 작위(作爲)가 없는 경지, 그리고 모든 선근(善根)이 끊임없이 만들어지는 경지, 이것이 보살의 경지입니다. 여섯 가지 피안(彼岸)으로의 행(行 : 六波羅蜜)을 경지로 하며, 그리고 모든 사람의 마음과 행위의 피안에 도달하는*[80] 경지, 이것이 보살의 경지입니다. 여섯 가지 신통(神通)을 경지로 하면서 번뇌를 단멸(斷滅 : 漏盡通)하지 않는 경지, 이것이 보살의 경지입니다. 바른 법의 건설을 경지로 하고, 사도(邪道)를 대상으로 하지 않는 경지, 이것이 보살의 경지입니다. 네 가지 무한한 마음(慈·悲·喜·捨)을 경지로 하면서 브라흐마의 하늘나라에 태어난다는 결과를 기대하지 않는 경지, 이것이 보살의 경지입니다.

　여섯 가지 사념(六念 : 佛·法·僧의 三寶와 布施·持戒·昇天의 세 가지를 합친 것을 생각하는 것)의 경지이기는 하나 번뇌의 누출의 경지는 아닌, 이것이 보살의 경지입니다. 선정과 삼매와 명상을 경지로 하면서 삼매와 명상의 힘으로 사는 것이 아닌 경지, 이것이 보살의 경지입니다. 신·수·심·법(身·受·心·法)에 관하여 바른 마음을 쓰는 것(四念處)*[81]을 경지로 하면서 몸·감수(感受)·마음·법으로부터의 이탈을 경지로 하지 않는, 이것이 보살의 경지입니다. 바른 노력(四正勤)*[82]을 경지로 하면서 선과 악의 차별을 보지 않는 경지, 이것이 보살의 경지입니다. 신통의 기초(四如意足, 四神足)*[83]를 노력하는 것을 경지로 하면서 노력하지 않고 자유롭게 신통(超自然力)을 구사하는 경지, 이것이 보살의 경지입니다. 다섯 기능(五根)*[84]을 경지로 하면서 모든 사람의 기근(機根)의 우열을 알아 구별하는*[85] 경지, 이것이 보살의 경지입니다. 다섯 능력

---

*80 현장(玄奘)의 번역에 따르면 이 부분은 '모든 사람의 마음과 행동으로부터 따로 떨어지지 않는다'는 뜻.

*81 사념처(四念處) : 신념처(身念處)·수념처(受念處)·심념처(心念處)·법념처(法念處)

*82 사정근(四正勤) : 미생악령불생(未生惡令不生)·기생령영단(己生令永斷)·미생선령생(未生善令生)·기생선령증장(己生善令增長)

*83 사여의족(四如意足) : 욕신족(欲神足)·근신족(勤神足)·심신족(心神足)·관신족(觀神足)

*84 오근(五根) : 신(信)·정진(精進)·염(念)·정(定)·혜(慧)

*85 현장의 번역에는 '구별하지 않는 것'으로 되어 있다.

(五力)*86에 자신을 두는 것을 경지로 하며 동시에 여래의 십력(十力)을 기뻐하는 경지, 이것이 보살의 경지입니다. 깨달음에 관한 일곱 지분(七支分, 七覺支)*87이 완성됨을 경지로 하고 동시에 지(知)의 차별을 아는 일에*88¹⁴ 교묘한 경지, 이것이 보살의 경지입니다. 바른 행실(八正道)에 스스로를 두는 것을 경지로 하며, 동시에 사도(邪道)를 인정하지 않는 것을 경지로 하는, 이것이 보살의 경지입니다.

지관(止觀 : 선정(禪定)과 지혜(智慧))을 돕는 조도(助道)의 법을 행하되 결코 적멸에 빠지지 않는 경지, 이것이 보살의 경지입니다. 모든 존재는 불생불멸(不生不滅)이라고 알고 따르지만, 상호(相好)로써 불신(佛身)이 꾸며져 완성되는 경지, 이것이 보살의 경지입니다. 성문과 독각으로서의 위의(威儀)를 나타내는 경지에 있으면서 불법을 버리지 않는 경지, 이것이 보살의 경지입니다. 모든 존재는 본성으로서 청정하다는 것에 맞는 경지에 있으면서 모든 중생의 인연(因緣)에 따라 행동하는 경지, 이것이 보살의 경지입니다. 불국토에는 모두 파괴의 때(壞劫)도 성립의 때(成劫)도 없고 허공을 본성으로 하는 것이라고 이해하면서 갖가지로 다양하게 꾸며진 불국토를 나타내 보이는 것을 경지로 하는 것, 이것이 보살의 경지입니다. 불도를 얻고 법륜(法輪)을 굴리고, 열반에 들었다 할지라도 보살로서의 행함을 버리지 않는 경지, 이것이 보살의 경지입니다."

이렇게 말했을 때, 문수사리 법왕자와 함께 온 대중들 가운데 8천의 천자가 아뇩다라삼먁삼보리심을 발했다.

─────────────

*86 앞의 오근(五根)과 오력(五力)은 함께 신(信)·정진(精進)·염(念)·정(定)·지혜(知慧)를 내용으로 한다. 여래의 십력(十力)은 이것과는 전혀 내용이 다르다.

*87 칠각지(七覺支) : 택법각분(擇法覺分)·정진각분(精進覺分)·희각분(喜覺分)·제각분(除覺分)·사각분(捨覺分)·정각분(定覺分)·염각분(念覺分)

*88 현장의 번역에서는 '뛰어난 지(知)를 가지고 교묘히 불법의 차별을 지으려 하지는 않는다'라고 뜻이 거꾸로 된다.

6 불가사의 해탈의 법문

법을 구한다

그때 장로인 샤리푸트라(사리불)는 다음과 같이 생각했다.

'이 집에는 의자 같은 것도 없구나. 이들 보살과 대성문들은 어디에 앉을 것인가.'

그러자 비말라키르티는 샤리푸트라의 생각을 알고 그에게 질문했다.

"장로 샤리푸트라여, 법을 구하러 오신 거요, 아니면 의자가 필요해서 오신 거요?"

샤리푸트라가 대답했다.

"법을 들으러 온 겁니다. 의자가 필요한 것은 아닙니다."

그러자 비말라키르티가 말했다.

"장로 샤리푸트라여, 그렇다면 법을 구하는 사람은 색(色)과 형(形)을 구하지 않고, 감수(感受)와 관념과 형성력(形成力)과 식지(識知)를 구하지는 않습니다. 이들 오온(五蘊)과 구성요소(十八界)와 인식의 장(場:十二處)을 구하는 것은 아닙니다. 법을 구하는 사람은 욕계도 색계도 무색계도 구하지 않습니다. 법을 구하는 사람은 부처에 집착하여 구하는 것도 아니며, 법과 승(僧)에 집착하여 구하는 것도 아닙니다.

샤리푸트라여, 법을 구하는 사람은 또 고(苦)를 알아 다하려고 구하는 것도 아니며, 고의 기원(起原)을 끊고 열반의 멸을 현실로 하려거나 도를 닦으려고 구하는 것도 아닙니다(以上은 四聖諦의 否定).

그것은 어째서냐 하면, 법이란 것은 무익한 의론(議論:戱論)이 없는 것, 문자를 떠난 것입니다. '고는 알아 다하지 않으면 안 된다. 기원은 끊어야 하고 멸은 현실적인 것으로 해야 하며, 또는 닦아야만 된다'하고 까닭도 없이 되풀이하는 것은, 법을 구하는 것이 되지 못하고 무익한 의론을 구하는 것입니다.

대덕이여, 법은 적정이며, 적정의 극진한 것입니다. 거기에 생과 멸을 행사(行使)하는 사람이 있으면 그들은 법을 구하는 것도 아니고, 고요함을 구하는 것도 아니며, 생과 멸을 구하고 있는 것입니다.

그리고 또 샤리푸트라여, 법은 더러움을 떠나 더러움이 없는 것입니다. 그 경우, 어떤 법—내지는 열반이라 하더라도—에 집착하는 것은, 그들은 법을 구하는 것이 아니고 탐욕의 더러움을 찾아 구하는 것입니다. 법은 대상이 되는 것이 아닙니다. 대상을 좇는 것이라면, 그들은 법을 구하는 것이 아니라 대상을 구하는 것입니다. 법은 취하는 것도 아니고 버리는 것도 아닙니다. 어떤 법을 취하거나 버리는 사람이 있으면, 그들은 법을 구하는 것이 아니라 취하거나 버리는 것을 구하는 것입니다.

법은 피난할 아뢰야(阿賴耶)*[89]는 아닙니다. 아뢰야를 기뻐하는 사람은 법을 구하고 있는 것이 아니라, 아뢰야를 구하고 있는 것입니다. 법은 무상(無相)으로 상(想)이 없으므로 상(想)을 좇는 사람은 법을 구하는 것이 아니라, 상(相)을 구하고 있는 것입니다. 법은 어디에도 공주(共住)할 수 있는 것은 아니므로 법과 함께 머무르고자 하는 사람은 법을 구하고 있는 것이 아니라, 법과 머무르는 것을 구하고 있는 것입니다. 법은 보고, 듣고, 판단하고, 알고 하는 것은 아니므로, 견(見)·문(聞)·각(覺)·지(知)를 행하는 것은 그것들을 구하고 있는 것이 아닙니다.

대덕 샤리푸트라여, 법은 유위(有爲)도 아니고 무위(無爲)도 아니므로*[90] 유위를 대상으로 하는 사람은 법을 구하는 것이 아니라, 그들은 유위를 구하고 있는 것입니다. 그러므로 샤리푸트라여, 법을 구하고 싶으면 당신은 어떤 법도 구해서는 안 되는 것입니다."

이와 같이 말했을 때, 5백의 천자는 법안이 청정해짐을 얻었다.

사자좌의 기적

그리고 비말라키르티는 문수사리에게 질문했다.

"문수사리여, 그대는 시방(十方)의 불국토, 백천의 무수한 불국토에 간 일이 있는데, 모든 것이 뛰어나고, 모든 덕을 갖추고 있는 사자좌(獅子座)를 보신 것은 어느 불국토에서였습니까?"

문수사리가 말했다.

---

*89 자기의 근저(根底)로서의 장소. 근저로서 집착되어 있는 장소. 옛날 경전 아외야에 애착하는 것. 아뢰야를 기뻐한다 등의 말이 보이며, 뒤에 유식학파(唯識學派)는 이 말을 가져다가 근본의식으로서의 아뢰야식(阿賴耶識)을 수립했다.

*90 한역에는 '무위(無爲)로서 유위(有爲)는 아니다'라고 되어 있다.

"가장이여, 여기에서 동쪽을 향해 32항하사(恒河沙)만큼이나 불국토를 지나가면 거기에 수미상(須彌相)이라 불리는 세계가 있고, 거기에는 산등왕(山燈王, 須彌燈王)이라 불리는 여래가 계십니다. 이 여래의 키는 840만 유순(由旬)*91이나 되고, 그의 사자좌 높이는 680만 유순이나 됩니다. 그곳의 보살들도 키가 420만 유순이나 되며, 이들 보살의 사자좌는 340만 유순이나 됩니다. 가장이여, 산등왕 여래의 국토인 이 수미상 세계에는 모든 것이 뛰어나고 모든 공덕을 갖춘 사자좌가 있습니다."

그러자 그때, 비말라키르티는 마음을 집중시켜 신통력을 움직였기 때문에 다음과 같은 신변(神變)이 일어났다. 즉 그 수미상 세계의 산등왕여래 석가세존이 3만 2천의 사자좌를 보내 왔는데, 그들 사자좌의 높고 넓고 아름다움은 여기 있는 보살들이나 대성문들, 샤크라 천(天), 브라흐마 천, 호세신들과 천자들이 일찍이 본 일이 없는 것이었다. 그것들이 상공에서 날아와 비말라키르티의 방 안에 놓여졌는데, 갖가지 3만 2천의 자리는 각각 따로 떨어져 충분한 여유를 가지며, 이 방은 또 그만한 넓이로 되어 있는 것처럼 보였다. 바이샬리의 큰 성도, 이 세계의 사주(四州)도 방해된(좁아진) 것은 아니고, 그것들은 모두 본래대로 보였다. 그때 비말라키르티가 문수사리에게 말했다.

"문수사리여, 바라건대 사자좌의 크기에 맞게끔 변신하여 이들 보살들과 함께 사자좌에 앉아 주십시오."

그리고 문수사리와 함께 신통력을 가지고 있는 보살들은 몸을 420만 유순의 크기로 바꾸어 사자좌에 앉았다. 그러나 새로 보살이 된 사람은 사자좌에 올라가 앉을 수 없었다. 그래서 비말라키르티가 이들 보살이 오신통(五神通)을 얻도록 그들을 향해 설법을 해서, 그들도 신통을 얻게 되자 420만 유순의 크기로 변신하여, 그 사자좌에 앉았다. 그러나 대성문들은 역시 이 사자좌에 앉을 수 없었다.

비말라키르티가 장로인 샤리푸트라에게 말했다.

"바라건대 사자좌에 앉아 주십시오."

그러자 샤리푸트라가 말했다.

"고귀한 선비여, 이 사자좌는 높고 커서 앉을 수 없습니다."

---

*91 인도 이수(里數)의 단위로서 대·중·소 세 가지가 있는데, 대유순은 80리, 중유순은 60리, 소유순은 40리이다.

비말라키르티가 말했다.

"샤리푸트라여, 저 산등왕여래에게 예배를 하시오. 그러면 앉을 수 있을 것입니다."

그리하여 샤리푸트라와 대성문들은 산등왕여래를 예배한 다음 비로소 사자좌에 앉을 수 있었다.

그래서 장로 샤리푸트라는 비말라키르티에게 다음과 같이 말했다.

"좋은 집 아들이여, 이처럼 여러 가지로, 이처럼 높고 큰 사자좌가 몇천이나 작은 집 안으로 들어와 있는데도, 그것들이 바이샬리 시내를 좁게 만들지도 않고, 온 세계의 마을과 도시의 성도(城都)와, 국토와 왕궁과 사대주(四大州)를 조금도 방해하는 일이 없고, 하늘·용(龍)·야크샤·건달바·아수라·가루다·긴나라·마후라가의 주거(住居)도 방해하는 일이 없으며, 전과 다름없이 그것들이 보이고 있는 것은 참으로 놀랍고 기이한 일입니다."

불가사의 해탈의 법문
비말라키르티가 이렇게 말했다.

"대덕 샤리푸트라여, 여래와 모든 보살들에게는 늘 불가사의라고 불리는 해탈이 있습니다. 이 '불가사의 해탈에 있는 보살'은 이토록 높고, 크고, 신성하고, 광대한 산왕(山王)인 수미산을 겨자씨 속에 넣습니다. 그런데도 겨자씨가 커지는 것도 아니고 수미산이 줄어드는 것도 아닙니다. 그리고 수미산 속의 사천왕(四天王)에 속해 있는 신(神)들과 삼십삼천(三十三天)의 신들은 모두 자기들이 어디에 들어가 있는지 깨닫지 못합니다. 다만 제도받을 만한 사람들만이, 산왕인 수미산이 겨자씨 속에 들어가 있는 것을 지각하고 볼 수 있습니다. 이것이 대덕이며 보살이 불가사의 해탈의 경지에 들어가는 것입니다. 또 '불가사의 해탈에 있는 보살'은 사대해(四大海)의 물을 한 털구멍 속에 부어 넣습니다. 그러나 물고기도 악어도 두꺼비도, 그 밖의 물에 사는 동물해를 입히는 일이 없고, 또 용과 야크샤와 건달바와 아수라 등은 자기들이 어디에 들어가 있는지 깨닫지도 못합니다. 또한 이 중생들에게도 아무런 손상이 가해지는 일이 없는 것입니다.

대덕 샤리푸트라여, 불가사의 해탈에 머무는 보살은 삼천대천세계를 오른쪽 손아귀에 움켜 쥐기를 마치 도공(陶工)이 녹로(轆轤 : 도자기 만들 때 발로 돌리며 모형을 잡는 물레)를 움직여 도자기를 만드는 사람이 하듯이 하고, 이 삼천대세계를 항하사의 세계보다 많은 세계를 밖으로 내던지더라도, 그 속의 중생들은 자기들이 어디로 가고 어디에서 왔는지를 모릅니다. 다시 집어 들어 본래 있던 곳에 두어도, 갔다든가 왔다든가 그런 것을 알지 못합니다. 그리고 이 움직임은 모두 그것에 의해 교화되는 다른 사람에게는 보이고 있는 겁니다.

또 대덕 샤리푸트라여, 윤회가 무한한 것에 의해 쉽게 교화되는 중생도 있거니와, 윤회가 짧은 것에 의해 교화되는 사람도 있습니다. '불가사의 해탈에 있는 보살'은, 윤회가 무량한 긴 것에 의해 교화될 수 있는 중생을 훈련시키기 위해서는 7일을 1겁(一劫)의 시간이 지나간 것처럼 나타내고, 윤회가 짧은 것에 의해 교화될 수 있는 중생에 대해서는 1겁을 줄여서 그로 하여금 7일이라고 나타내게 합니다. 그 경우 윤회의 무량에 의해 교화되는 중생은 7일을, 그 겁을 지났다고 생각하고 윤회가 짧은 것에 의해 교화되는 중생은 그 겁도 7일을 지났을 뿐이라고 생각하게 합니다.

또 대덕 샤리푸트라여, 이같은 불가사의 해탈에 머무는 보살은, 모든 불토의 덕(德)이 빛남을 한 불국토 안에 모아 놓고 중생들에게 보여 줍니다. 또 모든 불국토 안의 중생을 오른쪽 손바닥에 올려놓은 채 마음의 빠름(迅速)이라는 신통으로 날아가서 모든 불국토를 보여주지만, 본래의 한 불국토로부터 그들 중생은 조금도 떠나 움직이지 않고 있습니다.

또 대덕 샤리푸트라여, 보살은 시방의 제불세존에게 대해 올려져 있는 한 모든 공양을 한 털구멍 속에서 다 볼 수 있게 하고, 시방 국토의 달과 해와 별의 모습을 모두 한 털구멍 속에 나타내어 모든 중생들이 보이도록 합니다.

또 대덕 샤리푸트라여, 보살은 신통력으로 시방 세계의 갖가지 태풍·폭풍 등을 모두 입 속에 빨아들여도 그 몸은 아픈 일이 없고, 그들 불국토의 작은 나무들도 바람에 부러지거나 꺾이는 일이 없습니다.

또 시방의 불국토를 다 태워 없애는 겁말(劫末)의 불이 한창 타오를 때, 그 불덩어리를 모두 자기 뱃속에 끌어들이기까지 하며, 그가 해야 할 의무를 다합니다. 또 항하사보다 더 많은 불국토를 지나 아래로 간 장소에서 그 곳의 한 불국토를 집어 항하사보다 더 많은 불국토를 지난, 위쪽으로 정상에다 올려 놓지만, 그것은 마치 힘센 사나이가 대추나무 잎을 바늘 끝으로 꿰어 드는 것과 같은 것입니다.

마찬가지로 불가사의 해탈에 있는 보살은 모든 중생의 힘이 되어 전륜왕의 모습으로 변현(變現)합니다. 또 호세신의 모습으로 변현하고 샤크라(인드라)의 모습으로, 브라흐마의 모습으로, 성문의 모습으로, 독각의 모습으로, 보살의 모습으로, 부처의 모습으로 변현하여 온갖 중생의 힘이 됩니다. 또 상중하(上中下)의 온갖 종류의 시방의 중생들이 내는 소리, 말소리는 그 모든 것에 특별한 힘을 더함으로써 부처의 설법, 부처의 소리, 달마(法)의 소리, 삼가(僧)의 소리가 되어 변현케 합니다. 그 중생의 소리로부터는 또 모든 존재는 무상이요, 고요, 공이요, 무아라고 하는 소리를 울려 퍼지게 합니다. 즉 시방의 제불세존이 온갖 형태로 설법한 그 모두가 그들 중생의 소리로부터 들려오게끔 하는 것입니다.

대덕 샤리푸트라여, 이상은 '불가사의 해탈에 있는 보살'의 경지에 대해 약간 말한 데 지나지 않습니다. 그것을 만일 상세히 말하려면 1겁 남짓이나, 또는 그 이상의 시간이 필요할 것입니다."

대가섭의 술회(述懷)

그때 장로 마하가섭(대가섭)은, 보살의 불가사의 해탈에 대한 이 설을 듣고 놀라운 생각에 사로잡혔다. 그래서 샤리푸트라에게 말했다.

"샤리푸트라여, 예를 들어 모든 형상을 시각장애인들 앞에 보여도, 하나의 모양마저 이들 시각장애인은 볼 수 없습니다. 그것과 마찬가지로 불가사의 해탈의 이 가르침이 설명되어도 성문과 독각은 모두 시각장애인들과 마찬가지로 보는 눈을 갖지 못합니다. 불가사의의 이유 하나마저 이해할 수 없습니다. 이 불가사의 해탈을 듣고, 어진 사람이라면, 도대체 어느 누가 아뇩다라삼먁삼보리심을 발하지 않을 수 있겠습니까.

기근(機根)이 이미 파괴되어 타거나 썩거나 한 종자와 같은 사람, 이 대승(大乘)에 대해서는 그릇이 아닌 '우리들과 같은' 사람에게 있어서는 어떻게 하면 좋을 것인가, 이 설법을 듣고 모든 성문과 독각은 아프고 괴로운 소리를 질러 그 소리가 삼천대천세계에 울려 퍼질 것입니다.

그와는 달리 일체의 보살은 이 불가사의 해탈을 듣고 젊은 왕자가 왕관을 받을 때처럼 큰 기쁨으로써 머리 위에 쓴 다음 그것에 대한 굳은 믿음의 힘을 일으키게 될 것입니다. 이같은 불가사의 해탈 법문을 믿는 보살에게는, 어떤 마귀인들 어떻게 해롭게 할 수 있겠습니까."

장로 마하 가섭이 이같이 말했을 때, 3만 2천의 천자들이 아뇩다라삼먁삼보리심을 발했다.

마왕이 된 보살

그 때 비말라키르티는 장로 마하가섭에게 다음과 같이 말했다.

"대덕 마하가섭이여, 모든 마왕(魔王)이 시방의 무수한 세계에서 마의 일에 종사하고 있지만, 그들은 모두 또 '불가사의 해탈에 있는 보살'인 것입니다. 방편에 교묘하기 때문에 중생을 성숙시키기 위해 마의 일을 행하고 있는 것입니다.

또 마하가섭이여, 시방의 무량한 보살에게 보살의 손·발·귀·코·피·근육·뼈·골수·눈·상반신·머리·사지, 왕권(王權)·국토·인민·아내·사내아이·계집아이·하인·하녀, 말·코끼리, 수레·탈것, 금·은·마니주(珠)·진주조개·파리(玻璃)·산호·비유리(毘琉璃), 그 밖의 갖가지 보석이나 음식물, 맛이 있는 것, 의복 등 이런 것들을 협박해서 구걸하는 사람이 있습니다. 모두 그들도 또 대부분은 '불가사의 해탈에 있는 보살'인 것입니다. 이들은 교묘한 방편력으로써 당신네들을 시험하러 왔고, 단단하게 만들기 위해 온 것입니다.

어째서냐 하면, 마하가섭이여, 모든 보살에게는 어려운 일을 할 만한 무서운 힘이 있으므로, 위에 말한 것과 같이 보살을 협박할 의욕이 나타납니다. 부처의 허락도 얻지 않고 보살을 강요하는 듯한 능력은, 보통 인간에게는 존재하지 않습니다. 허락을 얻지 않고 죽이거나 죽이려 하는 능력은 보통 인간에게는 없습니다. 대덕 마하가섭이여, 예를 들면, 반딧불이로써는 햇빛을 이길 수 없습니다. 그것과 마찬가지로, 허락도 얻지 않고 보살에게로 다가와 협박하는 일은 보통 인간에게는 있을 수 없습니다. 보살은 저 한 마리 용 또는 코끼리가 땅을 걸어차며, 습격해 올 때 당나귀가 감히 대적할 수 없는 것처럼, 힘차고 불가사의한 존재이니 이를 일컬어 '불가사의 해탈'에 머무르는 '보살이 지나는 지혜와 방편으로 들어가는 문'이라는 것입니다."

7 천녀

중생은 존재하지 않는 것

그리고 문수사리가 비말라키르티에게 물었다.

"고귀한 선비여, 보살은 중생을 어떻게 보아야 합니까?"

비말라키르티가 대답했다.

"이를테면 마술사*⁹²가 자신이 마술로 만들어 낸 사람을 보듯이, 보살은 이렇게 중생을 보아야 합니다. 지혜 있는 자가 물속의 달을 보듯이, 거울에 비친 자기 얼굴을 보듯이, 뜨거운 여름철에 아지랭이를 보듯이, 메아리의 울림처럼, 공중의 구름이 모인 것처럼, 물거품이 일어나는 것처럼, 거품이 생겼다가 사라지듯이, 파초나무 속이 텅 빈 것을 보듯이, 번갯불의 반짝임같이, 제5의 원소같이, 제6의 음(陰)같이, 제7*⁹³의 정(情)같이, 십삼입(十三入)같이, 십구계(十九界)같이, 보살은 이렇게 중생을 보아야 합니다. 물질이 없는 세계(無色界)에 나타난 물질처럼, 썩은 종자에서 싹이 나는 것처럼, 존재하지 않는 거북의 털로 만든 옷과 같이, 곧 죽게 된 사람이 희희(嬉戲)거리듯이, 예류(預流 : 預流果)*⁹⁴인 사람에게 그릇된 개아(個我)의 관념이 있는 것과 같이, 일래(一來 : 一來果)인 사람에게 제3의 생존이 있는 것처럼, 불환(不還 : 不還果)인 사람이 태(胎)에 들어가듯이, 아라한(阿羅漢 : 阿羅漢果)인 사람에게 탐욕과 노여움과 어리석음이 있듯이 중생을 보아야 합니다.

또 인(忍 : 밝은 知)을 얻은 보살에게 인색과 파계와 악의(惡意)와 상해하는 마음이 있는 것처럼, 여래에게 번뇌의 악습이 남아 있듯이, 날 때부터의 시각장애인이 빛을 보듯이, 멸진정(滅盡定)에 입정(入定)한 사람에게 숨결이 있는 것처럼, 허공에서의 새 지나간 자취처럼, 거세(去勢)한 사람에게 남근(男根)이 생겨나는 것처럼, 석녀(石女)가 아이 낳는 것처럼, 여래가 화작(化作 : 變身)

---

*92 여기에서부터 아래로는 똑같이, 중생에 실체가 없는 것의 비유로서, 존재하지 않는 것과 실재가 아닌 것을 가지가지로 열거한다.

*93 원소는 지(地)·수(水)·화(火)·풍(風) 넷으로 제5란 것이 없고, 음(陰)은 색·수·상·행·식 다섯으로 제6의 음은 없으며, 정(情)은 안·이·비·설·신·의 여섯으로 제7이란 것이 없다.

*94 예류·일래·불환·아라한의 4과(四果)는 사문이 수행을 통해 얻는 좀더 높은 차원의 단계이다. 예류는 불교에 들어간 최초의 과(果), 일래는 또 한 번 윤회의 세계에 돌아오는 것, 불환은 그것이 이제 없어진 것, 아라한은 최고의 지위이다.

한 사람에게는 생기지 않는 번뇌처럼, 꿈에 나타난 것을 잠깬 뒤에 보는 것처럼, 분별이 없는 사람에게 번뇌가 있듯이, 원인 없이 불타오르듯이, 완전히 열반에 들어간 사람이 삶을 계속하는 것처럼, 그같은 존재하지 않는 것으로써 보살은 중생을 보아야 합니다. 문수사리여, 이와 같이 진실로는 무아(無我)임을 알고 보살은 모든 중생을 보아야 합니다."

존재에 대한 사랑

문수사리가 말했다.

"가장이여, 만일 보살이 모든 중생을 위에 말한 것처럼 존재하지 않는 것으로 보아야 한다면 어떻게 모든 중생에 대해 대자비심을 행해야 합니까?"

비마라키라티가 대답했다.

"문수사리여, 보살이 위에 말한 것처럼 볼 때, 법(法 : 존재의 본질)을 알기 때문에 자신은 이들 모두에게 그 법을 말해 주려 하며, 그 까닭에 그에게는 모든 중생에게 진실한 구원(歸依處)이 되겠다는 '자심(慈心)'이 일어나게 됩니다.

그것은 집착이 없으므로 적정(寂靜)한 자심이요, 번뇌가 없기 때문에 무열(無熱)의 자심이요, 과거·현재·미래의 세 때를 통해 같기 때문에 여실(如實)한 자심이요, 번뇌 같은 것에 얽매여 있지 않으므로 방해받는 일이 없는 자심이요, 밖과 안과의 혼동이 없으므로 무이(無二)의 자심이요, 철저하기 때문에 동요가 없는 자심이요, 금강(金剛)처럼 부숴지지 않는 의욕이기 때문에 견고한 자심이요, 본성으로서 청정하기 때문에 청정한 자심이요, 평등한 의욕이기 때문에 평등한 자심이요, 적을 쳐부수는 것*95이므로 아라한의 자심이요, 끊임없이 중생을 성숙시키기 때문에 보살의 자심이요, 진여(眞如)를 알게 하는 것이므로 여래의 자심이요, 잠에 묻혀 있는 사람들을 깨워 깨닫게 하므로 부처의 자심입니다.

스스로 깨달음에 이르기 때문에 자연의 자심이요, 그 맛이 같기 때문에 깨달음의 자심이요, 애착과 증오를 떠나 있으므로 편파적인 부가물(附加物)이 없는 자심이며, 대승(大乘)을 뚜렷하게 하므로 대비의 자심입니다. 공(空)

---

*95 아라한(arhant, arahant)을 '적을 죽이는 사람(arihan)'이라고 풀이하는 통속 어원설.

과 무아(無我)를 보기 때문에 피로함을 모르는 자심이요, '스승의 주먹(師拳)'*96이 아니므로 법을 베풀어 주는 자심이요, 파계의 중생을 기르기 때문에 계율의 자심이요, 자기와 남을 함께 지키기 때문에 인내(忍耐)의 자심이요, 모든 사람의 무거운 짐을 맡기 때문에 정진(精進)의 자심이요, 그 맛에 탐닉하지 않기 때문에 선정(禪定)의 자심이요, 때에 맞추어 얻게 하기 때문에 지혜의 사랑입니다. 어디에서나 깨달음으로 가는 문을 보여 주므로 방편(方便)의 자심이요, 의욕이 청정하기 때문에 간사(奸詐)가 없는 자심이요, 마음 속에서 행하기 때문에 거짓이 없는 자심이요, 번뇌가 없기 때문에 깊은 결의의 자심이요, 책략을 가지고 만들어진 것이 아니므로 기만(欺瞞)이 없는 자심이요, 부처의 즐거움으로 인도하기 때문에 즐거움의 자심입니다. 문수사리여, 이것이 보살의 대자(大慈)입니다."

비(悲)·희(喜)·사(捨)
문수사리가 물었다.
"그 보살의 대비(大悲)란 어떤 것입니까?"
비말라키르티가 대답했다.
"이루어지는 선근(善根)을 모든 중생에게 주는 것입니다."
문수사리가 물었다.
"그의 대희(大喜)란 어떤 것입니까?"
비말라키르티가 대답했다.
"주고 기뻐하며, 뉘우치는 일이 없는 것입니다."
문수사리가 물었다.
"그의 공평(公平)한 마음(捨)이란 어떤 것입니까?"
비말라키르티가 대답했다.
"스스로 지은 공덕까지도 바라지 않는 것입니다."

무주(無住)라는 삶의 근본
문수사리가 계속하여 물었다.

---

*96 스승이 가르침에 인색하여 쉽사리 제자들에게 가르쳐 주지 않는 것을 '스승이 주먹을 꽉 쥔다'고 하는 데서 나온 말이다.

"생사윤회를 두려워하는 보살은 무엇에 의지해야 합니까?"

비말라키르티가 대답했다.

"문수사리여, 생사윤회를 두려워하는 보살은 부처의 공덕의 힘에 의지해야 합니다."

문수사리가 물었다.

"부처의 공덕의 힘에 의지하고자 하는 보살은 어느 것 속에 있어야 합니까?"

비말라키르티가 대답했다.

"모든 중생의 평등성 속에 있어야 합니다."

문수사리가 물었다.

"모든 중생의 평등성 속에 있고자 하는 보살은 어떻게 해야 합니까?"

비말라키르티가 대답했다.

"모든 중생 해탈을 바라야 합니다."

문수사리가 물었다.

"모든 중생의 해탈을 바라는 보살은 어떻게 해야 합니까?"

비말라키르티가 대답했다.

"번뇌에서 해탈하도록 해야 합니다."

문수사리가 물었다.

"번뇌에서 해탈하고자 하는 보살은 어떻게 수행해야 합니까?"

비말라키르티가 대답했다.

"바르게 수행해야 합니다."

문수사리가 물었다.

"어떠한 수행이 바른 수행입니까?"

비말라키르티가 대답했다.

"나는 것도 없고 없어지는 것도 없는 것 속에서 수행하는 것입니다."

문수사리가 물었다.

"뭐가 나지 않고, 뭐가 없어지지 않는 것입니까?"

비말라키르티가 대답했다.

"모든 악이 생기지 않고, 모든 선이 없어지지 않는 것입니다."

문수사리가 물었다.

"선과 악의 근본은 무엇입니까?"

비말라키르티가 대답했다.

"개아(個我 : 개인으로서의 자아. 나)라는 관념의 근본입니다."

문수사리가 물었다.

"몸의 근본은 무엇입니까?"

비말라키르티가 대답했다.

"욕망과 애착입니다."

문수사리가 물었다.

"욕망과 애착의 근본은 무엇입니까?"

비말라키르티가 대답했다.

"허망한 분별(分別)입니다."

문수사리가 물었다.

"허망한 분별의 근본은 무엇입니까?"

비말라키르티가 대답했다.

"도착(倒錯 : 본능·감정·덕성이 이상으로 사회 도덕에 어그러진 행동을 보이는 것)된 생각입니다."

문수사리가 물었다.

"도착된 생각의 근본은 무엇입니까?"

비말라키르티가 대답했다.

"기저(基底)가 없는 것*97입니다."

문수사리가 물었다.

"기저가 없는 것의 근본은 무엇입니까?"

비말라키르티가 대답했다.

"문수사리여, 기저가 없는 것에는 아무런 근본이 없는 것이기에 모든 존재는 기저가 없는 근본에 바탕을 두고 있습니다."

천녀와 꽃의 기적

그때, 이 집에 천녀(天女)가 하나 있었다. 이들 대사(大士)와 보살의 설법을

---

*97 나습(羅什)도 현장(玄奘)도 무주(無住)라고 옮기고 있다. 어느 곳에도 머무르지 않는, 즉 그 의지할 기저가 없는 것은 근본이 없는 것이다.

듣고 기뻐 만족하여 마음을 앗기고, 자신의 실제의 몸을 드러내, 하늘 꽃을 이들 대보살과 대성문들 위에 뿌렸다.

그러자 보살들의 몸에 뿌려진 꽃은 땅에 떨어졌으나, 대성문들 몸에 뿌려진 꽃은 그곳에 들러붙어 땅바닥에 떨어지지 않았다. 꽃을 떨어뜨리려 해도 떨어지지 않았다.

그래서 그 천녀가 장로 샤리푸트라에게 말했다.

"대덕이여, 이 꽃을 떨어뜨려 어떻게 하시렵니까?"

샤리푸트라가 대답했다.

"천녀여, 이들 꽃으로 꾸미는 것은 출가한 몸에는 적당치 못하므로 떼어 버리려 하는 것입니다."

천녀가 말했다.

"대덕이여, 그런 말씀을 하시는 것이 아닙니다. 왜냐하면 이 꽃은 법에 맞는 것입니다. 그 이유는 이 꽃은 생각하거나 분별하거나 하지 않는데, 장로 샤리푸트라께서 생각하고 분별하고 있기 때문입니다. 대덕이여, 출가하여 선설(善說)의 법과 율(律) 속에 있으면서, 사려하고 분별한다면 그것이야말로 법에 맞지 않는 것입니다. 장로는 법과 율에 대해 사려하고 분별하고 있으나 사려하지 않는 것이야말로 바른 것입니다.

대덕이여, 보십시오. 사려와 분별을 떠나 있음으로 해서, 이들 대사와 보살의 몸에는 꽃이 붙지 않는 것입니다. 예를 들면, 두려움을 안고 있는 사람이면, 그들을 마귀가 그 틈을 엿보게 될 것입니다. 그것과 마찬가지로 생사윤회의 공포에 떨고 있는 사람에 대해서는, 빛과 소리와 향내와 맛과 접촉하는 것이, 그 틈에 끼어드는 것입니다. 만일 제행(諸行 : 모든 수행)의 번뇌를 두려워하지 않는 사람이라면, 그 사람에게 색(色)·성(聲)·향(香)·미(味)·촉(觸)이 무엇을 할 수 있습니까. 번뇌의 망상을 아직 끊어 버리지 못한 사람에게는 꽃이 들러붙지만, 그것을 끊어 버린 사람의 몸에는 들러붙지 않습니다. 그러므로 번뇌의 악습을 모두 끊은 보살들의 몸에는 꽃이 들러붙지 않는 것입니다."

깨달음의 길이

그때 장로 샤리푸트라는 이 천녀에게 물었다.

"천녀여, 당신이 이 집에 오고 나서 얼마만한 시간이 지났습니까?"

천녀가 대답했다.

"장로여, 당신이 깨닫고 난 것과 같을 뿐입니다."

샤리푸트라가 물었다.

"천녀여, 당신이 이 집에 온 지는 물론 오래 되지는 않았겠지요?"

천녀가 물었다.

"장로가 깨달음에 들어가고 나서 얼마나 지났습니까?"

장로 샤리푸트라는 한 마디도 말을 할 수 없게 되었다.

천녀가 말했다.

"지혜제일이신 장로가 어찌하여 대답을 하지 않습니까. 지금은 당신 차례인데 질문에 대답을 못하시는군요."

샤리푸트라가 대답했다.

"천녀여, 해탈이란 말로써 표현할 수 없는 것입니다. 그것을 어떻게 말해야 좋을지 모르겠습니다."

천녀가 말했다.

"장로께서 문자(文字)로 표현하게 되면, 그것이 모두 해탈의 모습인 것입니다. 어째서냐 하면, 무릇 해탈이란 것은 안에도 없고, 밖에도 없고, 또 그들을 떠나서도 인정할 수 없습니다. 그러므로 대덕이여, 문자를 떠나 해탈을 말해서는 안 됩니다. 왜냐하면 모든 법이 평등인 곳에 성자의 해탈이 있기 때문입니다."

샤리푸트라가 또 물었다.

"천녀여, 애착과 노여움과 어리석음*98에서 벗어나야만 해탈하는 것이 아니겠습니까?"

천녀가 대답했다.

"애착과 노여움과 어리석음을 떠나야만 해탈한다는 것은 남을 업신여기는 마음이 있는 사람에 대해서 말하는 것입니다. 그런 마음이 없는 사람에게는, 애착과 노여움과 어리석음의 본성 그 자체가 해탈인 것입니다."

---

*98 탐욕(貪欲 : 애착)·진에(瞋恚 : 노염)·우치(愚痴 : 어리석음)의 삼독(三毒, 三毒煩惱)을 근본적인 악으로 간주한다.

천녀의 깨달음과 말재간

그때 장로 샤리푸트라는 말했다.

"대단히 훌륭합니다. 천녀여, 대체 무엇을 알고 무엇을 깨달아서, 당신에게 그런 말재간이 생겨난 것입니까?"

천녀가 대답했다.

"대덕이여, 아무것도 아는 것이 없고, 깨닫지도 않았습니다. 그러므로 이런 말재간이 저에게 있는 것입니다. 스스로 무엇인가 알고 깨달았다고 생각하는 사람은, 이 선설(善說)의 법과 율을 업신여기는 마음이 있는 것입니다."

삼승(三乘)

샤리푸트라가 또 물었다.

"천녀여, 당신은 성문승(聲聞乘)에 속합니까, 아니면 독각승(獨覺乘)에 속합니까, 아니면 대승(大乘)에 속합니까?"

천녀가 대답했다.

"성문승을 말하고 있으므로 성문승의 사람입니다. 십이연기(十二緣起)[99]의 문에서 나아가기 때문에 독각승의 사람입니다. 대비심(大悲心)을 잃는 일이 없으므로 대승의 사람이기도 합니다. 그러나 그럼에도 대덕이여, 예를 들면, 참파카(champaka, 瞻蔔) 숲에 들어가면 에란다의 악취를 맡는 일은 없고, 참파카의 좋은 냄새만을 맡습니다. 그와 마찬가지로 대덕이여, 이 집에 살고 있으면, 불법 공덕의 향내가 있으므로, 성문과 독각의 냄새를 맡는 일은 없습니다. 대덕이여, 이 집에 살고 있는 인드라 신(神)·브라흐마 신·호세의 신들·제천·용·야크샤·건달바·아수라·가루다·긴나라·마후라가 등은 모두 이 집의 고귀한 선비의 법을 듣고 있으므로, 불법의 공덕의 향기에 의해 나아가 보리심(菩提心)을 일으킵니다. 대덕이여, 나는 이 집에 12년 있었지만 대자, 대비, 불가사의한 불법에 관한 설법은 들었어도 성문과 독각에 관한 설법은 아직 듣지 못했습니다."

---

*99 '무명(無明)에 의해 행이 있고'에서 시작해서, 차례로 식(識)·명색(名色)·육처(六處)·촉(觸)·수(受)·취(取)·유(有)·생(生)·노사(老死)의 십이지(十二支)가 열거되는 연기관(緣起觀). 성문과 독각을 구별해서 말할 때 성문에게는 사성제(四聖諦)가, 독각에게는 십이연기가 고찰의 대상이 된다고 한다.

여덟 가지 기적

"대덕 샤리푸트라여, 이 집은 언제나 끊임없이, 여덟 가지의 보통 보이지 않는 불가사의한 성질을 나타내고 있습니다. 그 여덟이란 무엇이냐 하면, 끊임없이 금빛 광채가 이 집에 있기 때문에 밤과 낮 구별도 없고 해와 달도 여기에는 나타나지 않습니다. 이것이 가장 이상한 성질입니다.

다시 또, 대덕이여, 누구나 이 집에 온 사람은 집에 들어오자마자 번뇌에 시달리지 않게 됩니다. 이것이 불가사의한 것의 둘째입니다. 또 대덕이여, 이 집에는 언제나 인드라 신·브라흐마 신·호세신, 일체의 불국토에서 온 보살이 있어 떠나는 일이 없습니다. 이것이 불가사의한 것의 셋째입니다. 또 대덕이여, 이 집에는 언제나 법의 소리가 들리는데 그것은 여섯 가지 바라밀다를 중심으로 한 설법, 불퇴전의 법륜의 설법을 빼는 일이 없습니다. 이것이 불가사의한 것의 넷째입니다. 다시 대덕이여, 이 집에는 언제나 북을 치고 노래하는 음악(音樂)이 신들과 사람들이 연주하고, 그 속에서는 무량한 법화(法化)의 소리가 들립니다. 이것이 불가사의한 것의 다섯째입니다.

대덕이여, 이 집에는 또 온갖 보물로 꽉 찬 네 개의 큰 무진(無盡)의 창고(藏)가 있습니다. 곤궁한 모든 사람에게 베풀어 주고, 그들이 다 가져가도 그것은 그 위력에 의해 없어지는 일이 없습니다. 이것이 불가사의한 것의 여섯째입니다.

또 대덕이여, 이 고귀한 선비가 원하기만 하면 석가모니·무변광(無邊光)·부동(不動)·보길상(寶吉祥)·보염(寶焰)·보월(寶月)·보엄(寶嚴)·난승(難勝)·일체의성취(一切義成就)·다보(多寶)·사자후(獅子吼)·사자성(獅子聲)의 모든 여래를 비롯해서 시방의 무량한 여래가 이 집으로 오셔서 여래의 비밀이라고 불리는 법문에 들어가는 것을 말씀하신 뒤 돌아가십니다. 이것이 불가사의한 것의 일곱째입니다.

또 대덕이여, 이 집에는 모든 신들이 사는 화려한 궁전과 제불의 정토가 나타납니다. 이것이 불가사의한 것의 여덟째입니다.

대덕 샤리푸트라여, 이 집에는 보통의 성질과는 다른 이런 여덟 가지 불가사의한 성질이 나타납니다. 이런 불가사의를 보게 된다면, 어느 누가 성문(聲聞)의 법을 바라겠습니까?"

여자가 남자로

샤리푸트라가 말했다.

"천녀여, 당신은 여자로서의 형태*100를 바꾸어 남자가 되어서는 안 되는 겁니까?"

천녀가 대답해 말했다.

"열두 해 동안, 여자가 된 것을 탐구해 왔으나 아직도 그것을 얻지 못했습니다. 대덕이여, 요술사가 여자의 모습으로 변현(變現)시켰더라도 이에 대해서 '여자로서의 형태를 바꾸면 왜 안 되느냐' 하고 묻는다면, 이것은 어떤 결과가 되겠습니까?"

샤리푸트라가 말했다.

"그것(요술)에는 진실된 완성체(完成體)가 없기 때문에 무의미한 일입니다."

천녀가 말했다.

"대덕이여, 그것과 마찬가지로 모든 존재는 완성체가 아니고, 본질은 헛것(幻)의 변현에 지나지 않습니다. 그런데도 당신은 '여자로서의 형태를 바꾸면 안 되는가' 하고 생각하십니까?"

그때, 천녀는 신통을 행했기 때문에 장로인 샤리푸트라는 이 천녀와 완전히 똑같은 모습으로 되고, 천녀는 또 장로인 샤리푸트라와 같은 모습으로 되었다. 그래서 샤리푸트라의 모습으로 된 천녀가, 천녀의 모습으로 되어 있는 사리푸트라에게 물었다.

"대덕이여, 여자로 된 것을 바꾸면 왜 안 되는 겁니까?"

천녀의 모습으로 된 샤리푸트라가 말했다.

"남자의 얼굴이 사라지고 여자의 모습이 되어 버렸는데, 어째서 그렇게 되었는지 모르겠습니다."

천녀가 말했다.

"만일 대덕이 여자의 모습에서 다시 바꿀 수 있다면, 모든 여자들도 여자가 된 것을 바꾸게 될 것입니다. 대덕이 여자로 나타나 있듯이 모든 여자들도 여자의 모습으로 나타나 있는 것이며, 본래 여자가 아닌 것이 여자의 모습으로 나타나 있는 것입니다. 그런 뜻에서 석가세존은 모든 존재는 여자도

---

*100 여자는 부처도 전륜왕도 될 수 없다. 그렇게 되기 위해서는 남자로 되어야 한다는 것이 통념이다.

아니고 남자도 아니라고 말씀하셨습니다."

그때 천녀가 신통을 그만두자, 장로 샤리푸트라는 다시 본래의 모습으로 돌아왔다. 그래서 천녀가 말했다.

"대덕이여, 당신의 그 여자의 모습은 어디로 간 겁니까?"

샤리푸트라가 대답했다.

"여자로도 안 되고, 또 변한 것도 아닙니다."

천녀가 말했다.

"그것과 마찬가지로 모든 존재도 만들어지지도, 변하지도 않습니다. 만들어지지도, 변하지도 않는다는 것이 부처의 말씀입니다."

모든 중생은 죽는 일도 다시 태어나는 일도 없다

샤리푸트라가 물었다.

"천녀여, 당신은 죽어서 어디에서 태어납니까?"

천녀가 대답했다.

"여래(如來)의 변화된 몸이 태어나는 그곳에서 태어납니다."

샤리푸트라가 말했다.

"여래의 변화된 몸은 죽는 일도 없고, 다시 태어나는 일도 없지 않습니까?"(어떻게 거기에서 다시 태어난다는 것이오?)

천녀가 대답했다.

"모든 존재도 그것과 마찬가지로 죽는 일도, 다시 태어나는 일도 없습니다."(그런데 어떻게 다시 태어나는 것에 대해 묻는 것이오?)

샤리푸트라가 물었다.

"천녀여, 얼마나 지나서 당신은 깨달음에 도달하는 겁니까?"

천녀가 대답했다.

"대덕이여, 당신이 만일에 범부(凡夫)의 성질을 몸에 지니게 된다면, 그때 저도 깨닫게 될 것입니다."

샤리푸트라가 말했다.

"천녀여, 저처럼 번뇌를 끊어 버린 아라한이 범부의 성질을 지니게 되는 일은 없습니다."

천녀가 대답했다.

"그와 마찬가지로 저도 깨닫게 되는 일은 있을 리 없습니다. 왜냐하면 깨달음이란 것은 기저(基底)가 없는 곳에 있기 때문입니다. 그런 까닭에 기저가 없는 곳에는 누구라 하더라도 깨달을 수는 없습니다."

샤리푸트라가 말했다.

"여래의 말에 의하면, 갠지스 강의 모래 수만큼 많은 여래들이, 일찍이 깨달았고 지금도 깨닫고 있고 또 앞으로도 깨닫게 될 것입니다."

천녀가 대답했다.

"대덕이여, 제불이 과거에 있고, 현재에 있고, 미래에 있다고 하는 것은, 문자나 숫자로 표기한 것에 불과합니다. 제불은 과거에도 없고 미래와 현재에도 없고, 깨달음은 세 가지 시간을 초월한 것입니다. 당신은 아라한으로서의 지위를 얻은 것입니까?"

샤리푸트라가 대답했다.

"얻는 바가 없다고 하는 것에 의해 얻었습니다."

천녀가 말했다.

"그와 마찬가지로 깨달음은 끝이 없다고 하는 것에 의해 깨닫는 것입니다."

그때 비말라키르티가 샤리푸트라에게 말하였다.

"대덕이여, 이 천녀는 92억의 모든 부처께 공양하며, 보살의 신통력을 마음대로 쓰면서, 지혜와 자비를 갖추고, 모든 소원을 다 빠짐없이 충족하고, 무생법인(無生法忍 : 불생불멸을 인정함)에 투철하여, 보리를 향한 길에서 물러섬이 없는 경지에 이르렀습니다. 그 본원력(本願力) 덕분에 그 모습을 마음대로 바꾸어 가며 중생을 성숙케 하려고 힘쓰고 있는 것입니다."

8 여래의 가계(家系)

보살의 도

그때 문수사리가 비말라키르티에게 물었다.

"좋은 집안의 아들이여, 보살은 어떻게 해야 불도(佛道)에 통달하게 됩니까?"

비말라키르티가 대답했다.

"문수사리여, 보살이 길이 아닌 길을 간다면 불도에 통달하게 됩니다."

문수사리가 또 물었다.

"어떻게 보살이 길 아닌 길을 갑니까?"

비말라키르티가 대답했다.

"만약 보살이 다섯 무간죄(無間罪)를 짓더라도, 악의(惡意)나 해치고자 하는 마음과 미워하는 마음이 없는 것입니다.

보살이 지옥에 가는 일이 있더라도, 죄나 잘못이 전혀 없는 것입니다. 만약에 보살이 축생도에 가더라도, 무명이나 교만 등의 잘못이 없는 것입니다. 만약에 보살이 아귀도에 가더라도, 온갖 공덕을 빠짐없이 충족하는 것입니다. 만약에 보살이 (욕계를 벗어나) 색계, 무색계의 길에 가더라도 잘났다 하지 않는 것입니다.

탐욕을 부리는 것 같은 모습을 보이더라도, 애욕에 물들거나 집착에 사로잡혀 있지 않는 것입니다. 마음으로 성을 내고 있는 것 같은 모습을 보이더라도, 모든 중생을 적개심이나 증오심으로 대하는 것은 아닙니다. 바보 천치같이 보이지만, 지혜로써 그 자신의 마음을 고르게 하고 있는 것입니다. 인색하고 탐욕한 것같이 보이지만, 자기가 가진 모든 것을 버리고 신명(身命)을 아끼지 않는 것입니다. 부도덕한 듯 보이지만, 정계(淨戒)에 안주하고 작은 죄에도 크게 조심을 합니다. 참을성 없고 화를 잘 내는 것같이 보여도, 항상 인자하고 관대한 것입니다. 의욕이 없고 게으른 듯 보이지만, 부지런히 공덕을 닦는 것입니다. 마음이 산란한 것같이 보이지만, 항상 바로 생각하고 마음을 안정시키고 있는 것입니다. 어리석은 듯한 모습을 보이지만, 세간과 출세간의 지혜에 통달해 있는 것입니다. 아첨·비굴함·거짓 등의 모습을 보이지만, 보살은 포교 방편으로 모든 경의 뜻을 따라 교화하는 것입니다. 보살은 교만하게 행동하기도 하지만, 중생들에게는 마치 강을 건너게 해주는 다리와 같은 존재입니다. 보살은 갖가지 번뇌를 일으키는 것 같은 행위를 하지만, 항상 마음이 청정한 것입니다. 보살은 마라(Māra)의 길을 따라가는 것 같은 모습을 보이기도 하나, 부처님 지혜에 순순히 따르고 있으며, 결코 다른 사람의 가르침을 따라가고 있지 않습니다. 보살은 성문들 속에 들어가는 듯 보이기도 하나, 중생들을 위해 일찍이 듣지 못한 법을 설하십니다. 보살은 벽지불들 속에 들어가는 듯 할 때도 있지만, 대비를 성취하고 중생을 교화합니다.

보살은 빈궁한 사람들 속에 들어가나, 그들에게 그 보배로운 손으로 무궁무진한 공덕을 베풉니다. 보살은 때로 지체장애자들이 가는 길을 따라가기도 하나, 그는 모든 상호를 다 갖추고 스스로 장엄한 모습을 지킵니다. 보살은 미천한 사람들 속에 낄 때가 있으나, 그는 부처님 가계(家系 : 種姓) 중에 태어나 갖가지 공덕을 갖추는 것입니다. 보살은 연약하고 추하고 비참한 사람들 속에 들어가기도 하나, 그는 나라연(那羅延)의 몸을 갖고 모든 중생이 즐겨 보는 바가 됩니다. 보살은 늙은이나 병든이들 사이에 들어가 있기도 하나, 그는 영원히 병의 뿌리를 끊었으며 죽음의 공포에서 벗어나 있습니다. 보살은 자신 있는 삶의 모습을 보이기도 하나, 그는 항상 무상을 비추어 보고 사실상 아무것도 탐내는 것이 없습니다. 보살은 처와 첩과 채녀(采女) 등이 있음을 보이나, 항상 멀리 오욕의 진흙탕에서 떠나 있습니다. 보살은 말을 더듬으며 머리가 둔한 것 같은 모습을 보이지만, 말재간을 성취하고 총명하여 부처님의 말씀을 외어서 모든 법을 지니고 놓치는 일이 없습니다. 보살은 외도로 중생을 제도하는 것 같이 보일 때도 있으나, 모든 중생을 정법으로 제도하고 있습니다. 보살은 갖가지 세속 생활에 두루 다 들어가는 것 같은 모습을 보이나, 그 인연을 끊고 있습니다. 보살은 열반에 든 모습을 나타내지만, 생사를 끊지 않고 있습니다.

문수사리여, 보살이 능히 이처럼 도(道) 이외의 것을 행할 수 있으면 이를 곧 '통달 불도'라 하는 것입니다."

여래의 가계

그때, 비말라키르티가 문수사리에게 물었다.

"여래의 가계(家系)란 어떤 것입니까?"

문수사리가 대답했다.

"좋은 집안의 아들이여, 그릇된 개아의 관념을 낳는 몸이 '여래의 가계'입니다. 무명(無明)도 존재에 애착하는 것도 그의 가계입니다. 탐욕·노여움·어리석음이 가계입니다. 네 가지 도착(倒錯)*[101]도 오개(五蓋)*[102]도 가계입니다.

---

*101 무상(無常)·고(苦)·무아(無我)·부정(不淨)을 상(常)·악(樂)·아(我)·정(淨)이라고 생각하는, 네 가지 미망(迷妄).
*102 탐욕·노여움·마음의 잠듦·마음의 교만과 후회·의심 등 다섯 가지 번뇌.

여섯 가지 인식의 장소가 가계이고, 일곱 가지 식주(識住)*103가 가계입니다. 여덟 가지 사도(邪道 : 八正道의 逆)*104가 가계이고, 아홉 가지 부처의 고민(九惱事)*105이 가계이며, 열 개의 불선업도(不善業道)가 가계입니다.

좋은 집안의 아들이여, 이런 것들을 '여래의 가계'라고 하는 것으로, 결국 육십이견(六十二見)과 일체의 번뇌가 여래의 가계에 속합니다."

비말라키르티가 물었다.

"무슨 생각으로 그같이 말씀하시는 겁니까?"

문수사리가 대답했다.

"좋은 집안의 아들이여, 무위(無爲)를 봄으로써 이미 궁극의 결정에 이른 *106 사람은, 아뇩다라삼먁삼보리심을 발하지 못합니다. 그와는 반대로, 번뇌의 창고인 유위(有爲) 속에 몸을 두고, 아직 진리를 보지 못한 사람이야말로 무상의 깨달음을 향해 발심할 수 있습니다.

좋은 집안의 아들이여, 예를 들면, 건조한 고원의 척박한 땅에서는 백련과 같은 향기 높은 꽃은 피지 않습니다. 그것이 피는 곳은 진흙과 물 속의 습한 곳입니다. 그와 마찬가지로 무위의 궁극성을 얻은 사람에게는 불법은 생겨나지 않습니다. 그것은, 번뇌의 진흙과 물 속의 습한 것과 같은 사람에게서 생기는 것입니다. 또 예를 들면, 씨는 공중에서는 나지 않고 땅 속에 두어야만 합니다. 그와 마찬가지로 무위를 궁극으로서 얻은 사람들에게는 불법은 생장하지 않습니다. 수미산과 같은 높고 거만한 아견(我見 : 내가 있다고 하

---

*103 윤회해서 그곳에 바뀌어 태어나고 싶다고 바라는 일곱 가지 장소.

*104 사견(邪見)・사사(邪思)・사어(邪語)・사업(邪業)・사명(邪命)・사정진(邪精進)・사념(邪念)・사정(邪定)의 여덟 가지로, 팔정도의 반대.

*105 부처도 피할 수 없었던 아홉 가지 고민거리. 육년고행(六年苦行), 손다리방(孫陀利謗, 孫陀利女의 비방), 목창(木槍, 걸식 때 목창에 의해 발을 다쳤다), 마맥(馬麥, 말사료를 먹는 일이 몇 달씩이나 되는 부득이한 일이 있었다), 유리왕살석종(流離王殺釋種, 샤키아족이 유리왕에 의해 살해되었다), 식공발(食空鉢, 먹거리를 구할 때 한 가지 물건도 얻지 못한 일이 있었다), 전다녀방(旃荼女謗, 부처의 아이를 가졌다는 전다녀의 비방을 들었다), 조달퇴산(調達推山, 제바달다 때문에 바위가 굴러떨어져 발에 상처가 생겼음), 한풍삭의(寒風索衣, 동지 전후 여드레 밤에 걸쳐 세 벌의 옷만을 갖고 한풍을 견디어야 했음.)

*106 한역에서는 '정성이생(正性離生)'이라고 한다. 성문(聲聞)・독각(獨覺)의 소승의 깨달음을 말하여 번뇌를 끊고 견도(見道)에 들어가, 범부가 아닌 성자(聖者)로 된 상태, 번뇌가 없고 또 소승의 깨달음의 결정성을 얻고 있으므로, 대승의 '무상완전한 깨달음'에 대해 발심할 수 없게 되어 있다.

는 그릇된 믿음)을 일으키고, 그리고 깨달음에 대해 발심할 때, 거기에서 불법은 생장하는 것입니다. 이렇게 생각함으로써, 모든 번뇌는 여래의 가계에 속하는 것으로 알아야 됩니다. 예를 들면, 큰 바다를 건너지 않으면 값어치를 매길 수 없는 신기한 보물을 얻을 수는 없습니다. 그것과 마찬가지로 번뇌의 큰 바다를 지나지 않고서는 일체지(一切知)라는 보배를 얻지 못하는 것입니다."

대가섭의 술회

그때 장로인 마하가섭(대가섭)이 문수사리에게 찬성의 뜻을 펴며 말했다.

"대단히 훌륭합니다. 문수사리여, 그 말은 훌륭하고 바른 것입니다. 참으로 번뇌야말로 여래의 가계에 속하는 것입니다. 우리들과 같은 사람이 어떻게 깨달음을 향해 발심하고, 또는 불법을 깨달을 수가 있겠습니까. 참으로 다섯 무간죄가 있는 사람이야말로 발심도 할 수 있고 불법도 깨달을 수 있는 것입니다.

예를 들면, 오욕을 일으키는 육근이 다 썩은 사람에게는 훌륭한 오관(五官)의 욕락(欲樂)도 효과가 없어 작용을 하지 않습니다. 그와 마찬가지로 일체의 번뇌(結使)를 끊어 버린 성문(聲聞)에게는 모든 불법도 효과가 없고 작용이 없어 불법을 발견할 수 없습니다.

문수사리여, 그런 까닭에 범부들이 여래의 은혜를 아는 것과 반대로 성문들은 그것을 알지 못합니다. 어째서냐 하면, 범부는 부처의 덕을 듣고, 삼보(三寶)의 가계를 끊지 않기 위해 무상의 바른 깨달음을 향해 발심합니다. 그것에 반해, 성문은 비록 십력(十力)이라든가 사무외(四無畏)라든가 하는 부처의 덕을 일생 동안 들었다고 하더라도 무상의 바른 깨달음에 대해 발심할 능력이 없기 때문입니다."

보살의 가족

그때, 이 모임에는 '보현색신(普現色身 : 온갖 모양을 나타내는 사람)'이라고 불리는 보살이 있었다. 그가 비말라키르티에게 물었다.

"가장이여, 당신의 부모와 처자와 하인 하녀와 가령(家令)과 고용인은 어디에 있습니까. 친구와 친척과 친족은 어디에 있습니까. 시자(侍者)와 말(馬)·상

(象)·차(車)·보(步) 등 네 부대와 타는 물건들은 어디에 있습니까?"

이렇게 질문을 받고, 비말라키르티는 이 보살에게 다음과 같이 게송(偈頌)으로 대답했다.

(1) 모든 보살에게는 지혜의 바라밀다가 어머니
방편의 교묘함이 아버지
세상의 지도자인 보살은
그 부모 사이에서 태어난다

(2) 법을 기뻐하는 것이 보살의 아내요
사랑과 슬픔은 여자아이
법과 두 진실(二諦)은 사내아이
공성(空性)에 대한 생각이 그의 집이다

(3) 모든 번뇌는 생각대로 부릴 수 있는 제자요
보살은 그들을 다스려 간다
친구는 깨달음에 이르는 지분(支分 : 七覺支)이며
그것에 의해 훌륭한 깨달음에 도달한다

(4) 언제나 사귀는 반려(伴侶)는 여섯 바라밀다
사섭사(四攝事)는 그 집의 여자들로서
그녀들의 노래함은 곧 법을 설함이니
이로써 그들의 기쁨 즐거움 삼네

(5) 모든 다라니가 원림(園林)이며
깨달음에 이르는 지분은 꽃으로서 핀다
그 열매는 해탈의 앎
법의 거대한 재산이 줄기로 된다

(6) 팔해탈(八解脫)*107은 그들이 목욕하는 연못
거기에는 삼매(三昧)의 물이 넘치고 있다
일곱 가지 깨끗한 연꽃*108이 수면을 덮어
그곳에 목욕하여 더러움을 없앤다

(7) 신통력은 보살의 수레
대승은 그들의 수레요
이를 끄는 마부는 보리심(菩提心)이며
여덟으로 나뉜 올바른 길을 달려간다

(8) 그의 꾸밈은 곧 삼십이상(三十二相)으로 장엄하고
팔십종호(八十種好)로 장식했다
참괴(慚愧)하는 마음 예복삼아 입었고
심오한 결심 관모삼아 썼다

(9) 그들은 훌륭한 법이라는 부(富)를 갖고
그것을 쓰는 것은 곧 설법이다
깨끗하게 힘쓰는 것은 설법이다
깨끗하게 힘쓰는 것이 그 부로부터 오는 큰 이윤이며
깨달음으로 그것이 회향(回向)된다

(10) 네 가지 선정(禪定)이 침상이며
때묻지 않은 생활의 이불이 그것을 덮는다
잠이 깨는 것은 여러 가지 앎
그리고 항상 법을 들으면서 마음을 집중한다

(11) 그들은 불사(不死 : 不死法)를 음식으로 삼고
마시는 것은 해탈의 맛을 지니고 있다

---

*107 여덟 가지 좋지 않은 것을 버리는 것.
*108 일곱 가지 청정한 수행(戒·心·見·疑·分別·斷知見·涅槃)을 꽃에 비유한다.

깨끗한 의욕을 가지고 목욕을 하고
바르는 향수는 계율이다.

(12) 번뇌의 적을 쳐부순 보살은
아무도 이길 수 없는 불패의 용자이다
사마(四魔 : 五蘊·煩惱·死·天)를 모두 제압하고
깨달음(菩提)의 자리에 승리의 깃발이 세워진다

(13) 마음대로 태어나는 것을 사람들에게 보이지만
그러나 실제로는 생(生)도 기(起)도 없다
널리 불국토(佛國土)를 빛나게 하는 것은
마치 떠오르는 태양과 같다

(14) 지도자에게 알맞는 온갖 공양의 물건으로써
몇 억이나 되는 부처에게 공양한다
그러나 결코 자기들과 모든 부처 사이에
구별이 있다고는 생각하지 않는다

(15) 사람들의 이익을 위해서는
사람들에게 알맞는 불국토를 건설한다
그러나 실제로는 국토도 허공 같은 것이라고 알고
중생도 실재하는 중생으로서 생각하지 않는다

(16) 이 세상 모든 중생들의
형상과 내는 소리와 동작들 그 모든 것을
두려워하지 않는 모든 보살은
한순간에 눈이 나타내 보인다

(17) 보살들은 마귀가 하는 짓을 다 알고 있으면서도
그들은 마귀를 따르는 듯한 행동을 한다

방편의 피안(彼岸)에 도달해 있는 그들은
마음대로 방편을 써 교화하고 있을 뿐이다

(18) 또는 늙은이, 병든이, 죽은 사람의 모습을 보이기도 하지만
모두 다 중생을 성취하고자 할 따름
모든 것 다 환화(幻化)와 같음을 투철히 알고
걸림이 없이 모든 일에 통달(通達)해 있다

(19) 또는 겁(劫)*[109]의 다함이 있음을 나타내기 위하여

---

*109 장시(長時)라고 옮김. 아주 긴 시간을 말한다.

① 겁을 거듭하는 광원(曠遠)한 시간을 광겁(曠劫)·영겁(永劫)·조재영겁(兆載永劫)이라고
도 한다. 조도 재도 아주 많다는 것을 뜻함.

② 개자겁(芥子劫) : 개자씨를 가득 채우고 100년마다 한 알씩 꺼내서 그 전부를 다 꺼내
도 겁은 다 하지 않는다는 데서 나온 말.

③ 반석겁(盤石劫) : 40리 사방의 돌을 100년에 한 번씩 엷은 옷으로 스친다. 그래서 마침
내 돌이 다 닳더라도 겁은 다 하지 않는다는 데서 나온 말.

④ 진점겁(塵点劫) : 두 가지 설이 있다.

1) 삼천대천세계(三千大千世界)의 모든 물건을 갈아서 먹즙으로 만들고 일천국토를 지나
갈 때마다 점을 찍는다. 그래서 먹즙이 다 없어진 다음 그 지나온 국토를 다 가루로 만들
어, 그 티끌 하나를 1겁으로 하고 계산한 겁 수를 삼천진점겁(三千塵点劫)이라 한다.

2) 오백천만억 나유타 아승기(五百千萬億 那由他 阿僧祇, 아주 큰 수를 말한다)의 삼천대
천세계를 깨뜨려 미진(微塵)으로 만들어, 같은 수의 국토를 지날 때마다 하나씩 떨어뜨린
다. 그 미진이 다 했을 때, 그 때까지 지나온 국토를 또 다시 미진으로 분쇄하여 일진(一
塵)을 일겁으로 삼고 헤아린 겁 수를 오백진점겁이라 부른다.

둘 다 《법화경(法華經)》에 나와 있는 비유이다.

⑤ 성(成)·주(住)·괴(壞)·공(空)의 사겁(四劫) : 인수 무량세(人壽無量歲)로부터 점차 차례
로 줄어서(후세의 해석으로는 1백 년마다 한살 씩 줄어서) 10살이 될 때까지가 일중겁(一
中劫), 다시 1백 년마다 한 살씩 늘어서 8만 살이 되고, 또 줄어서 10살이 되는 기간이 일
중겁. 이와 같은 일을 18회 반복하여 18중겁, 최후로 10살에서 늘어나 8만 살이 되는 일
중겁, 이렇게 해서 되는 20중겁은 세계가 생긴대로의 모습을 가지고 있는 기간으로 이를
주겁(住劫)이라 한다.

또 인수(人壽)가 줄고 있는 기간을 감겁(減劫), 인수가 늘고 있는 기간을 증겁(增劫)이라
고 하며, 증겁에는 수량(壽量)·유정(有情)·자구(資具)·선품(善品)의 네 가지도 증성(增盛)
한다고 한다.

주겁(住劫) 다음에 세계가 파괴되고 있는 기간을 괴겁(壞劫), 다음에 공무(空無)인 상태로
계속되는 기간을 공겁(空劫), 다음에 세계가 만들어지고 있는 기간을 성겁(成劫), 그 초기
(初期)를 겁초(劫初)라고 한다.

천지(天地)를 붉게 물들여 불태우는 일이 있으나
그것은 모든 것 영원한 줄 아는 사람들에게
무상(無常)의 도리를 확실히 알게 하고자 함이다

(20) 무수억(無數億)에 달하는 중생들이
함께 와 보살을 청할 때에는
동시에 그 각자들 집으로 가서 대접을 받고
제도를 하고 불도(佛道)로 향(向)하도록 한다

(21) 경서(經書)든 주술서(呪術書)든 그 밖의
각종 기술에 관한 책이든
이 모든 일에 다 능해
모든 중생에게 이익을 준다

(22) 세상의 갖가지 종교의 길 어디에서나
그들은 출가 승려가 되어
사람들의 미혹을 풀어 주고
사견에 떨어지지 않게 한다

(23) 또는 달이 되고 해가 되고 하늘이 되고 제석천이 되고
범왕(梵王)이 되고 세계(世界)의 주(主)가 되고
또 때로는 흙이 되고 물이 되고
또 때로는 바람이 되고 불이 된다

(24) [질병의 중겁]*¹¹⁰ 동안에는

---

*110 중겁(中劫). 불교 경전 가운데 《기세인본경(起世人本經)》이라는 경전이 있다. 줄여서 《기세
경(起世經)》이라고도 일컫는 이 경전은 삼천대천 세계의 성립과 멸망에 대하여 논한 경전
으로, 10권 12품으로 이루어져 있다. '질병(疾病)의 중겁(中劫)'은 달리 질역겁(疾疫劫 : 질
병, 곧 전염병이 기승을 부리는 시간)이라고도 일컬으며, 10권 12품 가운데 10번째 품인 겁
주품(劫主品)에 나오는 3가지 중겁들(질역겁 · 기근겁 · 도병겁) 가운데 하나이다.

약초가 되어 나타난다
그리하여 이 약초를 달여 마심으로써
갖가지 독을 지우고 병을 고친다

⒅ [기근의 중겁]*¹¹¹ 동안에는
보살이 음식물로 바뀌어 나타난다
먼저 그들의 굶주림 목마름을 가시게 하고
다음에 법(法)에 관하여 사람들에게 말을 건넨다

⒆ [무기의 중겁]*¹¹² 동안에는
그곳 사람들에게 인자한 마음을 일으켜
그곳 중생들을 교화하여
그들로 하여금 싸움없는 곳
싸움이 없는 땅에서 살 수 있게끔 한다

⒇ 큰 전쟁을 화해로 이끄는 한복판에서는
그들은 어느 쪽에도 평등하다
큰 힘을 가진 보살들은 화평을 실현하여
함께 결속되는 것을 기뻐하기 때문이다

⒇ 생각할 수 없을 정도의 많은 모든 불국토와
지옥까지도 사람들을 이롭게 하기 위해서는
보살은 서슴지 않고 그곳으로 나아가
자기 생각에 따라 구제하기를 다한다

⒇ 일체 국토 중에는
축생이 서로 물고 뜯는 곳이 있기 마련이나
보살은 그 속에 가서 태어나

---

*111 饑饉의 中劫=기근겁(饑饉劫 : 굶주림에 허덕이는 시간, 흉년)
*112 武器의 中劫=도병겁(刀兵劫 : 무기가 기승을 부리는 시간, 전쟁)

그들을 이롭게 한다

(30) 애욕의 향락에 빠진 듯 보이나
동시에 선정자(禪定者)에 대해서는 선정을 나타낸다
즉 마귀를 제압하여
마귀가 엿볼 틈을 주지 않는다

(31) 불 속에서 연꽃이 생긴다고 말하는 것은
불도 연꽃도 함께 실재가 아니란*[113] 것을 보여 주고 있다
그와 마찬가지로 애욕과 함께 선정을 행하는 것도
그 둘이 실재하는 것이 아니란 것을 보여 주고 있다

(32) 또 마음대로 음탕한 계집도 된다
그것은 사내들을 끌어당기기 위해서이며
애욕의 갈구리로 유인하여
그들을 부처의 앎 속에 둔다.

(33) 사람들을 이롭게 하기 위해서는
언제라도 촌장(村長)도 되고
대상(隊商)의 대장이 되기도 하고
때로는 국사(國師)·대신(大臣)·총리(總理)으로도 된다

(34) 모든 빈궁한 사람을 위해서는
무진장한 보고(寶庫)가 되어
그들에게 베풀어 주고 권고하여

---

*113 산스크리트어에 따라 "실재(實在)하는 것이 아니다"(abhūta)로 읽었다. 그러나 한역(漢譯)은
"불 속에서 연화(蓮華=蓮花, 연꽃)가 피어나는 것이 드물다고 일컬을 수 있듯이, 애욕 속
에서 선정을 행하는 것 또한 이처럼 드물다"(火中生蓮華, 是可謂稀有, 在欲而行禪, 稀有亦
如是)라고 옮기고 있다. 실재하지 않는 것과 드문 것은 의미에 차이가 있으며, 문맥으로
보더라도 한역이 자연스럽다.

보리심을 발하게 하기도 한다

(35) 아상(我相)이 많고 교만한 자에게는
대역사(大力士)가 되어 나타나
갖가지 거드름 갖가지 자만을 꺾고
무상도(無上道)에 머무르게끔 한다

(36) 무서워 떨고 있는 사람들을 마주하면
언제나 그의 앞에 선다
그들에게 안심을 주고
이윽고 깨달음을 향해 성숙시킨다

(37) 또는 온갖 욕심을 끊고
다섯 가지 신통력(神通力)을 갖춘 선인(仙人)이 되어
보살은 모든 중생들을 개도(開導)하여
계(戒)와 인(忍)과 자(慈)에 머무르게끔 한다

(38) 만일 여기에 또 시중드는 것을 중시하는 사람들을 보게 되면
그들 두려움이 없는 보살들은
그의 하인이 되기도 하고
또는 제자가 되어 시중든다

(39) 한 중생이 불도에 들어갈 때
필요한 것이 있다면 그것이 무엇이든지
그것을 따라 포교 방편의 힘으로
모두 다 마련해 주는 자가 바로 보살이다

(40) 그들의 배우는 것은 무한하며
그 대상도 무한하다
무한한 앎을 완성하여

사람들을 무한으로 해탈시킨다.

(41) 그들의 공덕은 무한하니
가령 일체의 부처님들이 무량억 겁에 걸쳐
그 공덕을 찬탄해도
아직 다함이 없으리라

(42) 지혜가 천박한 저열한 인간이 아니고
영리한 사람이라면
누가 이 법을 듣고
높은 깨달음을 바라지 않겠는가."

9 불이법문에 들어간다

보살의 불이문
그때 비말라키르티는 여러 보살들에게 이렇게 말했다.
"고귀하신 분들이여, 보살이 불이(不二 : 대승. 본체와 현상은 제각기 다른 것이
아님)에 들어가는 법문(法門)에 대해서 각자가 즐겨하는 대로 설명해 주시기
바랍니다."

회중에 법자재(法自在 : 존재의 세계에서 자기를 자유롭게 變現한다)라고 불리는
보살이 있었다. 그는 다음과 같이 말했다.
"좋은 집안의 아들이여, 생겨나고 없어짐이 둘입니다. 그런데 생겨나는 일
도 없고 일어나는 일도 없는 경우에는, 없어지는 일은 전혀 없습니다. '법은
무생이라는 확신(無生法忍)을 얻는 것'이 불이에 들어가는 것입니다."

길상밀(吉祥密 : 상서로운 조짐의 비밀, 또는 길상한 수호)보살이 말했다.
"내가 있고 내것이 있다고 하는, 이것이 둘입니다. '나'를 공연히 구상(構想)
하는 일이 없으므로 '내것'은 없게 됩니다. '공연히 구상하는 일이 없는 것'

이 불이에 들어가는 것입니다."

길상봉(吉祥峰)보살이 말했다.
"더럽다고 하고 깨끗하다고 하는, 이것이 둘입니다. 만일 더러운 것을 충분히 알게 되면, 깨끗한 것에 대한 망신(妄信)도 없어지게 됩니다. '모든 망신을 깨뜨리는 것, 그리고 그리로 인도하는 길'이 불이에 들어가는 것입니다."

선성(善星)보살이 말했다.
"움직임과 생각이 둘입니다. 움직임이 없고, 따라서 생각이 없게 되면 주의를 모으는 일도 없고, 관련하는 것*¹¹⁴도 없습니다. 관련하는 것이 없는 것이 불이에 들어가는 것입니다."

묘비(妙臂 : 뛰어난 손. 蘇婆呼)보살이 말했다.
"보살의 마음과 성문의 마음, 이것이 둘입니다. 그것들이 헛그림자(幻)의 마음과 같다고 보게 되면, 거기에는 보살의 마음도 없고, 성문의 마음도 없습니다. 마음의 모습이 같은 것, 이것이 불이에 들어가는 것입니다."

무순(無瞬 : 눈을 깜작이지 않는)보살이 말했다.
"취(取)하는 것과 취하지 않는 것이 곧 둘입니다. 취하지 않는다는 것은 인식하지 않는 것으로서 인식하지 않을 때는, 거기에 판단해서 취하는 일도 없고 없애 버리는 일도 없습니다. 모든 존재에 대해 만들지도 않고 작용도 하지 않는, 이것이 불이에 들어가는 것입니다."

선안(善眼)보살이 말했다.
"일상(一相)이라 말하고 무상(無相)이라 말하는 것이 둘입니다. 판단을 그만두고 분별을 그만두게 되면, 그것은 일상이라고도 하지 않고, 무상이라고도 하지 않게 될 것입니다. 어느 상(相)과 다른 상을 볼 때 상은 평등하다고 깨달으면, 그것이 불이에 들어가는 것입니다."

＊114 '관련하는 것'(adhikāra)은 자주 '공양·봉사'의 뜻으로 쓰이고 있는데, 또 '특별한 관심을 갖는 것'의 뜻인지도 모른다.

티슈야(별자리 이름, 또는 사람 이름)보살이 말했다.

"선과 악이 둘입니다. 선과 악을 탐구하지 말고 특질(特質 : 因相)도 무특질(無特質 : 無因相)도 다르지 않다고 알면, 그것이 불이에 들어가는 것입니다."

사자후(獅子吼)보살이 말했다.

"잘못이 있다, 없다라고 하는 것이 둘입니다. 다른 것을 깨뜨릴 수 있는 금강(金剛)과 같은 앎을 가지고, 속박도 없고 해탈도 없다고 알게 되면, 이것이 불이에 들어가는 것입니다."

사자혜(獅子慧)보살이 말했다.

"이것에는 번뇌가 있고(有漏), 저것에는 번뇌가 없다(無漏)라고 하는 것이 둘입니다. 평등성을 가지고 존재를 알고, 번뇌·무번뇌의 관념이 없는 동시에 또한 관념이 없는 것도 아니며, 평등성이라는 관점에서 볼 때 평등성을 얻은 것도 없이 그 관념의 묶임이 풀린다고 이해하게 되면, 이것이 불이에 들어가는 것입니다."

신락(信樂)보살이 말했다.

"이것은 행복, 이것은 불행이라고 하는 것이 둘입니다. 지식이 아주 청정하기 때문에 모든 가치를 떠나 있고 지혜가 허공처럼 막히는 일이 없으면, 이것이 불이에 들어가는 것입니다."

나라연(那羅延 : 불법을 지키는)보살이 말했다.

"이것은 세간(世間)과 출세간(出世間)이 둘입니다. 그러나 세간의 본성이 공인 경우, 거기에는 아무것도 거기에서 나오는 일도 거기로 들어가는 일도 없으며, 가는 일도 가지 않는 일도 없습니다. 나오는 일도 없고 들어가는 일도 없는, 가는 일도 없고 가지 않는 일도 없으면, 이것이 불이에 들어가는 것입니다."

조복혜(調伏慧 : 지혜가 훈련되어 있는)보살이 말했다.

"윤회와 열반이라고 하는 것이 둘입니다. 윤회의 본질을 뚫어봄으로써 이

제는 윤회하지도 않고, 따라서 열반에도 들어가지 않는다, 라고 이해하는 것
이 불이에 들어가는 것입니다."

현견(現見 : 똑똑히 보는)보살이 말했다.
"다한다(盡), 다하지 않는다(不盡)라고 하는 것이 둘입니다. 그런데 다한다
는 것은 철저하게 다하는 것이며, 철저하게 다하는 것은 그 이상 다할 것이
없으므로 다하지 않는다고 말하게 됩니다. 또 다하지 않는 것(玄奘이 옮긴 본
에는 다하는 것)은 찰나 같은 것(즉 空性)으로, 찰나 같은 것에는 다하는 일도
없고 따라서 다하지 않는 일도 없다, 라고 이해하는 것이 불이의 법문에 들
어가는 것입니다."

보밀(普密 : 두루 숨겨진 또는 두루 수호된)보살이 말했다.
"유아(有我)와 무아(無我)라고 하는 것이 둘입니다. '나'의 본질을 알지 못하
는데, 어떻게 '내가 없다'고 할 수 있겠습니까. 그 둘의 본질을 보는 것에 의
해 무이(無二)로 되는 것이 불이에 들어가는 것입니다."

전광신(電光神)보살이 말했다.
"지(知 : 明)와 무지(無知 : 無明)가 둘입니다. '지'는 본질적으로 무지와 다름
이 없다. 무지라고 하는 것은 예측할 수 없는 것, 헤아릴 수 없는 것, 계량의
길을 넘은 것이다, 라고 이해하는 것이 불이에 들어가는 것입니다."

희견(喜見 : 親愛로써 보는)보살이 말했다.
"색(色)과 공(空)이 둘입니다. 색은 그대로 공으로서, 색이 없어져서 공이 되
는 것은 아니며, 색이 본성으로서 공인 것입니다. 마찬가지로 감수(感受)·관
념·형성력·식지(識知)라 말하고, 공성이라 말하는 것이 둘입니다. 식지가 그
대로 공성인 것으로 식지가 없어져서 공이 되는 것이 아니고, 식지의 본성
이 공인 것입니다. 이 경우, 집적된 오온(五蘊)에 관해서, 위에 말한 것과 같이
앎을 가지고 알게 되는 것이 불이에 들어가는 것입니다."

광당(光幢)보살이 말했다.

"사계(四界 : 地·水·火·風)와 허공계(處空界)가 따로따로라고 하는 것이 둘입니다. 사계는 허공계를 본성으로 하여 과거도 허공계의 본성이고, 미래도 현재도 허공계를 본성으로 합니다. 이와 같이 계(界 : 五界)를 이해하는 것이 불이에 들어가는 것입니다."

묘혜(妙慧)보살이 말했다.
"눈과 눈에 보이는 색(色 : 色彩와 形態)이 둘입니다. 눈을 다 앎으로써 색에 애착하지 않고, 노여워하지 않고, 무지(無知)하지 않는 것을 적정(寂靜)이라 불립니다. 마찬가지로 귀와 소리, 코와 냄새, 혀와 맛, 몸과 감촉, 마음과 법은 둘입니다. 마음을 다 알아 법에 집착하지 않고 노여워하지 않고, 무지하지 않는 것이 적정이라 불립니다. 이와 같이 적정인 것이 불이에 들어가는 것입니다."

무진혜(無盡慧)보살이 말했다.
"보시(布施)와 일체지(一切知)로 회향(廻向)하는 것이 둘입니다. 그러나 보시의 본질은 일체지이며, 일체지의 본질은 보시와 같은 것입니다. 마찬가지로 지계·인욕, 정진·선정·지혜와 일체지로 회향하는 것이 둘입니다. 그러나 일체지란 것은 지혜를 본질로 하고, 또 회향은 일체지를 본질로 하는 것입니다. 이 하나의 도리를 아는 것이 불이에 들어가는 것입니다."

심혜(深慧)보살이 말했다.
"공성(空性)과 무상(無相), 무원(無願)은 따로따로라고 하는 것이 둘입니다. 그러나 무릇 공성이란 것, 그곳에는 아무런 상(相)도 없고, 상이 없는 곳에는 원(願)도 없고, 원이 없는 곳에는 마음도 뜻도 식지(識知)도 작용하지 않습니다. 이같이 해탈에 이르는 하나의 문*115 속에서 해탈에 이르는 모든 문을 보는 것이 불이에 들어가는 것입니다."

제근적정(諸根寂靜 : 모든 감각이 적정에 든)보살이 말했다.

---

*115 공(空)의 삼매(三昧), 무상(無相)의 삼매(三昧), 무원(無願)의 삼매(三昧)가 각각 해탈에 이르는 문이라고 말한다.

"불(佛)·법(法)·승(僧)을 나누는 것이 둘입니다. 그러나 불의 본성은 법이요, 법의 본성은 승입니다. 그것들은 어느 것이나 무위(無爲)이며, 무위는 허공 같은 것입니다. 모든 존재는 허공 같다고 이해하는 것이 불이에 들어가는 것입니다."

무애안(無碍眼)보살이 말했다.
"몸과 몸의 소멸이라고 하는 것이 둘입니다. 그러나 몸은 그대로 소멸[*116]과 다르지 않습니다. 왜냐하면 몸을 개아(個我)라고 하는 그릇된 관념(觀念 : 有身見)이 실재(實在)하지 않고 성립되지 않을 때, 무엇인가를 보고, 그것이 몸이니 몸이 없어진 것이니 하고 판단할 수는 없습니다. 그것을 판단할 수도 없고 둘을 분별할 수도 없으므로 몸은 없어짐(滅)을 본성으로 하는 것이 됩니다. 이처럼 생겨나는 일도 없고 없어지는 일도 없는 것이 불이에 들어가는 것입니다."

선조복(善調伏)보살이 말했다.
"몸(身)과 말(語)과 마음(心)[*117]의 세 가지에 관한 규제(規制 : 律儀)는 별개의 것이 아닙니다. 왜냐하면 이것들은 무작위(無作爲)라고 하는 성질을 지니기 때문입니다. 몸의 무작위라고 하는 것이 말에 있는 무작위의 성질이며 마음의 무작위의 성질도 됩니다. 모든 것이 무작위라는 것을 알아야 하며, 이같이 무작위라고 하는 것을 아는 것이 불이에 들어가는 것입니다."

복전(福田 : 사람들의 행복의 씨가 뿌려지는 밭) 보살이 말했다.
"공덕과 비공덕(非功德), 그 어느 것도 아닌 세 가지 행위가 행해진다는 것이 둘인 것이고, 공덕과 비공덕, 그 어느 것도 아닌 것과 모두가 무작위라고 하는 것이 불이인 것입니다. 그것들은 모두가 공(空)으로서 공덕도 없고, 비공덕도 없고, 그 어느 것도 아닌 것도 아니고, 작위한다고 하는 것도 없습니

---

* 116 몸(satkāya)은 '실재하는 집적(集積)'이란 뜻인데, 티베트어로는 '소멸될 수 있는 것의 집적'이란 뜻으로 번역되고 있다.
* 117 '신(身)·어(語)·의(意)의 삼업(三業)'이라 말하며, 인간의 모든 행위는 이 세 가지 중 어느 것인가에 속하게 된다.

다. 이처럼 모든 것이 성립되지 않는 것이 불이에 들어가는 것입니다."

화엄(華嚴 : 연꽃으로 꾸며진)보살이 말했다.

"자아(自我)가 일어나는 것에서 나와 나 아닌 둘의 대립이 생깁니다. 자아를 참으로 아는 사람은, 이 둘의 대립을 낳게 하지 않습니다. 이처럼 둘의 무(無) 속에 있을 때, 아는 것도 없고, 알게 되는 것도 없다고 하는 것, 이것이 불이에 들어가는 것입니다."

길상태(吉祥胎 : 德藏·勝藏)보살이 말했다.

"인식에 의해 둘이 대립하고, 인식이 없는 것에 둘은 없습니다. 그런 까닭에 인식의 결과로서 승인하거나 거부하는 일이 없는 것이 불이에 들어가는 것입니다."

월상(月上)보살이 말했다.

"어둠과 밝음이 둘이고, 어둠도 없고 밝음도 없는 것이 무입니다. 왜냐하면 만일 멸진정(滅盡定)에 들어가게 되면, 어둠도 없고 밝음도 없게 될 것입니다. 모든 존재도 그와 마찬가지로서, 그것의 평등성을 알게 되면 그것이 바로 불이에 들어가는 것입니다."

보인수(寶印手)보살이 말했다.

"열반을 기뻐하는 것과, 윤회를 기뻐하지 않는 것이 둘입니다. 열반도 기뻐하지 않고, 윤회도 싫어하지 않으면 그것이 무입니다. 왜냐하면 속박이 있음으로 해서 해탈을 말하게 되는 것인데, 만일 전혀 속박이 없다면 어떻게 거기로부터 해탈을 찾겠습니까. 속박도 없고 해탈도 없는 비구(比丘)는 기뻐하는 것도 아니고 싫어하는 것도 아닙니다. 이것이 불이에 들어가는 것입니다."

주정왕(珠頂王)보살이 말했다.

"바른 길과 틀린 길이라고 하는 것이 둘입니다. 그러나 바른 길에 있는 사람은 벌써 사도(邪道)에는 발을 들여놓지 않으며, 사도에 발을 들여놓지 않는 사람에게는 정도(正道)의 관념도 사도의 관념도 없을 것입니다. 이들 관넘을 알아 버린 때는 둘의 대립되는 앎은 일어나지 않습니다. 이것이 불이에 들어가는 것입니다."

요실(樂實)보살이 말했다.
"진실과 허위가 둘입니다. 그러나 벌써 진실에 이른 사람도 그 진리성(眞理性)을 보는 것은 아닙니다. 하물며 허위를 보는 일이 있겠습니까. 왜냐하면 진리성을 본다는 것은 육안을 가지고 보는 것이 아니고, 지혜의 눈을 가지고 보는 것이며, 그것은 보는 일이 없고 나타나는 일이 없는 형태로 보는 것입니다. 보는 일도 없고 나타나는 일도 없는 이것이 곧 불이에 들어가는 것입니다."

이상과 같이 여러 보살들은 각각 자기의 말을 끝마치고 문수사리에게 질문했다.
"문수사리여, 보살이 불이에 들어간다는 것은 어떤 것입니까?"
문수사리가 대답했다.
"고귀한 선비여, 당신들의 말은 모두 다 좋으나 그러나 당신들이 말한 것은 그것도 또 모두 둘인 것입니다. 일체법에 대하여 말 없이 설하지 않고 제시하는 바도 없고, 무언가 식별하지 않으며 또 갖가지 문답도 않고 가만히 있는 것 이것이 불이에 들어가는 것입니다."
거기에서*118 문수사리는 비말라키르티에게 말했다.
"저희들은 각자의 생각을 말했는데, 당신도 불이의 법문에 대해 뭔가 말해 주었으면 합니다만……."
그때, 비말라키르티는 입을 다물고 한 마디도 말하지 않았다.
그러자 문수사리는 비말라키르티를 칭찬해 말했다.
"참으로 훌륭합니다. 좋은 집안의 아들이여. 이것이야말로 보살이 불이에 들어가는 것으로 거기에는 문자도 없고, 말도 없고, 마음이 작용하는 일도 없습니다."
이같이 입불이법문품(入不二法門品)을 설할 때, 대중들 중 5천의 보살들이

*118 여기에서부터 끝까지가 이 장에서 가장 흥미 깊다고 하는 한 대목이다. 즉 '유마의 일묵(一黙)'이란 것인데, 이것이 가장 오래된 한문 번역인 지겸(支謙)역에는 빠지고 없다.

불이법문에 들어가 모두 법이 무생이라는 확신(無生法忍)을 얻었다.

10 부처의 식사를 얻다

사리불(舍利弗)의 의문
거기에서 장로 샤리푸트라(사리불)는(낮때가 되었는데, 이들 대보살들은 자리에서 일어서려고도 않으므로) 모두 어디에서 점심을 먹는 것일까 하고 생각했다.

비말라키르티는, 샤리푸트라가 생각하고 있는 것을 알고 그에게 말했다.

"대덕 샤리푸트라여, 여래는 팔해탈(八解說)을 말씀하시고 당신은 그것을 행하고 있는데, 법을 들으면서 먹는 것으로 마음이 꽉 차 있으니 어찌된 일입니까. 하지만 조금만 기다리게 되면, 지금까지 먹은 본 적이 없는 그런 식사를 하게 됩니다."

묘향에 차 있는 세계
거기에서 비말라키르티는 삼매(三昧)에 들어가고, 그에 의해 신변(神變)을 행하여 다음과 같은 광경이 이들 보살과 성문(聲聞) 앞에 나타났다.

이 불국토로부터 위쪽으로 향해 42항하사(恒河沙) 수만큼의 불국토를 지나, 일체묘향(一切妙香 : 모든 향기 중에서 가장 좋은 향기)이라고 불리는 세계가 있다. 현재 거기에는 최상향대(最上香臺 : 훌륭한 향기의 봉우리. 香積佛)라고 불리는 여래가 있어, 지금도 날을 보내고 있다. 이 세계에 있는 나무에서는 시방의 불국토 사람들과 신들이 풍기는 그 어느 향내보다도 훨씬 상등인 향기를 풍기고 있다. 이 세계에는 성문이라든가 독각이라고 불리는 이름마저 없고, 그 최상향대여래는, 다만 보살들만의 모임에 대해 설법을 한다. 이 세계에서는 모든 누각(樓閣)이 향기로 되어 있고, 유보장(遊步場)도, 원림(園林)도, 궁전도 모두 향기로 되어 있다. 그 보살들이 먹는 식사의 향기는 무수한 세계로 두루 퍼지는 것이다.

마침 그때, 최상향대여래는 보살들과 함께 식사를 들려 하였다. 거기에는 깊이 대승에 귀의해 있는 여러 천자(天子)들―그들의 이름을 향엄(香嚴)이라고 일컫는다―이 석가세존과 보살의 시중을 들기도 하고 일을 돌봐 주기도 한다. 이와 같이 그 세계에서 석가세존과 보살들이 식사를 하고 있는 광경을 이 모임에 와 있는 모든 사람이 보았다.

식사를 얻다

그때 비말라키르티는 여기에 있는 모든 보살을 향해 물었다.

"당신들 중에 누군가 자진해서 저 불국토에서 식사를 얻어 올 분은 없습니까?"

그러나 문수사리의 신통력이 더해져 있으므로, 아무도 자진해서 가려는 사람이 없었다. 그래서 비말라키르티는 문수사리를 향해 말했다.

"당신과 같이 온 분들이 이 모양이니 부끄러운 생각이 들지 않습니까?"

문수사리가 대답하였다.

"좋은 집 아들이여, 아직 배우지 못한 보살을 업신여겨서는 안 된다고 여래가 말씀하지 않았습니까?"

거기에서 비말라키르티는 그 자리에서 일어나지 않은 채 이들 보살들의 눈앞에 한 사람의 화(化)보살(nirmita bodhisattva 가짜 보살)을 만들어 냈다. 그의 몸은 금빛으로 빛나고 상호(相好)로써 훌륭히 꾸며져 있다. 그것 때문에 거기에 모인 사람들이 어둡게 그늘져 보일 정도로 아름답게 보였다.

이 화보살에게 비말라키르티는 다음과 같이 일렀다.

"좋은 집안의 아들이여, 그대는 위로 향해 가십시오. 그리고 42항하사 수만큼 불국토를 지나가면, 일체묘향이라는 세계가 있고, 거기에 최상향대여래가 지금 식사를 하고 계십니다. 그리로 가서 그 여래에게 예배한 다음 다음과 같이 말씀드리십시오. '리차비의 비말라키르티가, 석가세존의 발 아래에 백 번 천 번 머리를 조아려 예배하며 문안 말씀드립니다. 병환이나 괴로움도 없으시고, 경쾌하고 건강하며 힘도 있고 상쾌하며, 나쁜 곳도 없고 기분 좋게 지내시는지요. 그리고 석가세존께서 드신 식사의 나머지를 저에게 주시기를 원합니다. 그러면 이 사바세계(娑婆世界)*119 가운데 부처의 힘이 널리 퍼지게도 될 것입니다. 저급(低級)한 것을 믿고 있는 중생에게 광대한 것에 대한 믿음을 일으키게도 될 것입니다. 여래의 이름이 널리 알려지게도 될 것입

---

*119 어리석은 중생들이 살고 있는 이 세계를 말한다. 이승. 인토(忍土)

니다'라고."

이렇게 명령을 받은 화보살은 "그렇게 하겠습니다"라고 대답하고 머리 위를 향해 이들 보살들 앞에서 날아갔는데, 보살들에게는 너무도 빠르기 때문에 그 움직여 가는 것이 보이지 않았다.

화보살은 일체묘향 세계에 닿아 최상향대여래의 발 아래에 머리를 조아려 예배하고 다음과 같이 말했다.

"석가세존이시여, 보살인 비말라키르티는 석가세존의 발 아래에 머리를 조아려 예배하고, 석가세존께서 병환이나 괴로움도 없으시고, 경쾌하고 건강하며, 힘도 있고 상쾌하시며, 나쁜 곳도 없고 기분 좋게 지내시는지요 하고 여쭈라 하셨습니다. 또 석가세존의 발 아래에 백 번 천 번 머리를 조아려 예배하고 다음과 같이 말씀드리라 했습니다. '석가세존께서 드신 식사의 나머지를 저에게도 주시기를 바랍니다. 그러면, 이 사바세계도 부처의 힘이 퍼지게 될 것입니다. 저급한 것을 믿고 있는 중생도 장대한 불법을 알고 믿음을 일으키고 부처의 이름도 널리 알려지게 될 것입니다'하고 말씀드리라 하셨습니다."

그때, 최상향대여래의 불국토에 있는 보살들은 이 화보살의 광채에 경이의 눈을 크게 뜨고 석가세존에게 "이같이 위대한 사람은 어디로부터 온 것입니까. 사바세계란 어디에 있는 것입니까. 저급한 것을 믿는다는 것은 어떠한 것입니까?"하는 질문을 했다. 그러자 석가세존은 보살들에게 대답하였다.

"좋은 집안의 아들이여, 이 불국토에서 아래쪽으로 향해 42항하사 수만큼의 불국토를 지나가면 거기에 '사바'라는 세계가 있어, 석가모니로 불리는 그 오탁(五濁)*120의 불국토에서 저급한 것에 믿음을 두는 중생에 대해 법을 설하고 계시다. 거기에는 불가사의 해탈 속에 있는 비말라키르티라는 보살이 있어 보살들에게 설법을 하고 있다. 그는 내 이름이 널리 알려지고 이 세계가 찬미되며 그 안에 있는 보살들의 선근(善根)을 광휘가 있는 것으로 만

---

*120 말세(末世), 악세(惡世)에는 다섯 가지 종류의 오탁(汚濁)이 있다. 말세에 일어나는 재앙과 재난을 뜻하는 겁탁(劫濁), 번뇌에서 헤어 나오지 못하는 번뇌탁(煩惱濁), 사악한 중생이 날뛰는 중생탁(衆生濁), 사악한 사상이 날뛰는 견탁(見濁), 사람의 수명이 줄어드는 명탁(命濁)을 말한다.

드는 것을 목적으로 하여 이 화보살을 파견한 것이다."

보살들은 그래서 이렇게 말했다.

"석가세존이시여, 이 화보살은 이같은 신통과 힘을 갖추고 두려워하는 것이 없습니다. 그것을 만들어 낸 그 보살은 참으로 위대하지 않습니까?"

석가세존이 말했다.

"시방의 모든 불국토에 화보살을 보내고, 그들 화보살이 모든 불국토에서 부처의 하는 일을 완수하는 그 정도로 그 보살은 위대하다."

그리하여 최상향대여래는, 모든 향기가 있는 바리때 안에 모든 향기로 익힌 밥을 담아, 그것을 그 화보살에게 주었다.

그때, 거기에 있는 900만의 보살들도 사바세계로 가려는 생각을 하고 있었다.

"석가세존이시여, 우리들도 사바세계의 석가모니여래를 만나 예배와 공양을 드리고, 또 그 비말라키르티와 그 밖의 보살들도 만나러 가겠습니다."

그 석가세존이 말했다.

"좋은 집안의 아들이여, 지금이 그 정당한 때라고 생각되면 가는 것이 좋다. 다만 그곳의 사람들은 틀림없이 취해서 타락하게 될 터이니 향기를 풍기지 말고 가라. 사바세계의 사람들은 부러워 위축될 것이니, 본래의 모습을 달리하여 가라. 그리고 그 세계로 가거든, 업신여기는 생각과 싫어하는 감정을 일으켜서는 안 된다. 왜냐하면 불국토는 허공의 국토와 같다. 사람들을 성숙시키기 위해서는 제불세존은 모든 참 부처의 경지를 당장 보이지 않기 때문이다."

거기에서 화보살은, 얻은 식사를 손에 들고 그 900만의 보살들과 함께, 부처의 신통력과 비말라키르티의 초인적인 힘에 의해, 한순간 동안에 일체묘향 세계에서 사라져, 리차비의 비말라키르티의 집으로 돌아왔다.

향기 있는 식사

그때 비말라키르티는 먼저의 사자좌와 똑같은 900만의 사자좌를 신통력으로써 만들어서, 그 위에 새로 온 보살들을 앉게 했다. 그 화보살은 음식이 담긴 그 바리때를 비말라키르티에게 건네 주었다.

이리하여 그 음식의 향기는 바이샬리 큰 성에 넘칠 뿐만 아니라 천세계(千

世界)에 이르기까지 향기가 물씬하게 퍼졌다.

바이샬리 성 안의 바라문과 가장들, 그리고 리차비족의 우두머리인 칸드라차트라(月蓋)는, 이 향기를 맡고 일찍이 경험한 일이 없다고 경탄하고 몸도 마음도 깨끗해진 기분이 들어, 8만 4천 명의 리차비 사람들과 함께 비말라키르티의 집으로 찾아왔다. 그들은 그 방에 가득히, 이토록 높게, 이토록 광대한 좌상(座床) 위에, 보살들이 앉아 있는 것을 보고, 두터운 믿음을 일으켜 큰 기쁨을 낳았다. 그리고 이들 대성문과 대보살들에게 그들은 모두 예배하고, 한쪽에 자리를 잡았다. 땅(地 : 地神)에 속해 있는 천자(天子)들과 욕계와 색계에 속해 있는 천자들도, 이 향기에 이끌려 비말라키르티의 집으로 몰려왔다.

그때 비말라키르티는 장로인 샤리푸트라와 대성문들에게 말했다.

"대덕들이여, 여래의 대비(大悲)의 향기로써 익힌 단 이슬맛(甘露味)의 밥을 드십시오. 다만 옹졸한 생각 따위를 일으켜서는 안 됩니다. 그러면 틀림없이 받은 음식이 소화되지 않을 테니까요."

그때, 어떤 성문이 '이렇게 적은 음식을, 이렇게 많은 사람이 어떻게 먹는단 말인가' 하고 생각했다.

이들 성문에게 그 화보살이 말했다.

"장로들이여, 당신들의 용렬한 지혜와 덕을, 여래의 광대한 지혜와 덕과 마찬가지로 생각해서는 안 됩니다. 왜냐하면 설령 사대해(四大海)의 물이 말라버리더라도, 여기에 있는 음식이 다해 없어지는 일은 절대로 없습니다. 일체 중생이 한 겁(劫) 동안 수미산 높이만큼 이 음식을 들었다 해도, 이것이 다하는 일은 없습니다. 어째서냐 하면, 여래가 식사하신 나머지인 그것은 다함이 없는 계율과 지혜와 선정으로 된 것이어서 그것이 다하는 일은 있을 수 없기 때문입니다."

거기서, 모인 사람들은 모두 이 식사에 참여하여 실컷 먹을 수 있었는데도 그 음식은 다하는 일이 없었다. 보살·성문·샤크라·브라흐마·호세신 그 밖의 사람이 이 식사에 참여했는데, 그들은 모든 안락을 가지고 꾸며진 세계에 있는 보살들이 누리는 것과 같은 안락이 몸에 생기는 것을 느꼈다. 또 그들의 털구멍으로부터도 향기가 나와 그것들은 마치 일체묘향 세계에 있는 나무에서 향기가 나는 것과 마찬가지였다.

향기에 의한 설법

비말라키르티는 그때 기분을 바로잡고, 최상향대여래의 불국토에서 온 보살들에게 질문했다.

"좋은 집안의 아들이여, 최상향대여래의 설법은 어떤 것입니까?"

그들이 대답했다.

"그 여래께서는, 문자나 말의 분석에 의해 법을 말하는 것은 아닙니다. 이 끊임없는 향기를 가지고 보살을 단련하는 것입니다. 온갖 향나무 밑에 보살들이 앉는데, 각 나무에서는 어떤 향기가 풍기고 있습니다. 그 향기를 맡자마자, 그들은 '보살의 모든 덕의 창고'라고 부르는 삼매(三昧)를 얻습니다. 이 삼매를 얻으면 곧, 그들 모두는 보살의 덕을 갖추게 됩니다."

사바세계에서의 석가모니불의 설법

이번엔 이들 보살들이 비말라키르티에게 물었다.

"여기에서는 석가모니 세존께서 어떤 설법을 하십니까?"

비말라키르티가 대답했다.

"이곳 중생은 교화하기가 곤란합니다. 힘에 겹게 교화가 곤란한 이들 중생에 대해서는 그들을 가르치는 데 적절히 거칠고 강한 어조의 말을 하게 됩니다. 힘에 겹게 교화가 곤란한 사람을 교화한다는 것은 어떤 것이며, 그것에 적절히 거칠고 강한 말이란 무엇인가 하면 다음과 같은 것입니다. '여기에 지옥이 있다. 이것은 축생(畜生)의 태어남이다. 이것은 야마(死神)의 세계, 이것은 불운한 태어남, 이것은 불구(不具)로서 태어남이다. 이것은 몸의 악한 행위, 이것은 몸의 악한 행위의 갚음, 이것은 입(口)의 악행, 이것은 입의 악행의 갚음, 이것은 마음의 악행, 이것은 마음의 악행의 갚음이다. 이것은 죽이는 것, 이것은 도둑질, 이것은 사음(邪淫), 이것은 거짓, 이것은 두 가지 말, 이것은 욕설, 이것은 농담, 이것은 탐욕, 이것은 진에(瞋恚 : 노염. 자기 의사에 어그러짐에 성을 냄), 이것은 그릇된 생각, 이것은 그것들의 갚음이다. 이것은 인색, 이것은 그 결과이다. 이것은 파계, 이것은 노여움, 이것은 게으름, 이것은 게으름의 결과이다.*121 이것은 그릇된 지혜, 이것은 그 결과이다. 이것은 배

---

*121 이 다음에, 한역과 마찬가지로 선정 바라밀다와 관련해서 '마음의 산란과 그 결과'가 나와 있어야 할 것이다.

위야 할 조목(學處)에 반대된다. 이것이 프라티모크샤(波羅提木叉·別解脫·戒本, 戒의 條文을 모은 것)이다. 이것은 해야 하고 이것은 해서는 안 된다. 이것은 적절하다. 이것은 끊어진다. 이것은 장애, 이것은 장애는 아니다. 이것은 죄, 이것은 죄에서 벗어난다. 이것은 길(道)이다. 이것은 나쁜 길이다. 이것은 선, 이것은 선이 아니다. 이것은 죄책을 받아야 할 것, 이것은 죄책을 받지 않는다. 이것은 유루(有漏 : 번뇌에 얽매인 속세의 범부·속인), 이것은 무루이다. 이것은 사도(邪道)요, 이것은 정도(正道)이다. 이것은 유위, 이것은 무위이다. 이것은 세간(世間)이요, 이것은 열반이다······' 이같이 거칠고 강한 말로써 갖가지 설법을 하고, 그에 의해 성난 코끼리나 말과 같은 성질을 안정시키는 것입니다. 예를 들면, 말이 되었든 코끼리가 되었든, 성질이 나쁜 것은 몸의 요소(要所)를 채찍질하든지 하여 조련시킵니다. 마찬가지로 교화가 곤란한 중생도 모든 통절한 말로써 조련시키는 것입니다."

이들 보살들이 말했다.

"참으로 석가모니세존이 그의 부처로서의 위대함을 버려두고, 저급하고 빈곤해서 힘에 겨운 중생들을 이토록까지 해서 교화한다는 것은, 참으로 훌륭한 일입니다. 이러한 무서운 불국토인 사바세계에 몸을 둔 보살들, 그들의 위대한 자비도 또한 헤아릴 수 없는 바가 있습니다."

거기서 비말라키르티는 말했다.

"고귀한 선비여, 과연 참으로 말씀하신 그대로입니다. 여기에 태어난 이 보살들의 대자비는 참으로 견고합니다. 그들은 이 세계에 한 번 태어난 것만으로도 중생에 대해 극히 많은 이익을 줍니다. 저 일체묘향 세계에서는 비록 백천 겁이 걸리더라도 그만한 이익을 줄 수는 없을 것입니다. 그것은 어째서일까요. 고귀한 선비여, 이 사바세계에는 선(善)을 쌓는 열 가지 방법이 있어서, 이 세계를 지키고 있습니다. 그것은 다른 불국토에서는 볼 수 없습니다.

'열 가지란 무엇이냐 하면 첫째, 빈곤한 사람은 보시(布施)로써 끌어당기고, 둘째, 파계한 사람은 계를 가지고 끌어당기고, 셋째, 진에가 있는 사람은 인내로써 끌어당기고, 넷째, 게으른 사람은 정진으로써 끌어당기고, 다섯째, 마음이 어지러운 자는 선정으로써 끌어당기고, 여섯째, 지혜가 잘못된 사람(惡慧)은 지혜로써 끌어당기고, 일곱째, 환경적으로 불행에 빠진 사람(八惡趣의 衆生)에게는 여덟 가지 환경에서 탈출하는 방법을 보여 주고, 여덟째, 규모가 작은 가르침에 종사하고 있는 사람에게는 대승을 말해 주고, 아홉째, 아직 선근(善根)을 낳지 못하고 있는 사람은 선근으로써 끌어당기고, 열째, 언제나 간단없이 사섭사(四攝事 : 보시·애어·이행·동사)로써 중생을 성숙시킨다.'

이들 선을 모아 쌓는(착한 일 하는) 이 열 가지 방법은 이 세계를 지키는 것으로, 다른 불국토에는 존재하지 않습니다."

그들 보살이 또 물었다.

"이 사바세계에서 어떤 법을 성취해야 죽어 손상되지 않고 깨끗한 불국토에서 다시 태어날 수 있습니까?"

비말라키르티가 대답했다.

"여덟 가지 법을 성취하게 되면 보살은 여기에서 죽어, 손상되는 일 없이 깨끗한 불국토에 태어나게 될 것입니다.

'그 여덟 가지란 무엇이냐 하면 첫째, 자기는 모든 사람에게 이익을 주겠다. 그러나 그들로부터는 아무런 이익을 기대하지 않는다. 둘째, 모든 사람들의 모든 고통을 그들을 대신해서 참고 견디며, 이렇게 해서 쌓은 모든 선근을 사람들에게 돌리리라. 셋째, 모든 사람을 미워하지 않으리라. 넷째, 모든 보살을 스승인 부처처럼 생각하고 함께 기뻐하리라. 다섯째, 일찍이 들은, 또는 아직까지 들은 일이 없는 법을 듣고, 이를 비방하는 일이 없으리라. 여섯째, 다른 사람의 이득을 시기하지 않고, 자신의 이득을 자랑하지 않으며, 마음을 통찰하리라. 일곱째, 자신의 잘못은 깊이 살펴 더듬어 보고, 다른 사람의 잘못은 말하지 않는다. 여덟째, 사람들이 방종하지 않는 것을 기뻐하고 덕을 모두 자신에게 받아들인다.'

이상과 같은 여덟 가지 법을 성취하게 되면, 보살은 이 사바세계에서 죽은 다음, 손상받는 일이 없이 깨끗한 불국토에 태어나게 될 것입니다."

위에 말한 것과 같이, 비말라키르티와 문수사리가, 모인 사람들에게 설법하여, 10만의 사람이 아뇩다라삼먁삼보리심을 향해 발했다. 또 1만의 보살이 무생법인(無生法忍)을 얻었다.

11 유진(有盡)과 무진(無盡)이란 법의 선물

암라팔리 숲의 설법

그때 석가세존의 설법이 행해지고 있는 암라팔리 숲(Āmrapālivana, 菴羅樹園)이 갑자기 넓어져 장엄해지고, 그곳에 모인 회중이 모두 황금빛 찬란하게 광채를 발했다.

그래서 장로 아난다가 석가세존에게 물었다.

"석가세존이시여, 이같이 암라팔리 숲이 크고 넓어지며, 사람들도 모두 황금빛이 된 것은 무슨 전조(前兆)입니까?"

석가세존이 대답하였다.

"아난다여, 이것은 비말라키르티와 문수사리 두 사람이 많은 사람들에게 둘러싸여 존경을 받으면서 여래 앞으로 찾아오는 전조이다."

이때 비말라키르티가 문수사리에게 말했다.

"문수사리여, 이 많은 사람이 여래를 뵙고 예배할 수 있게끔, 함께 석가세존이 계신 곳으로 갑시다."

문수사리가 대답했다.

"고귀한 선비여, 지금이 적당한 때라고 생각되면 갑시다."

그때, 비말라키르티는 신통력을 나타내어, 모인 모든 사람을 그 사자좌와 함께 말끔히 오른손 위에 올려놓고, 석가세존이 계신 장소로 가서 그들을 땅 위에 내려놓았다. 그리고 석가세존의 발 아래에 머리를 조아려 예배하고, 석가세존의 주위를 아홉 번 오른쪽으로 돌아(예배 방법) 한쪽에 앉았다. 최상향대여래의 나라에서 온 보살들도 사자좌에서 내려, 석가세존의 발에 머리를 조아려 예배하고 한쪽에 앉았다. 마찬가지로 샤크라·브라흐마·호세신·천자들도 모두 석가세존의 발에 머리를 조아려 예배하고 한쪽에 앉았다.

석가세존은 이들 보살들을 법어(法語)로써 위로한 다음 "각자의 자리로 가서 앉으시오"하고 말했기 때문에 그들도 본래의 자리로 돌아갔다.

거기에서 석가세존은 샤리푸트라에게 말했다.

"샤리푸트라여, 그대는 중생들 가운데 가장 높은 보살의 신통력을 보았겠구나."

샤리푸트라가 대답했다.

"네, 보았습니다, 석가세존이시여."

석가세존이 말했다.

"그때 어떤 느낌이 들었었지?"

샤리푸트라가 대답했다.

"석가세존이시여, 저는 그때 불가사의라는 기분이 들었습니다. 생각할 수도 추측할 수도 없는 그런 기능을 보았습니다."

향식(香食)의 소화(消化)

그때, 석가세존에게 장로 아난다가 말씀드렸다.[122]

"석가세존이시여, 아직 일찍이 맡은 일이 없는 향기가 나는데, 이것은 누구의 것입니까?"

석가세존이 말했다.

"아난다여, 최상향대여래 불국토에서 온 보살들의 모든 털구멍으로 향기가 풍기고 있는 것이다."

샤리푸트라도 또 말했다.

"장로 아난다여, 우리들 몸에 있는 모든 털구멍으로부터도 그와 똑같은 향기가 나오고 있습니다."

아난다가 물었다.

"어찌하여 향기가 풍기는 것입니까?"

샤리푸트라가 대답했다.

"리차비의 이 비말라키르티가 최상향대여래의 불국토 일체묘향 세계로부터 식사를 얻어 왔습니다. 그것을 먹은 모든 사람의 몸에서 이같은 향기가 풍기는 것입니다."

거기에서 장로 아난다는 비말라키르티를 향해 물었다.

"이 향기는 얼마 동안이나 계속되는 것입니까?"

비말라키르티가 대답했다.

---

*122 문수사리를 따라 5백 명의 제자들이 비말라키르티의 집으로 갔는데, 아난다만은 언제나 석가세존의 측근에서 시중을 들고 있었기 때문에 함께 가지 못했던 것 같다. 따라서 다음에 질문한 것처럼, 그는 최상향대여래로부터 향기 있는 식사를 대접받게 된 경위를 알지 못한다.

"먹은 것이 소화되는 동안입니다."

아난다가 물었다.

"먹은 것은 얼마 동안 소화됩니까?"

비말라키르티가 대답했다.

"7주간에 걸쳐 소화될 것입니다. 그 뒤 다시 이레 동안은 얼굴빛도 좋아지게 될 것입니다. 오래 소화되지 않는다고 해서 해가 되지는 않습니다. 장로아난다여, 궁극의 결정을 아직 얻지 못한 비구(比丘)가 이 음식을 먹게 되면, 궁극의 결정을 얻게 된 다음 소화될 것입니다. 이미 이 결정을 얻어 가진 사람이 이 식사를 하게 되면, 그 마음의 해탈을 얻지 못하는 한은 소화되지 않을 것입니다. 또 무상(無上)의 깨달음에 대해 발심하지 못하고 있는 사람이 이 식사를 하게 되면 발심한 때에 그것은 소화될 것입니다. 이미 발심한 사람이 먹게 되면, 확신(確信)의 앎(無生法忍)을 얻지 못하는 한 소화는 되지 않을 것입니다. 그 확신의 앎을 얻은 사람이 먹게 되면, 일생보처(一生補處 : 菩薩)*123가 되었을 때 소화되게 될 것입니다. 대덕 아난다여, 예를 들어 구미(具味)라고 불리는 고급 약을 복용했을 때는, 모든 독이 사라져 없어지지 않는 한, 이 약도 소화되지 않고, 독이 없어진 뒤에 소화됩니다. 그것과 마찬가지로 번뇌라고 하는 모든 독이 사라지지 않는 한은, 이 음식물은 소화되지 않고, 번뇌가 없어진 뒤에 비로소 소화되는 겁니다."

거기서 아난다는 석가세존에게 말씀드렸다.

"석가세존이시여, 이 음식은 마치 부처와 같은 역할을 합니다."

부처의 역할

석가세존이 말했다.

"그렇다 아난다여, 그대가 말한 그대로이다. 아난다여, 어떤 곳에서는 보살이 부처의 역할을 하는 불국토도 있다. 어느 불국토에서는 보리수(菩提樹)가, 어느 불국토에서는 여래의 상호(相好)를 보는 것이, 어느 불국토에서는 의복이 부처의 기능을 하는 곳도 있다. 그것과 마찬가지로 식사가 부처의 역할을 하고, 강이, 원림(園林)이, 궁전이, 누각이 부처의 역할을 하는 곳도 있다. 화

＊123 일생만 더 이 생존의 세계에 매여 있어 이 일생을 지나면, 다음은 부처가 되는 상태.

작(化作)된 것이, 허공이, 공간이 마찬가지로 부처의 역할을 하는 곳도 있다. 이같이 하여 중생이 인도되는 것이다. 아난다여, 마찬가지로 또, 꿈·그림자· 물 속의 달·메아리·헛그림자·아지랭이의 비유를 말하고, 문자와 어원(語源) 을 말하여, 사람들에게 부처의 역할을 하는 곳도 있다. 어느 경우에는 말을 표시하여 부처의 역할을 행하는 불국토도 있다. 어느 경우에는 무어(無語)· 무언(無言)·무설(無說)·무표시(無表示)에 의해 사람들에게 부처의 역할을 하고, 이리하여 청정하게 된 불국토도 있다. 아난다여, 부처세존의 행주좌와(行住 坐臥), 매일 쓰는 도구와 입고 먹는 것 등으로 사람들을 인도하기 위한 부처 의 역할을 하지 않는 것은 하나도 존재하지 않는다.

사람을 괴롭히는 네 가지 마(魔)*124와 8만 4천의 번뇌의 문(門)이라고 하 는 것마저, 제불세존은 그것에 의해 부처의 역할을 하는 것이다. 아난다여, 이것이 '모든 부처의 특성(特性)의 문에 들어간다'*125고 부르는 가르침의 문 (法門)이다. 이 법문에 이미 들어온 보살은 모든 광대한 덕으로써 꾸며져 있 지 않고 더러워져 있는 불국토를 만나더라도 의기소침하는 일은 없다. 거꾸 로 모든 광대한 덕으로써 꾸며진 청정한 불국토를 만나더라도 기뻐하거나 자랑하는 일이 없이, 여래에 대한 존경을 깊이하는 것이다. 일체법이 평등한 것을 터득한 제불세존이 사람들을 성숙시키기 위해, 갖은 불국토를 나타내 보이는 일은 참으로 경탄할 일이다. 아난다여, 모든 불국토의 성질은 깨끗하 고 그렇지 못한 것에 의해 각각 다르지만, 불국토를 덮고 있는 상공(上空)과 허공에는 차별이 없다. 그것과 마찬가지로 눈에 보이는 여래의 몸에는 차별 이 있지만, 가로막는 것이 없는 여래의 앞에는 차별이 있다.

아난다여, 모든 부처는 그 모양과 빛깔·광휘·신체·상호(相好)·존귀한 태어 남·계율·선정·지혜·해탈·해탈했다고 하는 지견(知見)·십력(十力)·사무외(四無 畏), 그 밖의 부처의 특성, 큰 사랑·큰 슬픔·이익을 주려 하는 의욕·행·주· 좌·와·행실·가는 길·수명의 길이·설법·사람들을 성숙시키는 것, 사람들을 해탈시키는 것, 불국토를 깨끗이 하는 것 등은 일체의 불법이 완성한 점이 라는 관점에서 모두 같은 것이다. 그런 까닭에 완성된 각자(覺者)라 말하고, 여래라 부르고, 부처라 일컫는다.

---

*124 사마(四魔)로서 온마(蘊魔)·번뇌마(煩惱魔)·사마(死魔)·천자마(天子魔)
*125 이 ' ' 안은 한역에 따랐다(入一切諸佛法門).

아난다여, 이 세 말씀의 깊은 뜻이나, 그 말씀의 해석은, 비록 그대의 수명이 1겁의 길이가 되어도 쉽게 그것을 다 알 수는 없다. 삼천대천 세계에 속한 중생이, 그대와 마찬가지로 많은 것을 들은 사람, 기억을 잘 하는 사람, 다라니를 얻은 사람 중에서 최고의 사람일지라도, 그들이 아난다와 같은 사람이라도, 완성한 각자·여래·부처라고 하는 이들 세 말씀의 분명한 해석은 1겁이 걸려도 알 수 없다. 아난다여, 이같이 부처의 깨달음은 무한하며 여래의 앎과 변재에는 헤아려 알 수 없는 것이 있다."

거기에서 석가세존께 향하여 아난다가 말씀드렸다.

"석가세존이시여, 오늘부터 앞으로는 제가 다문제일(多聞第一)이라고는 감히 말하지 않겠습니다."

석가세존이 말씀했다.

"아난다여, 마음을 위축시켜서는 안 된다, 왜냐하면, 내가 너를 다문제일이라고 말한 것은 성문들에 대해 말한 것으로, 보살들 가운데서라고 말한 것은 아니다. 아난다여, 보살이 다문인 것은 물론이고, 그들이 들은 수량은 지자(知者)로서도 측량해 알 수 없다. 큰 바다의 깊이는 측량할 수가 있어도, 보살의 지혜와 지식과 기억과 다라니와 변재의 깊이는 측량할 수가 없다. 아난다여, 그대는 보살이 행하는 일에 대해서는 판단을 내리지 않아도 된다. 왜냐하면 비말라키르티가 이 오전 중에만 보여 준 신변(神變)만 해도, 신통력을 얻은 모든 성문과 독각이 백천 코티 겁 동안, 신통력과 신변력을 써도 미칠 수 없는 것이다."

성문의 법어, 유진·무진 해탈법문

그때 최상향대여래의 불국토로부터 와 있던 보살들은, 모두 합장하여 여래를 예배하고 다음과 같이 말했다.

"석가세존이시여, 우리들이 처음 이 불국토로 왔을 때 품었던 업신여기는 생각을 지금은 끊어 버리고 싶습니다. 왜냐하면 제불세존의 경지(境地)와 오묘한 방편에는 생각도 미치지 못하는 바가 있습니다. 일체의 중생을 성숙시킬 목적 밑에, 사람 사람의 소원에 따라, 국토는 다른 모습으로써 나타나고 있습니다. 석가세존이시여, 우리는 일체묘향 세계로 돌아가지만, 그 뒤로도 석가세존을 생각하게끔 뭔가 법의 선물을 주십시오."

이렇게 청을 받고 석가세존은 말했다.

"좋은 집안의 아들이여, 유진(有盡)과 무진(無盡)이라고 불리는 보살의 해탈 법문이 있으니 그대들이 배워야 할 것이다. 그것은 어떤 것인가. 유진은 유위(有爲 : 인연으로 인해 일어나는 모든 현상)가 멸진(滅盡)하는 것이다. 무진은 무위(無爲)에 멸진이 없는 것이다. 그러나 그 경우, 보살은 유위를 멸진시키지 않고, 무위 속에 스스로를 고착시키지 않는다. 그 속에서 유위를 멸진시키지 않는다는 것은 다음과 같이 함을 말하는 것이다.

대자(大慈)에서 후퇴하지 않고, 대비(大悲)를 버리지 않는 것이다. 깊은 결의에서 비롯되는 일체지의 마음을 잊지 않고, 사람 사람을 성숙시켜 싫어하는 일이 없다. 사섭사(四攝事 : 布施·愛語·利行·同事)를 버리지 않고, 진실의 법을 수지(受持)하기 위해서는 몸과 목숨을 아끼지 않는다. 선을 행하여 싫어할 줄을 모르고, 회향(回向 : 자기의 선행을 돌려 중생의 극락왕생에 이바지하는 것)을 도모하고자 계획한다. 법을 찾아 게으른 일이 없고, 법을 설하여 스승의 주먹(손에 꽉 틀어잡고 놓지 않는 아까운 생각)이 없다. 여래를 만나 공양하는 일에 노력하며, 일부러 윤회 속에 태어남을 택하는 까닭에 그 태어남을 두려워하는 일이 없다. 운이 성할 때나 뜻을 잃었을 때나, 거만해지지도 않고 비굴해지지도 않는다. 배우지 못한 사람을 업신여기지 않고 배운 사람을 스승처럼 공경하고 사랑한다. 번뇌가 성한 사람을 도리에 따라 다시 일어서게 한다. 한적한 것을 좋아하나 그것에 애착하지 않는다. 자신의 행복에 집착하지 않고 남의 행복에 애착을 갖는다. 선정과 삼매와 명상에 집착하지 않고 그것들이 무간지옥인 것처럼 본다. 반대로 생사윤회를 유원(遊園)처럼, 또 열반처럼 생각하고, 물건을 빌리는 사람을 좋은 친구로 본다. 모든 소유물을 그에게 주고 일체지를 완성시키고 싶어한다.

파계한 사람을 구원하려고 생각한다. 바라밀다를 아버지나 어머니처럼 생각하고 보리분법(菩提分法 : 三十七道品)을 주인을 섬기는 시종이라고 생각한다. 모든 선근을 쌓아 싫어하는 일이 없고, 모든 불국토의 덕을 자기 국토에도 완성한다. 상호(相好)를 원만히 하기 위해서는 무차대회(無遮大會 : 僧俗男女의 구별없이 널리 대중에게 베푸는 법회)를 베푼다. 모든 악을 행하지 않고, 몸도 말도 마음도 아름답다. 몸과 말이 청정하고, 마음도 청정하기 때문에 무수겁(無數劫) 사이에도 윤회 속에 있을 수 있다. 마음이 용맹하기 때문에 부처의 무한한 덕을 듣고도 겁내는 일이 없다. 번뇌의 적을 분쇄하기 위해서 예리한 지혜의 칼을 잡는다. 일체중생의 무거운 짐을 대신 지기 위해서 온(蘊)·계(界)·처(處)를 끝까지 다 안다. 마귀의 군대를 꺾기 위해 정진의 불길을 태워 올린다. 만심(慢心)*126을 없애기 위해서 앎을 찾는다. 법을 수지(受持)하고 있기 때문에 욕심이 적고 가난한 것에 만족한다(少欲知足).

모든 세상 사람을 기쁘게 하기 위해서는 세상 일반의 모든 사람과 섞이지 않는다. 세상 일반과 어우러지기 위해서는 모든 행주좌와를 파괴하지 않고, 모든 행위를 바르게 보이기 위해서는 신통을 일으킨다. 들은 것을 모두 간직하기 위해서 다라니와 기억과 앎이 있다. 사람들의 모든 의심스러워하는 생각을 끊기 위해서, 그들이 총명한 기근인가 아닌가를 안다. 법을 말하기 위해서는 부처의 힘의 도움이 막힘없이 주어진다. 변재를 획득함으로써 변설도 방해되는 일이 없다. 십선업도(十善業道)를 깨끗이 하기 때문에 귀신과 사람의 복(福)을 받는다. 사무량심(四無量心 : 慈·悲·喜·捨)을 낳음으로써, 브라흐마 신(神)의 길에 몸을 둔다. 설법을 청하여 그것을 기뻐 찬양하기 때문에 부처의 소리를 듣는다. 몸과 말과 마음을 제어(制御)하여 진취향상하고, 일체법에 집착하지 않기 때문에 부처와 같은 행주좌와를 얻는다. 보살의 모임을 통솔하여 대승으로 이끌어 넣는다. 모든 덕을 잃지 않고 방종하지 않는다.

좋은 집안의 아들이여, 위에 말한 것과 같이 하여 보살은, 법에 따라 정진하고 유위를 멸진하지 않는다. 무위 속에 고착하지 않는다는 것은 어떤 것인가.

보살은 공성(空性)이라는 관점에서 수련하지만, 공성을 현실적인 장면으로 가져오지는(現證) 않는다. 마찬가지로 무상(無相)이라는 관점에서나 무원(無

---

*126 현재의 티베트어 번역본을 그대로 옮긴 것이다. 이 대목은 한문 번역 특히 현장 역과 상당히 다른 곳이 있어 읽기 힘들다. 티베트어 번역본이 원문의 구두를 잘못 읽은 것 같다. 예를 들어 아래 대목을 현장이 옮긴 구두를 따라 옮기면 다음과 같은 것이 된다.
"만심을 없애고 지(知)를 구하는 것은, 법을 수지(受持)하기 위해서이다. 소욕지족(少欲知足)인 것은 세상 사람들을 기쁘게 하기 위해서이다. 세상 일반에 속한 것과 뒤섞이지 않고 세상 일반에서 떨어져 있으면서도 세상 일반과 어우러지면서 순순히 따른다. 모든 행주좌와를 파괴하지 않는 것은, 모두 바르게 행동하기 위해서이다. 신통을 일으키는 것은 들은 것을 수지하기 위해서이다. 다라니 등이 있어 사람들의 근기(根機)의 우열을 안다. 사람 사람의 의념(疑念)을 끊기 위해서는 변재(辯才)를 얻는다. 법을 말하기 위해서는 부처의 가지력(加持力)을 얻고, 변재는 막힘이 없다."

願)이라는 관점에서나 또 무작(無作)이라는 관점에서나 수련하지만, 그것들을 현실의 깨달음이라고 하여 고착하지는 않는다. 제행(諸行)은 무상이라고 관찰하지만 선근을 쌓아 그치지는 않는다. 일체는 고(苦)라고 관찰하지만 새삼 생사 속에 들어간다. 제법(諸法)은 무아라고 관찰하지만 아(我)가 전혀 부정되는 것은 아니다. 열반은 적정(寂靜)이라고 관찰하면서도 궁극의 적멸을 낳게 하지 않는다. 한정(閑靜)의 좋은 점은 관찰하지만 몸으로도 마음으로도 노력하게 된다. 의지할 근저(根底)가 없는 것을 관찰하지만 희고 깨끗한 법의 귀취(歸趣)하는 근저를 부정하지 않는다. 무생(無生)이라고 관찰하지만 중생의 무거운 짐을 떠맡는다.

무루(無漏)의 세계를 관찰하지만, 윤회의 흐름도 추구한다. 갈 곳이 없다고 관찰하지만 중생의 성숙을 위해서는 가기도 한다. 무아를 관찰하지만 사람 사람에 대한 대자비심은 잃지 않는다. 무생을 관찰하지만 성문의 결정성(決定性)에 떨어지는 것은 아니다. 공허하다, 무가치하다, 중핵(中核)이 없다. 주권(主權)의 주체가 없다. 머무는 곳(住所)이 없다, 라는 것을 관찰하기는 한다. 그러나 복덕은 공허한 것이 아니며, 앎도 가치가 없는 것은 아니다. 사유(思惟)에는 중핵(中核)이 있어 충족해 있고 타에 의존하지 않는 주체적인 앎으로 관정(灌頂)되어 주권가가 되고 노력해서 그것을 추구하며 또《요의경(了義經)》[127]이라는 부처의 가계를 머무는 곳으로 한다. 이리하여 좋은 집안의 아들이여, 이같은 법에 대해서 신순(信順)한 생각이 있는 보살은 무위에 고착하지 않고, 또 유위를 멸진시키지 않는다.

또 좋은 집안의 아들이여, 보살은 복덕의 자재(資材)를 쌓는 것이므로 무위에 고착하지 않는다. 앎의 자재를 쌓는 데 있어서는 유위를 멸진시키지 않는다. 부처의 상호(相好)를 완성시키는 것이므로 무위에 고착하지 않고, 그 일체지를 완성하는 점에서는 유위를 멸진시키지 않는다. 교묘하게 방편을 쓰기 때문에 무위에 고착하지 않고, 깊은 지혜에 의해 고찰하기 때문에 유위를 멸진시키지 않는다. 불국토를 깨끗이 하는 점에서는 무위에 고착하는 것이 아니고, 부처의 힘이 초인적으로 더해지는 점에서는 유위를 멸진시키

---

[127] 궁극의 깨달음을 그대로 말하는 경(經). 이에 대해 석가세존의 깨달음을 그대로 말하지 않은, 일시적인 수단과 방법으로 말한 것을《불요의경(不了義經)》(또는《미요의경(未了義經)》)이라고 일컫는다.

지 않는다. 사람 사람의 의(義 : 利益)를 즐기기 때문에 무위에 고착하지 않고, 법의 뜻(義)을 바르게 말하기 때문에 유위를 멸진시키지 않는다. 선근을 쌓기 때문에 무위에 고착하지 않고, 선근의 훈습(薰習)이 남기 때문에 유위를 멸진시키지 않는다. 서원(誓願)을 완성하려 하기 때문에 무위에 고착하지 않고, 멸(滅)·열반(涅槃)에 대해서는 무원(無願)이기 때문에 유위를 멸진시키지 않는다. 바른 의욕이 청정하기 때문에 무위에 고착하지 않고, 깊은 결의가 청정한 점에서는 유위를 멸진시키지 않는다. 오신통(五神通) 가운데 놀기 때문에 무위에 고착하지 않고, 부처의 앎에 육신통(六神通)이 있는 점에서는 유위를 멸진시키지 않는다.

여러 가지 바라밀다를 충족시키기 때문에 무위에 고착하지 않고, 시간 끝까지 다하기 때문에 유위를 멸진시키지 않는다. 법의 보물을 모으기 때문에 무위에 고착하지 않고, 규모가 작은 소승(小乘)의 법을 구하지 않기 때문에 유위를 멸진하는 것은 아니다. 법의 약(藥)을 모으기 때문에 무위에 고착하지 않고, 이치에 따라 법의 약을 쓰기 때문에 유위를 멸진시키지 않는다. 맹세를 굳게 지키기 때문에 무위에 고착하지 않고, 깨어진 맹세를 제어(制御)하기 때문에 유위를 멸진시키지 않는다. 법의 약을 모두 완성하기 때문에 무위에 고착하지 않고 약한(劣) 약도 복용하기 때문에 유위를 멸진시키지 않는다. 번뇌의 병을 모두 다 알기 때문에 무위에 고착하지 않고, 모든 병을 가라앉히기 때문에 유위를 멸진시키지 않는다.

좋은 집안의 아들이여, 위에 말한 것과 같이 보살은 유위를 멸진시키지 않고, 또 무위에 고착하지 않는다. 이것이 보살의 '유진·무진의 해탈'로서 그대들 고귀한 선비들도 또 이것을 위해 노력하는 것이 좋다."

이들 보살들은 이 설법을 듣고 만족하고 환희하며 큰 희열에 싸였다. 그리고 석가세존을 찬양하기 위해, 또 보살들과 이 법문을 찬양하기 위해, 많은 향과 말향(抹香)과 선향(線香)을 삼천대천 세계의 모든 것을, 무릎 높이까지 밀어 채웠다. 이처럼 석가세존의 이 모임에 향과 말향을 두루 뿌린 다음 석가세존의 발에 머리를 조아려 예배하고, 석가세존의 주위를 세 번 오른쪽으로 돌며 찬송을 말한 다음, 이 불국토에서 홀연히 모습을 감추어 한순간 사이에 일체묘향 세계로 돌아갔다.

12 묘희(妙喜) 세계와 무동(無動) 여래

여래(如來)를 본다

그때 석가세존은 비말라키르티에게 말했다.

"여래를 보려 할 때, 그대는 어떻게 보는가?"

이런 물음을 받고 비말라키르티가 대답했다.

"석가세존이시여, 여래를 보려 할 때, 저는 보지 않는 것에 의해 봅니다. 과거로부터 살아 계신 분도 아니고, 미래에 죽는 분도 아니고, 현재에 계시는 분도 아니라고 봅니다. 그것은 어째서냐 하면, 여래의 본성은 오온(五蘊) 중의 물체가 있는 그대로의 모습—진여(眞如)—이기는 하나, 물체는 아닙니다. 감수(感受)의 진여이기는 하지만 감수는 아닙니다. 관념(觀念)과 형성력(形成力)과 식지(識知)의 진여이기는 하지만 관념·형성력·식지는 아닙니다. 여래는 사계(四界: 地·水·火·風) 속에는 없고, 허공계 같은 것입니다. 여섯 인식의 장소에서 생긴 것은 아니고, 눈·귀·코·혀·몸·마음의 길을 초월해 있습니다. 삼계(三界: 欲·色·無色) 속에 섞이지 않고, 세 가지 더러움(貪慾·瞋恚·愚痴)을 떠나 삼해탈문(三解脫門)에 따르고, 삼명(三明: 宿住智·死生智·漏盡智)을 얻은 것입니다. 도달하지 않은 채로 그래도 도달하고, 모든 존재에 대한 무집착의 구극(究極)에 달해 있으면서도 진실이라는 구극에 멈추는 것은 아닙니다. 진여 속에 있으면서 그대로 그것과는 서로 떨어져 있습니다. 인(因)에서 생기는 것도 아니고, 연(緣)에서 비롯되는 것도 아니며, 상(相)도 아니고, 상을 지니는 것도 아니며, 일상(一相)도 아니고, 별상(別相)도 아닙니다. 생각하는 대상도 아니고, 상상 분별하는 대상도 아닙니다. 저쪽에도 없고, 이쪽에도 없고, 그 중간에도 없습니다. 여기도 없고, 저기도 없고, 거기도 없고, 그 밖의 곳에도 없습니다.

식지로써 구하는 것도 아니고, 식지 속에 있는 것도 아니며, 어둠도 아니고, 빛도 아닙니다. 이름도 없고, 특징도 없고, 약하지도 않고, 강하지도 않습니다. 어느 장소에 있는 것도 아니고, 어느 방향에 있는 것도 아니며, 선도 아니고, 악도 아니며, 유위도 아니고, 무위도 아닙니다. 어떤 의미로서 말할 수 있는 것도 아니고 보시로서도, 인색으로서도, 지계(持戒)로서도, 파계로서도, 인내로서도, 박해로서도, 정진으로서도, 게으름으로서도, 선정(禪定)으로서도, 산란(散亂)으로서도, 지혜로서도, 악혜(惡慧)로서도 말할 수 있는 것은 아닙니다. 진리로서, 허위로서, 나오는 것으로서, 들어가는 것으로서, 가는 것으로서, 가지 않는 것으로서, 모두 부정(否定)되고 말도 행위도 모두 끊어져 있습니다.

복전(福田 : 사람 사람이 공덕을 심는 장소)도 아닙니다. 보시할 만한 값어치가 없는 것도 아니고, 보시를 받지 않는 것도 아닙니다. 파악되는 것도 아니고, 지(知)로써 말할 수 있는 것도 아닙니다. 특징이 없고, 만들어지는 것이 아니며, 수량을 떠나 있습니다. 평등성(平等性)으로서 평등하고 법성(法性)으로서도 같으며, 같다고 하는 것도 없고, 정진이라는 관점에서 이것 같은 것은 없고, 헤아림을 초월한 것입니다. 가는 일도 없고, 멈추는 일도 없고, 그것들을 초월한 것도 아닙니다. 견문각지(見聞覺知)의 어느 것도 아니며, 모두 속박이 있는 것도 아닙니다. 일체지의 앎을 갖추어 모든 존재는 평등하여 거기에 차별은 없다고 압니다. 모든 점에서 비난받는 곳이 없고, 잘못이 없고, 오탁(汚濁)이 없고, 생각하지 않고, 분별하지 않고, 일어나지도 않고, 보이지도 않고, 장래도 생기지 않고, 생기지 않는 것도 아닙니다. 공포도 없고, 아뢰야(阿賴耶 : 根本識)의 애착이 아니고, 근심이 아니고, 기쁨이 아니고, 기뻐 물결치는 일도 없고, 말로 표현되어 보여지는 일이 모두 없는 것입니다. 석가세존이시여, 여래의 몸은 위에서 말한 것과 같은 것으로, 그같이 저는 생각합니다. 이같이 보는 사람은 바르게 보고 있는 것이며, 그 이외의 것을 보는 사람은 잘못 보고 있는 것입니다.”

비말라키르티의 옛 땅

거기에서 석가세존을 향해 샤리푸트라가 물었다.

“석가세존이시여, 비말라키르티는 어느 불국토에서 다시 태어나 이 불국토로 온 것입니까?”

석가세존이 대답했다.

“그대가 직접 이 고귀한 선비에게 어디서부터 바뀌어 태어났느냐고 물어보아라.”

그래서 샤리푸트라가 물었다.

“당신은 어디서부터 오게 되었습니까?”

비말라키르티가 대답했다.

"대덕이 깨닫게 된 법에는, 죽는다든가 태어난다든가 하는 것이 있습니까?"

샤리푸트라가 대답했다.

"법에는 아무런 죽음도 태어남도 없습니다."

비말라키르티가 말했다.

"대덕 샤리푸트라여, 그 같이 일체법에 죽음도 태어남도 없다면, 어찌하여 어디에서 죽어 이곳에서 태어났는가 하는 생각을 할 수 있습니까. 대덕이여, 요술쟁이가 변현시킨 사나이나 계집에게 어디서 다시 태어나 왔느냐고 묻게 되면 어떤 대답이 나오겠습니까?"

샤리푸트라가 대답했다.

"변현한 곳에는 죽는 일도 사는 일도 없는데 어떻게 대답같은 것이 있겠습니까?"

비말라키르티가 말했다.

"여래는 모든 존재가 변현을 본성으로 한다고 말씀하시지 않았습니까?"

"바로 그렇게 말씀하셨습니다."

"대덕이여, 모든 것이 변현과 같은 본성을 가지고 있는데, 어떻게 어디에서 죽어 이곳에서 태어났는가 하고 생각하는 겁니까. 대덕이여, 죽음이란 것은 작용이 단멸(斷滅)한 모습, 참이란 것은 작용이 계속해서 일어나는 것입니다. 보살은 죽음에서도 선근의 작용을 단멸시키지 않고 삶에서도 악을 계속해서 일으키는 일은 없습니다."

그때에 석가세존은 장로 샤리푸트라에게 말했다.

"샤리푸트라여, 묘희(妙喜)라는 불국토에 무동(無動)이라는 부처님이 계시다. 이 비말리키르티는 그 나라에서 죽었다가 여기 사바세계로 와 다시 태어났다."

사리푸트라가 말씀드렸다.

"석가세존이시여, 이 고귀한 선비가 그토록 청정한 불국토에서 바뀌어 태어나, 이 죄많고 과실에 찬 불국토에 기꺼이 왔다는 것은 놀라운 일입니다."

그러자 비말라키르티는 말했다.

"샤리푸트라여, 어떻게 생각하십니까. 햇빛이 어둠과 같이 있을 수 있겠습니까?"

샤리푸트라가 대답했다.

"그럴 수는 없습니다."

비말라키르티가 물었다.

"그들은 같이 있는 것이 아닙니까?"

샤리푸트라가 대답했다.

"좋은 집안의 아들이여, 그 둘은 함께는 있지 않습니다. 모든 어둠은 소멸합니다."

비말라키르티가 물었다.

"어찌하여, 태양은 염부제(閻浮提 : 중생이 사는 속세. 또는 수미산의 남해에 있다는 섬) 위에 떠오르는 겁니까."

샤리푸트라가 대답했다.

"그것은 비추어 어둠을 없애기 위해서입니다."

비말라키르티가 말했다.

"대덕 샤리푸트라여, 그것과 마찬가지로 보살도 중생을 깨끗이 하고, 지혜의 빛을 밝게 비추어 큰 어둠을 없애기 위해 일부러 청정하지 않은 불국토에 태어나는 겁니다. 같이 있는 것은 아니고 모든 사람들의 번뇌의 어둠을 제거하는 것입니다."

묘희세계(妙喜世界)의 출현

그때, 이 모임에 있던 사람은 모두 그 묘희세계와 무동여래와 그 보살들과 대성문들을 자기 눈으로 보았으면 하고 갈망했다. 석가세존은 그들이 마음에 생각하고 있는 것을 알고, 비말라키르티를 보고 말했다.

"여기 모여 있는 사람들은, 묘희세계와 무동여래를 보고 싶어한다. 그대는 모든 사람에게 보여 주라."

그래서 비말라키르티는, 자신은 이 사자좌에서 일어나지 않은 채, 다음과 같은 일을 하려고 생각했다. 그 묘희세계와 그 백천의 무수한 보살과 하늘·용·야크샤·건달바·아수라가 살고 있는 곳을 둘러싼 철륜산(鐵輪山)과 또 강·못·샘·내·큰 바다·들·수미산과 그 밖의 작은 산과 그 구경하는 높은 다락, 또 해와 달과 별·하늘·용·야크샤·건달바가 사는 집, 브라흐마 신(神)이 사는

집과 그 모임, 또 마을·읍내·성시(城市)·시골·국토·남자·여자·집 등 또 보살·
성문의 모임, 다시 무동여래의 보리수, 또 그 무동여래가 바다처럼 많은 사람
들 속에서 설법하고 있는 것, 또 시방의 중생에 대해 연꽃이 부처로서의 역
할을 하고 있는 것, 또 염부제에서 높게 삼십삼천까지 보석이 번쩍이는 사닥
다리가 걸려 있고, 삼십삼천의 신들은, 무동여래를 뵙고 예배 공양하고, 설법
을 듣기 위해 그 사닥다리를 따라 내려오는 것, 또 염부제 사람들은 삼십삼
천의 신들을 만나기 위해 그곳으로 올라가는 것, 이 같은 무수한 성질을 모
으고 있는 묘희세계의 수륜(水輪)을 비롯해서 위쪽으로는 아카니쉬타천(色究
竟天)에 이르기까지를, 도기장이가 녹로(轆轤)를 돌리듯이 눈 깜짝할 사이에
끊어내어, 오른손에 받아들고 화만(華鬘)을 드리우듯 이 사바세계로 가지고
오리라. 그리하여 여기에 모여 있는 사람들에게 보여 주리라 하고.

그렇게 생각하고, 비말라키르티는 삼매에 들어가 그 같은 신통을 나타내
어, 눈깜짝할 사이에 묘희세계를 끊어내어 오른손에 얹어 이 사바로 가지고
왔다. 거기에 있던 성문과 보살과 신과 사람들 가운데서 천안(天眼) 등의 육
신통을 얻은 사람은, 가지고 오는 것을 알고 큰 소리로 외쳤다.

"석가세존이시여, 선서(善逝 : 佛陀의 異名)이시여, 우리들은 여기에 있습니다.
여래이시여, 바라옵건대 도와 주옵소서."

석가세존은 사람들을 가르치려고 짐짓 말했다.

"비말라키르티 보살이 가져오고 있으므로 나로서는 어떻게 할 수도 없다."

그러나 그 밖의 신통력을 얻지 못한 신과 사람들은, 자기들이 어디로 옮겨
지고 있는지를 느끼지도 못하고 알지도 못했다.

그 묘희세계가 이 사바세계에 놓여져도, 이 세계가 꽉 차거나 줄어들거나
한 것으로는 보이지 않았고, 거북하게 내리눌리고 있는 것도 아니었다. 그
묘희세계도, 작아진 것도 아니고, 전과 전혀 똑같이 보였다. 그때, 석가세존
은, 거기에 모여 있던 모든 사람에게 일렀다.

"친구여, 묘희세계와 무동여래, 그 불국토의 아름다움, 성문과 보살의 광
휘를 보라."

"석가세존이시여, 보고 있습니다." 그들은 대답했다.

석가세존이 말했다.

"이같은 불국토를 손에 넣고 싶다고 원하는 보살은, 무동여래가 보살로서

옛날에 행한 것을 모두 보고 익혀야 한다."

신통력에 의해 위에 말한 것과 같은 묘희세계와 무동여래를 보여 주었을 때에, 이 사바세계의 십사 나유타나 되는 사람들은 아뇩다라삼먁삼보리심을 발했다. 또 사람들은 모두 그 묘희세계에 태어나고 싶다고 하는 소원을 일으켰다. 석가세존은 또 그들이 모두 거기에 태어나게 되리라는 수기(授記)를 주시며

"그대들이 마땅히 그 나라에 가서 태어나리라"하셨다. 그때에 묘희세계는 이 사바세계 국토에서 성숙할 필요가 있는 사람들을 다 성숙시킨 다음, 비말라키르티는 묘희세계를 다시 본래 있던 대로 돌려놓았다.

사리불의 찬탄

석가세존이 샤리푸트라(사리불)를 보고 말했다.

"그대는, 묘희세계의 그 무동불을 보았느냐?"

"석가세존이시여, 보았습니다. 바라옵건대 모든 사람들이 이처럼 덕에 빛나는 불국토에 살았으면, 또 모든 사람에게 비말라키르티와 같은 신통력이 갖춰지게 되면 좋을 텐데 하고 생각했습니다. 우리들은 이같은 고귀한 선비를 만날 수가 있어 큰 이익을 얻었습니다. 설령 여래가 살아 계시는 동안이든 열반하신 뒤이든, 무릇 이 법문을 들은 사람은, 모두 큰 이익을 얻게 될 것입니다. 더구나 그것을 듣고 신순(信順)의 마음을 품고 굳게 믿고 수지(受持)하고 설명하고 독송하고 이해하는 사람, 또는 또 믿고, 설법과 독송을 행하며, 다른 사람에게 해설하고 닦아야 할 요가를 수행하는 사람은 더 말할 것도 없습니다.

이 법문을 확실히 얻게 되면, 그들은 법의 보물 창고를 얻게 될 것입니다. 이 법문을 입으로 외는 사람은 여래의 반려(伴侶)인 것입니다. 이 법문을 믿는 사람을 공경하여 공양하는 사람은 법을 수호하게 됩니다. 이 법문을 아름답게 써서 옮기고 설명하여 존경하게 되면, 그들 집에는 여래가 살게 될 것입니다. 이 법문에 기쁘게 귀의하게 되면 그들은 모든 덕을 수호하는 사람인 것입니다. 예를 들어 이 법운의 사행(四行) 시송(詩頌) 하나만이라도, 또는 강요(綱要)의 한 구절만이라도 설명하는 일이 있으면, 그들은 큰 법회를 연 것이 됩니다. 만일 이 법문에서 그 진리를 유지하고 원해 구하며, 앎을 지

니고 이해를 갖고, 바르게 보고 믿음이 있게 되면, 그것 자체가 그들이 이미 부처가 되리라 하는 수기를 얻은 거나 같은 것입니다."

13 지나간 이야기와 법의 위촉

천제(天帝)의 약속

그때에 모든 신들의 임금(인드라, 天帝)인 샤크라가 대중 가운데 있다가 석가세존에게 말씀드렸다.

"석가세존이시여, 제가 여래와 문수사리로부터 백천의 많은 법문을 들었습니다. 그러나 일찍이 이렇게 불가사의하고 자재신통한 결정실상(決定實相)의 경전을 들어본 적이 없습니다. 석가세존이시여, 무릇 이 법문을 간직하고 설명하고 독송하고 이해할 만한 사람은 의문이 사라져 이 법의 그릇이 됩니다. 더구나 그 닦아야 할 요가를 수행하는 사람은 말할 것도 없습니다. 이 사람들에게는 악취(惡趣)에 빠지는 일이 없어지고 모든 선취(善趣)로 가는 길이 열립니다. 그들은 모든 부처에 의해 수호되어 모든 이론자(異論者)를 이기고, 모든 마귀를 격퇴하며 보살의 길을 깨끗이 하는 사람이요, 보살의 자리에 앉는 사람이며, 여래의 생애와 환경을 잘 이해하는 사람입니다. 석가세존이시여, 좋은 집 남자이든 여자이든, 이 법문을 하는 사람에 대해서는 저는 우리 일문(一門)의 사람들과 함께 존경하고 봉사하게 될 것입니다. 마을과 읍내와, 성시와 시골, 국토와 왕궁 등에서 이 법문이 행해지고 설명되는 곳이 있으면, 거기에서는 법을 듣기 위해 일족의 사람을 데리고 가게 될 것입니다. 믿지 않는 사람에게는 믿음을 일으키게 하고 이미 믿고 있는 사람에게는 그 갖추고 있는 법을 수호하게 될 것 입니다."

불가사의 해탈의 덕

석가세존이 샤크라에게 말했다.

"좋은 일이다, 좋은 일이다. 인드라여, 그대가 말한 것은 옳다. 여래도 그 것을 기뻐하면서 그 일을 돕겠다. 이 경은 과거·미래·현재의 제불의 불가사의한 아뇩다라삼먁삼보리에 관해 널리 설하신 것이다. 그러므로 천제여, 만약 선남자 선여인이 이 법문을 간직하고 독송하고, 공양하는 것은 곧 과거·현재·미래의 제불세존을 공양하는 것이 되느니라. 인드라여, 삼천대천 세계가 여래로 가득 차 있는 것이 예를 들어 사탕수수밭 같고, 대나무 숲, 갈대 숲 같고, 벼·삼·아카시아 숲 같다고 하자. 그들 여래에 대해서 어느 좋을 집안 자녀가, 한 겁이나 또는 그 이상으로 긴 동안, 존경하고 찬탄하여 모든 공양물과 쾌적한 신변의 물건들을 가지고 공양한다고 하자. 또 이들 여래가 열반에 들어간 뒤에도 한 사람 한 사람의 여래를 공양하기 위해 비상히 견고해서 부서지지 않는 탑—그것은 사리(舍利 : 부처의 유골)가 들어 있고, 모든 보석으로 만들어지고, 크기는 4대주의 세계만하며, 높이는 브라흐마 신이 있는 세계에 달하고, 일산(日傘)과 깃발과 한복판에 세워진 표주(表柱)로 장식되어 있다—을 만들었다고 하자. 그리고 모든 여래의 탑을 하나하나 만들어 한 겁이나 그 이상 오랫동안 그것을 모든 꽃과 향과 긴 깃발과 넓은 깃발을 가지고 공양하며 북과 바라를 울려 예배한다고 하자. 그 경우, 인드라여, 어떻게 생각하는가. 이들 좋은 집안의 자녀는 그것에 의해 많은 공덕을 낳게 될 것인가."

인드라가 대답했다.

"석가세존이시여, 선서(仙逝)이시여, 공덕은 대단히 많습니다. 그 공덕의 모임은 백천 코티 겁이 걸려도 다 말할 수 없을 것입니다."

석가세존이 말했다.

"인드라여, 그대는 믿는 것이 좋다. 잘 이해하지 않으면 안 된다. 만일에 불가사의 해탈을 말하는 이 법문을 간직하고, 또는 독송하고 이해하는 좋은 집 자녀가 있으면, 그가 낳는 복덕은 그보다도 훨씬 많은 것이다. 왜냐하면, 제불세존의 깨달음이라 하는 것은 이 법에서 생기는 것이며, 그 부처에게 공양하는 것은 법에 의해서 공양할 수 있는 것으로 재물에 의해서 이루어지는 것이 아니기 때문이다. 인드라여, 이 법문에서는 또 다음과 같은 것을 알아야 한다.

과거의 이야기

먼 지나간 때에, 무수하고 다시 무수한, 거대한, 무량한, 생각도 미치지 못하는 겁의 그 옛날에, '비챠라나'라고 하는 시기가 있었고 대엄(大嚴)이라는 세계가 있었다. 거기에 여래요, 아라한*[128]이요, 바른 깨달음을 얻고, 앎과 행을 함께 갖추고, 선서며, 세간을 잘 알고, 조련할 사람을 잘 알고, 조련할 사람들을 잘 조련하는 사람이며, 이 위에 없는 사람이요, 신과 사람의 스승이며, 부처요, 석가세존인 약왕(藥王)이라고 불리는 여래가 이 세상에 출현했다. 이 약왕여래의 목숨의 길이는 이십 중겁(中劫)이었다. 그 성문의 집단은 삼십육 코티 나유타요, 보살의 수는 십이 코티 나유타였다.

인드라여, 바로 이때, 보개(寶蓋)라 부르는 전륜왕(轉輪王)이 있었다. 4대주를 지배하고 일곱 보물(金輪：戰車·象·馬·寶珠·妃·大藏大臣·將軍)을 갖추고 있으며, 또 그의 천 명의 아들은 적군을 쳐부수는, 몸이 강건하고 훌륭한 용자들이었다. 이 보개왕은 약왕여래 석가세존과 그의 제자들에 대해, 중겁 동안 쾌적한 모든 신변의 물건들을 가지고 공양했다. 중겁이 지난 다음 보개왕은 천 명의 왕자들에게 일렀다. '잘 들어라. 나는 지금까지 여래를 공양했다. 이번에는 너희들이 공양을 하는 것이 좋겠다.' 그래서 천 명의 왕자들은 부왕에게 '알았습니다' 대답하고 그의 명령에 따라 한 덩어리가 되어 서로 힘을 합해 약왕여래를 모든 쾌적한 신변의 물건으로써 다섯 중겁 동안 공양했다. 그 가운데 월개(月蓋)왕자는 혼자 조용한 곳으로 가서 생각했다. '과연 우리들이 하고 있는 이 공양보다 더 훌륭한 큰 공양이 달리 또 있을 것인가?' 그러자 부처의 위신력에 작용되어 신들이 공중에서 일러 주었다. '고귀한 선비여, 법의 공양만이 모든 공양 중에서 가장 높다.' 왕자가 물었다. '법의 공양이란 무엇입니까?' 신이 대답했다. '고귀한 선비여, 직접 약왕여래에게로 가서, 법의 공양이란 무엇인가를 물으시오. 석가세존이 가르쳐 주실 것입니다.' 그래서 이 젊은 월개왕자는, 아라한이요, 완전한 각자(覺者)인 약왕여래가 계신 곳으로 향해 나아가, 그곳에 도착하자 석가세존의 발에 머리를 조아려 예배하고, 한쪽에 자리잡고 나서 사뢰었다. '석가세존이시여, 법의 공양이란 말이 있는데 이것은 무엇을 가리키는 것입니까?'

법의 공양
석가세존이 대답했다.

---

*128 여기서부터가 이른바 부처의 열 가지 이름(十號)으로 모든 부처는 이들 형용구를 갖게 된다. 최초의 여래까지 합치면 모두 열한 가지 이름(十一號)이 된다.

'좋은 집안의 아들이여, 법공양이란 여래가 말한 다음과 같은 경전을 이르는 것이다. 그것은 극히 깊은 뜻으로서 나타나며 세상과는 모두 합치하지 않고, 통하기 어렵고, 보이기 어렵고, 알기 어렵고, 유현미묘(幽玄微妙)하며, 파악되지 않는 것이다. 또 그것은 보살장(菩薩藏 : 大乘經典)에 속해 있고, 다라니의 도장이 찍힌 것이니라. 이 경의 법은, 불퇴전의 법륜(法輪)을 설하고, 육바라밀다로 되어 있고, 집착에 사로잡히지 않고, 보리분(菩提分)의 법을 갖추고, 칠각지(七覺支)의 완성에 속해 있고, 사람에게 대비를 일으키게 하고, 대자(大慈)를 설하며, 마귀의 그릇된 생각에 조금도 빠지는 일이 없고 연기(緣起)를 분명하게 해 준다.

그것은 무아를 설하고 중생도 생명이 있는 것도 개아(個我)도 없다고 설한다. 그것은 공성(空性)·무상(無相)·무작(無作)·무기(無起)의 이치를 갖추어 보리좌(菩提座)를 완성하고 법륜을 굴린다. 하늘·용·야크샤·건달바·아수라·가루다·마후라가의 우두머리가 존중 찬탄하는 바이며, 바른 법의 계보를 끊지 않고 법의 장(藏)을 유지하며, 최고의 법의 공양이 되는 것이다. 모든 성자들이 받아서 잇고, 모든 보살의 행함을 바르게 보여 주어 진실한 뜻이 있는 법에 대한 이지(理知) 가운데에 있다. 법의 강요(綱要)인 무상(無常)·고(苦)·무아(無我)·적정(寂靜)*129을 가지고 해탈로 향하게 하며, 인식·파계·악의·태타(怠惰)·망실(忘失)·악혜(惡慧)·절망 등에 빠진 사람과, 이론자와 그릇된 생각과 대상에 대한 집착 등 모든 것을 끊어 없앤다. 또 모든 부처에게 상찬받는 바로서, 윤회 쪽을 정복하고 열반의 즐거움을 설명해 밝힌다. 이런 경전을 바르게 설하고 해석하고, 고찰하고, 바른 법을 모두 통솔하는 것, 이것이 법공양이다.

좋은 집안의 아들이여, 또 법공양이란 것은 다음과 같은 것이다. 법을 법으로서 통찰하고 법을 법대로 진지하게 힘쓰고, 연기*130에 맞게 하고 두 극

---

*129 제행무상(諸行無常)·일체개고(一切皆苦)·제법무아(諸法無我)·열반적정(涅槃寂靜)의 네 가지는 불교의 근본 요의로서 사법인(四法印) 또는 법강요(法綱要)라고 불린다.

*130 "이것이 있으면 저것이 있다"하는 것에 의해, 세계의 상대성을 설명하는 원리. 불교의 근본이념인 이 '연기'에 십이연기(十二緣起)란 것이 있는데, 이 열두 연기에 대한 설명은 너무도 어렵고 또 시대에 따라 사람에 따라 해석이 다르다. 실은 연기라는 말의 개념이 중요한 것으로 "어느 것을 연(緣)해서 어느 것이 일어난다"는 뜻으로, 복잡한 우주의 생성 과정과 중생의 윤회 과정을 설명하는 기본 이론이 이 연기설이다.

단을 떠나 중정(中正)에 서고, 불생불기(不生不起)라고 하는 것을 유지하며, 나(我)도 없고 존재자도 없는 것에 통하고, 인(因)과 연(緣)에 모순되지 않고, 반대하지 않고, 논쟁하지 않으며, 내가 소유하는 것도 없고, 내가 존재한다는 생각도 떠나 있다. 뜻*¹³¹을 최종의 근거로 하지만 문자를 바탕으로 하는 것은 아니다. 지혜를 바탕으로 하고, 식지(識知)를 바탕으로 하지는 않는다.《요의경(了義經)》을 바탕으로 하고, 미요의(未了義)의 세속에 집착하지 않는다. 법, 그것을 바탕으로 하고 사사로운 것에 권위를 인정하는 생각에 집착하지 않는다. 부처가 설하는 법성(法性)을 이해하고 아뢰야(阿賴耶 : 基本識)가 무(無)인 것을 깨달아 아뢰야에게 집착하는 것을 타파한다. 무명(無明)을 없애는 것을 비롯해서, 최후에는 노사(老死)·우고(憂苦)·애호(哀號)·고통·불안·심통(心痛)이 없어지게 되는 십이연기(十二緣起)를 관찰함으로써 인간 존재의 관념—그것은 다함없이 다음 다음으로 끌려 일어나게 되고 보게 된다—을 보지 않도록 한다. 좋은 집안의 아들이여, 이것이 이 위에 다시없는 법공양이다.'

월개왕자 서약

인드라여, 월개왕자는 위에 말한 대로, 석가세존인 약왕여래로부터 법의 공양에 대한 가르침을 듣고, 진리에 따른다는 지혜(隨順忍)를 얻었다. 몸에 입고 있던 옷과 장신구를 석가세존에게 바치고 나서 다음과 같이 사뢰었다. '석가세존이시여, 여래가 열반에 들어간 뒤도 바른 법이 유지되고 공양되기 위해, 그것을 수호하고 싶습니다. 석가세존이시여, 제가 마귀와 반론자를 타파할 수 있도록 부디 힘을 빌려 주십시오.' 여래는 그의 의욕의 굳음을 알고 있었기 때문에 '다음 시대에 법의 도읍(法城)을 수호하고 유지하는 사람이된다'는 수지를 주었다.

인드라여, 거기에서 월개왕자는, 여래가 아직 이 세상에 있는 동안, 깨끗한 믿음을 가지고 출가해서 집이 없는 사람이 되어, 선을 행하는 일에 힘쓰기 시작했다. 정진에 힘쓰며 선을 행하고 있었기 때문에 오래지 않아 오신통(五神通)을 획득하고 갖가지 다라니를 이해하며 끊임 없는 변재(辯才)의 소유

---

*131 여기에서 아래로 네 구절은, 이른바 '사의(四依)', '사지시(四指示)'로, 즉 네 가지 바른 바탕이 되는 것, 증거로 되는 것, 바르게 의지할 것을 말한다.

자가 되었다. 약왕여래가 열반에 든 후에도 그의 신통과 다라니의 힘에 의해, 약왕여래가 법륜을 굴린 것처럼 십 중겁 동안 법륜을 굴렸던 것이다.

인드라여. 이같이, 월개비구는 바른 법의 호지(護持)에 노력했기 때문에 천 코티의 사람들이 무상의 바른 깨달음으로부터 불퇴전하는 사람이 되었다. 사십 나유타의 사람들은 성문승과 독각승에서 교화되었다. 그 밖의 무수한 사람은 천상에 태어나는 사람이 되었다.

인드라여, 그때의 보개라고 불리던 전륜왕을 누군가가 다른 사람으로 생각하더라도 그대는 다른 사람으로 생각해서는 안 된다. 왜냐하면 보염여래(寶焰如來)가 바로 그때에 보개라 불리는 전륜왕이었기 때문이다. 이 보개왕의 천 명의 아들은 현재의 현겁(賢劫)*132에 있는 이들 보살들로서, 이 현겁에서 꼭 천 명의 부처가 나타나게 될 것이다. 그 1천 명의 부처 가운데 크라쿠찬다 등의 네 부처*133는 이미 나타났다. 그 밖의 사람은 미래에 나타나게 될 것이다. 즉 카쿠트산다(크라쿠찬다와 같다)를 비롯해서 로차에 이르기까지의 1천 명의 부처로서 마지막이 로차여래의 출현이다.

인드라여. 그때, 약왕여래의 훌륭한 법을 호지한 월개왕자를 다른 사람으로 생각해서는 안 된다. 왜냐하면, 내가 그때 월개였던 것이다. 인드라여, 이 일을 보더라도 여래를 공양하는 것 중에서 법공양이 최상이라고 하는 것을 알 수 있으리라. 그것은 최상이며, 제일·수승(殊勝)·우수·상등·무상(無上)이라고 말한다. 인드라여, 그런 까닭에 공양은 제물이 아닌 법으로써 공양하는 것이 좋다. 제물에 의한 경례가 아니고, 법에 의한 경례를 해야 한다."

법의 위촉

그래서*134 석가세존은 마이트레야(미륵)보살에게 말했다.

"마이트레야여, 무수한 코티 겁 사이에 모아 이룩한 나의 이 무상완전(無

---

* 132 현재의 이 세계가 존속하고 있는 기간을 현겁(賢劫, bhadra-kalpa)이라 부르며, 그 길이는 일대겁(一大劫)이다. 일대겁은 20중겁으로 되며 그 사이에 천 명의 부처가 이 세상에 나온다고 한다.

* 133 크라쿠찬다불·카나카무니불·카샤파불, 그리고 석가모니불, 이들 과거불에 이은 다섯 번째가 미륵불이다.

* 134 여기에서부터 아래를 한역은 독립된 장으로 하여 '촉루품(囑累品)'이라 한다. 즉 마이트레야에게 이 경을 위촉하는 마지막 장이다.

上完全)한 깨달음을 그대에게 위촉한다. 그것은 먼 뒷날에 이 법문이 너의 위력에 의해 호지되고 염부제에 다시 전파되어 쇠미하지 않기를 바라기 때문이다. 왜냐 하면, 미래에 좋은 집안의 자녀, 또는 하늘·용·야크샤·건달바·아수라 등이 선근(善根)을 심어 무상완전한 깨달음에 들어갈 수 있을지도 모르는데, 만일 그들이 법문을 듣지 않으면 그것에 잃는 바가 반드시 클 것이다. 그것에 반해 이 경을 들으면, 그들은 크게 기뻐하여 믿음을 일으키고 머리 위에 이것을 떠받들 것이다. 이같은 좋은 집안의 자녀를 지키기 위해 마이트레야여, 그때가 되거든 그대는 이 경을 세상에 전파하는 것이 좋다.

두 가지 보살

마이트레야여, 보살에는 두 가지 범주(範疇 : 무드라. 相印)가 있다. 두 가지란 무엇인가, 첫째는 갖가지 글귀와 문자를 믿는 사람, 둘째는 법의 심심(甚深)*135한 본성을 두려워하지 않고, 진실하게 있는 그대로를 깨닫는 사람이다. 이것이 보살의 두 가지 범주이다. 마이트레야여, 그 가운데서 갖가지 글귀와 문자를 믿고, 이것에 몰두하는 사람은 처음 배우는 사람으로, 청정행(淸淨行)을 시작해서 아직 얼마 되지 않은 사람이다. 심심하여 더러움이 없는 이 경—대구(對句), 반대되는 표현의 말과 장구(章句)가 있는 이 경—을 독송하고, 믿고, 사람에게 해설하는 보살들은 이미 오래 청정행에 종사한 사람이라고 알아야 한다. 그 경우 처음 배우는 보살에게 두 가지 원인이 있는데 그로 인해 스스로를 해쳐 심심한 법을 통찰하지 못하는 일이 있다. 두 가지란 무엇인가, 지금까지 들은 일이 없는 심심한 경전을 들었을 때 공포가 생겨 의심을 품어 기쁘게 귀의할 수가 없고, '우리는 이같은 것을 일찍이 들은 일이 없다. 어디서 온 것일까'하고 그것을 비난한다. 또 심심한 경전을 받아 지니고, 심심한 법의 그릇이 되어, 심심한 법을 설하는 좋은 집안의 아들이 있어도, 그들과 친하고, 친구가 되어 봉사하지 않고 존경을 하지 않는다.

---

*135 글자 그대로 대단히 깊은 것, 뜻이 깊고 먼 것이다. 문자와 개념을 초월하고 문자나 개념으로는 표현할 수 없는 것이란 뜻이다. 굳이 그것을 표현하려는 노력이 본문 바로 다음에 설해졌듯이 '대구(對句), 반대되는 표현의 말과 장구(章句)'이다. 중국이나 우리나라에서는 불교를 '무상심심미묘(無上甚深微妙)한 법'이라고 말하는데, 티베트에서는 중관학파(中觀學派)를 '심심학파(甚深學派)'라고 부르기도 한다.

또 때로는 그들을 나쁘게 말한다.

이 두 가지 원인에 의해 처음 배우는 보살은 스스로를 해치고 심심한 법을 통찰하지 못한다. 또 심심한 것을 믿는 보살에게도 두 가지 원인이 있어 스스로를 해치며 모든 것은 나지 않는다고 하는 확신(無生法忍)을 얻을 수 없다. 두 가지란 무엇인가, 첫째 행(行)을 시작하여 얼마 되지 않는 처음 배우는 보살을 가볍게 여기고 업신여겨 그들을 받아들이려 하지 않고, 설명해 주려고도 하지 않는다. 둘째 심심한 것을 깊이 믿지 못하고, 학문을 존중하지 않으며, 또 세속의 재물에 의해 사람들에게 이익을 주지만, 그것은 법의 보시에 의하는 것이 아니다. 마이트레야여, 심심한 것을 믿는 보살은 이 두 원인에 의해 스스로를 해치고 또 모든 것은 나지 않는다고 하는 확신을 빨리 얻을 수 없다."

미륵보살의 약속

이같이 말했을 때 마이트레야가 석가세존에게 사뢰었다.

"석가세존이시여, 석가세존의 훌륭하신 말씀은 모두 경탄할 만한 것으로 참으로 훌륭한 것입니다. 이제부터 앞으로 저는 이러한 잘못을 저지르지 않겠습니다. 백천 코티 나유타의 무수한 겁 동안에 여래가 모아 이룩한 이 무상완전한 깨달음을 수호하고 호지하겠습니다. 장래 좋은 집안의 자녀로서 법의 그릇이 되는 사람이 있으면 그들에게 이 경전을 얻을 수 있게끔 하겠습니다. 그들이 기억력을 몸에 지니고 이같은 경전을 믿고, 받아 가지고 설명하고, 이해하고 남을 깨우쳐 주고, 써서 베끼고 또 다른 사람에게 꼼꼼히 설명할 수 있게끔 하겠습니다. 석가세존이시여, 저는 그들을 견고한 사람으로 만들겠습니다. 그때가 되어, 이같은 경전을 믿고 이해하게 되면, 석가세존이시여, 그것은 마이트레야 보살의 위신력에 의한 것이라고 알아 주십시오."

거기서 석가세존은 마이트레야에게 기쁨의 뜻을 표하며

"좋다, 네가 말한 것은 훌륭하다. 여래도 또한 그대가 말한 것을 기뻐하리라."

하고 받아들였다. 그때, 이 세계의, 또 다른 불국토로부터 와 있던 보살들이 이구동성으로 말씀드렸다.

"석가세존이시여, 저희들도 또 석가세존이 열반에 들어가신 뒤, 각자의 불국토에서 와서, 부처로서의 여래의 깨달음을 전파하겠습니다. 이들 좋은 집안의 아들들은 그것을 믿게 될 것입니다."

거기서 호세(護世)의 사천왕(四天王)도 말씀드렸다.

"석가세존이시여, 마을과 읍내, 성시와 국토, 왕궁 등 어느 곳이 됐든, 이 법문이 행해지고, 설해지고, 해석되게 되면, 거기에 저희 사천왕은, 군대와 젊은이와 시종들을 데리고 법을 듣기 위해 찾아오겠습니다. 그 법이 설해지는 범위가 몇 요자나(由旬)가 되더라도, 설법자의 틈을 엿보아, 그의 잘못을 찾으려는 사람에게, 절대로 기회를 주지 않게끔 설법자를 지키겠습니다."

아난에게 위촉

이어서 석가세존은 장로인 아난다에게 말했다.

"아난다여, 이 법문을 받으라. 받아서 지니고 그것을 사람들에게 널리 말하라."

아난다가 대답했다.

"석가세존이시여, 이 법문을 저는 이미 받았습니다. 그런데 이 법문의 이름은 무엇이라 말하고, 어떻게 받아 지녀야 하는 것입니까?"

석가세존이 말했다.

"아난다여, 이 법문은 '유마힐소설경'(비말라키르티가 설했다)이라고 이름 붙인다. 또 '대구(對句)의 결합과 그 반대되는 표현의 완성'이라고도 말하고 '불가사의 해탈법문'이라고도 부른다. 이 법문을 그대는 받아 지니는 것이 좋다."

석가세존이 이같이 말했을 때, 리차비의 비말라키르티·문수사리 법왕자·샤리푸트라·장로 아난다·모든 보살들·성문들, 또 이 모임의 모든 사람들을 통틀어 제천인, 아수라·건달바를 포함한 세간의 사람들이 기뻐하여 석가세존의 설법을 찬양했다.

회쟁론(廻諍論)

논쟁의 초월

제1부 중관자에 대한 실재론자의 반론*1

　(중관자가 말하듯이) 만일 어느 곳에도 어떤 것에도 본체(本體)*2라는 것이 없다고 한다면, 그대(中觀者)의 말도 본체를 갖지 못하는데, 그렇다면 본체를 부정할 수도 없다. ……(1)

　(중관자는 말한다)

　"어느 것의 본체이든 그것은 어느 곳에도─그 질료인(質料因) 속에도, 보조인(補助因) 속에도, 질료인과 보조인을 합친 전체 속에도, 또는 그것들과 독

---

*1　이 글은 70편의 시송(詩頌)과 하나하나의 시송에 지은이 자신이 쓴 해설로 되어 있다. 제1송에서 제20송은 중관자에 대한 실재론자의 반론이고, 제21송 이하는 지은이의 반론을 비판한 것이다. 여기에서 지은이와 맞서 토론하는 자로 나오는 실재론자는 두 가지가 있다. 제1송에서 제6송까지는 니야야 학파(正理派)의 이론이 전개된다. 이 학파는 바이쇄시카 학파(勝論派)의 실재론적 형이상학을 승계하면서, 그 위에 논리학의 체계를 구축했다. 제7송에서 20송까지 사이에는 불교 내부에서 실세론을 대표하는 아비달마 불교인의 의견이 나타나 있다.

*2　svabhāva 한역은 자성(自性), 자체(自體) 등으로 되어 있다. 니야야 학파·바이세시카 학파 등은 예를 들어 싹은 싹이라는 하나의 실체로서 존재하고, 그 실체에 갖가지 속성과 일반자(種)가 내재해 있다고 생각한다. 싹은 궁극성과 항상성을 띠는 원자 즉 원인의 집합에서 이룩된 결과로서 무상이기는 하지만, 그래도 싹에는 단순한 원자의 집합 이상으로 싹이라는 한 물건으로서의 전체성(svayavin)이 갖춰져 있으므로 이것도 실체라 말한다. 이 실체의 그 원인과는 별개인 독립 존재성을 지은이는 본체(svabhāva)라 부르고 있다. 한편 아비달마 불교에서는 실체의 존재는 인정하지 않지만, 현상(現象)의 배후에서 과거·현재·미래를 통해 변하지 않는 본질(法體)의 존재를 주장한다. 변하지 않고 없어지지 않는 싹의 본질이, 현재라고 하는 상태에서 나타나고 있는 것이 눈앞에 있는 싹이다. 이 싹의 본질은 다른 어떤 것과도 다른 자기존재, 즉 독립성을 가지고 있다. 위에 말한 두 실재론이 주장하는 실체와 본체의 어느 것도 다른 것에 의해 만들어질 수 없는 자기존재성을 머금고 있으므로, 그것을 지은이는 본체라 부르고 있다. 중관자(中觀者)인 지은이는 모든 것은 다른 것에 의해 생겨나며, 다른 것과 상대적으로만 존재하고 있는 것으로서, 그 자체가 존립된 존재성을 갖지 않는다고 한다. 그것이 '사물은 본체를 갖지 않는 공(空)이다'라고 하는 뜻이다.

립된 것이라도— 존재하지 않는다. 그러므로 모든 것은 공(空)이다. 그 까닭인
즉 예를 들면, 싹(芽)은 그 질료인인 종자 속에는 있지 않다. 그 보조인으로
불리는 지·수·화·풍(地水火風) 같은 것의 하나하나 속에도, 그 보조인의 전
체 속에도, 질료인과 보조인을 합친 전체 속에도 싹은 있지 않다. 그렇다고
해서 질료인과 보조인과는 무관하게 싹을 얻을 수 있는 것도 아니다. 이들
어느 것 속에도 (싹의) 본체는 없으므로, 싹은 본체를 갖지 않는다. 본체를 갖
고 있지 않으므로 공이다. 이 싹이 본체를 갖지 않을 뿐만 아니라, 본체를
갖지 않기 때문에 공인 것과 마찬가지로, 모든 것은 본체를 갖지 않을 뿐만
아니라, 본체를 갖지 않기 때문에 공이라 말한다."

이에 대해 우리(실재론자)는 (다음과 같이) 논하겠다.

이같은 경우에는 '모든 것은 공이다'라고 하는 그대의 말도 또 공이 된다.
왜냐하면 그 말도 질료인인 모든 원소의 하나하나 속에도, 그것들의 집합
속에도 있지 않기 때문이다. 보조인인 가슴통·목구멍·입술·혀·이뿌리·뒤입
천장·코·앞입천장 같은 것 속에도, 또 말을 하려고 하는 사람의 생각 속에
도 없다. 두 인(因)을 합친 전체 속에도 없고, 질료인과 보조인과는 무관하게
독립해서도 있을 수 없다.

이들은 어디에도 없기 때문에 (말은) 본체를 갖지 않고, 본체가 없기 때문
에 공이다. 그러므로 이같은 것(공인 말) 때문에 만물의 본체가 부정되지는
않는다.

실제로 사물은 존재하지 않는 불에 의해 타지도 않고, 존재하지 않는 칼
에 의해 끊어지지도 않고, 있지도 않은 물에 의해 적셔질 수도 없다. 이같이
존재하지 않는 말 때문에 모든 것의 본체를 부정할 수는 없다.

그러므로 그대가, 모든 것의 본래는 부정된다고 말하는 것도 성립되지 않
는다.

이에 반해, 만일 이 말이 본체를 가지는 것이라면, 그대가 앞에 주장한 것
은 깨어진다. (그대의 두 개의 명제에는) 일치하지 않는 것이 있어, 그것에 대한
특별한 이유를 설명해야만 한다. ……(2)

만일 (앞의 제1송에서 우리가 지적한) 그런 잘못이 있어서는 안 된다고 그대

가 생각하고, '이 말이 본체를 가지며 본체를 가지기 때문에 공이 아니다. 그러므로 그것에 의해 모든 것의 본체는 부정된다'라고 말한다면, 그에 대해 우리는 대답하겠다. 만일 그렇다면 앞서 주장한 '모든 것은 공이다'라고 말한 명제는 잘못되어 있다.

다시 계속한다면 그대의 말도 모든 것의 한 부분이다.

모든 것이 공일 때에 어떻게 그대의 말—그것이 공이 아니기 때문에 모든 것의 본체를 부정하게 되는 것이지만—만이 공이 아니라고 말할 수 있겠는가. 이리하여 여섯 가지 한계를 가진 그릇된 의론*3이 되고 만다. 그것은 어떤 형태에서냐 하면, 자 보게.

만일 모든 것이 공이라면, 당연히 그대의 말도 모든 것 속에 포함되어 있는 것이므로 공이다. 그 공 때문에 (무엇인가를) 부정할 수는 없다. 그러므로 '모든 것은 공이다'라고 부정할 수 없다. (제1)

만일 '모든 것은 공이다'라고 부정할 수 있다면, 그대의 말은 공이 아니어야 한다. 공이 아닌 (것이 실재하는) 것이므로, 그것 때문에 ('모든 것은 공이다'라고) 부정하는 것은 타당하지 못하다. (제2)

또 모든 것은 공이지만, 그대의 말은 공이 아니므로 부정할 수 있다고 한다면, 그대의 말은 모든 것 속에 포함되지 않게 된다. 그 경우에는 '모든 것은 공이다'라는 주장은 (공이 아닌 말이라고 하는) 실례와 서로 어긋나고 만다. (제3)

그대의 말이 모든 것의 한 부분이고, 또 모든 것이 공이라면 그(그대의 말)도 공일 것이다. 공이기 때문에 그것 때문에 부정할 수는 없다. (제4)

또 (말이) 공이요, 그리고 '모든 것은 공이다'라고 부정할 수 있다면, 당연히 모든 것은 공이면서 어떤 작용(作用)을 할 수 있는 것이 될 것이다. 그러나 이같은 일이 승인될 수 없다. (제5)

(말은 공이면서 부정이라고 하는 작용을 행한다고 하는) 실례(實例)와 자신의 의

---

*3 《니야야 수트라》 5편 1장 39계에서 43계까지에 '육익(六翼)'을 갖춘 논쟁'이란 것이 있다. 이것은 입론자와 반론자가 서로 상대편 주장을 뒤엎기 위해, 결말이 나지 않는 그릇된 논쟁을 하고 있는 것을 예로 든 것이다. 여기에 나오는 '여섯 가지 한계를 가진 그릇된 의론'은 이것과 관계가 없는 것은 아니지만 일치하지도 않는다. 여기에서는 상대편 의론에 여섯 가지 막히는 것이 있어, 어느 것도 타당치 못한 결과로 이끌고 있음을 지적하고 있다.

론이 서로 어긋나서는 곤란하다고 생각하여 모든 것은 공이며, 또 작용을 행하지 않는다고 그대가 말한다면, 공인 그대의 말 때문에 모든 것의 본체를 부정하는 것은 있을 수 없는 것이 된다. (제6)

또 이같이 그 (본체를 부정하는 말이) 존재함으로써 어느 것은 공이고, 어느 것은 공이 아니라고 하는 불일치가 따르게 된다. 따라서 그 불일치성에 대해 어느 것은 공이고, 어느 것은 공이 아니라는 것을 설명할 수 있는 특별한 이유를 들어야만 한다.

그러나 그대는 그것을 설명하지 않고 있다. 그러므로 그대는 '모든 것은 공이다'라고 말하면 안 된다.

또, '……하지 마라'라는 소리가, 위에 말한 불일치의 해결을 예를 들어 증명할 수 있다고 생각하는 것도 타당치 않다. 그 까닭은 그 경우에는 실재하는 소리에 의해 생겨나게 될 (소리)의 금지되기 때문에. ……(3)

예를 들면 누군가가 '소리를 내지 마라'라고 말했을 때에, 스스로 소리를 내고, 또한 그 소리에 의해 같은 소리가 제지되리라. 바로 이와 같이 '모든 것은 공이다'라고 하는 공인 말에 의해, 모든 것의 본체가 억제되는 것이라고 그대는 생각하게 될 것이다.

그것에 대해 우리는 말한다. 그것도 타당하지 못하다. 왜냐하면, 앞의 경우에는 실재하는 소리에 의해 생겨나게 될 소리를 부정하고 있지만 뒤의 경우에는, 그대 때문에 실재하는 말에 의해 모든 것의 본체를 부정한다고 하는 것은 아니다. 왜냐하면 그대의 생각으로는 말도 또 실재하는 것이 아니고, 모든 것의 본체도 실재하는 것이 아니다. 그러므로 이 '……하지 마라'라는 소리처럼, 이라는 비유는 그 적용이 잘못된 것이다.

(중관자가 본체를) 부정한다고 해서 (우리들이) 부정하는 것 또한 (잘못되었다고) 생각할지 모르지만 그것은 옳지 않다. 이처럼 형식이라는 관점에서 성립되지 않는 것은 그대의 주장이지 우리의 주장은 아니다. ……(4)

"부정의 부정도 마찬가지로 타당치 않다. 즉 모든 것의 본체를 부정하는

(중관자의) 말을 그대가 다시 부정할 수도 없다."*⁴ 하고 그대는 생각할 것이다.

이에 대해 말하리라. 그것도 옳지 않다. 어째서냐 하면 그것이 그대에게는 주장이라는 명제(命題)로서의 형식을 이루고 있지만 내게는 아니기 때문이다. (즉) '모든 것은 공이다'라고 말하는 것은 그대였고 내가 아니며, (이 의론에서 문제가 되고 있는) '최초의 견해'*⁵는 나의 것이 아니다. 그러므로 이와 같은 경우에는 부정을 부정하는 것도 타당하다고 하는 것은 옳다.

또, 설령 그대가 먼저 지각에 의해 사물을 인식하고 나서 (그 본체를) 부정한다고 하더라도 사물을 인식하는 방법인 그 지각은 (그대에게는) 존재*⁶하지 않는다. ……(5)

설령 그대가 지각에 의해 모든 것을 인식한 다음, '모든 것은 공이다'라고 말해 부정하더라도 그것은 타당치 않다. 어째서냐 하면, 지각이라는 인식 방법도 모든 것의 한 부분이기 때문에 공이며, 사물을 인식하는 사람도 또 공이다. 그러므로 지각이라는 인식 방법에 의한 인식이란 것은 없다. 또 인식되지 않은 것을 부정한다는 것도 있을 수 없다. 그러므로 '모든 것은 공이다'라고 함은 이치에 닿는 것이 아니다.

---

*4 '모든 것은 공이다라는 중관자의 부정은 공이다'라고 상대가 반론할 때, 이 명제가 바른 것이면 '중관자의 부정도 공이면 모든 것은 공이다'라고 하는 중관자의 이론은 부정되지 않는다. 만일, 이 명제가 틀린 것이라면, 즉 '중관자의 부정이 공이 아니고 진실이라면, 모든 것은 공이다'라고 하는 중관자의 이론은 부정되지 않는다. 어느 것이 되었든 중관자의 이론은 바른 것이 된다.

*5 어떤 논쟁에서 최초에 들고 나오는 상대편의 견해를 말한다.

*6 니야야 학파는 확실한 인식 방법으로서 네 가지 즉 지각(知覺)·추리(推理)·비정(比定)·증언(證言)을 인정한다. 비정이라는 것은, 예를 들면, 닐가라는 동물을 알지 못하는 사람이 그것은 '소처럼 생겼다'고 듣고, 숲으로 가서 소와 비슷하지만 소 아닌 동물을 보았을 때에 이것이 '닐가이이다'라는 인식을 갖는다. 그것이 비정이다. 유추로 번역되는 일도 있다. 이 비정은 지각과 추리와도 다른 독립된 인식이라고 니야야 학파는 생각한다. 증언 또는 성전(聖典)의 말씀은, 신뢰할 수 있는 사람의 가르침이다. 이것은 지각한 일이 없는 사실의 교시로서, 한 번도 지각한 일이 없는 것은 추리할 수도 없기 때문에, 이것도 지각·추리와는 다른 인식이라고 한다. 제5~6송에서 이 네 가지 인식 방법이 열거됨으로써 이 대목의 반론자가 니야야 학파라는 것을 분명히 알 수 있다.

그대는 추리(推理)·증언(證言)·비정(比定) 어느 것에 의해 모든 것을 인식하고 나서 모든 것을 부정하는 것이라고 생각할지도 모른다. 그것에 대해 말한다.

추리·증언·비정, 또 추리와 증언에 의해 증명된 대상과 비유에 의해 비정된 대상도 지각(의 비판)에 의해 이미 인식하고 있다. ……(6)

지각이라는 인식 방법(의 비판)에 의해 추리·비정·증언은 함께 비판된 걸로 된다. 왜냐하면 모든 것이 공인 까닭으로 지각이라는 인식 방법도 공인 것처럼 추리·비정·증언도 모든 것의 공성에 근거해서 공이다. 추리에 의해 증명되는 대상·증언에 의해 증명되고 비정에 의해 증명되는 대상도 모든 것이 공이기 때문에 공이다. 추리·비정·증언에 의해 사물을 인식하는 사람도 또 공이다. 그런 까닭에 사물을 인식할 수 없고, 인식할 수 없는 것의 본체를 부정할 수도 없다. 따라서 '모든 것은 공이다'라고 말하는 것도 이치에 닿는 것이 아니다.

또, 사물*7의 부위(部位)에 통한 사람들은 선(善)한 모든 사물에는 선한 본체가 있다고 생각한다. 그 밖(의 모든 사물)에 대해서도 각각 본체를 배분(配分)하고 있다. ……(7)

이 세간에서, 사물의 부위에 통한 사람들(아비달마 철학자)*8은 백열아홉의

---

*7 산스크리트어 dharma는 '법(法)'이라 한역되는데 불교 술어 가운데서 가장 여러 가지 뜻을 나타내는 것의 하나이다. 여기에서는 교법의 뜻도, 또 윤리적인 덕의 뜻도 없는 사물을 말한 것이다. 우리들의 의식에 주어지고 있는 여건을 말한다. 실재론자는 그것을 실체 또는 본체라고 생각하고 중관론자는 그것을 의식의 표상이라고 생각하나, 중관자는 본체가 공한 것이라고 생각한다.

*8 아비달마 철학자는 경전에 있는 온갖 술어들을 일정한 범주에 따라 정리하고, 그 체계에 들어 있는 사물(法)의 본질적 실재성을 주장했다. 설일체유부(說一切有部)가 그 대표적인 학파인데, 최종 범주로서 색(色 : 물질), 심(心 : 마음), 심소(心所 : 마음의 작용), 심불상응행(心不相應行 : 마음과 서로 어울리지 않는 행온), 무위(無爲 : 인연에 의해 만들어진 것이 아닌 것, 진리)의 5위 밑에 75법의 본질적 존재를 들고 있다. 그것에 포섭되는 모든 현상의 본질은 영원, 불멸, 자기와 동일한 실재라고 생각하고 있다. 제7송에서부터 아래로 나타나는 아비달

사물이 있다고 생각한다.

즉 인식, 감각, 표상(表象), 사유(思惟), 접촉(接觸),*9 주의(注意 : 작업), 욕(欲), 이해(理解 : 勝解), 정진(精進), 기억, 삼매(三昧 : 精神統一), 단정(斷定 : 慧), 무관심(無關心 : 捨), 예비 수행(豫備修行 : 加行), 완전한 예비 수행, 득(得),*10 종교적 의지(意志 : 意樂), 무노(無怒), 만족(滿足), 노력, 열의(熱意), 치(痴), 세력, 불해(不害), 자재(自在), 적의(敵意), 불회(不悔), 취착(取捉), 불취착, 기억의 재출(再出), 견고, 집착, 불열의(不熱意), 무혹(無惑), 무세력, 기원(祈願), 서원(誓願), 교만(驕慢), 대상에 대한 무집착, 미계(迷界)에서 떠나지 않는 것, 생기(生起), 지주(止住), 무상(無常), 구유(具有), 노(老), 열뇌(熱惱), 불만, 심(尋), 희(喜), 정신(淨信), 부적당한 이해, 애(愛), 불순(不順), 정당하게 배우는 것, 두려워하지 않는 것, 존경, 찬탄, 신애(信愛), 불신애, 순종, 경례, 불경, 경안(輕安 : 心身의 輕快함), 웃음, 말, 동작, 성취, 부정신(不淨信), 불경안(不輕安), 청정(淸淨), 숙련(熟練), 온아(溫雅), 회(悔), 근심, 뇌(惱), 노(勞), 정당하게 배우는 것, 의심, 청정한 자제(自制), 내적 정신(內的淨信), 외포(畏怖)에 이르기까지의 한 부분, 신빙(信憑), 참(慚), 정적, 불기(不欺), 적정(寂靜), 안정, 불방일(不放逸), 온화, 숙려(熟慮), 염리(厭離), 불갈망(不渴望), 불교(不驕), 무탐(無貪), 무진(無瞋), 무치(無癡), 전지(全知), 불방사(不放捨), 부(富), 괴(愧), 감추지 않는 것(죄를), 사고(思考), 비애(悲愛), 자애(慈愛), 의기소침하지 않는 것, 무번뇌, 신통(神通), 불한(不恨), 부질(不嫉), 마음의 힘이 다하지 않는 것, 인욕(忍辱), 방기(放棄), 성적(性的) 향락을 떠나는 것, 향수(享受)하는 데 알맞은 것, 복덕(福德), 무상정(無想定 : 모든 마음 작용이 사라진 선정), 미계(迷界)에서 떠나게 되는 것, 전지(全知)가 아닌 것, 진리(眞理 : 無爲) 등이다.

이상 백 열아홉의 좋은 사물에는 선(善)의 본체(本體)가 있다.*11

마찬가지로 모든 악한 사물에는 악의 본체가 있다. 선과 악의 어느 것으로도 결정되지 않으나 깨달음의 방해가 되는(有覆無記) 모든 사물에는, 그와

마 철학자의 교의는 완성된 설일체유부의 그것과 일치하지 않으나, 기본 사유 방법의 종류는 같다.

*9 감각기관·대상·의식 세 가지의 접촉.

*10 선악 등의 성질을 사람이 얻어 간직하는 것. 즉 속성을 인격에 결부시키는 원리.

*11 이 모두를 선한 마음의 작용으로 풀이할 수는 있지만, 두세 가지 의심스러운 것도 있다.

같은 본체가 있다. 본성(本性)으로서 선과 악 어느 것으로도 결정되어 있지 않은 모든 사물에는, 그와 같은 본체가 있다. 욕(欲)이라 불리고 있는 모든 사물에는 욕으로 불리는 본체가 있다. 비물질적인 것으로 불리는 모든 사물에는, 비물질적으로 불리는 것의 본체가 있다. 번뇌가 없는(無漏) 모든 사물에는, 무번뇌의 본체가 있다. 고(苦)·고의 원인·고의 지멸(止滅)·멸(滅)에 이르는 길이라고 불리고 있는 것에는 고·고의 원인·고의 지멸·멸에 이르는 길이라고 불리는 본체가 있다. 수도위(修道位)*12의 관점에서 끊어지게 되는 것에는, 수도위의 관점에서 끊어지게 되는 본체가 있다. 끊어질 수 없는 것에는, 끊어질 수 없는 본체가 있다. 이와 같이, 여러 가지 종류의 사물의 본체가 경험되는 것이므로 '모든 것은 본체를 갖지 않고 본체를 갖지 않으므로 공이다'라고 그대가 말한 것은 옳지 않다.

또, 미계로부터 출리(出離)로 인도하는 것으로 정해진 사물의 부위(部位)에 있는 것에는, 출리로 인도하는 본체가 있다. 출리로 인도하지 않는 것, 그 밖에 대해서도 사정은 마찬가지이다. ……(8)

여기에, 그 사물의 부위가 미계로부터의 출리로 인도하는 것이라고 정해져 있는 모든 사물에는, 출리로 인도하는 본체가 있다. 출리로 인도하지 않는 것에는, 출리로 인도하지 않는 본체가 있다. 깨달음의 부분인 것(覺支)에는, 깨달음의 부분인 본체가 있다. 깨달음의 부분이 아닌 것에는, 깨달음의 부분이 아닌 본체가 있다. 깨달음의 도움이 되는 것(菩提分)에는, 깨달음의 도움이 되는 본체가 있다. 깨달음의 도움이 되지 않는 것에는, 깨달음의 도움이 되지 않는 본체가 있다. 이리하여 갖가지 사물에는 각각 그 본체가 있다는 것을 알 수 있으므로 '모든 것은 본체를 갖지 않고 본체를 갖지 않으므로 공이다'라고 그대가 말하고 있는 것은 옳지 않다.

또, 만일 모든 사물에 본체가 없다면, 본체를 갖지 않는 것이라고 하는 이 명칭 자체도 존재하지 않을 것이다. 왜냐하면 (대응하는) 실재물(實在物)을 갖

---

*12 깨달음에 이르기까지의 수행 단계를 견도(見道), 수도(修道), 무학도(無學道)의 셋으로 나눈다.

지 않는 명칭은 있을 수 없기 때문이다. ……⑼

　만일 모든 것에 본체가 없다면, 그 '본체를 갖지 않는 것'에도 본체가 없는 것이 될 것이다. 그 경우 '본체를 갖지 않는 것'이라 하는 이 명칭도 없을 것이다. 왜냐하면 대응하는 실재물이 없는 명칭은 있을 수 없기 때문이다.＊13 그런 이유에서, 명칭이 있는 이상 사물에는 본체가 있는 것이며, 본체가 있는 이상 모든 것은 공이 아니다. 그러므로 '모든 것은 본체를 갖지 않고, 본체를 갖지 않기 때문에 공이다'라고 그대가 말하고 있는 것은 옳지 않다.

　또, 본체는 있지만, 그것은 모든 사물에는 없는 것이라고 한다면, 그렇다면 모든 사물과는 별개로 그 본체가 속해 있음을 설명해야만 한다. ……⑽

　대응하는 실재물이 없는 명칭이 있어서는 안 된다고 생각해 '본체 그 자체는 있지만 그것은 모든 사물에는 속해 있지 않다. 이렇게 풀이하면 모든 사물에는 본체가 없는 것이 되고 사물의 공성(空性)은 성립되며, 그리고 명칭이 대응하는 실재물을 갖지 않는 것도 아니다'라고 만일 그대가 말한다면, 그것에 대해 우리는 말하겠다. 만일 그렇다면 모든 사물이란 것은 별개의 것이며, 또 본체가 속해 있는 것은 무엇인가 하는 것을 설명해야 할 것이다. 그런데 그대는 그것을 설명하지 않고 있다. 그런 까닭에 '본체는 있지만, 그것은 모든 사물에는 없다'고 하는 생각은 틀린 것이다.

　또, '집에 병(瓶)은 없다'고 하는 형식은 '본래 병이란 것이' 존재해 있을 때에만 부정된다. 따라서 그대는 본체가 있을 때에만 부정할 수 있다. ……⑾

　이 세상에서는, 어떤 것이 존재해 있을 때에만 그것을 부정할 수 있지만, 존재하지 않는 것은 부정할 수 없다. 예를 들면, 집에 병이 없다고 하는 부정은, 본래 존재해 있는 병에 적용되는 것으로 병이 전혀 존재해 있지 않을 때

＊13 합리적인 관념과 명칭에는 반드시 대응하는 실재물이 있다고 주장함이 유부(有部)나 바이재시카 및 니야야 학파가 갖는 실재론의 기본적 견해이다. '본체를 갖지 않는다'고 할 때에 부정되는 대상은 본체이다. 그러므로 본체가 없으면 그 부정도 성립될 수 없다는 뜻이다.

에는 그 부정도 없다. 그것과 꼭 마찬가지로 모든 사물은 본체가 본래 존재할 때에 부정할 수 있으며 존재하지 않을 때에는 안 된다. 그러므로 '모든 것은 본체를 갖지 않는다'고 하는 것은 바르지 않다. 부정할 수 있다면 모든 것의 본체를 (전면적으로) 부정할 수 없다.

또, 만일 그 본체가 없다면, 그대는 그 말로써 무엇을 부정하는 건가. 왜냐하면 존재하지 않는 것의 부정은, 새삼스레 표현할 것도 없이 성립되는 것이기 때문이다. ……(12)

만일 그 본체가 완전히 없다면, 그대는 '모든 것은 공이다'라고 하는 말에 의해 무엇을 부정하겠다는 건가. 말을 하기 전에 존재하지 않는 것을 부정했기 때문이다. 예를 들면, 불에 차가움이 없음이나 물에 뜨거움이 없는 것(은 말할 필요가 없는 것)과 같다.

또, 그리고 부정하는 그대는 이렇게 생각할 것이다. '예를 들면 어리석은 사람은 아지랭이를 물이라고 잘못 알고 있다. 그와 같이 존재하지 않는 것을 잘못(존재한다고) 이해하는 일도 있을 것이다.' ……(13)

즉 그대는 생각할 것이다. '어리석은 사람이 아지랭이를 보고 물이라고 잘못 알고 있다고 하자. 그것에 대해 유식한 사람이 그의 오해를 없애기 위해 그 아지랭이는 물이 아니라고 말하는 일이 있다. 그와 같이 사람들이 본체가 없는 것에서 본체를 잘못 인정하고 있을 때, 그것을 물리치기 위해 모든 것은 공이라고 말하는 것이다.'
이것에 대해 우리는 말하리라.

설령 이같은 경우라도 이해와 이해되는 것과 이해하는 사람, 부정과 부정되는 것과 부정하는 사람이라는 여섯은 존재하는 것이 아닌가. ……(14)

설령 그렇다 하더라도, 적어도 사람들의 (잘못된) 이해는 있는 것이며, 이해되는 것과 이해하는 사람들도 있다. 또 그 잘못된 이해의 부정을 잘못된 이

해라고 부정해야 할 것, 그대들처럼 부정하는 사람들도 있다. 이렇게 해서 여섯 가지가 존재하고 있다. 이 여섯 가지가 존재하고 있는 한 '모든 것은 공이다'라고 하는 것은 옳지 않다.

또, 만일 이해도 없고, 이해되는 것도 없고, 이해하는 사람도 없다고 말한다면, 그 부정도, 부정되어야 하는 것도, 부정하는 사람들도 없는 것이 되지 않는가. ……(15)

그(14송에서 지적된) 것과 같은 잘못이 있어서는 안 된다고 해서, '이해도, 이해되는 것도, 이해하는 사람도 없다'고 그대가 말할 경우에는 '모든 것은 본체를 갖지 않는다'고 하는 형식을, 오해를 부정할 수 없으며, 부정되는 것도, 부정하는 사람들도 존재하지 않는 것이 되지 않는가.

그리고 만일에 부정, 부정되는 것, 부정하는 사람이 없다면, 모든 것은 존재하게 되고 그것들의 본체도 존재하게 된다. ……(16)

만일에 부정도, 부정되는 것도, 부정하는 사람도 없다면, 모든 것은 부정되지 않고 존재하며, 모든 것의 본체도 존재하게 된다.

또, 그대(의 의론)에는 근거가 없다. 본체를 부정한다면 근거가 있을 수 없다. 그대가 의론하는 내용에 근거가 없을 때에는, 그것을 증명할 수는 없다. ……(17)

'모든 것에는 본체가 없다'고 하는 이 의론의 내용에 대한 근거는, 그대에게는 존재하지 않는다. 어째서냐 하면, 모든 것은 본체를 갖지 않아 공인데, 어떻게 근거가 있을 수 있겠는가. 근거가 없을 경우에는 '모든 것은 공이다'라는, 근거도 없는 의론의 내용이 어떻게 증명될 수 있겠는가. 그러므로 '모든 것은 공이다'는 옳지 않다.

만일에 그대가 근거도 없이 본체 부인(否認)한다면, 나도 근거 없이 본체의

성립을 인정하리라. ……(18)

만일에 그대가 별다른 근거 없이도 사물에는 본체가 없음을 증명할 수 있다고 생각한다면, 그대가 근거도 없이 본체를 부인하는 것처럼 나도 사물에는 본체가 있음을 증명할 수 있을 것이다.

거꾸로 근거가 있다면, 사물이 본체가 없다고 하는 것은 거짓말이다. 어느 세계에서든 모든 것은 본체를 갖고 있기 때문이다. ……(19)

만일 그대가 근거가 있다고 말한다면, '모든 것은 본체를 갖지 않는다'고 하는 것은 거짓말이다. 왜냐하면 세상의 모든 것은 본체를 갖고 있기 때문이다.

부정하는 것이 앞에 있고, 부정되는 것이 뒤에 있다고 하는 것은 있을 수 없다. 부정하는 것이 뒤이고 (부정되는 것이 앞에) 있어도, (둘이) 동시에 있어도, (부정은) 성립되지 않는다. 그런 까닭에 본체는 어디까지나 있는 것이다. ……(20)

이 (부정이라고 하는) 것에 대해 부정하는 것이 앞에 있고, 부정되는 것이 뒤에 있다고 하는 것은 있을 수 없다. 왜냐하면 (부정이 있을 당시는 아직) 부정되는 것이 없다면 부정할 것이 없기 때문이다. 또 부정하는 것이 뒤에 있고 부정되는 것이 앞에 있다고 말할 수도 없다. 부정되는 것이 앞에 이미 존재했다면 부정하는 것은 쓸모가 없기 때문이다. 또 부정하는 것과 부정되는 것이 동시에 존재한다 하더라도, 부정하는 것은 부정되는 것에 영향을 미치는 작용 원인(作用原因)이 되지 않으며, 부정되는 것이 부정하는 것에 영향을 미치는 작용 원인도 되지 않는다. (동시에 존재하는 둘 사이에 주고 받는 작용이 없는 것은)
예를 들면, 토끼(의 머리)에 동시에 나 있는 두 개의 뿔*14 가운데, 오른쪽

---

*14 '토끼의 두 뿔'에 해당되는 곳의 한역에는 '토끼'라는 말은 없다. 토끼뿔은 실재하지 않는다는 비유인데, 여기에서는 동시에 실재하는 두 개의 물건, 예를 들면 소의 두 뿔 사이에

뿔이 왼쪽 뿔에 대한 작용 원인도 되지 못하고, 왼쪽 뿔이 오른쪽 뿔에 영향을 미치는 작용 원인도 되지 못하는 것과 같다. 따라서 '모든 것은 본체를 갖지 않는다'고 하는 것은 옳지 않다.*[15]

주고 받는 영향이 있을 수 없는 것을 설명하는 것이므로, 토끼는 필요없는 것일지도 모른다. 사실상 많은 책에는 주고 받는 작용이 없는 것의 비유로서 소의 두 뿔이 더 널리 눈에 띈다.

*[15] 작용은 모두 시간적 계기에 있는 인과작용(因果作用)으로서 성립된다. 이 경우 결과가 생겼을 때에는 원인은 이미 존재하지 않으므로, 인과 작용은 둘 사이에 성립되는 상호작용은 아니다. 동시적으로 있는 둘 사이에 상호작용이 직접으로 성립될 수 없다는 이론은 후대에 경량부(經量部)가 적극 주장했다. 그 둘의 상호작용이, 양자가 때를 달리해서 존재할 수도, 때를 같이해서 존재할 수도 없다고 하는 분석 방법은, 본론 제20송의 그것과 매우 비슷하다.

제2부 중관자의 실재론자 비판

이상의 비판에 (우리 중관자는 아래에) 대답한다. 먼저 처음에 그대가

만일 어느 곳에도, 어떤 것에도 본체라는 것이 없다고 한다면, 그대의 말도 본체를 갖지 못하는데, 그렇다면 본체를 부정할 수도 없다. (제1송이 다시 나온 것)

고 말한 것에 대해 말하겠다.

만일 내 말이 그 질료인(質料因)과 보조인(補助因)을 합친 전체 속에도, 그것들과 독립된 것으로서도 존재하지 않는다면, 사물에는 본체가 없는 것이 되므로, 공성(空性)은 증명되지 않는가. ......(21)

만일 내 말이 질료인, 즉 모든 원소가 집합한 것이나, 또는 모든 원소의 하나하나 속에도 존재하지 않고, 보조인인 가슴통·목구멍·입술·혀·이뿌리·뒤입천장·코·앞입천장 등이나, 또 생각 속에도 없고, 두 인(因)을 합친 전체 속에도, 질료인과 보조인의 전체와는 따로 독립된 것으로서도 있을 수 없다고 한다면, 그 까닭으로 해서 본체를 갖지 않게 되고, 본체를 갖지 않기 때문에 공이다. 본체가 없기 때문에 이 내 말이 공인 것이 증명된다. 그리고 이 내말이 본체를 갖지 않기 때문에 공이라고 말한다. 그러므로 그대가 내 말이 공이기 때문에 모든 것의 공성은 타당치 못하다는 것은 옳지 않다.

또, 사물이 다른 것에 의해 존재하는 것*1이 공성의 뜻이라고 우리는 말

---

*1 사물이 다른 것에 의해 존재하는 것, 다른 것에 의해 생겨난다는 것을 '연기(緣起)'라고 말한다. 이것은 모든 것이 원인에 의해 비로소 생기고, 또 긴 것이 짧은 것에 상대되는 것으로

한다. 다른 것에 의한 존재에는 본체가 없다. ……(22)

　그대는 '사물이 공이다'라고 하는 것의 의미를 확인하지도 않고, 내 말에 본체가 없으므로, 사물의 본체는 부정할 수 없다고 비난을 퍼붓고 있다. 이 경우에는 사물이 다른 것에 의해 존재하고 있는 그것이 공성이다. 어째서인가. 본체를 갖지 않기 때문이다. 참으로 다른 것에 의하여 생겨나는 것은, 본체 (즉 자기 존재)를 가지고 존재해 있는 것은 아니다. 그것들에는 자기 존재성이 없기 때문이다. 어째서냐 하면, 그것들은 질료인과 보조인에 의존해 있는 것이기 때문이다. 만일 사물이 본체로서 존재한다면, 질료인과 보조인을 없애 버려도, 그것은 존재하게 될 것이다. 그러나 실제로는 그 같은 경우에는 사물은 존재하지 않는다. 그런 까닭에 사물은 본체가 없는 것이며, 본체가 없기 때문에 공이라고 선언하게 된다. 이리하여 내 말까지도 다른 것에 의해 생겨난 것이기 때문에 본체를 갖지 못하고, 본체를 갖지 않기 때문에 공이라 말하게끔 된다.

　그러나 수레(車)라든가 병(壺)이라든가, 베(布) 같은 것은 다른 것에 의해 생겨난 것이기 때문에 본래가 공이기는 하지만, 나무와 풀과 흙을 운반하기도 하고, 꿀과 물과 우유를 담기도 하며, 추위와 바람과 더위로부터 사람을 보호하는 것과 같은 각자의 역할을 행한다. 이와 같이 내 말도 다른 것에 의해 생겨난 것이기 때문에 본체를 갖지 않지만, 사물에 본체가 없는 것을 증명한다. 그러므로 내 말이 본체가 없기 때문에 공이며, 그것이 공이기 때문에 그 말에 의해 모든 것의 본체를 부정할 수는 없다고 말하는 것은 옳지 않다.

　또, 변화가 다른 변화를 방해하고, 환인(幻人 : 마술사가 마력으로 만들어 낸 헛것인 사람)이 스스로의 마술에 의해 만든 '(다른 환인)'을 방해한다. 그것과 마찬가지로 이 부정도 있을 수 있다. ……(23)

　예를 들면 변화인(變化人 : 부처님 등의 신통력에 의해 만들어 낸 사람)이, 또 한

서만 있을 수 있듯이, 다른 것과 상대되는 것으로만 존재할 수 있는 것을 나타낸다. 즉, 그 자신이 독립해서 존재하는 자기 존재로서의 본체라는 것과 반대로서, 자립적이 아니고 다른 것에 의존해서만 존재하는 것을 말한다. 그것이 또 공(空)의 뜻이다.

명의 변화인이 무엇인가를 하려고 하는 것을 방해하고, 마술사에 의해 만들어진 환인이 같은 마술에 의해 만들어진 다른 환인이 무엇인가를 하려는 것을 방해할 경우에는, 방해를 받는 변화인도 공이요, 방해하는 쪽도 공이다. 방해를 받는 환인도 공이요, 방해하는 쪽도 공이다. 꼭 그것과 같이, 내 말도 공이기는 하지만 모든 것의 본체를 부정할 수 있다. 그것에 대해 그대가, 내 말은 공이기 때문에 모든 것의 본체를 부정할 수는 없다고 말하는 것은 바르지 못하다. 그때 그대가 말한 여섯 가지 한계를 같은 의론이라고 한 것도 이와 같은 이유로 부정된다. 사정이 이러한 이상, 내 말은 모든 것의 한 부분이 아니라고 하는 것은 아니며, 공이 아닌 것도 아니다. 또 모든 것도 공이 아닌 것도 아니다.

또 그대가

이에 반해, 만일 이 말이 본체를 가지는 것이라면, 그대가 앞에 주장한 것은 무너진다. (그대가 주장하는 두 개의 명제에는) 일치하지 않는 것이 있어, 그것에 대한 특별한 이유를 설명해야만 한다. (제2송이 다시 나온 것)

고 말한 것에 대해 이렇게 말하련다.

이 말은 본체를 갖는 것이 아니므로 내게 이론의 파탄(破綻)은 없다. 또 불일치성도 없으며 특별한 이유를 말할 필요도 없다. ……(24)

먼저 내 말은 다른 것에 의해 생겨난 것이므로 본체가 주어져 있지 않다. 그것은 앞에서, '본체를 갖고 있지 않기 때문에 공이다'라고 말한 것과 마찬가지이다. 그리고 나의 이 말이 공이고, 다른 모든 것도 공이기 때문에 거기에 불일치는 없다. 왜냐하면 만일 '우리가 이 말은 공이 아니고 다른 모든 것은 공이다'라고 한다면, 거기에 불일치가 생길 것이다. 하지만 우리는 그렇게는 말하지 않으므로 불일치는 없다. 그리고 '이 말은 공이 아니고, 한편 다른 모든 것은 공이다'라고 하는 식의 불일치는 없는 것이므로, '말은 공이 아니고, 한편 다른 모든 것은 공이다'라고 하는 것을 뒷받침할 만한 특별한 이유를 말할 필요도 없다. 따라서 그대가 내게 이론의 파탄과 불일치성이 있고, 특별한 이유를 말해야 한다고 말한 것은 정당하지 않다.

앞에서 그대가 말한

'……하지 말라'고 하는 소리가, (위에 말한 불일치의 해결을) 예를 들어 설명할 수 있다고 그대는 생각하지만, 그것도 타당치 않다. 그 까닭은 그 경우에는 실재하는 소리가 생겨나게 될 (소리)를 금지시키기 때문이다. (제3송이 다시 나온 것)

라고 말한 것에 대해 이렇게 말하련다.

그대가 암시한 '……하지 말라'고 하는 소리처럼이라고 말하는 것은, 비유로 되지 않는다. 왜냐하면 그것은 소리가 소리를 정지시키는 것이지만, 내가 말하는 것은 그것과는 다르기 때문이다. ……(25)

이것은 우리들의 (의론의) 비유로 되지 않는다. 누군가가 '소리를 내지 말라'하고 소리를 내면서 소리를 억제하는 것처럼, 이 공인 말은 공성을 부정하는 것은 아니다. 어째서냐 하면, 이 비유에서는 소리가 소리를 금지시키는 것이지만, 여기에서는 그렇지가 않다. 여기에서는 '모든 것은 본체를 갖지 않으며, 본체를 갖지 않기 때문에 공이다'라고 말하고 있다. 어째선가.

까닭인즉, 본체를 갖지 않은 것이 만일 본체를 갖지 않은 것을 억제한다면 본체를 갖지 않는 것을 부정하는 것이므로, 본체를 갖고 있는 것을 증명하리라. ……(26)

'소리를 내지 말라'라는 소리가 소리를 억제하는 것처럼, 본체를 갖지 않은 말이 만일 본체를 갖지 않은 것을 억제한다면, 그때에야말로 이 비유는 타당하다. 그러나 여기에서는 본체를 갖지 않은 말이 사물의 본체를 부정하는 것이다. 만일 본체를 갖지 않은 말이 본체를 갖지 않은 것을 부정한다면 본체를 갖지 않은 것을 부정하므로, 바로 사물은 본체를 가지는 것으로 될 것이며, 본체를 가지므로 공이 아닌 것으로도 될 것이다. 그런데 사물이 공이 아니라는 것이 아니라, 공인 것을 주장하는 것이다. 그러므로 이것은 비유로는 되지 않는다.

또는 어느 사람이 변화한 여자를, 이것은 (실재) 여자라고 오인하고 있는 것을 (다른) 변화한 사람이 부인한다고 하자. 대부분의 경우도 그와 같다. ……(27)

또 예를 들면, 어느 사람이 (여자로서의) 본체가 없는 여자를 정말 여자라고 오인한다고 하자. 그(변화한 여자)를 그렇게 오인하는 까닭에 그에게 욕망이 생긴다고 하자. 여래(如來)나 또는 여래의 제자가 변화인(變化人)을 만들고, 이것이 여래의 신비스런 통어력(統御力)이나 또는 여래의 제자의 신비스런 통어력이 그의 그런 오인을 물리친다고 하자. 마치 그것과 같이, 변화인 같은 공인 내 말이 변화한 여자 같이 본체를 갖지 않는 모든 것에 본체가 있다고 생각하고 있는 오해를 물리치게 된다. 그런 까닭에, 방금 말한 비유야말로 공성을 증명하는 데 타당한 것이 되지만, (그대가 암시한, '……하지 말라'고 하는 소리처럼이라고 하는) 또 하나는 그렇지 않다.

이 (그대가 주장하고 있는) 이유는 그 자체가 불확실한 것[2]이다. 왜냐하면, 소리에 실재성(實在性)은 없는 것이기 때문에. 또 우리 것은 세간의 상식을 승인하고서 의론하는 것은 아니다. ……(28)

---

[2] 《니야야 수트라》 5·1·4에 있는 다섯 가지 그릇된 비난은, 상대편이 갖는 추리의 증인(證因) 그 자체를 또한 반드시 증명해야 한다고 하여 비난하는 것이다. 이것을 소증상사(所證相似, sādhyasama)라고 한다. 상대편 증인이 바른 경우에도, 그것에 트집을 잡기 때문에 그릇된 비난으로 분류되어 있다. 여기에 보이는 sādhyasama는 그릇된 비난으로서가 아니고, 실재론자가 실재하는 것으로써만 실재하는 것을 부정할 수 있다고 하는 것의 예증으로서 제출하는 '……하지 말라'고 하는 소리가 아직 실재하는지 어떤지 결정되어 있지 않으므로, 그 자체를 다시 증명해야 하는 불확실한 것이다, 라고 비판하는 것이다. 비유라고 하는 것은, 고대 인도의 논리학에서는 말하자면 대전제의 대용으로 쓰인다. '……하지 말라'고 하는 소리처럼이라고 하는 것은, '……하지 말라'고 하는 소리의 경우처럼, 실재하는 것만이 다른 실재하는 것을 부정할 수 있다는 것을 나타낸다. 따라서 비유가 불확실하다는 것은 논거가 불확실한 것과 같은 뜻을 갖게 된다.

'……하지 말라'고 하는 소리처럼이라고 하는 (비유에 들어 있는) 이유는, 그 자체가 불확실하다. 왜냐하면 모든 것은 본체를 갖지 않는다고 하는 점에서 서로 다른 것이 없기 때문이다. 실로 그 소리도 다른 것에 의해 생겨난 것이기 때문에, 본체로서의 실재성이 없기 때문에, 그대가 이 경우를 두고서 '실재하는 소리가 생겨나게 될 소리를 금지시킨다'라고 말한 것은 모순이다.

또 세간 상식(常識 : 言說)을 승인하지 않고, 즉 상식을 무시해 버리고, 모든 것은 공이다라고 말하지 않는다. 참으로 상식을 따를 때 교법(敎法)을 말할 수 있다.

'세간 상식을 쓸 때 최고의 진실을 말할 수 있다. 최고의 진실을 따를 때 열반을 깨달을 수 있다.'[*3]라고 말한 것처럼. 그러므로 내 말과 마찬가지로 모든 것은 공이며, 모든 것이 본체를 갖지 않는 것은 (상식과 최고의 진실) 둘의 관점에서 타당한 것이다.[*4]

또 그대가

부정에 대한 (우리들의) 부정도 마찬가지로 (잘못되었다고) 생각할지 모르지만, 그것은 옳지 않다. 이처럼 형식이라는 관점에서 성립되지 않는 것은 그대의 주장이지 우리의 주장은 아니다. (제4송이 다시 나온 것)

라고 말한 것에 대해서, 우리는 이렇게 말하리라.

만일 내가 어떤 주장을 한다면, 이런 잘못이 내가 저지를 것이다. 하지만 나는 주장을 하지 않기 때문에 잘못도 없다. ……(29)

---

*3 《중론》 24·10에 있다.
*4 실재론자들은, 상식의 세계에서는 실재하는 것만이 부정의 기능을 갖는다라고 비난하는데, 중관자는 공인 것이 기능을 갖는다고 하는 점에서 상식에 반한다, 라고 말하고 있다. 그래서 지은이는 그와 같은 실재론자의 전제가 실은 상식에 위반되는 것이고, 다른 것에 의해 생긴 것은 공이다, 라고 하는 쪽이 상식에 따르는 것이라고 말한다. 연기(緣起), 공(空)이라고 말하는 것은 상식으로서도 참이며, 최고의 진실로서도, 참이라고 하는 것이 지은이의 주장이다. 여기에서 '세간 상식'이라고 의역한 것은 술어로는 언설제(言說諦) 또는 세속제(世俗諦)라고 말하며, 말과 행동에 관한 세간의 관행을 말한다. 최고의 진실은 승의제(勝義諦), 제일의(第一義諦)라고 말하는 것으로서, 세간 상식에 대해 종교인, 철학자의 진실을 말한다.

만일 내가 어떤 주장을 하고 있는 것이라면, 주장명제의 형식을 채용하고 있는 것이 되므로, 그대가 앞에서 지적한 것처럼 잘못도 있을 것이다. 하지만 나는 어떠한 주장도 하지 않는다. 즉 모든 것이 공이며, 절대 한정(閑靜)이며, 본성으로서 고적(孤寂)한 때에 주장이 있을 수 없다. 또한 주장명제의 형식을 취할 수 없다. 또한 주장명제의 형식을 취하는 것에 얽매이는 잘못도 있을 수 없다. 그 경우, 내가 주장명제의 형식을 취하고 있는 것이므로, 내게 잘못이 있다고 그대가 말한 것은 옳지 않다.*5

또 그대가

설령 그대가 먼저 지각에 의해 사물을 인식하고 나서 (그 본체를) 부정한다 하더라도, 사물을 인식하는 방법인 그 지각은 (그대에게는) 존재하지 않는다. (제5송이 다시 나온 것)

추리·증언·비정, 또 추리와 증언으로써 증명된 대상과 비유로써 비정된 대상도, 지각(의 비판)으로써 이미 대답되고 있다. (제6송이 다시 나온 것)

라고 말한 것에 대하여 우리는 말하겠다.

만일 내가, 지각이나 그 밖의 (인식 방법)으로써 무언가를 인식한다면, 나는 긍정적으로 주장하기도 하고, 부정적으로 주장하기도 할 것이다. 그러나 그것이 없으므로 (그대가 말하는 것은) 나를 비난하는 것이 아니다. ……(30)

만일 내 지각·추리·비정·증언이라는 네 가지 인식 방법*6의 전부나, 또는 네 가지 인식 방법 중 어느 하나로써 어떤 대상을 인식한다고 한다면, 그것으로써 긍정적인 주장을 하기도 하고, 또는 부정적인 부정을 하기도 할 것이

---

*5 주장명제(主張命題, pratijñā)는 니야야 학파가 규정하는 추론식의 제일지분이다. 주장명제의 형식을 취한다고 하는 것은, 따라서 추론식의 형식을 취해 의론하는 것을 뜻한다. 지은이는 〈광파론(廣破論)〉에서 니야야 학파의 추론 형식과 그 지분의 필연성을 부정하고 있다.

*6 원어 pramāna. 한역으로는 능량(能量). 헤아림의 수단, 즉 인식 방법이다. 또 그것에 근거한 인식을 뜻하기도 한다. 이것에 상대되는 것으로서 인식의 대상은 소량(所量, prameya)이라 불린다.

다. 그러나 나는 어떤 대상도 인식하지 않기 때문에 주장도 부인도 하지 않는다. 이런 경우에는 '설령 그대(중관자)가 지각을 비롯한 인식 방법의 그 어느 것으로써 사물을 인식한 뒤에 부인해도, 그것들의 인식 방법도 (그대에게는) 존재하지 않으며, 그것들을 인식하는 방법으로써 이해할 수 있는 대상도 없다' 하고 그대가 말한 것은, 나를 비난하는 것이 아니다.

다시,

그것과 반대로 만일 그대가 이런저런 대상을 인식함으로써 확립된다면, 그대는 그 대상의 인식을 확립하는 방법을 말해야 한다. ……(31)

반대로 그대가 만일, 헤아림을 받는 것이 헤아림으로써 확립되듯이, 이것저것의 인식 대상은 인식방법에 근거해서 확립된다고 생각하고 있다면, 이번엔 그 지각·추리·비정·증언이라는 네 가지 인식방법이 확립되는 근거는 무엇인가. 우선 만일, 인식은 또 하나의 인식방법을 기다리지 않고 확립된다고 한다면, 사물은 인식에 근거해서 확립된다고 하는 주장은 파탄난다. 그러나

또, 만일 인식이 다른 인식으로써 성립된다면, 그 과정은 한없이 거슬러 올라가게 된다.[*7] ……(32ab)

또, 그대가 인식의 대상은 인식에 의해 확립되고, 그 인식은 다른 인식에 의해 확립된다고 생각한다면, 그 과정은 이리하여 무한소급(無限遡及)되고 만다. 무한소급되는 것은 어떤 잘못으로 되느냐 하면 그 경우 최초의 것이 확인되지 않는다. 중간의 것도, 최후의 것도 성립되지 않는다. ……(32cd)

무한소급되었을 때에는, 최초의 것이 확인되지 않는다. 그들 인식은 다른 인식에 의해 확립되고, 뒤의 것은 또 다른 인식이 필요한 까닭으로 최초의

[*7] '한없이 거슬러 올라간다'는 뜻의 산스크리트어 anavasthā는 '무궁진(無窮盡)' '무한소급(無限遡及)'으로 옮긴다. 그것은 갑이 성립하기 위해 을이 필요하고, 을은 병이, 병은 정이 하는 식으로 한없이 거슬러 올라가 최종 근거가 밝혀지지 않는 것으로, 이 과정이 생기는 것은 논리적 잘못의 하나로 인정된다.

근거가 발견되지 않기 때문이다. 최초의 것이 존재하지 않으므로 중간 것과 최후의 것이 있을 수 없다. 그러므로 그들 인식이 다른 인식에 의해 확립된다고 하는 것은 타당치 못한 것이다.

또는 그들 (인식이 다른) 인식을 기다리지 않고 확립되게 되면, (그대의) 이론은 파탄난다. 거기에는 불일치가 있다. 그리고 (그것을 설명하는) 특별한 이유를 말해야만 한다. ……(33)

또는 그대가 그들 인식은 다른 인식 없이 (스스로) 확립되고, 다른 한편 인식의 대상은 인식에 의해서만 확립된다고 생각한다 하자. 그런 경우에는, 사물은 인식에 의해 확립된다고 하는 그대의 이론은 깨지고 만다. 어떤 것은 인식에 의해 확립되고, 다른 것은 그렇지 않다고 하는 불일치도 생겨난다. 어느 것은 인식에 의해 확립되지만, 다른 것은 그렇지 않은 사태를 가능하게 하는 특별한 이유를 설명해야 하는데, 그대는 그것을 설명하지 않고 있기 때문에 이 생각 방식도 타당하지 못하다.

이 점에 대해, 대론자(對論者)가 반박한다.

'참으로 인식은 자체와 다른 것을 함께 확립시키는 것이다. 즉 시송에 말하는, 마치 불이 자체와 다른 것을 함께 비추듯이, 인식도 자기와 남을 함께 확립시킨다. 마치 불이 그 자체와 다른 것을 함께 비추듯이, 인식은 그 자체와 다른 것을 함께 확립시킨다.'*8

---

*8 제31~33송 사이에 나타난 저자와 니야야 학파의 의론은 《니야야 수트라》 2·1·16에서 19에 해당한다. 다만 《니야야 수트라》 2·1·19 '그렇지는 않다. 등불의 조명이 성립하는 것과 마찬가지로, 그것(認識)도 성립하기 때문에'는, 주역자에 따르면 등불은 다른 것을 비출 때에는 인식 방법과 같은 것이지만, 그 자체가 보이게 될 때에는 인식의 대상이 되는 것처럼, 인식도 상황에 따라 인식 방법이 되었다가, 대상이 되었다가 한다고 풀이된다. 여기 제33송의 위에 있는 것과 같이, 등불이 자타를 비추듯이, 인식도 자타를 확립시킨다고 하는 이론은 적어도 후대의 니야야 학파에는 없다. 이 학파에서는, 하나의 지식은 다른 지식에 의해 알게 되는 것은 인정하지만, 하나의 지식이 자기 자신을 안다고 하는 지식의 자기 인식(자각)은 인정하지 않으며, 또 인식 방법이 그 자체가 독립으로 확실성을 가진다고도 인정하지 않는다. 그러므로 《니야야 수트라》 2·1·19와 본론 제33송 뒤의 의론은 반드시 일치하지는 않는다. 그러나 그것은 후대의 '니야야 수트라' 주역자, 또는 발전한 니야야 학파 일반의 견해에 관해서 말하는 것으로, 간결한 '수트라' 자체의 의미는, 본론 제33송 뒤에 나타나는 시송과 마찬가지의

이에 대해서 우리는 대답한다.

이 비유는 적용이 타당하지 않다. 왜냐 하면, 불은 스스로를 비추지는 않는다. 어둠 속에서 병이 보이지 않듯이 불이 보이지 않는 것은 경험하지 못하기 때문이다. ……(34)

불과 같이, 인식은 자체를 확립시키고, 또 다른 것도 확립시킨다고 하는 것은 그 적용이 타당하지 않다. 왜냐하면 불은 스스로를 비추는 일이 없기 때문이다. 예를 들어, 처음에 불에 의해 비추어지지 않은 때에는, 어둠 속의 병은 인식되지 않지만 뒤에 비추어지게 되면 인식된다. 그것과 마찬가지로 만일 처음에 비추어지지 않은 불이라는 것이 어둠 속에 있었다면, 뒤에 불이 비추는 기능도 있을 것이며, 따라서 (불은) 자체를 비추게도 될 것이다. 그러나 실제는 그렇지가 않다. 그러므로 그대의 이 생각도 타당하지 않다.
다시,

그대의 말처럼 만일 불이 자체를 비춘다면 불이 다른 것을 태우듯이 자체도 태우게 될 것이다. ……(35)

만일 그대의 말처럼 불이 다른 것을 비추는 것과 마찬가지로, 다시 자체를 비춘다고 한다면, 다른 것을 태우는 것과 마찬가지로 자체까지도 태우게 될 것이다. 그러나 실제는 그렇지는 않다. 그러니 불은 다른 것을 비추는 것과 마찬가지로 자체까지도 비춘다고 그대가 말하는 것은 옳지 않다.
다시,

또 만일 그대의 말처럼 불이 자타를 함께 비춘다고 한다면, 불(이 자타에

것으로 볼 수밖에 없다. 이 시송과 같은 취지의 문장은 《니야야 수트라》 5·1·10에도 나타나는 것으로, '수트라'도 자타를 비추는 등불의 비유를 모른 것은 아니었을 것이다. 그러나 등불을 이와 같이 지식의 자각에 대한 비유로 삼는 것은, 니야야 학파보다도 경량부의 선구자들에 적합하다. 따라서 본론의 이 부분에 경량부의 영향을 받은 사상의 반영을 인정할 수도 있다. 한편 제41송 바로 앞에 있는 반론에 대해서도 같은 생각을 할 수 있다.

대해 작용)하듯이 어둠도 자타를 함께 감추게 될 것이다. ……(36)

또 그대의 말처럼 불이 자타를 함께 비춘다고 하면, 이번엔 불의 적대자(敵對者)인 어둠도 자타를 감추게 될 것이다. 그러나 실제로 그렇게는 경험되지 않는다. 그러므로 불이 자타를 함께 비춘다고 하는 것은 옳지 않다.
  다시,

  어둠은 빛 그것 속에도 없고, 다른 빛이 있는 곳에도 없다. 그때 어둠을 없애는 것인 등불은 어떻게 비추는 역할을 할 것인가. ……(37)

이 세상에서는 어둠은 불 속에도 없고, 불이 있는 곳에도 없다. 한편 조명(照明)이란 어둠을 없애는 것에 지나지 않는다. 그러나 불 속에는 어둠이 없고, 불이 있는 곳에도 어둠은 없으므로, 그때 불은 어떻게 어둠을 없앨 수 있을까―그 어둠을 없앰으로 해서 불은 자타를 함께 비춘다고 말할 수 있는 것이긴 하지만.
  여기에서 대론자가 반박한다. '이와 같이 불 속에도 어둠은 없고, 불이 있는 곳에도 어둠이 없다는 이유로, 불이 자타를 비추지 않는다고 말할 수는 없다. 왜냐하면 불이 생겨날 때에 어둠은 없어진다. 그러므로 불 속에도 어둠은 없고, 불이 있는 곳에도 어둠은 없다. 까닭인즉, 불은 생겨날 때에 그 자체와 다른 것이라는 둘을 비추기 때문이다.' 이에 대해 대답한다.

  불은 생겨날 때에 비추는 것이라고 하는 것은 바른 의론이 아니다. 왜냐하면 불은 생겨날 때에 어둠에 도달하지 않기 때문이다. ……(38)

  여기에서 불은 생겨날 때에 그 자체와 다른 것이라는 둘을 비춘다고 하는 의론은 타당치 않다. 어째선가. 실로 생기는 도중에 있는 불은, 아직 어둠에 도달해 있지 않고, 도달해 있지 않으므로 결코 (어둠을) 물리치지 않는다. 그리고 어둠을 물리치지 않으므로 조명이라고도 말할 수 없다.
  다시,

만일 빛이 (어둠에) 도달하지도 않고 어둠을 물리친다면, 여기에 있는 빛이 세계의 모든 어둠을 없애게도 될 것이다. ……(39)

만일 그대가 불은 (어둠에) 도달하지 않고서도 어둠을 물리친다고 생각한다면, 지금 여기에 있는 불이, 이것과 마찬가지로 (어둠에) 도달하지 않더라도 세계에 있는 모든 어둠을 물리친 것이다. 그러나 그러한 일은 실제로는 경험되지 않는다. 그러므로 불은 (어둠에) 도달하지 않아도 어둠을 물리친다고 인정하는 것은 옳지 않다.

다시,

만일 그 스스로 인식이 성립된다면, 그대에게는 인식 대상이 없어도 인식은 성립하게 된다. 스스로 성립한다는 것은 다른 것이 필요하지 않기 때문이다. ……(40)

또 불처럼 인식도 스스로 성립된다고 생각한다면, 인식은 인식 대상을 기다리지 않고 있을 수 있는 것이 될 것이다. 왜냐하면 그것 스스로가 성립한다는 것은 다른 것이 필요하지 않기 때문에, 그것과 반대로, 만일 (다른 것이) 필요하다면 스스로 성립한다고는 말할 수 없다.

대론자는 이 점에 대해 반박한다. '만일 인식 대상이 필요하지 않다면 어떤 잘못이 있는 것인가.' 이것에는 우리는 이렇게 대답한다.

만일 그대에게서, 인식 대상이 없어도 인식이 성립한다면, 그때에는 그 인식은 어떠한 것의 인식으로도 될 수 없다. ……(41)

만일 인식이 인식 대상이 없어도 성립된다면, 그때에는 그 인식은 어떠한 것의 인식도 아니다라는 것 같은 잘못이 있다. 만일 반대로 어떤 것의 인식이라면, 그때에는 인식 대상을 기다리지 않고 인식하는 경우는 절대로 없다.

그것과 반대로, 그것들이 (대상에) 의존해서 성립된다는 생각에는 이미 성립해 있는 것을 다시 성립시키는 잘못을 저지르게 된다. 왜냐하면 존재해 있

지 않은 것은 다른 것에 의존하지 않없기 때문이다. ……(42)

반대로 인식 대상에 의존해서 인식되는 것이라고 생각한다고 하자. 그러나 그렇게 되면 이미 성립해 있는 네 가지 인식을 다시 성립시키는 것이 된다.*⁹ 어째서냐 하면, 사물이 아직 성립해 있지 않을 때에 다른 것에 의존하지는 않기 때문이다. 예를 들면, 있지도 않은 제바달다(提婆達多, Devadatta)에게는 필요한 것이 없다. 그리고 이미 성립해 있는 것을 다시 성립시키는 일은 허락되지 않는다. 한 번 한 것을 다시 하는 것은 합리적이 아니기 때문이다.
다시,

만일 모든 경우에 인식이 인식 대상에 의존해서 성립해 있다면, 인식 대상은 인식에 의존하지 않고 성립하는 것이 된다. ……(43)

만일 인식이 인식 대상에 의존해서 성립한다면, 이번엔 인식 대상은 인식에 의존하지 않고 성립되어 있을 것이다. 왜냐하면, (지금은) 인식 대상은 인식을 성립시킨다고 말하고 있지만, 성립된 것(認識)이 성립시키는 것(對象)을 성립시키는 일은 없기 때문이다.
다시,

그러나 만일 인식 대상이 인식에 의존하지 않고 성립해 있다면, 그대에게 인식의 존재는 무엇에 쓸모가 있는가—인식에는 어떤 목표가 있는데, 그 목표는 이미 성립해 버렸기 때문이다. ……(44)

만일 인식에 의존하지 않고 인식 대상이 성립해 있는 것이라면, 그때 그대는 인식 성립을 애써 참아서 무엇에 쓰려는 건가. 왜냐하면, 인식은 어떤 목표 (즉 인식 대상의 성립)을 위해 찾게 되는 것인데, 그 목표인 인식 대상은, 인식 없이 이미 성립되어 있는 것이다. 그럴 때 인식에 의해 무엇이든 이루어질

─────────

*9 이미 성립해 있는 것을 다시 성립시키는 것, 또는 뻔히 알고 있는 것을 다시 증명하는 것은 후대의 논리학에서 논리적 잘못의 하나로 간주하게 된다.

필요는 없다.

그러나 반대로 그대에게 인식이 반드시 인식 대상에 의존해서 성립되는 것이라면, 그런 경우에는 인식과 그 대상의 관계는 반드시 뒤집어지고 만다. ……(45)

또 그대가 앞에(제41송) 지적된 잘못이 있어서는 안 된다는 이유에서, 인식 방법은 인식 대상에 의존해서만 존재할 수 있다고 생각한다면, 그런 경우는 그대의 관점에서 볼 때 인식 방법과 그 대상의 관계는 뒤집어진다. 인식 방법은 인식 대상에 의해 성립되는 것이므로 인식 대상이며, 인식 대상은 인식 방법을 성립시키는 것으로 되기 때문에 인식 방법이 되게 된다.

또 그대의 관점에서 볼 때 인식 성립에 의해 인식 대상이 성립하고, 동시에 인식 대상의 성립에 의해 인식이 성립하는 것이라면, 그들이 함께 성립하지 않게 된다. ……(46)

또 그대가 인식 대상은 인식에 의존하는 것이므로, 인식이 성립함으로써 성립되는 것이고, 동시에 인식은 인식 대상에 의존하는 것이므로, 인식 대상이 성립함으로써 성립되는 것이라고 생각한다고 하자. 그렇게 되면 그대의 관점에서 볼 때에는 그 둘이 다 성립되지 않는 것이 된다. 왜냐하면

즉 만일, 인식 대상은 인식에 의해 성립되고, 또 위의 것은 앞의 것인 대상에 의해 성립된다면, 뒤의 것은 어떻게 해서 (앞의 것을) 성립시키겠는가. ……(47)

왜냐하면, 인식 대상이 인식에 의해 성립되고, 동시에 그 인식은 그 대상에 의해 성립되어야 되어 있지 않을 때에는, (인식)은 아직 그 원인이 성립되어 있지 않기 때문에 스스로 성립되어 있지 않다. 그런데 어떻게 대상이 성립될 수 있겠는가.

만일 인식이 대상에 의해 성립되고, 또 뒤의 것은 앞의 것인 인식에 의해 성립되는 것이라고 한다면, 위의 것은 어떻게 하여 (앞의 것이) 성립될 수 있겠는가. ……(48)

또 만일 인식은 대상에 의해 성립되고, 동시에 그 대상은 그 인식에 의해 성립되어야 하는 것이라면, 인식이 아직 성립되어 있지 않을 때에는, (대상은) 아직 그 원인이 성립되어 있지 않기 때문에 스스로 성립되어 있지 않다. 그런데 어떻게 인식이 성립될 수 있겠는가.

만일 아버지에 의해 아들이 생겨나고, 또 그 아들에 의해 그 아버지가 생겨난다면, 어느 것이 어느 것을 생겨나게 하는가를 말해 보라. ……(49)

예를 들면, 아들은 아버지에 의해 생겨나고, 동시에 그 아버지는 그런 아들에 의해 아버지로 되는 것이다 하고 누가 말한다고 하자. 그러면 그 경우에 누가 누구에 의해 생겨나게 되어야 할 것인가를 말하라. 바로 그것과 마찬가지로 그대는 인식에 의해 대상은 성립되어야만 하며, 또 그 인식은 이같은 대상에 의존한다고 말하고 있다. 그런데 그 경우 그대의 관점에서 볼 때 어느 쪽이 어느 쪽에 속해 성립되게 되는 것인가.

그때에, 누가 아버지이고 누가 아들인가를 그대는 말해 보라. 그들 둘이 함께 아버지와 아들의 특징을 갖고 있는 것이 되므로, 그것을 의심하는 것이다. ……(50)

위에 말한 아버지와 아들 두 사람 중, 어느 쪽이 아들이고 어느 쪽이 아버지인가. 그들은 둘이 다 생겨나게 하는 사람이기 때문에 아버지의 특징을 가지고 있고, 또 생겨나는 사람이기 때문에 아들로서의 특징도 갖고 있다. 여기에서 그때에 어느 쪽이 아버지이고, 어느 쪽이 아들인가를 의심하는 것이다.

그대가 말하는 그 인식과 대상의 관계도 오롯이 같은 것인데, 그때, 어느 쪽이 인식이고 어느 쪽이 대상인가. 왜냐하면, 이들 둘은 함께 성립되는 것이므로 인식 방법이며, 성립되는 것이기 때문에 인식 대상이다. 그때 어느 쪽이 인식이며 어느 쪽이 대상인가를 의심하는 것이다.

참으로 (네 가지) 인식은 독립해서 성립하는 것도 아니고, 하나가 다른 것에 의해서도 아니며, (그 자신과는) 별개인 인식에 의해서도 아니고, 대상에 의해서도 아니다. 또는 우연히 (원인 없이) 성립하는 것도 아니다. ……(51)

지각은 그런 지각에 의해, 추리는 그런 추리에 의해, 비정도 그런 비정에 의해, 증언도 그런 증언에 의해, 각각 독립해서 성립하는 것은 아니다. '또, 지각은 추리·비정·증언에 의해, 추리는 지각·비정·증언에 의해, 비정은 지각·추리·증언에 의해, 증언은 지각·추리·비정에 의해'라고 하듯이, 상호 의존함으로써 성립되는 것도 아니다. 또 지각·추리·비정·증언이, 각각 별개인 지각·추리·비정·증언에 의해 성립하는 것도 아니다. 또 (각각의 인식) 자신의 대상과 다른 (인식의) 대상으로 되어 있는 것의 전체나, 또는 하나하나에 의해서도 아니다. 또 우연히 성립하지도 않는다. 다시 위에 말한 모든 원인 중의, 또는 스물, 또는 서른, 마흔, 스물여섯 등으로 말하는 것의 집합에 의해 성립하는 것도 아니다.*10

그런 까닭에 '인식 대상은 인식에 의해 이해되는 것이므로, 한쪽에는 인식 대상이 있고, 다른 쪽에는 그 인식 대상을 이해하는 방법인 인식이 있다'고 말하는 것은 옳지 않다.

또, 앞에 그대가

사물의 부위(部位)에 통한 사람들은, 선(善)한 모든 사물에는 선의 본체가 있다고 생각한다. 그 밖(의 모든 사물)에 대해서도 각각 (본체가) 배분(配分)되고 있다. (제7송이 다시 나온 것)

---

*10 네 가지 인식과 그 대상의 갖가지 상태에서 갖가지 집합 방법에 의하는 것도 아니라는 뜻을 스물, 서른이라고 임의의 숫자로 나타내고 있다.

고 말한 것에 대해서 우리는 말하겠다.

만일 사물의 부위에 통한 사람 둘이, 선한 모든 사물에는 선의 본체가 있다고 한다면, (사물과 그 본체는) 그처럼 따로따로 표현되는 것이 될 것이다. ······(52)

사물의 부위에 통한 사람들이, 선한 모든 사물에는 선의 본체가 있다고 생각한다면, 그대는 그 (본체)를 (사물과) 구별하여 설명해야만 한다. 이것이 그 선의 본체요, 저것이 선인 모든 사물이다. '이것이 그 좋은 인식, 저것이 좋은 인식의 본체'라고 말하듯이, 하나하나에 대해 설명해야 한다. 그러나 실제로는, 그와 같이 (구별해서) 경험하는 일은 없다. 그러므로 모든 사물에는 각각 규정된 것과 같은 본체가 있다고 말하는 것은 옳지 않다.

또, 만일 선의 본체가 다른 것에 의해 생겨난다면 그것은 다른 존재(他體)이다. 그런데 어떻게 선인 모든 사물의 자기 존재로 될 수 있겠는가. ······(53)

만일 선인 모든 사물의 본채가 질료인과 보조인의 모임에 의해 생겨난다면, 그것은 다른 것으로부터 생겨난 것이다. 어떻게 선인 모든 사물의 본체(자기존재)가 되겠는가. 악의 모든 사물에 대해서도 꼭같은 말을 할 수 있다. 그러니, 선인 모든 사물에는 선의 본체가, 그리고 악과 그 밖의 것에는 악과 그 밖의 본체가 규정된다고 하는 것은 옳지 않다.

또, 또는 그 선인 모든 사물의 본체가 어떤 것에도 의존하지 않고 생긴다면, 종교적 생활 태도(梵行)는 있을 수 없을 것이다. ······(54)

또는 아무것에도 의하지 않고, 선인 모든 사물에 선의 본체가 생긴다. 마찬가지로 악인 모든 사물에는 악의 본체가, 선으로도 악으로도 결정되지 않는 모든 사물에는, 선악 어느 것으로도 결정되지 않는 본체가 생긴다라고 생각한다고 하자. 그렇다면, 그것은 세속적인 생활 태도가 될 것이다. 왜냐하면 그러한 형태에서는, 다른 것에 따르는 생기(生起 : 緣起)라고 하는 원리가 배제되고 말기 때문이다. 다른 것에 따르는 생기의 거부는, 다른 것에 따르는 생기에 대한 지견(知見)의 거부로 된다. 원래 다른 것에 따르는 생기가 존재하지 않을 때엔 그 지견은 있을 수 없고, 다른 것에 따르는 생기에 대한 지견이 없을 때에는 사물(의 참된) 지견도 있을 수 없다. 실로 세존(世尊 : 부처)께서는 '수행하는 사람들이여, 다른 것에 따르는 생기를 보는 사람은, 사물(의 참)을 본다'(《도간경》에 있는 말)고 말했던 것이다. 사물(의 참된) 지견이 없으면 종교적 생활도 없다.

또는, 다른 것에 따르는 생기를 버리는 것은, 고(苦)가 생기는 원인(集)을 부정하는 것을 뜻한다. 왜냐하면 다른 것에 따르는 생기는 고가 생기는 원인을 가리키기 때문에, 고의 원인을 부정하는 것은 고의 존재를 부정하는 것이 된다. 그 원인이 없다면 그 결과인 고는 생길 수 없다. 고를 인정하지 않고 그 원인을 인정하지 않는 것이 되며, 고의 지멸(止滅)을 부인하는 것이 된다. 즉 고의 원인이 없다면 어떤 것을 끊어 없앤다고 한들 지멸은 있을 수 없다. 고의 지멸을 인정하지 않는 것은, 멸(滅)에 이르는 도(道)를 부인하는 것이 된다. 즉 고의 지멸이 없다면, 고의 지멸에 이르는 도로써는 얻을 게 없다. 이렇게 하여 네 가지 높은 진리가 없는 것이 되고, 그것들이 없으면 출가 생활의 결과(沙門果)도 있을 수 없다. 진실을 봄으로써 출가 생활의 결과를 얻는 것이기 때문이다. 출가 생활의 결과가 없으므로 종교적 생활도 없다.

또, 도덕도 비도덕도 없어지게 되고, 세간의 관행도 있을 수 없다. 본체를 가지고 있는 것은 늘 한결같고, 늘 한결같기 때문에 원인을 갖지 않는 것이 될 것이다. ……(55)

위에 말한 것과 같이, 다른 것에 따라서 일어나는 것을 부인하는 그대에게는 도덕(法)도 없어지고, 비도덕(非法)도 없어지며, 세간의 (개인적·사회적) 관행도 없어지게 되는 잘못이 따르게 된다. 왜냐하면 이것들은 모두 다른 것에 의해 생겨난 것인 만큼, 다른 것에 의해 생겨나지 않을 때에 어떻게 생겨날 수 있겠는가. 또 본체를 갖는 것은 다른 것에 의해 생긴 것이 아닌 것, 즉 원인을 갖지 않는 것, 늘 한결같은 것일 것이다. 어째선가, 원인을 갖지 않는 것은 늘 한결같은 것이기 때문이다. (다른 것에 의해 생겨나는 것을 부정하면) 그것은 종교와는 거리가 먼 생활이란 것이 되고 만다. 또 (불교인) 자신의 정설에 배반하게 된다. 왜냐하면, 석가세존께서는 '모든 것은 덧없다'고 말했으니까. (그런데 그대에게) 모든 것은 언제나 본체를 가지는 것이므로, 늘 한결같은 것이 되고 만다.

이리하여 악한 것, 선한 것, 선악 어느 것으로도 결정되어 있지 않은 것, 속세를 벗어나는 것 등에 대해서도 잘못이 있다. 그리고 그대의 관점에서는 모든 제약 받는 것이 제약 없는 것으로 되어 버린다. ……(56)

모든 선한 사물에 대해 말해 온 생각·방법과 같은 것이 악한 것에도 적용되며, 또 그런 생각·방법은 선과 악 어느 것으로도 결정되지 않은 것, 속세를 벗어나는 것 등에도 적용할 수 있다. 따라서 그대의 관점에서는, 이들 모든 피제약자(被制約者 : 有爲. 원인의 모임으로부터 생긴 것)는 무제약자(無制約者 : 無爲. 원인의 모임으로부터 생긴 것이 아닌 것)로 되고 만다. 어째선가. 원인이란 것이 없을 때에는 사물이 생기고, 존속하고, 허물어지는 일이 없다. 생기·존속·괴멸이 없는 때에는 피제약자인 것의 특징(特徵 : 變化)이 없는 것이므로, 모든 피제약자는 무제약자와 같이 되고 만다. 이 경우에, 모든 선한 사물에는 본체가 실제로 존재하는 것이므로, '모든 것은 공(空)이 아니다' 라고 하는 것은 옳지 않다.
또 그대가

만일 모든 사물에 본체가 없다면, 본체를 갖지 않는 것이라고 하는 이 명칭 자체도 존재하지 않을 것이다. 왜냐하면, (대응하는) 실재물을 갖지 않는 명칭은 있을 수 없기 때문이다. (제9송이 다시 나온 것)

라고 말한 것에 대해 우리는 말하리라.

이 경우, 본체를 갖는 것이라고 하는 명칭이 실제로 존재한다고 주장하는 사람에게만 그대는 이렇게 비판할 수 있는 것이다. 그러나 우리는 그렇게는

말하지 않는다. ……(57)

이 경우 본체를 갖는 것이라고 하는 명칭이 실재한다고 말하는 사람이 있다면, 그대는 그 사람을 비판해야 할 것이다. 본체에 실제로 존재하는 명칭이 있을 때에만, 그 본체는 실제로 존재하게 된다. 실제로 존재하지 않는 본체에 실제로 존재하는 명칭이 있을 리가 없다는 이유에서 그렇다. 그러나 우리는 명칭이 실제로 존재한다고는 말하지 않는다. 사물에 본체는 없는 것이므로, 그 명칭도 본체를 갖지 않으며, 따라서 공이요, 공인 까닭에 실제로 존재하지 않는다. 그럴 때 그대가, 명칭이 실제로 존재하기 때문에 본체는 실제로 존재한다고 말한 것은 옳지 않다.

또, 존재하지 않는다고 하는 그 명칭은, 존재하는 것에 붙여지는 것인가, 존재하지 않는 것에 붙여지는 것인가. 존재하는 것에 있든, 존재하지 않는 것에 있든, 그대의 의론은 어느 것이라도 깨어진다. ……(58)

존재하지 않는다고 하는 명칭은, 도대체 존재하는 것에 있는 것인가, 존재하지 않는 것에 있는 것인가. 그 명칭이 존재하는 것에 있든, 존재하지 않는 것에 있든, 어느 것이고 그 주장은 깨어진다.

그 중에서 먼저, 존재하는 것에 존재하지 않는다는 명칭이 있다면, (존재하는 것이 존재하지 않는 것이 되어 그대의) 주장은 깨어진다. 왜냐하면 존재하지 않는 그것이 동시에 존재한다는 것은 있을 수 없기 때문에, 또한 '존재하지 않는다'라는 명칭이 존재하지 않는 것에 있다고 하는 것도 (옳지 않다). 본디 존재하지 않는 것에 이름을 붙일 수는 없기 때문에, 그런 까닭에 명칭에는 실재하는 본체가 있다고 하는 그대의 주장은 깨어진다.*11

또, 모든 것이 공이란 것은 이미 증명되었다. 그러므로 그대의 이 비난은 그 대상이 되는 주장을 빼고 있다. ……(59)

---

*11 실재론자가 제9송에서, '본체가 없으면 명칭도 존재하지 않을 것이다'라고 말한 것은, '명칭에는 본체가 있다'고 하는 것을 전제로 하고 있다.

여기에서 이미 모든 것의 공성(空性)을 자세히 증명했다. 그때 이미 명칭도 공한 것임을 설명했다. 그대는 (명칭은) 공이 아니라고 고집하여, 만일 사물에 본체가 없다면, 본체를 갖지 않는 것이라는 명칭도 없으리라고 반박했었는 데, 위에 말한 이유로 그대의 이 비난에는 목표가 되는 주장이 없는 것이 된 다. 왜냐하면 우리는 명칭이 실재한다고는 말하지 않기 때문에, 앞서 그대가

또 본체는 있지만, 그것은 모든 사물에는 없는 것이라고 한다면, 그렇다면 모든 사물과는 별개로 그 본체가 속해 있음을 설명해야만 한다. (제10송이 다 시 나온 것)

라고 말한 것에 대해서 우리는 말하겠다.

또 본체는 있지만, 그것은 모든 사물에는 없다고 하는 것을 전제로 해서 말하고 있으나, 그런 것은 전제가 되지 않는다. ……(60)

고 하는 것은, 우리가 모든 사물에 있는 본체만을 부정하는 것도, 모든 사 물과는 별개인 어떤 것인가에 본체가 있음을 승인하는 것도 아니다. 그런 이 유에서 '만일 모든 사물이 본체를 갖지 않는다면, 이번엔 모든 사물과는 별개 인 다른 무엇에 본체가 있는 것인가. 그것을 설명할 필요가 있다'고 하는 그 대의 비난은, 본문제를 멀리 벗어나 있는 것으로 비난이 될 수 없는 것이다.
또 그대가

'집에 병은 없다'고 하는 형식은 '본래 병이란 것이' 존재해 있을 때에만 부 정된다. 따라서 그대는 본체가 있을 때에만 부정할 수 있는 것이다. (제11송이 다시 나온 것)

라고 말한 것에 대해서 우리는 말하련다.

만일, 존재해 있는 것을 부정할 수 있다고 해서 공성을 시인하는 것으로 되지 않는다. 왜냐하면, 그대는 사물에 본체가 없다고 하는 것을 부정하기

때문이다.*12 ……(61)

만일 존재해 있는 것만을 부정할 수 있고, 존재하지 않는 것을 부정하지 않는다고 말하며, 한편으로 그대가 모든 것에 본체가 없다는 것을 부정한다면, 모든 것에 본체가 없다고 하는 것의 존재를 시인하는 것이 된다. 그대의 말대로, 그 부정이 사실 존재하고, 그리고 모든 것에 본체가 없다고 하는 것(空性)을 부정하고 있는 것이므로, 도리어 공성의 존재를 시인하고 있는 것이 된다.

또는, 그대가 공성을 부정하고, 그리고 그 공성이 존재하지 않는다고 한다면, 존재해 있는 것만 부정한다고 하는 그대의 이론은 깨어진다. ……(62)

거꾸로, 그대가 모든 것의 본체가 없는 것, 즉 공성을 부정하면서, 그리고 그 공성이 없다고 한다면, 존재하는 것을 부정하는 것이 있을 뿐으로, 존재하지 않는 것의 부정은 없다고 하는 그대의 주장은 깨어진다.

또, 나는 무엇인가를 부정하는 것은 아니며, 또 부정되는 것이 있는 것도 아니다. 그러므로 내가 부정한다고 하는 이 항의는 그대가 만들어 낸 것이다. ……(63)

만일 내가 무엇인가를 부정한다면, 그대는 그렇게 반론할 수 있을 것이다. 그러나 나는 실은 아무것도 부정하지는 않는다. 부정해야만 할 것도 없다. 그러므로 모든 것이 공으로서 부정되어야 할 것도, 부정하는 것도 없는 마당에, 그대가 (나를 보고) 부정한다고 하는 것은 그대가 만들어 낸 엉뚱한 항의인 것이다.

또 그대가

---

*12 병의 존재를 부정할 수 있는 것은, 병이 존재해 있기 때문인 것처럼, 본체의 부정을 부정허는 것은, 본체의 부정이 존재해 있기 때문, 즉 승인되어 있기 때문이다, 라는 의미이다. 지은이는 산스크리트어에서 존재와 계사(繫辭, 논리적 동일성)가 같은 동사로 표현되는 것을 이용해서 의론을 진행시키고 있다.

만일 그 본체가 없다면, 그대는 그 말로써 무엇을 부정하는 건가. 왜냐하면 존재하지 않는 것을 부정하는 것은, 새삼스레 표현할 것도 없이 성립되는 것이기 때문이다. (제12송이 다시 나온 것)

라고 말한 것에 대해, 우리는 이렇게 말하련다.

표현을 기다리지 않고 (성립해 있는) 존재하지 않는 것을 부정하는 표현은 있을 수 없다고 (그대는) 말했지만, 이 경우, 말은 '존재하지 않는다' 하고 알려주는 것으로, 그 존재를 소멸시키는 것은 아니다. ……(64)

존재하지 않는 것을 부정하는 것은 말이 없더라도 성립되는 것이므로, '모든 것은 본체를 갖지 않는다'고 하는 내 말이 무슨 역할을 한단 말이냐 하고 그대는 말한다. 그것에 대해 우리는 말하겠다.

'모든 것은 본체를 갖지 않는다'라고 하는 이 말은, 실로 모든 것을 본체가 없는 것으로 고쳐 만드는 것이 아니고, 본체가 본래 없을 때 사물은 본체를 갖지 않는 것이라는 사실을 알려 주는 것이다.

예를 들면, 제바달다(란 사람이) 집에 없는데도 누군가가 '제바달다는 집에 있다'고 한다고 하자. 그때, 누군가 (다른 사람이) 이에 대해 '없다'고 대답한다고 하자.

이 (경우의 '없다'고 하는) 말은 제바달다가 존재하지 않는다고 하는 것을 만들어 내는 것이 아니고, 다만 제바달다가 집에 없는 것을 알릴 뿐이다. 그것과 마찬가지로 '사물에 본체는 없다' 하는 말도, 사물에 본체가 없다고 하는 사실을 만들어 내는 것이 아니고, 모든 것에 본체가 없는 것을 알릴 뿐이다.*13

그 경우에 그대가 '본체가 없을 때에 본체가 없다고 하는 표현을 왜 하는 건가. (만일 본체가 참으로 없는 것이라면) 본체가 없는 것은 말이 없어도 알게 되어 있는 것이다'라고 하는 것은 옳지 않다.

---

*13 인과적인 원인과 논리적인 근거, 만들어 내는 것과 알리는 것의 구별은, 후대의 인도 논리에서 엄밀히 행해진다. 지은이도 여기에서는 그것을 분명히 구별하고 있는데, 때로는 둘을 혼동해서 또는 의식적으로 동일시하여 의론을 진행시키는 일도 있다. 예를 들면 제49송의 경우와 같다.

또, 그리고 부정하는 그대는 이렇게 생각할 것이다. '예를 들면 어리석은 사람은 아지랭이를 물이라고 잘못 알고 있다. 그와 같이 존재하지 않는 것을 잘못 (존재한다고) 이해하는 수도 있는 것이다' (제13송이 다시 나온 것)

이를 비롯해서 (제16송에 이르는) 네 시송을 그대는 말했는데, 그것에 대해 우리는 이렇게 말하련다.

그대는 또 아지랭이의 비유에 대해 크게 의론을 전개했으나, 그것에 대해서도 이 비유가 어떻게 해서 정당하게 이해될 수 있는 것인지 결론을 들으라. ……(65)

그대가 아지랭이의 비유에 대해 말한 큰 의론에 관해서도, 어떻게 해서 이 비유가 타당하게 되는지 그 결론을 들어 주게.
만일 그 오해가 본체로서 있는 것이라면, 그것은 다른 것에 의해 생긴 것은 아니다. 한편 그 오해가 다른 것에 의해 생긴다면 그것이 공성이 아닌가. ……(66)

만일 아지랭이를 물인 것처럼 생각하는 이해가 본체로서 있다면, 그것은 다른 것에 의해 생긴 것은 아닐 것이다. 그러나 그 이해가 아지랭이에 의해, 잘못된 시각과 주의가 옳지 못한 것에 의해 생겼다고 하면, 다른 것에 의해 생긴 것이라고 말할 수 있다. 그것이 다른 것에 의해 생긴 것인만큼, 본체로서는 공인 것이다. 그것은 이미 설명한 대로이다.

또, 그리고 만일 오해가 본체로서 있다면, 누가 그 오해를 없앨 수 있겠는가. 나머지 것에 대해서도 이 도리가 적용된다. 그러므로 그것을 비난이라고 할 수는 없다. ……(67)

그리고 아지랭이를 물이라고 하는 오해가 본체로서 있다면, 누가 대관절 그것을 없앨 수 있겠는가. 왜냐하면 불의 뜨거움, 물의 축축함, 허공의 비저항성(은 없앨 수 없다고 그대가 생각하고 있는 것)처럼, 본체라고 하는 것은 (만일 있다고 한다면) 없앨 수 없는 것이다. 그러나 이 (오해)가 없어지는 것을 경험하게 된다. 그러므로 오해는 본체가 없는 것이다.

(제14송에 열거된) '이해되는 것' 등의 나머지 다섯 가지에 대해서도, 이 이론의 과정을 인정해야만 한다. 그러므로 그대가 여섯 가지가 존재하는 한 '모든 것은 공이 아니다'라고 하는 것은 옳지 않다.

또 그대가

그대(의 의론)에는 근거가 없다. 본체를 부정하는 것에는 근거가 없다. 그대의 의론의 내용에 근거가 없을 때에는 증명될 리가 없다. (제17송이 다시 나온 것)

라고 말한 것에 대해서, 우리는 말한다.

근거가 없다고 하는 것에 대해서, 우리는 이미 앞에서 아지랭이의 비유를 물리치는 도리를 말하는 가운데서 대답하고 있다. 사정은 같은 것이기 때문이다. ……(68)

우리가 바로 앞에 행한 고찰에 의해, '근거가 없다'고 하는 (그대의 항의)도 비판하고 있다고 이해해야 할 것이다. 즉 여섯 가지 것을 부정하기 위해, 앞에서 (제17송에서) 이유로 말한 고찰과 같은 것을 이 문제에 대해서도 고려해야 할 것이기 때문이다.*14

또 그대가

부정하는 것이 앞에 있고, 부정되는 것이 뒤에 있다고 하는 것은 있을 수 없다. 부정하는 것이 뒤이고 (부정되는 것이 앞에) 있어도, (둘이) 동시에 있어도, (부정은) 성립되지 않는다. 그런 까닭에 본체는 어디까지나 있는 것이다. (제20송이 다시 나온 것)

---

*14 제68송의 비판은, 대론자의 제17송에서 제19송에 걸친 반론 전부를 대상으로 하고 있다.

라고 말한 것에 대해서 우리는 말하겠다.

세 가지의 시간적 관계에 대한 논거는 이미 대답이 나와 있다. 사정이 같기 때문이다. 그리고 세 가지 시간적 관계를 부정하는 논거는 공성을 논하는 사람에게 해당되는 것이다. ……(69)

세 가지 시간적 관계를 부정하는 (그대의) 논거는, 이미 비판이 끝난 것으로 생각해야 할 것이다. 어째선가, 그 자체가 확실치 않은 것이기 때문이다. 왜냐하면 그대가 말한 대로 부정하는 것은 세 가지 시간적 관계에서 있을 수 없고, 부정되는 것도 부정하는 것도 마찬가지로 (성립되지 않는다). 이와 같이 부정하는 것과 부정되는 것이 없을 때에, 그대가 (中觀者의) 부정은 부정된다고 생각하는 것은 옳지 않다. 세 가지 시간(적 관계)의 부정을 말하는 이 논거야말로 공성을 논하는 우리에게 적합한 것이다. (우리야말로) 모든 것의 본체를 부정하는 것이기 때문이다. 그러나 그대에게는 적합하지 않다.
또는 그 논거는 어떻게 비판이 끝난 것이냐 하면,

나는 무엇인가를 부정하는 것은 아니고, 또 부정되는 것이 있는 것도 아니다. 그러므로 내가 부정한다고 하는 이 항의는 그대가 만들어 낸 것이다. (제63송이 다시 나온 것)

라고 이미 대답한 것이다.

또는 그대는 생각할 것이다. '부정은 세 가지 시간의 어느 것에서도 성립한다. (부정된 것에 대해서) 앞에 있는 (부정적) 근거도 있을 수 있고, 뒤에 있는 근거도, 동시에 있는 근거도 있는 것이다. 그 중 앞에 있는 근거란 것은, 아들과 아버지의 관계와 같은 것이다. 뒤에 있는 것은 스승과 제자의 관계와 같은 것이고, 동시적인 것은 조명과 등불의 관계와 같은 경우다'라고.
이것에 대해 우리는 말하겠다. 그렇지는 않은 것이다. 왜냐하면 이같은 순서에 대해, 앞에서(제20송의 뒤에) 지적된 잘못을 말할 수 있기 때문이다. 또 만일 그렇다면, 그대는 부정이 참으로 있는 것을 승인한 셈이 되고, 그대는 자기의 주장과 모순되게 된다. 이러한 이유로 본체도 부정하게 된다.

　이 공성을 깨닫게 되는 사람은 모든 것을 깨닫게 된다. 공성을 깨닫지 못
하는 사람은 아무것도 깨닫지 못한다. ……(70)

　어느 사람이 이 공성을 이해하게 되면, 그 사람은 모든 경우에 세간, 출세
간(出世間)의 사물을 이해하게 된다. 왜냐하면, 공성을 이해하는 사람은 다른
것에 의한 생기(生起 : 緣起)를 이해한다. 다른 것에 의한 생기를 이해하는 사
람은 네 가지 높은 진리(四聖諦)를 이해한다. 네 가지 높은 진리를 이해하는
사람은 출가도(出家道)의 결과를 이해하고 모든 훌륭한 것을 달성한다. 모든
훌륭한 것을 달성한 사람은 부처와 교법과 승단이라는 세 가지 보배를 이해
한다. 다른 것에 의한 생기를 이해하는 사람은 덕(德 : 法)과 덕의 원인과 부
덕(不德)의 결과를 이해한다. 덕·부덕과 덕·부덕의 원인과 덕·부덕의 결과를
이해하는 사람은 번뇌, 번뇌의 원인, 번뇌 자체를 이해한다.
　지금까지 든 이들 모든 것을 이해하는 사람은 좋은 생존과 나쁜 생존의
구별, 좋은 생존과 나쁜 생존으로의 윤회, 좋은 생존과 나쁜 생존으로 인도
하는 길, 좋은 생존과 나쁜 생존을 초월하는 방법, 다시 시간의 모든 상식과
관행을 확인하는 것이다. 이와 같은 방법에 의해, 스스로 (온갖 것을) 이해해
야만 한다. 말로는 겨우 조금만 말할 수 있는 것이기 때문이다.
　여기에 예배의 시송을 든다.

　공성과 다른 것에 의하는 생기와 중도(中道)는 뜻이 같은 것이라고 말한,
비할 바 없는 사람(부처)을 나는 예배한다.

　이것은 아차리아(학자의 칭호) 나가르주나(龍樹) 보살이 지은 것이다.

육조단경(六祖壇經)

선어록(禪語錄)

육조단경
선어록

남종*¹ 돈교*² 최상대승*³ 마하반야바라밀경(南宗頓教最上大乘摩訶般若波羅蜜經)*⁴

육조 혜능대사(慧能大師)*⁵가 소주(韶州) 대범사(大梵寺)*⁶에서 베푸신 가르침 단경(壇經)*⁷ 1권과 겸하여 무상계(無相戒)*⁸를 받은 홍법(弘法)*⁹ 제자 법

---

*1 중국에서 선종(禪宗)이 신수(神秀)가 창시하여 발전한 것이 북종(北宗), 혜능이 창시하여 발전한 것이 남종(南宗)이라고 불린다. 남종은 교외별전(教外別傳)·불립문자(不立文字)·이심전심(以心傳心)하는 선정(禪定)을 닦아 불법에 이르는 것을 주장하며, 문득 깨닫게 되는 돈오주의(頓悟主義)를 외치고 있다.

*2 중국에서 불교의 교리를 정리할 때 점(漸)·돈(頓)·원(圓) 등으로 나누었는데, 간단한 교리로부터 차츰 심오한 교리로 들어가는 것을 점교(漸教)라 하고, 이와는 반대로 이러한 과정을 거치지 않고 문득 진리를 깨달아 불과(佛果)를 성취함을 목표로 하는 것을 돈교(頓教)라 한다. 화엄·천태·진언·선종 등을 돈교로 간주한다.

*3 '이 위에 다시없는 큰 수레'라는 뜻인데, 중생을 제도하는 무위법(無爲法)을 설파한 금강경의 교리에 따르는 생각.

*4 '마하'는 위대하고 불가사의한 것. '반야'는 대승불교에서 모든 법의 진실상을 아는 지혜, '바라밀'은 생사와 번뇌의 이 세상에서 생사와 번뇌가 없는 열반의 저 세계로 건너간다는 뜻이다. 즉 위대하고 불가사의한 진실을 아는 지혜로서 열반으로 건너가게 되는 정각(正覺)을 말한다.

*5 석가 이후 28조인 달마대사에 의해 양나라 무제 때 중국에 전해진 선종의 여섯 번째 조사(祖師)인 혜능대사.

*6 소주는 지금의 광동성 곡강현. 대범사는 역사 자료에는 기록이 남아 있지 않다.

*7 이를 풀어서 말하면 수계(授戒)의 단상 설교란 뜻이다.

*8 도선(道宣)이 집대성한 사분율종(四分律宗)에서, 250계니 350계 등이 금제(禁制)의 특징을 갖는 반면, 누구나 다 본래의 성질이 청정한 것을 특징으로 하는 계율.

*9 보통의 경우는 법을 잇는 사법(嗣法) 제자라고 하는데, 이 단경을 엮은 이는 특히 혜능대사의 위대한 가르침을 널리 사람들에게 퍼뜨리는 사명감을 갖고 있었으므로, 특히 홍법(弘法) 제자라고 하였다.

해(法海)*10가 모아 기록함.

1 혜능대사의 출생과 깨달음

〔1~3의 요지〕 혜능대사는 여기에서 스스로 자기 출생을 밝히고, 깨달음의 유래를 말한다. 글자를 모르면서, 소리 높여 노래부르고 불법의 진리가 문자와는 상관이 없다는 것을 당당히 선언한다. 문자의 전통이 강한 당시의 중국에서는 그야말로 전대미문의 큰 사건이 아닐 수 없다.

이 책에서 곧 밝혀지게 될 남종 돈오(頓悟)의 요지를 굳이 그러한 자기 경력과 함께 말해 가는 양식은 정말 새롭고 깨끗하다. 그런데 동문인 신수(神秀)와의 사이에 서로 다투게 되는 오경시(悟境詩)의 한 부분과, 뒤에 〈무문관(無門關)〉 제23칙(則)에 나와 있는 대유령(大庾嶺) 위에서의 문답 여기에서는 상당히 다르게 이야기하고 있다. 특히 같은 〈무문관〉 제29칙에 나와 있는 '바람과 깃발'의 문답이, 이 책에서는 전혀 그 흔적마저 볼 수 없다. 뒤로 내려옴에 따라 점점 덧붙여진 것 같다. 그런 의미에서 이 자서전은 원시 소재를 그대로 제공하는 것으로 볼 수 있다.

[1] 혜능대사는 대범사 강당 안에서 높은 자리에 올라 앉아, 마하반야바라밀의 법(法 : 가르침)을 설하고 무상계를 주었다. 그때 법좌 아래에는 비구·비구니·수도인·속인 등 승니(僧尼)와 도속(道俗)은 1만 명이 넘었다.

소주 자사(刺史)*11 위거(韋據)*12와 관료 30여 명과 유가 선비들이 다 함께 대사에게 마하반야바라밀법을 설해 주기를 청하였고, 자사는 대사의 제자인 법해 스님에게 모아서 기록하게 하였으며, 이를 후대에 유통케 하여 도를 배우는 사람들로 하여금 이 종지를 이어받아 서로서로 전수케 하였으니, 그

---

*10 혜능대사의 십대제자 중의 첫째. 이 글 마지막 장(25)에 있는 간단한 전기 외의 일은 확실치 않다.

*11 중앙에서 파견된 순찰사이지만, 당시는 차차 토착 세력이 되면서 독립된 실권을 떨치게 됨.

*12 소주의 자사. 상세한 전기는 알 수 없으며 다만 당나라 현종 2년(713)에 소주 자사로 부임하였고, 혜능대사가 입적한 뒤에 그의 비(碑)를 지은 것으로 전해진다.

뜻이 요긴하고 의지할 만하여 길이 받들게 하기 위해 이 단경(壇經)을 설하게 되었다.

● 법을 깨닫고 가사를 받다

혜능대사는 말했다.

"선지식(善知識)*¹³들이여, 마음을 맑게 하고 마하반야바라밀법을 생각하라!"

대사께서는 말없이 스스로 마음과 정신을 가다듬고 한참 침묵하고 나서 말하였다.

"선지식들이여, 조용히 들으라. 혜능의 아버지는 본관이 범양(范陽)이었는데, 좌천 후 영남(嶺南) 신주(新州) 백성으로 옮겨 살았고, 혜능은 어려서 일찍 아버지를 여의였으며, 늙은 어머니와 외로운 아들은 남해(南海)로 옮겨 가난에 시달리며 장터에서 땔나무를 팔며 지냈느니라.

어느 날 한 손님이 땔나무를 사서 혜능을 데리고 관숙사까지 가서 손님은 땔나무를 가지고 들어가고, 혜능은 돈을 받았다. 대문을 나서려는데 마침 한 손님이 금강경 읽는 것을 보았다. 혜능은 한번 들음에 마음이 밝아져 문득 깨닫고 이내 손님에게 물었다.

'어디에서 오셨기에 이 경전을 가지고 읽습니까?'

손님이 대답하였다.

'저는 기주(蘄州) 황매현(黃梅縣) 동빙무산(東馮茂山)에서 오조(五祖) 홍인화상(弘忍和尙)을 예배하였는데, 지금도 그곳에는 제자들이 1천여 명이 넘습니다. 저는 거기에서 5조 대사가 승려와 속인들에게 권하시기를 다만 이 《금강경》 한 권만 지니고 공부하면, 곧 견성(見性)하여 바로 성불(成佛)하게 된다고 말하는 것을 들었습니다.'

혜능은 이 말을 듣고 숙업(宿業 : 전생의 업)에 법의 인연이 있어 곧 어머니를 하직하고 황매의 빙무산으로 가서 5조 홍인화상을 예배하였다.

홍인화상이 혜능에게 물었다.

'그대는 어디 사는 사람이기에 이 산까지 와서 나를 예배하며, 그대가 지

─────────────

*13 선지식은 도에 뜻을 둔 사람이란 뜻인데, 여기에서는 동지·친구 정도의 가벼운 뜻으로 부른 것이다.

금 내게서 무엇을 구하려 하느냐.'

혜능이 대답했다.

'저는 영남 사람으로 신주의 백성입니다. 지금 일부러 멀리 찾아와 화상을 예배하는 것은, 다른 것을 구하는 것이 아니옵고, 다만 부처가 되는 법을 구하고자 할 뿐입니다.'

대사는 혜능을 꾸짖었다.

'너는 영남 사람이요, 또 오랑캐 출신인데 어떻게 부처가 될 수 있단 말이냐.'

혜능이 대답했다.

'사람에게는 남북이 있으나, 부처의 성품에는 남북이 없습니다. 오랑캐의 몸은 스승님과 같지 않사오나 부처의 성품에 무슨 차별이 있겠습니까.'

대사는 함께 더 이야기하고 싶었으나, 좌우에 사람들이 둘러 있는 것을 보고 더는 말하지 않았다. 그리하여 혜능을 보내어 대중을 따라 일하게 하니, 그때 한 행자(行者)*¹⁴가 혜능을 방앗간으로 안내해 주었다.

② 혜능이 방아찧기를 여덟 달 남짓 했을 때, 어느 날 오조가 제자들을 불러 모이게 했다. 문인들이 다 모이자 오조가 말했다.

'내가 그대들에게 말하노니, 세상 사람은 나고 죽는 것이 크거늘 그대들은 날이면 날마다 공양(供養)*¹⁵을 드리며 다만 복전(福田)*¹⁶을 구할 뿐, 나고 죽는 고해(苦海)*¹⁷를 벗어나려고 하지 않는다. 그대들이 스스로의 성품을 잃고 있거늘 복문(福門)*¹⁸이 어찌 그대들을 구제할 수 있겠느냐. 그대들 모두

---

*14 집을 나와 도를 닦는 사람. 정식으로 머리를 깎고 계를 받아 사미가 되기까지의 소년으로, 대강 열여섯 살에서 열여덟 살까지인 사람을 부르는 말이다. 다음에 나오는 동자도 마찬가지로, 합해서 동행(童行)이라고 부르기도 한다. 그런데 그러한 나이와는 상관 없이 머리 깎기 이전의 수행자를 행자라고 불렀던 사실은, 혜능 자신이 노행자(盧行者)로 불리고 있었던 것으로도 알 수 있다.

*15 불·법·승의 삼보나 부모, 타인이나 죽은 영혼들에게 베푸는 일.

*16 금생에서 종교적인 착한 행실을 많이 쌓아 좋은 내생을 얻는 것. 밭에 좋은 씨를 뿌려 잘 가꿈으로써 좋은 수확을 얻게 되는 것을 비유로 말한 것이다. 《유마경》을 비롯한 각 경에서 볼 수 있다.

*17 고통의 세계. 괴로움이 끝이 없는 인간 세상. 불교의 최고 목적은 생사의 고해인 윤회를 해탈하는 데 있다.

*18 복전과 마찬가지로 내세의 복.

방으로 돌아가 스스로 잘 살펴보아라. 지혜 있는 사람은 스스로 본래의 성품인 반야(般若)의 지혜로써 저마다 게송 한 수씩 지어 내게 가져오너라. 내가 그대들의 게송을 보아 만일 큰 뜻을 깨달은 사람이 있으면, 그에게 의법(衣法)[19]을 부촉하여 6대 조사가 되게 하리니, 화급히 서두르라.'

제자들은 분부를 받고 저마다 자기 방으로 돌아와 서로 번갈아 말하였다.

'우리들은 군이 마음을 써서 게송을 지어 화상에게 올릴 필요가 없다. 신수(神秀)[20] 상좌가 우리의 교수사(教授師)[21]이므로, 신수상좌(神秀上座)가 법을 얻은 후에 저절로 의지하게 될 터이니 애써서 지을 필요가 없다.'

그러고는 모두들 마음을 놓고 아무도 감히 게를 올리지 않았다.

그때 대사의 방 앞 세 간짜리 복도에 능가변상(楞伽變相)[22]과 오조대사가 의법을 전수받는 그림을 그려 공양하고, 후대에 전하여 기념하고자 했다. 화공 노진(盧珍)이 벽을 살펴보고서 이튿날 일을 시작하기로 했다.

상좌인 신수는 속으로 생각했다. '모두들 마음의 게송을 올리지 않는 것은, 내가 교수사이기 때문이다. 내가 만일 마음의 게송을 올리지 않으면 오조대사께서 어떻게 내 마음 속의 견해가 깊고 얕은 것을 알 수 있겠는가. 내

---

[19] 옷과 법. 옷은 곧 가사(袈裟)를 말하고 법은 곧 법통을 말한다. 선종의 개조(開祖)인 달마대사가 일찍이 그가 입고 있던 가사를 혜가(2조(二祖))에게 주어 견성의 증명으로 삼았다.

[20] 이 글에서 보조로 나오고 있지만, 원래는 홍인대사의 십대 제자 중의 수제자이다. 형주 옥천사에서 제자들을 가르치고 있는 것을 측천무후가 불러냈다. 아흔 살의 늙은 몸을 이끌고, 무후가 보낸 종려나무로 만든 수레에 앉은 채 대궐로 들어간 것은 유명한 이야기로 남아 있다. 장안·낙양 땅에서 활약하여 양경법주삼제국사(兩京法主三帝國師)라 불리었다. 양경은 장안과 낙양, 삼제는 무후와 그녀의 아들 중종과 예종(睿宗)을 말한다. 그가 죽자 국장의 예로서 장례를 치렀고, 대통선사(大通禪師)라는 시호를 내렸다.

[21] 계율에서 쓰는 말. 출가하여 계를 받은 뒤 10년 이상을 지나고 나서, 새로 온 수행자를 지도하는 스님을 말한다.

[22] 《능가경》의 그림 이야기. 《능가경》은 달마대사가 혜가대사에게 준 것으로 초기 선종에서 중요한 경전이다. '능가'는 '랑카(Lanka)'의 음역으로 지금의 '스리랑카'라고 하는데, 가기 어렵다고 하는 랑카의 도시로 가서 설법한 경전이란 뜻이다. 내용은 반야에서 유식사상으로의 발전기를 대표하는 대승 경전의 하나이다. 여기에서는 그 내용을 그림으로 나타내려 하는 것인데, 당시에는 유마변(維摩變) 또는 관경변(觀經變)으로 불리는 같은 경향의 그림 이야기들을 많이 만들고 있었다.

가 마음의 게송을 오조께 올려 뜻을 밝혀 법을 구함은 옳은 일이지만, 조사
가 되기를 바람은 옳지 않다. 도리어 범부(凡夫)의 마음으로 성인의 지위를
뺏고자 함과 같다. 그러나 만일 마음의 게송을 바치지 않으면 끝내 법을 얻
지 못하리라'

얼마를 두고 생각했으나 (결정을 내리기가) 참으로 어렵고 어려운 일이다. 마
침내 밤 삼경이 되자, 사람들이 보지 않게끔 남쪽 복도의 중간 벽 위에 마음
의 게송을 지어 붙여 놓고 법을 구하여야겠다. 만일 오조께서 게송을 보시
고 '이 게송은 당치 않다고 나를 찾으신다면, 나의 전생의 업장이 두터워 법
에 합당하지 못함이니, 성인의 마음은 헤아리기 어려우므로 내 마음에서 더
는 생각하지 않으리라.'

신수상좌가 삼경에 촛불을 들고 남쪽 복도 벽 위에 게송을 지어 써 놓았
으나, 아무도 아는 사람이 없었다.

게송에 이르기를

> 몸은 곧 보리수(菩提樹)*[23]요
> 마음은 명경대(明鏡臺)와 같나니
> 때때로 부지런히 털고 닦아
> 먼지가 앉는 일이 없게 하라

신수상좌가 이 게송을 써 놓고 방으로 돌아와 누웠으나 아무도 본 사람
이 없었다.

오조대사는 아침에 노공봉(盧供奉) 화백을 불러 남쪽 낭하에 능가변상을
그리게 하려다가, 문득 이 게송을 보았다. 읽기를 마치자, 곧 노공봉에게 말
했다.

'나 홍인은 당신에게 돈 3만 냥을 주어 멀리 오신 수고에 깊이 감사하고,
변상은 그리지 않기로 하겠소. 금강경에 말하기를 "무릇 모양이 있는 것은
모두 허망하다"고 했소. 차라리 이 게송을 그대로 두어 미혹한 사람들로 하

---

*23 보리수는 석가모니가 이 나무 밑에서 깨달음을 얻었다 해서 깨달음의 나무로 불린다. 명경
이란 말도 《능가경》과 그 밖의 경전에서 자주 마음에 비유되고 있다.

여금 외우게 하여 이를 의지하여 닦아 행하면 삼악도(三惡道)*24에 떨어지지 않게 하는 것만 못할 것이다. 법을 의지하여 닦아 행하면 사람들에게 큰 이익이 있을 거요.'

이윽고 오조대사는 제자들을 불러오게 하여 게송 앞에 향을 사르게 하니, 사람들이 들어와 보고 모두 공경하는 마음이 났다.

오조대사가 말했다.

'그대들은 다 이 게송을 외워라. 외우는 사람은 장차 견성(見性)*25하리라. 이를 의지하여 닦아 행하면 타락하지 않으리라.'

제자들은 모두 이를 외우며 공경하는 마음을 내어 말했다.

'훌륭합니다.'

오조대사는 이내 신수상좌를 처소로 불러 물었다.

'그대가 이 게송을 지은 것이냐. 만일 그대가 지은 것이면 마땅히 내 법을 얻으리라.'

신수상좌가 대답했다.

'죄송스럽습니다. 실은 제가 지은 것입니다. 그러나 감히 조사의 자리를 구함이 아니오니 바라옵건대 화상께서는 자비로 제자를 살펴 주옵소서. 조금은 지혜가 있는 것이지, 큰 뜻을 안다 하겠습니까?'

오조대사가 말했다.

'그대가 지은 이 게송은 소견은 당도하였으나, 다만 문 앞에까지 이르렀을 뿐 아직도 안으로 들어오지는 못했다. 범부들이 이 게송을 의지하여 닦아 행하면 타락하지는 않지만, 만약 이런 견해를 가지고 위없는 진리를 찾는다면 결코 얻지 못하리라.

모름지기 문 안으로 들어와야만 스스로의 본성을 보느니라. 그대는 다시 돌아가 며칠 동안 잘 생각하여 다시 한 게송을 지어 내게 바치도록 하라. 만일 문 안을 들어와서 스스로의 본성을 보았다면 마땅히 그대에게 의법을 부촉하리라.'

수상좌는 돌아가서 며칠이 지났으나 게송을 다시 지을 수가 없었다.

---

*24 삼악취(三惡趣)라고도 함. 죄를 지은 과보로 받는 지옥·아귀·축생 등의 악한 곳.
*25 자기 심성의 근원이며 일체 존재의 근본 성품인 진여불성(眞如佛性)을 깨닫는 것.

③ 동자(童子) 하나가 방앗간 근처를 지나며 이 게송을 불러 외었다. 혜능은 한 번 듣고 이 게송이 아직 견성하지 못하였고, 아직 큰 뜻을 알지도 못하는 것임을 알았다.

혜능이 동자에게 물었다.

'지금 왼 것은 무슨 게송인가?'

동자가 대답했다.

'그대는 아직 모르는가. 대사께서 "나고 죽는 생사 대사가 가장 큰 일이니 가사와 법을 전하고자 한다, 하시며 제자들로 하여금 저마다 게송 한 수씩 지어 와 바치라 하시고, 큰 뜻을 깨달은 사람에게는 곧 가사와 법을 전하여 6대 조사로 삼으리라" 말씀하셨는데, 신수라고 하는 상좌가 선뜩 남쪽 복도 벽에 문득 무상게(無相偈) 한 수를 써 놓았더니 오조께서 모든 제자들에게 다 외우게 하시고, "이 게송을 깨달은 사람은 곧 타고난 자성(自性)을 볼 것이니, 이 게송을 의지하여 수행하면 나고 죽는 생사를 벗어나게 되리라"고 말씀하셨다.'

혜능이 말했다.

'내가 여기에서 방아찧기를 여덟 달 남짓 하였으나, 아직 조사 방 앞에 가보지 못하였으니, 바라건대 선배는 나를 남쪽 복도로 인도하여 이 게송을 예배하게 해 주시오. 그리고 바라건대 이 게송을 외어 내생(來生)의 인연을 맺어 부처님 나라에 태어나고 싶소.'

동자는 혜능을 인도하여 남쪽 복도에 이르렀다. 혜능은 곧 이 게송에 예배하였고, 글자를 모르기 때문에 한 사람에게 읽어 주기를 청했다. 혜능은 듣고 나서 곧 대강의 뜻을 알았다. 혜능도 한 게송을 지어, 글 쓸 줄 아는 사람을 하나 청해다가 서쪽 벽 위에 쓰게 하여 자신의 본마음을 나타냈다. 본마음을 모르면 법을 배워도 유익할 것이 없고, 마음을 알고 자기 성품을 보면 곧 큰 뜻을 깨닫는다.

혜능은 게송으로 이르기를

보리(菩提)는 원래 나무가 없고
명경도 대(臺)가 없다.
불성(佛性)은 언제나 청정한데

어디에 먼지가 있으리요.

다시 게송으로 이르기를

마음이 보리수요
몸은 명경대라
명경은 본래 청정하거니
어디에 먼지가 묻으리요

절 안에 있는 대중들은 혜능이 지은 게송을 보고 모두 괴이하게 여기므로 혜능은 물러나 방앗간으로 돌아왔다.

오조가 문득 혜능의 게를 보고 곧 큰 뜻을 잘 알고 있음을 알았으나, 여러 사람들이 알까 두려워하여, 대중들에게 '이 게송도 아직 다 깨닫지 못하고 있다'고 말하였다.

오조는 밤 삼경에 이르러, 혜능을 조사당으로 불러 금강경을 설법해 주었다. 혜능은 한 번 듣고 말 끝에 바로 깨달아, 그날 밤으로 법을 전해 받으니 남들은 아무도 몰랐다. 곧 돈오(頓悟)의 법과 가사를 전하고 말하였다.

'그대가 육대(六代) 조사가 되었으니, 가사로써 신표를 삼아 대대로 이어받아 서로 전하되, 마음으로써 마음에 전하여 마땅히 스스로 깨우치도록 하라'

오조는 또 말하였다.

'혜능아, 예부터 법을 전함에는 목숨이 실낱에 매달린 것*²⁶과 같다. 만일 이곳에 머물러 있으면 그대를 해치려는 사람이 있을 것이니 그대는 모름지기 빨리 떠나도록 하라.'

혜능이 가사와 법을 받고 삼경에 길을 떠났다. 오조는 몸소 혜능을 구강역(九江驛)*²⁷까지 전송해 주면서, 헤어질 때 문득 오조께서 당부하였다.

---

*26 인도에서 24대째 조사인 사자존자(師子尊者)가 악왕에게 피살된 일과, 달마대사나 혜가대사가 반대파의 미움을 받아 큰 난을 당했고, 삼조인 승찬대사(僧燦大師)도 북주(北周)의 파불(破佛)을 당했다.
*27 강소성 구강군에 있는 나루터.

'그대는 가서 노력하라. 남쪽으로 법을 가져가되, 3년 동안은*28 이 법을 펴려 하지 말아라. 방해를 받을 것이다. 그 뒤에 널리 세상에 교화하여 미혹한 사람들을 잘 인도하고 마음이 열리게 되면, 그대의 깨달음과 다름없느니라.'

이에 혜능은 오조와 하직하고 곧 남쪽으로 향해 떠났다. 두 달쯤 지난 뒤에 대유령*29에 이르렀으나, 모르는 결에, 그 뒤로 수백 명이나 되는 사람들이 쫓아와 혜능을 해치고 가사와 법을 앗으려고 하다가, 도중에 모두 돌아가고 말았다.

다만 한 스님이 돌아가지 않았는데, 그는 성이 진(陳)이고, 이름이 혜명(慧明)이었다. 그는 과거엔 삼품장군(三品將軍)으로서 성품과 행동이 거칠고 포악하여 바로 고갯마루까지 쫓아와 혜능에게 덤벼들었다.

혜능은 곧 가사를 돌려주려 했으나, 그는 받으려 하지 않고 말했다.

'내가 일부러 멀리 온 것은 법을 구함이요, 가사나 옷은 필요치 않다.'

혜능은 고갯마루에서 곧 법을 혜명에게 전하니, 혜명은 법문을 듣고 말끝에 음이 열렸다. 혜능은 혜명으로 하여금 곧 북쪽으로 돌려보내 사람들을 교화하도록 했다.

혜능이 이곳으로 와서 머문 것은 모든 관료들과 수도인·속인들과 더불어 오랜 세월 많은 인연이 있었기 때문이다. 본래 가르침은 옛 성인이 전하신 것이요, 혜능 스스로 안 것은 아니다. 성인들의 가르침 듣기를 원하는 이는, 저마다 모름지기 마음을 깨끗이 하여 법을 듣고 나서, 스스로 미혹함을 없애 옛 사람들의 깨달음과 같기를 바랄 뿐이다."

2 계율·선정·지혜의 삼학

〔4의 요지〕 남종 돈오(頓悟)의 취지는 선과 지혜의 문제로 끝난다. 일찍이 계율·선정·지혜라는 삼학(三學)으로 짜여져 있는 부처의 가르침을 혜능까지의 불교 역사에서는 충실히 지켜져 왔다. 계율에 의해 선정을 얻고, 선정에

*28 뒷날 책에서는 홍인대사가 자기의 죽음을 미리 알려 주는 뜻으로 풀이하고 있다.
*29 강서성 대유현과 광동성 남웅현의 경계의 고개. 중국 오령의 하나.

의해 지혜를 얻는 것으로, 그런 순서를 떠나서는 깨달음을 얻을 수 없는 것이었다. 혜능은 삼학의 순서를 무시하고 새롭게 그것들을 하나로 보았다. '선'이란 곧 '반야'의 지혜로서 단순히 삼학의 하나는 아니다. 이제까지의 불교는 마음이 일으킨 병을 어떻게 다스리느냐 하는 대증요법(對症療法)에 그치고 있었다. 혜능은, 사람은 누구나가 다 본래 건강해서 아무것도 모자라는데가 없다는 확신에서 출발한다. 그것이 참다운 '삼학'이다. 그는 여기에서 삼학·일행삼매(一行三昧)라는 전통사상을, 그것들이 생겨나는 근원에서부터 다시 파악해 보이고 있다. 사상에 의해 인간을 파악하는 것이 아니라, 인간이 사상을 창조하는 것이다.

④ 혜능대사가 다시 말했다.

"선지식들이여, 보리반야(菩提般若)의 지혜*30는 세상 사람이 본래 스스로 가지고 있는 것이다. 다만 마음이 미혹하여 능히 스스로 깨닫지 못하는 것뿐이다. 모름지기 큰 선 지식의 가르침을 구하여 견성(見性) 해야만 된다.

선지식들이여, 깨닫게 되면 곧 지혜를 이루게 될 것이다. 선지식들이여, 나의 이 법문(法門)*31은 선정과 지혜로서 근본을 삼으니 첫째로 잘못 생각하고 선정과 지혜가 다른 것이라고 말하지 말라. 선정과 지혜는 한몸으로 둘이 아니다. 선정은 곧 지혜의 주체(主體)요, 지혜는 곧 선정의 작용이다.*32 곧 지혜가 나타날 때는 선정은 지혜 안에 있고, 또한 선정이 나타날 때는 지혜가 선정 안에 있다.

선지식들이여, 이것은 곧 선정과 지혜를 함께 함이다.

도를 배우는 사람은 조심하여, 선정에서 지혜가 나온다*33라거나, 지혜에

*30 '보리'는 깨달음이란 뜻, '반야'는 지혜라는 뜻, 여기서는 깨달음 그 자체인 지혜를 말한다.

*31 법문은 일찍이 신수가 무후의 부름을 받아 대궐에 들어갔을 때 무후가 '대사가 전해 받은 법은 누구에게서 온 것이냐'고 묻자 기주동산(蘄州東山)의 법문을 받았다고 대답하고, 어떤 경전에 의한 것이냐고 묻자 《문수설반야경》의 〈일행삼매〉에 의한다고 대답한 것을 전제로 한다. 선정과 지혜를 하나로 보는 혜능의 관점은 신수보다 더 동산 법문에 가깝다.

*32 주체와 작용이라는 생각은 중국 불교의 중요한 논리의 하나이다. 달마대사의 《무심론》 속에도 그것이 엿보인다.

*33 선정이 먼저이고 지혜가 뒤라고 하는 생각은 인도 불교의 기본이며, 천태학(天台學)과 북종선(北宗禪)에도 계승되어 있다. 중국에서는 지혜를 먼저라고 하는 생각이 한쪽에서 행해지고 있어, 두 사상이 체계를 이루게 되는데, 혜능은 그 어느 것이나 다 부인하려 한다. 특

서 선정이 나온다라고 생각하여 선정과 지혜를 각각 다르다고 말하지 말라. 이런 생각을 하는 사람은 법에 두 가지 모양(相)이 있는 것이다. 입으로는 착함을 말하면서 마음이 착하지 않으면, 지혜와 선정을 함께 함이 아니다. 마음과 말이 다 착하고 안과 밖이 하나가 되면, 선정과 지혜는 곧 함께 함이 된다.

스스로 깨달아 닦고 행함은 말로 다투는 데 있지 않으며, 만일 앞뒤를 다투면 이는 곧 미혹한 사람으로 이기고 지는 마음을 끊지 못하고, 도리어 법아(法我)를 낳아, 네 가지 모양(四相)*³⁴을 버리지 못한다.

일행삼매(一行三昧)*³⁵라는 것은, 일체의 시간을 통해 행주좌와(行住坐臥)*³⁶에 항상 곧은 마음(直心)*³⁷을 행하는 것이다. 정명경(淨名經)*³⁸에 이르기를 '곧은 마음이 바로 도량(道場)이요, 곧은 마음이 바로 정토(淨土)이다'라고 했다.

마음에 아첨하고 굽은 생각을 가지고*³⁹ 입으로만 법의 곧음을 말하지 말라. 입으로만 일행삼매를 말하여, 곧은 마음을 행하지 않는 것은 부처님 제자가 아니다. 다만 곧은 마음을 행하여 모든 법에 집착하지 않음을 일행삼매라 한다.

히 선정과 지혜를 하나로 보고 있는 것은 《반야경》 등에서 '정이 많고 혜가 적으면 무명을 낳고, 정이 적고 혜가 많으면 사견을 낳는다. 정과 혜가 같아야만 비로소 불성을 밝게 본다'고 한 것에 따르고 있다.

*34 네 가지 옳지 못한 상, 즉 나(我相)·개체(人相)·중생(衆生相)·수명(壽命相)이 실체로서 있다고 하는 생각. 《금강경》에 나와 있는 말. 영원치 못한 것(無常)을 영원한 것(常)으로 보고, 괴로운 것을 낙으로 보고, 깨끗하지 못한 것을 깨끗한 것으로 보고, 실체가 없는 것을 실체(我)라고 보는 네 가지 그릇된 것을 말한다.

*35 《문수설반야경》을 비롯해, 각종의 《반야경》과 《초신론》 등에 보인다.

*36 걷고·서고·앉고·눕고 하는 네 가지 인간 행동의 전부. 천태는 행과 좌 둘을 합쳐서 상좌(常坐)·상행(常行)·반행반좌(半行半坐)·비행비좌(非行非坐)의 네 가지 삼매를 세운다. 혜능에게 배웠다고 하는 영가(永嘉) 현각(玄覺)의 《증도가》에는 "행도 선이요, 좌도 선이다. 어묵동정(語默動靜)에 몸이 안연(安然)하다"고 말하고 있다.

*37 바르고 곧아 정직한 마음. 우리 말의 정직에는 도덕적인 느낌이 강하다. 여기에서 말하는 직심은 일체의 분별이 없는 본연의 마음을 말한다.

*38 《유마경》을 말한다. 정명(淨名)은 유마를 뜻으로 풀이한 것이다.

*39 남에게 잘 보이기 위해 자기의 뜻을 굽혀 가며 거짓으로 아첨하는 것. 일종의 열등감으로 질투심과는 대립된다.

그러나 미혹한 사람은 법의 모양에 집착하고 일행삼매에 사로잡혀, 곧은 마음으로 주저앉아 움직이지 않는 것이라고 하며, 망념(妄念)*40을 없애어 마음을 일으키지 않는 것이 곧 일행삼매라고 하나, 이렇게 되면 이 가르침은 생각이 없는 나무나 돌로 되라는 것과 같은 것으로, 도리어 도를 장애하는 인연이 된다.

도는 마땅히 유통(流通)해야 되는 것인데, 어찌 도리어 정체할 것인가. 마음이 머물러 있지 않으면, 법은 곧 유통하게 되지만, 머물러 있으면 곧 얽매이게 된다.

만일 앉아 움직이지 않음이 옳은 것이라면, 사리불(舍利弗)이 숲 속에 조용히 앉아 있는 것을 꾸짖은, 유마힐(維摩詰)이 옳지 않은 것이 된다.*41

선지식들이여, 또 어떤 분이*42 사람들에게 '앉아서 마음을 살피고 마음의 깨끗함을 찾아 내어, 움직이지도 말고 일어나지도 말'고 가르치고 이로써 공부를 쌓도록 하고 있다. 미혹한 사람은 이것을 깨닫지 못하고 문득 거기에 집착하여 미치광이가 되니, 이런 사람은 수백에 이른다. 이같이 가르치고 인도하는 사람은 원래 크게 잘못임을 알아야 하느니라.

선지식들이여, 선정과 지혜는 무엇과 같은가 하면 등불과 그 빛과 같다. 등불이 있으면 곧 빛이 있고, 등불이 없으면 곧 빛이 없으므로, 등불은 곧 빛의 주체요, 빛은 곧 등불의 작용이니, 이름은 비록 둘이지만 몸은 둘이 아니니, 또한 내가 말한 선정과 지혜의 가르침도 이와 같다.

선지식들이여, 가르침에는 단번에 깨달음(頓)과 점차로 깨달음(漸)의 구별이 없다. 사람에 따라 영리하고 우둔함이 있으니, 미혹한 사람이면 점차로 이끌어 주어야 하지만, 깨달은 사람은 빨리 닦는다. 스스로의 본심을 알면 이것이 본성을 보는 것이니, 깨닫고 나면 곧 원래부터 차별은 없으나, 깨닫지 못하면 오랜 세월을 윤회하게 된다."

---

*40 망념은 망심. 북종선(北宗禪)의 교리를 요약한 것.
*41 《유마경》에서 제자·보살들의 문병에 있는 이야기.
*42 북종선 사람들을 가리킨 것이다.

3 참다운 참선의 가르침

〔5의 요지〕반야의 지혜는 무념(無念)·무상(無相)·무주(無住)라는 세 기둥으로 되어 있다. 혜능은 먼저 무념 쪽에서 이것을 설명해 간다. 사실을 말하면, 무념이라는 것도 유념(有念)에 대한 대증요법으로서 참으로 무념이라면 무념이라 말할 필요조차 없다. 북종을 대표로 하는 이제까지의 선(禪)은 그러한 무념에 지나치게 치우쳐 왔다. 좌선(坐禪)도 그렇다. 좌선이란 단순히 입을 다물고 마음의 움직임을 제지하는 것은 아니다. 이리하여 혜능은 좌선에 아주 새로운 정의를 내리고 있다. 여기에서 말하는 좌선이야말로 그를 조상으로 하는 남종선의 기초가 된다. 주목되는 것은, 여기에서 보이는 좌선의 정의는, 다음에 계속해서 언급되는 삼신(三身)·삼귀(三歸)·삼보(三寶)·사홍서원(四弘誓願)을 비롯해서 입멸(入滅)의 대목에서 다루어지는 삼과법문(三科法門) 등과 함께, 그것들을 정리한 수첩 비슷한 형태로 돈황(敦煌) 문서 속에 몇 권 발견되고 있다. 그것들 가운데는 티베트어로 대역(對譯)된 것까지 있어서, 남종선의 폭넓은 전파를 알려 주고 있다.

⑤ "선지식들이여, 나의 이 법문은 예부터 단번에 깨침과, 점차로 깨달음을 모두 세우니, 생각이 없음(無念)*43을 세워 종(宗)으로 삼으며, 모양이 없음(無相)*44을 본체로 삼고, 머무름이 없음(無住)*45을 근본으로 삼는다.

어떤 것을 모양이 없다고 하는가. 모양이 없다고 하는 것은 모양에서 모양을 떠난 것이오, 생각이 없다고 하는 것은 생각의 관점에서 생각을 떠난 것이며, 머무름이 없다고 하는 것은 사람의 본래 성품이 생각마다 머무르지 않는 것이다.

순간순간의 생각에 머물러 있지 않으면, 앞의 생각과 지금 생각과 뒤의 생각이 순간순간 서로 이어져 끊어지는 일이 없느니, 만일 한순간이라도 생각

---

*43 《대승기신론》에 '마음의 성품은 언제나 무념인 까닭에 이름하여 불변이라 한다. 한 법계에도 이르지 않았기 때문에 마음이 서로 응하지 못하고, 홀연히 생각이 일어나는 것을 이름하여 무명이라 한다'고 했다.

*44 《금강경》의 취지. 앞에서 이미 인용한 바 있다.

*45 《금강경》에 무주상(無住相)을 말하고 있는데, 가장 널리 알려져 있는 것은 《유마경》에 나오는 '머무름 없이 모든 법을 세운다(無住本立一切法)'라고 하는 구절이다.

이 끊어지면 법신(法身)은 곧 육신을 떠난다.

한순간 한순간의 생각의 흐름 속에 일체의 법(法 : 存在) 위에 머무르는 일이 없으니, 한순간이라도 생각이 머무르게 되면, 생각마다에 머무르는 것이 되어 곧 얽매임(繫縛)이 된다. 모든 법 위에 순간순간 생각이 머무르지 않으면 곧 얽매임이 없는 것이다. 그러므로 머무름이 없는 것(무주)으로써 근본을 삼는다.

선지식들이여, 밖으로 모든 모양을 떠난 것이 모양이 없는 (무상) 것이다. 만일 능히 모양을 떠나게 되면, 성품의 본체는 청정해진다. 이런 까닭에 모양이 없는 것을 본체로 삼느니라, 어떤 환경에도 물들지 않는 것을 이름하여 생각이 없는 것이라 하니, 자기 마음 속에서 경계를 떠나 있기 때문에, 법에 대해 생각이 나지를 않는다.

일백 가지 모든 사물을 생각지 않고서 생각을 모조리 없애지 말라. 한 생각이 끊어지면 곧 다른 곳에서 태어날 수 없게 된다.

도를 배우는 사람은 조심하여 법의 뜻*⁴⁶을 쉬도록 할 지니, 스스로 잘못되는 것도 이렇거니와 하물며 다른 사람에게 권하겠는가. 미혹하여 스스로 보지 못하며, 또 경전의 가르침을 비난하니, 이런 까닭에 생각없음(무념)을 받들어 종지로 삼는다. 인연에 미혹한 사람은 경계 위에 생각을 내고, 그 생각 위에 문득 그릇된 판단을 일으키게 되므로, 일체의 번뇌(煩惱 : 塵勞)와 망념(妄念)이 이로부터 생긴다.

그래서 이 교문(敎門)은 무념을 받들어 종지로 삼느니라. 세상 사람들은 소견을 떠나 생각을 일으키지 않는다. 만일 생각함이 없으면 무념 또한 내세울 것도 없다.

무(無)란 무엇이 없다는 것이며, 염(念)이란 또 무엇을 생각하는 건가. 없다 함은 대립된 두 상(相)의 모든 번뇌에서 벗어나는 것이고, 생각함이란 진여(眞如)*⁴⁷의 본성을 생각하는 것으로서, 진여는 곧 생각의 본체이고, 생각은

---

*46 원문에 있는 법의(法意)는 해석하기가 어렵다. 《불설법구경》에 뜻을 안으로 하고, 법을 밖으로 하고, 마음은 중간에 있는 것으로 하여 '의법(意法)과 마음이 허통(虛通)하여 막힘이 없다'고 했다. '뜻'은 육근(六根)의 여섯 번째, '법'은 육진(六塵)의 여섯 번째이다.

*47 끊임없이 변화하는 현상인 가상에 대한 절대불변의 참모습. 산스크리트어 Bhūta tathātā를 한역한 '진실여상(眞實如常)' 즉 언제나 변하지 않는 참된 것이란 말을 '實'자와 '常'자를 생략하고 진여라고 쓴 것.

곧 진여의 작용이다.

그러므로 자성(自性)이 생각을 일으키면, 곧 보고 듣고 느끼고 아는 마음이 움직이지만, 어떤 경계에도 물들지 않고 언제나 자재(自在)한다. 《유마경》에서는 '밖으로는 모든 사물의 모양을 분별할 수 있으나, 안으로는 제일의 뜻에서 움직이지 않는다'라고 말했다.

선지식들이여, 이 법문의 좌선은 원래 마음에 집착하지 않고, 마음의 청정함에도 집착하지 않으며, 또 움직임도 움직이지 않음도 말하지 않으니, 만일 마음을 들여다본다고 하면, 마음은 원래가 허망한 것이며, 허망함이 허깨비와 같은 것이므로 들여다볼 것이 없다. 만일 청정함을 본다고 말한다면, 사람의 성품은 원래 청정함에도 망념 때문에 진여(眞如)가 덮여 있는 것이므로 망념을 떠나면 본성은 청정한 것이다.

자기의 본성이 원래 청정한 것을 알지 못하고, 마음을 일으켜 청정한 것을 본다고 한다면, 도리어 청정에 대한 망념을 낳게 된다.

망념은 일정한 곳이 없으므로 그것을 본다는 것이 곧 허망한 것임을 알라. 청정은 모양이 없거늘, 도리어 청정하다는 모양을 만들어 두고 이를 공부라고 말하는 것뿐이다. 이런 생각을 하는 사람은 자기 본성을 가로막아 도리어 청정함에 얽매이게 된다.

만일 마음이 움직이지 않는 사람이 사람의 허물을 보지 않는다면[*48] 이는 자성이 움직이지 않는 것이다. 그런데 미혹한 사람은 자신의 몸은 움직이지 않지만, 입만 열면 곧 남의 옳고 그른 것을 말하여 도와 어긋나 등지는 것이니라. 그래서 마음을 보고 또는 청정을 본다는 것은 도리어 이것이 도에 장애가 되는 인연이 된다.

지금 그대들에게 이르노니, 이 법문에서는 무엇을 좌선이라 이름하는가. 이 법문에서는 일체 장애가 없어서, 밖으로 모든 경계 위에 생각이 일어나지 않는 것이 좌(坐)[*49]이며, 안으로 본성을 깨달아 어지럽지 않음이 선(禪)이다.

---

*48 원문에 '모든 사람의 허물을 본다(見一切人過患)'로 되어 있으나, 첫머리에 '不'자가 빠진 것으로 본다. 뒤에 혜능이 신회(神會)를 보고 '불견천지인과죄(不見天地人過罪)'라고 말하고 있고, 《임제록(臨濟錄)》에도 같은 말이 보인다.

*49 육조 혜능의 가장 유명한 좌선의 정의이다. 신회의 〈보리달마남종정시비론〉에 이 글귀가

무엇을 이름하여 선정(禪定)이라 하는가. 밖으로 모든 모양(相)을 떠난 것을 선이라 하고, 안으로 본성이 어지럽지 않음이 정이다. 가사 밖으로 모양이 있더라도 안으로 본성이 어지럽지 않으면, 마음은 본래대로 청정해 있고 자연 안정되어 있는 것이다. 다만 경계를 대상으로 하기 때문에 접촉하게 되고, 접촉하게 되면 곧 어지럽게 되니, 모양을 떠나 어지럽지 않은 것이 곧 정이다. 밖으로 모양을 떠난 것이 곧 선이요, 안으로 어지럽지 않은 것이 곧 정이다. 밖으로는 선하고 안으로 정하기 때문에 선정이라 이름한다.

《유마경》에 이르기를 '즉시 홀연히 깨달아 본심을 도로 찾는다'고 했고, 《보살계경(菩薩戒經)》*50에 이르기를 '본래 근원인 자성은 모름지기 청정해야 한다'고 하였느니라.

선지식들이여, 본성이 원래부터 청정함에 눈뜨라. 스스로 닦고 스스로 이룩하는 것이 본성의 법신(法身)이다. 법신 그대로 행하는 것이 부처님의 행이요, 스스로 짓고 스스로 이룸이 부처님의 도이니라."

4 자성(自性)의 삼신불에 귀의하다

[6~7까지의 요지]《육조단경》의 목적은 널리 일반 도속들에게 삼학(三學)에 대한 새로운 가르침을 전파하는 데 있었다. 삼학은 어디까지나 실천에 바탕을 둔 것이다. 그것은 새로운 교단(敎團)의 결성을 뜻한다. 혜능은 여기에서 사람들에게 그러한 새 교단의 결성을 외치고, 몸소 입단 의식을 집행한다. 즉 무상계(無相戒)를 주는 것이다. 이 경이 계(戒)를 주는 의식을 기록한 것임은 돈황본에 의해 확실해진다. 지금까지 알려진 뒷날의 《육조단경》은 이미 그러한 본래의 모습을 볼 수 없고, 단순한 설교집에 그치고 있다. 설교뿐이라면, 다른 어록(語錄)과 그다지 색다를 것이 없다. 무상계라고 하는 마음의 수계(授戒)가 구체적인 의식으로 진행되는 것에 이 책의 특징이 있다. 무

인용되고 있다.

*50 보살계경은 《범망경(梵網經)》을 말한다. 구마라습(鳩摩羅什)의 번역으로 전해지는 두 권으로 된 책인데, 실은 육조(六朝) 때 중국에서 만든 책인 것 같다. 천태종의 개조인 지의(智顗)의 대승보살계를 근거로 했기 때문에 붙은 이름이다.

상계는 순수한 자수자서계(自受自誓戒)이다. 혜능의 사상은 인도·중국을 비롯해 우리나라와 일본을 걸치는 새로운 무승불교의 기점이 된다.

⑥ "선지식들이여, 모두 모름지기 스스로 몸소 무상계*⁵¹를 받아야 한다. 다같이 혜능을 따라 입으로 부르라. 선지식들로 하여금 자신의 삼신불(三身佛)*⁵²을 보게 하리라.

　　나의 육신(色身)에서, 청정법신불(淸淨法身佛)에 귀의한다.
　　나의 육신에서, 천백억 화신불(化身佛)에 귀의한다.
　　나의 육신에서, 장차 오실 원만보신불(圓滿報身佛)에 귀의한다.

이상을 세 번 부른다.

색신은 집과 같으므로 귀의한다고는 말할 수 없다. 이 삼신(三身)은 스스로의 법성(法性)에 있고 세상 사람이 다 가지고 있지만, 미혹하여 보지 못하고 밖으로 삼신불을 찾고 자기 색신 속의 삼성불(三性佛)을 보지 못한다.

선지식들이여, 잘 들으라. 지금 그대들은 저마다 자기의 육신 속에서 자기의 법성이 삼신불을 지니고 있음을 깨닫게 하리라.

이 삼신불은 자기 본성으로부터 생기니, 어떤 것을 청정법신불이라 하는가.

선지식들이여, 사람은 성품이 원래 청정하여 모든 법은 자기 본성에 들어있으니, 모든 악한 일을 생각하면 곧 악한 일을 행하게 되고, 모든 착한 일을 생각하면 곧 착한 행실을 닦게 된다. 이처럼 모든 법이 모두 자기 본성에 있고, 자성은 언제나 청정함을 알아야 하느니라.

해와 달은 언제나 밝은 것이나, 다만 구름이 덮이면 위는 밝아도 아래가 어두워, 똑똑히 해와 달과 별들을 볼 수 없을 뿐이다. 홀연히 지혜의 바람이

━━━━━━━━━━━━━

*51 무상계는 앞의 표제에 이미 나와 있다. 다음 부분이 바로 계를 주는 의식에 해당한다. 갖가지 외치는 것을 세 번 되풀이하는 방식은 뒷날에도 마찬가지로 행해지고 있다.
*52 여기에 있는 것은 법신·화신·보신의 순서로 일반 것과는 다르다. 전진(前秦)의 도안(道安)이 시작했다고 전해지며, 지금도 선원에서 행해지고 있는 식전(食前)에 주문을 외고 복을 빌 때 외는 열 부처의 이름 가운데 처음 세 부처님이 이것에 해당한다.

불어, 구름과 안개를 다 말아 흩어 버리게 되면, 삼라만상이 일시에 다 나타난다.

세상 사람의 본성이 청정한 것은 맑은 하늘과 같고, 지혜는 해와 달과 같으니라. 지혜는 항상 밝지만, 밖으로 경계에 집착하고 망념의 뜬구름에 덮여 자성이 밝지 못할 뿐이니라.

그러므로 선지식의 참다운 가르침을 열어 미망(迷妄)을 불어 없애고, 안팎을 명철(明澈)하게 해 주면, 자기 본성 안에 만법(萬法)이 다 나타나게 되니, 모든 법에 자재한 성품을 이름하여 청정법신이라 한다.

스스로 돌아가 의지함이란, 착하지 못한 행위를 털어 없애는 것이며, 이것을 이름하여 귀의함이라 하느니라.

무엇을 천백억 화신불이라 하는가. 생각하고 헤아리지 않으면 성품은 곧 비어 있어 고요하지만, 생각하고 헤아리면 곧 스스로 변화된다. 악을 생각하면 변화하여 지옥이 되고, 착한 법을 생각하면 변화하여 천당이 된다. 독과 해침은 변화하여 축생이 되고, 자비(慈悲)는 변화하여 보살이 되며, 지혜는 변화하여 상계(上界)*[53]가 되고, 어리석음은 변화하여 하계(下界)*[54]가 되어, 자기 본성의 변화가 매우 많지만, 미혹한 사람은 스스로 깨닫지 못한다.

한 생각이 착하면 곧 지혜가 생기니, 이것을 자성화신불(自性化身佛)이라 하느니라.'

'무엇을 원만보신불이라 하는가.' 한 개의 등불이 천 년의 어둠을 없앨 수 있고, 한 지혜가 만 년의 어리석음을 없앨 수 있다. 앞을 생각지 말고 언제나 뒤를 생각하라. 언제나 뒷 생각*[55]이 착한 것을 이름하여 보신불(報身佛)이라 하느니라.

한 생각의 악한 과보는 천 년의 착한 일을 도리어 그치게 하고, 한 생각의 착한 과보는 천 년의 악도 물리쳐 없앤다. 무한한 과거(無始)로부터 미래의 생각이 착함을 이름하여 보신(報身)이라 한다.

법신을 좇아 생각함이 곧 화신이요, 생각마다 착한 것을 보신이라 한다. 스스로 깨달아 스스로 닦는 것을 곧 귀의라 이름한다. 가죽과 살은 색신(色身)이

---

*53 육도(六道) 중 인간과 천상.
*54 육도 중 삼악도(三惡道)와 수라도(修羅道).
*55 지금까지에 대해서 뒤라고 하겠지만 실은 현재이다.

요, 집이므로 귀의할 곳이 아니며, 다만 삼신(三身)을 깨달으면 곧 큰 뜻*⁵⁶을 알게 된다.

이제 우리는 삼신불에 귀의하였으니, 선지식들과 함께 사홍서원(四弘誓願)을 일으키리라. 선지식들이여, 일시에 혜능을 따라 부르라.

> 무량한 중생을 다 제도하기를 서원한다
> 무량한 번뇌 다 끊기를 서원한다
> 무량한 법문 다 배우기를 서원한다
> 위없는 불도 다 이룩하기를 서원한다

세 번 부른다.

선지식들이여, 무량한 중생을 맹세코 다 제도한다 함은 혜능이 선지식들을 제도하는 것이 아니라, 마음 속의 중생을 저마다 자기 몸에 있는 자기 성품으로 스스로를 제도하는 것이다.

무엇을 일러 자기 성품으로 스스로를 제도한다고 하는가.

자기 육신 안에 있는 사견(邪見)과 번뇌와 어리석음과 미망 같은 것이, 본래 스스로 깨치는 성품이 있어서, 바른 생각으로 제도하는 것이다.

이미 바른 생각인 반야(般若)의 지혜를 깨달아, 어리석음과 미망을 물리쳐 없애면 중생들은 저마다 스스로를 제도하는 것이다. 삿됨이 오면 바른 것으로 제도하고, 미혹함이 오면 깨달음으로 제도하고, 어리석음이 오면 지혜로써 제도하고, 악함이 오면 선함으로 제도하고, 번뇌가 오면 보리로써 제도하니, 이같이 제도함을 진실한 제도라고 하느니라.

무량한 번뇌를 맹세코 다 끊는다 함은, 자기 마음에 있는 허망함을 제거하는 것이니라.

무량한 법문을 맹세코 다 배운다 함은, 위없는 바른 법을 배우는 것이며, 위없는 불도를 맹세코 이룬다 함은, 언제나 마음을 겸허하게 가지고*⁵⁷ 모든 것을 공경하며, 미혹한 집착을 멀리 떠나면 깨달아 반야의 지혜가 생기고, 미망함을 없애는 것이니, 곧 스스로 깨달아 불도를 이루어, 맹세코 서원을

---

*56 불법의 궁극적인 목표.
*57 원문엔 '하심(下心)'이라 되어 있으며, 계율에서 쓰는 말이다.

행하는 것이니라.

이제 이미 사홍서원 세우기를 마쳤으니, 다시 선지식들을 위해 무상참회(無相懺悔)*58를 주어 삼세(三世 : 과거·현재·미래)의 죄장(罪障)을 소멸하게 하리라."

⑦ 대사는 말했다.

선지식들이여, 과거의 생각과 미래의 생각과 현재의 생각이 생각마다 이 어리석음과 미혹에 물드는 일 없이, 지난 날의 나쁜 행동을 일시에 영원히 끊어서 자기의 성품에서 없애버리면 이것이 곧 참회다. 과거의 생각과 미래의 생각과 현재의 생각이, 생각마다 어리석음과 미혹에 물들지 않고, 지난 날의 거짓과 속이는 마음을 없애도록 할 것이며, 영원히 끊음을 이름하여 자성참(自性懺)이라 한다.

과거의 생각과 미래의 생각과 현재의 생각이, 생각마다 질투에 물들지 않고 지난 날의 질투심을 없애도록 할 것이며, 자기 성품에서 없애버리면 이것이 곧 참회니라.

선지식들이여, 무엇을 참회라 하는가.

참(懺)이란 죽을 때까지 죄를 짓지 않는 것, 회(悔)란 과거의 잘못을 뉘우치는 것이니, 나쁜 죄업을 언제나 마음에서 버리지 않으면, 모든 부처님 앞에 입으로 말해도 유익한 것이 없나니, 나의 이 법문 가운데는 영원히 끊어서

---

*58 무상참회는 과거에 저지른 죄만이 아니고, 저지를 위험성이 있는 모든 죄를 그 뿌리에서부터 참회하는 것.

참회는 스스로 저지른 죄를 뉘우쳐 용서를 비는 불교 교육의 중요한 가르침이다. 참회에는 삼종참회(三種懺悔)와 삼품참회(三品懺悔)가 있다.

1. 삼종참회

① 작법참(作法懺) : 규정된 작법에 따라 불전이나 대중 앞에서 참회함.

② 취상참(取相懺) : 선정을 닦아 참회의 생각을 하면서 불보살이 와서 정수리를 만져줌과 같은 서상(瑞相)을 얻어 죄를 없애는 것.

③ 무생참(無生懺) : 마음을 바로 하고 불생불멸의 실상을 관조하여 무명 번뇌를 없애는 것.

2. 삼품참회—죄를 참회하는 세 가지

① 상품참회 : 온몸의 털구멍과 눈으로 피를 흘리는 참회.

② 중품참회 : 온몸에 땀이 나고 눈에서 피가 흐르는 참회.

③ 하품참회 : 온몸에서 열이 나고 눈물 흘리는 참회.

죄를 저지르지 않음을 이름하여 참회라 하느니라.

　지금 이미 참회를 하였으니, 선지식들을 위해 무상삼귀의계(無相三歸依戒)*[59]를 주리라.

　대사는 말했다. 선지식들이여

'깨달음의 양족존(兩足尊)*[60]께 귀의하오며, 바른 법의 이욕존(離欲尊)께 귀의하오며, 청정한 중중존(衆中尊)께 귀의합니다. 지금 이후로 부처님을 스승으로 삼고, 다시는 삿되고 미혹한 외도에 귀의하지 않겠사오니, 바라옵건대 자성의 삼보*[61]가 자비로써 증명*[62]하소서.'

　선지식들이여, 혜능은 선지식들에게 권하여 자성의 삼보에 귀의하게 하니, 부처(佛)란 깨달음이요, 법(法)이란 바름이요, 승(僧)이란 깨끗함이다.

　자기 마음이 깨달음에 귀의하여 삿되고 미혹이 생기지 않고, 욕심이 없고, 만족하여 재물을 떠나고 색(色 : 색욕)을 떠나는 것을 '양족존'이라고 하느니라. 자기 마음이 바름으로 돌아가, 생각마다 삿됨이 없는 까닭에 곧 애착(愛着)이 없나니, 애착이 없는 까닭에 '이욕존'이라고 하느니라. 자기 마음이 청정함으로 돌아가 일체의 번뇌와 망념이 자성에 있더라도, 자성이 그것에 물들지 않는 것을 '중중존'이라고 하느니라. 범부(凡夫)는 이것을 깨닫지 못하고 날이면 날마다 삼귀의계를 받는다 하나, 만일 부처님께 귀의한다 하여도

---

*59 삼귀의계는 불·법·승 삼보에 귀의하여 불교 교단의 일원이 되는 것으로, 일반적으로 수계의(授戒儀)라고 불리는 것에 모두 설해지고 있다. 여기에서는 외적인 교단이 아니고 내적인 교단에 들어간다는 뜻이다. 따라서 삼보도 자기 본심의 자각과 바름과 청정의 셋이 된다.

*60 양족존은 두 발로 서는 동물, 즉 인류란 뜻이다. 계(戒)와 정혜(定慧)의 둘을 만족시키는 것이라고도 한다.

*61 예부터 세 가지 생각 방식이 있다. 첫째는 여기에서 말하고 있는 일체삼보(一體三寶)로 자각·바름·청정의 셋. 둘째는 별상삼보(別相三寶)로 자기 몸을 부처, 수행을 법, 사대오음(四大五陰)의 화합을 승(僧)이라 하는 것. 셋째는 주지삼보(住持三寶)로 역사적 인격으로서의 부처와, 그의 가르침과 교단을 말한다.

*62 수계(授戒)는 교단의 일원으로 입문하는 의식이다. 교단측에서 이를 받아들였다고 하는 승인이 필요하다. 보통은 일곱 명의 증인을 세워야 하는데, 여기에서는 자기 안에 있는 삼보를 증인으로 삼는 점에서, 철저한 자서자수(自誓自授)의 형식을 취하는 점에 특색이 있다.

부처가 어디에 있단 말인가. 만일 부처를 보지 못한다면 곧 귀의할 곳이 없으니, 이미 귀의할 곳이 없다면, 말하는 것이 도리어 허망할 뿐이니라.

선지식들이여, 각자가 잘 살펴 그릇 생각하는 일이 없게 하라. 가르침 가운데는 '오직 스스로의 부처님께 귀의한다'고 하였고, '다른 부처님께 귀의한다'고는 말하지 않았으니, 자성으로 귀의하지 않으면 의지할 곳이 없느니라.'

5 마하반야바라밀법을 설하다

〔8~9까지의 요지〕 혜능의 불교는, 그가 광주(廣州)의 거리에서 우연히 듣게 된 《금강경》에 의한 감동에서부터 시작된다. 홍인(弘忍)을 만나본 것은 그때의 경험을 확인한 것이었다. 여기에서 혜능은 몸소 《금강경》의 중심 사상인 마하반야바라밀에 대해 말한다. 마하반야바라밀이란, 혜능 그 자신의 실존(實存)이요, 우리들의 실존이다. 그것은 단순한 경전의 문자가 아니다. 또 많은 경전 안에 있다. 특수한 한 글귀도 아니다. 그는 이것을 반야삼매(般若三昧)라 부른다. 경전은 사람이 만든 것으로, 경전이 사람을 만드는 것은 아니다. 반야바라밀의 참뜻은 이 자명한 사실로부터 출발한다. 그것은 참으로 무서운 사실이다. 그것을 감당하지 못하는 사람은 현혹과 압도에 의해 죽는 수밖에 없을 것이다. 마치 '큰 비로 땅 위의 돌과 나무들이 떠내려가고 말 때에도, 큰 바다는 이를 받아들여 늘지도 줄지도 않는 것과 같은 것이다'라고 혜능은 말한다.

⑧ "이제 이미 스스로 삼보에 귀의하여 모두 다 지극한 마음[63]이니, 선지식들을 위해 마하반야바라밀법(摩訶般若波羅蜜法)[64]을 설하리라.

선지식들이여, 그대들은 그것을 생각은 하나 알지 못하는지라 혜능이 말해 주리니 저마다 명심해 들으라.

마하반야바라밀이란 서쪽 나라의 성스런 말(梵語)로 당나라에서는 '큰 지

---

[63] 지극한 마음. 곧 불심(佛心) 그것으로 풀이해도 좋다. 정토교에서는 순심(淳心)·일심(一心)·상속심(相續心)으로 풀이하여, 본원(本願)의 마음으로 한다.
[64] 《금강경》의 중심 사상. 혜능이 홍인에게 배운 깊은 뜻을 공개하고 있다.

혜로 저 언덕에 이른다(大智慧彼岸到)'라는 뜻이니라.

이 법은 모름지기 실행해야 하는 것으로 입으로 외는 것이 아니다. 입으로 외고 실행하지 않으면 꼭두각시와 허깨비와 같으나, 닦고 행하는 이는 법신과 부처와 같으니라.

무엇을 마하라 하는가.

마하란 곧 크다는 뜻이다. 마음이 한량없이 넓고 커서 허공과 같으나, 다만 빈 마음으로 앉아 있지 말라. 곧 무기공(無記空)*65에 떨어지느니라.

허공은 능히 해와 달과 별들과, 큰 땅과 산과 물과, 모든 초목과, 악한 사람과 착한 사람, 악법과 선법, 천당과 지옥을 그 안에다 포함하고 있으니, 세상 사람들의 자성이 비어 있는 것도 이와 같으니라.

자성이 만법(萬法)를 포함하는 것이 바로 큰 것으로, 만법 모두가 다 자성인 것이다. 일체의 인간과 인간 아닌 것(非人 : 귀신·영혼), 악함과 선함, 악법과 선법을 보되, 모두 다 버리지 않고 그에 물들거나 집착하는 일이 없는 것이 마치 허공과 같으므로 크다(大)고 하니, 이것이 마하의 행(行 : 實踐)이다.

미혹한 사람은 입으로 외고, 지혜로운 사람은 마음으로 실천한다. 또 미혹한 사람은 마음을 비워 아예 생각하지 않는 것을 크다고 하니, 이 또한 옳지 못하다.

마음이 한량없이 넓고 크지만 실행하지 않으면 바로 작은 것이니, 입으로 빈 말만 하면서 이 마하 행을 닦지 않는 사람은 내 제자가 아니니라.

무엇을 반야라 부르는가.

반야는 지혜이나, 어느 때나 생각마다 어리석지 않고 언제나 지혜를 행하는 것을 곧 반야행(行)이라 하느니라.

한순간의 생각이라도 어리석으면 곧 반야가 끊어지고, 한순간의 생각이라도 지혜로우면 곧 반야가 생겨나거늘, 마음 속은 언제나 어리석으면서 스스로 말하기를 '나는 반야를 닦아 행한다'고 하는 것은 어리석음에서 벗어날 수 없다. 반야는 형상(形相)이 없으니, 지혜의 성품이 곧 반야이다.

무엇을 바라밀이라 하는가.

이것은 곧 서쪽 나라의 성스러운 말(산스크리트어)로, 당나라 말로는 '저 언

---

*65 선악과 고락을 느끼지 않는 마음.

덕에 이른다'는 뜻이니라. 뜻(意)을 깨달으면 생멸(生滅)을 벗어나게 되니, 경계에 집착하면 생멸이 일어나서 강에 물결이 이는 것과 같으니, 바로 이쪽 언덕이요, 경계를 떠나면 생멸은 없어 강물이 끊이지 않고 흐름과 같으니, 바로 저쪽 언덕에 이른다고 이름하여 바라밀이라 하느니라. 미혹한 사람은 입으로 외고 지혜로운 사람은 마음으로 행하니 생각할 때 망상이 있으면 그 망상이 있는 것은 곧 진실로 있는 것이 아니며, 한 생각 한 생각이 이를 행하게 되면 이것을 진실이 있다고 하느니라.

이 가르침(法)을 깨달은 사람은 반야의 법을 깨달아 반야의 행을 닦는 사람이니라. 행을 닦지 않으면 곧 범부요, 한순간이라도 마음에 실천을 하면, 법신과 부처와 같으니라.

선지식들이여, 번뇌가 곧 보리(菩提)이니, 생각을 붙들어 미혹하면 곧 범부이고, 뒷생각에 깨달으면 곧 부처이니라.

선지식들이여, 마하반야바라밀은 가장 거룩하고 가장 높고 가장 으뜸이며 제일이라, (현재에) 머무름도 없고, (과거로) 감도 없고, (미래에서) 옴도 없이 삼세(三世)의 모든 부처님이 다 이 가운데로부터 나와 큰 지혜로써 저 언덕에 이르러, 오음(五陰 : 色·受·想·行·識)과 번뇌와 진로(塵勞 : 속세의 일에 시달리는 괴로움)를 타파하니, 가장 높고 가장 으뜸이며 제일이니라.

가장 으뜸임을 찬탄하여 최상승법(最上乘法)을 행하면 틀림없이 성불하여, 가는 일도 없고 머무름도 없으며, 내왕하는 일도 없으니, 이는 선정(定)과 지혜가 하나가 되어 일체 법에 물들지 않음이며, 삼세의 모든 부처님이 이 가운데서 삼독(三毒 : 貪·瞋·痴)을 변하게 하여, 계·정·혜(戒·定·慧)로 삼느니라.

선지식들이여, 나의 이 법문은 8만 4천의 지혜를 따르느니라. 어째서인가.

세상에 8만 4천의 진로가 있기 때문이다. 만일 진로가 없으면 반야가 언제나 있어서 언제나 자성을 떠나지 않는다. 이 가르침을 깨달은 사람은 곧 무념(無念)이며, 기억과 집착이 없어서 거짓되고 허망함을 일으키지 않으니, 이것이 곧 진여의 성품이니라. 지혜로써 관조하여, 모든 법을 취하지도 버리지도 않으니, 곧 견성(見性)*66하여 불도를 이루느니라."

---

*66 견성성불(見性成佛)은 달마에서 시작되는 선종의 근본 취지가 된다.

⑨ 선지식들이여, 만일 심심(甚深)한 법계로 들어가, 반야삼매(般若三昧)에 들어가려는 사람은, 바르게 반야바라밀의 행을 닦을 것이며, 오로지 《금강반야바라밀경(金剛般若波羅蜜經)》 한 권만 지니고 수행하면 곧 견성을 얻어 반야삼매에 들어가느니라.

이 사람의 공덕이 한량없음을 마땅히 알아야 한다. 경에서 분명히 찬탄하였으니, 다 갖추어 설명할 수 없느니라. 이것은 곧 최상승법으로써 큰 지혜와 높은 근기의 사람을 위하여 설법한 것이니, 만약 근기와 지혜가 모자란 사람이 이 법을 들어도 마음에 믿음이 생기지 않으니, 무엇 때문인가.

비유하면 큰 용이 큰 비를 내리는 것과 염부제(閻浮提)*67에 비가 내리면 (도시와 마을은 모두 표류되어) 풀잎을 띄우듯 할 것이고, 큰 비가 큰 바다에 내리면, 불지도 않고 줄지도 않는 것과 같으니라.

대승(大乘)의 사람이 《금강경》을 설하는 것을 들으면 마음이 열려 깨달아 알게 되니, 그것은 본 성품에 본래부터 반야의 지혜를 지니고 있어서, 그 스스로의 지혜로써 관조하여 문자를 빌리지 않느니라.

비유하면, 저 빗물과 같이, 하늘로부터 내리는 것이 아니고, 원래 이것은 용왕이 강과 바다에서 몸소 이 물을 끌어다가, 모든 중생과 모든 초목과 모든 유정(有情 : 마음이 있는 것)과 무정(無情 : 마음이 없는 것)으로 하여금 다 혜택을 입게 하고, 모든 강물은 결국 큰 바다로 들어가게 되는데, 바다는 여러 강물을 받아들여 한 몸으로 합쳐지는 것과 같아서, 중생의 본래의 성품인 반야의 지혜도 이와 같으니라.

근기가 작은 사람은 단번에 깨닫는 이 가르침을 들으면, 마치 땅 위의 뿌리 약한 초목이 큰 비가 한 번 쏟아지게 되면 거꾸러져 자라나지 못함과 같으니, 작은 근기의 사람도 이와 같으니라.

반야의 지혜가 있는 점은 큰 지혜를 가진 사람과 차별이 없거늘, 어찌하여 법을 듣고도 곧 깨닫지 못하는가.

삿된 소견의 장애가 무겁고, 번뇌의 뿌리가 깊기 때문이니라. 마치 큰 구름이 해를 가려 바람이 불지 않으면 해가 나타날 수 없는 것과 같으니, 반야의 지혜도 또한 크고 작음이 없으나 모든 중생이 스스로 미혹한 마음이 있

*67 남쪽에 있는 땅. 보통 인간 세계를 가리킨다.

어서 밖으로만 부처를 찾으므로 자성을 깨닫지 못하느니라. 그러나 이와 같이 근기가 작은 사람이라도 단번에 깨닫는 가르침을 듣고도 밖으로 닦는 것을 믿지 아니하고, 오직 자기 마음 속에서 자기 본성으로 언제나 바른 견해를 일으키게 하면, 번뇌와 진로의 중생들도 당장 다 깨닫게 되니, 마치 큰 바다가 뭇 강물을 받아들여 작은 물과 큰물이 합해 한몸이 되는 것과 같다. 바로 자성을 보면 안팎에 그 어디에도 머무는 일이 없고, 오가는 것이 자유로워 집착하는 마음을 없앨 수 있어 통달하여 거리낌이 없으니, 마음으로 이 행을 닦으면 곧《반야바라밀경》과 더불어 아무런 차별이 없느니라.

모든 경전과 그 속의 문자, 소승과 대승에 속하는 십이부의 경전이 모두 사람으로 말미암아 만들어졌으니, 지혜의 성품에 따라 세워질 수 있었던 것이니라. 만일 나(我)가 없다면, 만법은 본래부터 있을 수 없다. 그러므로 만법은 원래 사람으로 말미암아 일어나고, 모든 경전은 사람으로 인해 있음을 말한 것임을 알아야 하느니라. 사람 가운데는 어리석은 사람도 있고, 지혜로운 사람도 있기 때문에, 어리석은 사람은 작은 사람이 되고, 지혜로운 사람은 큰 사람이 되느니라.

지혜 있는 사람은 미혹한 사람에게 묻고, 지혜로운 사람은 어리석은 사람을 위해 법을 설하여, 어리석은 사람을 깨우치게 하고 마음을 열리게 하니, 미혹한 사람이 만일 깨달아 마음이 열리게 되면, 큰 지혜를 가진 사람과 다를 것이 없다.

그러므로 알아야 할지니 깨닫지 못하면 부처가 곧 중생이요, 한순간 생각이 깨치게 되면 중생이 곧 부처이니라.

그러므로 만법이 다 자신의 마음 속에 있다는 것을 알아야 하느니라.

그러함에도 어찌하여 자기 마음을 좇아 진여의 본성을 단번에 나타내지 않는가.《보살계경(菩薩戒經)》에서는 '나의 본래 근원인 자성(自性)이 청정하다'라고 하였으니, 자기 마음을 알고(心識), 성품을 보아(見性), 스스로 불도를 성취하는 것이며, 당장 홀연히 깨달아 본래의 마음을 도로 찾아야 하느니라.

6 한 순간에 깨닫는 가르침

불법의 진리는 자신 속에 있다

〔10의 요지〕불법의 진리는 자신의 생각 여하에 있다. 자기가 깨닫는 것
이외에 불법은 없다. 그것을 깨닫기 위해 경전이 있고 스승이 있다. 그러나
자기 이외의 스승이나 경전은 어디까지나 보조의 성격을 띤다. 참다운 스승,
참다운 경전은 바로 안에 있는 자기 자신이다. 스스로 깨친 사람은 밖에 있
는 스승이 필요치 않다. 혜능은 홍인(弘忍) 밑에서 깨달은 자기의 경험을 추
억하여, 자기 설법을 듣고 있는 제자들 가운데, 언제나 참다운 혜능이 있다
고 외친다. 참으로 자기를 보는 사람은 언제나 혜능과 함께 있다. 늘 혜능과
같이 있으면서 참다운 혜능을 만나보지 못하는 사람도 있다. 그것은 일찍이
부처가 입멸(入滅)할 때 제자들에게 한 말과 같은 취지인데, 자기 진심에서
그런 것을 호소하고 있는 것은 역시 혜능이 처음일 것이다. 혜능은 여기에서
사람들에게 '무상(無相)'의 노래를 주어 작별함으로써 한 차례 설법을 끝맺
는다.

⑩ "선지식들이여, 내가 홍인화상(弘忍和尚) 처소에서 한 번 듣고 그 말 끝
에 크게 깨달아, 단번에 진여의 본성을 보았느니라. 그래서 이 가르침(敎法)을
뒷세상에 유통시켜, 도를 배우는 사람들로 하여금 단번에 보리를 깨달아서
저마다 스스로 마음을 보아 자기 본성을 단번에 깨닫게 하는 것이니라.
　만일 스스로 깨닫지 못하는 사람은 모름지기 큰 선지식의 지도를 받아
자성을 볼 것이니라.
　어떤 것을 큰 선지식이라 하는가.
　최상승 법을 깨달아 바른 길을 올바로 가리키는 것이 바로 큰 선지식이며
또한 바로 큰 인연이니라.
　이른바 교화하고 지도하여 부처를 보게 하는 것이니, 모든 착한 가르침은
모두 큰 선지식에 의해 이루어지기 때문이니라.
　그러므로 삼세의 모든 부처님이나 십이부(十二部)의 경전도 사람의 성품
속에 본래 갖춰져 있다고 할지라도, 스스로 자성을 깨닫지 못하는 사람은
모름지기 선지식의 지도를 받아 자성을 볼지니라.

만일 스스로 깨달을 수 있는 사람은 밖으로 선지식에 의지하지 않으며, 밖으로 선지식을 찾는 일에 얽매여 해탈을 얻기를 바라는 것은 곧 도리에 맞지 않는 것이다. 자기 마음 속에 있는 선지식을 알면 곧 해탈을 얻느니라. 만일 자기 마음이 삿되고 미혹하여 망념으로 전도(顚倒)하면 밖의 선지식이 가르쳐 준다 하여도 스스로 깨달을 수 없으니, 마땅히 반야를 일으켜 관조(觀照)해야 한다. 찰나 사이에 망념이 모두 없어지면 이것이 바로 선지식이며, 한 번 깨달음에 곧 부처를 아느니라.

자기 본성의 심지(心地)를 지혜로써 관조하면, 안팎이 훤히 밝아 자기 본심을 알게 된다. 만일 본심을 알면 곧 이것이 해탈이요, 이미 해탈을 얻으면 곧 이것이 반야삼매요, 반야삼매를 깨달으면 곧 이것이 무념(無念)이니라.

무엇을 무념이라 하는가.

무념이란 모든 법을 보되 모든 법에 집착하지 않으며, 모든 곳에 두루 걸쳐 있으면서 그 모든 곳에 집착하지 않고, 언제나 자기 본성을 깨끗이 하여 육적(六賊)*68들로 하여금 육문(六門)*69으로 쫓아내고, 육진(六塵)*70 속을 떠나지 않은 채 물들지 않으며, 오가는 것이 자유로운 것이니, 이것이 곧 반야삼매며 자재해탈로써 무념행이라고 이름하느니라.

아무것도 생각하지 않음으로써 늘 생각을 끊어지도록 하지 말 것이며, 이는 곧 가르침에 얽매이는 것이니, 이것을 '변견(邊見 : 한쪽에 치우친 견해)'이라고 부른다.

무념법을 깨달은 사람은 만법에 두루 통하고, 무념법을 깨달은 사람은 모든 부처님의 경계(境界)를 보며, 무념의 돈법(頓法)을 깨달은 사람은 부처의 경지에 이르니라.

선지식들이여, 뒷날 내 가르침을 얻은 사람은, 언제나 내 법신이 그대들의 좌우를 떠나지 않음을 볼 것이다. 선지식들이여, 그대들은 이 돈교(頓敎 : 단번에 깨닫는 가르침)의 법문을 가지고 다같이 알고 다같이 행하여 서원을 세

---

*68 번뇌의 근원인 눈(眼)·귀(耳)·코(鼻)·혀(舌)·몸(身)·뜻(意)의 육근(六根)을 도둑에 빗댄 것.

*69 육근(六根) : 眼根·耳根·鼻根·舌根·身根·意根)의 문. 육식(六識 : 眼識·耳識·鼻識·舌識·身識·意識)의 근원 또는 문이 되기 때문에 육문(六門)이라고 일컬음.

*70 색(色)·성(聲)·향(香)·미(味)·촉(觸)·법(法). 사람의 깨끗한 마음을 참된 성품을 더럽히고 흐리게 만든다는 뜻에서 먼지 진(塵)이라는 이름을 붙였으며, 육경(六境)과 같다.

우고 받아 지니되 부처님 섬기듯이 하고, 평생토록 받아 지녀 게을리하지 않는 사람은 성인의 지위에 이르게 될 것이니라.

그러나 꼭 전수(傳授)해야 할 때에는 예부터 말없이 가르침을 부촉하여 큰 서원(誓願)을 세워 깨달음의 길에서 물러나지 않았으니, 곧 반드시 법을 부촉할 것이니라.

만일 견해가 다르고 뜻과 서원이 없다면, 곳곳마다 망령되게 선전하여 앞 사람을 해칠 뿐으로 결국에는 유익함이 없느니라. 만일 만나는 사람이 잘 알아듣지 못하여 이 법문을 소홀히 하면, 백 겁 만 겁, 천 번 다시 태어나도 부처의 종자는 끊어지고 말 것이니라."

대사는 말했다.

"선지식들이여, 나의 '무상송(無相頌)'을 들으라. 그대들 미혹한 사람들의 죄를 없애 줄 것이니, 이것을 또한 '멸죄송(滅罪頌)'이라고도 하느니라.

그 게송은 이렇다.

> 어리석은 사람은 복은 닦고 도는 닦지 않으면서
> 복을 닦는 것을 일러 도라고 말한다
> 보시 공양해서 복이 끝이 없더라도
> 마음 속의 삼업(三業)*71은 원래대로 있다
> 만일 복을 닦는 것으로써 죄를 없애고자 하면
> 뒷세상에서 복은 얻으나 죄는 어쩔 수 없도다
> 마음 속의 죄의 인연을 없앨 수 있음을 안다면
> 저마다 자기 본성 속의 참된 참회이니라
> 만일 대승의 참된 참회를 깨닫게 되면
> 삿됨을 없애고 바름을 행하여 죄 없어지리라
> 도를 배우는 사람이 자성(自性)을 관조하면
> 바로 깨달은 사람과 서로 같으니라
> 대사(5조대사)께서 이 돈교를 전하심은
> 배우는 사람과 함께 한몸 되기를 바라서이니라

---

*71 몸·입·생각(身·口·意)의 세 가지 일.

만일 장차 본래의 몸을 찾고자 하면

삼독의 악한 인연을 마음 속에서 씻어 내라

힘써 도를 닦되 한가로이 지내지 말며

어느덧 한세상 헛되이 끝나 버리리라

만일 돈교의 대승법을 만나거든

삼가 합장하고 지극한 마음으로 구하라

대사께서 설법을 마치니 위사군(韋使君)과 관료와 스님, 도사들과 속인들의 찬탄하는 말이 그치지 않았으며, '일찍이 들어 보지 못한 일'이라고 하였다.

7 참공덕과 극락세계를 밝히다

혜능대사와 사군(使君)의 대화

〔11에서 13까지의 요지〕 앞에서 혜능의 긴 설법과 수계는 끝났다. 여기에서는 청중들이 그를 다시 불러내게 된다. 사람들의 감동은 그칠 줄을 모른다. 지방장관인 위자사(韋刺使)가 청중을 대표해서 다시 질문에 나선다. 질문은 당시 널리 일반 불교도의 관심을 모으고 있던 보시(布施)와 도승(度僧) 등의 공덕과 서방왕생(西方往生)의 가르침이 참이냐 아니냐 하는 문제이다. 혜능은 보시와 도승의 권화(權化)로 보였던 양(梁)나라 무제(武帝)가 참다운 불법을 알지 못했던 것을 말하고, 모든 사람은 자기 본성을 깨닫는 것 이외에 참다운 공덕이 없다는 것을 말한다. 서방왕생의 가르침에 대해서도 마찬가지이다. 혜능은 청중들이 보는 앞에 서방정토(西方淨土)를 나타내 보이고, 그 장엄의 하나하나가 본성의 공덕인 것을 설명한다. 그것을 알면 수행은 꼭 출가를 해야만 되는 것은 아니다. 집에 있으면서도 얼마든지 할 수 있다는 것이 이 몇 대목의 취지이다. 마지막으로 다시 '무상송'을 보내어, 집에서 수행하는 사람들에 대한 작별 선물로 한다.

⑪ 사군(使君 : 지방장관)은 예배를 하고 몸소 말했다.

"대사의 설법은 참으로 놀랍습니다. 제자(자신)는 일찍부터 다소 의심나는 점이 있어 대사께 여쭙고자 합니다. 바라옵건대 대사께서는 대자대비로 이 제자를 위해 말씀해 주십시오."

대사는 말했다.

"의심이 있으면 곧 물으라. 어찌 두 번 세 번 물을 필요가 있으리요."

사군이 물었다.

"대사께서 설하신 법은, 인도에서 오신 제일조사인 달마조사의 종지(宗旨)가 아닙니까?"

대사는 말했다.

"그러하오."

사군이 말했다.

"제자가 아는 바로는, 달마대사가 양무제를 교화(敎化)했을 때, 무제가 달마에게 '짐은 평생을 통해 절을 짓고, 스님들에게 보시와 공양을 올려 왔는데 과연 공덕이 있습니까'라고 묻자 달마대사께서 '아무 공덕도 없습니다'라고 답하거늘, 무제는 불쾌하게 여겨 드디어는 달마대사를 국경 밖으로 내보냈다고 합니다. 이 이야기가 잘 이해가 안 가는데 대사께서 설명해 주십시오."

육조대사가 말했다.

"사실 공덕은 없으니, 사군이여, 달마대사의 말을 의심하지 말라. 무제는 삿된 길에 집착하여 바른 법을 알지 못했던 것이다."

사군이 물었다.

"어째서 공덕이 없다 합니까?"

육조대사가 말했다.

"절을 세우고 보시와 공양을 올리는 것은 복*72을 닦는 것뿐이니, 복을 공덕이라 하는 것은 옳지 못하다. 공덕은 법신(法身)에 있는 것이지, 복전(福田)*73에 있는 것은 아니니라. 자기 법성에 공덕이 있으니, 견성이 곧 공이고,

---

*72 도덕적 종교적 착한 행실에 대한 결과(報). 고차적인 종교적 공덕과는 구별된다. 그러나 당시의 불교는 태반이 공덕 불교였고, 정부에서도 종교 관계의 관리를 공덕사(功德使)라고 불렀다.

*73 마땅히 공양할 대상에 대하여 이를 공양하면 모든 복보(福報)를 받을 수 있는데, 복전(福田)은 마치 농부가 전답에 씨를 뿌려서 심어 거두어들임과 같다.

평등하고 곧음이 곧 덕이니라.

안으로는 불성(佛性)을 보고, 밖으로는 남을 공경할지니, 만일 모든 사람을 업신여기며 아상(我相)을 끊지 못하면, 곧 스스로 공덕이 없고 자기 본성이 허망하여 법신에 공덕이 없기 때문이니라.

생각마다 덕을 행하고 마음이 평등하여 곧으면, 공덕이 곧 가볍지 않으리라. 그러므로 언제나 남을 공경하고 스스로 몸을 닦는 것이 곧 공이요, 스스로 마음을 닦는 것이 덕이니라.

공덕은 자기 마음으로 짓는 것이니, 이같이 복과 공덕이 다르거늘 무제가 바른 이치를 알지 못한 것이요, 달마조사께서 잘못이 있는 것은 아니니라."

⑫ 사군이 예배하고 또 물었다.

"제자가 승속(僧俗)을 통해 볼 때, 언제나 아미타불(阿彌陀佛)*⁷⁴을 생각하며 서방에 태어나기(往生)를 바라고 있습니다. 청컨대 대사께서 말씀해 주십시오. 그곳에 태어날 수 있습니까. 바라옵건대 저를 위해 의심을 풀어 주십시오."

대사가 말했다.

"사군이여 들으시라. 혜능이 말해 주리라. 석가세존께서는 사위국(舍衛國)에 계시면서 서방정토를 설하여 사람들을 인도하셨다. 경에 분명히 '여기에서 멀리 떨어져 있지 않다'고 말씀하셨으니, 다만 근기(根基 : 소질)가 약한 사람을 위해 멀다 하고, 가깝다고 말하는 것은 다만 지혜가 뛰어난 사람을 위해서이다.

사람은 원래 능력의 차이가 있지만, 법은 원래 둘이 아니니, 미혹함과 깨달음이 달라 견해의 더디고 빠름이 있을 뿐이니라.

미혹한 사람은 염불에 매달려 저곳에 태어나기를 원하지만, 깨달은 사람은 스스로 자기 마음을 깨끗하게 하느니라. 그러기에 부처님께서 '그 마음의 깨끗함에 따라 부처의 땅(佛土)도 깨끗해진다'고 말씀하셨느니라.

사군이여, 동방도 만일 마음을 깨끗이 하면 죄가 없고, 서방도 깨끗지 못하면 허물이 있느니라. 미혹한 사람은 가서 나기를 원하나 동방이든 서방이

---

*74 정토종(淨土宗)에서는 아미타불을 염송하면, 죽은 뒤에 서방정토에 태어난다고 한다.

든 사람이 있는 곳이면 다 한 가지뿐이니라.

다만 마음에 깨끗지 못함이 없으면 서방정토도 여기에서 멀지 않고, 마음에 깨끗하지 못한 마음을 일으키면, 염불왕생(念佛往生)코자 해도 이르기 어려우니라.

십악(十惡)*75을 제거하면 곧 10만 리를 가고, 팔사(八邪)*76가 없으면 곧 8천 리를 지난 것이니, 다만 곧은 마음을 행하면 도달하는 것은 손가락 퉁기는 것과 같으니라. 사군이여, 다만 십선(十善)*77을 행할지니, 어찌 새삼 왕생하기를 바랄 것인가. 십악의 마음을 끊지 못하면, 어느 부처님이 와서 맞아 주겠는가.

만일 무생돈법(無生頓法)*78를 깨달으면 서방정토를 찰나에 볼 것이요. 돈교의 큰 가르침(대승)을 깨닫지 못하면, 염불하여도 왕생할 길이 요원하니 어떻게 도달할 수 있겠는가."

육조가 다시 말했다.

"이 혜능이 사군을 위해 서방정토를 찰나 사이에 옮겨다가 눈앞에 바로 보게 하리니, 사군은 보기를 바라는가?"

사군이 예배하며 말했다.

"만일 여기에서 볼 수만 있다면, 어찌 극락세계에 가서 태어나기를 바라겠습니까. 원하건대 화상이시여, 자비로써 저를 위해서 서방정토를 보여 주신다면 참으로 다행이겠습니다."

대사가 말했다.

"당나라에서 서방정토를 볼 수 있는 것은 의심할 여지가 없지만, 금방 사라져 보이지 않을 것이다."

대중들은 깜짝 놀라 무슨 말인지 어리둥절하자, 대사가 말했다.

"대중들이여, 그대들은 정신차리고 들으라. 세상 사람들의 자기 색신(육신)은 성(城)이고, 눈·귀·코·혀·몸은 곧 성문이니, 밖으로 다섯 문이 있고 안으

---

*75 십악은 살생(殺生)·투도(偸盜)·사음(邪淫)·망어(妄語)·양설(兩舌)·악구(惡口)·기어(綺語)·탐욕(貪慾)·진에(瞋恚)·사견(邪見) 또는 우치(愚癡).

*76 여덟 가지 바르지 못한 마음. 팔성도(八聖道)에 위배되는 마음.

*77 십악을 막는 마음.

*78 마음이 일어나지 않는 것을 근본으로 하는 교리.

로 뜻문(意門)이 있으니, 마음은 곧 땅이요, 성품은 곧 왕이니라. 성품이 있으면 왕이 있고, 성품이 떠나 버리면 왕은 없느니라. 성품이 있으면 몸과 마음이 있고, 성품이 떠나 버리면 몸과 마음이 무너지니라.

부처는 자기 본성에서 생겨나는 것이니, 몸 밖에서 구하지 말지니, 자기 본성이 미혹하면 부처가 곧 중생이요, 자기 본성이 깨달으면 중생이 곧 부처이니라.

자비(慈悲)는 곧 관음(觀音)보살이요, 희사(喜捨)*79는 곧 세지(勢至)보살이라 부르며, 능히 청정하면 석가불이요, 평등하고 곧음은 미륵불이다. 인아상(人我相)은 수미산이요, 삿된 마음은 큰 바다이며, 번뇌는 곧 파랑이요, 독한 마음은 곧 악룡이며 진로(塵勞)는 물고기와 자라요, 허망함은 곧 귀신이며, 삼독(三毒)은 곧 지옥이요, 어리석음은 곧 축생이며, 십선(十善)은 곧 천당이니라.

인아상(人我相)이 없으면 수미산은 절로 허물어지고, 삿된 마음을 없애면 바닷물은 절로 마르며, 번뇌가 없으면 파랑이 사라지고, 독해(毒害)를 제거하면 어룡(魚龍)이 없어지니라. 자기 본심 위의 깨달은 성품의 부처가 큰 지혜를 움직여 밝게 비추어 육문을 청정하게 하고, 육욕천(六欲天)*80을 다 비추어 다스리고, 아래로 비추어 삼독을 제거하면 지옥이 일시에 소멸하고, 안밖이 훤히 밝아 서방정토와 다를 것이 없나니, 이런 수행을 쌓지 않고 어찌 깨달음의 피안에 이르겠는가."

법문을 들은 법좌 아래에서는 찬탄하는 소리가 하늘까지 들렸으니, 마땅히 미혹한 사람들도 문득 훤하게 알아볼 수 있었다.

사군은 예배하고 찬탄하여 말했다.

"참으로 훌륭하십니다. 바라옵나니 모든 법계(法界 : 세계)의 중생이 법문을 듣고 일시에 깨달아 알기를 바랍니다."

⑬ 대사가 말했다.

"선지식들이여, 만일 수행을 하고자 하면 세속에서도 할 수 있는 것이니, 절에 있어야만 할 수 있는 것은 아니다. 절에 있으면서 도를 닦지 않으면 서

---

*79 삼보(三寶)에 공양하기 위하여 돈이나 물건을 보시하는 것.
*80 육계에 속하는 여섯 하늘(四王天·忉利天·夜摩天·兜率天·化樂天·他化自在天).

방 사람(극락을 바라는 사람)이 마음이 악한 것과 같고, 세속에 있으면서 수행을 하게 되면 동방 사람(세속에 있는 사람)이 선(善)함을 닦는 것과 같나니, 다만 바라건대 자기 스스로 청정(淸淨)을 닦으라. 이것이 곧 서방정토이니라."

사군이 화상에게 물었다.

"화상이시여, 세속에 있으면서 어떻게 닦아야 합니까. 바라건대 가르쳐 주십시오."

대사가 말했다.

"선지식들이여, 혜능은 도속(道俗)들을 위해 무상송(無相頌)을 지어 줄 터이니, 다 이것을 외고 이에 의지해 수행하면, 언제나 혜능과 함께 있는 것과 다름이 없느니라."

게송은 이렇다.

설법도 통달하고 마음도 통달하여
해가 허공에 떠오른 것과 같으니
다만 돈교의 가르침만을 전하여
세상에 나가 사교(邪敎)를 깨뜨리도다
가르침에는 곧 돈(頓)과 점(漸)이 없으나
미혹함과 깨달음에 더디고 빠름이 있으니
만일 돈교의 가르침을 배우면
어리석은 사람도 미혹하지 않느니라
설명하자면 비록 일만 가지이나
모두 합하면 도로 하나로 돌아가니
번뇌의 캄캄한 어두움 속에서
언제나 지혜의 태양이 떠오르게 하라
삿됨은 번뇌를 인연하여 오고
바름이 오면 번뇌는 사라지니
삿됨과 바름 모두 여의면
오직 깨끗함만 남을 뿐이로다
깨달음(菩提)은 본래 청정하나
마음을 일으키면 곧 망상이라

깨끗한 본성은 망념 속에 있으니
오로지 바르기만 하면 삼장(三障 : 三毒)이 사라지도다
속세에서 만일 도를 닦으려 하면
아무것도 방해할 것이 없으니
언제나 내 허물을 살피기만 하면
곧 도(道)와 서로 합하는도다
형상이 있는 것에 원래 도가 있거늘
도를 떠나 어디에 도를 찾으리
도를 (밖으로) 찾아도 도가 보이지 않으니
끝내는 다시 스스로 고뇌만 하는도다
만일 애써 도를 찾고자 한다면
행동의 바름이 바로 도이니
스스로 바른 마음이 없으면
어둠 속 길이라 도를 보지 못하리라
만일 참으로 도를 닦는 사람이면
세상의 어리석음은 보지 않으니
만일 세간의 잘못이 눈에 보이면
스스로가 틀린 것이니 도리어 허물이로다
남의 잘못은 나의 허물이요
나의 잘못은 스스로 죄지음이니
다만 스스로 잘못된 생각 버리고
번뇌를 물리쳐 부수는도다
어리석은 사람을 교화시키는 데는
모름지기 방편이 있어야 하니
그들로 하여금 의심을 깨뜨리게 할지니
곧 깨달음을 보게 되니라
진리(法)는 원래 세상 안에 있고
세상 안에 있으면서 세상을 벗어나니
세상 일을 떠나지 말며 밖에서 출세간(出世間)의 법을 구하지 말라
삿된 견해가 세간이요

바른 견해는 세간을 벗어남이니
삿됨과 바름을 다 물리쳐 버리면
보리의 성품이 완연하리로다
이것은 다만 돈교(頓敎)이며
또 대승이라 이름하니
미혹하면 여러 겁(劫) 헤매게 되지만
깨달음은 찰나의 사이로다

대사가 말했다.

"선지식들이여, 그대들은 다 이 게송을 외어 가질지니, 이 게송을 의지하여 수행하면 혜능을 떨어져 천 리 밖에 있어도 언제나 혜능은 옆에 있는 것이요, 이를 수행하지 않으면 얼굴을 마주 하여도 천 리의 거리이니, 각각 스스로 수행할 것이요, 법이 그대들을 기다리지 않느니라.

모두들 이만 헤어지자. 혜능도 조계산(曹溪山)*81으로 돌아가련다. 대중 가운데 만일 크게 의심이 있으면 그 산중으로 오라. 그대들을 위해 의심을 풀고 함께 불성(佛性)을 보게 하리라."

함께 자리에 있던 관료·스님·속인들이 화상을 예배하여 찬탄해 마지않는 사람이 없었으며 '참으로 훌륭하다. 크게 깨달음을 받았다. 일찍이 듣지 못하던 말씀이로다. 영남 땅은 복된 곳이다. 산 부처님이 여기 계심을 누가 능히 알겠는가.' 하며 모두 다 흩어져 돌아갔다.

8 참배하고 법을 배운 인연

〔14~15까지의 요지〕《육조단경》은 이 대문을 경계로 해서 앞뒤로 크게 둘로 나뉜다. 표제에서 말한 법해(法海)가 모아 기록한 단경은 여기까지로 끝나고, 이 뒤는 그 유통분(流通分)으로 볼 수 있다. 〔15〕는 신수(神秀)가 남몰래 자기 제자인 지성(志誠)을 혜능의 밑으로 보내 그의 설법을 듣게 하는 대목

---

*81 혜능이 머물러 있던 절. 보림산(寶林山) 국녕사(國寧寺).

이다. 동기는 어디까지나 좋은 생각에서였다. 그런데 지성은 육조 밑에 머물러 있고 돌아가지 않는다. 자연 북종과 남종의 사이가 날카로워진다. 북종의 삼학(三學)이 '칠불통계게(七佛通戒偈)'에 그치고 마는 데 대해, 혜능은 삼학의 전부를 자기 마음에 두고 반야의 관조작용(觀照作用)으로 한다. 무상계(無相戒)의 어디가 새로운가를 구체적인 사례에 의해 말한 것으로 볼 수 있다.

14 대사가 조계산에 머무르면서 소주(韶州)와 광주(廣州)에 가르침을 펴기 40여 년, 그의 제자를 말할 것 같으면 승려와 속인을 합해 3천 명 내지 5천 명이나 되어, 일일이 다 말할 수 없다. 만일 종지(宗旨)를 말할 것 같으면, 단경(壇經)을 전수하여 이로써 의지하여 믿음으로 삼게 했다. 만일 단경을 얻지 못하면 법을 이어받지 못한 것이 된다.

장소와 연월일과 성명을 확인하여 서로가 부촉하되 단경을 이어받지 못한 사람은 남종(南宗)의 제자가 아니다. 단경을 이어받지 못한 사람은 돈교법을 말하나 아직 그 근본을 모르기 때문에 결국 다툼을 면치 못한다. 그러므로 법을 얻은 사람은 오로지 돈교법의 수행을 권할 뿐이다. 다툼은 곧 이기겠다는 마음으로 도와는 어긋나는 일이다.

세상 사람들이 다 전하기를 '남쪽의 혜능이요, 북쪽은 신수(神秀)'라고 하는 것도 아직 근본 사유를 모르기 때문이다.

그리고 신수선사는 형남부(荊南府) 당양현(當陽縣) 옥천사(玉泉寺)에 주지로서 수행하고 있었고, 혜능대사는 소주성 동쪽 35리에 있는 조계산에 머물러 있었다. 법은 한 종(宗)이나,[82] 가르치는 사람은 남쪽과 북쪽이 달라서 이로 인해 남쪽과 북쪽이 따로 이루어지게 되었다.

어떤 것을 점(漸) 또는 돈(頓)이라고 하는가. 법은 곧 하나이지만 깨달음은 더디고 빠른 것이 있다. 깨달음이 더딘 것이 곧 점이고, 깨달음이 빠른 것이 곧 돈이다. 법에는 점과 돈이 없지만, 사람의 능력에는 영리함과 우둔함이 있는 까닭에 '점'이니 '돈'이니 부른다.

---

[82] 다같이 오조의 제자로 달마의 법을 이어받고 있다는 뜻.

15 신수 스님은 일찍이 사람들이 혜능의 가르침은 빠르고 바른 길을 가리킨다고 말하는 것을 들었다. 신수는 마침내 제자인 지성을 불러 말했다.

"그대는 총명하고 지혜가 많으니, 나를 위해 조계산으로 가서 혜능의 처소에 이르러 예배하고 다만 듣기만 하되, 내가 그대를 보내서 왔다고는 말하지 마라. 들은 것을 기억하여 돌아와서 내게 들려다오. 그래서 혜능의 견해와 나의 견해를 비교해서 어느 쪽이 빠르고 더딘지를 알 수 있게 하라. 그대는 빨리 돌아와야 한다. 그리하여 나로 하여금 괴이하게 생각하는 일이 없게 하라."

지성은 기쁘게 분부를 받들어 반 달 안팎이 걸려 조계산에 이르렀다. 그는 혜능화상을 뵙고 예배하여 설법을 들을 뿐, 어디에서 왔다는 것은 말하지 않았다.

지성은 가르침을 듣고 그 자리에서 문득 깨달아, 곧 마음이 밝아졌다. 그는 일어나 예배하고 스스로 말하였다.

"화상이시여, 제자는 옥천사에서 왔습니다. 신수 스님 밑에서 깨닫지를 못했으나, 화상의 설법을 듣고 본래의 마음이 밝아졌습니다. 화상께선 자비로써 가르쳐 주시기 바랍니다."

혜능대사가 말했다.

"그대가 거기로부터 왔으면 마땅히 세작(細作 : 密偵)일 것이다."

지성이 말했다.

"아직 말하지 않았을 때는 그러했지만, 이미 말을 했으니 지금은 그렇지 않습니다."

육조가 말했다.

"번뇌가 곧 보리인 것도 이와 같으니라."

대사가 지성에게 말했다.

"내가 들으니 신수선사는 사람을 가르칠 때, 다만 계(戒)·정(定)·혜(慧) 셋만 전한다고 하는데, 신수화상은 사람에게 계·정·혜를 어떻게 가르치는지 내게 말해 주기 바란다."

지성이 말했다.

"신수화상은 계·정·혜를 말할 때, 모든 악을 짓지 않는 것을 '계'라 하고, 선(善)을 받들어 행하는 것을 '혜'라 하고, 스스로 자기 마음을 깨끗이 하는 것을 '정'이라 합니다. 신수대사의 말씀은 그러하온데, 화상의 견해는 어떠하신지 알지 못합니다."

혜능화상이 대답했다.

"그 법문은 불가사의하나 혜능의 소견은 또한 다르니라."

지성이 물었다.

"어떻게 다릅니까?"

혜능이 대답했다.

"견해에 더디고 빠름이 있느니라."

지성이 말했다.

"청컨대 화상께서 생각하시는 바 계·정·혜를 말씀해 주십시오."

대사가 말했다.

"그대는 내가 말하는 것을 잘 듣고 나의 소견을 알아보라. 내가 생각하는 바로는 심지(心地)에 그릇됨이 없는 것이 자성(自性)의 계요, 심지에 어지러움이 없는 것이 자성의 '정'이요, 심지에 어리석음이 없는 것이 자성의 '혜'이니라."

혜능대사가 다시 말했다.

"그대가 말한 계·정·혜는 근기(根基)가 약한 사람에게 권하는 것이요, 내가 말한 계·정·혜는 근기가 뛰어난 사람을 일깨우기 위한 것이니, 자기 본성을 깨달은 사람은 또한 계·정·혜를 세우지 않느니라."

지성이 여쭈었다.

"청컨대 대사께서 말씀하신 세우지 않는다는 것은 어떤 것입니까?"

대사가 말했다.

"자기의 본성품은 그릇됨도 없고, 어지러움도 없고, 어리석음도 없으니, 생각마다 반야의 지혜로써 비추어 보아 언제나 법상(法相 : 대상의 형태)을 떠났는데, 무엇을 또 세우겠는가. 자기의 성품을 단번에 닦을지니, 세우면 점차(漸次)가 있게 되므로 세우지 않느니라."

지성은 일어나 예배하고 그대로 조계산을 떠나지 않았다. 곧 제자가 되어 대사의 좌우를 떠나지 않았다.

9 법달의 입문

〔16의 요지〕《법화경》을 읽고 외우기를 7년이나 했다고 하는 법달(法達)이 혜능에게로 와서 입문하는 이야기이다. 스스로 글자를 모른다고 말하는 혜능이 법달을 위해 《법화경》의 요점을 말해 주고 있다. 혜능은 이 경전의 수지(受持)·독송(讀誦)·서사(書寫)·강설(講說)·공양(供養) 등의 수행이, 실상 어떤 것이어야 하는가를 분명히 밝히는 것, 따라서 이 대목은 《법화경》에 의해 부처님 일대의 설법을 통일하고 실천하려 하는 천태학(天台學)에 대한 혜능의 근본적인 비판이라는 뜻을 가진다.

⑯ 또 한 스님이 있었는데 이름을 법달이라 했다. 《법화경》 외기를 일곱 해 동안 한결같이 했으나 마음이 미혹하여 바른 법의 있는 곳을 알지 못하더니 그가 와서 물었다.

"마음이 어두워 바른 법이 있는 곳을 알지 못합니다. 가르침에 의심이 있습니다. 대사께서는 지혜가 넓고 크시니 의심을 풀어 주십시오."

대사가 말했다.

"법달이여, 법은 이미 통달해 있는 데도 그대의 마음이 통달하지 못하고 있다. 경 자체에는 의심이 없는데 그대의 마음이 스스로 의심하는 것뿐이니, 그대 마음이 스스로 삿되면서 바른 법을 구하려 하는구나. 자기 마음의 바른 안정이 바로 경전을 지니는 것이니라.*83 나는 한 평생 글자를 모르니, 그대가 《법화경》을 가지고 와서 내 앞에서 한 차례 읽으라. 내가 들으면 곧 알 것이니라."

법달이 경을 가져다가 읽기를 한 차례 했다. 육조는 듣기를 마치자, 곧 부처의 뜻을 알고 법달을 위해 법화의 가르침을 설법했다.

육조는 법달에게 말했다.

"법달이여, 《법화경》에는 많은 말씀이 없으니, 일곱 권이 모두 인연을 비유한 것뿐이다. 여래가 널리 삼승(三乘)*84을 말한 것은, 다만 세상 사람들의 근

---

*83 경전 자체가 그 공덕이 되는 수행의 하나로, 경전을 계속 지니고 있는 것.
*84 양이 끄는 수레, 사슴이 끄는 수레, 소가 끄는 수레에 비유된 세 가지 가르침. 모두 어린아이들을 위한 장난감이다.

기가 둔한 사람을 위한 것이며, 경전에는 분명 여러 승(乘)이 있는 것이 아니고 오직 하나의 불승(佛乘)뿐이라고 하였느니라."

대사는 법달에게 또 말했다.

"법달이여, 그대는 일불승(一佛乘)만을 듣고, 이불승(二佛乘)을 구하지 말라. 그것은 그대의 본성을 미혹하게 할 것이니, 경 속의 어느 곳이 일불승인지 그대에게 말하리라.

경에 이르기를 '모든 부처님과 석가세존은 오직 일대사인연(一大事因緣) 때문에 세상에 나타나셨다'*85고 하였으니, 이 글귀가 곧 바른 법(正法)이니라. 이 법을 어떻게 이해하고 이 법을 어떻게 행할 것인가. 그대는 내가 말하는 것을 잘 들으라.

사람은 마음에 생각이 없으면 본바탕이 비고 고요하여 그릇된 견해를 떠나게 되니 바로 이것이 '일대사인연'이니라. 안으로도 밖으로도 미혹하지 않으면 바로 양 극단을 떠나느니라.*86 밖으로 길을 잃으면 상(相)에 집착하고, 안으로 길을 잃으면 공(空)에 집착한다. 상에서 상을 떠나고 공에서 공을 떠나면 이것이 곧 미혹하지 않는 것이며, 그러므로 이 법을 깨달아 한순간 마음이 열리는 것이 곧 세상에 나타나는 것이니라.

마음은 무엇을 여는 것일까. '부처님의 지혜를 연다'는 것이다. 부처란 깨달음을 말하는데, 그것은 네 문(四門)으로 나뉜다. 깨달은 지혜(覺知見)를 열고, 깨달은 지혜를 보이고, 깨달은 지혜를 깨닫고, 깨달은 지혜로 들어가는 것이니라. 이 열고(開), 보이고(示), 깨닫고, 들어감(入)은 다 한 곳으로 들어가는 것이니, 깨달은 지혜로 자기 본 성품을 보는 것이 곧 세상에 부처가 나타나는 것이다."

대사는 법달에게 말했다.

"법달이여, 나는 모든 세상 사람이 마음 속에 언제나 스스로 부처의 지혜를 열고, 중생의 소견을 내지 않기를 바라노라.*87 세상 사람의 마음이 바르지 못하면, 어리석고 미혹하여 악을 지어 스스로 중생의 소견을 내고, 세상 사람이 바른 마음으로 지혜를 일으켜 관조하면, 스스로 부처의 지혜를 연

*85 《법화경》 방편품에 '諸佛世尊 唯以一大事因緣故 出現於世'의 16字로 되어 있다.
*86 어느 쪽으로도 치우치지 않은 중도(中道)를 나타냄.
*87 경전에는 없는 말. 혜능이 만들어 낸 말이다.

다. 중생의 소견을 내지 말라. 부처님의 지혜를 열면 곧 부처가 세상에 나타나게 되느니라."

대사는 법달에게 말했다.

"법달이여, 이것이 곧 《법화경》에 나오는 일승(一乘)의 가르침이니라. 뒤에 이를 나눠 셋으로 한 것은 미혹한 사람들 때문이다. 그대는 오직 일불승만을 의지하라."

대사는 말했다.

"법달이여, 마음으로 행하면*88 법화의 가르침(법화경)을 굴리고, 마음으로 행하지 않으면 법화가 마음을 굴리게 된다. 마음이 바르면 법화를 굴리고, 마음이 바르지 못하면 법화가 마음을 굴리게 되느니라. 부처의 지견(知見)을 열면 법화를 굴리고, 중생(衆生)의 지견을 열면 법화에 굴림을 당하느니라."

대사가 말했다.

"힘써 수행하면 이것이 바로 경(가르침)을 굴리는 것이니라."

법달은 한 번 듣고 말 끝에 크게 깨달아, 감동해 눈물을 흘리고 화상에게 아뢰었다.

"화상이시여, 참으로 지금까지 법화를 굴리지 못하고, 일곱 해를 법화에 굴림을 당해 왔습니다. 앞으로는 법화를 굴려 생각마다 불행(佛行 : 부처로서의 행동)을 닦아 행하겠습니다."

대사가 말했다.

"곧 부처의 행을 하는 이것이 부처이니라."

그 때 듣는 사람으로서 깨닫지 못한 이가 없었다.

10 지상의 입문

〔17의 요지〕 지상(智常)이라는 제자가 입문하는 이야기.《전등록(傳燈錄)》

---

*88 자기 마음 쪽이 주체가 되는 것. 경전을 수레에 비유하여 마음이 이것을 굴리는 것이다. 경을 이해하려 하지 않고 맹목적으로 읽기만 하는 것은, 글을 읽는 것이 아니라 글귀에 읽힘을 당하는 것이다.

에 따르면, 지상도 일찍이 신수의 제자였다고 한다. 여기에서는 그런 것을 생각할 수 없으나, 혜능이 주장하는 《금강경》의 최상승(最上乘)과 보통 삼승(三乘: 聲聞·緣覺·菩薩)의 관점이 지나는 차이점을 분명히 하는 데 이 대문의 취지가 있다. 대승과 최상승의 차이점에 대해서는 《신회어록》에는 예부시랑(禮部侍郎) 소진(蘇晋)의 질문이 있고, 《돈오요문》에도 거의 같은 취지의 문답이 있다. 혜능을 시작으로 하여 남종이 새롭게 전개되는 한 사례이다.

⑰ 이때 이름을 지상*[89]이라고 하는 한 스님이 조계산으로 와 화상을 예배하고 사승법(四乘法)*[90]의 뜻을 물었다.

지상이 화상에게 여쭈었다.

"부처님은 삼승(三乘)을 말씀하셨는데, 또 최상승*[91]을 말하시니, 제자로서는 이해가 가지 않습니다. 저를 위해 가르쳐 주십시오."

혜능대사가 말했다.

"그대 스스로 자기 마음을 보고, 밖의 법상(法相: 존재하는 것의 형태)에 집착하지 말라. 원래 사승법이란 없느니라. 사람의 마음이 스스로 네 가지로 갈리어 법에 사승이 있는 것뿐이다. 보고 듣고 읽고 외고 하는 것은 소승(小乘: 聲聞乘)이요, 법을 깨달아 뜻을 아는 것은 중승(中乘: 緣覺乘)이요, 법에 의지하여 수행하는 것은 대승(大乘: 菩薩乘)이요, 모든 법을 다 통달하고 모든 행(行)을 다 갖추어 일체를 떠나는 일 없이 다만 법상만을 떠나고 작용하여 얻는 바가 없는 것이 최상승이다.

승이란 곧 행한다는 뜻이요, 입으로 다투는 데 있지 않으니, 그대는 모름지기 스스로 닦고 내게 묻지 말라."

11 신회의 입문

〔18의 요지〕 신회(神會)는 육조(혜능) 문하의 대표적인 인물이다. 〔20〕에서

---

*89 10대 제자 중의 한 사람. 신주(信州) 귀계(貴溪) 사람으로 신수(神秀)의 제자였다 한다.
*90 소승(성문)·중승(연각)·대승보살(보살)의 삼승 위에 다시 최상승 즉 일불승을 더한 것.
*91 《금강경》에서 밝혀진 것으로 보살승 위의 불승(佛乘).

혜능이 입멸(入滅)할 때를 당해, 죽은 뒤 20년에 걸친 신회의 활동을 예언하는 대목과 함께, 여기에 있는 신회의 입문 이야기는, 혜능과 그와의 깊은 신뢰 관계를 분명히 하고 있다. 다만 입문 당초부터 신회가 지견(知見)을 문제 삼는 것은, 옛날에 있었던 그의 주장을 소급시킨 것으로, 사실은 신회에 관계되는 기사가 모두 하나의 의도 밑에 정리되어 있는 것이 눈에 띈다. 신회는 육조 문하의 대표이기보다, 어쩌면 유일한 실존 인물일는지도 모른다.

⑱ 또 한 스님이 있었는데 이름이 신회*92이며 남양(南陽) 사람이었다. 조계산으로 와서 예배하고 물었다.

"화상께선 좌선하실 때 보십니까, 보지 않으십니까?"

대사는 일어나 세 차례 신회를 때리고 도리어 신회에게 물었다.

"내가 그대를 때렸는데 아프냐 안 아프냐?"

신회가 대답했다.

"아프기도 하고 안 아프기도 합니다."

육조가 말했다.

"나도 보기도 하고 보지 않기도 하느니라."

신회가 여쭈었다.

"어떻게 보기도 하고 보지 않기도 합니까?"

대사가 말했다.

---

*92 육조의 제자 가운데 가장 중요한 인물이다. 옛날에는 종밀(宗密)의 《원각경대소초(圓覺經大疏抄)》《선문사자승습도(禪門師資承襲圖)》 외에 《전등록》《송고승전(宋高僧傳)》 등에 의해 알려졌는데, 최근엔 돈황문서의 발견에 의해 몇 종류의 어록과 가곡, 그리고 북종에 대한 종론의 기록인 《보리달마남종정시비론》 등이 있어, 그에 대한 자료는 혜능 이상으로 많다. 호적(胡適)의 연구로 그의 생몰년은 670~762가 정설로 되어 있고, 모든 자료들을 종합해 보면, 거의 그의 전생애에 걸친 움직임을 알 수 있다. 즉 출생지는 양양(襄陽)으로 처음 옥천사에서 신수를 스승으로 섬겼고, 마흔 살이 지나 만년의 혜능에게로 와서 그의 법통을 잇고, 개원 초년에 남양 용흥사(龍興寺)에 머물러 스승의 주장을 선양하며, 개원 20년에는 활태 대운사(大雲寺)에서 북종과 대론(對論)을 했고, 이어 낙양 하택사(荷澤寺)로 들어가 육조 혜능의 정통성을 주장했다. 그러나 천보 초년에 북종 일파의 탄핵을 받아 익양 등지로 좌천되고, 이어 안사의 난 때 장안으로 돌아오는 현종을 도운 일로 다시 장안으로 돌아와 칠조가 된다. 여기에서 남종선의 역사적 사상적 기초를 만드는데, 이것이 《육조단경》을 성립시키는 결정적 동기가 된다. 그를 남양화상이라 부르고, 하택신회라 부르는 까닭은 위에 말한 그의 경력에 의해 알 수 있을 것이다.

"내가 본다고 하는 것은 언제나 나의 허물을 보는 것이다. 그래서 본다고 말하는 것이며, 또 보지 않는다고 하는 것은 하늘과 땅과 사람의 허물과 죄를 보지 않는 것이니, 그런 까닭에 보기도 하고 보지 않기도 하는 것이니라. 그대가 아프기도 하고 아프지 않기도 하다 했는데 어떤 것인가?"

신회가 대답했다.

"만일 아프지 않다면 곧 감각이 없는 목석과 같고, 만일 아프다면 곧 범부와 같아서 곧 원한을 일으킬 것입니다."

대사가 말했다.

"신회여, 아까 말한 본다는 것과 보지 않는다는 것은 곧 양변(兩邊)이요, 아픔과 아프지 않음은 곧 생멸(生滅)이니라. 그대는 자기 본성을 보지 못하면서 감히 와서 사람을 희롱하려 하는가?"

신회는 예배하고 다시는 더 말하지 않았다.

대사가 말했다.

"그대는 마음이 미혹하여 자성(自性)을 보지 못하면, 선지식에게 물어서 길을 찾으라. 그대 마음 속으로 깨달아 스스로 자성을 보게 되면 가르침을 따라 닦고 행하라. 그대 스스로 미혹하여 자기 마음을 보지 못하면서 도리어 혜능의 보고 보지 않음을 묻는가? 내가 보는 것은 내 스스로 아는 것이라 그대의 미혹함을 대신할 수 없느니라. 그대가 스스로 본다면, 나의 미혹함을 대신하겠는가. 어찌하여 스스로 닦지 아니하고 나에게 보고 보지 않음을 묻는가?"

신회는 일어나 절하고 곧 제자가 되어 조계산을 떠나지 않고 언제나 좌우에 있었다.

12 십대제자와 입멸

〔19의 요지〕 입멸에 임하여 십대제자를 모아 놓고 장래를 위촉하는 대목이다. 평생 반야삼매만을 말해 온 혜능이, 새삼 죽음을 앞에 놓고 삼과법문(三科法門)・동용삼십육대(動用三十六對)・출몰즉리양변(出沒卽離兩邊)이라는 번잡한 긴 이야기를 늘어놓는 것은, 약간 이해하기 어려운 점이 있다. 그러나

아마 이것이 당시 불교학의 전부였으리라. 이미 〔5〕의 요지에서 말한 것과 같이, 혜능의 좌선에 대한 정의를 비롯해서, 삼보(三寶)·삼신(三身) 등과 함께 여기에 말한 삼과법문에 대한 설명을 모은 수첩과 비슷한 돈황사본(敦煌寫本)이 몇 권 있다. 새로운 대승불교로서의 혜능선(慧能禪)은 이미 폭넓게 지지를 받고 있었다.《육조단경》은 그들 운동의 지침서였다. 삼과법문과 그 밖의 것은, 입문에 즈음하여 최소한 필요했던 기초 지식이었다. 또는 이것만을 완전히 쓸 수 있으면 충분했는지도 모른다.《육조단경》이 대표적인 제자들 가운데 비본(秘本)으로 전수되고 있었던 사실과 함께, 이 대목은 역사적 종교로서의 혜능선의 실태를 전하고 있다.

⑲ 대사는 드디어 제자*⁹³인 법해(法海)·지성(志誠)·법달(法達)·지상(智常)·지통(志通)·지철(志徹)·지도(志道)·법진(法珍)·법여(法如)·신회(神會)를 불렀다.

대사는 말했다.

"그대들 열 제자들은 가까이 오라. 그대들은 다른 사람과는 같지 않으니, 내가 멸도(滅度)한 뒤에 그대들은 각각 한 지방의 지도자가 될 것이니라. 그러니 나는 그대들로 하여금 설법할 때에 근본 종지를 잃지 않도록, 삼과법문*⁹⁴과 동용삼십육대*⁹⁵와 출몰즉리양변*⁹⁶을 들어 말하리라.

모든 설법에서 성품과 모양(性相)*⁹⁷을 떠나지 말아라. 만일 사람이 있어

---

*93 십대제자 가운데 법해·지성·법달·지상·신회 다섯 사람은 이미 전이 있다. 남은 다섯 사람 가운데《전등록》에는 지통·지철·지도의 전이 실려 있다. 따라서 법진·법여 두 사람만이 분명치 못한 채 남아 있게 된다.

*94 삼과는 오음(五陰)·십이입(十二入)·십팔계(十八界). 일찍이 음지입(陰持入)이라고도 불리었던 소승 계통의 선법의 하나로, 그 비상(非常)·고(苦)·공(空)·비아(非我)인 것을 관찰하는 것.

*95 외경의 무정 5대와 법상 12대와 자성 19대로서 합계 36대를 자성의 작용에 의하여 운용해야 함을 말함. 삼십육대를 골라 정한 이유는 분명치 않으나《조당집(祖堂集)》에 의하면, 인도 철학의 논리에서 나온 것으로, 부처는 언제나 이것을 거부했다고 한다. 그것의 옳고 그른 것은 별문제로 하더라도, 이것이 중국 불교를 일관한 체용(體用)의 논리에 의한 구체적인 실천이었던 것은 확실하다.

*96 '출몰'은 모습을 나타내는 것과 사라지는 것, '즉리'는 따르는 것과 떨어지는 것으로, '양변'은 그러한 두 가지 작용의 그 어느 것에도 치우치지 않는 중도를 주장하는 것. 36대의 대법은 그 1대가 모두 상대 관계에 있음을 깨닫게 하기 위하여 일방(一方)을 선택하거나 버림으로써 상대를 초월한 절대를 깨닫게 하기 위함.

*97 본질적인 것과 현상적인 것. 체(體)와 용(用)에 해당한다.

법을 묻거든, 말을 다 쌍(雙 : 對槪念)*⁹⁸으로 해서 모두 대법(對法)*⁹⁹을 취하여, 오가는 것이 서로 인연한 것이니 마침내는 두 가지 법을 다 없애고 다시 가는 곳마저 없게 하라.

삼과법문이란 음(陰)·계(界)·입(入)이다. 음은 곧 오음(五陰)*¹⁰⁰이요, 계는 곧 십팔계(十八界)*¹⁰¹요, 입은 곧 십이입(十二入)이니라.

오음은 색음(色陰)·수음(受陰)·상음(想陰)·행음(行陰)·식음(識陰)이니라.

십팔계는 육진(六塵)·육문(六門)·육식(六識)이니라.

십이입은 밖에 있는 육진과 안에 있는 육문이니라.

육진은 색·성·향·미·촉·법(色·聲·香·味·觸·法)이니라.

육문은 안·이·비·설·신·의(眼·耳·鼻·舌·身·意)이니라.

법의 성품이 육식인 안식(眼識)·이식(耳識)·비식(鼻識)·설식(舌識)·신식(身識)·의식(意識)의 육신과 육문·육진을 일으키고 자기 본성은 만법을 포함하니, 이름하여 함장식(含藏識)이라 하느니라. 생각(思)하여 헤아리(量)면 곧 식(識 : 含藏識)이 작용하여 육식이 생겨 육문으로 나와 육진을 보니, 이것이 3×6=18이 된다.

자기 본성이 바르지 못하기 때문에 열여덟 가지 잘못(邪)을 일으키게 되고, 자기 본성이 바르면 열여덟 가지도 바르게 되느니라. 악하게 움직이면 곧 중생이고, 선하게 작용하면 곧 부처이니라.

작용은 어떤 것들에 의하는가. 자기 본성의 대법(對法 : 對槪念)에 의하느니라.

바깥 경계인 무정(無情)에 다섯 대법이 있으니, 하늘은 땅과 대하고, 해는 달과 대하고, 어둠은 밝음에 대하고, 음은 양에 대하고, 물은 불에 대한다.

어언(語言 : 槪念)과 법상(法相 : 物形)의 대법에는 열두 가지가 있으니 유위무위(有爲無爲)는 유색무색(有色無色)과 대하고, 유상(有相)은 무상(無相)과 대하고, 유루(有漏)는 무루(無漏)와 대하고, 색(色 : 현상)은 공(空)과 대하고, 동

---

*98 말의 상대성. 상대를 전제로 해서 비로소 의미를 갖는 것.

*99 아비달마(阿毘達磨)의 번역어로, 여기에서는 말에 의해 말의 상대성과 이율배반을 돌파하는 뜻인 것 같다.

*100 인식을 구성하는 다섯 가지 요소. 오온(五蘊).

*101 계(界)는 차별·종류·체성·원인 등의 뜻을 가진다.

(動)은 정(靜)과 대하고, 청(淸)은 탁(濁)과 대하고, 범(凡)은 성(聖)과 대하고, 승(僧)은 속(俗)과 대하고, 노(老)는 소(少)와 대하고, 대(大)는 소(小)와 대하고, 장(長)은 단(短)과 대하고, 고(高)는 하(下)와 대하느니라.

자기 본성이 일으켜 작용하는 대법에는 열아홉 가지가 있으니, 사(邪)는 정(正)과 대하고, 치(痴)는 혜(慧)와 대하고, 우(愚)는 지(智)와 대하고, 난(亂)은 정(定)과 대하고, 계(戒)는 비(非)와 대하고, 직(直)은 곡(曲)과 대하고, 실(實)은 허(虛)와 대하고, 험함(嶮)은 평탄함(平)과 대하고, 번뇌는 보리와 대하고, 자비는 해침과 대하고, 희(喜)는 진(嗔)과 대하고, 사(捨 : 줌)는 간(慳 : 아낌)에 대하고, 진(進)은 퇴(退)에 대하고, 생(生)은 멸(滅)에 대하고, 상(常)은 무상(無常)과 대하고, 법신(法身)은 색신(色身)과 대하고, 화신(化身)은 보신(報身)과 대하고, 본체(體)는 작용(用)과 대하고, 성(性 : 성품)은 상(相 : 모양)과 대하니라.

유정·무정의 대법인 어언과 법상에 열두 가지 대법이 있고, 바깥 경계의 무정(無情)에 다섯 가지 대법이 있고, 자기 본성을 일으켜 작용하는 데 열아홉 가지의 대법이 있어 도합 삼십육 가지 대법을 이루니라.

이 삼십육 대법을 잘 응용하면, 일체의 경전에 통달하고 나타나고 사라지고, 따르고 떨어지는 것 양변(兩邊)을 떠나리라.

어떤 것이 자성기용(自性起用)인가. 삼십육 대법이 사람의 언어와 함께하나, 밖에 나와서는 상(相)에서 상을 떠나고, 안에 들어가서는 공(空)에서 공을 떠나니, 공에 집착하면 다만 무명(無明)만 기르고, 상에 집착하면 다만 사견(邪見)만 기르느니라.

더러 법을 헐뜯는 사람은 단지 '문자를 쓰지 않는다'*102고 말하지만, 이미 문자를 쓰지 않는다고 말하는 한 그 사람은 말도 하지 말아야 할 것이니, 언어가 곧 문자이기 때문이다.

자기 본성에 대하여 공이라 말하지만, 바로 말하자면 본성은 공이 아니니 미혹하여 스스로 현혹됨은 말들이 바르지 못한 까닭이니라. 어둠은 스스로 어둡지 아니하나, 밝음이 있기 때문에 어두운 것이니라. 어둠은 스스로 어두운 것이 아니라, 밝음으로써 어둠을 바꾸고, 어둠으로써 밝음이 나타나며, 오가는 것이 서로 인연한 것이다. 삼십육 대법도 이와 같으니라."

---

*102 문자는 경전을 가리킨다. 경전에 사로잡혀 있는 사람에게 문자를 쓰지 않는다는 것이다. 일반론으로서 말하는 것은 아니다.

대사는 열 제자에게 말했다.

"앞으로 법을 전하되 서로가 번갈아 단경 한 권을 가르쳐 주어 본래의 종지(宗旨)를 잃지 않게 하라. 단경을 이어받지 못한 사람은 나의 종지가 아니니라. 지금 다 얻었으니 대대로 유포하여 행하게 하라. 단경을 얻은 사람은 내게 친히 가르침을 받은 것과 같으니라."

열 명의 스님들이 가르침을 다 받아 베껴 써서 대대로 널리 퍼지게 하였으니, 이를 얻은 사람은 반드시 견성을 하게 될 것이다.

13 〈진가동정의 노래〉와 〈전법시〉

〔20~22까지의 요지〕 혜능은 마침내 입멸을 하게 된다. 십대제자 가운데 신회만 따로 특별히 다루는 것은 〔18〕에 있는 것과 관계된다. 제자들에게 준 유게(遺偈)인 〈진가동정(眞假動靜)의 노래〉와 달마 이래 6대 조사들의 〈전법시(傳法詩)〉가 여기에 나오는 것은 중요하다. 유게를 만드는 것이 이윽고 후대 선종의 조사들이 입멸할 때의 선례가 되고, 달마 이래 6대의 〈전법시〉가 후대 선종 역사서에서는 인도 28대로 거슬러 올라가 전법시가 전해진 것처럼 하게 된다. 실은 〈전법시〉는 인도의 28대, 중국 6대의 전등설(傳燈說) 성립과 표리를 이루는 것으로, 법을 전한 증거가 되어 온 가사(袈裟)의 대신 구실을 한다. 전법의 가사에서 전법의 시로 발전해 가는 중간에, 《육조단경》이 출현하게 된다. 이 사실은 돈황본에 의해 처음으로 분명하게 되었다.

20 대사는 선천(先天) 2년 8월 3일[103] 멸도했다. 7월 8일, 문인들을 불러 이별을 고했다. 대사는 선천 원년 신주(新州) 국은사(國恩寺)[104]에 탑을 세우고, 선천 2년 7월에 이르러 이별을 고한 것이다.

---

*103 선천 원년은 서기 712년. 혜능대사는 선천 2년(713) 8월 3일 76세로 멸도하였다. 이 해는 개원 원년이 된다. 예종(睿宗)은 자리에서 물러나 태상황(太上皇)이 되고, 그 아들이 위에 올라 현종(玄宗)이 된다. 당나라 3백 년 역사에서 가장 화려한 시기이다.
*104 신주에 있는 그의 생가를 중종(中宗)의 은사에 의해 절로 만들고, 國恩寺라 불렀다.

대사는 말했다.

"그대들은 가까이 오라. 나는 8월이 되면 세상을 떠나고자 하니, 그대들은 의심나는 점이 있으면 빨리 물어라. 그대들을 위해 의심을 깨우쳐 주고 미혹을 다 없애 그대들을 편안하고 즐겁게 하리라. 내가 떠나간 뒤면 그대들을 가르쳐 줄 사람이 없으리라."

법해 등 여러 스님들은 듣기를 마치자, 눈물을 흘리며 슬피 울었다. 오직 신회만이 꼼짝도 않고 또 슬퍼하지도 않았다.

육조는 말했다.

"나이 어린 신회*[105]는 그래도 도를 얻었구나, 선(善)과 불선(不善)에 대하여 평정함을 얻어 헐뜯음과 칭찬함에 동요하지 않는다. 나머지 사람들은 그러하지 못하구나. 그렇다면 여러 해 동안 산중에서 무슨 도를 닦은 것이냐.

그대들 지금 슬피 우는 것은 대체 누구를 위한 것이냐. 내가 가는 곳을 그대들이 몰라서 걱정하는 거냐. 만일 내가 갈 곳을 알지 못한다면, 그대들과 고별하겠는가? 그대들이 슬퍼하는 것은 곧 내가 가는 곳을 몰라서이니, 만일 가는 곳을 안다면 곧 슬퍼하지 않으리라.

자성의 본체는 생겨남(生)도 없고, 없어짐(滅)도 없고, 감(去)도 없고, 옴(來)도 없느니라.

그대들은 다 앉으라. 내가 그대들에게 한 게송(偈頌)을 주리니, 진가동정게(眞假動靜偈)*[106]이다. 그대들은 다 외어 지녀라. 이 게송의 뜻을 알면 그대들은 나와 한 마음이 될 것이니, 게송을 의지하여 행하면 종지(宗旨)를 잃지 않으리라."

스님들은 대사께 예배하고 게송 남기시기를 청하고, 공경하는 마음으로 이를 받아 지녔다. 게송은 이러하다.

모든 모양 있는 것에 진실이 없으니
진실을 보려 하지 말라

---

*105 어려서 어린 중이 아니라, 가장 늦게 들어와 있었기 때문에 이렇게 부른 것이다.

*106 진과 가, 동과 정이 서로 붙어 떨어지지 않는 상즉불리(相卽不離)의 관계에 있는 것을 노래한 것. 진과 정은 본체, 가와 동은 현상이다. 그것이 둘로 있는 한 마음은 분별을 면치 못한다.

진실이 보인다 해도
그것은 진실이 아니니라

만일 능히 진실이 있다면
거짓을 떠나는 것이 바로 마음의 진실이니라
자기 마음이 거짓을 떠나지 못하면
진실은 없게 되니 어디에 진실이 있으리요

유정은 움직일 줄 알고
무정(無情)은 움직이지 않느니

만일 움직이지 않는 행(行)을 닦는다면
무정의 움직이지 않음과 같으니라

만일 참으로 움직이지 않음을 깨달으면
움직임 위에 움직이지 않음이 있느니

움직이지 않는 것만 집착하면
뜻도 없고 부처의 성품도 없도다

능히 모양(相)을 잘 분별하여
근본 뜻은 움직이지 말지니

만일 깨달아서 볼 줄 알게 되면
곧 이것은 진여(眞如)의 작용이니라

도를 배우는 모든 이에게 알리노니
노력하여 모름지기 뜻을 세울지어다

대승(大乘) 법문에 있으면서

도리어 생사의 견해에 집착하지 말라

앞 사람과 서로 응하면
곧 함께 부처님의 진리를 의논할지니

서로 응하지 않거든
합장하여 선(善)을 짓도록 권하라

이 가르침은 원래 다툼이 없음이니＊107
다툼이 있으면 도의 뜻을 잃으리니

미혹에 집착하여 법문을 다투면
자기 본성은 생사 길에 빠지느니라

[21] 대중과 스님들은 다 듣고 나서 대사의 뜻을 알았으며, 다시는 감히 다투지 않고＊108 가르침에 따라 수행하겠다고 일시에 함께 예배했다. 곧 대사께서 오래 세상에 머무르지 않을 것을 알았다.

상좌인 법해가 앞으로 나아가 대사에게 아뢰었다.

"대사께서 떠나신 후, 가사와 법(衣法)은 장차 누구에게 부촉하리까?"

대사가 말했다.

"법은 이미 전했으니 그대들은 물을 필요가 없다. 내가 떠난 뒤 20여 년에＊109 잘못된 법이 어지럽게 우리 종지(宗旨)를 흔들어 놓을 것이다. 그러나 한 사람이 나타나, 몸과 목숨을 아끼지 않고 불법의 옳고 그름을 바로잡아 종지를 굳게 세우게 될 것이니, 이것이 곧 나의 바른 법이니라. 그러므로 가사를 전하는 것은 옳지 않으니라.＊110 그대들이 믿지 않는다면, 내가 선대 다

＊107 《금강경》에서 말한 무쟁삼매(無諍三昧)의 뜻.

＊108 남종과 북종의 대립뿐만이 아니라, 혜능의 제자들 사이에도 벌써 분파가 싹트고 있었던 것 같다. 정통을 주장하는 사람들이 이 단경을 전한 것이다.

＊109 개원 20년, 신회가 활대 대운사에서 북종에 대한 공격을 시작하여, 남종의 정통성을 주장할 것을 예언한 것이 된다.

＊110 가사는 조계사에 감춰 둔 채, 다른 곳으로 가지고 나간 사실은 없다. 《조계대사전》에 숙

섯 분 조사께서 가사를 주고 법을 전한 게송들을 외어 주리라.*¹¹¹

일조(一祖)이신 달마의 게송 뜻에 따르더라도 옷은 마땅히 전할 것이 못된
다. 잘 들으라, 내가 그대들을 위해 외우리라."

제일조 달마화상은 게송에서 말하였다.

　내가 본래 당나라로 온 것은
　가르침을 전해 미혹한 중생을 구하기 위함이니
　한 꽃에 다섯 잎을 펴니*¹¹²
　열매를 맺는 것은 절로 이루어지도다

제이조 혜가(慧可)화상은 게송에서 말하였다.

　본래 땅에 인연이 있어*¹¹³
　땅에서 씨앗과 꽃 피나니
　만약 본래부터 땅이 없다면
　꽃이 어느 곳에서 피어나리요

제3조 승찬(僧璨)화상은 게송에서 말하였다.

　꽃도 씨도 땅을 인연하여
　땅 위에 씨와 꽃을 피우나
　꽃과 씨에 나는 성품이 없으면
　땅에도 남(生)이 없도다

　　종의 명령에 의해 가사를 대궐로 들여보냈다고 한 것은, 신회가 죽은 뒤 《역대법보기》에
　　따르는 사람들이 자기들 파에 가사가 있다고 주장한 것을 부정하기 위해서였다.
*111 뒤에 전법게(傳法偈)라 불리는 것의 선례. 당시는 가사를 전해 주는 것 대신으로 생각되었
　　다.
*112 5대 조사들이 차례로 나타난 사실을 말함.
*113 땅은 마음의 땅(地)이란 뜻. 본성이 청정한 마음을 가리킨다. 마음의 땅이란 것은 혜능선
　　(慧能禪)의 중요 사상의 하나가 된다.

제4조 도신(道信)화상은 게송에서 말하였다.

  꽃과 씨에 나는 성품이 있어
  땅을 인연하여 씨는 꽃을 피우나
  앞의 인연이 화합하지 않으면
  모든 것이 다 나는 일이 없도다

제5조 홍인(弘忍)화상은 게송에서 말하였다.

  뜻 있는 이 와서 씨를 뿌리니
  뜻이 없는 꽃이 피어나고
  뜻도 없고, 또 씨앗도 없으니
  마음 바탕에도 또 남(生)이 없도다

제6조 혜능화상*114은 게송에서 말하였다.

  마음 바탕에 뜻의 씨앗을 머금으니
  법의 비가 내려 꽃을 피우고
  스스로 꽃의 뜻과 씨앗을 깨달으니
  보리의 열매가 절로 이루어지도다

혜능대사가 말했다.
그대들은 또한 내가 지은 두 게송을 들어라. 달마화상이 남긴 게송의 뜻을 취하였으니, 그대들 미혹한 사람들은 이 게송에 의지해 수행하면 반드시 견성(見性)할 것이니라.

첫째 게송에서 말하였다.

―――――――――
*114 혜능 자신이 이런 말을 하는 것은 이상하다. 이 대문의 모두가 어느 한 파의 제자들이 요청한 것임을 암시해 준다.

마음 바탕에 삿된 꽃(邪花)이 피니
다섯 잎은 뿌리를 좇아 따르고
함께 무명(無明)의 업을 지어
업의 바람에 휘날리는도다
둘째 게송에서 말하였다.

마음 바탕에 바른 꽃이 피니
다섯 잎은 뿌리를 좇아 따르고
함께 반야의 지혜 닦으니
장차 올 부처의 지혜로다

육조대사는 게송 설명하기를 다 마치자, 뭇 사람들을 해산시켰다. 제자들이 밖으로 나와 생각하니, 대사가 세상에 오래 머물지 않을 것임을 알았다.

22 육조는 그 뒤 8월 3일에 이르러 공양을 마친 뒤 말했다.
"그대들은 차례를 따라 자리에 앉으라. 내가 이제 그대들과 작별하리라."
법해가 여쭈었다.
"이 돈교법을 전수한 것은, 예부터 지금에 이르기까지 몇 대나 됩니까?"
육조대사가 말했다.
"처음에 일곱 부처님으로부터 전수되었으니,*115 석가모니불은 그 일곱째이

---

*115 《조당집(祖堂集)》에 따르면, 석가모니 이전에 여섯 명의 부처가 세상에 나왔는데, 이들 여섯과 석가모니를 합해서 일곱 부처 곧 칠불(七佛)이라 한다. 선(禪)은 칠불에서 시작되는 것이다. 중국에서 칠불에 대한 신앙이 강해진 것은 육조(六朝)시대 일로 주로 계율 사상과 깊은 관계를 갖고 있다. 한문 번역의 율장(律藏)에는 벌써 〈칠불약설교계게(七佛略說教戒偈)〉란 것이 있어, 오언사구(五言四句)의 시 형식으로 계율 사상을 정리해 두었다. 가장 유명한 것은 '모든 악(惡)을 짓지 않고, 뭇 선(善)을 받들어 행하며, 스스로 그 마음을 깨끗이 하는 것, 이것이 모든 부처님의 가르침이다' 하는 가섭불(迦葉佛)의 가르침인데, 중국에서는 특히 〈칠불통계게(七佛通戒偈)〉라고 이름하여 각 파의 수계 의식의 기초로 삼았다. 간결한 계와 선(禪)의 실천을 주장하는 사람들이 이 글귀에 주목함은 당연한 일일 것이다. 한편 《인왕반야경》에도 또 다른 칠불게란 것이 있는데, 내용적으로는 '선'의 그것과 가장 가깝다. 이 경전은 중국에서 만들었던 것 같다. 《조당집》은 칠불의 전법시를 실어, 선의 전통에 기초로 삼고 있다. 칠불의 이름과 부모와 국토에 대해서도 예부터 여러 가지 설

시다.

대가섭(大迦葉)*116이 제8,

아난(阿難)이 제9,

말전지(末田地)가 제10,

상나화수(商那和修)가 제11,

우바국다(優婆掬多)가 제12,

제다가(提多迦)가 제13,

불타난제(佛陀難提)가 제14,

불타밀다(佛陀蜜多)가 제15,

협비구(脇比丘)가 제16,

부나사(富那奢)가 제17,

마명(馬鳴)이 제18,

비라장자(毘羅長者)가 제19,

용수(龍樹)가 제20,

가나제바(迦那提婆)가 제21,

나후라(羅睺羅)가 제22,

승가나제(僧迦那提)가 제23,

승가야사(僧迦耶舍)가 제24,

구마라타(鳩摩羅馱)가 제25,

사야다(闍耶多)가 제26,

바수반다(婆修盤多)가 제27,

이 있는데, 《조당집》은 이를 잘 정리하여 선의 조상으로서의 면목을 나타내 보이고 있다. 제1 비바시불(遍眼佛), 제2 시기불(肉髻覺者), 제3 비사부불(遍一切自在佛), 제4 구류손불(所應斷佛), 제5 구나함모니불(金色仙佛), 제6 가섭불(飮光佛), 제7 석가모니불이다.

*116 대가섭 이하 인도에서의 28대에 대해서는 갖가지 다른 학설들이 있는데, 원래는 《달마다라선경》 첫머리에, 부처가 멸도한 뒤에 대가섭·아난·말전지·사나바사 이하, 달마다라 및 불약밀다라에 이르는 법등(法燈) 전수를 말한 것과, 《부법장인록전》에 마하가섭 이하 제24대 사자비구에 이르는 전통을 말한 것을 합쳐, 중복된 것을 정리하여 대가섭에서부터 보리달마에 이르는 28대로 한 것이다. 그런데 돈황본인 이 《육조단경》이 나온 뒤에도 28대의 각 이름들은 상당한 변동이 있어 일정하지가 못하다. 다만 선(禪)의 전등설(傳燈說)의 특색은 마명(馬鳴)과 용수(龍樹), 바수반다(婆修盤多, 世親)라는 대승 각 파의 조사들과 그들 가르침의 전통을 선의 역사로서 위치를 정한 것에 있다.

마나라(摩拏羅)가 제28,

학륵나(鶴勒那)가 제29,

사자비구(師子比丘)가 제30,

사나바사(舍那婆斯)가 제31,

우바굴(優婆掘)이 제32,

승가라(僧迦羅)가 제33,

수바밀다(須婆蜜多)가 제34,

남천축국(南天竺國)의 왕자로 셋째 아들인 보리달마(菩提達磨)가 제35,

당나라 승려 혜가(慧可)가 제36,

승찬(僧璨)이 제37,

도신(道信)이 제38,

홍인(弘忍)이 제39,

혜능 자신이 지금 법을 받아 제40이니라."

대사가 말했다.

"오늘 이후로는 서로서로 전수하여 모름지기 의약(依約 : 약조한 대로라는 것)이 있게 하고, 종지를 잃는 일이 없게 하라."

14 자신의 부처가 참부처

〔23~24까지의 요지〕 마지막으로 또 하나의 유게를 남기고 마침내 입멸한다. 법해가 중요한 제자임이 여기에서 다시 분명해진다. 법해가 중요함은 《육조단경》 그것이 중요한 것으로 된다. 유게 가운데에서 '자기 부처(自佛)가 참부처(眞佛)'라는 한 구절이 주목된다. 육조 사상의 요지라 말할 수 있다.

23 법해가 또 대사에게 여쭈었다.

"대사께서 이제 가시면 어떤 가르침을 남기시어, 후대 사람들로 하여금 어떻게 부처*117를 보게 하시렵니까?"

---

*117 자기 자신 속에 있는 본성을 보는 것이 곧 부처라는 뜻이다.

육조가 말했다.

"그대들은 들으라. 후대의 미혹한 사람들이 다만 중생을 바로 알면, 곧 부처를 보게 될 수 있으리라. 만일 중생을 바로 알지 못하면, 부처 찾기를 만 겁을 하더라도 볼 수는 없을 것이니라. 내 지금 그대들로 하여금 중생을 바로 알아 부처를 보게끔, 다시 '참부처를 보는 해탈의 노래(見眞佛解脫頌)*118를 남기리니, 미혹하면 곧 부처를 보지 못하나, 깨달으면 바로 보게 되느니라."

법해가 여쭈었다.

"법해는 듣기를 바라오며, 대대로 전해 영원히 끊어지지 않게 하겠습니다."

육조가 말했다.

"그대들은 들으라. 내 그대들을 위해 말하리라. 후대 세상 사람들이 만일 부처를 찾고자 하거든, 다만 자기 마음 속의 중생*119을 알게 하라. 그러면 부처를 볼 수 있을 것이니, 본래 중생과 인연이 있음으로써 있는 것이니 중생을 떠나서는 부처의 마음도 없느니라."

미혹하면 곧 부처도 중생이요
깨치면 곧 중생도 부처니라

어리석으면 부처도 중생이요
지혜로우면 중생도 부처니라

마음이 험악하면 부처도 중생이요
마음 평정하면 중생도 부처니라

한평생 만약 마음이 험하면
부처는 중생 속에 있도다

한 생각 깨달아 마음 평정하면

---

*118 참부처(眞佛)는 법신(法身)을 말한다.

*119 다음에 나오는 마음이 '미혹하면 곧 부처도 중생이요, 깨치면 곧 중생도 부처이다'라는 뜻이다.

곧 중생 스스로 부처이며

내 마음에 스스로 부처가 있음이라
자기 부처(自佛)가 참부처(眞佛)이니

내게 만일 불심(佛心)이 없다면
어느 곳을 향해 부처를 구하리요

　대사가 말했다.
　"여러 제자들이여, 잘 있으라. 내가 게송 하나를 남기리니, 자성진불해탈송
(自性眞佛解脫頌)이라 하느니라. 뒷날 미혹한 사람이 이 게송의 뜻을 들으면,
곧 자기 마음(自心) 자기 성품(自性)의 참부처를 보리라. 그대들에게 이 게송
을 주고, 그대들과 작별하리라."
　게송을 말하였다.

진여(眞如)의 깨끗한 성품이 참부처요
그릇된 견해(邪見)의 삼독(三毒 : 貪·瞋·痴)은 참악마니라

그릇된 견해의 사람은 마귀가 집에 있고
바른 견해의 사람은 부처가 곧 찾아오리라

자성(自性) 가운데의 그릇된 견해로 삼독을 낳으면
곧 마왕(魔王)이 와서 집에 머물고

바르게 생각하면 문득 삼독의 마음이 없어져
마귀는 변해 부처 되나니 참되어 거짓이 없도다

화신(化身)과 보신(報身)과 정신(淨身)이여
삼신(三身)은 원래 한몸이니

만일 자신(自身)에서 스스로 깨달음을 찾는다면
곧 이것이 부처의 깨달음(佛菩提)을 얻는 씨앗이니라

본래 화신에서 깨끗한 성품(淨性)이 나오니
깨끗한 성품은 언제나 화신 속에 있고

성품이 화신으로 하여금 바른 길로 가게 하면
마땅히 장차 원만해져 참됨은 무궁하리라

음욕의 성품은 본래 몸의 깨끗함의 씨앗이니
음욕을 없애면 곧 깨끗한 성품의 몸도 없느니라

다만 성품 가운데 스스로 오욕(五欲)을 떠나면
찰나에 성품을 깨치니 이것이 바로 참이니라

금생(今生)에 만일 돈교의 법문을 깨달으면
깨닫는 즉시 눈 앞에 석가세존을 보리라

만일 점차로 수행하여 부처를 찾고자 한다면
어디서 참됨을 구할지 모르겠노라

만일 자신 속에 스스로 참됨이 있을 수 있다면
참됨이 있음이 곧 성불하는 씨앗이니라

스스로 참됨을 구하지 않고 밖으로 부처를 찾는다면
가서 찾는 모두가 크게 어리석은 사람이로다

돈교의 법문을 이제 이미 남겼노라.
세상 사람을 건지려 하거늘 모름지기 스스로 닦으라

이제 세간의 도 배우는 사람에게 이르노니
이러한 가르침에 의하지 않으면 실로 부질없는 일이로다

24 대사는 게송을 다 마치자, 마침내 제자들에게 일렀다.
"그대들은 잘 있으라. 이제 그대들과 헤어지련다. 내가 가 버린 뒤에 세속의 인정으로 슬피 울거나, 사람들의 조문과 돈과 비단 같은 것을 받는 일이 없도록 하라. 상복을 입지 말라. 그런 짓은 곧 부처의 가르침이 아니며 내 제자가 아니니라. 내가 살아 있을 때와 마찬가지로 다 같이 단정히 앉아, 다만*120 움직임도 없고 고요함도 없으며, 생겨남(生)도 없고 없어짐(滅)도 없으며, 감(去)도 없고 옴(來)도 없으며, 옳음도 없고 그름도 없으며, 머무름도 없고 다님도 없이, 탄연(坦然)하게 고요히 있으면 이것이 곧 큰 도(道)이니라. 내가 간 뒤, 다만 가르침에 의지하여 수행하면, 내가 있을 때와 마찬가지이나, 내가 세상에 있더라도 그대들이 가르침을 어기면 내가 있은들 유익한 것이 없느니라."

대사는 이렇게 말을 다 마치고, 밤 삼경에 이르러 조용히 돌아가시니, 대사의 춘추는 일흔여섯이었다.
대사가 멸도한 날, 절 안에 기이한 향기가 가득하여 며칠을 지나도 흩어지지 않았다. 산이 무너지고 땅이 흔들리며, 숲의 나무는 말라 하얗게 변하고, 해와 달은 광채가 없고, 바람과 구름도 옛날 모습이 아니었다. 8월 3일 멸도하여, 11월에 이르러, 화상의 신좌(神座 : 遺體)를 조계산으로 맞아 장사를 지내니, 용감(龍龕 : 棺) 안에서 흰 빛이 나타나 곧바로 하늘로 솟아오르다가 이틀이 지난 뒤에야 비로소 흩어졌다. 소주 자사 위거(韋據)가 비를 세우고,*121 (사람들은) 지금까지 공양하니라.

---

*120 여기에서부터 아래로 정좌(正坐)의 심경을 말한다.
*121 이 비문은 남아 있지 않다. 신회의《보리달마남종정시비론(菩提達磨南宗定是非論)》에 의하면, 북종의 공작에 의해 깎이고 대신 다른 비문이 새겨졌다고 한다.

15 법해화상과 단경

〔25의 요지〕원본에 잘못된 곳이 있어 잘 읽을 수가 없다. 그러나 현재 남아 있는 가장 오래된 《단경(壇經)》으로서의 이 책의 유래를 말해 주고 있다. 끝 제목도 머리 제목과 다른데, 이것만이 이 책이 노리는 점이었다는 것을 알 수 있다.

25 이 《단경》은 상좌인 법해(法海)가 모아 기록한 것이다. 법해가 돌아가면서 동학(同學)인 도제(道漈)에게 전하고, 도제가 돌아가니 그의 제자인 오진(悟眞)에게 전했다. 오진은 영남 조계산 법흥사에서 지금 이 법을 전수하고 있다.

모름지기 뛰어난 천품의 지혜를 가지고 마음으로 불법을 믿으며, 대비(大悲)의 결심을 한 사람에게 이 법을 잔해야 한다. 이 경전을 몸에 지니고, 이를 수행의 근거로 삼는 사람은 지금도 끊어지지 않고 있다.

법해화상은 소주(韶州) 곡강현(曲江縣) 사람이다. 여래께서 열반에 들어가신 뒤, 법의 가르침은 동쪽 땅(東土:中國)으로 흘러 머무름이 없이 함께 전하니, 곧 내 마음(我相)이 없음이로다. 이 참보살이 참된 종지(宗旨)를 설하고 진실한 비유를 행하여 다만 큰 지혜를 가진 사람에게만 가르치는 것이니, 이것이 근본 뜻에 의지하는 것이다.

무릇 중생을 제도하기를 서원하고 많은 수행을 닦으며, 어려움을 만나도 굽히지 않고, 괴로움을 만나도 참을 수 있으며, 복덕이 깊고 두터운 사람을 골라 비로소 이 법을 전해 준다. 만일 근성(根性)이 감내할 만하지 못하고, 재량(材量)이 부족한 사람으로 이 법을 구하더라도, 율법을 어긴 덕 없는 사람에게는 함부로 《단경》을 전해 주어서는 안 된다. 도를 같이하는 모든 사람에게 일러 (조사의) 숨은 뜻을 알게 한다.

홍정식(洪庭植)
중앙불교전문학교를 졸업하고 동국대대학원에서 철학박사학위를 받았다. 동국대학교 불교대학교수 및 불교대학장, 명예교수를 지냈다. 한국불교학회장 역임. 지은책《불교입문》《법화경요해》등과, 옮긴책《반야심경》《금강경》《화엄경》《보살이 가는 길》등이 있다.

World Book 17
般若心經/金剛經/法華經/維摩經/廻諍論/六祖壇經
반야심경/금강경/법화경/유마경/회쟁론/육조단경
홍정식 역해
1판 1쇄 발행/1977. 8. 10
2판 1쇄 발행/2008. 5. 5
3판 1쇄 발행/2021. 3. 1
3판 2쇄 발행/2023. 12. 1
발행인 고윤주
발행처 동서문화사
창업 1956. 12. 12. 등록 16-3799
서울 중구 마른내로 144(쌍림동)
☎ 546-0331~2 Fax. 545-0331
www.dongsuhbook.com
잘못된 책은 구입하신 곳에서 바꾸어드립니다.
*

사업자등록번호 211-87-75330
ISBN 978-89-497-1803-3 04080
ISBN 978-89-497-0382-4 (세트)

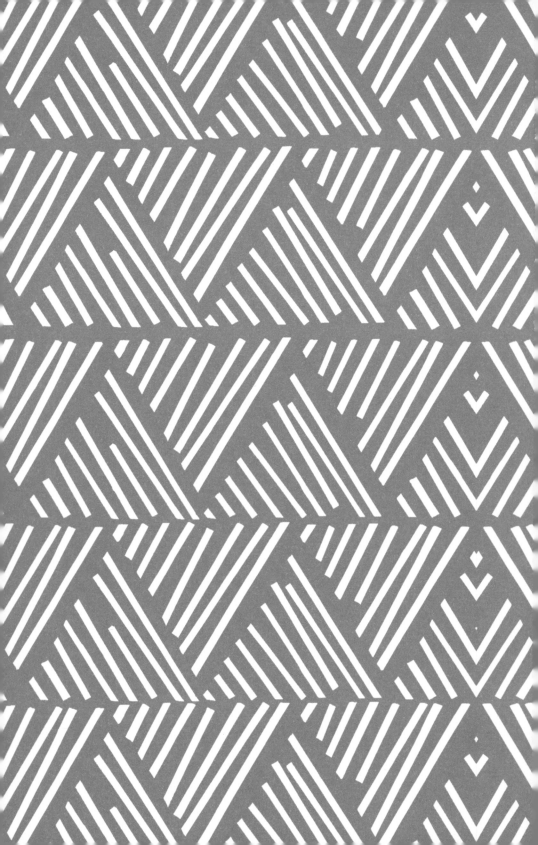